पालि-हिन्दी कोश

पालि-हिन्दी
कोश

भदन्त आनन्द कौसल्यायन

राजकमल प्रकाशन

ISBN : 978-81-7178-711-1

मूल्य : ₹1195

पहला संस्करण : 1975
दूसरा संस्करण : 1999
This book is printed on **Print on Demand** Technology : 2026

प्रकाशक : राजकमल प्रकाशन प्रा. लि.
1-बी, नेताजी सुभाष मार्ग, दरियागंज
नई दिल्ली-110 002

शाखाएँ : अशोक राजपथ, साइंस कॉलेज के सामने, पटना-800 006
पहली मंजिल, दरबारी बिल्डिंग, महात्मा गांधी मार्ग, प्रयागराज-211 001
1, अनमोल सोराबजी सन्तुक लेन, धोबी तलाव, मरीन लाइंस, मुम्बई-400 002
वेबसाइट : www.rajkamalprakashan.com
ई-मेल : info@rajkamalprakashan.com

PALI-HINDI KOSH
by Bhadant Aananda Kausalyayan

प्रस्तावना

स्वर्गीय महापण्डित राहुल सांकृत्यायन के पास एक दिन किसी जर्मन विद्वान् का जर्मन भाषा में लिखा एक पत्र आया। उसके साथ एक जर्मन-अंग्रेजी कोश भी था। विद्वान् लेखक ने मान लिया था कि यदि राहुल जी को जर्मन भाषा नहीं भी आती होगी, तो वे कोश की सहायता से पत्र का भावार्थ समझ ही लेंगे।

हुआ भी ऐसा ही !

किसी भी भाषा के अध्ययन के लिए कोश अनिवार्य है। वास्तव में भाषा के अध्ययन का मतलब ही है, भाषा-विशेष के शब्दों का चलता-फिरता संग्रह बन जाना।

पालि के मर्मज्ञ धर्मानन्द कोसाम्बी ने अपनी एक कृति की भूमिका में लिखा है कि जब कलकत्ता विश्वविद्यालय में पालि के एक अध्यापक के नाते उनकी नियुक्ति हुई, तो उनके किसी मित्र ने उन्हें पत्र लिखकर पूछा कि उस महाविद्यालय में पालि सिखाने के लिए आवश्यक यंत्रादि (apparatus) हैं या नहीं ? उनका वह मित्र पालि को कुछ ऐसा ही शिल्प-विशेष मानता था।

लोग प्रश्न करते हैं कि पालि कौन-सी भाषा है ? उसका संस्कृत तथा जैनों की अर्धमागधी से क्या सम्बन्ध है ? और इस भाषा का नाम पालि ही क्यों पड़ा ? संक्षेप में इतना ही कहा जा सकता है कि पालि उत्तर भारत और विशेष रूप से मगध जनपद की एक प्राचीन प्राकृत है। इसे मागधी भी कहते हैं। जैनों की अर्धमागधी की अपेक्षा यह संस्कृत के कुछ अधिक समीप है। अर्धमागधी में व्यञ्जनों के स्वर भी हो जाते हैं, लेकिन पालि में व्यञ्जनों के स्वर नहीं होते, जैसे संस्कृत शब्द 'शकुन्तला' का अर्धमागधी रूप होगा 'सडन्दले' और पालि-रूप होगा 'सकुन्तला'। पालि में तालव्य 'श्' और मूर्धन्य 'ष्' होते ही नहीं।

इस भाषा के नाम के सम्बन्ध में अनेक अटकलें लगाई गई हैं। उन सब में जो सर्वाधिक बुद्धि-संगत व्याख्या प्रतीत होती है, वह यही है कि पालि 'बुद्ध-वचन' का पर्याय है। जिस प्रकार रामायणी लोग संतकवि तुलसीदास का उद्धरण देते हैं, तो कहते हैं कि यह तुलसीदास की पाँति (पंक्ति) है। ठीक उसी प्रकार 'बहुवचन' अथवा मूल तिपिटक पर जो अट्ठकथाएँ लिखी गई हैं, उनमें जहाँ कहीं बुद्ध-वचन उद्धृत होता है, वहाँ बहुधा लिखा रहता है—'पालियं वुत्तं', अर्थात् यह पालि में कहा गया है, अर्थात् यह बुद्ध-वचन है।

भगवान् बुद्ध दुख और उसके निरोध के अपने सन्देश को घर-घर पहुँचाना चाहते थे। इसलिए उन्होंने वैदिक छान्दस को न अपनाकर लोकभाषा का ही आश्रय लिया। जहाँ एक ओर उन्होंने अपने उपदेशों का छान्दस में अनुवाद करना तक निषिद्ध ठहराया, वहाँ दूसरी ओर "अनुजानामि, भिक्खवे, सकाय निरुत्तिया" कहकर सभी प्राकृतों में अपने उपदेशों का उल्था करने की खुली अनुमति दी।

पालि-परम्परा में 'मागधी' को 'मूल भाषा' कहा गया है। इससे हम यह मान सकते हैं कि कदाचित् वर्तमान तिपिटक ही वह मूल-तिपिटक है, जिससे अनेक दूसरी लोकभाषाओं में उसके रूपान्तर किये गये होंगे। आज हम इन रूपान्तरित तिपिटकों की कल्पना मात्र कर सकते हैं, क्योंकि आज जो भी बुद्ध-वचन हमें उपलब्ध है वह मात्र वर्तमान तिपिटक ही है। महायान-परम्परा के कुछ ग्रन्थों के नाम तिपिटक के कुछ ग्रन्थों के नामों से मिलते-जुलते हैं। इससे हम इस निष्कर्ष पर भी पहुँच सकते हैं कि धर्म-प्रचार की आवश्यकताओं से मजबूर होकर उत्तरकाल में या तो किसी अन्य तिपिटक से संस्कृत में अनुवाद हुए होंगे अथवा वे ग्रन्थ तिपिटक के ही किन्हीं ग्रन्थों के संस्कृत रूपान्तर मात्र हैं।

हमारे देश में जितने राज्य हैं, प्रत्येक राज्य में जितने जिले हैं, उन जिलों में जितने शहर व तहसीलें हैं, उनकी संख्या से भी अधिक संस्कृत पाठशालाएँ इस देश में विद्यमान हैं। बेचारी पालि या तो कहीं विधिवत् पढ़ाई ही नहीं जाती या फिर कहीं संस्कृत के साथ जुड़ी हुई है तो कहीं अर्धमागधी के साथ मराठवाड़ा ही शायद एकमात्र ऐसा विश्वविद्यालय है, जिसमें पालि के अध्ययन-अध्यापन का अपना एक स्वतन्त्र विभाग है।

अनेक लोग भारतीय वाङ्मय को परलोक-परक मानते हैं और हम लोग भी विदेशियों के द्वारा दिये गये इस सर्टिफिकेट को अपनी बहुत बड़ी प्रशंसा मानकर तोते की तरह दोहराते रहते हैं। हम दूसरे किसी भी भारतीय वाङ्मय के बारे में निश्चयात्मक रूप से कुछ कह सकें या न कह सकें लेकिन बौद्ध-वाङ्-मय के बारे में तो हम असंदिग्ध रूप से कह सकते हैं कि इस वाङ्मय ने इह-लोक तथा परलोक में समत्व स्थापित किया है। इहलोक को यथार्थ सत्य माना गया है, उसे भुलाया नहीं गया है, और दूसरी ओर परलोक की भी उपेक्षा नहीं हुई है। पालि के ही बारे में एक विदेशी विद्वान् का कहना है, "जिसे पालि का ज्ञान है, उसे फिर अन्य कहीं से भी प्रकाश की आवश्यकता नहीं।"

जो लोग पालि पढ़ना चाहते हैं वे प्रायः पूछते हैं कि क्या पालि संस्कृत की अपेक्षा आसान है और क्या पालि का ज्ञान प्राप्त करने के लिए संस्कृत का ज्ञान प्राप्त करना अनिवार्य है? पहले प्रश्न का उत्तर 'हाँ' है तथा दूसरे का 'नहीं'। संस्कृत की अपेक्षा पालि निश्चयात्मक रूप से आसान है। संस्कृत के पाणिनि-व्याकरण में जहाँ लगभग चार हजार सूत्र हैं, वहाँ पालि के सबसे बड़े व्याकरण, मोग्गल्लान व्याकरण, की सूत्र-संख्या आठ सौ के ही आसपास है। किसी को यदि पहले से संस्कृत का ज्ञान हो, तो उसके लिए पालि का ज्ञान प्राप्त करना निश्चयात्मक रूप से आसान होता है। लेकिन इसका यह मतलब नहीं कि पालि का ज्ञान प्राप्त करने के इच्छुक हर विद्यार्थी को पहले से संस्कृत का ज्ञान होना ही चाहिए। कभी-कभी तो ऐसा लगता है कि संस्कृत का पूर्व-ज्ञान पालि के विद्यार्थियों को गुमराह कर देता है।

किसी भी भाषा का कोश तैयार करना आसान काम नहीं। उस भाषा-विशेष के साहित्य से शब्दों का संकलन करना, उनकी व्युत्पत्तियाँ, उनके व्याकरण-स्वरूप और उनके अर्थ लिखकर फिर उन्हें अकारादि क्रम से सजाना सचमुच कठिन कार्य है। श्रीलंका में पिछले लगभग पचास वर्ष से सिंहल भाषा का एक महान् कोश तैयार किया जा रहा है, जिसके ओर-छोर का अभी तक

पता नहीं है। इसी प्रकार के कुछ बड़े आयोजन पालि-कोशों को लेकर भी चल रहे हैं। वे कोश सम्पूर्ण रूप से सम्पादित और मुद्रित होकर निकट भविष्य में देखने को मिल सकेंगे, इसकी कोई आशा नहीं। इन पंक्तियों के लेखक की कुछ वैसी महत्त्वाकांक्षा नहीं रही है। वैसी महत्त्वाकांक्षा को साकार करने के लिए जो साधन चाहिए, उनका भी सर्वथा अभाव ही रहा है। उत्तरप्रदेश और अन्य राज्यों के कुछ स्कूलों व महाविद्यालयों के पालि पढ़नेवाले विद्यार्थियों को काफी समय से एक सामान्य पालि-हिन्दी कोश का अभाव खटकता रहा है। उसी अभाव की पूर्ति करने का यह कृति एक विनम्र प्रयास है।

बड़े कोशों में शब्दों की व्युत्पत्ति के अतिरिक्त, उनके एक से अधिक अर्थों के द्योतक शब्द-प्रयोगों के उदाहरण भी दिए रहते हैं। ऐसा होने से उन कोशों का कलेवर बहुत अधिक बढ़ जाता है। इसीलिए यथा-लाभ सन्तोषी की तरह यथा-बल सन्तोष का आश्रय लेकर इस कोश में शब्दों के भिन्न-भिन्न अर्थों के द्योतक प्रयोगों के उदाहरण नहीं दिए गए हैं। सामान्यतया कोश-ग्रन्थों में संज्ञा पदों (Proper Nouns) को नहीं ही लिया जाता। इस कोश में प्रसिद्ध व्यक्तियों, स्थानों तथा ग्रन्थों के नामों आदि के द्योतक संज्ञा-पदों को भी अन्तर्भूत कर लिया गया है।

इस पालि-हिन्दी कोश को तैयार करते समय हमारे सामने रीस डेविड्स तथा डब्लू० टी० स्टीड द्वारा सम्पादित पालि-अंग्रेजी कोश, और बुद्धदत्त महास्थविर द्वारा रचित पालि-अंग्रेजी कोश रहे हैं। ये दोनों कोश ही एक प्रकार से इस विद्यमान पालि-हिन्दी कोश के आधार बने हैं। हमारी सीमित जानकारी में किसी भी भारतीय भाषा में यही पालि-हिन्दी कोश प्रथम पालि-कोश है। हर प्रथम प्रयास जहाँ प्रथम होने के नाते थोड़े-से श्रेय का अधिकारी माना जाता है, वहीं उसे उसके बाद में किये जाने वाले प्रयासों द्वारा अपने पर सबक़त लिये जाने के लिए भी तैयार रहना ही चाहिए। १६५८ से १६६८ तक मैं श्रीलंका के विद्यालंकार विश्वविद्यालय में हिन्दी-विभाग का अध्यक्ष रहा। लोगों को कहते सुना है कि जो जिस विषय का अधिकारी विद्वान् हो उसे ही उस विषय पर कलम चलानी चाहिए। मेरा अपना क्रम रहा है कि मुझे जो विषय सीखना रहा है, उसी पर एक ग्रन्थ तैयार करने का प्रयास करके उस विषय की अल्प-स्वल्प जानकारी प्राप्त कर ली है। महामोग्गल्लान व्याकरण के सूत्रों की वृत्ति की हिन्दी-टीका मैंने इसी दृष्टि से तैयार की और 'सिंहल भाषा और उसका साहित्य' ग्रन्थ भी इसी दृष्टि से लिखा गया। यह पालि-हिन्दी कोश भी इसी दृष्टि से किया गया एक और प्रयास है।

पालि में संस्कृत के अमरकोश के ढंग पर तैयार किया गया 'अभिधानप्प-दीपिका' नाम का एक ग्रन्थ भी है। युग-विशेष में जब लोगों को चुने हुए कुछ ग्रन्थ ही पढ़ने पड़ते थे और वे उन सभी करणों-ग्रन्थों को कंठस्थ कर सकते थे, उस समय के लिए अभिधानप्पदीपिका बहुत काम की चीज थी। आज के विद्यार्थी को तो आधुनिक ढंग के किसी पालि-हिन्दी कोश की ही नितान्त आवश्यकता है। यही समझकर इस कोश का संकलन किया गया है।

यह पालि-कोश श्रीलंका में रहते समय ही पूरा हो गया था। इसकी तैयारी में भिक्षु सावंगी मेधंकर तथा डॉ० तेलवत्ते राहुल प्रमुख मेरे अनेक भिक्षु-

मित्रों और विद्यार्थियों का सहयोग मिला था। सभी को धन्यवाद न दे सकने की मजबूरी और सभी के प्रति हार्दिक कृतज्ञता स्वीकार करने की इच्छा के बीच यही समझौता हो सकता है कि किसी को भी औपचारिक धन्यवाद न दिया जाय। अपनों को धन्यवाद देना लगता भी न जाने कैसा-सा है।

ग्रन्थ की लिखाई जितना ही कष्टसाध्य कार्य है, उतना ही कष्टसाध्य है उसका मुद्रण। आज के युग में प्रत्येक प्रकाशक अपनी पूंजी का सूद सहित प्रतिफल कल ही प्राप्त करना चाहता है, तो किसी प्रकाशक का भी पालि-हिन्दी कोश जैसे ग्रन्थ को प्रकाशित करने के लिए तैयार होना सामान्य बात नहीं। इस कोश के इतने लम्बे अरसे तक अप्रकाशित रहने का प्रधान कारण यही है। राजकमल प्रकाशन और उसकी व्यवस्थापिका श्रीमती शीला सन्धू इस दृष्टि से मेरे विशेष धन्यवाद की पात्र हैं। यदि उन्होंने पालि-विद्यार्थियों के लिए अनिवार्य रूप से एक पालि-हिन्दी कोश की आवश्यकता की ओर ध्यान न दिया होता, तो यह कोश भी अन्य बहुत-से अप्रकाशित ग्रन्थों की तरह कहीं यूं ही पड़ा रहता। इस कोश को प्रकाशित करके श्रीमती शीला सन्धू ने पालि के सभी हिन्दी-जानकार विद्यार्थियों को अपना ऋणी बनाया है।

कोश के विशेष विलम्ब से प्रकाशित होने का एक दूसरा कारण भी है और वह यह कि संकलन-कर्ता कहीं, और मुद्रण-व्यवस्था कहीं। जिन लोगों को किसी भी ग्रन्थ को छपवाने का कुछ भी अनुभव होगा, वे मुझसे इस बात में सहमत होंगे कि मुद्रण के समय प्रूफ देखने का कार्य कमरे में झाड़ू लगाने जैसा ही होता है। जितनी बार झाड़ू लगायी जाय, हर बार कुछ-न-कुछ कूड़ा-करकट निकल आता है। शुरू में इस कोश के प्रूफ नागपुर भेजे जाते थे। किन्तु शीघ्र ही यह अनुभव हुआ कि दिल्ली-नागपुर के आवागमन के बीच कोश-मुद्रण के कार्य की यह बेल शायद ही कभी सिरे चढ़ सके। इसे सिरे चढ़ाने का सारा श्रेय मेरे गुरुभाई भिक्षु जगदीश काश्यप जी के अन्तेवासी, दिल्ली विश्वविद्यालय के बौद्ध अध्ययन विभाग (Department of Buddhist Studies) के रीडर डॉ० संघसेन तथा राजकमल प्रकाशन के श्री मोहन गुप्त को है। इन दोनों अनुजों ने परस्पर सहयोग से पालि-कोश की इस नैया को मुद्रण-रूपी मँझधार में न खेया होता, तो शायद ही यह कभी किनारे लगी होती। डॉ० संघसेन ने न केवल श्रम-साध्य प्रूफ ही देखने का कार्य किया, बल्कि जहाँ कहीं भी कुछ स्खलन रह गए थे, उनका मार्जन कर पाण्डुलिपि को भी यथासम्भव निर्दोष बना दिया। उन्होंने इस कोश को अपना मानकर जो जिम्मेदारी उठाई थी, उसे पूरा निभा दिया। ऐसा करके उन्होंने एक पुण्य-कार्य तो सम्पन्न किया ही, साथ-ही-साथ मेरे ही नहीं, बल्कि सभी पालि-विद्यार्थियों के कृतज्ञता-भाजन बने। यही मेरे लिए विशेष सन्तोष का विषय है।

यह कोश किन्हीं भी पालि-अध्येताओं के कुछ भी काम आ सका, तो इन पंक्तियों का लेखक अपने-आपको कृत-कृत्य मानेगा।

—आनन्द कौसल्यायन

भिक्षु-निवास
दीक्षा भूमि, नागपुर-१०
२४-११-७४

अ

अ देवनागरी वर्णमाला का प्रथम अक्षर, संयुक्त-व्यञ्जन के पूर्व आने वाले आ उपसर्ग का ह्रस्वीकरण, जैसे **आ+कोसति = अक्कोसति**। कुछ संज्ञाओं तथा विशेषणों आदि के पूर्व आनेवाला उपसर्ग, जैसे **न+कुसल = अकुसल**। भूतकालिक क्रिया के पूर्व आनेवाला उपसर्ग, जैसे **अकासि**।

अकट, अकृत, अनिर्मित।

अकतञ्ञु, अकृतज्ञ।

अकतञ्ञु जातक, अकृतज्ञ व्यापारी की जातक कथा (९०)

अकनिट्ठ देव, पाँच शुद्धावासों में से उच्चतम आवास में रहनेवाले देवता-गण।

अकम्पिय, विशेषण, स्थिर।

अकाच, विशेषण, निर्दोष।

अकालरावी जातक, असमय बांग देने वाले मुर्गे की जातक कथा (११९)

अकामक, विशेषण, अनिच्छुक।

अकाल, पुल्लिङ्ग, असमय।

अकासि, भूतकालिक क्रिया, किया।

अकित्ति, एक उदार-ज्ञानी की जातक-कथा (४८०)

अकिरिय, अ-क्रिया (-वाद), किसी कर्म का कोई फल नहीं होता, यह मत।

अकिञ्चन, विशेषण, जिसके पास कुछ न हो।

अकिलासु, वि०, क्रियाशील, अप्रमादी।

अकुटिल, वि०, जो कुटिल नहीं।

अकुतोभय, वि०, जिसे किसी ओर से भी भय न हो।

अकुप्प, वि०, स्थिर, अचञ्चल।

अकुसल, नपुं०, पाप-कर्म।

अकोविद, वि०, अदक्ष, जो हुश्यार नहीं।

अक्क, पुल्लिङ्ग, अर्क (=सूर्य), एक पौदा-विशेष ।

अक्कन्त, क्रिया-विशेषण, आक्रान्त ।

अक्कन्दति, क्रिया, रोता है, चिल्लाता है ।

अक्कोस, पुल्लिङ्ग, आक्रोश, अपमान ।

अक्कोस, भारद्वाज, राजगृह का एक ब्राह्मण, जिसने भगवान् बुद्ध का अपमान किया था ।

अक्ख, अक्ष (गाड़ी की धुरी), अक्ष (जुए का पासा), अक्ष (आँख) ।

अक्खक, नपुं०, हँसली ।

अक्खण, पुल्लिग, अक्षण, अनुचित समय ।

अक्खण-वेधी, पुल्लिग, बिजली चमकने भर के समय में तीर मारने वाला ।

अक्खत, वि०, अक्षय, जिसे चोट न लगी हो ।

अक्खदस्स, पु०, न्यायाधीश, निर्णायक ।

अक्खधुत्त, वि०, जुआरी ।

अक्खय, वि०, अक्षम, जिसका क्षय न हो । लिखने की स्लेट या वोर्ड (-समय) लिखने तथा पढ़ने की विद्या ।

अक्खर, नपु०, अक्षय, (-फलक) लिखने की स्लेट या वोर्ड (-समय) लिखने तथा पढ़ने की विद्या ।

अक्खरमाला, पालि तथा सिंहाली वर्ण माला के बारे में एक पालि छन्दोबद्ध रचना ।

अक्खात, क्रिया-विशेषण, कहा गया व्याख्या किया गया ।

अक्खातार, क्रिया-विशेषण, कहने वाला, मार्ग प्रदर्शित करने वाला ।

अक्खाति, क्रिया, कहता है, सुनाता है, समझाता है ।

अक्खान, नपुं०, आख्यान, कथा-वार्ता (भारत-रामायणादि)

अक्खि, नपुं०, अक्षि, आँख ।

अक्खोभिनी, स्त्री० अक्षोहिणी (सेना)

अखेत्त, नपुं०, अक्षेत्र, बंजर-भूमि ।

अग, पुं०, पर्वत, वृक्ष ।

अगति, स्त्री०, कुपथ, पक्षपात ।

अगद, नपुं०, औषधि ।

अगरु, विशेषण, हलका ।

अगाध, विशेषण, अत्यधिक गहरा ।

अगार, नपुं०, घर, निवास-स्थान ।

अगारिक, विशेषण, घर वाला, गृहस्थ ।

अग्ग, विशेषण, अग्र, प्रथम, श्रेष्ठतम ।

अग्गल, नपुं०, अर्गल, दरवाज़े के पीछे लगाई हुई डण्डी ।

अग्गि, पु०, अग्नि, आग (-क्खन्ध) आग की ढेरी, (-परिचरण)

अग्नि-पूजा, (-साला) अग्नि-शाला, (-शिखा) आग की लौ, (-हुत्त) यज्ञ ।

अग्गिक-जातक, उस गीदड़ की जातक-कथा, जिसके सिर के बाल जंगल की आग से जल गए थे (१२९)

अग्गिक-भारद्वाज, भारद्वाज गोत्र का श्रावस्ती का एक ब्राह्मण ।

अग्गि ब्रह्मा, संघमित्रा का पति तथा अशोक का जामाता । उसने अशोक के भाई तिस्सकुमार के प्रव्रजित होने के दिन ही प्रव्रज्या ग्रहण की थी ।

अग्घ, पु०, अर्घ, मूल्य (- कारक)

मूल्य निर्धारण करने वाला।

अग्घति, क्रिया, उतने मूल्य का होना।

अग्घिक, नपुं०, पुष्प-मालाओं से सुसज्जित स्तम्भ।

अघ, नपुं०, आकाश, दुःख, दर्द, दुर्भाग्य।

अङ्क, पु०, गोद, चिह्न, संख्या।

अङ्कुर, पु०, अखुआ।

अङ्कुस, पु०, अंकुश।

अङ्केति, क्रिया, चिह्न लगाता है।

अङ्ग, पु०, सोलह महा जनपदों में से एक।

अङ्ग, नपु०, (शरीर का) अङ्ग, भाग, (-पच्चङ्ग) शरीर के सभी छोटे-बड़े अङ्ग, (-राग) शरीर पर लगाने का पौडर या उबटन।

अङ्गजात, नपुं०, पुरुषेन्द्रिय।

अङ्गण, नपुं०, आंगन।

अंगद, नपुं०, बाजूबंद।

अङ्गना, स्त्री० औरत।

अङ्गार, पुल्लिग, जलता हुआ कोयला।

अङ्गीरस, पु०, बुद्ध का एक नाम।

अङ्गुट्ठ, पु०, अंगूठा।

अङ्गुत्तर-निकाय, पु०, सुत्त-पिटक के पाँच निकायों में से एक निकाय।

अङ्गुत्तरट्ठकथा, स्त्री०, अंगुत्तर निकाय की अट्ठकथा।

अङ्गुल, नपुं० १. अंगुल, २. उंगली-भर का माप।

अङ्गुली-माल, प्रसिद्ध डाकू, जो बुद्धानुभाव से एक अर्हत् हुआ।

अङ्गुलीयक, (-लेय्यक), नपु०, अङ्गूठी।

अचल वि०, स्थिर, अपने स्थान से न हिलनेवाला।

अचिर, वि०, जो अभी-अभी हुआ हो, (-प्पभा), बिजली।

अचिरवती, (नदी), पाँच महानदियों में से एक, वर्तमान राप्ति।

अचेतन, वि०, बेहोश, जड़।

अचेल, वि०, निर्वस्त्र, नंगा, (-क) नग्न रहने वाला साधु।

अच्चगा, क्रिया-पद, लाँघ गया।

अच्चना, स्त्री०, अर्चना, पूजा।

अच्चन्त, वि०, निरन्तर, लगातार, अत्यन्त।

अच्चय, पु०, अपराध, दोष।

अच्चायिक, वि०, तुरन्त करने का कार्य।

अच्चासन्न, वि०, अति समीप।

अच्चि, स्त्री०, अर्ची, ज्वाला, (-मन्तु) पु० अग्नि

अच्चित, वि०, अर्चित, पूजित, सम्मानित।

अच्चुग्गत, वि०, अत्यन्त ऊँचा।

अच्चुण्ह, वि०, अत्यन्त ऊष्ण, बहुत गर्म।

अच्चुत, वि०, (-पद) निर्वाण।

अच्चोगाळ्ह वि०, अत्यधिक प्रचुरता में गया हुआ।

अच्चोदक, नपुं०, अत्यधिक जल।

अच्छ, वि०, अच्छा, स्वच्छ, साफ।

अच्छक, पु०, भालु, रीछ।

अच्छम्भी, वि०, निर्भय।

अच्छरा, स्त्री० अप्सरा; (-संघात) चुटकी बजाना।

अच्छरिय, नपुं०, आश्चर्य।

अच्छादन, नपुं०, वस्त्र, परिधान।

अच्छिन्दति, क्रिया, लूटता है।

अच्छेछि, भूतकालिक क्रिया, काट दिया, नष्ट कर दिया।

अज, पु०, बकरी, (-पाल) बकरी चराने वाला (-लण्डिका) बकरी की मींगन।

अजातसत्तु, मगध नरेश बिम्बसार का पुत्र।

अजानन, नपुं०, अज्ञान।

अजिन, नपुं०, चीता।

अजिनपत्ता, स्त्री०, चिमगादड़।

अजिनि, क्रिया, जीत लिया।

अजीरक, नपुं०, वदहज़मी।

अजेय्य, वि०, जिसे जीता न जा सके।

अज्ज, अव्यय, आज (-तग्गे) आज से, (-तन) आधुनिक।

अज्जति, क्रिया, अर्जन करता है, कमाता है।

अज्जव, पु०, आर्जव, सीधापन।

अज्जित, वि०, अर्जित, कमाया हुआ।

अज्जुन, पुं०, (१) अर्जुन नाम का वृक्ष, (२) पाँच पाण्डवों में से एक भाई अर्जुन।

अज्झगा, क्रिया, प्राप्त किया।

अज्झत्त, वि०, स्वकीय।

अज्झत्तिक, वि० अपने आप सम्बन्धी।

अज्झयन, नपुं०, अध्ययन।

अज्झाचार, पु०, सीमातिक्रमण, मैथुन-क्रिया।

अज्झाचिण्ण, क्रिया-विशेषण, अभ्यस्त।

अज्झापन, नपुं०, अध्यापन, पढ़ाना-लिखाना।

अज्झाय, पु०, अध्याय, परिच्छेद।

अज्झायक, पु०, अध्यापक, शिक्षक।

अज्झावसति, क्रिया, घर में वास करता है।

अज्झासय, पु०, आशय, इरादा।

अज्झुपगच्छति, क्रिया, प्राप्त होता है, सहमत होता है।

अज्झुपेक्खति, क्रिया, उपेक्षा करता है।

अज्झुपेति, क्रिया, समीप पहुँचता है।

अज्झेन, नपुं०, अध्ययन।

अज्झोकास, पु०, खुला आकाश।

अज्झोसान, नपुं०, आसक्ति।

अज्झोहरण, नपुं०, निगलना।

अञ्जति, क्रिया, आँख में अञ्जन लगाना।

अञ्जन, नपुं०, सुरमा (-वण्ण) काला।

अञ्जन, संज्ञा, शुद्धोदन की दोनों रानियों महामाया तथा महाप्रजापति गौतमी के पिता।

अञ्जलि, स्त्री०, हाथ जोड़ना, (-पुट) कोई चीज़ लेने के लिए दोनों हाथों को मिलाकर बनाया जानेवाला डूना।

अञ्जस, नपुं०, रास्ता, मार्ग, पथ।

अञ्ञ, सर्वनाम, अन्य, दूसरा।

अञ्ञातम, सर्वनाम-विशेषण, अन्यतम, अनेकों में से एक।

अञ्ञातित्थिय, पु०, अन्य सम्प्रदाय का अनुयायी।

अञ्ञात्थ, **अञ्ञात्र**, अव्यय, अन्यत्र।

अञ्ञाथत्त, नपुं०, मन का अन्यथा-भाव को प्राप्त होना।

अञ्ञथा, अव्यय, अन्यथा, दूसरी तरह।
अञ्ञदत्थु, अव्यय, निश्चय से।
अञ्ञदा, अव्यय, अन्यदा, दूसरे दिन।
अञ्ञमञ्ञ, अञ्ञोञ्ञ, वि० परस्पर।
अञ्ञा, स्त्री०, सम्पूर्णज्ञान, अर्हत्व।
अञ्ञाण, नपुं०, अज्ञान।
अञ्ञात, वि०, ज्ञात अथवा ज्ञाता।
अञ्ञात, कोण्डञ्ञ, सं० भगवान बुद्ध का प्रथम प्रव्रजित शिष्य।
अञ्ञातक, वि०, जो सगा-सम्बन्धी नहीं।
अञ्ञातावी, पु०, जानकार।.
अञ्ञातुकाम, वि०, जानने की इच्छा रखनेवाला।
अटवि, स्त्री०, जंगल।
अट्ट, नपुं०, मुकद्दमा।
अट्टाल, नपुं०, अट्टालिका, अटारी।
अट्ठ, वि०, आठ।
अट्ठक, वि०, आठगुणा।
अट्ठकथाचार्य, पुंल्लिंग, अर्थकथाचार्य।
अट्ठङ्गिक, पुं०, अष्टांगिक, आठ अंगों वाला।
अट्ठपद, नपुं०, शतरंज का तख्ता।
अट्ठंस, नपुं०, अठकोना।
अट्ठान, नपुं०, अस्थान, असम्भव।
अट्ठारस, वि०, अट्ठारह।
अट्ठि, नपुं०, हड्डी।
अट्ठि-कत्वा, पूर्व-क्रिया, ध्यान देकर।
अट्ठि-सङ्घाट, पुं०, अस्थि-पञ्जर।
अट्ठिसेन जातक, राजा के उद्यान में रहते हुए, उससे कुछ भी याचना न करने वाले तपस्वी की जातक-कथा (४०३)
अड्ढ, वि०, धनाढ्य।
अड्ढतिय, वि०, ढाई।
अड्ढरत्त, नपुं०, अर्ध-रात्रि।
अड्ढुडढ, पुं०, साढे तीन।
अण, (ऋण), अनणो, पुं, ऋण-रहित।
अणु, छोटे से छोटा कण।
अण्ड, नपुं०, अण्डा।
अण्डभूत-जातक, स्त्रियों की 'स्वाभाविक' चरित्रहीनता का ज्ञापन करने वाली जातक-कथा (६२)।
अण्ण, पुं०, जल।
अण्णव, नपुं०, समुद्र।
अण्ह, पुं०, दिन, पूर्वाह्न तथा अपराह्न।
अतच्छ, नपुं०, मिथ्या, अयथार्थ।
अति, उपसर्ग, अधिकता का अर्थ लिये हुए।
अतिखिप्पं, क्रिया-विशेषण, अति शीघ्र।
अतिगाळ्ह, वि०, अति निकट।
अतित्त, वि०, अतृप्त।
अतिथि, पु०, अतिथि, मेहमान।
अतिदिवा, अव्यय, दिन चढ़े।
अतिदेव, पु०, श्रेष्ठतर देवता।
अतिधमति, क्रिया, ढोल को या तो बहुत ज़ोर से या बार-बार बजाता है।
अतिधावति, क्रिया, दौड़कर आगे बढ़ जाता है।
अतिनामेति, क्रिया, समय गुज़ारता है।
अतिनिग्गण्हाति, क्रिया, अधिक डाँटता-डपटता है।
अतिपपञ्च, पु०, अत्यधिक विलम्ब।

अतिपात, पु०, मार डालना, हत्या करना।

अतिप्पगो, अव्यय, बहुत जल्दी।

अतिबहल, विशेपण, बहुत मोटा।

अतिबाळ्हं, क्रिया-विशेषण, अत्यधिक।

अतिबाहेति, क्रिया, भगा देता है, बाहर कर देता है।

अतिभगिनी, स्त्री०,अत्यन्त प्रिय बहन।

अतिभारिय, विशेपण; अत्यन्त भारी, अत्यन्त गम्भीर।

अतिमञ्ञति, क्रिया, घृणा करता है।

अतिमनाप, वि०, अत्यन्त प्रिय।

अतिमत्त, वि० अतिमात्र, अत्यधिक।

अतिमहन्त, वि०, बहुत बड़ा।

अतिमान, पु०, अभिमान, अहंकार।

अतिमुखर, वि०, अत्यन्त वाचाल।

अतिमुत्तक, सं०, एक पौदे का नाम।

अतिमुदुक, वि०, अत्यन्त मृदु।

अतियक्ख, पु०, झाड़-फूंक करनेवाला ओझा।

अतियाचक, वि०, अत्यन्त याचना करने वाला।

अतियति, क्रिया, लांघ जाता है।

अतिरत्तिं, क्रिया-विशेषण, अधिक रात बीते।

अतिरिच्चति, क्रिया, छूट जाता है, (शेष) रहता है।

अतिरित्त, विशेषण, अतिरिक्त।

अतिरिव, अव्यय, अत्यधिक।

अतिरेक, वि०, अतिरिक्त।

अतिरोचति, क्रिया०, अधिक चमकता है।

अतिलुद्ध, वि०; अत्यन्त लोभी।

अतिवङ्किन्, वि०, अत्यन्त टेढ़ा।

अतिवत्त, क्रिया-विशेषण, विजित।

अतिवत्तति, क्रिया, लांघ जाता है, पार कर जाता है।

अतिवस, वि०, किसी के वश में, किसी पर निर्भर।

अतिवस्सति, क्रिया, खूब बरसता है।

अतिवाक्य, नपुं०, अपशब्द, गाली।

अतिवात, पुं०, आँधी-तूफान।

अतिवायति, (सुगन्धि) लेकर जाता है।

अतिवाहक, पुं०, भार वहन करने वाला।

अतिविकाल, वि०, अत्यन्त असमय।

अतिविज्झति, क्रिया, बींध देता है, आर-पार देखता है।

अतिविय, क्रिया-विशेषण, अत्यन्त।

अतिविस्सट्ठ, वि०, बकबक करने वाला।

अतिविस्सासिक, वि०, अत्यन्त रहस्य-पूर्ण।

अतिविस्सुत, वि०, अत्यन्त प्रसिद्ध।

अतिवेलं, क्रिया-विशेषण, अधिक समय बीत जाना।

अतिसण्ह, वि०, अति-सूक्ष्म, अति चिकना।

अतिसम्बाध, वि०, जहाँ बहुत भीड़-भाड़ हो, जो रास्ता तंग हो।

अतिसय, पु०, अतिशय, आधिक्य।

अतिसायं, क्रिया-विशेषण, अत्यन्त सायंकाल।

अतिसार, पुल्लिग, सीमोल्लंघन, दस्त लग जाना।

अतिसिथिल, वि०, अत्यन्त शिथिल ।

अतिहट्ठ, वि०, अत्यन्त प्रसन्नचित्त ।

अतिहीन, वि०, अत्यन्त दरिद्र ।

अतिहीळेति, क्रिया, घृणा करता है ।

अतीत, वि०, भूत-काल ।

अतीव, अव्यय, बहुत अधिक ।

अतो, अव्यय, अतः, इसके बाद ।

अत्त, पु०, अपना-आप ।

अत्त-काम, पु०, आत्म-प्रेम ।

अत्त-किलमथ, पु०, काय-क्लेश ।

अत्त-गुत्ति, स्त्री०, आत्म-संयम ।

अत्त-घञ्ञ, नपुं०, आत्म-विनाश ।

अत्तदत्थ, पु०, आत्म-हित ।

अत्तदन्त, वि; आत्म-दमित ।

अत्त-दिट्ठि, स्त्री०, आत्म-दृष्टि,'आत्मा' का अस्तित्व मानना ।

अत्त-भाव, पु०, व्यक्तित्व ।

अत्त-वाद, पु०, 'आत्मा' के सम्बन्ध का पक्ष या मत ।

अत्त-वध, पु०, आत्म-विनाश ।

अत्त-हित, नपुं०, आत्म-हित ।

अत्तज, वि०; आत्मज, पुत्र ।

अत्तदीप, वि०; आत्म-दीप, आत्म-निर्भर ।

अत्तनीय, वि०, अपने-आप सम्बन्धी अथवा आत्मा-सम्बन्धी ।

अत्तंतप, वि०, अपने-आपको तपाने वाला ।

अत्तपच्चक्ख, वि०, आत्म-प्रत्यक्ष, आत्म-साक्षी ।

अत्तपटिलाभ, पु०; आत्म-प्रतिलाभ, जन्म ।

अत्तमन, वि०; प्रसन्न-वदन ।

अत्तसम्भव, वि; आत्म-सम्भव, अपने-आपसे उत्पन्न ।

अत्तहेतु, अव्यय, आत्म-हेतु, अपने आपके लिये ।

अत्ताण, त्रि०, विना त्राण के, विना संरक्षण के ।

अत्थ, पु०, कल्याण, लाभ, धन, आवश्यकता, इच्छा, उपयोग, अर्थ, विनाश ।

अत्थक्खायी, वि०, हितकर बात कहने वाला ।

अत्थकर, वि०, हितकारी ।

अत्थकाम, वि०, हितचिन्तक ।

अत्थकुसल, वि०, हितकर बात का पता लगाने में दक्ष, अर्थ बताने में दक्ष ।

अत्थचर, वि०, परोपकारी ।

अत्थचरिया, स्त्री०, परोपकार ।

अत्थदस्सी, वि०, हितचिंतक ।

अत्थभञ्जक, वि०, अहितकारी ।

अत्थवादी, वि०, हितकर बात कहने वाला । अत्थ, क्रिया, अत्थि का बहुवचन ।

अत्थकथा, स्त्री०, अर्थों की व्याख्या, भाष्य ।

अत्थगम, पु०, अस्तगत होना, छिप जाना, आँख से ओझल होना ।

अत्थञ्ञु, वि०, अर्थ का जानकार, हित-कर बात का जानकार ।

अत्थरत, क्रिया-विशेषण; ऊपर बिछाया गया ।

अत्थर, पु०; आस्तरण ।

अत्थरक, पु०, बिछाने वाला ।

अत्थरण, नपुं०, विस्तर की चादर ।

अत्थरति, क्रिया, बिछाता है ।

अत्थरापेति, क्रिया, बिछवाता है ।

अत्थवस, पु०, कारण, उपयोग ।

अत्थसालिनी, अभिधम्मपिटक के धम्मसंगनी प्रकरण पर बुद्ध घोष द्वारा रचित अट्ठकथा ।

अत्थस्सद्वार जातक, वाराणसी के सेठ के पुत्र की जातक-कथा, जो सात वर्ष की आयु में ही सुपथगामी बना (८४)।

अत्थाय, अत्थ की चतुर्थी; के लिए; किमत्थाय, किसलिए ?

अत्थि, क्रिया; है ।

अत्थि-भाव, पुं०, अस्तित्व ।

अत्थिक, वि०, अर्थी, किसी चीज़ की इच्छा करनेवाला ।

अत्र, वि०, यहाँ ।

अत्रज, पुं०, पुत्र, अत्रजा, स्त्री०; पुत्री ।

अत्रिच्छ, वि०, अत्यन्त लोभी । **अत्रिच्छता**, स्त्री०, अत्यन्त लोभ ।

अथ, अव्यय; तब ।

अथब्बण, पुं०, अथर्व-वेद ।

अथो, अय, निपात मात्र ।

अदक, वि०, खाने वाला ।

अदति, क्रिया, खाता है ।

अदन, नपुं०, खाना, भोजन ।

अदस्सन, नपुं०, दिखाई न देना ।

अदिट्ठ, वि० अदृष्ट, जो दिखाई दिया हो ।

अदिन्न, वि०, जो दिया न गय हो ।

अदिस्समान, वि०; जो दिखाई न दे ।

अदु, नपुं; अमुक ।

अदूभक, वि०, जो विश्वासघाती नहीं

अदूसक, वि०, निर्दोष, निरपराध ।

अद्द, नपुं, काई, गीलापन ।

अद्दक, नपुं, अदरक ।

अद्दक्खि, भूतकालिक क्रिया; देखा ।

अद्दसा, भूतकालिक क्रिया, देखा ।

अद्दि, पु०, पर्वत ।

अद्दित, क्रिया-विशेषण; दबाया गया ।

अद्ध, पु०, आधा । (—मास), पुं०; आधा-महीना, एक पक्ष ।

अद्धगत, वि०, जीवन-पथ का यात्री ।

अद्धगू, पु०, यात्री ।

अद्धनिय, वि, यात्रा करने योग्य; चिरकाल तक बना रहने वाला ।

अद्धा, अव्यय, निश्चयात्मक रूप से ।

अद्धा, पुं०, मार्ग, समय ।

अद्धान, नपुं०, लम्बा रास्ता या दीर्घ समय ।

अद्धिक, पुं०, यात्री ।

अद्धुव, वि०, अध्रुव, अस्थिर ।

अद्वेज्झ, वि०, असंदिग्ध ।

अधम, वि०, नीच, पापी ।

अधम्म, पु०, दुराचार, मिथ्या-मत ।

अधर, पु०, होंठ, वि०, नीचे का ।

अधि, उपसर्ग, तक, पर ।

अधिकत, वि०, अधिकृत, कारणीभूत ।

अधिकरण, नपुं, मुकद्दमा ।

अधिकरण-समथ, पु०, मुकद्दमे का फैसला ।

अधिकरणिक, पु०, न्यायाधीश ।

अधिकरणी, स्त्री०, लोहार की निहाई ।

अधिकार, पु०, पद, आकांक्षा ।

अधिकोट्टन, नपुं०, जल्लाद का थड़ा।

अधिकोधित, वि०, अत्यन्त क्रोधित।

अधिगच्छति, क्रिया, प्राप्त करता है।

अधिगच्छि, भूतकालिक क्रिया, प्राप्त किया।

अधिगण्हाति, क्रिया, पार कर जाता है, प्राप्त करता है, लाँघ जाता है।

अधिगम, पु०, प्राप्ति, ज्ञान।

अधिचित्त, नपुं०, चित्त को एकाग्र करने की साधना।

अधिच्च, पूर्व-क्रिया, पढ़कर या पाठ करके।

अधिच्च, समुप्पन्न, वि०, अकारण उत्पन्न।

अधिट्ठाति, क्रिया, दृढ़ संकल्प करता है।

अधिट्ठातब्ब, कृदन्त, अधिष्ठान करने योग्य।

अधिट्ठायक, वि०, निरीक्षक।

अधिप (अधिपति), पु०, स्वामी, शासक।

अधिपञ्ञा, स्त्री०, श्रेष्ठ प्रज्ञा।

अधिपतन, नपुं, आक्रमण, ऊपर आ पड़ना, उछलना-कूदना।

अधिपन्न, वि०, गृहीत।

अधिपात, पु०, टुकड़े-टुकड़े हो जाना, विनाश।

अधिपातक, पु०, झींगुर, आँख-फोड़वा।

अधिपातेति, क्रिया, नाश कर डालता है।

अधिप्पघरति, क्रिया, चूता है।

अधिप्पाय, पु०, अभिप्राय, इरादा।

अधिभवति, क्रिया, नीचे दबा देता है।

अधिमत्त, वि०, अत्यधिक मात्रा।

अधिमन, पुं०, चित्त की एकाग्रता।

अधिमान, पु०, अभिमान, अहङ्कार।

अधिमानिक, वि०, ऐसा व्यक्ति जो झूठ-मूठ ही समझता है कि उसने कोई सिद्धि प्राप्त कर ली है।

अधिमुच्चति, क्रिया, झुकता है, अनुरक्त होता है।

अधिमुच्चन, नपुं०, संकल्प करना, इरादा करना।

अधिमुत्ति, स्त्री, संकल्प, झुकाव।

अधिमोक्ख पु०, दृढ़ निश्चय।

अधिरोहनी, स्त्री, सीढ़ी।

अधिवचन, नपुं, संज्ञा, नामकरण।

अधिवत्तति, क्रिया, अतिक्रमण कर जाता है, परास्त कर देता है।

अधिवत्थ, वि०, रहने वाला।

अधिवसति, क्रिया, रहता है।

अधिवासक, वि०, सहनशील।

अधिवासना, स्त्री०, सहनशीलता।

अधिवासेति, क्रिया, सहन करता है।

अधिसील, नपुं, श्रेष्ठतर सदाचार।

अधिसेति, क्रिया, लेटता है, बैठता है, रहता है, अनुकरण करता है।

अधीन, वि०, निर्भर।

अधीयति, क्रिया, अध्ययन करता है, कण्ठस्थ करता है।

अधुना, विशेषण, अब, अचिरकाल पूर्व।

अधो, अव्यय, नीचे।

अधोकत, वि, नीचे किया गया। अधोगम, वि० पतनोन्मुख।

अधोभाग, पु० नीचे का हिस्सा। अधोमुख, वि०, नीचे मुंह किये।

अनङ्गण; वि०; राग-द्वेष रहित,

निर्दोष।

अनण, वि०, ऋण-मुक्त।

अनत्त, वि०, अनात्म (—सिद्धान्त)।

अनत्तमन, वि०, असन्तुष्ट।

अनत्थ, पु०, हानि, दुर्भाग्य।

अनधिवर, पु०; तथागत, बुद्ध।

अननुच्छविक, वि०, अनुचित, अयोग्य।

अननुसोचिय जातक, वाराणसी में धनी ब्राह्मण के रूप में बोधिसत्व की जातक-कथा (३२८)।

अनन्त, वि०, सीमा-रहित।

अनन्तर, वि०, इसके बाद।

अनपेक्ख, वि०, अपेक्षा-रहित।

अनभाव, (अनु+अभाव) पु०, जन्म-मरण का सम्पूर्ण अभाव।

अनभिरत, वि०, रस न लेता हुआ, रमण न करता हुआ।

अनभिरति जातक, (१) स्त्रियों को निजी सम्पत्ति मानना अनुचित है, प्रसंग की जातक-कथा (६५), (२) अच्छी स्मरण-शक्ति के लिये चित्त की स्थिरता आवश्यक है, प्रसंग की जातक-कथा (१८५)

अनमतग्ग, वि०, जिसका आरम्भ अज्ञात है।

अनय, पु०, दुर्भाग्य।

अनरिय, वि०, असभ्य, गँवार।

अनल, पु०, अग्नि।

अनलंकत, वि०, (१) असंतुष्ठ, (२) अलंकृत नहीं किया गया।

अनवट्ठित, वि०, अनवस्थित, अस्थिर।

अनवय, वि०, न्यून नहीं, सम्पूर्ण।

अनवरत, वि०, लगातार, निरंतर।

अनवसेस, वि०, निरवशेष, सम्पूर्ण।

अनवोसित, वि०, असमाप्त, असम्पूर्ण।

अनसन, नपुं० आहार-त्याग, व्रत।

अनस्सासिक, वि०, आश्वासन-रहित।

अनाकुल, वि०, उलझन-रहित।

अनागत, वि०, भावी।

अनागत वंस, चोल देश के वासी काश्यप स्थविर द्वारा भावी मैत्रेय बुद्ध के बारे में रची गई एक पद्य-बद्ध रचना।

अनागमन, नपुं०, आगमन का निषेध।

अनागामी, पु०, फिर इस संसार में लौटकर न आने वाला।

अनाचार, पु०, दुराचार।

अनाजानीय, वि०, अच्छी नसल का नहीं।

अनाथ, वि०, दुखी, असहाय।

अनाथ पिण्डिक, श्रावस्ती का प्रसिद्ध दानी सेठ सुदत्त (अनाथपिण्डिक)।

अनादर, पु०, अगौरव।

अनादा, पूर्वक्रिया, बिना लिये।

अनापादा, वि०, अविवाहिता।

अनापुच्छा, पूर्व-क्रिया, बिना पूछे।

अनाबाध, वि०, बाधा-रहित, सुरक्षित।

अनामन्त, वि०, अनिमंत्रित, अपृष्ठ, जिससे कुछ पूछा न गया हो।

अनामय, वि०, रोग-मुक्त।

अनामसित, वि०, जो छुआ न गया हो, अस्पृष्ट।

अनायतन, नपुं०, अयोग्य स्थान

अनायास, वि०, बिना कष्ट के, आसानी से।

अनारम्भ, वि०, बिना परिश्रम के, बिना कुछ भी खट-पट किये।

अनाराधक, वि०, असफल।

अनालम्ब, वि०, आलम्बन-रहित, आधार-रहित ।

अनालय, वि०, आसक्ति-रहित ।

अनावट, वि०, अनावृत, विना ढका हुआ, खुला ।

अनावत्ती, पु०, जो न लौटने वाला हो ।

अनावास, वि०, जहाँ किसी का निवास न हो ।

अनावरण, वि०, जो ढका न हो ।

अनाविल, वि०, जो गन्दला न हो, साफ हो ।

अनावुत्थ, वि०, जहाँ कोई रहा न हो ।

अनासक, वि०, निराहार, व्रती ।

अनासव, वि०, आस्रव-रहित, चित्त-मैल रहित ।

अनाळिहक, वि०, गरीब ।

अनिक्कसाव,वि०, काषाय अर्थात् चित्त-मलों से युक्त ।

अनिखात, वि०, जो खोदा नहीं गया ।

अनिघ, वि०, दुःख-रहित ।

अनिच्च, वि०, अस्थिर, अनित्य ।

अनिच्छमान, क्रिया-विशेषण; जो इच्छा न करे ।

अनिच्छा, स्त्री०, अरुचि ।

अनिञ्जन, नपुं०, स्थिरता ।

अनिट्ठ, वि०, अनिष्ठ, जिसकी इच्छा न हो ।

अनिट्ठित, वि०, असमाप्त ।

अनिन्दित, वि० निन्दा-रहित ।

अनिन्दिय, वि०, अनिन्दनीय ।

अनिमिस, वि०, बिना पलक झपके ।

अनियत, वि०, अनिश्चित ।

अनिल, पु०, हवा

अनिल-पथ, पु०, आकाश ।

अनिवत्तन, नपुं०, रुकने का अभाव ।

अनिसम्मकारी, वि०, बिना सोच-विचार किये करने वाला, जल्दबाज़ ।

अनिस्सर, वि०, ईश्वर के बिना, ऐश्वर्य के बिना ।

अनीक, नपुं०, सेना

अनीघ, देखें अनिघ ।

अनीतिक, वि०, हानि-रहित ।

अनीतिह, वि०, सुनी-सुनाई बात नहीं, स्वानुभव से ज्ञात ।

अनुकंखी, वि०, आकांक्षा करने वाला इच्छा करने वाला ।

अनुकंतति, क्रिया; फाड़ता है, काटता है, चीरता है ।

अनुकम्पक वि०, दयालु, अनुकम्पा करने वाला ।

अनुकम्पति, क्रिया, अनुकम्पा करता है ।

अनुकरोति, क्रिया, नक़ल करता है ।

अनुकस्सति, क्रिया, खींचता है दुहराता

अनुकार, पुल्लिग, नक़ल, अनुकृति । है ।

अनुकिण्ण, क्रिया-विशेशण, बिखेरा हुआ ।

अनुकूल, वि, प्रतिकूल न होना, अनु-भाव, पु०, प्रताप,

अनुवात, पु०, अनुकूल वायु ।

अनुक्कम, पु०, क्रम । अनुक्कमेन, वि०; क्रमानुसार ।

अनुखुद्दक, वि०, कम महत्व की चीज़ ।

अनुग, वि०, पीछे चलनेवाला, जिसका अनुगमन होता हो ।

अनुगच्छति, वि, पीछे चलता है।
अनुगत, क्रिया-विशेषण, जिसका कोई अनुगामी हो।
अनुगति, स्त्री०, अनुगमन करना।
अनुगामिक, विशेषण, अनुगामी
अनुगायति, क्रिया, दूसरे गाने वाले के साथ-साथ गाता है।
अनुगाहति, क्रिया, गोता लगाता है।
अनुगिज्झति, क्रिया, लोभ करता है।
अनुगण्णहाति, क्रिया, अनुग्रह करता है।
अनुगहित, क्रिया-विशेपण, अनुगृहीत।
अनुग्गाहक, विशेषण, अनुग्रह करने वाला।
अनुग्गिरन्त, क्रिया-विशेपण, न बोलते हुए
अनुग्घाटेति, क्रिया, उद्घाटन करता है।
अनुचङ्कमति, क्रिया, साथ या पीछे-पीछे चंक्रमण करता है।
अनुचर, पुल्लिग, अनुगामी।
अनुचरण, नपुं०, अभ्यास।
अनुचरित, क्रिया-विशेषण; अभ्यस्त।
अनुचिनाति, क्रिया, संग्रह करता है
अनुचिन्तेति, क्रिया, विचार करता है।
अनुच्चारित, क्रिया-विशेशण, उच्चारण न किया गया।
अनुच्चिटठ, वि०, ऐसा भोजन जो जूठा नहीं किया गया।
अनुच्छविक, वि०, योग्य, समीचीन।
अनुज, पु०, भाई।
अनुजा, स्त्री०, बहन।
अनुजात, वि०, अनन्तर उत्पन्न।
अनुजानाति, क्रिया, अनुमति देता है।
अनुजीवति, क्रिया, जीवित रहता है।
अनुजीवी, वि० जिसका जीवन किसी दूसरे पर निर्भर हो।
अनुजु, वि०, जो ऋजु न हो, टेढ़ा।
अनुञ्ञा, स्त्री०, अनुमति।
अनुटठान, नपुं०, अक्रिया-शीलता।
अनुडसति, क्रिया, डंक मारता है।
अनुडहति, क्रिया, जलाता है।
अनुतप्पति, क्रिया, पछतावा करता है।
अनुतिट्ठति, क्रिया, १. पास खड़ा होता है, २. सहमत होता है
अनुतीर, नपुं०, किनारे के पास।
अनुत्तर, नपुं०, जिससे बढ़ककर कुछ नहीं, सर्वोत्तम।
अनुत्तान, वि०, गहरा, जो उथला नहीं। २. अस्पष्ट।
अनुत्थुनाति, क्रिया; चिल्लाता है, अनुताप करता है।
अनुत्रासी, वि०, जो भयभीत नहीं।
अनुथेर, पु०; स्थविर के बाद द्वितीय।
अनुददाति, क्रिया, देता है।
अनुदिसा, स्त्री०, अनुदिशा।
अनुद्दया, स्त्री०, अनुकम्पा
अनुद्दिटठ, वि०, जिसका संकेत नहीं किया गया, जिसका उच्चारण नहीं किया गया।
अनुद्धत, वि०, निरहंकारी।
अनुद्धम्म, पु०, धर्मानुसार
अनुधावति, क्रिया, पीछे दौड़ता है।
अनुनय, पु० मैत्री-भाव।
अनुनेति, क्रिया, संतुष्ट करता है।
अनुप, अनूप, पु०, गीली जमीन।
अनुपकुट्ठ, वि०, निर्दोष।

अनुपखज्जति, क्रिया, दखल देता है।

अनुपगच्छति, क्रिया, जाता है, वापिस आता है

अनुपघात, प्र०, अहिंसा।

अनुपचित, वि०, असंग्रहीत।

अनुपञ्ञत्ति, स्त्री०, उपनियम।

अनुपटिपाति, स्त्री०, क्रम, क्रमानुसार।

अनुपटिठत, वि०, अनुपस्थित, गैर-हाजिर।

अनुपत्ति, स्त्री०, प्राप्ति।

अनुपद, वि०, पदानुसार, पीछे-पीछे।

अनुपद्दव, वि०, उपद्रव का न होना।

अनुपधारेति, क्रिया; विचार नहीं करता है।

अनुपबज्जा, स्त्री०, किसी दूसरे से प्रभावित होकर प्रब्रजित होना।

अनुपमेय, वि०, जिससे तुलना न की जा सके।

अनुपरिगच्छति, क्रिया, चारों ओर घूमता है।

अनुपरिवत्तति, क्रिया लुढकता है।

अनुपरिवेरति, क्रिया, घेर लेता है।

अनुपलित्त, वि०, जो लिबाड़ा नहीं, जिसको कुछ लगा नहीं।

अनुपवज्ज, वि०, निर्दोष।

अनुपविसति, क्रिया, प्रवेश करता है।

अनुपसम्पन्न, वि०, जो उपसम्पन्न नहीं हुआ।

अनुपस्सक, वि०, द्रष्टा।

अनुपस्सति, किया० देखता है, विचार करता है।

अनुपस्सना, स्त्री; अनुपश्यना, विचार करना।

अनुपद्दूत, वि० जिसे कुछ हानि नहीं हुई, जो नष्ट नहीं हुआ।

अनुपात, पु०, अपशब्द।

अनुपादाय, पूर्व-क्रिया, बिना विचार किये, बिना समझे।

अनुपादान, वि०, अनासक्त, बिना इंधन के।

अनुपादिसेस, वि०, अशेष उपाधि के निरोध वाली (निर्वाण धातु)

अनुपापुणाति, क्रिया, प्राप्त करता है।

अनुपापेति, क्रिया, प्राप्त कराता है।

अनुपाय, पु०, अनुचित उपाय।

अनुपायास, वि०, चिन्ता-रहित।

अनुपालेति, क्रिया, पालता है।

अनुपाहन, वि०, बिना जूते के।

अनुपिय, कपिलवस्तु की पूर्व-दिशा में मल्ल-जनपद का एक नगर।

अनुपुच्छति, क्रिया, पूछता है, प्रश्न करता है।

अनुपुट्ठ, क्रिया-विशेषण, पूछा गया।

अनुपुब्ब, वि०, क्रमशः।

अनुपेक्खति, क्रिया, ध्यान देता है, विचार करता है।

अनुपेक्खना, स्त्री०, ध्यान, विचार।

अनुपेसेति, क्रिया, पीछे भेजता है।

अनुपोसिय, वि०, जिसका पालन-पोषण करना हो।

अनुप्पत्ति, स्त्री०; प्राप्ति। अन+उप्पत्ति, जन्म का न होना।

अनुप्पदातु, पु०, दाता, देने वाला।

अनुप्पदाति, क्रिया, देता है, दे डालता है।

अनुप्पन्न, वि०, जो उत्पन्न नहीं हुआ।

अनुप्पीळ, वि; जो पीड़ित नहीं किया

गया, जिसे कष्ट नहीं दिया गया ।

अनुकरण, नपुं०, व्याप्त होना ।

अनुफुसीयति, क्रिया; भिगोता है, छिड़कता है ।

अनुबद्ध, क्रिया-विशेषण; जिसका पीछ किया जाता हो ।

अनुबन्धन, नपुं०, बंधन, पीछा करना ।

अनुबल, नपुं; सहायता देना, समर्थन करना ।

अनुबुज्झति, क्रिया, बोध प्राप्त करता है, समझता है ।

अनुबुज्झन, नपुं०, बोध,ज्ञान ।

अनुबुद्ध, क्रिया-विशेषण, बोध-प्राप्त, ज्ञानी; अल्पतर बुद्ध ।

अनुबोध, पु०, समझ, ज्ञान ।

अनुब्बजति, क्रिया, अनुगमन करता है ।

अनुब्बत, वि०, श्रद्धावान्, अनु-व्रती ।

अनुब्यञ्जन, नपुं०, दूसरे दर्जे के चिह्न

अनुब्रूहेति, क्रिया, बढ़ाता है ।

अनुभवति, क्रिया, अनुभव करता है, खाता है ।

अनुभवन, नपुं०, अनुभव करना, खाना ।

अनुभाग, नपुं०, गौण हिस्सा ।

अनुभायति, क्रिया, डरता है ।

अनुभाव, नपुं०, प्रताप, तेजस्विता ।

अनुभासति, क्रिया, दोहराता है ।

अनुभूत, क्रिया-विशेषण; अनुभव में आया हुआ ।

अनुमज्जति, क्रिया; थपथपाता है, डुबकी लगाता है । गहराई में नीचे उतरता है ।

अनुमज्झ, वि०, मध्यस्थ ।

अनुमञ्ञति, क्रिया, स्वीकार करता है, सहमत होता है ।

अनुमति, स्त्री०; सहमति, अनुज्ञा ।

अनुमान, पुं०, अनुमान (—प्रमाण) ।

अनुमीयति, क्रिया, अनुमान करता है, परिणाम पर पहुँचता है ।

अनुमोदक, वि०, अनुमोदन करने वाला, समर्थक, प्रसन्न होने वाला ।

अनुम्मत्त, वि०, जो उन्मत्त (-पागल) नहीं ।

अनुयात, क्रिया-विशेषण, जिसके पीछे-पीछे कोई आता हो ।

अनुयायी, वि०, अनुगामी ।

अनुयुञ्जति, क्रिया, किसी काम में लगता है ।

अनुयुत्त, क्रिया-विशेषण; किसी काम में लगा हुआ ।

अनुयोग, पु०, साधना ।

अनुयोगी, त्रिलिंगी, साधक ।

अनुरक्खक, वि, रक्षक ।

अनुरक्खण, नपुं, अनुरक्षण ।

अनुरक्खति, क्रिया, रक्षा करता है ।

अनुरक्खा, स्त्री०, आरक्षा ।

अनुरक्खीय, वि०, संरक्षणीय ।

अनुरज्जति, क्रिया, आकर्षित होता है, आनन्दित होता है ।

अनुरत्त, क्रिया-विशेषण; आसक्त ।

अनुरव, पु०, गूंज ।

अनुरुद्ध स्थविर, अमितोदन शाक्य का पुत्र तथा महानाम का भाई । भगवान् बुद्ध के प्रधान भिक्षु शिष्यों में से एक ।

अनुरूप, वि०, अनुकूल ।

अनुरोदति, क्रिया, चिल्लाता है ।

अनुरोध, पु०, स्वीकृति, अनुकूलता ।

अनुलिम्पति, क्रिया, अभिसिञ्चन करता है ।

अनुलोम, वि०, सीधे क्रम से ।

अनुलोमेति, क्रिया, क्रम का अनुगमन करता है ।

अनुवज्ज, वि०, दोषभागी ।

अनुवत्तक, वि०, अनुगामी ।

अनुवत्तेति, क्रिया, उत्तराधिकार होता है, अनुकरण करता है ।

अनुवदति, क्रिया, दोषारोपण करता है ।

अनुवसति, क्रिया, किसी के साथ रहता है ।

अनुवस्सं, क्रिया-विशेषण, हर वर्षा काल में ।

अनुवस्सिक, वि०, वार्षिक ।

अनुवात, पुं०, अनुकूल-वायु ।

अनुवाद, पु०, दोषारोपण, (एक भाषा से दूसरी भाषा में) रूपान्तर ।

अनुवासेति, क्रिया; सुगन्धित करना ।

अनुविचरति, क्रिया, इधर-उधर घूमता है ।

अनुविचिनाति, क्रिया, विचार करता है, चिन्तन करता है ।

अनुविच्च, पूर्व-क्रिया, जानकर, परीक्षण कर ।

अनुविज्जक, पुं०, परीक्षक ।

अनुविज्झति, क्रिया, बींधता है, परीक्षण करता है ।

अनुवितक्केति, क्रिया, तर्क-वितर्क करता है, मनन करता है ।

अनुविधीयति, क्रिया (विधी के) अनुसार आचरण करता है ।

अनुविलोकेति, क्रिया, निरीक्षण करता है ।

अनुवुट्ठ, क्रिया-विशेषण, रहता हुआ, वास करता हुआ ।

अनुब्यञ्जन, नपुं०, छोटे-मोटे चिह्न या लक्षण ।

अनुसक्कति, क्रिया, एक ओर हट जाता है, पीछे हट जाता है ।

अनुसंवच्छर, क्रिया-विशेषण; प्रति-वर्ष ।

अनुसंचरति, क्रिया; चलता-फिरता है घूमता है ।

अनुसट, क्रिया-विशेषण, अभि-सिञ्चित ।

अनुसत्थर, पुं० शिक्षक, उपदेशक ।

अनुसन्धि, स्त्री, मेल, परिणाम ।

अनुसय, पु०, चित्त का झुकाव, चित्त की प्रवृत्ति (कुपथगामी)

अनुसरति, क्रिया, अनुगमन करता है, अनुस्मरण करता है ।

अनुसवति, क्रिया, चूता रहता है, बहता रहता है ।

अनुसावक, वि०, सुनाने वाला, घोषणा करने वाला ।

अनुसावेति, क्रिया, घोषणा करता है ।

अनुसासक, पु०, अनुशासन करने वाला, प्रवचन करने वाला ।

अनुसासिक जातक, एक पेटू भिक्षुणी के बारे में जेतवन में उपदिष्ट जातक कथा (सं ११५)

अनुसिक्खति, क्रिया, शिक्षा ग्रहण करता है ।

अनुसुणाति, क्रिया, सुनता है ।

अनुसूयक, वि०, ईर्षा-रहित ।

अनुसेति, क्रिया, साथ लेटता है ।

अनुसोचति, क्रिया, सोचता है, पश्चाताप करता है ।

अनुसोत, पु०, स्रोत के अनुसार ।

अनुस्सति, स्त्री०, जागरूकता, स्मृति ।

अनुस्सरण, नपुं०, अनुस्मरण ।

अनुस्सति, क्रिया, अनुस्मरण करता है ।

अनुस्सव, पु०, सुनी-सुनाई बात ।

अनुस्सुक वि०, जो कुछ करने के लिए उत्सुक नहीं ।

अनुहसति, क्रिया; हँसता है, मजाक करता है ।

अनून, विशेषण, अन्यून, सम्पूर्ण ।

अनुपम, वि०, जिसकी उपमा नहीं ।

अनूहत, वि०, जिसकी जड़ नहीं खुदी ।

अनेक, वि०, बहुत से, एक नहीं,

अनेज, वि०, तृष्णा-विहीन ।

अनेध वि०, ईंधन-विहीन ।

अनेळ, वि०, निर्दोष । अनेळ-गल, अनेल-मूग, गूंगा नहीं ।

अनेसना, स्त्री०; (जीविका) की अनुचित खोज ।

अनोक, नपुं०; बे-घर

अनोकास, वि०, स्थान, समय या अवसर का अभाव ।

अनोजा, स्त्री०, नारंगी के रंग के फूलों वाला पौदा या उसके फूल ।

अनोतत्त, पु०, हिमालय की कोई झील, सम्भवतः मानसरोवर ।

अनोतप्प, नपुं०, (पाप करने में) निर्भय ।

अनोदक, वि०, जल-रहित ।

अनोदिस्सक, वि०, सर्व-सामान्य के लिए ।

अनोनमति, क्रिया; नहीं झुकता है ।

अनोम, वि०; श्रेष्ठ ।

अनोमा, स्त्री०, कपिलवस्तु के पूर्व की ओर की अनोमा नाम की नदी, जिसे गृहत्याग के अनन्तर सिद्धार्थ-गौतम ने सर्व-प्रथम पार किया ।

अनोमज्जति, क्रिया, (शरीर को हाथ से) मलता है ।

अनोरपार, वि०, जिसका वारापार नहीं, न इस ओर तीर, न उस ओर तीर ।

अनोवस्सक, वि०, वर्षा से बचा हुआ, वर्षा से सुरक्षित ।

अन्त, पु०, आखिर, अवसान ।

अन्त-कर, वि०, अन्तिम ।

अन्त-गुण, नपुं०, आन्त ।

अन्तजातक देवदत्त के बारे में वेळुवन में उपदिष्ट जातक कथा (२६५)

अन्तक, पु० मृत्यु ।

अन्तमसो, अव्यय; अन्तिम दर्जे ।

अन्तर, नपुं० भेद, दूरी, भीतरी ।

अन्तरकप्प, (दो) कल्पों के बीच ।

अन्तरघर, नपुं०, घरों के बीच या गाँव में ।

अन्तर-साटक, नपुं० अन्दर का वस्त्र ।

अन्तरट्ठक, शीत-ऋतु, के अत्यन्त ठण्डे आठ दिन, जिस समय (भारत में) बर्फ गिरती है ।

अन्तरवन्तरा, क्रिया-विशेषण, जब-तब ।

अन्तरधान, नपुं०, अदृश्य हो जाना,

अन्तरध्यान हो जाता ।

अन्तरवासक, पु०, अन्दर का वस्त्र, लुंगी या धोती की तरह पहना जाने वाला, चीवर ।

अन्तरंस, पु०, दो कन्धों के बीच की दूरी ।

अन्तरा, क्रिया-विशेषण, बीच में । अन्तरा-मग्गे, बीच रास्ते में।

अन्तरापण, पु०, दुकानों के बीच, बाज़ार ।

अन्तराय, पु०, बाधा, खतरा ।

अन्तरायिक, वि०, बाधक कारण ।

अन्तराल, नपुं०, बीच की स्थिति ।

अन्तरिक, वि०, इसके बाद की स्थिति ।

अन्तलिक्ख, नपुं०, अन्तरिक्ष, आकाश और पृथ्वी के बीच का अवकाश ।

अन्तवन्तु, वि०, अन्तवान्, जिसका आखिर हो ।

अन्तिक, वि०, सिरे पर; नपुं०, पड़ोस ।

अन्तेपुर, नपुं०, १. नगर का भीतरी भाग। २. महल का भीतरी भाग, रनिवास।

अन्तेवासी, पु०, आचार्य के साथ रहने वाला, शिष्य ।

अन्तो, अव्यय, अन्दर ।

अन्दु, पु०, बेड़ी ।

अन्दु-घर, नपुं०, जेलखाना ।

अन्धक, पु०, मक्खी-विशेष ।

अन्धक, वि०, आन्ध्र-प्रदेश का निवासी।

अन्धकविन्द, राजगृह से तीन गव्यूति की दूरी पर मगध-जनपद का एक गाँव।

अन्धक (-निकाय), स्थविरवाद से पृथक् हो जाने वाले भिक्षुओं का एक सम्प्रदाय ।

अन्धकार, पु०, अन्धेरा, चकित हो जाना।

अन्धतम, पु० तथा नपुं०, घुप अन्धेरा ।

अन्न, नपुं०, भोजन ।

अन्नद, वि०, भोजन-दाता ।

अन्न-पान, नपुं०, खाना-पीना ।

अन्वक्खर, वि०, अक्षरानुसार ।

अन्वगा, भूतकालिक क्रिया, (वह) गया, उसने अनुगमन किया ।

अन्वगु, भूतकालिक क्रिया, (वे) गये, उन्होंने अनुगमन किया ।

अन्वडढमासं, क्रिया-विशेषण, हर पन्द्र-हवें दिन ।

अन्वत्थ, वि०, अर्थानुसार ।

अन्वदेव, अव्यय, पीछे लगा होना ।

अन्वय, पु०, मार्ग, क्रम, हेतु ।

अन्वहं, क्रिया-विशेषण, दैनिक ।

अन्वागच्छति, क्रिया, पीछे-पीछे आता है ।

अन्वाय, पूर्व-क्रिया, अनुभव करके, हो करके ।

अन्वायिक, वि०, नपुं०, अनुगामी, साथी ।

अन्वाहिण्डति, क्रिया, घूमता है ।

अन्वेति, क्रिया, पीछे-पीछे आता है ।

अन्वेसक, वि०, खोजने वाला, अन्वेषक ।

अन्वेसति, क्रिया, अन्वेषण करता है ।

अन्ह, पु०, दिन, (पूर्वाह्न, मध्याह्न अप-राह्न)

अपकडढति, क्रिया, बाहर खींच लेता है, दूर खींच ले जाता है ।

अपकरोति, क्रिया, अपकार करता है ।

अपकस्सति, क्रिया, एक ओर खींच लेता है, हटा देता है ।

अपकार, पु०, बुराई, हानि, दुष्कर्म ।

अपक्कमति, क्रिया, चला जाता है ।

अपगब्भ, वि०, १. फिर जन्म न ग्रहण करने वाला; २. अप्रगल्भ ।

अपगम, पु०, चले जाना, अदृश्य हो जाना ।

अपचय, पु०, निरोध, जन्म-मरण का निरोध ।

अपचायति, क्रिया, आदर करता है, गौरव करता है ।

अपचायन, नपुं० पूजा, गौरव, आदर ।

अपचायक, पूजा करने वाला ।

अपच्च, नपुं०, सन्तान ।

अपच्चक्ख, वि०, जिसका प्रत्यक्ष नहीं हुआ ।

अपजित, नपुं०, हार ।

अपण्णक, वि०, निर्दोष ।

अपण्णक जातक, अनाथ पिन्डिक तथा उसके पाँच सौ मित्रों को उपदिष्ट जातक-कथा (१)

अपत्थट, वि०, जो फैला नहीं ।

अपत्थद्ध, वि०, उत्तेजना-रहित ।

अपत्थिय, वि०,जिसकी इच्छा करना अयोग्य है ।

अपथ, पु०, कुमार्ग ।

अपद वि०, बिना पाद (=पाँव के चिह्न) के ।

अपदान, नपुं०, जीवनचर्या, अनुश्रुति ।

अपदान, खुद्दक निकाय के पन्द्रह ग्रन्थों में से एक । इसमें भगवान बुद्ध के समकालीन पाँच सौ सैंतालीस भिक्षुओं तथा चालीस भिक्षुणियों की जीवन-कथायें संग्रहीत हैं ।

अपदिस, पु०, साक्षी, गवाही ।

अपदिसति, क्रिया, साक्षी उपस्थित करता है, उद्धृत करता है ।

अपदेस, पु०, तर्क, कथन ।

अपधारण, नपुं०, ढक्कन ।

अपनामेति, नपुं०, हटाता है, दूर कर देता है ।

अपनिदहति, क्रिया, छिपाता है ।

अपनिहित, क्रिया-विशेषण, छिपा हुआ ।

अपनुदति, क्रिया, हाँक देता है, दूर हटा देता है ।

अपनुदन, नपुं०, हटाना ।

अपनुदितु, पु०, हटाने वाला ।

अपनेति, क्रिया, दूर हटाता है ।

अपमार, पु०, मृगी (रोग) ।

अपयाति, क्रिया, चला जाता है ।

अपर, वि०, दूसरा, पश्चिमीय । अपर-भागे, (अधि-) बाद में ।

अपरगोयान, पृथ्वी के चार महाद्वीपों में से एक ।

अपरज्जु, क्रिया-विशेषण, अगले दिन ।

अपरज्झति, क्रिया, अपराध करता है ।

अपरद्ध, क्रिया-विशेषण, दोषी, अस-फल ।

अपरंत, तृतीय संगीति के बाद अशोक ने जिन देशों में भिक्षुओं को धर्म प्रचारार्थ भेजा उनमें से एक ।

अपरप्पच्चय, वि०, जो दूसरों पर निर्भर नहीं ।

अपरसेलिय, अन्धकों का एक उप-सम्प्रदाय ।

अपराजित, वि०, जो जीता नहीं गया ।

अपराध, पु०, दोष, कसूर ।

अपरापरिय, वि०, निरन्तर, लगातार ।

अपरिग्गहित, वि०, जिस पर अधिकार न किया गया हो ।

अपरिच्छिन्न, वि०, असीम ।

अपरिमित, वि०, असीम ।

अपलायी, वि०, जो भागता नहीं ।

अपलालेति, क्रिया, लाड़-प्यार करता है ।

अपलिबुद्ध, वि०, बाधा - रहित, स्वतंत्र ।

अपलेखन, नपुं०, खुरचना, चाटना ।

अपलोकेति, क्रिया, ऊपर देखता है, अनुज्ञा प्राप्त करता है ।

अपवग्ग, पु०, मुक्ति, निर्वाण ।

अपवत्तति, क्रिया, घूम जाता है, चला जाता है ।

अपवदति, क्रिया, दोषारोपण करता है ।

अपवहति, क्रिया, ले जाता है, हाँकता है ।

अपविद्ध, क्रिया-विशेषण, फेंका गया, त्यागा गया ।

अपसक्कति, क्रिया, चला जाता है, एक ओर चला जाता है ।

अपसव्य, नपुं०, दाहिनी ओर ।

अपसादन, नपुं०, निग्रह ।

अपसादेति, क्रिया, निग्रह करता है ।

अपस्मार, (अपमार) मृगी ।

अपस्सय, पु०, आश्रय, सहारा ।

अपस्सेति, क्रिया, आश्रय ग्रहण करता है, सहारा लेता है ।

अपस्सेन, (-फलक), नपुं०, सहारे का तख्ता ।

अपहत्तु, पु०, हटाने वाला ।

अपहरति, क्रिया, लूट ले जाता है ।

अपांग, पु०, अक्षि-कोण ।

अपाकट, वि०, अप्रकट, अज्ञात ।

अपाकतिक, वि०, अप्राकृतिक, अस्वाभाविक ।

अपाची, स्त्री०, पश्चिम दिशा ।

अपाचीन, वि०, पश्चिमीय ।

अपाद, अपादक, वि०, बिना पांव के रेंगने वाला ।

अपादान, नपुं०, पाँचवीं विभक्ति, पृथक्-करण ।

अपान, नपुं०, प्रश्वास ।

अपापक, वि०, निर्दोष, पापरहित ।

अपापुरण, नपुं०, चाबी ।

अपापुरति, क्रिया, खोलता है ।

अपाय-पु०, नरक-लोक ।

अपाय-गामी, वि०, दुरवस्था को प्राप्त होने वाला ।

अपाय-मुख, नपुं०, दुरवस्था का कारण ।

अपाय-सहाय, पु०, फजूलखर्च साथी ।

अपार, वि०, बिना पार के, बिना छोर के ।

अपारुत, वि०, खुला हुआ ।

अपालम्ब, पु०, गाड़ी के सहारे का तख्ता ।

अपि, अव्वय, भी ।

अपिच, किन्तु ।

अपितु, प्रश्नवाचक अव्यय ।

अपिनाम, यदि हम ।

अपिस्सु, इतना ।

अपिधान, नपुं०, ढक्कन ।

अपिलापन, नपुं०, दोहराना ।

अपिहालु, वि०, निर्लोभी ।

अपिहित, वि०, ढका हुआ ।
अपुच्छ, वि०, अप्रश्न ।
अपेक्खक, वि०, प्रतीक्षा करने वाला ।
अपेक्खति, क्रिया, प्रतीक्षा करता है ।
अपेत, क्रिया-विशेषण, चला गया ।
अपेति, क्रिया, चला जाता है ।
अपेत्तेय्यता, स्त्री०, पिता की अवज्ञा ।
अपेय्य, वि, जो पीने योग्य न हो ।
अप्प, वि०, अल्प, थोड़ा ।
अप्पकसिरेण, क्रिया-विशेषण, कुछ कठिनाई से ।
अप्प-किच्च, वि०, जिसे थोड़ा कार्य हो ।
अप्पकिण्ण, वि०, भीड़-रहित, शान्त, बिखरा हुआ ।
अपगब्भ, वि०, निरभिमानी ।
अप्पग्घ, वि०, अधिक कीमती नहीं ।
अप्पच्चय, पु०, बिना हेतु के ।
अप्पटिखिप्प, वि०, प्रतिक्षेप करने के अयोग्य ।
अप्पटिघ, वि०, बिना विरोध के, बिना क्रोध के ।
अप्पटिपुग्गल, पु०, ऐसा आदमी जिसका मुकाबला न हो ।
अप्पटिबद्ध, वि०, अनासक्त ।
अप्पटिभाग, वि०, हिस्सेदार न होना ।
अप्पटिभाण, वि०, पलटकर उत्तर न देने वाला, चकित होने वाला ।
अप्पटिम, वि०, अतुलनीय ।
अप्पटिवत्तिय, वि०, जो उल्टा न घुमाया जा सके ।
अप्पटिवानी वि०, पीछे न हटने वाला।
अप्पटिविद्ध वि०, अप्राप्त, अबुद्ध ।
अप्पटिसंखा, स्त्री०, समझ या ज्ञान का अभाव ।
अप्पटिसंधिक, वि०, प्रति सन्धि (= पुनर्जन्म) के अयोग्य ।
अप्पणा, स्त्री०, किसी वस्तु पर ध्यान एकाग्र करना ।
अप्पणिहित, वि०, इच्छा-रहित, कामना-रहित ।
अप्पतिट्ठ, वि०,असहाय ।
अप्पतिस्सव, वि०, विद्रोही ।
अप्पतीत, वि०, अप्रसन्न ।
अप्पदुट्ठ, वि०, अक्रुद्ध, अदुष्ट ।
अप्पधंसीय, वि०, ध्वंश न करने योग्य ।
अप्पमञ्ञा, स्त्री०, मैत्री, करुणा, मुदिता तथा उपेक्षा, चारों असीम भावनाएँ ।
अप्पमत्त, वि०, जागरूक, अप्रमादी ।
अप्पमाण, वि०, असीम ।
अप्पमाद, वि०, अप्रमाद, जागरूकता ।
अप्पमेय्य, वि०, जो मापा न जा सके ।
अप्पवत्ति, स्त्री०, अप्रवृत्ति, अभाव ।
अप्पसाद, पु०, अप्रसाद, असन्तोष ।
अप्प-सत्थ, वि०, थोड़े काफिले वाला ।
अप्पसत्थ, वि०, अप्रशंसित ।
अप्पसन्न, वि०, अप्रसन्न ।
अप्पसमारम्भ, वि०, विशेष कष्टकर नहीं ।
अप्पस्सक, वि०, निर्धन, दरिद्र ।
अप्पस्साद, वि०, अल्प-आस्वाद ।
अप्पहीन, वि०, अविनष्ट ।
अप्पाणक, वि०, प्राण-रहित, कीड़े-मकौड़ों रहित ।
अप्पातङ्क, वि०, आतंक-रहित, रोग-रहित ।
अप्पिच्छ, वि०, अल्पेच्छ, आसानी से

संतुष्ट हो जाने वाला।

अप्पिय, वि०, अप्रिय।

अप्पेकदा, क्रिया-विशेषण, कभी-कभी।

अप्पेव, अप्पेवनाम, अव्यय, अच्छा है, यदि ऐसा हो।

अप्पेसक्ख, वि०, अधिक प्रभावशाली नहीं।

अप्पोसुक्क, वि०, (अल्प+उत्सुक), अनुत्साही।

अप्फुट, वि०, अस्पृष्ट, जो छुआ नहीं गया।

अप्फोटेति, क्रिया, उंगलियाँ चटखाता है, ताली बजाता है।

अफल, वि०, निष्फल।

अफस्सित, वि०, जिसे स्पर्श नहीं किया।

अफासु, वि०, असुविधा, कठिनाई।

अफेग्गुक, वि०, दुर्बल नहीं, सबल, मजबूत।

अबद्ध, अबन्धन, वि०, बन्धन-मुक्त, स्वतंत्र।

अबल, वि०, दुर्बल। **अबला**, स्त्री० औरत।

अब्बण, वि०, व्रण-रहित।

अब्बत, वि०, अ-व्रत, व्रत-विहीन।

अब्बुद, नपुं०, गर्भाधान के पहले या दूसरे महीने में गर्भ की स्थिति।

अब्बोकिण्ण, वि०, सतत, लगातार, विघ्न-रहित।

अब्बोच्छिन्न, वि०, सतत, बाधा-रहित।

अब्बोहारिक, वि०, अव्यावहारिक, गैर कानूनी।

अब्भ, नपुं०, आकाश, बादल।

अब्भकूट, नपुं०, बादलों का शिखर।

अब्भ-पटल, नपुं०, बादलों का समूह।

अब्भक, नपुं०, सीसा, अबरक।

अब्भक्खाति, क्रिया, निन्दा करता है, विरुद्ध बोलता है।

अब्भक्खान, नपुं०, मिथ्या दोषारोपण।

अब्भञ्जति, क्रिया, तेल की मालिश करता है।

अब्भतीत, वि०, जो गुजर गया।

अब्भनुमोदति, क्रिया, अत्यधिक संतोष प्रकट करता है।

अब्भन्तर, नपुं०, भीतर, अन्तर।

अब्भन्तर जातक, बिम्बादेवी के लिए सारिपुत्र द्वारा आम्र-रस प्राप्त किए जाने के सम्बन्ध में जातक-कथा (२८१)।

अब्भागत, त्रिलिङ्गी, अतिथि, मेहमान।

अब्भागमन, नपुं०, आगमन।

अब्भाघात, नपुं०, (अभि+आघात) बध-स्थल।

अब्भाचिक्खति, क्रिया, दोषारोपण करता है।

अब्भान, नपुं०, आवाहन, प्रायश्चित्त करने के अनन्तर भिक्षु को वापिस लौटाना।

अब्भाहत, क्रिया-विशेषण, आक्रमित, जिस पर आक्रमण किया गया।

अब्भुक्किरण, नपुं०, बाहर खींचना, सींचना।

अब्भुगच्छति, क्रिया, ऊपर जाता है।

अब्भुगमन, नपुं०, ऊपर उठना।

अब्भुतधम्म, धर्म के नौ अंगों में से एक। आश्चर्यकर-प्रकरण।

अब्भुदेति, क्रिया, ऊपर उठता है।

अब्भुन्नत, वि०, ऊपर उठा।

अब्भुम्मे, अव्यय, ओह!

अब्भुय्याति, क्रिया, चढ़ाई करता है ।
अब्भुस्सुयक, वि०, उत्साही ।
अब्भेति, क्रिया, आवाहन करता है ।
अब्भोकास, पु०, खुला-आकाश ।
अब्भोकिरति, क्रिया, सिंचन करता है, अभिषेक करता है ।
अभब्बो, वि०, अयोग्य ।
अभय, वि०, निर्भय ।
अभाव, पु०, लोप, अदर्शन, न होना ।
अभावित, वि०, अनभ्यस्त ।
अभिकंखति, क्रिया, इच्छा करता है, कामना करता है ।
अभिकंखन, नपुं०, इच्छा, कामना ।
अभिकिरति, क्रिया, बिखेरता है ।
अभिकीळति, क्रिया, खेलता है ।
अभिकूजति, क्रिया, गुंजा देता है ।
अभिक्कन्तं, अव्यय, अत्यन्त सुन्दर ।
अभिक्कमति, क्रिया, चल देता है ।
अभिक्खण, वि०, निरन्तर, प्रति-क्षण ।
अभिक्खणति, क्रिया, खोदता है ।
अभिगज्जति, क्रिया, गर्जता है ।
अभिगज्जन, नपुं०, गर्जना ।
अभिघात, पु०, १. सम्पर्क, २. हत्या ।
अभिघाती, पु०, घात करने वाला, शत्रु ।
अभिचेतसिक, वि०, चित्त-सम्बन्धी ।
अभिचेतेति, क्रिया, सोचता है ।
अभिजच्च, वि०, अभिजात, उच्चकुलोत्पन्न ।
अभिजप्पति, क्रिया, जाप करता है, इच्छा करता है, प्रार्थना करता है ।
अभिजाति, स्त्री०, १. पुनर्जन्म, २. वर्ग-विशेष ।
अभिजानन, नपुं०, पहचानना, याद करना ।
अभिजानाति, क्रिया, सम्यक् प्रकार जानता है ।
अभिजायति, क्रिया, उत्पन्न होता है ।
अभिजिगिज्झति, क्रिया, अत्यन्त इच्छा करता है ।
अभिजिगिज्झन, नपुं०, अत्यन्त लोभ ।
अभिजिगिंसति, क्रिया, जीतने की इच्छा करता है ।
अभिज्जमान, वि०, जो टूटे नहीं, जो पृथक न हो ।
अभिज्झा, स्त्री०, अत्यन्त लोभ ।
अभिज्झायति, क्रिया, इच्छा करता है ।
अभिञ्ञ, वि०, जानकार ।
अभिञ्ञा, स्त्री०, विशिष्ट ज्ञान ।
अभिञ्ञाय, पूर्व-क्रिया, भली प्रकार जानकर ।
अभिञ्ञात, क्रिया-विशेषण, प्रसिद्ध ।
अभिण्हजातक, कुत्ते और हाथी की कथा, जो अभिन्न मित्र बन गए थे (२७)।
अभिण्ह, वि०, लगातार ।
अभिण्हं, क्रिया-विशेषण, प्रायः ।
अभिण्हसो, क्रिया-विशेषण, सदैव ।
अभितत्त, क्रिया-विशेषण, तपा हुआ ।
अभितप्ति, क्रिया, तपता है ।
अभिताप, पु०, ऊष्णता ।
अभिताळित, क्रिया-विशेषण, ताड़ित ।
अभिताळेति, क्रिया, ताड़ता है ।
अभितिट्ठति, क्रिया, बाजी मार ले जाता है, आगे बढ़ जाता है ।
अभितो, अव्यय, चारों ओर से ।
अभितोसेति, क्रिया, अच्छी तरह संतुष्ट करता है ।
अभिथनति, क्रिया, गर्जता है ।
अभिथरति, क्रिया, जल्दी करता है ।

अभित्थवति, क्रिया, प्रशंसा करता है।

अभित्थवि, भूत-काल, प्रशंसा की।

अभित्थुत, क्रिया-विशेषण, प्रशंसित।

अभित्थुनाति, क्रिया, प्रशंसा करता है।

अभित्थुनि, भूत-काल, प्रशंसा की।

अभिदोस, पु०, गत-सन्ध्या।

अभिदोसिका, वि०, गत-सन्ध्या-सम्बन्धी।

अभिधमति, क्रिया, बजाता है।

अभिधम्म, पु०, अभिधम्मपिटक की विश्लेषणात्मक देशना।

अभिधम्म पिटक, तीन पिटकों में से एक। इसके अन्तर्गत सात ग्रन्थ हैं—

(१) **धम्मसङ्गनि**

(२) **विभंग**।

(३) **कथावत्थु**।

(४) **पुग्गलपञ्ञत्ति**।

(५) **धातु-कथा**।

(६) **यमक**

(७) **पट्ठान**।

अभिधम्मिक, वि०, अभिधर्म के ज्ञाता।

अभिधा, स्त्री०, नाम या संज्ञा।

अभिधान, नपुं०, नाम या संज्ञा।

अभिधानप्पदीपिका, बारहवीं शताब्दी में लिखा गया पालि-कोश। इसकी रचना संस्कृत अमर-कोश के ढंग पर हुई है।

अभिधावति, क्रिया, दौड़ता है।

अभिधेय्य, वि०, नाम वाला।

अभिधेय्य, नपुं०, अर्थ।

अभिनदति, क्रिया, नाद करता है।

अभिनदित, नपुं०, आवाज।

अभिनन्दति, क्रिया, आनन्दित होता है।

अभिनन्दी, वि०, आनन्द मनाने वाला।

अभिनमति, क्रिया, झुकता है।

अभिनय, नपुं०, नाटक।

अभिनयन, नपुं०, १. लाना, २. पूछ-ताछ।

अभिनव, वि०, नया, ताज़ा।

अभिनादित, गुंजा दिया गया।

अभिनिकूजित, पक्षियों की आवाज से गुंजा दिया गया।

अभिनिक्खमति, क्रिया, अभिनिष्क्रमण करता है, गृह त्याग करता है।

अभिनिक्खमन, नपुं०, अभिनिष्क्रमण, गृहत्याग।

अभिनिक्खिपति, क्रिया, रख देता है।

अभिनिक्खिपन, नपुं०, रख देना।

अभिनिपज्जति, क्रिया, लेट जाता है।

अभिनिपतति, क्रिया, नीचे गिरता है, आगे बढ़ता है।

अभिनिप्पीळेति, क्रिया, पीड़ा देता है, पीड़ता है।

अभिनिप्फज्जति, क्रिया, उत्पन्न होता है, समर्थ होता है।

अभिनिप्फत्ति, स्त्री०, अभिनिष्पत्ति, उत्पन्न होना, समर्थ होना।

अभिनिप्फादेति, क्रिया, अभिनिष्पादन करता है, उत्पन्न करता है।

अभिनिब्बत, क्रिया-विशेषण, उत्पन्न, जन्म ग्रहण किया हुआ।

अभिनिब्बत्ति, स्त्री०, जन्म ग्रहण करना, उत्पत्ति।

अभिनिब्बत्तेति, क्रिया, जन्म ग्रहण करता है।

अभिनिब्बिदा, स्त्री०, वैराग्य।

अभिनिब्बुत, वि०, पूर्ण शान्त, पूर्ण

बुझा हुआ ।

अभिनिमंतेति, क्रिया, निमंत्रण देता है ।

अभिनिम्मिणाति, क्रिया, उत्पन्न करता है, निर्माण करता है ।

अभिनिरोपन, नपुं०, अपने चित्त को लगाना ।

अभिनिरोपेति, क्रिया, अपने चित्त में स्थान देता है ।

अभिनिविसति, क्रिया, आसक्त होता है ।

अभिनिवेस, पु०, झुकाव ।

अभिनिसीदति, क्रिया, पास बैठता है ।

अभिनीत, क्रिया-विशेषण, लाया गया ।

अभिनीहट, क्रिया-विशेषण, बाहर लाया गया ।

अभिनीहरति, क्रिया, बाहर लाता है ।

अभिनीहार, पु०, संकल्प, अधिष्ठान ।

अभिपत्थेति, क्रिया, कामना करता है, इच्छा करता है ।

अभिपालेति, क्रिया, पालन करता है, संरक्षण करता है ।

अभिपीळेति, क्रिया, पीड़ा पहुँचाता है, पीड़ता है ।

अभिपुच्छति, क्रिया, पूछता है ।

अभिपूरति, क्रिया, पूरा करता है ।

अभिप्पकीरति, क्रिया, बिखेरता है ।

अभिप्पमोदति, क्रिया, आनन्दित होता है ।

अभिप्पसाद, पु०, श्रद्धा, भक्ति ।

अभिप्पसारेति, क्रिया, पसारता है, फैलाता है ।

अभिप्पसीदति, क्रिया, श्रद्धावान् होता है ।

अभिभवति, क्रिया, जीत लेता है ।

अभिभवन, नपुं०, जीत ।

अभिभवनीय, वि०, जिसे जीत लेना चाहिए ।

अभिभू, पु०, विजेता ।

अभिभूत, क्रिया-विशेषण, विजित ।

अभिमङ्गल, वि०, माङ्गलिक ।

अभिमण्डित, क्रिया-विशेषण, सजाया गया ।

अभिमत, वि०, इच्छित ।

अभिमत्थति, क्रिया, मथता है ।

अभिमद्दति, क्रिया, मर्दन करता है ।

अभिमद्दन, नपुं०, मर्दन ।

अभिमनाप, वि०, बहुत अच्छा लगने वाला ।

अभिमान, पु०, स्वाभिमान ।

अभिमार, पु०, डाकू ।

अभिमुख, वि०, उपस्थित,आमने-सामने ।

अभियाचति, क्रिया, याचना करता है ।

अभियाचन, नपुं०, याचना ।

अभियाति, क्रिया, विरुद्ध जाता है ।

अभियुञ्जति, क्रिया, अभ्यास करता है । अभियोग लगाता है ।

अभियुञ्झति, क्रिया, झगड़ा करता है ।

अभियुञ्जन, नपुं०, मुकद्दमा ।

अभियोग, पु०, अभ्यास, दोषारोपण ।

अभियोगी, पु०, अभ्यासी, दोषारोपण करने वाला ।

अभिरक्खति, क्रिया, रक्षा करता है ।

अभिरक्खन, नपुं०, रक्षा ।

अभिरति, स्त्री०, प्रीति, आसक्ति ।

अभिरद्धि, स्त्री०, संतोष ।

अभिरमति, क्रिया, रमण करता है, भोग भोगता है ।

अभिरमन, नपुं०, भोग ।

अभिरमापेति, क्रिया, अभिरमन कराता है ।
अभिराम, वि०, अनुकूल ।
अभिरुचि, स्त्री०, इच्छा, कामना ।
अभिरुचिर, वि०, अत्यन्त सुन्दर।
अभिरुद, वि०, गूंजता हुआ ।
अभिरूप, वि०, सुन्दर ।
अभिरूहति, क्रिया, ऊपर चढ़ता है ।
अभिरूहन, नपुं०, चढ़ाई ।
अभिरोचेति, क्रिया, पसन्द करता है ।
अभिरोपन, नपुं०, चित्त की एकाग्रता।
अभिरोपेति, क्रिया, चित्त को एकाग्र करता है ।
अभिलक्खित, क्रिया - विशेषण, चिह्नित ।
अभिलक्खेति, क्रिया, चिह्न लगाता है ।
अभिलाप, पु० बोलना, बातचीत ।
अभिलासा, स्त्री, अभिलाषा ।
अभिलेखेति, क्रिया, चिह्न लगवाता है।
अभिवञ्चन, नपुं०, ठगी ।
अभिवट्ठ, क्रिया-विशेषण, जिस पर वर्षा हुई हो ।
अभिवड्ढति, क्रिया, बढ़ता है ।
अभिवड्ढन, नपुं०, वृद्धि ।
अभिवण्णित, क्रिया-विशेषण, प्रशंसित ।
अभिवण्णेति, क्रिया, प्रशंसा करता है।
अभिवदति, क्रिया, घोषणा करता है ।
अभिवंदति, क्रिया, वन्दना करता है ।
अभिवस्सति, क्रिया, बरसता है ।
अभिवादन, नपुं०, नमस्कार, प्रणाम, दण्डवत् ।
अभिवादेति, क्रिया, दण्डवत् करता है।
अभिवायति, क्रिया, हवा चलती है।
अभिवारेति, क्रिया, रोकता है ।
अभिविजयति, क्रिया, जीतता है ।
अभिविञ्ञापेति, क्रिया, प्रेरित करता है ।
अभिवितति, क्रिया, बाँटता है ।
अभिवितरण, नपुं०, दान ।
अभिविसिट्ठ, विशेषण, अत्यन्त विशेष ।
अभिसंखत, क्रिया-विशेषण, अभिसंस्कृत, रचा गया ।
अभिसंखरोति, क्रिया, रचता है ।
अभिसङ्खार, पु०, संस्कार ।
अभिसङ्खारिक,वि०, संस्कार-सम्बन्धि, संस्कार से उत्पन्न ।
अभिसङ्ग, पु०, आसक्ति ।
अभिसङ्गि, वि०, आसक्त ।
अभिसज्जति, क्रिया, क्रोधित होता है ।
अभिसज्जन, नपुं०, क्रोध ।
अभिसञ्चेतेति, क्रिया, विचार करता है।
अभिसट, क्रिया-विशेषण, समागत ।
अभिसत्त, क्रिया-विशेषण, अभिशप्त ।
अभिसद्दहति, क्रिया, श्रद्धा करता है।
अभिसंतापेति, क्रिया, जलाता है।
अभिसंद, पु०, उतराना, परिणाम ।
अभिसंदहति, क्रिया, जोड़ता है, मेल बिठाता है ।
अभिसंदेति, क्रिया, उतराना करवाता है ।
अभिसपति, क्रिया, शाप देता है, शपथ खाता है ।
अभिसपन, नपुं०, शाप, क़सम ।
अभिसमय, पु०, स्पष्ट ज्ञान ।

अभिसमागच्छति, क्रिया, पूर्णरूप से समझ लेता है।

अभिसमाचारिक, वि०, सदाचार सम्बन्धी।

अभिसमेच्च, पूर्व-क्रिया, भली प्रकार समझकर।

अभिसमेति, क्रिया, सम्पूर्ण रूप से हृदयंगम कर लेता है।

अभिसम्पराय, पु०, भावी पुनर्जन्म, परलोक।

अभिसम्बुज्झति, क्रिया, सम्बोधि प्राप्त करता है।

अभिसम्बुद्ध, क्रिया-विशेषण, सम्पूर्ण ज्ञानी।

अभिसम्बोधि, स्त्री०, पूर्णज्ञान।

अभिसम्भव, क्रिया-विशेषण, दुष्प्राप्य।

अभिसम्भुनाति, क्रिया, समर्थ होता है।

अभिसम्मति, क्रिया, रुकता है, शान्त होता है।

अभिसर, अनुयायी (अभिसरण करने वाले)।

अभिसाप, पु०, अभिशाप।

अभिसारिका, स्त्री०, राज-सेविका।

अभिसिञ्चति, क्रिया, अभिषेक करता है, (जल) छिड़कता है।

अभिसेक, पु०, अभिषेक।

अभिहट, क्रिया-विशेषण, लाया गया।

अभिहनति, क्रिया, चोट पहुँचाता है, मारता है।

अभिहरति, क्रिया, लाता है, भेंट करता है।

अभिहार, पु०, समीप लाना, भेंट।

अभिहित, क्रिया-विशेषण, जो कहा गया।

अभीत, वि०, निर्भय।

अभीरुक, वि०, निर्भीत।

अभूत, वि०, सत्य, यथार्थ।

अभेज्ज, वि०, जो बाँटा न जाय, जो चीरा न जाय।

अभोज्ज, वि०, अखाद्य।

अमच्च, पु०, १. अमात्य, २. साथी।

अमज्ज, नपुं०, अमद्य।

अमज्जप, वि०, जो शराबी नहीं।

अमत, नपुं०, अमृत।

अमत्त, वि०, जिसे नशा नहीं चढ़ा।

अमत्तञ्ञु, वि०, जिसे (भोजन की) मात्रा का ज्ञान नहीं।

अमत्तेय्य, वि०, माता के प्रति अगौरव।

अमनुस्स, पु०, १. भूत-प्रेत, २. देवता।

अमम, वि०, निर्लोभी।

अमर, वि०, १. जो मरे नहीं, २. देवता।

अमरत्त, नपुं०, अमरत्व।

अमरा, स्त्री०, फिसलनी मछली।

अमल, वि०, निर्मल।

अमस्सुक, वि०, बिना दाढ़ी के।

अमातापितिक, वि०, मातृ-पितृ हीन।

अमातिक, वि०, मातृहीन।

अमानुस, वि०, अमनुष्य।

अमायावी, वि०, जो मायावी नहीं, छल-कपट रहित।

अमावसी, स्त्री०, अमावस्या।

अमित, वि०, असीम।

अमिताभ, वि०, अनन्त आभा वाले।

अमिता, सिंहहनु की दो पुत्रियों में से एक। **शुद्धोधन** की बहन। **देवदत्त** की माँ।

अमितोदन, **सिंहहनु** का पुत्र । **शुद्धोधन** का भाई ।

महानाम तथा **अनुरुद्ध** का पिता ।

अमिलात, वि०, जो म्लान नहीं, जो मुरझाया नहीं ।

अमिस्स, वि०, अमिश्रित ।

अमु, सर्वनाम, अमुक ।

अमुच्छित, वि०, अमूढ़, निर्लोभी ।

अमुत्त, वि०, अमुक्त, बन्धन-युक्त ।

अमुत्र, क्रिया-विशेषण, अमुक स्थान पर ।

अमोघ, वि०, निष्प्रयोजन नहीं, बेकार नहीं ।

अमोह, पु०, प्रज्ञा ।

अम्ब, पु०, आम्र, आम ।

अम्ब-अंकुर, पु०, आम का अंकुर ।

अम्ब-पक्क, नपुं०, पका आम ।

अम्ब-पान, नपुं०, आम का पन्ना ।

अम्ब-पिण्डी, स्त्री०, आमों का गुच्छा ।

अम्ब-वन, नपुं०, आम्र-वन ।

अम्ब-सण्ड, पु०, आमों का बगीचा ।

अम्ब-लट्ठिका, स्त्री०, आम का पौदा ।

अम्ब-जातक, सूखे के समय हिमालय में रहने वाले एक तपस्वी ने जानवरों के लिए जल की व्यवस्था की थी । कृतज्ञ जानवर उसके लिए अनेक उपहार लाए थे (१२४) ।

अम्ब-जातक, बुद्धिमान चाण्डाल से शिल्प सीखने वाले ब्राह्मण की कथा (४७४) ।

अम्बचोरजातक, आम्रवन में अपने लिए एक कुटी बनाकर रहने वाले दुष्ट तपस्वी की कथा (३४४) ।

अम्ब-पाली, वैशाली की प्रसिद्ध गणिका जिसने अपना आम्रवन बुद्ध-प्रमुख भिक्षु-संघ को दान दिया था ।

अम्बर, नपुं०, १. वस्त्र, २. आकाश ।

अम्बा, स्त्री०, माँ ।

अम्बिल, वि०, खट्टा ।

अम्बु, नपुं०, पानी ।

अम्बुचारी, पु०, मछली ।

अम्बुज, वि०, जलज ।

अम्बुज, नपुं, कँवल ।

अम्बुधर, पु०, बादल ।

अम्बुजिनी, स्त्री०, कँवल का तालाब ।

अम्भो, अव्यय, अरे पुरुष !

अम्म, अव्यय, माँ !

अम्मण, नपुं०, धान का माप-विशेष ।

अम्मा, स्त्री०, माँ !

अम्ह, सर्वनाम, हम ।

अम्हि, क्रिया, (मैं) हूँ ।

अम्ह, **अम्हा**, क्रिया, (हम) हैं ।

अय, पु०, आय ।

अयस्, पु० तथा नपुं, लोहा या ताँबा ।

अय-कूट जातक, बोधिसत्व ने जानवरों की हत्या बन्द कराई (३४०) ।

अयं, सर्वनाम, यह (व्यक्ति) ।

अयथा, अव्यय, अयथार्थ, मिथ्या ।

अयन, नपुं०, मार्ग, पथ ।

अयस, पु० तथा नपुं०, अपयश ।

अयुत्त, वि०, अयोग्य । अयुत्त, नपुं०, अन्याय ।

अयो-कूट, लोहे का हथौड़ा ।

अयो-खील, नपुं०, लोहे का कीला ।

अयोगुळ, पु०, लोहे का गोला ।

अयो-घन, नपुं०, लोहे का घन।

अयो-मय, वि०, लोह-निर्मित।

अयो-संकु, पु० लोहे का काँटा।

अयो-घर जातक, बोधिसत्व के लोहे के घर में जन्म ग्रहण करने की कथा (५१०)।

अयोग्ग, वि०, अयोग्य।

अयोज्झ, वि०, जिसके विरुद्ध युद्ध न किया जा सके।

अयोनिसो, क्रिया-विशेषण, अनुचित तौर पर।

अय्य, पु०, आर्य, स्वामी। अय्य-पुत्त, पु०, स्वामी-पुत्र।

अय्यक, पु०, पितामह।

अय्यका, अय्यिका, स्त्री०, पितामही।

अय्या, स्त्री०, आर्या, स्वामिनी।

अर, नपुं०, पहिये की तीली या आरा।

अरक जातक, बोधिसत्व ने अपने शिष्यों को चार ब्रह्म-विहारों (मैत्री, करुणा, मुदिता तथा उपेक्षा) की शिक्षा दी (१६६)।

अरक्खिय, वि०, जिसे सुरक्षित न रखा जा सकता हो।

अरक्खेय्य, वि०, जिसे आरक्षा की आवश्यकता न हो।

अरघट्ट, नपुं०, रहट।

अरज, वि०, रज-रहित।

अरञ्ञ, नपुं०, अरण्य, जंगल।

अरञ्ञक, वि०, आरण्य में रहने वाला।

अरञ्ञगत, वि०, जंगल में गया हुआ।

अरञ्ञ वास, पु०, आरण्य-निवास।

अरञ्ञ-विहार, पु०, आरण्य-विहार।

अरञ्ञ-जातक—भार्या की मृत्यु के अनन्तर बोधिसत्व हिमालय में जाकर पुत्र सहित तपस्वी जीवन बिताने लगे। वहाँ एक लड़की ने तरुण का शील भङ्ग किया (३४८)।

अरञ्ञानी, स्त्री०, एक बड़ा जंगल।

अरण, वि०, शान्त चित्त।

अरणि, स्त्री०, रगड़कर आग पैदा करने के लिए लकड़ी का एक टुकड़ा।

अरणि-मथन, नपुं०, आग पैदा करने के लिए लकड़ी के दो टुकड़ों को रगड़ना।

अरणि-सहित, नपुं०, रगड़ने के लिए ऊपर की लकड़ी।

अरति, स्त्री०, अरुचि।

अरती, मार की तीन कन्याओं में से एक। शेष दो हैं तण्हा (=तृष्णा) तथा रगा (=राग ?)।

अरविन्द, नपुं०, कँवल।

अरह, वि०, योग्य।

अरहद्धज, पु०, अर्हत्-ध्वजा, भिक्षु का काषायवस्त्र।

अरहति, क्रिया, योग्य होता है।

अरहत्त, नपुं०, अर्हत्व। अर्हत्त-फल, नपुं०, अर्हत्व-फल। अरहत्त-मग्ग, पु०, अर्हत्व-प्राप्ति का मार्ग।

अरहन्त, पु०, जिसने अर्हत्व-फल प्राप्त कर लिया।

अरि, पु०, शत्रु।

अरिंदम, त्रिलिङ्गी, विजेता।

अरिञ्चमान, वि०, न छोड़ते हुए, सतत प्रयास करते हुए।

अरिट्ठ, वि०, निर्दयी, अभागा।

अरिट्ठ, पु०, १. कौआ, २. नीम का पेड़, ३. रीठे का पेड़।

अरित्त, नपुं०, पतवार।

अरित्त, वि०, (अ+रिक्त) बेकार नहीं।

अरिय, वि०, श्रेष्ठ।

अरिय, पु०, श्रेष्ठ आदमी।

अरिय-कन्त, वि०, श्रेष्ठों के अनुकूल।

अरिय-धन, नपुं०, आर्यों का श्रेष्ठ धन।

अरिय-धम्म, पु०, श्रेष्ठ धर्म।

अरिय-पुग्गल, पु०, श्रेष्ठ व्यक्ति (जिसने आर्य-ज्ञान प्राप्त कर लिया)।

अरिय-मग्ग, पु०, श्रेष्ठ मार्ग।

अरिय-सच्च, नपुं०, आर्य सत्य।

अरिय-सावक, पु०, श्रेष्ठ जनों का शिष्य।

अरियूपवाद, पु०, श्रेष्ठजनों का अपमान।

अरिस, नपुं०, बवासीर।

अरु, नपुं०, ज़ख्म, व्रण।

अरुण, पु०, सूर्योदय के समय की ललाई।

अरुण-वण्ण, वि०, लाल रंग का।

अरूप, वि०, आकार-रहित।

अरूप-कायिक, वि०, आकार-रहित जीवों से सम्बन्धित।

अरूप-भव, पु०, आकार-रहित अस्तित्व।

अरूप-लोक, पु०, आकार-रहित लोक।

अरूपावचर, वि०, अरूपी से सम्बन्धित।

अरूपी, पु०, आकार रहित जीव।

अरे, अव्यय, हे, अरे आदि सम्बोधन।

अरोग, वि०, स्वस्थ, रोग रहित।

अरोग-भाव, पु०, स्वास्थ्य।

अलं, अव्यय, पर्याप्त। **अनलं,** अव्यय, अपर्याप्त।

अलक्क, पु०, पगला कुत्ता।

अलक्खिक, वि०, अभागा।

अलक्खी, स्त्री०, दुर्भाग्य।

अलगद्द, पु०, साँप।

अलग्ग, वि०, अनासक्त।

अलग्गन, नपुं०, अनासक्ति।

अलङ्कत, क्रिया-विशेषण, अलंकृत, सजा हुआ।

अलङ्करण, नपुं०, सजावट।

अलङ्कार, पु०, गहना, आभरण।

अलज्जी, वि०, लज्जा-रहित।

अलत्तक, नपुं०, लाख (लाल रंग की)।

अलम्ब, वि०, जो लटकता न हो।

अलम्बुस जातक, अलम्बुसा नाम की अप्सरा द्वारा ऋषि-पुत्र सिंगी के लुभाये जाने की कथा (५२३)

अलस, वि०, आलसी।

अलसता, स्त्री०, आलस्य।

अलसक, नपुं०, बदहज़मी।

अलात, नपुं०, लुआठी।

अलापु अलाबु, नपुं०, लौकी।

अलाभ, पु०, हानि।

अलाला, अव्यय, जो गूंगा नहीं।

अलि, पु०, १. शहद की मक्खी, २. बिच्छू।

अलिक, नपुं०, मिथ्या, झूठ।

अलीन, वि०, अप्रमादी।

अलीन चित्त जातक, बोधिसत्व ने अलीनचित्त नामक वाराणसी-नरेश का जन्म ग्रहण किया था (१५६)।

अलोभ, पु०, निर्लोभ-भाव ।

अलोल, वि०, लोलुप नहीं ।

अल्ल, वि०, भीगा । अल्ल-दारु, नपुं०, भीगी लकड़ी ।

अल्लकप्प, मगध के समीप का एक प्रदेश । अल्लकप्प के क्षत्रियों ने भी बुद्ध के शरीर के धातुओं पर अपना अधिकार जताया था ।

अल्लाप, पु०, बात-चीत, संलाप ।

अल्लीन, क्रिया-विशेषण, आसक्त ।

अल्लीयति, क्रिया, आसक्त होता है ।

अल्लीयन, नपुं०, आसक्ति ।

अवकङ्खति, क्रिया, आकांक्षा करता है ।

अवकड्ढति, क्रिया, पीछे की ओर खींचता है ।

अवकड्ढन, नपुं०, पीछे की ओर खींचना ।

अवकड्ढित, क्रिया,-विशेषण, पीछे की ओर खींचा गया ।

अवकन्तति, क्रिया, काट डालता है ।

अवकारक, क्रिया-विशेषण, बिखेरना ।

अवकास, ओकास, पु०, अवसर, स्थान, मौका ।

अवकिरति, क्रिया, उण्डेलता है ।

अवकिरिय, पूर्व-क्रिया, फेंक देकर ।

अवकुज्ज, वि०, अधोमुख ।

अवक्कन्ति, स्त्री०, प्रवेश ।

अवक्कमति, क्रिया, प्रवेश करता है ।

अवक्कम्म, पूर्व-क्रिया, प्रविष्ट होकर ।

अवक्कार, पु०, कूड़ा । **अवक्कार-पाति**, स्त्री०, कूड़ा फेंकने का बर्तन ।

अवक्खिपति, क्रिया, नीचे फेंकता है ।

अवक्खिपन, नपुं०, फेंकना, नीचे गिराना ।

अवगच्छति, क्रिया, प्राप्त करता है ।

अवगण्ड, पु०, मुँह फुलाना ।

अवगत, क्रिया-विशेषण, परिचित ।

अवगाहति, क्रिया, डुबकी लगाता है ।

अवगाह, पु०, डुबकी ।

अवगाहन, नपुं०, डुबकी लगाना ।

अवगुण्ठन, वि०, ढका हुआ ।

अवग्गह, पु० बाधा ।

अवच, वि०, नीचे ।

अवचनीय, वि०, जिसे कुछ कहना-सुनना न हो ।

अवचर, वि०, घूमना-फिरना, विचरना ।

अवचरक, त्रिलिङ्गी, गुप्तचर ।

अवचरण, नपुं०, व्यवहार ।

अवच्छिद, क्रिया-विशेषण, छिद्र-युक्त ।

अवजय, पुं०, हार ।

अवजात, वि०, दोगला, हरामी ।

अवजानाति, क्रिया, घृणा करता है ।

अवजिनाति, क्रिया, पुनः जीत लेता है ।

अवज्ज, वि०, अवद्य, दोष-रहित ।

अवज्झ, वि०, अबध्य, जिसे मारा न जा सके ।

अवञ्ञा, स्त्री०, अवज्ञा, उपेक्षा, घृणा ।

अवञ्ञात, क्रिया-विशेषण, उपेक्षित ।

अवट्ठान, नपुं०, स्थिति ।

अवड्ढि, स्त्री०, अनुन्नति, हानि ।

अवण्ण, पु०, दुर्गुण ।

अवतरण, नपुं०, नीचे उतरना ।

अवतार, पुं०, नीचे उतरने वाला ।

अवतंस, पुं०, मुकुट-माल ।

अवतिण्ण, क्रिया-विशेषण, पतित ।

अवत्थरति, क्रिया, ढकता है, धर दबाता है ।

अवत्थु, वि०, निराधार ।

अवदात, वि०, सफेद, साफ ।

अवदान, (देखें, अपदान)

अवदायति, क्रिया, अनुकम्पा करता है ।

अवधारण, नपुं०, ध्यान देना ।

अवधारेति, क्रिया, चुनाव करता है, स्वीकार करता है ।

अवधि, पु०, सीमा ।

अवनति, स्त्री०, गिरावट, पतन ।

अवनि, स्त्री०, पृथ्वी ।

अवपिबति, क्रिया, पीता है ।

अवबुज्झति, क्रिया, समझता है ।

अवबोध, पु०, ज्ञान ।

अवबोधेति, क्रिया, समझा देता है, बोध करा देता है ।

अवभास, पु०, प्रकाश, प्रकट होना ।

अवभासति, क्रिया, चमकता है ।

अवभुञ्जति, क्रिया, खा डालता है ।

अवमंगल, नपुं० दुर्भाग्य, अपशकुन ।

अवमञ्ञति, क्रिया, नीची नजर से देखता है ।

अवमञ्ञना, स्त्री०, घृणा, निरादर ।

अवमानेति, क्रिया, घृणा करता है, उपेक्षा करता है ।

अवयव, पु० अंग, भाग, हिस्सा ।

अवरज्झति, क्रिया, उपेक्षा करता है, चूक जाता है, घृणा करता है ।

अवरुन्धति, क्रिया, काबू करता है, कैद करता है ।

अवरोधक, पु०, बाधक ।

अवरोधन, नपुं०, रुकावट, बाधा ।

अवलक्खण, वि०, कुरूप, अपशकुन वाला ।

अवलम्बित, क्रिया, लटकता है, सहारा लेता है ।

अवलम्बन, नपुं०, १. लटकना, २. सहायता ।

अवलिखति, क्रिया, काट-छाँट करता है, टुकड़े-टुकड़े कर डालता है ।

अवलिम्पति, क्रिया, लेप करता है ।

अवलेखन, नपुं०, खुरचना ।

अवलेपन, नपुं०, लेप ।

अवलेहन, नपुं०, चाटना ।

अवस, वि०, शक्ति-हीन ।

अवसर, पु०, मौका ।

अवसरति, क्रिया, चल देता हैं, पहुँच जाता है ।

अवसान, नपुं०, अन्त ।

अवसिञ्चति, क्रिया, सींचता है ।

अवसिट्ठ, क्रिया-विशेषण, अवशेष ।

अवसिस्सति, क्रिया, बाकी बचता है ।

अवसुस्सति, क्रिया, सूख जाता है ।

अवसुस्सन, नपुं०, सूखना ।

अवसेस, नपुं०, बाकी ।

अवस्सं, क्रिया-विशेषण, अनिवार्य तौर पर ।

अवस्सय, पु०, आश्रय, सहारा ।

अवस्सावन, नपुं०, पानी छानने का कपड़ा ।

अवस्सित, क्रिया-विशेषण, आधारित ।

अवस्सुत, त्रि०, चूने वाला, स्राव-युक्त, तृष्णा-युक्त ।

अवहरण, नपुं०, चोरी ।

अवहरति, क्रिया, चुराता है ।

अवहसति, क्रिया, मुँह चिढ़ाता है ।

अवहीयति, क्रिया, पीछे छूट जाता है ।

अवंति, बुद्ध के समय के १६ जनपदों

में से एक। अवंति की राजधानी उज्जेनि थी।

अवापुरण, नपुं०, चाबी।

अवापुरति, क्रिया, दरवाजा खोलता है।

अवारिय जातक, बोधिसत्व द्वारा उपदिष्ट एक मूर्ख नाविक की कथा (३७६)।

अविकम्पी, पु०, स्थिर-चित्त।

अविक्खेप, पु०, शान्ति, विक्षेप का अभाव।

अविग्गह, पु०, अशरीरी, कामदेव।

अविज्जमान, वि०, अविद्यमान।

अविज्जा, स्त्री०, अविद्या।

अविञ्ञाणक, वि०, चेतना-रहित।

अविञ्ञात, वि०, अज्ञात, अप्रसिद्ध।

अविदित, वि०, अज्ञात।

अविदूर, वि०, समीप।

अविदूरे-निदान, तृषित देव-लोक से च्युत होकर बोधि-वृक्ष के नीचे बुद्धत्व प्राप्त करने तक का गौतम-चरित्र अविदूरे-निदान कहलाता है।

अविद्दसु, पु०, मूर्ख।

अविनासक, वि०, नाश न करने वाला।

अविनिब्भोग, वि०, अस्पष्ट, जो पृथक् न किया जा सके।

अविनीत, वि०, जो विनम्र नहीं।

अविप्पवास, पु०, उपस्थिति।

अविभूत, वि०, अस्पष्ट।

अविरुद्ध, वि०, अविरोधी, अनुकूल।

अविरुळ्हि, स्त्री, वृद्धि का न होना।

अविरोध, पु०, विरोध का अभाव।

अविसंवादक, वि० वञ्चा न करने वाला, झूठ न बोलने वाला।

अविसग्गता, स्त्री०, स्थिर चित्त होना।

अविस्सासनिय, वि०, अविश्वसनीय।

अविलम्बित, क्रिया-विशेषण, जल्दी, शीघ्रता से।

अविवट्ह, वि०, विवाह के अयोग्य।

अविसंवाद, पु०, सत्य।

अविसंवादक, वि०, सत्यवादी।

अविहित, वि०, अकृत, जो कभी किया नहीं गया।

अविहिंसा, स्त्री०, हिंसा का अभाव, दया।

अविहेठक, वि०, कष्ट न देने वाला, हैरान न करने वाला।

अवीचि, वि०, बिना लहर के।

अवीचि, स्त्री०, नरक-विशेष।

अवीतिक्कम, पु०, नियम के व्यतिक्रमण का अभाव।

अवुट्ठिक, वि०, वर्षा का अभाव।

अवेक्खति, क्रिया, देखता है।

अवेच्च, पूर्व-क्रिया, जानकर।

अवेच्च-पसाद, पु०, दृढ़ श्रद्धा।

अवेभंगिक, वि०, जो बाँटा न जा सके।

अवेर, वि०, अवैर।

अवेर, नपुं०, मैत्री।

अवेरी, वि०, शत्रुता रहित, मैत्रीपूर्ण।

अवेला, स्त्री०, अनुचित समय।

अव्यत्त, वि०, १. अव्यक्त, २. अपण्डित।

अव्यय, नपुं०, १. सभी वचनों, विभक्तियों, पुरुषों में एकरूप रहने वाला शब्द, २. हानि का अभाव।

अव्ययेन, क्रिया-विशेषण, बिना किसी

खर्च के ।

अव्ययीभाव, पुरुष, वह सामासिक पद, जिसका किसी अव्यय के साथ समास हो ।

अव्याकत, वि०, अव्याख्यात, जो नहीं कहा गया ।

अव्यापज्झ, वि०, रोष-रहित, दुःख-रहित ।

अव्यापाद, वि०, ईर्ष्या-रहित ।

अव्यावट : वि०, उपेक्षावान् ।

अव्हय, पु०, नाम ।

अव्हयति, क्रिया, बुलाता है ।

अव्हात, क्रिया-विशेषण, बुलाया गया ।

अव्हान, नपुं०, नाम, बुलावा ।

असंवर, नपुं० असंयम ।

असकिं, क्रिया-विशेषण, एक बार से अधिक ।

असक्क, वि०, असमर्थ ।

असंकिण्ण, वि०, असंकीर्ण, बिना मिलावट के ।

असंकिय जातक, बोधिसत्त्व की जागरुकता के कारण डाकू व्यापारियों को न लूट सके (७६) ।

असंकिलिठ्ठ, वि०, अलिप्त ।

असंखत, वि०, असंस्कृत ।

असंखत-धातु, स्त्री०, असंस्कृत धातु ।

असंखेय्य, वि०, अगणित ।

असङ्ग, पु०, अनासक्ति ।

असच्च, नपुं०, असत्य ।

असज्जमान, वि०, अनासक्त ।

असञ्ञी, वि०, चेतना-रहित ।

असञ्ञत, वि०, संयम-रहित ।

असठ, वि०, जो शठ नहीं, अदुष्ट ।

असण्ठित, वि०, जो स्थिर नहीं, चंचल ।

असति, क्रिया, खाता है ।

असति, (अधिकरण), न होने पर ।

असतिया, क्रिया-विशेषण, अनजाने ।

असत्त, वि०, अनासक्त ।

असत्थ, वि०, शस्त्र-रहित ।

असदिस, वि०, असदृश, अनुपम ।

असदिस जातक, असदिस राजकुमार की कथा (११८)

असद्धम्म, पु०, १. अधर्म, २. मैथुन ।

असन, नपुं०, १. खाना, २. भोजन, ३. तीर, ४. पत्थर ।

असनि, स्त्री०, वज्र ।

असनि-पात, पु०, वज्र-पात ।

असन्त, वि०, जिसका अस्तित्व न हो, दुष्ट ।

असन्तासी, वि०, निर्भय ।

असंतुठ्ठ, वि०, असंतुष्ट ।

असंथव, नपुं०, समाज से अलग रहना ।

असंधिता, स्त्री०, संधि का अभाव ।

असंधिमित्ता, स्त्री०, अशोक की पटरानी ।

असपत्त, वि०, अजात-शत्रु ।

असप्पाय, वि०, प्रतिकूल ।

असप्पुरिस, पु०, असत्पुरुष ।

असबल, वि०, बिना धब्बे के ।

असब्भ, वि०, असभ्य ।

असम, वि०, जो समान नहीं ।

असमण, पु०, जो श्रमण नहीं ।

असमाहित, वि०, जिसका चित्त एकाग्र नहीं ।

असमेक्खकारी, पु०, जल्दबाज, बिना विचारे करने वाला ।

असमोसरण, नपुं०, न मिलना ।

असम्पकम्पिय, वि०, कम्पन-रहित ।
असम्पजञ्ञ, नपुं०, ज्ञान के अभाव की स्थिति ।
असम्पत्त, वि०, अप्राप्त ।
असम्पदान जातक, अस्सी करोड़ के धनी संख सेठ की कथा (१३१)
असम्मूळ्ह, वि०, जो मूढ नहीं ।
असम्मोस, पु०, मूढता का अभाव ।
असयंवसी, वि०, जिसका अपना आप वश में न हो ।
असय्ह, वि०, जो सहन न किया जा सके ।
असरण, वि०, जिसके लिए कोई शरण नहीं ।
असहाय, वि०, अकेला, जिसका कोई सहायक नहीं ।
असंवास, वि०, सहवास के अयोग्य ।
असंवुत, क्रिया-विशेषण, जो बन्द नहीं ।
असंसट्ठ, वि०, मिलावट-रहित ।
असंहारिम, वि०, जिसे हिलाया न जा सके ।
असात, वि०, प्रतिकूल ।
असात, नपुं०, दुःख-कष्ट ।
असातमन्त जातक, माँ की आज्ञानुसार तरुण ब्राह्मण ने बोधिसत्त्व से असात-मंत्र सीखे (६१) ।
असातरूप जातक, कोशलनरेश तथा काशी-नरेश के परस्पर युद्ध करने की कथा (१००) ।
असाद, वि०, अस्वादिष्ट ।
असार, वि०, सार-हीन ।
असारद्ध, वि०, अनुत्तेजित ।
असाहस, वि०, दुस्साहस का अभाव ।
असि, पु०, तलवार ।
असिग्गाहक, पु०, तलवार धारी- ।
असि-चम्म, नपुं०, ढाल ।
असि-धारा, स्त्री०, तलवार की धार ।
असि-पत्त, नपुं०, तलवार का फल ।
असित, नपुं०, भोजन ।
असित, वि०, काला ।
असित, (काल-देवल), शुद्धोदन का राजगुरु ।
असिताभु जातक, राजा ने राजकुमार तथा उसकी भार्या असिताभु को देश-निकाला दिया (२३४) ।
असिलक्खण जातक, तलवार को सूँघ कर उसके भाग्य सम्पन्न होने न होने की बात बताने वाले ब्राह्मण की कथा (१२६) ।
असिथिल, वि०, जो ढीला नहीं ।
असिनिद्ध, वि०, खुरदुरा, चिकना नहीं ।
असीति, स्त्री०, अस्सी ।
असीतिम, वि०, अस्सीवाँ ।
असु, वि०, अमुक ।
असुक, वि०, अमुक ।
असुचि, पु०, गन्दगी, वीर्य ।
असुभ, वि०, अशुभ ।
असुर, पु०, देवताओं के विरोधी असुर ।
असूर, वि०, कायर ।
असेख, वि०, अशैक्ष, अर्हत ।
असेचन, पु०, सन्तोषप्रद ।
असेवना, स्त्री०, संगति न करना ।
असेस, वि०, सम्पूर्ण ।
असोक, वि०, शोक-रहित ।
असोक, पु०, वृक्ष-विशेष ।
असोक, बिन्दुसार-नरेश का पुत्र मगध-नरेश अशोक ।
असोकाराम, पाटलिपुत्र का एक प्रसिद्ध

विहार ।

असोभन, वि०, अशोभन, कुरूप ।

अस्नाति, क्रिया, खाता है ।

अस्मा, पु०, पत्थर ।

अस्मि, क्रिया, मैं हूँ ।

अस्मिमान, पु०, अहंकार ।

अस्स, पु०, घोड़ा ।

अस्सतर, पु०, खच्चर ।

अस्स-पोतक, पु०, बछेरा ।

अस्स-मण्डल, नपुं०, घुड़-दौड़ की भूमि ।

अस्स-मेध, पु०, अश्वमेध यज्ञ ।

अस्स-वाणिज, पु०, घोड़ों का व्यापारी ।

अस्स-सेना, स्त्री०, घुड़सवार सेना ।

अस्साजानिय, पु०, अच्छी नसल का घोड़ा ।

अस्सक, वि०, गरीब, दरिद्र ।

अस्सक जातक, अस्सक नरेश की कथा (२०७) ।

अस्सकण्ण, पु०, १. साल-वृक्ष, २. पर्वत-विशेष ।

अस्सत्थ, पु०, अश्वत्थ, पीपल का पेड़, बोधि-वृक्ष ।

अस्सद्ध, वि०, अश्रद्धावान् ।

अस्सम, पु०, आश्रम ।

अस्समण पु०, जो श्रमण नहीं ।

अस्सयुज, पु०, असौज (महीना) ।

अस्सव, पु०, स्वामी-भक्त ।

अस्सवणता, स्त्री०, ध्यान न देना ।

अस्सवनीय, वि०, जिसका सुनना अच्छा न लगे ।

अस्ससति, क्रिया, आश्वास लेता है ।

अस्साद, पु०, आस्वाद ।

अस्सादेति, क्रिया, स्वाद लेता है ।

अस्सास, पु०, आश्वास ।

अस्सासक, वि०, सान्त्वना देने वाला ।

अस्सासेति, क्रिया, आश्वस्त करता है ।

अस्सु, नपुं०, अश्रु, आंसू ।

अस्सुत, वि०, अश्रुत, जो सुना नहीं गया ।

अस्सुतवन्त, वि०, अज्ञानी ।

अह, नपुं०, दिन ।

अहं, सर्वनाम, मैं ।

अहंकार, पु०, अभिमान ।

अहारिय, वि०, अचल ।

अहि, पु०, सर्प ।

अहि-गुण्ठिक, सँपेरा ।

अहि-फेण, नपुं०, अफीम ।

अहिगुण्डिक जातक, बनारस के सँपेरे की कथा (३६५) ।

अहिरिक, वि०, लज्जा-रहित ।

अहिवातक रोग, पु०, प्लेग (बीमारी)।

अहीनिन्द्रिय : वि०, जिसकी सभी इन्द्रियाँ सम्पूर्ण हों ।

अहुहालिय, नपुं०, ऊँची हँसी ।

अहेतुक, वि०, बिना हेतु के ।

अहो, अव्यय, आश्चर्य-बोधक शब्द ।

अहोगङ्ग, उत्तर-भारत का एक पर्वत ।

अहोरत्त, दिन-रात ।

अहोसि, क्रिया, (वह) था ।

अहोसिकम्म, नपुं०, वह कर्म जो अब फलीभूत न होगा ।

अंस, पु० तथा नपुं०, १. हिस्सा; २. कंधा ।

अंस-कूट, नपुं०, कंधा ।

अंसु, पु०, किरण ।

अंसुक, नपुं०, वस्त्र ।

अंसु-माली, पु०, सूर्य ।

अ (परिशिष्ठ)

अकतं, नपुं०, निर्वाण ।
अकल्लं, नपुं०, रोग ।
अकारादि, नपुं० तथा पु०, स्वर, अ आ आदि ।
अकारिय, वि०, कटु, कड़ुवा ।
अक्खदेवी, पु०, जुआरी, धूर्त ।
अक्खरावयव, स्त्री०, मात्रा (प्रमाण), मात्रा (व्यंजन अक्षरों के साथ जुड़ने वाले स्वर) ।
अक्खग्गकील, स्त्री०, धुरे पर लगी हुई कील ।
अक्खोहिणी, स्त्री०, सम्पूर्ण सेना ।
अखात, नपुं०, गढ़ा ।
अखिल, वि०, समस्त ।
अगभेद, पु०, वृक्ष-विशेष ।
अगळु, नपुं०, मुगन्धवार की लकड़ी ।
अग्गज, पु०, बड़ा भाई ।
अग्गञ्ञ, वि०, श्रेष्ठतम अथवा अग्रतम ।
अग्गता, स्त्री०, श्रेष्ठता ।
अग्गतो, नपुं०, सामने ।
अग्गळत्थम्भ, पु०, अर्गल-स्तम्भ ।
अग्गि-जाल, स्त्री०, धव का फूल ।
अग्गिमन्थ, नपुं०, कर्णिका ।
अग्गिसञ्जित, पु०, पित्रक ।
अग्घिय, नपुं०, आतिथ्य ।
अङ्कोल, पु०, तिलोचक ।
अंक्य, पु०, एक प्रकार का ढोल ।
अंग विक्खेप, पु०, नृत्य सम्बन्धी हाव-भाव ।
अंगारकपल्ल, स्त्री०, लुक, लुआठी ।
अंगुलिमुद्दा, स्त्री०, उँगली में पहनने की अँगूठी ।
अंगुली, स्त्री०, उँगली ।
अंगुल्याभरण, नपुं०, अँगूठी ।
अच्चयाभाव, पु०, निर्दोष ।
अच्चिमन्तु, वि०, अर्चिवान, चमकदार ।
अच्छि, नपुं०, अक्षि, आँख ।
अजगर, पु०, अजगर-साँप ।
अजञ्ञ, नपुं०, खतरा ।
अजपालक, पुं०, गड़रिया ।
अजा, स्त्री०, बकरी ।
अजिन-योनि, स्त्री०, मृग-विशेष की जाति ।
अजिम्ह, वि०, सीधा ।
अजिर, नपुं०, आँगन ।
अजी, स्त्री०, बकरी ।
अज्जक, पु०, श्वेत पत्र ।
अज्झक्ख, पु०, अध्यक्ष ।
अज्झारोह, पु०, बड़ी मछली ।
अज्झेसना, स्त्री०, सत्कार ।
अज्झोहत, कृदन्त, खाया गया ।
अञ्जली, स्त्री०, हाथ जोड़ना ।
अञ्ञतर, पु०, अन्यतर, दूसरा ।
अञ्ञतरोपन, पु० तथा नपुं०, लपेट ।
अञ्ञथाभाव, नपुं०, परिवर्तन ।
अञ्ञोञ्ञ, अव्यय, परस्पर ।
अटट, नपुं०, संख्या-विशेष ।
अटनी : स्त्री०, चारपाई का पैर की ओर का हिस्सा ।
अट्टहास, पु०, जोर की हँसी ।
अट्टालक : पु०, अटारी ।
अट्टित, वि०, पीड़ित ।
अठ्टपुरिसा, स्त्री०, स्रोतापत्ति-मार्ग,

स्रोतापत्ति-फल आदि प्राप्त आठ प्रकार के लोग ।

अट्ठानरियवोहार, पु०, आठ प्रकार का अनार्य-व्यवहार ।

अट्ठापद, नपुं०, शतरंज-फलक ।

अड्ढयोग, पु०, महल ।

अण्डज, पु०, पक्षी ।

अण्डूपक, नपुं०, चुम्बटक, बर्तन के नीचे रखने का कपड़े या रस्सी का बना घेरा ।

अतक्कित, क्रिया-विशेषण, सहसा ।

अतसी, स्त्री०, अलसी का पौधा ।

अतिक्कम, पु०, अतिक्रमण, सीमा लाँघना ।

अतिखिण, वि०, कोमल, मृदु ।

अतिचारिणी, स्त्री०, व्यभिचारिणी ।

अतितण्ह, पु०, अत्यन्त लोभी ।

अतिप्पसत्थ, पु०, अति प्रसिद्ध ।

अतिमुत्त, पु०, माधवी लता ।

अतियुव, त्रिलिङ्गी, अतितरुण ।

अतिविसा, पु०, महौषध ।

अतिवुद्ध, त्रिलिङ्गी, बहुत बूढ़ा, बहुत प्रसिद्ध ।

अतिसन्त, वि०, अतिशान्त (पुरुष) ।

अतिसय, पु०, अतिशय, अधिक ।

अतिसुण, पु०, पागल कुत्ता ।

अत्थना, पु०, याचना, भिक्षा ।

अत्थसत्त, पु०, अर्थशास्त्र ।

अत्थि, क्रिया, अस्ति, है ।

अत्थु, क्रिया, ऐसा हो ।

अत्यप्प, वि०, बहुत कम ।

अत्राह, क्रिया विशेषण, यहाँ ।

अदास, पु०, जो 'दास' नहीं रहा ।

अदिति, पु०, देव-माता ।

अदुक्खमसुखा, स्त्री०, न-दुख न-सुख (वेदना) ।

अद्दा, नपुं०, आर्द्रा नक्षत्र ।

अद्धि, स्त्री०, मार्ग ।

अधिमण्ण, पु०, ऋणी ।

अधिगत, त्रि०, मार्ग-फल प्राप्त ।

अधिच्चका, स्त्री०, पर्वत-शिखर ।

अधिट्टान, नपुं०, अधिष्ठान, संकल्प ।

अधिभू, पु०,स्वामी ।

अधीन, पु०, पराधीन ।

अनच्छ, नपुं०, मैला ।

अनभिरद्धि, स्त्री० दूसरे को हानि पहुँचाने की चिन्ता ।

अनरियवोहार, पु०, आठ प्रकार के अनार्योचित व्यवहार ।

अनामिका, स्त्री०, छिङ्गुली उँगुली से बड़ी उँगुली ।

अनारत, नपुं०, लगातार ।

अनासव, नपुं०, निर्वाण ।

अनिच्छय, पु०, अनिश्चय ।

अनिदस्सना, स्त्री०, निर्वाण ।

अनुट्ठुभ, पु०, काव्य का छन्द-विशेष ।

अनुताप, पु०, पश्चाताप ।

अनुपच्छिन्न, वि०, सतत ।

अनुपुब्बि, स्त्री०, क्रमानुकूल (कथा) ।

अनुमान, नपुं०, सन्देह, अनुमान (प्रमाण) ।

अनुलाप, पु०, पुनर्कथन ।

अनुवाद, पु०, निन्दा, दोषारोपण ।

अनुसासन, नपुं० तथा स्त्रीलिङ्ग, आज्ञा ।

अनुसिट्ठि, स्त्री०, उपदेश, अनुशासना ।

अनूनक, वि०, सम्पूर्ण ।

अनूप, पु० तथा स्त्री०, जल-बहुल भूमि,

दलदल ।

अनेकत्थ, वि०, अनेकार्थ ।

अन्तग्गत, क्रिया वि०, अन्तर्गत, सम्मिलित ।

अन्तरकप्प, क्रिया वि०, कल्प-भर, बीच का कल्प ।

अन्तरोप, नपुं०, द्वीप ।

अन्तरीय, नपुं०, अन्दर का वस्त्र, लुंगी ।

अन्तरेन, क्रिया वि०, बिना ।

अन्तिम, वि०, आखिरी ।

अन्तोकुच्छि, पु० तथा स्त्री०, कोख के भीतर ।

अन्नादि, पु०, भोजन ।

अन्वाचय, पु०, संग्रह, भी ।

अपक्कम, पु०, पलायन, भाग निकलना ।

अपटु, वि०, मन्द बुद्धि, अदक्ष ।

अपण्डित, वि०, मूर्ख ।

अपरण्ण, नपुं०, मूँग आदि दालों की फसल ।

अपवज्जन, नपुं०, परित्याग ।

अपवाद, पु०, निन्दा, दोषारोपण ।

अपिनाम, अव्यय, प्रशंसा, निन्दा आदि में व्यवहृत होने वाला निपात ।

अपुञ्ज, नपुं० पाप ।

अपूप, नपुं०, पुआ, पृष्ठक ।

अपेक्खा, स्त्री०, आलय, आसक्ति ।

अप्पत्थ, पु०, अल्पार्थ ।

अप्पना, स्त्री०, तर्क-वितर्क ।

अबब, नपुं०, संख्या विशेष ।

अबाध, नपुं०, बाधा रहित ।

अब्यासेक, नपुं०, सन्तोषप्रद ।

अभिजन, पु०, सगे सम्बन्धी ।

अभिजात, पु०, कुलोत्पन्न ।

अभिलाव, पु०, काटना ।

अभिविधि, स्त्री०, (मर्यादा-) अभिविधि ।

अभिसङ्खरण, नपुं०, भूमि आदि की सफाई ।

अभिसंधि, पु०, अभिप्राय ।

अभिस्संग, पु०, अभिशाप ।

अभ्यास, पु०, समीप ।

अमतप, नपुं०, देवता ।

अमता, स्त्री०, आँवला ।

अमरावती, पु०, इन्द्रपुरी ।

अमेज्झ, त्रिलिङ्गी, शुक्र, वीर्य ।

अयिर, पु०, स्वामी ।

अरुचि, स्त्री०, अरुचिकर, अच्छा न लगना ।

अलहुक, वि०, भारी ।

अवगणित, वि०, अपमानित ।

अवाट, पु,० गढ़ा, ।

अवितथ, नपुं०, सत्य, यथार्थ ।

अविरत, नपुं०, लगातार ।

अवीर, वि०, डरपोक ।

आ, उपसर्ग, संयुक्त व्यंजन के पूर्व आ ह्रस्व 'अ' हो जाता है।
आकङ्खति, क्रिया, इच्छा करता है।
आकङ्खा, स्त्री०, आकांक्षा, इच्छा।
आकड्ढति, क्रिया, खींचता है।
आकड्ढन, नपुं०, खींचना।
आकप्प, पु०, चाल-ढाल।
आकप्प-सम्पन्न, वि०, सदाचरण-युक्त।
आकम्पित, कृदन्त, काँपता हुआ।
आकर, पु०, खान (सोने-चाँदी की)
आकस्सति, क्रिया, खींचता है, आकर्षित करता है।
आकार, पु०, शक्ल, बनावट।
आकास, पु०, आकाश।
आकास-गङ्गा, स्त्री०, आकाश-गङ्गा।
आकास-चारी, वि०, आकाश में विचरण करने वाला।
आकासट्ठ, वि० आकाशस्थित।
आकासतल, नपुं०, किसी मकान की छत।
आकिञ्चञ्ञ, नपुं०, 'कुछ नहीं' की अवस्था।
आकिण्ण, वि०, भीड़-युक्त
आकिरति, क्रिया, फैला देता है।
आकुल, वि०, उलझा हुआ।
आकोटन, नपुं०, खटखटाना।
आखु, पु०, चूहा।
आख्या, स्त्री०, नाम, संज्ञा।
आख्यात, त्रिलिङ्गी, कहा हुआ, बताया हुआ।
आख्यायिका, स्त्री०, कहानी।

आ

आगच्छति, क्रिया, आता है।
आगत, कृदन्त, आया हुआ।
आगद, पु०, वचन, भाषण।
आगन्तु, वि०, आने वाला।
आगन्तुक, त्रिलिङ्गी, अतिथि, अपरिचित।
आगम, पु०, १. आना, २. धर्म, धर्म-ग्रन्थ, ३. मित्र की तरह आकर दो अक्षरों के बीच में बैठ जाने वाला तीसरा व्यञ्जन।
आगमन, नपुं०, आना।
आगमेति, क्रिया, प्रतीक्षा करता है।
आगम्म, पूर्व-क्रिया, पहुँचकर।
आगामिक, वि०, आने वाला काल
आगामी, वि०, आने वाला।
आगामीकाल, पु०, भविष्य।
आगारक, **आगारिक**, वि०, घर वाला। [भण्डागारिक, खजानची।]
आगाळ्ह, वि०, मजबूत, कठोर।
आगिलायति, क्रिया, पीड़ा देता है।
आगु, नपुं०, दोष, अपराध।
आगुचारी, पु०, अपराधी।
आघात, पु०, १. रोष, घृणा, २. रगड़।
आघातन, नपुं०, कसाई-खाना।
आचमति, क्रिया, कुल्ला करता है, आब-दस्त लेता है।
आचमन, नपुं०, (मुँह) धोना।
आचमन-कुम्भी, स्त्री०, मुँह धोने का पात्र।
आचय, पु०, संग्रह।
आचरति, क्रिया, आचरण करता है।

आचरिय, पु०, आचार्य, शिक्षक ।

आचरिय-धन, नपुं०, आचार्य को दी जाने वाली फीस ।

आचरिय-मुट्ठि, स्त्री०, आचार्य का ज्ञान-विशेष ।

आचरिय-वाद, पु०, परम्परागत मत ।

आचरियानी, स्त्री०, स्त्री-आचार्या अथवा आचार्य की भार्या ।

आचाम, पु०, उबलते चावलों की माण्ड या पिच्छा ।

आचार, पु० व्यवहार, आचरण ।

आचार-कुसल, वि०, व्यवहार-कुशल, सदाचार-युक्त ।

आचिक्खक, पु०, कहने वाला, बताने वाला ।

आचिक्खति, क्रिया, कहता है, बताता है ।

आचिण्ण, कृदन्त, अभ्यस्त ।

आचिण्ण-कप्प, पु०, रिवाज के अनुसार ।

आचित, कृदन्त, संग्रहीत ।

आचिनाति, क्रिया, इकट्ठा करता है ।

आचीयति, क्रिया, ढेर हो जाता है ।

आचेर, पु० 'आचरिय' का संक्षिप्त रूप, अध्यापक ।

आजञ्ञ, वि०, अच्छी नसल का ।

आजञ्ञ जातक, बोधिसत्त्व के श्रेष्ठ नसल के घोड़े की योनि में उत्पन्न होने की कथा (२४) ।

आजानन, नपुं०, ज्ञान ।

आजानाति, क्रिया, जानता है ।

आजानीय, पु०, अच्छी नसल का घोड़ा ।

आजि, स्त्री०, युद्ध

आजीव, पु०, जीविका, जीविका का साधन ।

आजीवक, पु०, निर्वस्त्र रहने वाले तपस्वियों का एक सम्प्रदाय ।

आजीवन, नपुं०, जीविका ।

आट, पुं०, पक्षी-विशेष ।

आणा, स्त्री०, आज्ञा ।

आणा-सम्पन्न, वि०, अधिकृत ।

आणापक, पु०, आज्ञा देने वाला ।

आणापेति, क्रिया, आज्ञा देता है ।

आणि, स्त्री०, मेख ।

आणी, स्त्री०, अर्गल ।

आतङ्क, पु०, रोग, बीमारी, भय ।

आतत, नपुं०, एक प्रकार का ढोल ।

आतत-वितत, नपुं०, आतत-वितत नाम के दोनों प्रकार के ढोल ।

आततायी, पु०, जो वध आदि अत्याचार करने के लिए उद्यत रहे ।

आतत्त, कृदन्त, तप्त, तपाया हुआ ।

आतपत्त, नपुं०, छाता ।

आतप, पु०, धूप ।

आतपाभाव, पु०, धूप का अभाव, छाँव ।

आतपति, क्रिया, चमकता है ।

आतप्प, पु०, प्रयत्न, प्रयास ।

आताप, पु०, चमक, गर्मी ।

आतापन, नपुं०, काय-क्लेश, आत्म-पीड़ा ।

आतापी, वि०, प्रयत्नशील ।

आतापेति, क्रिया, शारीरिक कष्ट देता है ।

आतुमा, कुशीनारा तथा श्रावस्ती के बीच का एक नगर ।

आतुर, वि०, रोगी।

आतोज्जं, नपुं०, बाजा।

आदर, पु०, गौरव।

आदाति, क्रिया, लेता है।

आदान, नपुं०, ग्रहण करना।

आदायी, पु०, ग्रहण करने वाला।

आदास, पु०, मुँह देखने का शीशा।

आदास-तल, शीशे का तला।

आदि, पु०, आरम्भ।

आदि-कम्मिक, पु०, आरम्भ करने वाला।

आदि-कल्याण, वि०, आरम्भ में कल्याण-कारक।

आदिम, वि०, पहला।

आदिच्च, पु०, सूर्य।

आदिच्च-पथ, पु०, आकाश।

आदिच्च-बन्धु, पु०, सूर्यवंशी, बुद्ध का एक नाम।

आदिच्चुपट्ठान जातक, तपस्वियों के आश्रम को नष्ट-भ्रष्ट करने वाले बन्दर की कथा (१७५)।

आदितो, क्रिया-विशेषण, आरम्भ से।

आदित्त, कृदन्त, जलता हुआ।

आदित्त जातक, सोवीर राष्ट्र के रोरुव के राजा भरत की कथा (४२४)।

आदिन्न, कृदन्त, गृहीत।

आदियति, क्रिया, ग्रहण करता है।

आदिसति, क्रिया, कहता है, घोषणा करता है।

आदीनव, पु०, दुष्परिणाम।

आदु, अव्यय, या, लेकिन।

आदेति, क्रिया, लेता है, ग्रहण करता है

आदेय्य, वि०, अनुकूल।

आदेय्य-वचन, नपुं०, स्वागत।

आदेवना, स्त्री०, रोना-पीटना।

आदेस[1], पु०, आदेश।

आदेस[2], अक्षर-विशेष के स्थान पर किसी दूसरे व्यञ्जन का शत्रुवत् आ बैठना।

आदेसना, स्त्री०, भविष्यद् वाणी करना, अनुमान लगाना।

आधान-गाही, पु०, दुराग्रही।

आधार, पु०, सहारा।

आधावति, क्रिया, दौड़ता है।

आधावन, नपुं०, दौड़।

आधिपच्च, नपुं०, स्वामित्व।

आधुनाति, क्रिया, धुन डालता है, हिला देता है।

आधुत, कृदन्त, हिलाया गया।

आधेय्य, वि०, धारण करने योग्य।

आन [आण], नपुं०, आश्वास।

आनक, पु०, भेरी।

आनण्य, नपुं०, ऋण-मुक्ति।

आनन, नपुं०, चेहरा।

आनन्तरिक, वि०, ठीक बाद में घटने वाला, बिना किसी अन्तर के घटने वाला।

आनन्द, पु०, प्रीति, प्रसन्नता।

आनन्द, भगवान बुद्ध के प्रधान शिष्यों में से एक, जिन्होंने अनन्य भाव से भगवान की सेवा की थी।

आनन्द-बोधि, जेतवन-द्वार पर भिक्षु आनन्द द्वारा रोपा गया बोधि वृक्ष।

आनयति, क्रिया, लाता है।

आनापान, नपुं०, आश्वास-प्रश्वास।

आनाय, पु०, जाल।

आनिसंस, पु०, शुभ परिणाम।

आनिसद, नपुं०, नितम्ब, चूतड़।

ग्रानीत, कृदन्त, लाया हुग्रा ।
ग्रानुपुब्बी, स्त्री०, क्रमशः ।
ग्रानुभाव, पु०, प्रताप, तेज ।
ग्रानेञ्ज, वि०, स्थिर, ग्रचञ्चल ।
ग्रानेति, क्रिया, लाता है ।
ग्राप, पु० तथा नपुं०, जल, पानी ।
ग्रापगा, स्त्री०, नदी ।
ग्रापज्जति, क्रिया, पड़ता है, भेंट करता है ।
ग्रापण, पु०, बाजार ।
ग्रापण, ग्रंगुत्तराप जनपद का एक नगर, सम्भवतः राजधानी ।
ग्रापणिक, पु०, व्योपारी, दुकानदार ।
ग्रापतति, क्रिया, गिरता है ।
ग्रापतन, नपुं०, गिरावट ।
ग्रापत्ति, स्त्री०, विनय का उल्लंघन, ग्रपराध ।
ग्रापदा, स्त्री०, दुःख, कष्ट, दुर्भाग्य ।
ग्रापन्न, कृदन्त, ग्रनुप्राप्त ।
ग्रापन्न-सत्ता, स्त्री०, गर्भिणी ।
ग्रापाण, नपुं०, श्वास लेना, प्रश्वास ।
ग्रापाण-कोटिक, वि०, प्राण रहने तक ।
ग्रापाथ, पु०, इन्द्रिय का गोचर क्षेत्र ।
ग्रापाथ-गत, वि०, इन्द्रिय-गोचर होना ।
ग्रापादक, पु०, बच्चे की देखभाल करने वाला ।
ग्रापादिका, स्त्री०, दाई ।
ग्रापादेति, क्रिया, दूध पिलाती है ।
ग्रापान, नपुं०, पेय-भवन ।
ग्रापानक, वि०, पियक्कड़ ।
ग्रापानीय, वि०, पीने योग्य ।
ग्रापानीय-कंस, पुं०, सुरा-पात्र ।
ग्रापायिक, वि०, नारकीय ।
ग्रापुच्छति, क्रिया, पूछता है, ग्रनुज्ञा चाहता है ।
ग्रापुच्छा, स्त्री०, ग्रनुज्ञा ।
ग्रापूरति, क्रिया, भरता है, सम्पूर्ण होता है ।
ग्रापूरण, नपुं०, पूर्ति ।
ग्रापोधातु, स्त्री०, जलीय तत्त्व ।
ग्राफुसति, क्रिया, प्राप्त करता है, साक्षात् करता है ।
ग्राबद्ध, कृदन्त, बँधा हुग्रा ।
ग्राबन्धक, वि०, बाँधने वाला ।
ग्राबन्धति, क्रिया, बाँधता है ।
ग्राबाध, पु०, रोग ।
ग्राबाधिक, वि०, रोगी ।
ग्राबाधित, कृदन्त, बाधित, दलित, दबाया हुग्रा ।
ग्राबाधेति, क्रिया, दबाता है, हैरान करता है ।
ग्राभत, कृदन्त, लाया हुग्रा ।
ग्राभरण, नपुं०, गहना, ग्रलंकार ।
ग्राभरति, क्रिया, लाता है ।
ग्राभस्सर, वि०, प्रकाशमान् ।
ग्राभा, स्त्री०, प्रकाश ।
ग्राभाकर, पु०, सूर्य ।
ग्राभास, पु०, रोशनी ।
ग्राभाति, क्रिया, चमकता है ।
ग्राभावेति, क्रिया, ग्रभ्यास करता है ।
ग्राभिदोसिक, वि०, गत रात्रि से सम्बन्धित ।
ग्राभिधम्मिक, वि०, ग्रभिधर्म का जानकार ।
ग्राभिन्दति, क्रिया, काटता है ।
ग्राभिमुख्य, नपुं०, सामने होना ।
ग्राभिसमाचारिक, नपुं०, छोटे-मोटे

कर्त्तव्य ।

आभिसेकिक, वि०, अभिषेक सम्बन्धी ।

आभुजति, क्रिया, झुकाता है ।

आभुजन, नपुं०, झुकाना ।

आभुजी, स्त्री०, भोजपत्र ।

आभोग, पुं०, विचार ।

आम, अव्यय, हाँ ।

आम, **आमक**, वि०, कच्चा, जो पका नहीं ।

आम-गन्ध, पुं०, मांस ।

आमगंधि, स्त्री०, कच्चे मांस की-सी गन्ध ।

आमक-सुसान, नपुं०, कच्चा-श्मशान ।

आमट्ठ, कृदन्त, स्पृष्ट, छुआ हुआ, हाथ लगाया हुआ ।

आमण्ड, पु०, एरण्ड का पौधा ।

आमण्डलीय, वि०, मण्डल के समान ।

आमत्तिक, नपुं०, मिट्टी का बर्तन ।

आमद्दन, नपुं०, पीसना, मीड़ना ।

आमन्तन, नपुं०, निमंत्रण ।

आमन्तित्, कृदन्त, निमंत्रित ।

आमन्तेति, क्रिया, निमंत्रित करता है ।

आमय, पु० रोग ।

आमलक, नपुं०, आँवला ।

आमसति, क्रिया, स्पर्श करता है ।

आमसन, नपुं०, स्पर्श करना, मलना ।

आमा, स्त्री०, दासी ।

आमासय, पु०, पेट ।

आमिस, नपुं० भोजन, मांस ।

आमिस-दान, नपुं०, भौतिक आवश्यकताओं की पूर्ति ।

आमुञ्चति, क्रिया, धारण करता है ।

आमुत्त, कृदन्त, धारण किये हुए ।

आमेण्डित, नपुं०, घोषित, घोषणा ।

आमो, अव्यय, हाँ ।

आमोद, पु०, आनन्दित होना, प्रमुदित होना ।

आमोदति, क्रिया, प्रमुदित होता है ।

आमोदना, स्त्री०, प्रमुदित होना ।

आमोदमान, कृदन्त, आनन्दित, प्रमुदित ।

आमोदेति, क्रिया, प्रमुदित करता है ।

आय, पु०, आमदनी, लाभ ।

आय-कम्मिक, पु०, आय एकत्र करने वाला ।

आय-कोसल्ल, नपुं०, आमदनी बढ़ाने में कुशल होना ।

आय-मुख, नपुं०, आमदनी का साधन ।

आयत, वि०, लम्बा ।

आयतन, नपुं०, क्षेत्र, इन्द्रिय, स्थिति ।

आयतनिक, वि०, क्षेत्र-सम्बन्धी ।

आयति, स्त्री०, भविष्य ।

आयतिक, वि०, भावी ।

आयतिका, स्त्री०, नली ।

आयत्त, वि०, निर्भृत ।

आयत्त, नपुं०, मलकीयत ।

आयस, वि०, लोह-निर्मित ।

आयसक्य, नपुं०, अगौरव, अपमान ।

आयसमन्त, वि०,आयुष्मान्, आदरणीय ।

आयाग, पु०, यज्ञ सम्बन्धी दान ।

आयाचक, वि०, माँगने वाला, याचना करने वाला ।

आयाचति, क्रिया, माँगता है ।

आयाचना, स्त्री०, माँग, प्रार्थना ।

आयाचमान, वि०, प्रार्थना करते हुए, याचना करते हुए ।

आयाचिका, स्त्री०, याचना करने वाली स्त्री ।

आयाचितभत्त जातक, वृक्ष-देवता ने पशु-हत्या की निन्दा की (१९,
आयात, कृदन्त, आगत ।
आयाति, क्रिया, आता है ।
आयाम, पु०, लम्बाई ।
आयामति, क्रिया, फैलता है ।
आयास, पु०, कष्ट, परेशानी ।
आयु, नपुं०, उमर ।
आयुक, त्रि०, आयुवाला ।
आयु-कप्प, पु०, जीवन-भर ।
आयु-क्खय, पु०, आयु का क्षय ।
आयु-सङ्खय, पु०, आयु-समाप्ति ।
आयु-सङ्खार, पु०, जीवन, आयु की लम्बाई ।
आयुत्त, कृदन्त, जुता हुआ ।
आयुत्तक, पु०, एजेण्ट (मुनीम), ट्रस्टी (धरोहर रखने वाला) ।
आयुध, नपुं०, हथियार ।
आयुवन्त, वि०, अधिक आयु वाला ।
आयुस्स, वि०, आयु-सम्बन्धी ।
आयूहक, वि०, क्रियाशील ।
आयूहति, क्रिया, प्रयत्न करता है, परिश्रम करता है ।
आयूहन, नपुं०, प्रयत्न, परिश्रम ।
आयूहापेति : क्रिया, अन्य से प्रयत्न करवाता है ।
आयोग, पु०, अनुरक्ति, प्रयत्न, बन्धन ।
आयोधन, नपुं०, युद्ध ।
आर, पु०, सूई ।
आरग्ग, नपु०, सूई का सिरा ।
आरपन्थ, पु०, सूई का रास्ता ।
आरकत्त, नपुं०, दूरीपन ।
आरका, अव्यय, दूरी ।
आरकूट, पु०, पीतल ।
आरक्खक, पु०, पहरेदार ।
आरक्खा, स्त्री०, पहरा, हिफाज़त ।
आरञ्ञक, **आरञ्ञिक**, वि०, आरण्यक, आरण्य (जंगल) में रहने वाला ।
आरञ्ञकत्त, नपुं०, आरण्य में रहने का भाव ।
आरञ्जित[1], नपुं०, खरोंच ।
आरञ्जित[2], कृदन्त, हल चलाया गया ।
आरति, स्त्री०, दूरी, त्याग ।
आरद्ध, कृदन्त, आरम्भ किया गया ।
आरद्ध-चित्त, वि०, जिसने अपना चित्त जीत लिया हो ।
आरद्ध-विरिय, वि०, प्रयत्नशील ।
आरनाळ, नपुं०, काँजी ।
आरब्भ, अव्यय, सम्बन्ध में, बारे में ।
आरभति, क्रिया, १. आरम्भ करता है २. वध करता है, ३. कष्ट पहुँचाता है ।
आरभन, नपुं० आरम्भ करना ।
आरम्भ, पु०, शुरू ।
आरम्मण, नपुं०, इन्द्रियों का विषय, जैसे चक्षु का विषय रूप ।
आरवा, पु०, चिल्लाहट, रोना ।
आरा, १. अव्यय, दूर; २. स्त्री०, मोची का सूआ ।
आराचारी, त्रिलिङ्गी, दूर रहने वाला ।
आराधक, पु०, प्रसन्न करने वाला ।
आराधना, स्त्री०, निमन्त्रण, प्रसन्न करना ।
आराधेति, क्रिया, निमन्त्रण देता है, प्रसन्न रखता है ।
आराधित, कृदन्त, निमन्त्रित, प्रसन्न कृत ।

आराम, पु०, आनन्द, बगीचा, विहार।

आराम-पाल, पु०, माली।

आराम-वत्थु, नपुं०, बगीचे का स्थान।

आरामिक, १. पु०, विहार-सेवक; २. वि०, विहार सम्बन्धी।

आरामता, स्त्री०, आसक्ति।

आरामदूसक जातक, बन्दरों द्वारा सात दिन तक बगीचे के सींचे जाने की कथा (२६८)।

आरुण्ण, नपुं०, रोना, पश्चाताप करना।

आरुप्प, वि० तथा नपुं०, आकार रहित, रूप-विहीन स्थिति।

आरुहति, क्रिया, चढ़ता है।

आरुहन, नपुं०, चढ़ाई।

आरुहन्त, कृदन्त, चढ़ता हुआ।

आरूळ्ह, कृदन्त, चढ़ा हुआ।

आरोग्य, नपुं०, स्वास्थ्य।

आरोग्य-मद, पु०, स्वास्थ्य का अहंकार।

आरोग्य-साला, स्त्री०, हस्पताल।

आरोचना, स्त्री०, घोषणा।

आरोचापन, नपुं०, किसी दूसरे के द्वारा घोषणा कराना।

आरोचापेति, क्रिया, किसी दूसरे के द्वारा घोषणा कराता है।

आरोचित, कृदन्त, सूचित।

आरोचेति, क्रिया, सूचना देता है।

आरोदना, स्त्री०, रोना-धोना, विलाप करना।

आरोपन, नपुं०, लगाना।

आरोपित, कृदन्त, जिस पर दोष लगाया गया हो।

आरोपेति, क्रिया, दोषारोपण करता है।

आरोह, पु०, ऊपर चढ़ना, वृद्धि, ऊँचाई।

आरोहक, पु०, चढ़ने वाला।

आरोहति, क्रिया, चढ़ता है।

आरोहन, नपुं० चढ़ाई।

आलकमंदा, स्त्री०, कुबेर की पुरी।

आलका, स्त्री०, अलका-पुरी।

आलग्गित, कृदन्त, लगा हुआ, लटकता हुआ।

आलग्गेति, क्रिया, लगा रहता है, लटका रहता है।

आलपति, क्रिया, बातचीत करता है।

आलपन, नपुं०, बातचीत, सम्बोधन करना।

आलम्ब, पु०, सहारा, लटके रहने का आधार।

आलम्बणदण्ड, पु०, हाथ की सहारे की लकड़ी।

आलम्बति, क्रिया, लटकता है। पकड़े रहता है। सहारा लिए रहता है।

आलम्बन, नपुं०, इन्द्रिय का विषय, जैसे घ्राण का विषय गन्ध।

आलम्बर, पु०, एक प्रकार की भेरी।

आलय, पु०, स्थान, इच्छा, आसक्ति, बहाना।

आलवालक, नपुं०, उपजाऊ ज़मीन।

आळवी, श्रावस्ती से तीस और बनारस से लगभग बारह योजन की दूरी पर एक नगर। यह श्रावस्ती तथा राज-गृह के बीच में बसा हुआ था।

आलस, नपुं०, आलस्य।

आलान, नपुं०, हाथी बाँधने का स्तम्भ।

आलाप, पु०, बातचीत।

आळार-कालाम, गृह-त्याग के अनन्तर सिद्धार्थ-कुमार ने सर्वप्रथम जिस आचार्य से शिक्षा ग्रहण की।

आलि, स्त्री० (?), एक प्रकार की मछली।
आलि, स्त्री०, खाई।
आलिखति, क्रिया, आलेखन करता है, चित्र बनाता है।
आलिङ्गति, क्रिया, आलिङ्गन करता है।
आलित्त, कृदन्त, लिप्त।
आलिन्द, पु०, घर का बरामदा।
आलिम्पन, नपुं०, लीपना।
आलिम्पित, कृदन्त, लीपा हुआ।
आलिम्पेति, क्रिया, लीपता है।
आली, स्त्री०, सखी।
आलु, नपुं०, जमीकन्द, आलू (?)
आलुम्पति, क्रिया, खोद डालता है।
आलुळति, क्रिया, हलचल करता है।
आलेप, आलेपन (पु० तथा नपुं०), लेप।
आलोक, पु०, प्रकाश।
आलोकन, नपुं०, १. खिड़की, २. बाहर देखना।
आलोक-सन्धि, पु०, झरोखा।
आलोकित, कृदन्त, देखा हुआ।
आलोकेति, क्रिया, बाहर देखता है।
आलोप, पु०, कौर, आहार-पिण्ड।
आलोळ, पु०, हलचल।
आलोळेति, क्रिया, हलचल करता है। (छाछ) बिलोता है।
आळाहन, नपुं०, दाह-क्रिया का स्थान, श्मशान।
आवज्जति, क्रिया, आवर्जन करता है, विचार करता है।
आवज्जेति, क्रिया, ध्यान लगाता है।
आवट्ट, कृदन्त, आवृत्त, ढका हुआ।
आवट्टति, क्रिया, उलटता है, पलटता है।
आवट्टन, नपुं०, १. आवर्तन, २. किसी भूत-प्रेत का सिर आना।
आवट्टनी, स्त्री०, जादू, आवर्तनी-माया।
आवट्टेति, क्रिया, जादू कर देता है।
आवत्त, कृदन्त, पीछे लौटा हुआ।
आवत्तक, वि०, पीछे लौटने वाला।
आवत्तति, क्रिया, वापस लौटा है, पीछे मुड़ता है।
आवत्तन, नपुं०, वापस लौटना।
आवत्तिय, वि०, जो वापस लौट सके या वापिस लौटाया जा सके।
आवत्थिक, वि०, योग्य, मौलिक।
आवपति, क्रिया, भेंट करता है।
आवपन, नपुं०, बोना, बखेरना।
आवर, वि०, बाधक।
आवरण, नपुं०, परदा, ढक्कन।
आवरणीय, वि०, परदा रखने के योग्य।
आवरति, क्रिया, बाधा उपस्थित करता है।
आवरित, कृदन्त, बाधित।
आवरिय, पूर्व-क्रिया, बाधा उपस्थित कर, परदा डाल।
आवलि, स्त्री०, पाँति, कतार।
आवली, स्त्री०, पंक्ति, माला।
आवसति, क्रिया, वास करता है, रहता है।
आवसथ, पु०, निवास-स्थान।
आवहति, क्रिया, लाता है।
आवाट, पु०, गढ़ा।
आवहन, नपुं०, लाना।
आवाप, पु०, कुम्हार का आवां।

आवास, पु०, निवास-स्थान, घर ।

आवासिक, वि०, नैवासिक ।

आवि, अव्यय, प्रकट रूप से, सबकी आँखों के सामने ।

आविज्झति, क्रिया, चारों ओर से घेर लेता है ।

आविज्झन, नपुं०, चक्कर काटना ।

आविञ्जति, क्रिया, बिलोता है ।

आविञ्जनक, वि०, लटकता हुआ ।

आविट्ठ, कृदन्त, प्रविष्ट ।

आविद्ध, कृदन्त, बींधा गया । घेरा गया ।

आविल, वि०, गन्दला, मलिन ।

आविलत्त, कृदन्त, गन्दला किया गया या बिलोया गया ।

आविसति, क्रिया, प्रवेश करता है ।

आवुणाति, क्रिया, पिरोता है, धागा बाँधता है ।

आवुत, वि०, घिरा हुआ ।

आवुध, नपुं०, हथियार ।

आवुसो, अव्यय, सम्बोधन-पद (मित्र ! आयुष्मान् !)

आवेठन, नपुं०, लपेटना ।

आवेठेति, क्रिया, लपेटता है ।

आवेणिक, वि०, विशेष, असाधारण ।

आवेला, स्त्री०, फूलों का गजरा ।

आवेल्लित, कृदन्त, टेढ़ा ।

आवेसन, नपुं०, प्रवेश-द्वार ।

आवेसिक, त्रिलिङ्गी, अतिथि ।

आसंक जातक, राजा ने लड़की के नाम का पता लगाकर उसका पाणि-ग्रहण किया । लड़की का नाम था आसंका (३८०) ।

आसंकति, क्रिया, शंका करता है, सन्देह करता है ।

आसंका, स्त्री०, शंका, सन्देह ।

आसंकित, कृदन्त, सशंकित ।

आसंगवचन, नपुं०, आसक्ति ।

आसंसत्थ, पु० तथा नपुं०, आशीर्वाद अथवा प्रशंसा के अर्थ में ।

आसज्ज, पूर्व-क्रिया, प्राप्तकर, पहुँचकर, समीप जाकर ।

आसज्जति, क्रिया, आसक्त होता है, क्रोधित होता है, विरोध करता है ।

आसज्जन, नपुं०, निग्रह करना, अपमानित करना, आसक्त होना ।

आसति, क्रिया, बैठता है ।

आसत्त, कृदन्त, आसक्त ।

आसन, नपुं०, बैठने का आसन ।

आसन-साला, स्त्री०, बैठने का स्थान ।

आसन्दि, स्त्री०, कुर्सी, चौकी ।

आसन्न, वि०, पास । नपुं०, पड़ोस ।

आसभ, वि०, वृषभ-समान ।

आसय, पु०, आशय, निवासस्थान ।

आसव, पु०, जो बहे, अकुशल-विचार ।

आसव-क्खय, पु०, आस्रवों का क्षय ।

आससान, वि०, इच्छा करते हुए ।

आसा, स्त्री०, आशा ।

आसा-भङ्ग, पु०, निराश होना ।

आसाटिका, स्त्री०, मक्खी का अण्डा ।

आसादेति, क्रिया, अपमानित करता है ।

आसार, पु०, अतिवृष्टि ।

आसाळ्ह, पु०, आषाढ़ का महीना

आसि, क्रिया, (वह) था ।

आसिञ्चति, क्रिया, छिड़कता है ।

आसिट्ठ, कृदन्त, आशीर्वाद-प्राप्त ।

आसित्त, कृदन्त, सींचा हुआ ।

आसित्तक, नपुं०, मसाला।

आसिलेसा, स्त्री०, नक्षत्र विशेष।

आसिविस, पु०, सर्प।

आसिं, क्रिया, (मैं) था।

आसिंसक, वि०, इच्छा करने वाला, आशान्वित।

आसिंसना, स्त्री०, इच्छा, आशा।

आसी, स्त्री०, आशीर्वाद, साँप का फन।

आसीतिक, वि०, अस्सी वर्ष का।

आसीन, कृदन्त, बैठा हुआ।

आसीविस, पु०, सर्प।

आसु, अव्यय, शीघ्रता से।

आसुं, क्रिया, (वे) थे।

आसुम्भति, क्रिया, किसी तरल पदार्थ का फेंकना।

आसेवति, क्रिया, अभ्यास करता है, संगति करता है।

आसेवना, स्त्री०, अभ्यास, संगति।

आह, क्रिया, (उसने) कहा।

आहच्च, वि०, जो हटाया जा सके।

आहच्च-पाद, नपुं०, पलँग।

आहट, कृदन्त, लाया हुआ।

आहत, कृदन्त, चोट खाया हुआ।

आहनति, क्रिया, चोट पहुँचाता है।

आहनन, नपुं०, चोट पहुँचाना।

आहरण, नपुं०, लाना।

आहरति, क्रिया, लाता है।

आहव, नपुं०, युद्ध।

आहवनीय, नपुं०, यज्ञाग्नि।

आहार, पु०, भोजन।

आहारट्ठितिक, वि०, आहार पर निर्भर।

आहारेति, क्रिया, भोजन ग्रहण करता है।

आहाव, नपुं०, कुँए के पास की नाद।

आहिण्डति, क्रिया, घूमता है, इधर-उधर डोलता है।

आहुति, स्त्री०, यज्ञ-आहुति।

आहुण, नपुं०, भेंट।

आहुणेय्य, वि०, भेंट देने के योग्य।

आहुंदरिक, वि०, ठसाठस।

आळ्हक, नपुं०, हाथी बांधने का खूँटा।

इ

इक्क, पु०, रीछ, भालु।

इक्खण, नपुं०, देखना।

इक्खणिक, पु०, ज्योतिषी।

इक्खति, क्रिया, देखता है।

इक्खित, कृदन्त, दिखाई दिया।

इङ्ग, पु०, इशारा, संकेत।

इङ्गित, नपुं०, चेष्टा, इशारा।

इङ्गिरीलि, अंग्रेजी-भाषा के लिए पालि शब्द।

इंगुदी, स्त्री०, हिंगोट का पेड़।

इङ्घ, अव्यय, इधर देखें।

इच्छ, वि०, इच्छा करता हुआ।

इच्छक, वि०, इच्छा करने वाला।

इच्छति, क्रिया, इच्छा करता है।

इच्छा, स्त्री०, कामना।

इच्छानङ्गल, कोसल जनपद का एक ब्राह्मण गाँव।

इज्झति, क्रिया, सफल होता है, उन्नति करता है।

इज्झन, नपुं०, सफलता, वृद्धि।

इञ्जति, क्रिया, हिलना, कम्पित होना।

इञ्जन, नपुं०, हलचल, कम्पन ।

इट्ठ, वि०, इष्ट, अनुकूल ।

इट्ठका, इट्ठिका, स्त्री०, ईंट ।

इट्ठगंध, त्रिलिङ्गी, सुगन्धि ।

इट्ठविपाक, पु०, शुभ परिणाम ।

इट्ठस्सासिसना, स्त्री०, आशीर्वाद ।

इट्ठिय, जो भिक्षु महास्थविर महेन्द्र के साथ सिंहल-द्वीप पधारे थे, उनमें से एक भिक्षु विशेष ।

इण, नपुं०, ऋण ।

इणट्ठ, वि०, ऋणी ।

इण-पण्ण, नपुं०, ऋण-पत्र, हुण्डी ।

इण-मोक्ख, पु०, ऋण-मोक्ष ।

इण-सामिक, पु०, ऋण देने वाला ।

इण-सोधन, नपुं०, ऋण उतारना ।

इणयिक, पु०, ऋणी, कर्जदार ।

इणुक्खेप, नपुं०, ऋण, उधार ।

इतर, वि०, दूसरा ।

इतरीतर, वि०, कोई ।

इति, अव्यय, वाक्य की समाप्ति का संकेत । बहुधा इसका आरम्भिक स्वर 'इ' लुप्त रहता है, जैसे ति, किर —ऐसा मैंने सुना ।

इतिवुत्त, नपुं०, वृत्तान्त ।

इतिवुत्तक, खुद्दक निकाय की ११० पदों की चौथी पुस्तक । इसकी प्रथम पंक्ति एक-विध है—कहने के अधिकारी भगवान बुद्ध द्वारा यह कहा गया ।

इतिह, नपुं०, परम्परागत उपदेश ।

इतिहा, पु०, पुरावृत्त ।

इतिहास, पु०, परम्परा का इति-वृत्त ।

इतो, अव्यय, इससे आगे ।

इतो-पट्ठाय, अव्यय, यहाँ से आरम्भ करके ।

इत्तर, वि०, संक्षिप्त, थोड़ा ।

इत्तर-काल, पुं०, थोड़ा-सा समय ।

इत्थत्त, नपुं०, १. (इत्थ+त्त) वर्तमान अवस्था, २. (इत्थि+त्त) स्त्रीत्व ।

इत्थं, क्रि० वि०, इस प्रकार ।

इत्थं-नाम, वि०, इस नाम का ।

इत्थं-भूत, वि०, इस प्रकार का ।

इत्थागार, पु०, स्त्रियों के रहने का हिस्सा ।

इत्थि, इत्थिका, स्त्री०, औरत ।

इत्थि-धुत्त, पु०, स्त्रियों के चक्कर में रहने वाला ।

इत्थि-लिङ्ग, इत्थिनिमित्त, नपुं०, स्त्रीत्व का चिह्न ।

इदं, नपुं०, इम (सर्वनाम) का कर्ता, कर्म (एकवचन) ।

इदपच्चयता, स्त्री०, 'इस' का हेतु होना ।

इदानि, क्रि० वि०, अब ।

इद्ध, कृदन्त, सम्पन्न ।

इद्धि, स्त्री०, ऋद्धि ।

इद्धि-बल, नपुं०, अलौकिक शक्ति ।

इद्धिमन्तु, वि०, अलौकिक बल सम्पन्न ।

इद्धि-विसय, पु०, अलौकिक शक्ति का क्षेत्र ।

इध, क्रि० वि०, यहाँ, इस जन्म में, इस लोक में ।

इधुम, नपुं०, जलावन ।

इन्द, पु०, (वैदिक) इन्द्र, (देवताओं का) अधिपति ।

इन्द-खील, नगर-द्वार के बाहर गड़ा हुआ मजबूत खम्भा ।

इन्द-गज्जित, नपुं०, बादलों का गर्जन ।

इन्द-गोपक, पु०, वर्षा ऋतु में पृथ्वी से बाहर आने वाले लाल रंग के कीड़े, वीर-बहूटियाँ ।

इन्द-अग्गि, पु०, बिजली ।

इन्द-जाल, नपुं०, इन्द्र-जाल, जादू ।

इन्द-जालिक, पु०, जादूगर ।

इन्द-धनु, नपुं०, इन्द्र-धनुष ।

इन्द-नील, पु०, नीलम ।

इन्द-पत्त, कुरु जनपद का एक नगर, इन्द्र-प्रस्थ । आधुनिक दिल्ली इन्द्र-प्रस्थ की भूमि पर ही वसी हुई है ।

इन्द-यव, पु०, इन्द्र जौ ।

इन्द-वारुणि, स्त्री०, खीरे, ककड़ी की बेल ।

इन्दसाल, पु०, इन्द्रसाल (वृक्ष) ।

इन्दावुध, नपुं०, इन्द्र का वज्र ।

इन्दीवर, नपुं०, नीलकमल ।

इन्द्रिय, नपुं०, चक्षु आदि इन्द्रियाँ ।

इन्द्रिय-गुत्ति, स्त्री०, इन्द्रियों का संरक्षण ।

इन्द्रिय-दमन, नपुं०, इन्द्रियों का दमन ।

इन्द्रिय-संवर, पु०, इन्द्रियों का संयम ।

इन्द्रिय-जातक, नारद तपस्वी का एक अप्सरा के द्वारा लुभाया जाना (४२३) ।

इन्दु, पु०, चन्द्रमा ।

इन्धन, नपुं०, ईंधन, जलावन ।

इब्भ, वि०, धनी ।

इभ, पु०, हाथी ।

इभ-पिप्फली, स्त्री०, काली मिर्च के समान तिक्त, लम्बाकार औषध-विशेष ।

इरिण, नपुं०, महान जंगल, रेगिस्तान, बंजर-भूमि ।

इरियति, क्रिया, हलचल करता है ।

इरिया, **इरियना**, स्त्री०, चाल-ढाल ।

इरिया-पथ, पु०, अङ्ग-संचालन ।

इरीण, नपुं०, कान्तार ।

इरु, स्त्री०, ऋग्वेद ।

इरुब्बेद, ऋग्-वेद ।

इल्ली, स्त्री०, एक छोटी तलवार ।

इल्लीस जातक, इल्लीस नामक कंजूस सेठ की कथा (७८) ।

इस, पु०, सिंह की जाति-विशेष ।

इसि, पु०, ऋषि ।

इसि-पब्बज्जा, स्त्री०, ऋषियों के ढंग की प्रव्रज्या ।

इसिगिलि, राजगृह के आसपास के पाँचों पर्वतों में से एक ।

इसिपतन, बनारस के पास के प्रसिद्ध मिगदाय की भूमि (वर्तमान सार-नाथ) । यहीं भगवान बुद्ध का धर्म-चक्र प्रवर्तित हुआ था ।

इस्स, पु०, भालू ।

इस्सति, क्रिया, ईर्षा करता है ।

इस्सत्थ, १. नपुं०, धनुर्विद्या; २. पु० धनुपधारी ।

इस्सर, पु०, स्वामी, मालिक, ईश्वर (सृष्टि-रचयिता) ।

इस्सर-जन, पु०, धनी या प्रभावशाली लोग ।

इस्सर-निम्माण, नपुं०, ईश्वर-निर्माण ।

इस्सर-निम्माण-वादी, **त्रिलिंगी**, जो ईश्वर के सृष्टि-रचयिता होने में विश्वास करता है ।

इस्सरिय, नपुं०, ऐश्वर्य ।

इस्सरिय-मद, पु०, ऐश्वर्य-मद ।
इस्सरियता, स्त्री०, ऐश्वर्य-भाव ।
इस्सा, स्त्री०, ईर्षा ।
इस्सा-मनक, वि०, ईर्षालु ।
इस्सास, पु०, धनुषधारी ।
इस्सुकी, वि०, ईर्षालु ।
इह, अव्यय, यहाँ ।
इह-लोक, नपुं०, यह लोक, यह जन्म ।
इहलौकिक, पु०, इस लोक से सम्बन्धित ।

ई

ईघ, पु०, दुःख, खतरा ।
ईति, स्त्री०, विपत्ति, आपत्ति ।
ईतिक, वि०, विपत्ति-ग्रस्त ।
ईदिस, वि०, ऐसा ।
ईरति, क्रिया, चलाता है, हिलाता-डुलाता है ।
ईरित, कृदन्त, कम्पित ।
ईरेति, क्रिया, बोलता है ।
ईस, पु०, ईश, स्वामी ।
ईसं, अव्यय, थोड़ा, अल्प ।
ईसक, वि०, थोड़ा-सा ।
ईसधर, सिनेदा पर्वत के चारों ओर की सात पर्वत-शृंखलाओं में से एक ।
ईसम्पण्डु, वि०, भूरा रंग ।
ईसत्थ, पु० तथा. नपुं०, थोड़े का पर्याय ।
ईसदत्थ, पु० तथा नपुं०, थोड़े का पर्यायवाची ।
ईसा, स्त्री०, हल की फाल ।
ईसा-दन्त, वि०, हल की फाल के समान दान्तों वाला हाथी ।
ईहति, क्रिया, प्रयत्न करता है ।
ईहा, स्त्री०, प्रयत्न, प्रयास ।
ईहान, नपुं०, प्रयत्न, प्रयास ।

उ

उ, पालि वर्णमाला का चौथा स्वर ।
उक्कंस, पु०, उत्कृष्ट होना, श्रेष्ठ होना ।
उक्कंसक, वि०, बड़ाई करते हुए, प्रशंसा करते हुए ।
उक्कंसना, स्त्री०, बड़ाई करना, बढ़ावा देना ।
उक्कंसेति, क्रिया, बड़ाई करता है, बढ़ावा देता है ।
उक्कट्ठि, वि०, उत्कृष्ट, श्रेष्ठ ।
उक्कट्ठता, स्त्री०, उत्कृष्टता ।
उक्कण्ठति, क्रिया, उत्कण्ठित होता है, असन्तुष्ट होता है ।
उक्कण्ठना, स्त्री०, उत्कण्ठा, असंतोष ।
उक्कण्ठित, कृदन्त, उत्कण्ठित, असंतुष्ट ।
उक्कण्ण, वि०, जिसके कान सीधे खड़े हों ।
उक्कंतति, क्रिया, काटता है, फाड़ डालता है ।
उक्कमति, क्रिया, एक ओर हट जाता है ।

उक्कल, आधुनिक उड़ीसा ही उत्कल-जनपद है।

उक्किलिस्सति, क्रिया, पतित होता है।

उक्का, स्त्री०, मशाल, उल्का (-पात), लोहार की भट्ठी।

उक्काचेति, स्त्री०, उलीचता है।

उक्कार, पु०, गोबर, गूँह।

उक्कार-भूमि, स्त्री०, मैला स्थान।

उक्कासति, क्रिया, खाँसता है, गला साफ करता है।

उक्किण्ण, कृदन्त, खोदा हुआ।

उक्किलेदेति, क्रिया, कूड़ा साफ करता है।

उक्कुज्ज, वि०, सीधा रखा हुआ।

उक्कुज्जेति, क्रिया, औंधे को सीधा रखता है।

उक्कुटिक, वि०, उकड़ूँ बैठा हुआ।

उक्कुट्ठि, स्त्री०, चिल्लाना, घोषणा करना।

उक्कुस, पु०, मछली खाने वाला पक्षी।

उक्कूल, वि०, ढलवान।

उक्कोच, पु०, भेंट, उपहार।

उक्कोटन, नपुं०, रिश्वत लेकर न्याय न करना।

उक्कोटेति, क्रिया, किसी मुकद्दमें को नये सिरे से उठाता है।

उक्खलि, स्त्री०, बर्तन।

उखा, स्त्री०, बर्तन, ऊखली।

उक्खलिखका, स्त्री०, छोटा बर्तन।

उक्खित्त, कृदन्त, उठाया गया या हटाया गया।

उक्खित्त-पलिघ, वि०, बाधा-रहित।

उक्खिपति, क्रिया, १. ऊपर उठाता है, धारण करता है, फेंकता है, २. स्थगित करता है।

उक्खिपन, नपुं०, ऊपर फेंकना।

उक्खेपक, वि०, ऊपर फेंकने वाला।

उक्लाप, पु०, कूड़ा-कचरा।

उग्ग, वि०, बड़ा, भयानक, शक्ति-शाली, उग्र।

उग्गच्छति, क्रिया, ऊपर जाता है।

उग्गज्जति, क्रिया, चिल्लाता है।

उग्गण्हन नपुं०, सीखना, पढ़ना।

उग्गण्हाति, क्रिया, सीखता है, पढ़ता है।

उग्गण्हापेति, क्रिया, सिखाता है।

उग्गय्ह, पूर्व० क्रिया, सीखकर।

उग्गत, कृदन्त, ऊपर उठा हुआ।

उग्गत्थन, नपुं०, आभरण विशेष।

उग्गम, पु०, ऊपर उठना।

उग्गमन, नपुं०, चढ़ाई, वृद्धि।

उग्गहित: कृदन्त, सीखा हुआ, ऊपर उठा हुआ, अनुचित तौर पर लिया हुआ।

उग्गहेतु पु०, सीखने वाला।

उग्गहेत्वा, पूर्व० क्रिया, सीखकर।

उग्गार, पु०, उल्टी करना, डकार, वायु को पेट से बाहर निकालना।

उग्गाहक, वि०, सीखने वाला।

उग्गिरति, क्रिया, मुँह से शब्द निका-लता है, डकार लेता है।

उग्गिरण, नपुं०, उद्गार।

उग्गिलति, क्रिया, थूकता है, उल्टी करता है।

उग्घटित, वि०, प्रयत्नशील।

उग्घरति, क्रिया, बूंद-बूंद टपकता है।

उग्घंसेति, क्रिया, रगड़ता है।

उग्घाटन, नपुं०, उद्घाटन, विवृत

करना, खोलना।

उग्घाटित, कृदन्त, उद्घाटन किया हुआ।

उग्घाटेति, क्रिया, उद्घाटन करता है, खोलता है।

उग्घात, पु०, झटका।

उग्घातित, कृदन्त, झटका खाया हुआ।

उग्घातेति, क्रिया, अचानक झटका देता है।

उग्घोसना, स्त्री०, घोषणा।

उग्घोसित, कृदन्त, घोषित।

उग्घोसेति, क्रिया, घोषणा करता है।

उच्च, वि०, ऊँचा, श्रेष्ठ।

उच्चत्त, नपुं०, ऊँचाई।

उच्चतरस्सर, पु०, ऊँची आवाज।

उच्चय, पु०, संग्रह।

उच्चसद्दन, नपुं०, घोषणा।

उच्चा, क्रि० वि०, ऊँचा।

उच्चा-सद्द, ऊँचा शब्द।

उच्चासयन, ऊँचा पलङ्ग।

उच्चार, पु०, गोबर, गूँह।

उच्चारण, नपुं०, १. ऊपर उठाना, २. (शब्द का) उच्चारण।

उच्चारित, कृदन्त, जिसका उच्चारण हुआ है।

उच्चारेति, क्रिया, उच्चारण करता है।

उच्चालिङ्ग, पु०, झिनगा।

उच्चावच, वि०, ऊँचा-नीचा।

उच्चिनाति, क्रिया, चुनाव करता है।

उच्छङ्ग, पु०, गोद।

उच्छंग जातक, स्त्री ने राजा की कैद से अपने पति तथा पुत्र को भी छोड़ देने की याचना न कर, अपने भाई को छोड़ देने की याचना की (६७)।

उच्छादन, नपुं०, बदन का मिलना।

उच्छादेति, क्रिया, बदन को रगड़ता है।

उच्छिट्ठ, वि०, जूठन।

उच्छिट्ठभत्त-जातक, स्त्री ने अपने यार का जूठा भात ब्राह्मण को खिलाया (२१२)।

उच्छिज्जति, क्रिया, नष्ट हो जाता है।

उच्छित, वि०, ऊँचा।

उच्छिन्दति, क्रिया, तोड़ डालता है, नाश कर डालता है।

उच्छिन्न, कृदन्त, टूटा हुआ, नष्ट हुआ।

उच्छु, पु०, गन्ना।

उच्छु-यन्त, नपुं०, गन्ना पेरने की मशीन।

उच्छु-रस, पु०, गन्ने का रस।

उच्छेद, पु०, नाश, विनाश।

उच्छेद-दिट्ठि, स्त्री०, पुनर्जन्म में अविश्वास।

उच्छेदवादी, पु०, पुनर्जन्म को न मानने वाला।

उजु, **उजुक**, वि०, सीधा।

उजुता, स्त्री०, सीधापन।

उजुं, क्रि० वि०, सीधे।

उज्जग्घति, क्रिया, जोर से खिलखिलाकर हँसता है।

उज्जग्घिका, स्त्री०, जोर की हँसी।

उज्जङ्गल, वि०, बंजर या बालू की जमीन।

उज्जल, वि०, उज्ज्वल, चमकदार।

उज्जलति, क्रिया, चमकता है।

उज्जवति, क्रिया, नदी के ऊपर की

ओर जाता है।

उज्जवनिका, स्त्री०, नदी में ऊपर की ओर जाने वाली नाव।

उज्जहति, क्रिया, छोड़ देता है।

उज्जेनी, अवन्ति जनपद की राजधानी।

उज्जोत, पु०, प्रकाश।

उज्जोतित, कृदन्त, प्रकाशित।

उज्जोतेति, क्रिया, प्रकाशित करता है।

उज्झति, क्रिया, छोड़ देता है।

उज्झान, नपुं०, शिकायत।

उज्झान-सञ्जी, वि०, दोषारोपण की चेतना-युक्त।

उज्झापन, नपुं०, उत्तेजित करना।

उज्झापेति, क्रिया, चिढ़ाता है, शिकायत करता है।

उज्झायति, क्रिया, असन्तोष प्रकट करता है।

उज्झित, कृदन्त, त्यक्त, फेंका गया।

उञ्छति, क्रिया, फेंकी हुई खाद्य-सामग्री इकट्ठी करता है।

उञ्जातब्ब, कृदन्त, घृणास्पद।

उट्ठहति, क्रिया, उठ खड़ा होता है।

उट्ठातु, पु०, उठ खड़े होने वाला।

उट्ठान, नपुं०, उत्थान, उठ खड़े होना।

उट्ठापेति, क्रिया, उठा देता है, निकाल बाहर करता है।

उट्ठायक, वि०, अप्रमादी, क्रियाशील।

उट्ठित, कृदन्त, उठा हुआ।

उड्डाहति, क्रिया, जलाता है।

उड्डेति, क्रिया, उड़ता है।

उण्ण, नपुं०, ऊन।

उण्णा, स्त्री०, बुद्ध के भौंहों के बीच के बाल।

उण्णा-नाभि, पु०, मकड़ी।

उण्णामय, वि०, बालों का बुना हुआ (बिछावन)।

उण्ह, वि०, उष्ण, गरम।

उण्हत्त, नपुं०, गरमी।

उण्हरंसि, पु०, सूर्य।

उण्हीस, नपुं०, पगड़ी।

उतु, स्त्री०, ऋतु।

उतु-काल, पु०, मासिक धर्म का समय।

उतु-परिस्सय, पु०, ऋतु-परिवर्तन से उत्पन्न होने वाले कष्ट।

उतु-सप्पाय, पु०, ऋतु की अनुकूलता।

उतुनी, स्त्री०, ऋतु-स्राव वाली स्त्री।

उत्त, कृदन्त, उक्त, कहा गया।

उत्तण्डुल, वि०, कुपच (भात)।

उत्तत्त, कृदन्त, गरम किया हुआ, चमकता हुआ।

उत्तम, वि०, श्रेष्ठ।

उत्तमङ्ग, नपुं०, श्रेष्ठ अङ्ग अर्थात् मस्तिष्क।

उत्तमङ्गरुह, नपुं०, सिर के बाल।

उत्तमण्ण, पु०, ऋणदाता।

उत्तमत्थ, पु०, श्रेष्ठतम परमार्थ।

उत्तमा, स्त्री०, श्रेष्ठ स्त्री, सुन्दर नारी।

उत्तम-पोरिस, पु०, श्रेष्ठतम पुरुष।

उत्तर, वि०, उच्चतर, उत्तर (दिशा)।

उत्तर, नपुं०, (प्रश्न का) उत्तर।

उत्तर-कुरु, निकायों तथा उत्तरकालीन

पालि वाङ्मय में वर्णित काल्पनिक प्रदेश ।

उत्तरत्थरण, नपुं०, ऊपर का बिछावन ।

उत्तरच्छद, पु०, चँदवा ।

उत्तरसुवे, क्रि०-वि०, परसों ।

उत्तर-पञ्चाल, राष्ट्र-विशेष, जिसकी राजधानी कम्पिल्ल थी ।

उत्तरण, नपुं०, पार होना, (परीक्षा में) उत्तीर्ण होना ।

उत्तरति, क्रिया, जल से बाहर आता है ।

उत्तरविपरीत, वि०, अनुत्तरीय ।

उत्तरा, स्त्री०, उत्तर-दिशा ।

उत्तरा नन्द-माता, बुद्ध का उपस्थान करने वाली गृहस्थ उपासिकाओं में प्रमुख ।

उत्तरापथ, जम्बु द्वीप का उत्तरी विभाग। पालि वाङ्मय में इसकी सीमाओं का कहीं स्पष्ट उल्लेख नहीं है। हो सकता है कि उत्तरापथ से श्रावस्ती से तक्षिला तक जाने वाला महामार्ग अभिप्रेत हो ।

उत्तरायण, नपुं०, सूर्य की उत्तरायण, दक्षिणायन दो गतियों में से पहली ।

उत्तरासङ्ग, पु०, ऊपर का कपड़ा ।

उत्तरि, उत्तरिं, क्रि० वि०, अधिकतर।

उत्तरि-करणीय, नपुं०, आगे का कार्य ।

उत्तरि-भङ्ग, पु०, भोजन की समाप्ति पर दिया जाने वाला स्वादिष्ट खाद्य पदार्थ ।

उत्तरि-मनुस्स-धम्म, पु०, परामानुषिक स्थिति ।

उत्तरि-साटक, पु०, ऊपर का वस्त्र ।

उत्तरितर, वि०, अधिक श्रेष्ठ ।

उत्तरिय, नपुं०, १. श्रेष्ठ अवस्था। [**अनुत्तरिय,** नपुं०, श्रेष्ठतम अवस्था।] २. प्रत्युत्तर ।

उत्तरीय, नपुं०, ऊपर की चादर ।

उत्तसति, क्रिया, त्रसित होता है, चौकन्ना हो जाता है ।

उत्तसन, नपुं०, त्रास, भय ।

उत्तस्त, कृदन्त, भयभीत, त्रसित ।

उत्तान, उत्तानक, वि०, आकाश की ओर मुँह करके लेटा हुआ ।

उत्तान-सेय्यक, वि०, बच्चा ।

उत्तानीकम्म, उत्तानीकरण, नपुं०, स्पष्टीकरण ।

उत्तानीकरोति, क्रिया, स्पष्ट करता है ।

उत्तापेति, क्रिया, कष्ट देता है, त्रास देता है ।

उत्तारित, कृदन्त, पार उतारा हुआ ।

उत्तारेति, क्रिया, पार उतारता है, रक्षा करता है, सहायता करता है ।

उत्तास, पु०, त्रास, भय ।

उत्तासन, नपुं०, त्रास-देना, मृत्यु-दण्ड देना ।

उत्तासित, कृदन्त, जिसे त्रास दिया गया है, जिसे मृत्यु-दण्ड दिया गया है ।

उत्तासेति, क्रिया, त्रास देता है, डराता है ।

उत्तिट्ठति, क्रिया, उठ खड़ा होता है ।

उत्तिण, वि०, तृण-रहित ।

उत्तिण्ण, कृदन्त, उत्तीर्ण, उस पार चला गया ।

उत्रास, पु०, त्रास, भय ।

उत्रासी, वि०, त्रसित, भयभीत, कायर।
उद, अव्यय, अथवा, या।
उदक, नपुं०, पानी।
उदक-काक, पु०, समुद्री चिड़िया।
उदक-धारा, स्त्री०, जल-धारा।
उदक-बिन्दु, नपुं० जल-बिन्दु।
उदक-माणिक, पु०, जल रखने का बड़ा बर्तन।
उदक-साटिका, स्त्री०, नहाने का वस्त्र।
उदकच्छ, नपुं०, दलदल।
उदकन्ति, स्त्री०, पानी में उतरना।
उदकायतिक, पानी का पाइप।
उदकुम्भ, पु०, जल का घड़ा।
उदकोघ, पु०, पानी की बाढ़।
उदग्ग, वि०, प्रसन्न-चित्त।
उदञ्चन, नपुं०, छोटी बाल्टी। जल-पात्र।
उदञ्चनी जातक, स्त्री के आकर्षण के वशीभूत हुए पुत्र को पिता ने उसके साथ जाने की आज्ञा दी (१०६)।
उदण्ह, नपुं०, सूर्योदय।
उदधि, पु०, समुद्र।
उदपादि, क्रिया०, उत्पन्न हुआ।
उदपान, पु०, कुआँ।
उदपान-दूसक जातक, कुएँ के जल को खराब करने वाले गीदड़ की कथा (२७१)।
उदय, पु०, उन्नति, वृद्धि, आय, सूद।
उदय जातक, उदय भद्द तथा उदय भद्दा की कथा (४५८)।
उदयत्थगम, पु०, उन्नति तथा पतन।
उदय-ब्बय, पु०, वृद्धि तथा ह्रास, जन्म तथा मृत्यु।
उदयन्त, कृदन्त, उठता हुआ, वृद्धि को प्राप्त होता हुआ।
उदयति, क्रिया, उदय होता है।
उदयन, नपुं०, ऊपर उठता है।
उदर, नपुं०, पेट।
उदरग्गि, पु०, भूख।
उदरावदेहकं, क्रि० वि०, पेट को गले तक भरना।
उदरिय, नपुं०, पेट, पेट का भोजन।
उदहारक, पु०, पानी लाने वाला।
उदहारिय, वि०, पानी लाने के लिए जाता हुआ।
उदागच्छति, क्रिया, सम्पूर्ण होता है।
उदान, नपुं०, उल्लासपूर्ण कथन।
उदान, खुद्दक निकाय का एक ग्रन्थ।
उदानेति, क्रिया, उल्लास-पूर्ण कथन करता है।
उदार, वि०, विशाल-हृदय, महान्।
उदासीन, वि०, उपेक्षा-युक्त, अक्रिया-शील।
उदाहट, कृदन्त, उक्त, बोला गया।
उदाहरण, नपुं०, मिसाल, उदाहरण।
उदाहरति, क्रिया, पाठ करता है, उच्चारण करता है।
उदाहार, पु०, कथन।
उदाहु, अव्यय, अथवा, या।
उदिक्खति, क्रिया, देखता है, नजर घुमाता है।
उदिक्खितु, पु०, देखने वाला, नजर डालने वाला।
उदिच्च, वि०, श्रेष्ठ, उत्तरकुलोत्पन्न।
उदित, कृदन्त, उदय हुआ, ऊपर उठा।
उदीचि, स्त्री०, उत्तर दिशा।
उदीरण, नपुं०, कथन।
उदीरित, कृदन्त, कहा गया, कथित।

उदीरेति, क्रिया, कहता है, बोलता है ।

उदुक्खल, पु०, नपुं०, ऊखल ।

उदुम्बर, पु०, गूलर का वृक्ष ।

उदुम्बर जातक, एक बन्दर द्वारा दूसरे बन्दर के ठगे जाने की कथा (२९८) ।

उदेति, क्रिया, उदय होता है, वृद्धि को प्राप्त होता है ।

उदेन, कोसम्बी-नरेश ।

उद्द, पु०, ऊद-बिलाव ।

उद्दक-रामपुत्त, गृहत्याग के अनन्तर जिन आचार्यों से गौतम बुद्ध ने शिक्षा ग्रहण की, उनमें से एक ।

उद्दलोमी, पु०, ऊर्ध्व-लोमी, ऐसा कम्बल जिसके दोनों सिरों पर उसें हों ।

उद्दस्सेति, क्रिया, दिखाता है ।

उद्दान, नपुं०, सूची-समूह ।

उद्दाप, पु०, प्राकार की नींव ।

उद्दाम, वि०, चञ्चल ।

उद्दालन, नपुं०, फाड़ डालना ।

उद्दालक जातक, उद्दालक पुरोहित की कथा (४८७) ।

उद्दालेति, क्रिया, फाड़ डालता है ।

उद्दिट्ठ, कृदन्त, बताया हुआ, इशारा किया हुआ ।

उद्दिसति, क्रिया, नियम करता है, उच्चारण करता है ।

उद्दिसापेति, क्रिया, नियम कराता है ।

उद्दीपना, स्त्री०, व्याख्या, तेज करना ।

उद्देक, (उद्रेक), पु०, डकार ।

उद्देस, पु०, संकेत, व्याख्या, पाठ ।

उद्देसक, पु०, संकेत करने वाला, व्याख्याता, पाठ करने वाला ।

उद्देहक, वि०, उबलने वाला ।

उद्ध, वि०, ऊपर का ।

उद्धग्ग, वि०, ऊपर की ओर मुँह वाला ।

उद्धगति, स्त्री०, ऊर्ध्वगति ।

उद्धच्च, नपुं०, उद्धतपन ।

उद्धट, **कृदन्त**, खींचा हुआ, नष्ट किया हुआ ।

उद्धत, उद्धत ।

उद्धदेहिक, कृदन्त, मृतक-दान, श्राद्ध ।

उद्धन, नपुं०, चूल्हा ।

उद्धपाद, वि०, ऊपर की ओर पाँव वाला ।

उद्धम्म, पु०, मिथ्या मत ।

उद्धरण, नपुं०, ऊपर उठाना, जड़ खोदना ।

उद्धरति, क्रिया, उठाता है, जड़ खोदता है ।

उद्धं, क्रि० वि०, ऊपर ।

उद्धंगम, वि०, ऊपर जाने वाला, ऊर्ध्वगामी वायु, शरीर में विचरण करने वाली वायु ।

उद्धंभागिय, वि०, ऊपरी भाग से सम्बन्धित ।

उद्धंविरेचन, वमन ।

उद्धंसोत, वि०, जीवन-स्रोत पर ऊपर की ओर चढ़ना ।

उद्धंसेति, क्रिया, नष्ट करता है, विनाश करता है ।

उद्धार, पु०, बाहर खींच लाना ।

उद्धुमात, **उद्धुमातक**, वि०, सूजा हुआ, फूला हुआ ।

उद्धुमायति, क्रिया, सूज जाता है ।

उद्रय, वि०, कारण होना ।

उद्रीयति, क्रिया, फूट पड़ता है, टुकड़े-टुकड़े हो जाता है ।

उद्रीयन, नपुं०, फूट पड़ना, गिर पड़ना ।

उद्रेक, (उद्देक) पु०, वमन ।
उन्दु, (उन्दुर, उन्दूर), पु०, चूहा ।
उन्न, नपुं०, गीलापन ।
उन्नत, कृदन्त, ऊपर उठा हुआ ।
उन्नति, स्त्री०, वृद्धि ।
उन्नदति, क्रिया, चिल्लाता है ।
उन्नम, पु०, ऊँचाई ।
उन्नमति, क्रिया, ऊपर उठता है ।
उन्नल, वि०, अभिमानी, अहंकारी ।
उन्नाद, पु०, शोर ।
उन्नादेति, क्रिया, शोर करता है ।
उप, उपसर्ग, समीप आदि अनेक अर्थों का बोधक ।
उपक (उपग), वि०, समीप जाना ।
उपकच्छ, नपुं०, बगल ।
उपकट्ठ, वि०, समीप ।
उपकड्ढति, क्रिया, खींचता है ।
उपकण्णक, नपुं०, ऐसा स्थान, जहाँ से दूसरों की आपसी बातचीत सुनाई दे सके ।
उपकप्पति, क्रिया, पास जाता है, योग्य होता है, अनुकूल होता है ।
उपकप्पन, नपुं०, समीप जाना, उपयोगी होना, योग्य होना ।
उपकरण, नपुं०, साधन ।
उपकरोति, क्रिया, उपकार करता है ।
उपकार, पु०, सहायता ।
उपकारक, पु०, उपकार करने वाला ।
उपकिण्ण, कृदन्त, बिखेरा हुआ ।
उपकूजति, क्रिया, (पक्षी) चहचहाता है ।
उपकूल, वि०, नदी-तट ।
उपकूळित, कृदन्त, उबाला हुआ, भूना हुआ ।
उपक्कम, पु०, साधन, उपाय ।
उपक्कमति, क्रिया, प्रयास करता है, आक्रमण करता है ।
उपक्कमन, नपुं०, आक्रमण, समीप जाना ।
उपक्किलिट्ठ, वि०, मैला, दागी ।
उपक्किलेस, पु०, चित्त-मैल ।
उपक्कीतक, पु०, क्रीत दास ।
उपक्कुट्ठ, कृदन्त, जिस पर दोपारोपण हुआ हो ।
उपक्कोस, पु०, दोपारोपण ।
उपक्कोसति, क्रिया, दोषारोपण करता है ।
उपक्खट, वि०, पास लाया हुआ ।
उपक्खर, पु०, रथ का अङ्ग-विशेष ।
उपक्खलन, नपुं०, स्खलन, पाँव लड़खड़ाना ।
उपग, वि०, जाता हुआ, समीप जाता हुआ ।
उपगच्छति, क्रिया, पास जाता है ।
उपगत, कृदन्त, पास गया ।
उपगमन, नपुं०, पास जाना ।
उपगूहति, क्रिया, गले मिलता है ।
उपगूहन, नपुं०, गले मिलना ।
उपग्घात, पु०, झटका ।
उपघात, पु०, चोट ।
उपघातक, वि०, चोट पहुँचाने वाला ।
उपघाती, वि०, चोट पहुँचाने वाला, जान से मार डालने वाला ।
उपचय, पु०, संग्रह ।
उपचरति, क्रिया, व्यवहार करता है, उद्यत रहता है ।
उपचरित, कृदन्त, अभ्यस्त, सेवित ।
उपचार, पु०, पास-पड़ोस, पूर्व-तैयारी ।

उपचिका, स्त्री०, दीमक ।

उपचिण्ण, कृदन्त, अभ्यस्त, एकत्रित ।

उपचित, कृदन्त, ढेर लगा हुआ ।

उपचिनाति, क्रिया, एकत्र करता है ।

उपच्चगा, क्रिया, लाँघ गया, आगे बढ़ गया, बढ़ निकला ।

उपच्छिन्दति, क्रिया, तोड़ डालता है, नष्ट कर डालता है, बाधक होता है ।

उपच्छिन्न, कृदन्त, तोड़ दिया गया, काट दिया गया, नष्ट कर दिया गया ।

उपच्छेद, पु०, रुकावट, विनाश ।

उपच्छेदक, वि०, रुकावट डालनेवाला, नष्ट करने वाला ।

उपजानाति, क्रिया, सीखता है, प्राप्त करता है ।

उपजीवति, क्रिया, किसी के आश्रय से जीता है ।

उपजीवी, वि०, किसी के आश्रय से जीने वाला ।

उपज्झाय, पु०, उपाध्याय ।

उपञ्ञात, कृदन्त, सीखा हुआ, ज्ञात ।

उपञ्ञास, पु०, वचन-क्रम ।

उपट्ठपेति, क्रिया, समर्पित करता है, सेवा में उपस्थित रहता है ।

उपट्ठहति, क्रिया, प्रतीक्षा करता है, सेवा करता है, सेवा में उपस्थित रहता है, समझता है, उपस्थान करता है ।

उपट्ठाक, पु०, सेवक ।

उपट्ठान, नपुं०, सेवा ।

उपट्ठान-साल, स्त्री०, सभा भवन ।

उपट्ठित, कृदन्त, उपस्थित, तैयार ।

उपट्ठेति, क्रिया, सेवा में रहता है, गौरव प्रदर्शित करता है ।

उपडय्हति, क्रिया, जलता है ।

उपड्ढ, वि० तथा नपुं०, आधा ।

उपतप्पति, क्रिया, अनुतप्त होता है ।

उपताप, पु०, पश्चाताप ।

उपतापक, वि०, अनुताप तथा पश्चाताप का कारण ।

उपतापेति, क्रिया, कष्ट देता है, पीड़ा पहुँचाता है ।

उपतिट्ठति, क्रिया, समीप खड़ा होता है, देखभाल करता है ।

उपतिस्स, धर्म-सेनापति सारिपुत्र का गृहस्थ-नाम ।

उपत्थद्ध, वि०, कड़ा, कठोर, सहारे खड़ा ।

उपत्थम्भ, पु०, सहारा ।

उपत्थम्भेति, क्रिया, सहारा देता है ।

उपत्थर, पु०, दरी, आस्तरण ।

उपदस्सेति, क्रिया, प्रदर्शित करता है ।

उपदहति, क्रिया, देता है, कारणीभूत होता है ।

उपदा, नपुं०, भेंट, उपहार ।

उपदिट्ठ, कृदन्त, उपदिष्ट ।

उपदिसति, क्रिया, उपदेश देता है ।

उपदिसन, नपुं०, उपदेश ।

उपदिस्सति, क्रिया, प्रकट होता है ।

उपदेस, पु०, उपदेश ।

उपद्दव, पु०, उपद्रव, दुर्भाग्य ।

उपद्दवेति, क्रिया, कष्ट पहुँचाता है ।

उपद्दुत, कृदन्त, उपद्रुत, कष्ट का भागी ।

उपधान, नपुं०, तकिया ।

उपधान, वि०, कारण होना ।

उपधानेति, क्रिया, कल्पना करता है,

विचार करता है।

उपधारण, नपुं०, दूध का बर्तन।

उपधारणा, स्त्री०, विचार।

उपधारित, कृदन्त, विचारित।

उपधारेति, क्रिया, विचार करता है, परिणाम निकालता है।

उपधावति, क्रिया, दौड़ता है।

उपधावन, नपुं०, पीछे दौड़ना।

उपधि, पु०, पुनर्जन्म का कारण, आसक्ति।

उपनच्चति, क्रिया, नृत्य करता है।

उपनत, कृदन्त, झुका हुआ।

उपनदति, क्रिया, आवाज देता है।

उपनद्ध, कृदन्त, शत्रु-भाव रखना।

उपनन्धति, क्रिया, शत्रु-भाव रखता है।

उपनमति, क्रिया, झुकता है।

उपनमन, नपुं०, झुकना, नम्र होना।

उपनयन, नपुं०, पास लाना, हिन्दुओं का उपनयन-संस्कार।

उपनय्हति, क्रिया, शत्रु-भाव रखता है।

उपनय्हना, स्त्री०, शत्रु-भाव।

उपनामित, कृदन्त, पास लाया गया, भेंट।

उपनामेति, क्रिया, पास लेता है, भेंट लाता है।

उपनायिक, वि०, समीप आता हुआ, लाता हुआ।

उपनाह, पु०, वैर, शत्रु-भाव।

उपनाही, वि०, वैरी।

उपनिक्खमति, क्रिया, अभिनिष्क्रमण करता है।

उपनिक्खित्त, कृदन्त, निक्षिप्त, रखा गया।

उपनिक्खित्तक, पु०, चर-पुरुष।

उपनिक्खिपति, क्रिया, रखता है।

उपनिक्खिपन, नपुं०, निक्षेप, रखना।

उपनिक्खेप, पु०, निक्षेप, रखना।

उपनिघंसति, क्रिया, रगड़ता है, (कोल्हू में) पेरता है।

उपनिज्झान, नपुं०, विचार, मनन।

उपनिज्झायति, क्रिया, विचार करता है, मनन करता है।

उपनिधा, स्त्री०, तुलना।

उपनिधि, पु०, वचन देना।

उपनिधाय, अव्यय, तुलना किया गया।

उपनिपज्जति, क्रिया, पास लेट जाता है।

उपनिबद्ध, कृदन्त, सटा हुआ।

उपनिबन्ध, पु०, नजदीकी सम्बन्ध।

उपनिबन्ध, वि०, निर्भृत, सम्बन्धित।

उपनिबन्धति, क्रिया, सटाकर बाँधता है, मिन्नत करता है।

उपनिबन्धन, नपुं०, नजदीकी सम्बन्ध, अति-विनम्र प्रार्थना।

उपनिसा, स्त्री०, कारण, साधन, समान-भाव।

उपनिसीदति, क्रिया, समीप बैठता है।

उपनिसेवति, क्रिया, संगति करता है।

उपनिस्सय, पु०, आधार, आश्रय।

उपनिस्सयति, क्रिया, संगति करता है।

उपनिस्साय, क्रि० वि०, पास, समीप, कारण से, साधन से।

उपनिस्सित, कृदन्त, निर्भृत, आश्रित।

उपनीत, कृदन्त, लाया गया, पाला

गया ।

उपनीय, पूर्व० क्रिया, लाकर ।

उपनीयति, क्रिया, लाया जाता है, ले जाया जाता है ।

उपनील, वि०, नील-वर्ण ।

उपनेति, क्रिया, पास लाता है, भेंट करता है ।

उपन्तसेल, पु०, उपत्यका ।

उपन्तिक, १. वि०, पास ।
२. नपुं०, पास-पड़ोस ।

उपपज्जति, क्रिया, पुनर्जन्म ग्रहण करता है ।

उपपति, नपुं०, यार, जार ।

उपपत्ति, स्त्री०, जन्भ, पुनर्जन्म ।

उपपन्न, कृदन्त, जन्म ग्रहण किया ।

उपपरिक्खण, नपुं०, परीक्षा ।

उपपरिक्खति, क्रिया, परीक्षा लेता है ।

उपपरिक्खा, स्त्री०, परीक्षा ।

उपपातिक, वि०, बिना माता-पिता के उत्पन्न होने वाले सत्व, जैसे देवता ।

उपपादित, कृदन्त, समुत्पन्न ।

उपपादेति, क्रिया, उत्पन्न करता है ।

उपपारमी, स्त्री०, छोटी-पारमिताएं (गुण-विशेष की पराकाष्ठायें) ।

उपपीळक, वि०, पीड़ा देने वाला, कष्ट देने वाला ।

उपपीळा, स्त्री०, पीड़ा, कष्ट ।

उपप्फुसति, क्रिया, स्पर्श करता है ।

उपप्लवति, क्रिया, तैरता है ।

उपब्बूजति, क्रिया, जाता है, विदा होता है ।

उपब्बळ्ह, वि०, भीड़ वाली जगह ।

उपब्रूहन, नपुं०, वृद्धि ।

उपब्रूहति, क्रिया, बढ़ाता है, फैलाता है ।

उपभुञ्जक, वि०, खाने वाला, भोगने वाला ।

उपभुञ्जति, क्रिया, भोगता है ।

उपभोग, पु०, भोगना ।

उपभोगी, वि०, उपभोग करने वाला ।

उपमा, स्त्री०, समानता ।

उपमातु, स्त्री०, दाई ।

उपमान, नपुं०, तुलना, जिससे तुलना की जाये ।

उपमेति, क्रिया, तुलना करता है ।

उपमेय्य, वि०, जिसकी तुलना की जाय ।

उपय, पु०, आसक्ति ।

उपयम, नपुं०, विवाह ।

उपयाचति, क्रिया, याचना करता है, माँगता है ।

उपयाचितक, नपुं०, याचना, माँग ।

उपयाति, क्रिया, समीप जाता है ।

उपयान, नपुं०, पहुँच ।

उपयानक, नपुं०, केकड़ा ।

उपयुज्जति, क्रिया, सम्बन्ध जोड़ता है, अभ्यास करता है, उपयोग करता है ।

उपयोग, पु०, (उप+योग) सम्बन्ध ।

उपरचित, कृदन्त, निर्मित ।

उपरज्ज, नपुं०, उप-राजपना ।

उपरत, कृदन्त, विरत हुआ ।

उपरति, स्त्री०, संयम ।

उपरमति, क्रिया, विरत रहता है, संयत रहता है ।

उपराजा, पु०, वाइसराय, राजा का स्थानापन्न ।

उपरि, अव्यय, ऊपर ।

उपरिट्ठ, वि०, सर्वोपरि ।

उपरि-पासाद, पु०, सबसे ऊपर का तल्ला ।

उपरि-भाग, पु०, ऊपर का हिस्सा ।

उपरि-मुख, वि०, ऊपर की ओर मुँह वाला ।

उपरित्त, कृदन्त, ऊपर होने का भाव ।

उपरिम, वि०, सर्वोपरि ।

उपरुज्झति, क्रिया, अवरोध को प्राप्त होता है, रुक जाता है ।

उपरुन्धति, क्रिया, रोकता है, रुकावट डालता है ।

उपरूळ्ह, कृदन्त, उगा हुआ ।

उपरोचति, क्रिया, प्रसन्न करता है ।

उपरोदति, क्रिया, विलाप करता है ।

उपरोधेति, क्रिया, बाधा डालता है ।

उपरोप, नपुं० (?), पौधा ।

उपल, पु०, पत्थर ।

उपलक्खणा, स्त्री०, विवेक करना ।

उपलक्खित, कृदन्त, उपलक्षित, विवेक कृत ।

उपलक्खेति, क्रिया, विवेक करता है ।

उपलद्ध, कृदन्त, प्राप्त ।

उपलद्धि, स्त्री०, प्राप्ति ।

उपलब्भति, क्रिया, प्राप्त होता है, विद्यमान होता है ।

उपलभति, क्रिया, प्राप्त करता है ।

उपलापन, नपुं०, प्रेरणा, बकवास ।

उपलापेति, क्रिया, प्रेरित करता है ।

उपलालेति, क्रिया, लालन करता है ।

उपलिक्खति, क्रिया, खरोचता है, उत्कीर्ण करना है ।

उपलिप्पति, क्रिया, लेप करता है ।

उपलिम्पति, क्रिया रंग पोतता है ।

उपलेप, पु०, लेप ।

उपलोहितक, वि०, लाल रंग का ।

उपवज्ज, वि०, सदोष ।

उपवण्णेति, क्रिया, वर्णन करता है ।

उपवत्त, उपवत्तन, हिरण्यवती के तट पर कुसीनारा के मल्लों का शाल-वन । यहीं भगवान बुद्ध का परिनिर्वाण हुआ था ।

उपवत्तति, क्रिया, विद्यमान होता है ।

उपवत्तन, वि०, समीप होना ।

उपवदति, क्रिया, दोषारोपण करता है, अपमानित करता है ।

उपवन, नपुं०, छोटा जंगल, बगीचा ।

उपवसति, क्रिया, वास करता है, रहता है ।

उपवाद, पु०, दोष, अपमान ।

उपवादक, वि०, दोष देने वाला, अपमान करने वाला ।

उपवायति, क्रिया, (हवा) चलती है ।

उपवास, पु०, आहार-त्याग, व्रत ।

उपवासन, नपुं०, सुगन्धित करना ।

उपवासित, वि०, सुगन्धित ।

उपवासेति, क्रिया, सुगन्धित करता है ।

उपवाहन, नपुं०, ले जाना, बहाकर ले जाना ।

उपविजञ्ञा, स्त्री०, ऐसी स्त्री जिसको प्रसव होने ही वाला हो ।

उपविसति, क्रिया, समीप आता है, समीप बैठ जाता है ।

उपवीण, पु०, वीणा का सिरा ।

उपवीत, कृदन्त, बुना हुआ ।

उपवीयति, क्रिया, बुनता है ।

उपवुत्त, कृदन्त, दोषारोपित किया गया ।

उपवुत्थ, कृदन्त, (उपोसथ-) व्रत

रखा गया।

उपवेसन, नपुं०, बैठना।

उपव्ह्यति, क्रिया, बुलाता है।

उपसंवसति, क्रिया, किसी के साथ रहता है।

उपसंहरण, नपुं०, पास-पास लाकर एकत्र करना, तुलना करना।

उपसंहरति, क्रिया, इकट्ठा करता है, समीप लाता है, ढेर लगाता है।

उपसंहार, पु०, एकत्र करना, सार ग्रहण करना, तुलना करना।

उपसङ्कमति, क्रिया, पास जाता है।

उपसङ्कमन, नपुं०, पहुँच, नजदीक जाना।

उपसङ्कमित्वा, पूर्व० क्रिया, पास जाकर।

उपसग्ग, पु०, खतरा, किसी क्रिया के पूर्व में आने वाले वर्ण-समूह (उपसर्ग)।

उपसन्त, कृदन्त, शान्त-चित्त।

उपसम, पु०, शान्ति, सन्तोष।

उपसमेति, क्रिया, सन्तुष्ट करता है, शान्त करता है।

उपसम्पज्ज, कृदन्त, पहुँच जाना, प्रविष्ट होना, उपसम्पन्न-भिक्षु होना।

उपसम्पज्जति, क्रिया, पहुँचता है, प्रविष्ट होता है, (भिक्षु) उपसम्पन्न होता है।

उपसम्पदा, स्त्री०, बौद्ध-भिक्षु की संघ के द्वारा दी जाने वाली दीक्षा।

उपसम्पन्न, कृदन्त, उपसम्पदा प्राप्त।

उपसम्पादेति, क्रिया, उपसम्पदा की दीक्षा देता है।

उपसम्फस्सति, क्रिया, गले मिलता है।

उपसम्मति, क्रिया, शान्त होता है, सन्तुष्ट होता है।

उपसाळ्ह जातक, उस ब्राह्मण की कथा जिसने अपने लड़के को आदेश दिया था कि उसकी दाह-क्रिया ऐसी जगह की जाय, जहाँ पहले किसी की दाह-क्रिया न हुई हो। (१६६)

उपसिंघति, क्रिया, नाक बजाता है।

उपसिंघन, नपुं०, नाक बजाना।

उपसुस्सति, क्रिया, सूख जाता है।

उपसुस्सन, नपुं०, सूख जाना,।

उपसेचन, नपुं०, भोजन को स्वादिष्ट बनाने के लिए उस पर (नमक-मिर्च) छिड़कना।

उपसेनिया, स्त्री०, जो लड़की सदैव अपनी माँ के पास रहना चाहे, लाडली।

उपसेवति, क्रिया, अभ्यास करता है, संगति करता है।

उपसेवना, स्त्री०, अभ्यास, संगति।

उपसेवित, कृदन्त, जिसने अभ्यास किया हो, जिसने संगति की हो।

उपसेवी, वि०, अभ्यास करने वाला, संगति करने वाला।

उपसोभति, क्रिया, सुशोभित होता है, सुन्दर लगता है।

उपसोभित, कृदन्त, सुशोभित।

उपसोभेति, क्रिया, सुशोभित कराता है।

उपसोसेति, क्रिया, सुखाता है।

उपसट्ठ, कृदन्त, दमित, जिसका दमन किया गया।

उपस्सय, पु०, निवास-स्थान।

उपस्सास, पु०, साँस लेना।

उपस्सुति, स्त्री०, उपश्रुति, दूसरों की

गुप्त बातचीत ।

उपस्सुतिक, वि०, दूसरों की बातचीत सुनने वाला ।

उपहञ्ञति, क्रिया, भ्रष्ट होता है, चोट खाता है ।

उपहत, कृदन्त, चोट खाया हुआ ।

उपहत्तु, पु०, लाने वाला ।

उपहनति, क्रिया, हानि पहुँचाता है, चोट पहुँचाता है ।

उपहरण, नपुं०, भेंट ।

उपहरति, क्रिया, भेंट लाता है ।

उपहार, पु०, भेंट, पुरस्कार ।

उपहिंसति, क्रिया, हानि पहुँचाता है, चोट पहुँचाता है ।

उपागच्छति, क्रिया, समीप आता है ।

उपागत, कृदन्त, समीप आया हुआ ।

उपातिधावति, क्रिया, दौड़ता रहता है ।

उपातिपन्न, कृदन्त, गिरा हुआ, शिकार हुआ ।

उपातिवत्त, कृदन्त, सीमातिक्रान्त हुआ ।

उपातिवत्तति, क्रिया, सीमोल्लंघन करता है ।

उपादा, क्रि० वि०, उपादाय का संक्षिप्त रूप, सकारण ।

उपादान, नपुं०, आसक्ति, ईंधन ।

उपादानक्खन्ध, पु०, आसक्ति के रूप, वेदना आदि स्कन्ध ।

उपादानक्खय, पु०, आसक्ति का क्षय ।

उपादानिय, वि०, आसक्ति से सम्बन्धित ।

उपादाय, पूर्व० क्रिया, कारण होकर ।

उपादि, पु०, जीवन का ईंधन ।

उपादि-सेस, वि०, जिसमें रूप, वेदना आदि स्कन्ध अवशेष हों ।

उपादिन्न, कृदन्त, गृहीत ।

उपादियति, क्रिया, ग्रहण करता है ।

उपाधि, पु०, पद, गद्दी ।

उपान्तभू, स्त्री०, पास की भूमि ।

उपाय, पु०, साधन ।

उपाय-कुसल, वि०, साधन-सम्पन्न ।

उपाय-कोसल्ल, नपुं० उपाय-कुशलता ।

उपायन, नपुं०, भेंट ।

उपायास, पु०, चिन्ता, दुःख, पश्चाताप ।

उपारम्भ, पु०, डाँट-डपट ।

उपालि स्थविर, भगवान बुद्ध के महाश्रावकों में से एक अत्यन्त प्रसिद्ध महास्थविर । इनका जन्म कपिलवस्तु के नाई परिवार में हुआ था । बुद्ध के परिनिर्वाण के अनन्तर प्रथम संगीति में उपालि स्थविर ही विनय के विषय में प्रमाण माने गये थे ।

उपाविसि, क्रिया, स्थान ग्रहण किया ।

उपासक, पु०, गृहस्थ शिष्य ।

उपासकत्त, नपुं०, उपासक-भाव ।

उपासति, क्रिया; उपासना करता है, सेवा में रहता है ।

उपासन, नपुं०, १. सेवा; २. धनुर्विद्या ।

उपासिका, स्त्री०, स्त्रीधर्मानुयायी ।

उपासित, कृदन्त, पूजित, सेवित ।

उपासीन, कृदन्त, पास बैठा हुआ ।

उपाहत, कृदन्त, जिसे आघात लगा हो, जिसने चोट खाई हो ।

उपाहन, नपुं०, जूता ।

उपेक्खक, वि०, उपेक्षा करने वाला ।

उपेक्खति, क्रिया, उपेक्षा करता है।
उपेक्खना, स्त्री०, उपेक्षा।
उपेक्खा, स्त्री०, उपेक्षा-भाव, मध्यस्थ-भाव।
उपेत, कृदन्त, पास गया हुआ, प्राप्त हुआ।
उपेति, क्रिया, पास जाता है, प्राप्त करता है।
उपेत्वा, पूर्व० क्रिया, पास जाकर।
उपोग्घात, पु०, उदाहरण।
उपोचित, कृदन्त, संग्रहित, ढेर लगा हुआ, सुखद।
उपोसथ, १. नपुं०, हाथियों का कुल-विशेष; २. पु०, महीने की दोनों अष्टमियाँ, अमावस्या तथा पूर्णिमा के चार उपोसथ (-व्रत) के दिन।
उपोसथ-कम्म, नपुं०, उपोसथ (-व्रत) का क्रियात्मक रूप।
उपोसथागार, नपुं०, उपोसथ-भवन।
उपोसथिक, वि०, उपोसथ (-व्रत) के दिन आठ शील ग्रहण करने वाला।
उप्पक्क, वि०, सूजा हुआ, फूला हुआ।
उप्पच्चति, क्रिया, पकता है।
उप्पज्जति, क्रिया, उत्पन्न होता है।
उप्पज्जन, नपुं०, उत्पन्न होना।
उप्पज्जमान, कृदन्त, उत्पन्न होने वाला।
उप्पज्जितब्ब, कृदन्त, उत्पन्न होने के योग्य।
उप्पटिपाति, स्त्री०, क्रमाभाव, अनि-यम।
उप्पटिपाटियं, वि०, क्रम-विरुद्ध।
उप्पण्डना, स्त्री०, हँसी उड़ाना, मज़ाक उड़ाना।
उप्पण्डुकजात, वि०, पीला पड़ गया।
उप्पण्डेति, क्रिया, मुँह चिढ़ाता है।
उप्पतति, क्रिया, उड़ता है, ऊपर उछलता है।
उप्पतन, नपुं०, उड़ान, उछलन।
उप्पतमान, कृदन्त, उड़ता हुआ, उछलता हुआ।
उप्पतित, कृदन्त, उड़ा, उछला।
उप्पतित्वा, पूर्व० क्रिया, उड़कर, उछल-कर।
उप्पत्ति, स्त्री०, उत्पत्ति, पुनर्जन्म।
उप्पत्ति-भूमि, स्त्री०, जन्म-भूमि।
उप्पथ, पु०, कुमार्ग।
उप्पन्न, कृदन्त, उत्पन्न।
उप्पब्बजति, क्रिया, भिक्षु-संघ से निकल जाता है। पुनः गृहस्थ हो जाता है।
उप्पब्बजित, कृदन्त, भिक्षु-संघ से निकला हुआ, पुनः गृहस्थ बना हुआ।
उप्पब्बाजेति, क्रिया, भिक्षु-संघ से निकाल देता है, पुनः गृहस्थ बना देता है।
उप्पल, नपुं०, कँवल।
उप्पलवण्णा थेरी, भगवान बुद्ध की दो प्रधान भिक्षुणियों में से एक। वह एक सेठ की पुत्री थी। उसकी चमड़ी उत्पल-वर्ण होने के कारण ही उसका नाम उप्पलवण्णा स्थविरी पड़ा था।
उप्पालिनी, कँवलों से भरा हुआ तालाब।
उप्पाटन, नपुं०, उखाड़ना।
उप्पाटित, कृदन्त, उखाड़ा गया।
उप्पाटेति, क्रिया, उखाड़ता है, छीलता है।

उप्पात, पु०, ऊपर उड़ना, उल्कापात, असाधारण घटना ।

उप्पाद, पु०, उत्पन्न होना, अस्तित्व में आना ।

उप्पादक, वि०, उत्पन्न करने वाला ।

उप्पादन, नपुं०, उत्पत्ति ।

उप्पादेति, पु०, उत्पन्न करता है ।

उप्पादेतु, पु०, उत्पन्न करने वाला ।

उप्पादेतुं, उत्पन्न करने के लिए ।

उप्पीळन, नपुं०, पीड़ा देना, दबाना, दमन करना ।

उप्पीळित, कृदन्त, पीड़ित ।

उप्पीळेति, क्रिया, पीड़ा देता है, दबाता है, कष्ट देता है ।

उप्पोठन, नपुं०, झाड़ना, पीटना ।

उप्पोठेति, क्रिया, झाड़ता है, पीटता है ।

उप्लवन, नपुं०, तैरना ।

उप्लवति, क्रिया, तैरता है ।

उप्लापेति, क्रिया, डुबकी लगाता है ।

उप्फालेति, क्रिया, फाड़ता है ।

उप्फासुलिक, वि०, पसली मात्र दिखाई देने वाला ।

उब्बट्टन, नपुं०, बदन को रगड़ना, उबटन लगाना ।

उब्बट्टित, कृदन्त, मला गया, उबटन लगाया गया ।

उब्बट्टेति, क्रिया, मालिश करता है, उबटन लगाता है ।

उब्बत्तेति, क्रिया, ऊपर उठता है, फूलता है, सुपथ से हट जाता है ।

उब्बन्धति, क्रिया, मार डालता है ।

उब्बन्धति, फाँसी लटका देता है, गला घोंट देता है ।

उब्बन्धन, गला घोंटना, फाँसी लगा लेना, फाँसी लटकाना ।

उब्बहति, क्रिया, खींचता है, ले जाता है, उठाता है ।

उब्बहन, नपुं०, खींचना, ले जाना, उठाना ।

उब्बाळह, कृदन्त, कष्ट-प्राप्त, हैरान किया गया ।

उब्बिग्ग, कृदन्त, उद्विग्न ।

उब्बिज्जति, क्रिया, उद्वेग को प्राप्त होता है ।

उब्बिज्जना, स्त्री०, उद्वेग, अशान्ति ।

उब्बिलावितत्त, नपुं०, अत्यन्त आह्लाद ।

उब्बी, स्त्री०, भूमि ।

उब्बेग, पुं०, उद्वेग, उत्तेजना ।

उब्बेजेति, क्रिया, उद्वेग उत्पन्न करता है, भयभीत करता है ।

उब्बेध, पुं०, ऊँचाई ।

उब्भट्ठक, वि०, सीधा खड़ा हुआ ।

उब्भत, कृदन्त, वापिस ले लिया गया, खींच लिया गया ।

उब्भव, पु०, उद्भव, उत्पत्ति ।

उब्भार, पु०, हटा दिया जाना ।

उब्भिज्ज, पूर्व० क्रिया, बाहर आकर, अँखुआ फूट निकलकर ।

उब्भिज्जति, क्रिया, ऊपर उछलता है, अँखुआ फूट निकलता है ।

उब्भिद, १. नपुं०, खाने का नमक; २. पु०, पानी का चशमा; ३. वि०, अंकुर निकलता हुआ ।

उब्भुजति, क्रिया, ऊपर उठाता है ।

उभ, उभय, सर्वनाम, दोनों ।

उभतो, अव्यय, दोनों तरह से ।

उभतो भट्ठ जातक, एक मछुवे की

कथा, जो दोनों ओर से गया (१३६)।

उभयतोदिक, स्त्री०, दोनों ओर।

उभो, सर्वनाम, दोनों।

उम्मग्ग, पु०, सुरँग, चोर-रास्ता।

उम्मज्जन, नपुं०, शरीर को धोना।

उम्मत्त, वि०, पागल।

उम्मदन्ती जातक, एक सेठ की लड़की की कथा, जो अपने सौन्दर्य के कारण देखने वालों को उन्मत्त बना देती थी (५२७)।

उम्मा, स्त्री०, अलसी के बीज।

उम्माद, पु०, उन्माद, पागलपन।

उम्मादवन्तु, पु०, पागल।

उम्मार, पु० देहली, चौखट।

उम्मि, स्त्री०, ऊर्मि, लहर।

उम्मिसति, क्रिया, आँख खोलता है।

उम्मिहति, क्रिया, पेशाब करता है।

उम्मीलन, नपुं०, उन्मीलन, आँख खोलना।

उम्मीलेति, क्रिया, उन्मीलन करता है, आँख खोलता है।

उम्मुक, नपुं०, लुआठी, मशाल।

उम्मुक्क, कृदन्त, गिरा हुआ।

उम्मुख, वि०, जिसका मुँह आकाश की ओर हो।

उम्मुज्जति, क्रिया, पानी से बाहर निकलता है।

उम्मुज्जन, नपुं०, बाहर निकलना।

उम्मुज्ज-निमुज्जा, स्त्री०, इतराना-डूबना।

उम्मुज्जमान, कृदन्त, इतराता हुआ।

उम्मूल, वि०, उन्मूल।

उम्मूलित, कृदन्त, जड़ खोदा हुआ।

उम्मूलन, नपुं०, जड़ खोदना।

उम्मूलेति, क्रिया, जड़ खोदता है।

उय्यान, नपुं०, उद्यान।

उय्यान-कीळा, स्त्री०, उद्यान-क्रीड़ा।

उय्यान-पाल, पु०, उद्यान-पालक, माली।

उय्यान-भूमि, स्त्री०, उद्यान-भूमि।

उय्यानवन्त, वि०, अनेक उद्यानों वाला।

उय्याम, पु०, उद्यम, प्रयत्न।

उय्युज्जति, क्रिया, जुटता है, प्रयास करता है।

उय्युज्जन, नपुं०, उद्योग, क्रिया-शीलता।

उय्युञ्जन्त, कृदन्त, उद्योग-रत, क्रिया-शील।

उय्युत्त, कृदन्त, उत्साही, लगा हुआ।

उय्योग, पु०, उद्योग।

उय्योजन, नपुं०, प्रेरणा।

उय्योजित, कृदन्त, प्रेरित, भेज दिया गया।

उय्योजेति, क्रिया, प्रेरित करता है, भेज देता है।

उय्योधिक, नपुं०, लड़ाई की योजना, सेना की झूठ-मूठ की लड़ाई।

उर, पु० तथा नपुं०, छाती।

उर-चक्क, नपुं०, छाती पर रखा हुआ लोह-चक्र।

उर-च्छद, पु०, छाती की ढाल।

उर-त्ताळि, क्रि० वि०, अपनी छाती पीटना।

उरग, पु०, सर्प

उरग-जातक, साँप तथा गरुड़ का संघर्ष। बोधिसत्व ने दो स्थायी

वैरियों में मैत्री कराई (१५४)।

उरग-जातक, पुत्र की मृत्यु पर घर का कोई भी नहीं रोया (३५४)।

उरण, पु०, भेड़, मेढ़ा।

उरणी, स्त्री०, भेड़ी।

उरब्भ, पु०, मेढ़ा।

उरु, वि०, बड़ा, चौड़ा, प्रमुख।

उरुवेल कप्प, मल्ल जनपद में मल्लों का एक नगर।

उरुवेला, बुद्धगया में, बोधिवृक्ष के समीप, नेरञ्जरा के तट पर एक स्थान।

उलूक, पु०, उल्लू।

उलूक-जातक, पक्षियों द्वारा उल्लू को अपना राजा बनाये जाने का प्रस्ताव किया गया (२७०)।

उल्लंघन, नपुं०, सीमोल्लंघन।

उल्लंघेति, क्रिया, सीमा लांघ जाता है।

उल्लपति, क्रिया, आत्म-प्रशंसा करता है।

उल्लपना, स्त्री०, आत्म-प्रशंसा।

उल्लिखति, क्रिया, अलग करता है, लकीर खींचता है।

उल्लिखन, नपुं०, अलग करना, लकीर खींचना।

उल्लित्त, कृदन्त, उपलिप्त, लेप किया गया।

उल्लुम्पति, क्रिया, ऊपर उठाता है, सहायक होता है।

उल्लुम्पन, नपुं०, ऊपर उठाना, संरक्षण।

उल्लोकक, वि०, द्रष्टा।

उल्लोकन, नपुं०, दृष्टि, खिड़की।

उल्लोकेति, क्रिया, देखता है।

उल्लोच, पु० तथा नपुं०, वितान, चँदुआ।

उल्लोल, पु०, चलन, बड़ी लहर।

उल्लोलेति, क्रिया, हलचल पैदा करता है।

उसभ, पु०, वृषभ, श्रेष्ठ पुरुष, दूरी का माप-विशेष।

उसभंग, पु०, वृषभ का अंग।

उसीर, नपुं०, खस।

उसु, पु० तथा स्त्री०, तीर।

उसुकार, पु०, तीर बनाने वाला।

उसुवड्ढकी, पु०, तीर बनाने वाला बढ़ई।

उसूयक, वि०, ईर्षा करने वाला।

उसूयति, क्रिया, ईर्षा करता है।

उसूया, स्त्री०, ईर्षा।

उसूयोपगम, पु०, ईर्षा का आगमन।

उस्मा, स्त्री०, ऊष्णता।

उस्सङ्की, वि०, शंकालु, भयभीत।

उस्सद, उस्सन्न, वि०, विपुल।

उस्सन्नता, स्त्री०, विपुलता।

उस्सव, पु०, उत्सव।

उस्सहति, क्रिया, कोशिश करता है।

उस्सहन, नपुं०, प्रयास, प्रयत्न।

उस्सापन, नपुं०, उठाना।

उस्सापित, कृदन्त, उठाया गया।

उस्सापेति, क्रिया, उठाता है, ऊँचा करता है।

उस्सारणा, स्त्री०, भीड़।

उस्सारित, कृदन्त, एक ओर ढकेल दिया गया।

उस्सारेति, क्रिया, एक ओर ढकेल देता है।

उस्साव, पु०, ओस ।

उस्साव-बिन्दु, नपुं०, ओस की बूंद ।

उस्साह, पु०, उत्साह ।

उस्साहवन्तु, वि०, उत्साही ।

उस्साहेति, क्रिया, उत्साहित करता है ।

उस्सिञ्चति, क्रिया, पानी उठाता है, सींचता है ।

उस्सिञ्चन, नपुं०, पानी उठाना, सींचना ।

उस्सित, कृदन्त, उठाया गया, ऊँचा किया गया ।

उस्सीसक, नपुं०, सिर रखने की जगह, तकिया ।

उस्सुक, वि०, उत्सुक, उत्साही, क्रिया-शील ।

उस्सुक्क, नपुं०, औत्सुक्य, उत्साह, क्रिया-शीलता ।

उस्सुक्कति, क्रिया, कोशिश करता है, प्रयत्न करता है ।

उस्सुक्कापेति, क्रिया, प्रेरित करता है ।

उस्सुस्सति, क्रिया, सूख जाता है ।

उस्सूर, वि०, सूर्योदय के बाद का ।

उस्सूर-सेय्या, स्त्री० सूर्योदय के बाद सोते रहना ।

उस्सोळ्ही, स्त्री०, उत्साह ।

उळार, वि०, उदार, विशाल, श्रेष्ठ, प्रमुख ।

उळारत्त, नपुं०, उदारता, विशालता, श्रेष्ठत्व, प्रमुखत्व ।

उळु, पु०, तारा ।

उळु-राज, पु०, चन्द्रमा ।

उळुङ्क, पु०, करछुल ।

उळुम्प, पु०, डोंगी ।

उळूक, पु०, उल्लू ।

उळूक-पक्खिक, नपुं०, उल्लू के पैरों से बना हुआ पहनावा ।

ऊ

ऊका, स्त्री०, जूं, चीलर ।

ऊन, वि०, कम, न्यून ।

ऊनत्त, ऊनता, नपुं०, स्त्री०, कमी, न्यूनता ।

ऊमी, ऊमि, स्त्री०, लहर ।

ऊरट्ठि, नपुं०, जाँघ की हड्डी ।

ऊरु, जाँघ ।

ऊरु-पब्ब, नपुं०, जाँघ का जोड़ ।

ऊस, पु०, खारी मिट्टी ।

ऊसवन्तु, पु०, खारी मिट्टी वाला ।

ऊसा, पु०, खारा पदार्थ ।

ऊसर, वि० तथा नपुं०, क्षार-युक्त, ऊसर ।

ऊहच्च, कृदन्त, खींचा गया, हटा दिया गया ।

ऊहदति, क्रिया, साफ करता है, मैल दूर करता है ।

ऊहन, नपुं०, विचार, संग्रह ।

ऊहनति, क्रिया, खींचता है, हटाता है ।

ऊहसति, क्रिया, हँसता है, मुँह चिढ़ाता है ।

ऊहा, स्त्री०, चिन्तन-मनन ।

ए

एक, वि०, संख्यावाचक शब्द । बहुवचन में 'एक' का अर्थ हो जाता है कुछ ।

एक-चर, एक-चारी, वि०, अकेला रहने वाला ।

एक-देश, पु०, एक विभाग, एक हिस्सा।

एक-पट्ट, वि०, एक तह वाला कपड़ा।

एकभत्तिक, वि०, दिन में एक ही बार खाने वाला।

एकक, वि०, अकेला।

एककूटयुत, पु०, एक तल्ला भवन।

एकक्खरकोस, सोलहवीं शताब्दी में सद्धम्म-कित्ति द्वारा रचित पालि शब्द-सूची।

एकक्खी, वि०, एक आँख वाला।

एकग्ग, वि०, एकाग्र।

एकग्गता, स्त्री०, एकाग्रता।

एकच्च, **एकच्चिय**, वि०, कुछ, चन्द।

एकज्झं, क्रि० वि०, एक ही स्थान पर।

एकतो, अव्यय, एक ओर।

एकत्त, नपुं०, १. एकता, २. अकेलापन, ३. अनुकूलता।

एकदा, क्रि० वि०, एक बार।

एकन्त, वि०, निश्चय से, पूर्ण निश्चय से, एकतरफा।

एकन्त-लोमी, पु०, कम्बल जिसके एक ओर उसें हों।

एकन्तरिक, वि०, एक का बीच देकर, एक के बाद एक छोड़कर।

एकपटलिक, वि०, एक तह वाला कपड़ा।

एकपण्ण जातक, बोधिसत्व ने राजकुमार को नीम के पत्ते खिलाकर अपना आचरण सुधारने की शिक्षा दी (१४९)।

एकपद जातक, बोधिसत्व ने एक शब्द द्वारा अपने पुत्र को उपदेश दिया। वह शब्द था **दक्खेय्य** अर्थात् दक्षता (२३८)।

एकपदिक-मग्ग, पु०, पगडण्डी।

एकमन्तं, क्रि० वि०, एक ओर।

एकमेक, **एकेक**, वि०, एक-एक करके।

एकराज जातक, देखो सेय्यसं जातक, एकराज जातक (३०३)।

एकरूप, वि०, अपरिवर्तनशील।

एकविध, वि०, एक ही तरह का, समान।

एकसो, क्रि० वि०, एक-एक करके

एकंस, **एकंसिक**, वि०, १. निश्चित रूप से, २. एक कंधे से सम्बन्धित।

एकाकी, त्रिलिङ्गी, अकेला (आदमी)।

एकाकिनी, स्त्री०, अकेली (स्त्री)।

एकागारिक, पु०, चोर।

एकादस, संख्यावाची वि०, ग्यारह

एकायन, पु०, एक ही मार्ग।

एकासनिक, वि०, दिन में एक ही बार खाने वाला।

एकाह, नपुं०, एक दिन।

एकाहिक, वि०, एक ही दिन रहने वाला।

एकिका, स्त्री०, अकेली स्त्री।

एकीभाव, पु०, एकता, एकान्त।

एकीभूत, वि०, एकत्रित, सम्बन्धित।

एकून, वि०, एक कम।

एकूनचत्तालीसति, स्त्री०, उनतालीस।

एकूनतिंसति, स्त्री०, उनत्तीस।

एकूनपञ्ञास, स्त्री०, उनचास।

एकूनवीसति, स्त्री०, उन्नीस।

एकूनसट्ठि, स्त्री०, उनसठ।

एकूनसत्तति, स्त्री०, उनहत्तर।

एकूननवुति, स्त्री०, नवासी।

एकूनसत, नपुं०, निन्नानवे ।

एकूनासीति, स्त्री०, उनास्सी ।

एकोदिभाव, पु०, एकाग्रता ।

एजा, स्त्री०, तृष्णा, चलन (हिलना) ।

एट्ठि, स्त्री०, तलाश, इच्छा, चाह ।

एण, पु०, एक प्रकार का हिरण ।

एणिमिग, **एणेय्य**, पु०, मृग-विशेष ।

एणेय्यक, नपुं०, एक प्रकार का कष्ट-दान ।

एत, सर्वनाम, वह, यह, पु०, एसो, स्त्री०, एसा ।

एतरहि, क्रि० वि०, अब ।

एतादिस, वि०, ऐसा, इस तरह का ।

एति, क्रिया, आता है ।

एतिहा, स्त्री०, इति-वृत्त ।

एतिटय्ह, नपुं०, परम्परागत वृतान्त ।

एत्तक, वि०, इतना ।

एत्तावता, क्रि० वि०, यहाँ तक, इतनी दूर तक ।

एत्तो, अव्यय, यहाँ से, यहाँ ।

एत्थ, क्रि० वि०, यहाँ ।

एदिस, **एदिसक**, वि०, ऐसा, इस प्रकार का ।

एध, पु०, ईधन, जलावन ।

एधति, क्रिया, प्राप्त करता है, सफल, होता है ।

एन, एत (सर्वनाम) का ही रूप ।

एरक, नपुं०, घास-विशेष ।

एरक-दुस्स, नपुं०, एरक की बनी चादर ।

एरण्ड, पु०, रेंड़ ।

एरावण, पु०, इन्द्र के हाथी का नाम ।

एरावत, पु०, नारंगी, संतरा ।

एरित, कृदन्त, कम्पित ।

एरेति, क्रिया, हिलता है ।

एला, स्त्री०, थूक ।

एव, अव्यय, ही ।

एवरूप, त्रि०, ऐसा, इस प्रकार का ।

एवं, क्रि० वि०, इस प्रकार ।

एवं, अव्यय, हाँ ।

एवम्पि, अव्यय, इस प्रकार भी ।

एवमेव, अव्यय, इसी प्रकार ।

एवंविध, वि०, इस प्रकार ।

एसति, क्रिया, खोजता है ।

एसना, स्त्री०, खोज ।

एसन्त, **एसमान**, कृदन्त, खोजता हुआ ।

एसिकत्थम्भ, पु०, नगर-द्वार के सामने गड़ा हुआ खम्भा ।

एसित, कृदन्त, खोजा गया ।

एसितब्ब, कृदन्त, खोजने योग्य ।

एसी, पु०, खोजने वाला ।

एसिनी, स्त्री०, खोजने वाली ।

एहलोकिक, वि०, इहलोक सम्बन्धी ।

एहिपस्सिक, वि०, जो धर्म सभी को कहे कि आओ और परीक्षा करके देखो ।

एहि-भिक्खु, प्राचीनतम समय में किसी को भिक्षु बनाने की पद्धति "भिक्षु, आ ।"

एळक, पु०, भेड़ ।

एळगल वि०, जिसके मुँह से लार टपकती हो ।

एल्मूग, पु०, बहरा तथा गूंगा ।

एळा, स्त्री०, थूक ।

एळालुक, नपुं०, खीरा-ककड़ी ।

ओ

ओ, पालि वर्णमाला का एक स्वर। कुछ वैयाकरणों का मत है कि पालि में आठ स्वर होते हैं, और कुछ का मत है दस स्वर होते हैं। आठ स्वर के पक्षपाती ए, ओ के ह्रस्व तथा दीर्घ दो स्वरूप नहीं मानते। दस स्वर के पक्षपाती '**ए**' तथा '**ओ**' के 'ह्रस्व' तथा 'दीर्घ' दो-दो रूप मानते हैं। संयुक्त वर्ण से पूर्व व्यवहृत होने वाले '**ए**' तथा '**ओ**' उनके मतानुसार 'ह्रस्व' स्वर होते हैं।

ओक, नपुं०, १. जल, २. निवास-स्थान।

ओकड्ढति, क्रिया, खींच लाता है, हटा देता है।

ओकन्तति, क्रिया, काटता है।

ओकप्पति, क्रिया, व्यवस्था करता है, तैयारी करता है, विश्वास करता है।

ओकप्पना, स्त्री०, विश्वास करना।

ओकप्पनिय, वि०, विश्वसनीय।

ओकप्पेति, क्रिया, विश्वास करता है।

ओकम्पेति, क्रिया, हिलाता है।

ओकार, पु०, नीचपन, विकृति।

ओकास, पु०, स्थान, अवसर, अनुज्ञा।

ओकास-कम्म, नपुं०, अनुज्ञा, इजाज़त।

ओकिण्ण, कृदन्त, बिखरा हुआ, ढका हुआ।

ओकिरण, नपुं०, बिखेरा जाना, फेंका जाना।

ओकिरति, क्रिया, बिखेरता है।

ओक्कन्त, कृदन्त, आगत, घटित।

ओक्कन्ति, स्त्री०, प्रवेश प्रकट होना, घटित होना।

ओक्कन्तिक, वि०, घटित होने वाला।

ओक्कमति, क्रिया, प्रवेश करना है, आता है।

ओक्कमन, नपुं०, प्रवेश, आगमन।

ओक्कमन्त, कृदन्त, प्रवेश होना हुआ।

ओक्कम्म, पूर्व० क्रिया, हटकर।

ओक्काक, शाक्यों तथा कोलियों का पूर्वज ओकाक्क नरेश।

ओक्खित्त, कृदन्त, नीचे गिराये हुए।

ओक्खित्त-चक्खु, वि०, नीची-नज़र वाला।

ओक्खिपति, क्रिया, फेंकता है, गिराता है।

ओगच्छति, क्रिया, नीचे जाता है, अस्त होना है, पीछे हटता है।

ओगण, वि०, गण से पृथक् हुआ, अकेला।

ओगध, वि०, सम्मिलित, डूबा हुआ।

ओगय्ह, पूर्व० क्रिया, मिल जाने पर, डूब जाने पर।

ओगाह, पु०, **ओगाहन**, नपुं०, डुबकी लगाना।

ओगाहति, क्रिया, डुबकी लगाना है।

ओगाहमान, कृदन्त, डुबकी लगाते हुए।

ओगिलति, क्रिया, निगलता है।

ओगुण्ठित, कृदन्त, घूंघट निकला हुआ, ढका हुआ।

ओगुण्ठेति, क्रिया, घूंघट निकालती है, ढकती है।

ओगुम्फेति, क्रिया, (माला) पिरोता है।

ओगत, कृदन्त, अवगत, अस्त होना।

ओघ, पु०, बाढ़ ।

ओघ-तिण्ण, वि०, बाढ़ से सुरक्षित ।

ओघनिय, वि०, जो बाढ़ में आ सकता है ।

ओचरक, पु०, गुप्तचर ।

ओचिण्ण, कृदन्त, संगृहीत ।

ओचिनन, नपुं०, संग्रह करना, एकत्र करना ।

ओचिनन्त, कृदन्त, संग्रह करते हुए, एकत्र करते हुए।

ओचिनाति, क्रिया, संग्रह करता है, एकत्र करता है ।

ओछिन्दति, क्रिया, काट डालता है ।

ओज, पु०, शरीर-शक्ति ।

ओजवन्त, वि०, शक्तिवर्धक ।

ओजवन्तता, स्त्री०, शक्तिवर्धक भाव ।

ओजहाति, क्रिया, छोड़ देता है, त्याग देता है ।

ओजा, स्त्री०, शरीर का आधार ओज।

ओजिनाति, क्रिया, जीतता है, हराता है ।

ओट्ठ, पु०, १. ऊँट, २. होंठ ।

ओट्ठुभति, क्रिया, थूकता है ।

ओड्डित, कृदन्त, (जाल) फेंका गया ।

ओड्डेति, क्रिया, (जाल) बिछाता है।

ओणमति, क्रिया, झुकता है ।

ओणमन, नपुं०, झुकना ।

ओणमित, कृदन्त, झुका हुआ ।

ओतरण, नपुं०, उतरना, नीचे आना ।

ओतरति, क्रिया, नीचे उतरता है ।

ओतरन्त, कृदन्त, नीचे उतरते हुए ।

ओतापेति, क्रिया, धूप में तपता है ।

ओतार, पु०, उतराव, पहुँच, अवसर, दोष ।

ओतार-गवेसी, वि०, अवसर खोजने वाला ।

ओतारण, नपुं०, उतराव ।

ओतारेति, क्रिया, उतारता है ।

ओतिण्ण, कृदन्त, अवतरित ।

ओत्तप्प, नपुं०, पाप-भीरुता ।

ओत्तप्पति, क्रिया, पाप करने से भयभीत होता है ।

ओत्तप्पी, वि०, पाप-भीरू ।

ओत्थट, कृदन्त, फैला हुआ, नीचे गया हुआ ।

ओत्थरक, नपुं०, कपड़-छान ।

ओत्थरति, क्रिया, फैलाता है, नीचे जाता है, छानता है ।

ओदकन्तिक (ओद्रकन्तिक), १. नपुं०, जल-समीप स्थान; २. वि०, जिसका अन्त जल में हो ।

ओदग्य, नपुं० उदग्र भाव, तेजस्वी भाव

ओदन, नपुं०, तथा पु० पकाया हुआ चावल, भात ।

ओदन-संभव, पु० तथा नपुं, पिच्छा ।

ओदनिक, पु०, रसोइया ।

ओदनिय, वि०, ओदन-सम्बन्धी ।

ओदरिक, वि०, पेटू, पेट भरने के लिए जीने वाला।

ओदहति, क्रिया, रखता है, ध्यान देता है ।

ओदहन, नपुं०, नीचे रखना, ध्यानावस्थित होना ।

ओदात, वि०, सफेद, स्वच्छ ।

ओदात-कसिण, नपुं०, श्वेत रंग का चित्त को एकाग्र करने का साधन ।

ओदात-वसन, वि०, श्वेत वस्त्रधारी ।

ओदिस्स, क्रि० वि०, उद्देश्य से ।

ओदिस्सक, वि०, विशेष रूप से ।

ओदुम्बर, वि०, गूलर-वृक्ष सम्बन्धी ।

ओधि, पु०, अवधि, सीमा ।

ओधिसो, क्रि० वि०, सीमित मात्रा में ।

ओधुनाति, क्रिया, धुनता है ।

ओनद्ध, कृदन्त, बँधा हुआ, ढका हुआ, लिपटा हुआ ।

ओनन्धति, क्रिया, बाँधता है, ढकता है, लपेटता है ।

ओनमक, वि०, झुकता हुआ ।

ओनमति, क्रिया, झुकता है ।

ओनमन, नपुं०, झुकना ।

ओनय्हति, क्रिया, ढकता है, बाँध डालता है ।

ओनहन, नपुं०, ढकना ।

ओनीत, कृदन्त, हटाया गया, ले जाया गया ।

ओनेति, क्रिया, हटाया जाता है, ले जाया जाता है ।

ओनोजन, नपुं०, बँटवारा, भेंट ।

ओनोजेति, क्रिया, बाँटता है ।

ओनोजित, कृदन्त, बाँटा हुआ ।

ओपक्कमिक, वि०, किसी उपक्रम अथवा उपाय-विशेष से उत्पन्न किया गया कष्ट ।

ओपक्खी, वि०, जिसके पर कटे हों ।

ओपतति, क्रिया, गिरता है, उड़ जाता है ।

ओपतित, कृदन्त, गिरा हुआ ।

ओपत्त, वि०, पत्र-विहीन, ऐसा पेड़ जिसके पत्ते गिर गये हों ।

ओपधिक, वि०, पुनर्जन्म के आधार सम्बन्धी ।

ओपनयिक, वि०, पास ले जाने वाला ।

ओपपातिक, वि०, प्रत्यक्ष कारण के बिना उत्पन्न, सहज रूप से उत्पन्न हुआ ।

ओपम्म, नपुं०, उपमा, तुलना ।

ओपरज्ज, नपुं०, उपराजपद ।

ओपवय्ह, वि०, चढ़ने के योग्य ।

ओपसमिक, वि०, शान्ति-कारक ।

ओपात, पु०, १. गड्ढा, २. पतन ।

ओपातेति, क्रिया, गिराता है ।

ओपान, नपुं०, कुआँ ।

ओपारम्भ, वि०, सहायक ।

ओपायिक, वि०, योग्य ।

ओपिलापित, कृदन्त, तैराया गया ।

ओपिलापेति, क्रिया, तैराता है ।

ओपुणाति, क्रिया, साफ करता है ।

ओपुप्फ, नपुं०, कली ।

ओबंधति, क्रिया, बाँधता है ।

ओभग्ग, कृदन्त, टूटा हुआ ।

ओभज्जति, क्रिया, तोड़ डालता है ।

ओभत, कृदन्त, ले जाया गया ।

ओभरति, क्रिया, ले जाता है ।

ओभास, पु०, प्रकाश ।

ओभासति, क्रिया, चमकता है ।

ओभासन, नपुं०, चमक ।

ओभासित, कृदन्त, प्रकाशित ।

ओभासेति, क्रिया, चमकाता है ।

ओभासेन्त, कृदन्त, चमकते हुए ।

ओभोग, पु०, झुकना, लपेटना, (चीवर का) तह करना ।

ओम, ओमक, वि०, निम्न कोटि का ।

ओमट्ठ, कृदन्त, छुआ गया, मैला किया गया ।

ओमद्दति, क्रिया, मलता है, दबाता है।

ओमसति, क्रिया, स्पर्श करता है।

ओमसना, स्त्री०, स्पर्श।

ओमसवाद, पु०, अपमान, निन्दा।

ओमान, नपुं०, अगौरव।

ओमिस्सक, वि०, मिश्रित।

ओमुक्क, वि०, फेंका गया।

ओमुञ्चति, क्रिया, खोलता है, (वस्त्र) उतारता है।

ओमुत्त, कृदन्त, मुक्त हुआ, स्वतन्त्र हुआ।

ओमुत्तेति, मूत्र करता है।

ओयाचति, क्रिया, बुरा चाहता है, शाप देता है।

ओर, १. नपुं०, इस ओर का तट, यह संसार; २. वि०, निम्न-स्तर का।

ओर-पार, नपुं०, इहलोक तथा परलोक।

ओर-मत्तक, वि०, तुच्छ, मामूली।

ओरब्भिक, पु०, भेड़ों का व्यापार करने वाला, या भेड़ मारने वाला कसाई।

ओरमति, क्रिया, इधर ही रुक जाता है।

ओरमापेति, क्रिया, (किसी अन्य को) रोक देता है।

ओरम्भागियं, वि०, इस लोक सम्बन्धी।

ओरस, वि०, स्वकीय पुत्र।

ओरिम, वि०, इस ओर का।

ओरिम-तीर, नपुं०, नज़दीक का तट।

ओरुद्ध, कृदन्त, जिसके मार्ग में बाधा डाली गई हो।

ओरुन्धति, क्रिया, प्राप्त करता है, पत्नी बनाता है।

ओरूळ्ह, पु०, कृदन्त, उतरा हुआ।

ओरोध, पु०, रनिवास, बाधा।

ओरोपन, नपुं०, उतारना, हटाना।

ओरोपेति, क्रिया, उतारता है, हटाता है।

ओरोहण, नपुं०, उतरना।

ओरोहति, क्रिया, (नीचे) उतरता है।

ओलग्गेति, क्रिया, रोकता है।

ओलंघना, स्त्री०, नीचे झुकना।

ओलंघेति, क्रिया, नीचे कूदता है।

ओलम्बति, क्रिया, नीचे रोकता है।

ओलम्बन, नपुं०, लटकना।

ओलिखति, क्रिया, लकीर खींचता है, खरोंचता है।

ओलिगल्ल, पु०, चहबच्चा, नाबदान।

ओलीन, कृदन्त, प्रमादी, ढीला-ढाला।

ओलीयति, क्रिया, प्रमाद करता है।

ओलीयना, स्त्री०, आलस्य।

ओलीयमान, कृदन्त, पीछे छूट गया।

ओलुग्ग, कृदन्त, टुकड़े-टुकड़े हो गया।

ओलुज्जति, क्रिया, टुकड़े-टुकड़े हो जाता है।

ओलुम्पेति, क्रिया, छिलका उतारता है, पकड़ता है, चुनता है, चुगता है।

ओलोकन, नपुं०, देखना।

ओलोकनक, नपुं०, खिड़की, झरोखा।

ओलोकेति, क्रिया, देखता है।

ओळारिक, वि०, स्थूल।

ओवज्जमान, कृदन्त, उपदिष्ट, अनुशासित।

ओवट्टिक, स्त्री०, कमरबन्द ।
ओवदति, क्रिया, उपदेश देता है ।
ओवदन, नपुं०, उपदेश देना ।
ओवदितब्ब, कृदन्त, उपदेश देने के योग्य ।
ओवमति, क्रिया, उलटी करता है, कै करता है ।
ओवरक, नपुं०, अन्दर का कमरा ।
ओवरति, क्रिया, रोकता है ।
ओवस्सति, क्रिया, बरसता है ।
ओवस्सापेति, क्रिया, बारिश में भिगवाता है ।
ओवहति, क्रिया, नीचे ले जाता है ।
ओवाद, पु०, उपदेश ।
ओवादक, पु०, उपदेश देने वाला ।
ओवादक्खम, वि०, शिक्षा-प्रेमी, उपदेश मानने वाला ।
ओविज्झति, क्रिया, बींधता है ।
ओसक्कति, क्रिया, पीछे हटता है ।
ओसज्जति, क्रिया, छोड़ता है ।
ओसध, नपुं०, औषध, दवाई ।
ओसधी, स्त्री०, १. दवाई का पौधा, २. चमकदार तारा-विशेष ।
ओसधीस, पु०, चन्द्रमा ।
ओसन्न, वि०, त्यक्त ।
ओसप्पति, क्रिया, पीछे हटता है ।
ओसरण, नपुं०, वापसी ।
ओसरति, क्रिया, वापस आता है ।
ओसान, नपुं०, समाप्ति ।
ओसापेति, क्रिया, समाप्त करता है ।
ओसारक, नपुं०, ओसारा ।
ओसारणा, स्त्री०, पुर्नानियुक्ति ।
ओसारेति, क्रिया, पुर्नानियुक्त करता है ।
ओसिञ्चति, क्रिया, सींचता है ।
ओसीदन, नपुं०, डूबना ।
ओसीदापन, नपुं०, डुबाना ।
ओसीदापेति, क्रिया, डुबाता है ।
ओस्सग्ग, नपुं०, शिथलीकरण ।
ओस्सजति, क्रिया, ढीला छोड़ता है, मुक्त करता है ।
ओस्सजन, नपुं०, मुक्ति, परित्याग ।
ओहरति, क्रिया, ले जाता है ।
ओहाय, पूर्व० क्रिया, छोड़कर ।
ओहारण, नपुं०, १. हटाना, २. हजामत करना ।
ओहित, कृदन्त, छिपा हुआ ।
ओहीन, कृदन्त, पीछे छूटा हुआ ।
ओहीयति, क्रिया, पीछे रह जाता है ।
ओहीयन, नपुं०, पीछे रह जाना ।
ओहीयमान, कृदन्त, पीछे रह जाता हुआ ।

क

क, पालि वर्णमाला का प्रथम व्यञ्जन, प्रश्नवाचक सर्वनाम '**किं**' का एक रूप, कौन, क्या, कौन-सा ।
कंस, नपुं०, कांसा-धातु ।
ककच, पु०, आरा ।
ककण्टक, पु०, गिरगिट ।
ककण्टक जातक, महा-उम्मग जातक में आगत ककण्टक-पञ्ह-कथा ।
ककु, पु०, शिखर ।
ककुट्ठा, कुसीनारा के समीप की एक नदी, जिसमें परिनिर्वाण से पूर्व भगवान बुद्ध ने स्नान किया था और

जिसका जल ग्रहण किया था ।

ककुध, पु०, साण्ड की पीठ का ककुद, अर्जुन-वृक्ष ।

ककुध-भण्ड, नपुं०, राजकीय चिह्न ।

कक्क, नपुं०, लेप-विशेष ।

कक्कट, पु०, केकड़ा ।

कक्कटक जातक, कुलीरदह में रहने वाले हाथियों को खाने वाले केकड़े की कथा (२६७) ।

कक्कर, तीतर ।

कक्कर जातक, बुद्धिमान पक्षी की कथा (२०६)

कक्करता, स्त्री०, कर्कश-भाव ।

कक्कस, वि०, कर्कश ।

कक्कारी, स्त्री०, ककड़ी ।

कक्कारु जातक, दुर्गुणी पुरोहित द्वारा देवताओं द्वारा दी गई माला के पहनने की माँग (३२६) ।

कक्कारेति, क्रिया, खखारता है ।

कक्खळ, वि०, खुरदुरा ।

कक्खळता, स्त्री०, कठोरपन ।

कङ्क, पु०, सारस, बगुला ।

कंकट, पु०, कवच ।

कङ्कण, नपुं०, कंगन ।

कङ्खावितरणी, विनय-पिटक के प्रातिमोक्ष पर बुद्धघोषाचार्य द्वारा रचित अट्ठकथा ।

कंखति, क्रिया, सन्देह करता है ।

कंखना, स्त्री०, सन्देह ।

कंखनीय, कृदन्त, सन्दिग्ध ।

कंखा, स्त्री०, सन्देह ।

कंखी, वि०, सन्देह करने वाला ।

कङ्गु, स्त्री०, बाजरा ।

कच, नपुं०, बाल ।

कचवर, पु०, कूड़ा-करकट ।

कच्चानि-जातक, धर्म के श्राद्ध की कथा (४१७) ।

कच्चायन-व्याकरण, कच्चायन द्वारा रचित व्याकरण ।

कच्चि, अव्यय, सन्देहार्थक-पद ।

कच्छ, पु० तथा नपुं०, दलदल, बगल ।

कच्छक, पु०, अंजीर का पेड़ ।

कच्छन्तर, नपुं०, १. राजा का अपना कमरा, २. बगल के नीचे ।

कच्छप, पु०, कछुआ ।

कच्छप जातक, एक कछुवे की कथा, जिसने सूखा पड़ने पर भी अपना तालाब नहीं छोड़ा था (१७८) ।

कच्छप जातक, एक कछुवे की कथा, जिसकी दो हंसों से दोस्ती थी (२१५) ।

कच्छप जातक, एक बंदर की कछुवे के साथ की गई शरारत की कथा (२७३) ।

कच्छपुट, बगली बाँधकर सौदा बेचने वाला ।

कच्छबन्धन, नपुं०, कमर-बन्द ।

कच्छा, स्त्री०, काछ ।

कच्छु, स्त्री,० खुजलाहट, चर्मरोग-विशेष ।

कजङ्गल, मध्यमण्डल की पूर्वी सीमा ।

कज्जल, नपुं०, काजल ।

कञ्चन, नपुं०, स्वर्ण ।

कञ्चन-वण्ण, वि०, सोने के रंग वाला ।

कञ्चुक, पु०, कञ्चुक, जाकेट, कवच, केंचुल ।

कञ्चुकी, पु०, राजकीय सेवक ।

कञ्जिक, नपुं०, काँजी ।

कञ्जिय, नपुं०, काँजी ।

कञ्जा, स्त्री०, कन्या ।

कट, १. कृदन्त, कृत, किया गया; २. पु०, चटाई, गाल ।

कटक, नपुं०, बाजूबंद ।

कटकटायति, क्रिया, (दाँतों से) कट-कट करता है ।

कटच्छु, पु०, कड़छी ।

कटल्लक, नपुं०, कठपुतली ।

कटसार, पु०, चटाई ।

कटसी, स्त्री०, श्मशान-भूमि ।

कटाह, पु०, कड़ाह ।

कटाहक जातक, दासी-पुत्र कटाहक की कथा (१२५) ।

कटि, स्त्री०, कमर ।

कटु, वि०, कड़ुवा ।

कटुक, वि०, तेज, तिक्त, कड़वा ।

कटुक-भण्ड, नपुं०, मसाले ।

कटुक-विपाक, वि०, दुष्परिणाम ।

कटुक-रोहिणी, स्त्री०, कटुका ।

कटुविय कत, वि०, कड़वा ।

कटुका, स्त्री, कटुरोहिणी ।

कट्ठ, नपुं०, काष्ठ, लकड़ी ।

कट्ठक, पु०, बाँस का पेड़ ।

कट्ठत्थर, नपुं०, लकड़ी के तख्तों का आस्तरण ।

कट्ठमय, वि०, लकड़ी का बना ।

कट्ठहारि जातक, दुष्यन्त के शकुन्तला को अंगूठी देने की तरह राजा ने लकड़ी चुनने वाली स्त्री को अपनी अँगूठी दी (७) ।

कट्टिस्स, नपुं०, रेशमी चादर ।

कठल, नपुं०, ठीकरे ।

कठित, नपुं, उबाला हुआ ।

कठिन, १. वि०, मुश्किल; २. नपुं०, प्रतिवर्ष भिक्षुओं को दिया जाने वाला चीवर-विशेष ।

कठिनत्थार, पु०, कठिन चीवर का भेंट करना ।

कड्ढति, क्रिया, खींचता है ।

कड्ढन, नपुं०, खींचना, चूसना ।

कण, पु०, (चावल के टूटे) कण ।

कणय, पु०, बर्छी ।

कणवीर, पु०, करवीर, एक विषैला पौधा ।

कणवेर जातक, सामा नामक राज्य-गणिका द्वारा मृत्यु-दण्ड को प्राप्त कैदी को मुक्त कराने का प्रयत्न किया गया (३१८) ।

कणाजक, नपुं०, टूटे चावलों की खिचड़ी ।

कणिका, स्त्री०, कणिका ।

कणिकार, पु०, फूलदार वृक्ष-विशेष ।

कणेरिक, नपुं०, झोंपड़ी ।

कणिट्ठ, वि०, छोटा ।

कणिट्ठक, पु०, छोटा भाई ।

कणिट्ठा, स्त्री०, छोटी बहन ।

कणेरू, पु०, हाथी; स्त्री०, हथिनी ।

कण्टक, नपुं०, काँटा ।

कण्टक-अपस्सय, पु०, काँटों का बिस्तरा ।

कण्टकाधान, नपुं०, काँटों की झाड़ी ।

कण्टकीफल, पु०, कटहल ।

कण्ठ, पु०, गला ।

कण्ठज, वि०, गले से उच्चारित ।

कण्ड, पु०, १. परिच्छेद, २. तीर ।

कण्डक, वि०, सुरक्षित ।

कण्डर, नपुं, प्रधान शिरा।
कण्डरा, स्त्री०, पुट्ठा ।
कण्डरि जातक, रानी किन्नरा के एक कोढ़ी पर आसक्त हो जाने की कथा (३१८)
कण्डिन जातक, एक मृग के एक मृगी पर आसक्त होने की कथा (१३)।
कण्डु, स्त्री०, खाज, खुजली ।
कण्डुति, स्त्री०, खाज, खुजली ।
कण्डूवति, क्रिया, खुजलाता है ।
कण्डोलिका, स्त्री०, टोकरी ।
कण्ण, नपुं०, कान ।
कण्ण-कटुक, वि०, सुनने में अप्रिय ।
कण्ण-गूथ, नपुं०, कान का मैल।
कण्ण-छिद्द, नपुं०, कान का छेद ।
कण्ण-छिन्न, वि०, कान कटा ।
कण्ण-जप्पक, वि०, कानाफूसी करने वाला ।
कण्ण-जलूका, स्त्री०, कान-खजूरा ।
कण्ण-भुसा, स्त्री०, कर्णाभूषण ।
कण्ण-मूल, नपुं०, कान की जड़ ।
कण्ण-विज्झन, नपुं०, कान का बींधना ।
कण्ण-वेठन, नपुं०, कान का आभरण-विशेष ।
कण्ण-सक्खलिका, स्त्री०, कान का बाह्य भाग ।
कण्ण-सुख, वि०, सुनने में सुखद ।
कण्ण-सूल, नपुं०, कान का दर्द ।
कण्णधार, नौका की पतवार पकड़ने वाला ।
कण्णिका, स्त्री०, शिखर, कान का आभरण ।
कण्ह, वि०, कृष्ण, काला; पु०, काला रंग ।
कण्ह-जातक, कृष्ण-तपस्वी की कथा (४४०) ।
कण्ह-तुण्ड, पु०, बन्दर ।
कण्ह-दीपायन जातक, कोसाम्बी के दीपायन तथा मण्डव्य नामक दो ब्राह्मणों की कथा (४४४) ।
कण्ह-पक्ख, पु०, महीने का कृष्ण-पक्ष ।
कण्ह-वत्तनी, पु०, आग ।
कण्ह-विपाक, वि०, दुष्परिणाम ।
कण्ह-सप्प, पु०, काला साँप ।
कत, कृदन्त, कृत ।
कत-कल्याण, वि०, शुभ-कर्मी ।
कत-किच्च, वि०, कृत-कृत्य, जो करणीय कर चुका ।
कतञ्जली, वि०, जिसने दोनों हाथ जोड़ रखे हों ।
कतञ्ञुता, स्त्री०, कृतज्ञता ।
कतञ्ञू, वि०, कृतज्ञ ।
कत-पटिसंथार, वि०, जिसका स्वागत हुआ हो ।
कत-परिचय, वि०, अभ्यस्त, परिचित ।
कत-पातरास, वि०, जिसने प्रातःकाल का भोजन किया हो ।
कत-पुञ्ञ, वि०, जिसने पुण्य किये हों ।
कत-भत्तकिच्च, वि०, जिसने भोजन समाप्त कर लिया ।
कत-वेदी, वि०, कृतज्ञ ।
कत-सङ्गह, वि०, जिसे आतिथ्य प्राप्त हुआ ।
कत-सङ्केत, वि०, कृत-संकेत ।
कताधिकार, वि०, जिसने कोई संकल्प-विशेष किया हो ।
कतापराध, वि०, दोषी ।
कताभिसेक, वि०, जिसका अभिषेक

हुआ हो ।
कतत्त, नपुं०, कर्तव्य ।
कतम, वि०, कौन-सा ।
कतमत्ते, अधिकरण, ज्यों ही कोई कार्य सम्पन्न हुआ ।
कतर, वि०, दोनों में से कौनसा ।
कति, अव्यय, सर्वनाम, कितने ।
कति-वस्स, वि०, कितने वर्ष का ।
कतिविध, वि०, कितने प्रकार का ।
कतिका, स्त्री०, वार्तालाप ।
कतिकावत्त, नपुं०, निश्चय, करणीय ।
कतिपय, वि०, कुछ, कई ।
कतिपाह, नपुं०, कुछ दिन ।
कतिपाहं, क्रि० वि०, कुछ दिन के लिए ।
कतिमि, वि०, कौन-सी तिथि ।
कतुपासन, वि०, धनुषविद्या में चतुर ।
कतूपकार, वि०, उपकृत ।
कते, क्रि० वि०, उसके लिए ।
कतोकास, वि०, आज्ञा-प्राप्त, अवसर-प्राप्त ।
कत्तब्ब, कृदन्त, कर्तव्य ।
कत्तर, वि०, बहुत छोटा ।
कत्तर-दण्ड, पु०, सैर करने की लाठी ।
कत्तर-यट्ठि स्त्री०, सैर करने की लाठी ।
कत्तर-सुप्प, पु०, छोटा छाज ।
कत्तरिका, स्त्री०, कैंची ।
कत्तिक मास, पु०, कार्तिक मास ।
कत्तिका, स्त्री०, कृत्तिका नक्षत्र ।
कत्तु, पु०, कर्ता, लेखक, वाक्य का कर्ता-अंश ।
कत्तु-काम वि०, करने की इच्छा वाला ।
कत्तुं, करने के लिए ।
कत्थ, क्रि० वि०, कहाँ ।
कत्थचि, अव्यय, कहीं न कहीं ।
कत्थति, क्रिया, शेखी मारता है ।
कत्थन, नपुं०, प्रशंसा ।
कत्थना, स्त्री०, शेखी ।
कत्थी, वि०, शेखी मारने वाला ।
कथुद्दिका, स्त्री०, कस्तूरी ।
कथं, क्रिया-विशेषण, कैसे ।
कथंकथा, स्त्री०, सन्देह ।
कथंकथी, वि०, सन्देही ।
कथंकर, वि०, कैसी क्रिया ।
कथं-भूत, वि०, कैसा, किस प्रकार का ।
कथं-विध, वि०, किस प्रकार का ।
कथंसील, वि०, कैसे शील का ।
कथन, नपुं०, बातचीत, कहना ।
कथा, स्त्री०, बातचीत, कहानी ।
कथापाभत, नपुं०, कथा का विषय ।
कथामग्ग, पु०, कथा का वर्णन ।
कथावत्थु, नपुं०, विवाद का विषय ।
कथा-वत्थु, अभिधम्म के सात प्रकरणों में से पाँचवाँ ग्रन्थ ।
कथा-सल्लाप, पु०, मैत्री-पूर्ण बातचीत ।
कथापेति, क्रिया, कहलवाता है, सन्देश भेजता है ।
कथित, कृदन्त, कहा गया ।
कथेति, क्रिया, कहता है ।
कथेत्वा, पूर्व० क्रिया, कहकर ।
कदन्न, नपुं०, खराब अन्न ।
कदम्ब, पु०, वृक्ष-विशेष ।
कदम्बक, नपुं०, समूह ।
कदर, पु०, वृक्ष-विशेष; वि०, खराब हालत वाला ।
कदरिय, वि०, कंजूस ।
कदलि, स्त्री०, केले का पेड़ ।

कदलि-फल, नपुं०, केले का फल ।
कदलि-मिग, पु०, मृग-विशेष, जिसकी चमड़ी मूल्यवान् मानी जाती है ।
कदा, क्रि० वि०, कब ।
कदाचि-करहचि, अव्यय, कभी-कभी ।
कद्दम, पु०, कर्दम, काँदो ।
कद्दम-बहुल, वि०, जहाँ कीचड़ का बाहुल्य हो ।
कद्दमोदक, नपुं०, मटमैला पानी ।
कनक, नपुं०, सोना ।
कनकच्छवि, वि०, सुनहरी चमड़ी ।
कनकप्पभा, स्त्री०, स्वर्ण-प्रभा ।
कनक-विमान, नपुं०, सुनहरा महल ।
कनय, पु०, आयुध-विशेष ।
कनिट्ठ, नपुं०, छोटा भाई ।
कनिट्ठा, स्त्री०, सबसे छोटी लड़की ।
कनिय, वि०, छोटा ।
कनीनिका, स्त्री०, आँख का तारा ।
कन्त, वि०, प्रियकर, अनुकूल; पु०, पति, प्रियतम ।
कन्तति, क्रिया, कातता है, काटता है ।
कन्तन, नपुं०, कताई, काट ।
कन्ता, स्त्री०, औरत, पत्नी ।
कन्तार, पु०, जंगल, बियाबान ।
कन्तार-नित्थरण, नपुं०, रेगिस्तान में से गुज़रना ।
कन्ति, स्त्री०, कान्ति, शोभा ।
कन्तित, कृदन्त, काटा गया ।
कन्तिमन्त, वि०; चलता हुआ ।
कन्थक, वह घोड़ा जिस पर बैठकर सिद्धार्थ-गौतम ने महाभिनिष्क्रमण किया था ।
कन्द, पु०, कन्द-मूल ।
कन्दगलक जातक, खदिरवनिय नामक कठफोड़े तथा कन्दगलक नामक उसके मित्र की कथा (२१०) ।
कन्दति, क्रिया, चिल्लाता है, रोता है, पश्चाताप करता है ।
कन्दन्त, कृदन्त, रोता हुआ ।
कन्दर, पु०, कन्दरा ।
कन्दरा, स्त्री०, गुफा ।
कन्दुक, पु०, गेंद ।
कपण, वि०, दरिद्र; पु०, भिखमंगा ।
कपल्लक, नपुं०, चूल्हे का तवा ।
कपल्लक-पूव, पु०, तवे का पुआ ।
कपाल, नपुं०, खोपड़ी ।
कपि, पु०, बंदर ।
कपिकच्छ, नपुं०, वृक्ष-विशेष, केवांच ।
कपि जातक, एक बन्दर तपस्वी का भेष बनाये आ पहुँचा (२५०) ।
कपि जातक, एक बन्दर ने पुरोहित के मुँह में विष्ठा गिरा दी (४०४)।
कपिञ्जल, पु०, तीतर की जाति का एक पक्षी ।
कपित्थ, पु०, कैथ ।
कपिल, वि०, १. भूरा, २. ऋषि का नाम ।
कपिलवत्थु, शाक्यों की राजधानी कपिलवस्तु ।
कपिला, स्त्री०, शीशम का पेड़ ।
कपिसीस, पुं०, अर्गल-स्तम्भ ।
कपोत, पु०, कबूतर ।
कपोत जातक, कौवे ने मांस-लोभ से पिंजरे में रहने वाले कबूतर से दोस्ती की (४२) ।
कपोत जातक, बहुत कुछ उक्त जातक के समान ही (३७५) ।
कपोत-पालिका, स्त्री०, चिड़िया-

खाना।

कपोल, पु०, गाल।

कप्प, पु०, कल्प; वि०, योग्य, अनुकूल।

कप्पक, पु०, नाई, राजमहल का कर्मचारी।

कप्पक्खय, पुं०, कल्प का क्षय।

कप्पट्ठायी, वि०, कल्पस्थायी।

कप्प-रुक्ख, पु०, कल्प-वृक्ष।

कप्प-विनास, पु०, कल्प के अन्त में संसार का विनाश।

कप्पट, पु०, पुराना कपड़ा, चीथड़ा।

कप्पति, क्रिया, योग्य होता है।

कप्पना, स्त्री, व्यवस्थित करना।

कप्पबिन्दु, भिक्षु के चीवर पर बना हुआ काला निशान।

कप्पर, पु०, कोहनी।

कप्पास, नपुं०, कपास।

कप्पास-पटल, कपास की तह।

कप्पासिक, वि०, रुई का बना।

कप्पासी, पु०, कपास का पौधा।

कप्पिक, वि०, कल्प सम्बन्धी।

कप्पित, कृदन्त, तैयार किया हुआ।

कप्पिय, वि०, योग्य, उचित।

कप्पिय-कारक, पु०, जो व्यक्ति भिक्षुओं की उचित आवश्यकताएँ पूरी करता है।

कप्पिय-भाण्ड, नपुं०, वे बर्तन जिनका उपयोग भिक्षुओं के लिए विहित है।

कप्पुर, नपुं०, कपूर।

कप्पूर, पु०, कपूर।

कप्पेति, क्रिया, तैयार करता है, काटता है, बनाता है, (जीवन) व्यतीत करता है।

कप्पेत्वा, पूर्व० क्रिया, तैयारी कर, काट-कर।

कबर, वि०, चितकबरा।

कबरमणि, नपुं० तथा पु०, लहसुनिया रत्न।

कबल, पु० तथा नपुं०, कौर।

कबलिंकार, पु०, मुँह भरा कौर।

कबलिंकाराहार, पु०, भोजन।

कब्ब, नपुं०, काव्य, काव्यात्मक रचना।

कम, पु०, क्रम।

कमति, क्रिया, जाता है।

कमण्डलु, पु० तथा नपुं०, कमण्डल।

कमनीय, वि०, वाञ्छनीय, सुन्दर, आकर्षक।

कमल, नपुं०, कँवल।

कमल-दल, नपुं०, कँवल की पंखुड़ी।

कमलासन, पु०, कँवल पर आसन लगाये बैठा ब्रह्मा।

कमलिनी, स्त्री०, कँवल का तालाब या भील।

कमितु, नपुं०, कामुक।

कमुक, पु०, सुपारी का पेड़।

कम्पक, वि०, कँपा देने वाला।

कम्पति, क्रिया, काँपता है।

कम्पमान, कृदन्त, काँपता हुआ।

कम्पित, कृदन्त, काँप उठा।

कम्पिय, वि०, जो कँपाया जा सके, हिलाया जा सके।

कम्पेति, क्रिया, कँपाता है।

कम्पेत्वा, पूर्व० क्रिया, हिलाकर।

कम्बल, नपुं०, कंबल।

कम्बली, वि०, कंबल वाला।

कम्बु, पु० तथा नपुं०, स्वर्ण, शंख।

कम्बुगीव, वि०, त्रि-रेखा युक्त गर्दन वाला।

कम्बोज, पु०, देश-विशेष का नाम।

कम्म, नपुं०, कर्म, कार्य।

कम्म-कर, कम्मकार, पु०, कर्मकार, मजदूर।

कम्म-करण, नपुं०, परिश्रम, मज़दूरी।

कम्म-कारणा, स्त्री०, शारीरिक-दण्ड।

कम्म-क्खय, पु०, पूर्व जन्म के कर्मों का क्षय।

कम्मज, वि०, कर्म से उत्पन्न।

कम्मजात, नपुं०, नाना प्रकार के कर्म।

कम्म-दायाद, वि०, कर्म का उत्तराधिकारी।

कम्म-नानत्त, नपुं०, कर्मों का नाना-विध होना।

कम्म-निब्बत्त, वि०, कर्मों के द्वारा उत्पन्न।

कम्म-पथ, पु०, कर्म-मार्ग।

कम्म-प्पच्चय वि०, कर्माधारित।

कम्म-फल, नपुं०, कर्म-फल, कर्म का परिणाम।

कम्म-बन्धु, वि०, कर्म ही जिसका बन्धु हो।

कम्म-बल, नपुं०, कर्म ही जिसका बल हो।

कम्म-योनि, वि०, कर्म से ही जिसकी उत्पत्ति हुई हो।

कम्म-वाद, पु०, कर्मों और उनके फलों का मानना।

कम्म-वादी, वि०, कर्म-वादी।

कम्म-विपाक, पु०, कर्मों का फल।

कम्म-वेग, पु०, कर्मों का वेग।

कम्म-समुट्ठान, वि०, कर्मोत्पन्न।

कम्म-सम्भव, वि०, कर्मों से उत्पन्न।

कम्म-सरिक्खक, वि०, कर्मों के सदृश विपाक।

कम्म-सक, वि०, कर्म ही जिसका अपना-आप है।

कम्मयूहन, नपुं०, कर्मों की ढेरी।

कम्म-उपचय, पु०, कर्मों का संग्रह।

कम्मज-वात, पु०, प्रसव-वेदना।

कम्मञ्ञ, वि०, कमाया हुआ (चमड़ा)।

कम्मञ्ञता, स्त्री०, कमाया हुआ होने का भाव।

कम्मट्ठान, नपुं०, ध्यान का विषय, जिस पर चित्त एकाग्र किया जाता है।

कम्मट्ठानिक, पु०, योगाभ्यास करने वाला।

कम्मधारय, पु०, कर्मधारय समास।

कम्मन्त, नपुं०, काम, कारोबार।

कम्मन्तट्ठान, नपुं०, कारोबार की जगह।

कम्मन्तिक, वि०, मजदूर।

कम्मप्पत्त, वि०, ऐसे भिक्षु जो विनय-कर्म करने के लिए एकत्र हुए हों।

कम्मवाचा, स्त्री०, विनय-कर्म का पाठ।

कम्मस्सामी, पु०, कारोबार का स्वामी।

कम्माधिट्ठायक, पु०, कारोबार का निरीक्षक।

कम्मानुरूप, वि०, कर्मानुसार।

कम्मार, पु०, लोहार या सुनार।

कम्मारभण्ड, नपुं०, लोहार का सामान।

कम्मार-साला, स्त्री०, लोहार या सुनार की काम करने की जगह।

कम्मारम्भ, पु०, कार्य-विशेष का आरम्भ करना।

कम्मारह, वि०, काम के योग्य।

कम्माराम, वि०, कार्य में रस लेना।

कम्मारामता, स्त्री०, दुनियाबी कार्यों में मन लगे रहने का भाव।

कम्मास, वि०, चितकबरा, बेमेल।

कम्मास-दम्म, कुरुओं का एक नगर, जहाँ भगवान बुद्ध एक से अधिक बार ठहरे और जहाँ उन्होंने महासतिपट्ठान-सुत्त सदृश महत्त्वपूर्ण सूत्रों का उपदेश दिया।

कम्मिक, **कम्मी**, पु०, करने वाला, मज़दूर।

कम्यता, स्त्री०, इच्छा।

कय, पु०, क्रय, खरीद।

कय-विक्कय, पु०, क्रय-विक्रय।

कय-विक्कयी, पु०, व्यापारी।

कयिक, पु०, खरीदार।

कर, पु०, १. हाथ, २. किरण, ३. टैक्स, ४. हाथी का सूण्ड।

करक, पु०, अनार; नपुं०, जल-पात्र।

करका, स्त्री०, ओले।

करग्ग, हाथ का सिरा।

करज, पु०, हाथ का नाखून।

करजकाय, पु० गन्दा शरीर।

करञ्ज, पु०, करंजुआ।

करतल, नपुं०, हाथ की हथेली।

कर-पुट, पु०, जुड़े हुए हाथ।

कर-भुसा, स्त्री०, हाथ का आभरण, पहुँची, बाजूबंद।

करण, नपुं०, १. करना, बनाना, २. उत्पत्ति।

करणत्थ, पु०, साधन बनने का भाव।

करणविभत्ति, स्त्री०, तीसरी विभक्ति।

करणीय, वि०, कर्तव्य।

करण्डक, पु०, टोकरी, पिटारी।

करभ, पु०, १. ऊँट, २. कलाई।

करमद्द, पु०, करमर्दक।

करमर, पु०, क़ैदी।

करमरानीत, वि०, युद्ध-बन्दी।

करवीक, पु०, कोयल।

करवीक-भाणी, वि०, स्पष्ट तथा मधुर स्वर वाला।

करसाखा, स्त्री० अंगुली।

करहाट, नपुं०, कन्द, जड़।

करिसापण्ण, पु०, कार्षापण।

करी, पु०, हाथी।

करीयति, क्रिया, किया जाता है।

करीयमान, कृदन्त, किया जाता हुआ।

करीर, पु०, क्रकच।

करीस, नपुं०, गोबर, गूँह।

करीस-मग्ग, पु०, गुदा।

करुणं, क्रि० वि०, करुणा-पूर्वक।

करुणा, स्त्री०, दया।

करुणायति, क्रिया, दया अनुभव करता है।

करेणु, स्त्री०, हथिनी।

करेरि, पु०, वृक्ष-विशेष।

करोति, क्रिया, करता है।

करोन्त, कृदन्त, करते हुए।

कल, पु०, मधुर आवाज।

कलंक, पु०, चिह्न, दाग, धब्बा।

कलण्डुक जातक, बनारस के एक सेठ के

पास कलण्डुक नाम का दास था। उसने जाली पत्र बना पड़ोसी प्रदेश के एक सेठ की लड़की से विवाह किया (१२७)

कलत्त, नपुं०, पत्नी।

कलन्दक, पु०, गिलहरी।

कलन्दक-निवाप, पु०, वेळुवन का वह स्थान जहाँ गिलहरियों को नियम से खाना मिलता था।

कलभ, पु०, हाथी का बच्चा।

कलल, नपुं०, कीचड़।

कलल-मक्खित, वि०, कीचड़ सना हुआ।

कलल-रूप, नपुं०, गर्भ की आरम्भावस्था।

कलविंक, पु०, चिड़िया।

कलस, नपुं०, कलश, जल-पात्र।

कलसिगाम, अलसन्दा (अलैक्जैण्डरिया) द्वीप का वह स्थान, जहाँ मिलिन्द नरेश पैदा हुआ था।

कलह, पु०, झगड़ा।

कलह-कारक, वि०, झगड़ने वाला।

कलह-कारण, नपुं०, झगड़े का कारण।

कलह-सद्द, पु०, झगड़े की आवाज़।

कला, स्त्री०, सम्पूर्ण का एक भाग, कला-शिल्प।

कलाप, पु०, बण्डल, तरकश, महाभूतों के कणों का समूह।

कलापी, पु०, मोर, तरकश वाला।

कलायमुट्ठी जातक, एक बंदर की कथा, जिसने एक मटर के दाने के लिए मुट्ठी के सभी मटर गँवा दिये थे (१७६)।

कलि, पु०, हार, दुर्भाग्य, पाप, कष्ट।

कलिका, स्त्री०, फूल की कली।

कलिग्गह, पु०, हार का पाँसा।

कलियुग, पु०, सत-युग, त्रेता-युग आदि का अंतिम युग।

कलिङ्गर, पुं० तथा नपुं०, लट्ठा, लकड़ी का सड़ा हुआ लट्ठा।

कलिल, नपुं०, गहन।

कलीर, नपुं०, ताड़-वृक्ष के तने का कोमल भाग।

कलुस, नपुं०, कलुष, पाप-कर्म, अपवित्रता।

कलेवर, कलेबर, नपुं०, शरीर।

कल्याण, वि०, शुभ।

कल्याण-काम, वि०, भला चाहने वाला।

कल्याण-कारी, वि०, शुभ-कर्मी।

कल्याण-दस्सन, वि०, सुन्दर।

कल्याण-पटिभाण, वि०, शीघ्र-बोध।

कल्याण-मित्र, पु०, शुभचिंतक मित्र।

कल्याण-अज्झासय, वि०, शुभ-चेतना।

कल्याण-धम्म जातक, सास के बहरेपन के कारण बहू ने कुछ कहा और सास ने दूसरा ही समझा (१०१)।

कल्याणी, स्त्री०, १. सुन्दर स्त्री, २. लंका की एक नदी तथा एक नगरी।

कल्ल, वि०, दक्ष, योग्य, स्वस्थ।

कल्लता, स्त्री०, दक्षता।

कल्ल-सरीर, वि०, स्वस्थ शरीर वाला।

कल्लहार, नपुं०, श्वेत कँवल।

कल्लोल, पु०, तरङ्ग, बड़ी लहर।

कवच, पु०, ज़िरह-बख़्तर, सन्नाह।

कवंध, पु०, बिना सिर का धड़।

कवाट, पु० तथा नपुं०, खिड़की, दरवाज़े के किवाड़।

कवि, पु०, कवि, शायर ।
कविट्ठ, पु०, कैथ ।
कविता, स्त्री०, काव्य-कृति ।
कवित्त, नपुं०, कवित्व, कवि की अवस्था या काव्य-सामर्थ्य ।
कसट, पु०, कूड़ा-करकट, कसैला स्वाद ।
कसति, क्रिया, हल चलाता है ।
कसन, नपुं०, हल चलाना ।
कसंत, **कस्समान**, कृदन्त, हल चलाता हुआ ।
कसम्बु, पु०, कूड़ा-करकट ।
कसम्बु-जात, वि०, कूड़े-करकट में से उत्पन्न ।
कसा, स्त्री०, चाबुक ।
कसाहत, वि०, चाबुक के आघात प्राप्त ।
कसाय, नपुं०, दुछान्दा ।
कसाव, पु० तथा नपुं०, १. कसैला स्वाद, २. काषाय-रंग ।
कसि, स्त्री०, कृषि, खेती-बाड़ी ।
कसि-कम्म, नपुं०, खेती ।
कसि-भण्ड, नपुं०, कृषि के औजार ।
कसि-भारद्वाज, कसि-भारद्वाज गोत्र का एक ब्राह्मण, जो दक्षिणगिरि के एक-नाळ में रहता था। बुद्धत्व-प्राप्ति के ग्यारहवें वर्ष में उसकी भगवान् बुद्ध से भेंट हुई थी ।
कसिण, वि०, कृत्स्न, समस्त; नपुं०, चित्त एकाग्र करने का साधन ।
कसिण-परिकम्म, नपुं०, योगाभ्यास की पूर्व-तैयारी ।
कसिण-मण्डल, नपुं०, योगाभ्यास के लिए कागज या दीवार पर खींचा गया चक्र ।
कसितट्ठान, नपुं०, हल चलाई हुई भूमि ।
कसित्वा, पूर्व० क्रिया, हल चलाकर ।
कसिर, वि०, कठिन, नपुं०, कठिनाई ।
कसिरेन, क्रि० वि०, कठिनाई से ।
कस्मीर, उत्तर-भारत का प्रदेश । आधुनिक काश्मीर ।
कस्सक, पु०, कृपक, किसान ।
कस्सति, क्रिया, खींचता है ।
कस्सपमन्दिय जातक, वृद्धों की तरुणों के साथ सहनशीलता का बर्ताव करने की शिक्षा (३१२) ।
कहं, क्रि० वि०, कहाँ ।
कहापण, नपुं०, स्वर्ण-मुद्रा, कार्षापण ।
कहापणक, नपुं०, दण्ड-विधान, जिसमें अपराधी के मांस के कार्षापणों के समान छोटे-छोटे टुकड़े कर दिये जाते थे ।
काक, पु०, कौआ, राजा चण्ड प्रद्योत का अति शीघ्र चलने वाला दास ।
काक-पाद, कौवे का पाँव, क्रॉस-चिह्न ।
काक-पेय्य, वि०, लबालब भरा हुआ, ताकि कौवा भी पी सके ।
काक-वर्ग, वि०, कौवे के रंग का ।
काक-जातक, राजपुरोहित स्नान करके लौट रहा था। कौवे ने उस पर बीट कर दी! राजपुरोहित ने क्रुद्ध हो सभी कौवों को मरवा डालना चाहा (१४०) ।
काक-जातक, कौवा तथा उसकी कौवी शराब पीकर मस्त हो गये। कौवी को समुद्र की लहर बहा ले गई। कौवे का विलाप सुन सभी कौवे समुद्र के शत्रु बन बैठे (१४६) ।
काक-जातक, लोभी कौवे ने मांस-लोभ

से पिंजरे में रहने वाले कबूतर से दोस्ती की और रसोई के हाथ पड़ जान गँवाई ।

काकच्छति, क्रिया, नाक बजाता है ।

काकणिका, स्त्री०, काकणी, कौड़ी ।

काकतालीय, नपुं०, काकतालीय-न्याय, अकस्मात् घटित ।

काकतिन्दुक, पु०, काकतिन्दुक ।

काकपक्ख, पु०, बालों का गुच्छा, शिखा ।

काकली, स्त्री०, धीमा स्वर ।

काकसूर, वि०, कौवे की तरह शूर, निर्लज्ज ।

काकाति जातक, बनारस के राजा की काकाति नामक पटरानी पर गरुड़ मोहित हो गया और उसे उड़ा ले गया (३२७) ।

काकी, स्त्री०, कौवी ।

काकोल, काकोळ, पु०, काला कौवा, जंगली कौआ ।

काच, पु०, काँच ।

काच-तुम्ब, पु०, काँच की बोतल ।

काचमय, वि०, काँच-निर्मित ।

काज, पु०, बहँगी ।

काज-हारक, पु०, बहँगी ढोने वाला ।

काट, पु०, पुरुषेन्द्रिय ।

काण, वि०, काना, एक आँख का अंधा ।

कातब्ब, नपुं०, कर्तव्य ।

कातर, वि०, दुखी, दरिद्र ।

कातवे, कातु, करने के लिए ।

कातुकाम, वि०, करने की इच्छा वाला ।

कादम्ब, पु०, बत्तख-विशेष ।

कानन, नपुं०, जंगल ।

कापिलवत्थव, वि०, कपिलवस्तु का ।

कापुरिस, पु०, घृणित व्यक्ति ।

कापोतक, वि०, कबूतर के समान सफेद ।

कापोतिका, स्त्री०, एक तरह की शराब ।

काम, पु०, कामना, कामुकता ।

काम-गिद्ध, इन्द्रिय-सुख का लोभी ।

काम-गुण, इन्द्रिय सुख ।

काम-गेध, इन्द्रिय-सुख के प्रति आसक्ति ।

कामच्छन्द, कामुकता ।

काम-तण्हा, काम-तृष्णा ।

काम-दद, वि०, इच्छित वस्तु का देना ।

काम-धातु, इच्छा-लोक ।

काम-पङ्क, इच्छाओं का कीचड़ ।

काम-परिळाह, पु०, काम-ज्वर ।

काम-भव, पु०, कामनाओं का संसार ।

काम-भोगी, वि०, इन्द्रिय-सुख का भोगने वाला ।

काम-मुच्छा, स्त्री०, काम-मूर्च्छा ।

काम-रति, स्त्री०, कामुकता का आनन्द ।

काम-राग, पु०, काम-चेतना ।

काम-लोक, पु०, कामनाओं का लोक ।

काम-वितक्क, पु०, कामनाओं सम्बन्धी विचार ।

काम-संकप्प, पु०, कामनाओं के सम्बन्ध में संकल्प-विकल्प ।

काम सञ्ञोजन, नपुं०, कामनाओं के बन्धन ।

काम-सुख, नपुं०, कामेन्द्रिय-जनित सुख ।

काम-सेवना, स्त्री०, मैथुन-धर्म का सेवन ।

काम जातक, राजकुमार की कामना उत्तरोत्तर बढ़ गई (४६७) ।

कामनीत जातक, बहुत कुछ काम जातक के समान ही (२२८) ।

कामता, स्त्री०, आकांक्षा, इच्छा ।

कामी, कामेन्द्रिय सुखों के साधनों से सम्पन्न ।

कामुक, वि०, रागी ।

कामेति, क्रिया, इच्छा करता है ।

कामेतब्ब, कृदन्त, इच्छा किये जाने के योग्य ।

काय, पु०, ढेर, संग्रह, शरीर ।

काय-कम्म, नपुं०, शारीरिक कर्म ।

काय-कम्मञ्ञता, स्त्री०, शरीर की कमनीयता (कमाया हुआ होना) ।

काय-गत, वि०, शरीर-सम्बन्धी ।

काय-गन्थ, पु०, शारीरिक बंधन ।

काय-गुत्त, वि०, शरीर से संयत ।

काय-डाह, पु०, शरीर-ज्वर ।

काय-दरथ, पु०, शारीरिक कष्ट ।

काय-दुच्चरित, नपुं०, शारीरिक दुश्चरित्र ।

काय-द्वार, नपुं० शारीरिक इन्द्रियाँ ।

काय-धातु, स्त्री०, स्पर्शेन्द्रिय ।

कायप्पकोप, पु०, शारीरिक दुष्कर्म ।

कायप्पचालकं, क्रि० वि०, शरीर का हिलना-डोलना ।

काय-पटिबद्ध, वि०, शरीर से सम्बन्धित ।

काय-प्पयोग, पु०, शारीरिक साधन ।

काय-परिहारिक, वि० शरीर का पालन ।

काय-प्पसाद, पु०, स्पर्शेन्द्रिय का स्पष्ट बोध ।

काय-प्पसद्धि, स्त्री०, इन्द्रियों की शान्ति ।

काय-पागब्भिय, नपुं०, शारीरिक प्रगल्भता, शारीरिक असंयम ।

काय-बंधन, नपुं०, कमर की पट्टी ।

काय-बल, नपुं० शारीरिक-बल ।

काय-मुदुता, स्त्री०, इन्द्रियों की कोमलता ।

काय-लहुता, स्त्री०, इन्द्रियों का हलकापन ।

काय-वङ्क, पु०, टेढ़े कार्य ।

काय-विकार, पु०, संकेत ।

काय-विञ्ञत्ति, स्त्री०, शारीरिक सूचना ।

काय-विञ्ञाण, नपुं०, स्पर्श द्वारा चेतना ।

काय-विञ्ञेय्य, वि०, स्पर्श द्वारा जानने योग्य ।

काय-विवेक, पु०, शारीरिक एकान्त ।

काय-वेय्यावच्च, नपुं०, शारीरिक सेवा-कार्य ।

काय-संसग्ग, पु०, शारीरिक संसर्ग ।

काय-सक्खी, वि०, शरीर से सत्य का साक्षात्-कृत ।

काय-संखार, पु०, शरीर का सूक्ष्म स्वरूप ।

काय-समाचार, पु०, सदाचरण ।

काय-सम्फस्स, पु०, स्पर्शेन्द्रिय ।

काय-सुचरित, नपुं०, शारीरिक सदाचरण ।

काय-सोचेय्य, नपुं०, शारीरिक पवित्रता ।

कायविच्छिन्द जातक, धार्मिक जीवन बिताने का संकल्प करने पर पीलिका रोग चला गया (२९३)।

कायिक, वि०, शारीरिक।

कायिक-दुक्ख, नपुं०, शारीरिक वेदना।

कायुजुकता, स्त्री०, शरीर का सीधापन।

कायूपग, वि०, शरीर से आसक्त, नया जन्म ग्रहण करने वाला।

कायूर, नपुं०, बाजूबंद।

कार, पु०, क्रिया, कर्म, सेवा। (रथ-) कार; वि०, रथ बनाने वाला।

कारक, पु०, कर्ता, करने वाला। व्याकरण में कर्ता-कारक आदि 'कारक'।

कारण, नपुं०, हेतु। कारणा, अपादान (कारक), हेतु से। किं कारणा, किस हेतु से, क्यों?

कारण्डिय जातक, बिना किसी की योग्यता-अयोग्यता परखे हर किसी को उपदेश देने वाले आचार्य की कथा (३६६)।

कारणा, स्त्री०, यातना, शारीरिक दण्ड।

कारणिक, पु०, यातना देने वाला।

कारवेल्ल, पुं०, कारवेल्लक।

कारा, स्त्री०, जेल।

काराघर, नपुं०, जेलखाना।

कारापक, पुं०, कराने वाला।

कारापिका, स्त्री०, कराने वाली।

कारापन, नपुं०, करवाना।

कारापित, कृदन्त, करवाया गया।

कारापेति, क्रिया, करवाता है।

कारा-भेदक, वि०, जेल से भाग आने वाला।

कारिका, स्त्री०, व्याख्या।

कारिय, नपुं०, कार्य, कर्तव्य।

कारी, पु०, करने वाला।

कारुञ्ञ, नपुं०, करुणा।

कारुणिक, वि०, दयालु।

कारेति, क्रिया, करवाता है।

काल, पु०, समय।

कालस्सेव, समय रहते।

कालेन, ठीक समय पर।

कालेन कालं, समय-समय पर।

कालं करोति, मर जाता है।

कालं कत, (कृदन्त), मर गया।

काल-किरिया, स्त्री०, मृत्यु।

काल-कण्णी, पु०, मनहूस।

काल-पवेदन, नपुं०, समय की सूचना।

काल-वादी, वि०, समयोचित बोलने वाला।

कालञ्ञू, वि०, (उचित) समय का जानकार।

कालंतर, नपुं०, व्यवधान, समय-विभाग।

कालिक, वि०, समय सम्बन्धी।

कालिङ्ग, पूर्व-भारत का एक जनपद।

कालुसिय, नपुं०, मैल (कालुष्य)।

कावेय्य, नपुं०, काव्य।

कास, पु०, नरकट, तपेदिक (रोग)

कासाय, **कासाव**, नपुं०, काषाय-वस्त्र; वि०, काषाय-वर्ण युक्त।

कासि, सोलह जनपदों में से एक। इसकी राजधानी वाराणसी थी।

कासिक, वि०, काशी का, काशी में निर्मित।

कासु, स्त्री०, गड्ढा ।
काळ, वि०, काला ।
काल, पु० काला रंग ।
कूट, पु०, हिमालय पर्वत का एक शिखर ।
काळ-केस, वि०, काले बाल वाला ।
काळ-तिपु, नपुं०, काला सीसा ।
काळ-पक्ख, पु०, कृष्ण-पक्ष ।
काळ-लोण, नपुं०, काला नमक ।
काळ-सीह, पु०, काला सिंह ।
काळ-सुत्त नपुं०, काला सूत्र ।
काळ-हंस, पु०, काला हंस ।
काळक, वि०, काला (चिह्न); नपुं०, धब्बा, धान में काला दाना ।
काळकण्णी जातक, अनाथ पिण्डक के काळकण्णी मित्र की कथा के समान (८३) ।
काळबाहु-जातक, काळ-बाहु बन्दर की कथा (३२९) ।
काळाम, गोत्र-विशेष । काळामों को ही भगवान् बुद्ध ने प्रसिद्ध काळाम-सुत्त का उपदेश दिया था ।
काळायस, नपुं०, काला लोहा (ताँबा) ।
काळावक, पु०, एक प्रकार का हाथी ।
कालिंग-बोधि-जातक, कालिंग-नरेश के दो पुत्रों की कथा (४७९) ।
कासाव जातक, काषाय वस्त्र के कारण हाथी ने दुष्ट आदमी को क्षमा कर दिया (२२१) ।
किकी, पु०, नील-कण्ठी; स्त्री० मुर्गी ।
किंकर, पु०, नौकर, सेवक ।
किंकिणी, स्त्री०, छोटी घंटी, घुँघरू ।
किंकिणिक-जाल, नपुं०, घुँघरुओं की जाली ।
किच्च, नपुं०, कृत्य ।
किच्चकारी, वि०, अपना कर्तव्य निभाने वाला ।
किच्चाकिच्च, नपुं०, कृत्य तथा अकृत्य, करणीय तथा अकरणीय ।
किच्छ, वि०, कठिन, दुखद; नपुं०, कठिनाई, दुःख ।
किच्छति, क्रिया, कष्ट पाता है ।
किंचन, नपुं०, कुछ, सांसारिक आसक्ति; वि०, तुच्छ ।
किंचापि, अव्यय, कुछ भी, कैसे भी, कितना भी, लेकिन ।
किंचि, अव्यय, कुछ ।
किंचिक्ख, नपुं०, तुच्छ ।
किंजक्ख, पु० तथा नपुं०, रेणु ।
किट्ठ, नपुं०, उगता हुआ धान ।
किट्ठाद, वि०, धान खाने वाला ।
किट्ठा-सम्बाध-समय, पु०, खेती पक जाने का समय ।
किणन्त, कृदन्त, खरीदते हुए ।
किणित्वा, पूर्व० क्रिया, खरीदकर ।
किण्ण, कृदन्त, बिखरा हुआ; नपुं०, खमीर ।
कितव, पु०, ठग ।
कित्तक, सर्वनाम, कितना, किस सीमा तक, कितने ।
कित्तन, नपुं०, कीर्तन, प्रशंसा, स्तुति ।
कित्तावता, क्रि० वि०, कहाँ तक, किस सम्बन्ध में ।
कित्ति, स्त्री०, कीर्ति, प्रसिद्धि ।
कित्ति-घोस, कित्ति-सद्द, पु०, यश ।
कित्ति-मन्तु, वि०, यशस्वी ।
कित्तिम, वि०, कृत्रिम ।

कित्तेति, क्रिया, प्रशंसा करता है।
किन्नर, पु०, पक्षी-विशेष, जंगल में रहने वाली जाति-विशेष।
किन्नरी, स्त्री०, किन्नर-स्त्री।
किपिल्लिका, स्त्री०, चींटी।
किब्बिस, नपुं०, अपराध।
किब्बिसकारी, पु०, अपराधी।
किमि, पु०, कीड़ा, कृमि।
किमि-कुल, नपुं०, कीड़ों का समूह।
किमक्खायी, वि०, किस उपदेश का उपदेष्टा।
किमत्थं, क्रि० वि०, किस लिए।
किमत्थिय, वि०, किस उद्देश्य से।
किमपक्क-फल, नपुं०, आम की शक्ल का जहरीला फल।
किम्पुरिस, देखो, किन्नर।
किंसुकोपम जातक, बुद्ध द्वारा चार भिक्षुओं को चार भिन्न-भिन्न कर्म-स्थान दिये गये चारों ने अर्हत्व-लाभ किया (२४८)।
किंच्छन्द जातक, रिशवत लेने वाले न्यायाधीश पुरोहित की कथा (५११)।
किर, अव्यय, वास्तव में।
किरण, पु० तथा नपुं०, (सूर्य या चन्द्र की) किरण।
किरति, क्रिया, बिखेरता है।
किरात, पु०, जंगली जाति-विशेष।
किरिय, नपुं०, क्रिया।
किरियवाद, पु०, कर्म-फल में विश्वास।
किरिय-वादी, पु०, कर्म-फल में विश्वासी।
किरीट, नपुं०, राज-मुकुट।
किलञ्जा, स्त्री०, चटाई।
किमन्त, कृदन्त, थका हुआ।
किलमति, क्रिया, थकता है।
किलमथ, पु०, थकावट।
किलमन्त, कृदन्त, थकता हुआ।
किलमित, कृदन्त, थका हुआ।
किलमेति, क्रिया, थकाता है।
किलास, पु०, छूत का रोग, कोढ़।
किलिट्ठ, कृदन्त, मैला।
किलिन्न, कृदन्त, भीगा।
किलिस्सति, क्रिया, दाग लगता है, अशुद्ध होता है।
किलिस्सन, नपुं०, मैला होना, दाग लगना।
किलेस, पु०, कामुकता।
किलेसक्खय, कामुकता का क्षय।
किलेसप्पहाण, कामुकता का नाश।
किलेस-वत्थु, नपुं०, आसक्ति के पात्र।
किलेसेति, क्रिया, धब्बा या दाग लगाता है।
किलोमक, नपुं०, फुप्फुस का आवरण।
किस, वि०, कृश, दुबला-पतला।
किं, सर्वनाम, क्या।
को, पु०, कौन पुरुष।
का, स्त्री०, कौन स्त्री।
कं, नपुं०, किस वस्तु को।
किं कारणा, क्रि० वि०, किस कारण से।
किंवादी, वि०, किस मत का।
कीट, पु०, कीड़ा।
कीत, कृदन्त, खरीदा हुआ।
कीदिस, वि०, कैसा।
कीर, पु०, तोता।
कील, पु०, खूंटा।
कीव, अव्यय, कितना, कब तक।

कीवतिक, वि०, कितने । कितना ।
कीळति, क्रिया, खेलता है ।
कीळनक, नपुं०, खिलौना ।
कीळना, केळी, स्त्री०, क्रीड़ा, विनोद ।
कीळा, स्त्री०, क्रीड़ा ।
कीळा-गोलक, नपुं०, खेलने की गेंद ।
कीळा-पसुत, वि०, खेल में लगा हुआ ।
कीळा-भण्डक, नपुं०, खिलौना ।
कीळा-मण्डल, नपुं०, क्रीड़ा-भूमि ।
कीळा-पनक, वि०, खिलाड़ी; नपुं० खिलौना ।
कीळापेति, क्रिया, खिलाता है ।
कीळित, कृदन्त, खेला हुआ ।
कुकुत्थक, पु०, एक प्रकार का पक्षी ।
कुक्कु, पु०, हाथ भर का माप ।
कक्कु जातक, राजा ब्रह्मदत्त (बनारस) को समझाने के लिए दी गई अनेक उपमाओं से युक्त कथा (३९६) ।
कुक्कुच्च, नपुं०, कौकृत्य, पश्चात्ताप ।
कुक्कुचायति, क्रिया, पश्चात्ताप करता है ।
कुक्कुट, पु०, मुर्गा ।
कुक्कुट-जातक, एक बिल्ली ने एक मुर्गे की पत्नी बनने की बात बना उसे ठगना चाहा । वह उसमें असफल हुई (३८३) ।
कुक्कुट जातक, एक बाज ने एक मुर्गी को ठगना चाहा (४४८) ।
कुक्कुटी, स्त्री०, मुर्गी ।
कुक्कुर, पु०, कुत्ता ।
कुक्कुर-वतिक वि०, कुक्कुर-व्रती ।
कुक्कुर-जातक, बनारस के राजा ने अपने कुत्तों के अपराध के कारण सभी दूसरे निरपराध कुत्तों को भी मरवाने की आज्ञा दी (२२) ।
कुक्कुळ, पु०, गर्म राख ।
कुंकुम, नपुं०, केसर ।
कुच्छि, पु०, पेट ।
कुच्छिट्ठ, वि०, कुच्छि-स्थित ।
कुच्छि-दाह, पु०, पेट की जलन ।
कुच्छित, कृदन्त, कुत्सित, घृणित ।
कुज, पु०, वृक्ष-विशेष, मङ्गल-ग्रह ।
कुज्झति, क्रिया, क्रोधित होता है ।
कुज्झन, नपुं०, क्रोध ।
कुज्झित्वा, पूर्व० क्रिया, क्रुद्ध होकर ।
कुञ्चनाद, पु०, क्रौञ्च-नाद, हाथी की चिंघाड़ ।
कुञ्चिका, स्त्री०, चाबी ।
कुञ्चिका-विवर, नपुं०, चाबी का छेद ।
कुञ्चित, कृदन्त, मुड़ा हुआ ।
कुञ्ज, नपुं०, घाटी, लताओं आदि से ढका स्थान ।
कुञ्जर, पु०, हाथी ।
कुट, पु० तथा नपुं०, जल-पात्र ।
कुटज, पु०, औषध-विशेष, बूटी-विशेष (कुरैया) ।
कुटि, स्त्री०, झोंपड़ी ।
कुटि दूसक जातक, बये ने बरसात में भीगे बन्दर को उपदेश दिया । बन्दर ने बये का घोंसला ही उजाड़ दिया (३२१) ।
कुटिल, वि०, टेढ़ा ।
कुटिलता, स्त्री०, टेढ़ापन ।
कुटुम्ब, नपुं०, परिवार ।
कुटुम्बिक, पु०, परिवार का मुखिया ।
कुट्ठ, नपुं०, कुष्ठ, एक पौधा-विशेष ।

कुट्ठी, पु०, कोढ़ी ।
कुठारी, स्त्री०, कुल्हाड़ी ।
कुडुब, पु०, कुडव ।
कुड्मल, पु०, कोंपल, मुकुल ।
कुड्ड, नपुं०, दीवार ।
कुणप, पु०, लाश ।
कुणप-गन्ध, पु०, लाश की सड़ाँध ।
कुणाल, पु०, कोयल ।
कुणाल-जातक, कोयलों के कुणाल नाम के राजा की कथा (५३६) ।
कुणी, पु०, लंगड़ा ।
कुण्ठ, वि०, भोथरा ।
कुण्ठेति, क्रिया, कुण्ठित कर देता है ।
कुण्डक, चावलों के भीतर से प्राप्त चूर्ण ।
कुण्डक-पूव, कुण्डक के बने पुए ।
कुण्डल, नपुं०, कान की बाली ।
कुण्डल-केस, वि०, घुँघराले बाल ।
कुण्डली, वि०, जिसके कान में कुण्डल हो या जिसके बाल घुँघराले हों ।
कुण्डिका, स्त्री०, कुण्डी, मिट्टी का जल-पात्र ।
कुतूहल, नपुं०, उत्तेजना, कौतूहल ।
कुतो, क्रि० वि०, कहाँ से ?
कुत्त, नपुं०, आचरण, नखरा ।
कुतक, नपुं०, बड़ा गलीचा ।
कुत्ति, स्त्री०, सजावट ।
कुत्थ, **कुत्र**, क्रि० वि०, कहाँ ?
कुथित, कृदन्त, उबाला गया ।
कुदस्सु, अव्यय, कब ?
कुदाचन, **कुदाचनं**, अव्यय, कभी, किसी समय ।
कुद्दाल, पु०, कुदाली ।
कुद्दाल जातक, कुद्दाल पण्डित अपनी कुदाली के प्रति असीम आसक्ति के कारण छह बार गृहस्थ बना और गृहस्थी के झंझटों के कारण छह बार साधु (७०) ।
कुद्ध, कृदन्त, क्रुद्ध ।
कुदरूसक, पु०, धान्य-विशेष ।
कुन्त, पु०, बर्छी, पक्षी-विशेष ।
कुन्तनी, स्त्री०, सारस, बगुला ।
कुन्तनी जातक, लड़कों ने बगुली के दो बच्चे मरवा डाले । बगुली ने शेर को कहकर लड़कों को मरवा डाला और स्वयं हिमालय की ओर चली गई (३४३) ।
कुन्तल, पु०, केश-राशि ।
कुन्थ, पु०, चींटी-विशेष ।
कुन्द, नपुं०, जूही के समान सफेद फूल ।
कुन्नदी, स्त्री०, छोटी नदी ।
कुपथ, पु०, कुमार्ग ।
कुपित, कृदन्त, क्रुद्ध ।
कुपुरिस, पु०, दुष्ट आदमी ।
कुप्प, वि०, अस्थिर, चञ्चल ।
कुप्पति, क्रिया, क्रोधित होता है, उत्तेजित होता है ।
कुप्पन, नपुं०, उत्तेजना, क्रोध ।
कुब्बति, क्रिया, करता है ।
कुब्बनक, नपुं०, छोटा जंगल ।
कुब्बन्त, कृदन्त, करता हुआ ।
कुब्बर, गाड़ी के पहियों की धुरी ।
कुमति, स्त्री०, मिथ्या दृष्टि ।
कुमार, पु०, लड़का ।
कुमार-कीळा, स्त्री०, कुमार-क्रीड़ा ।
कुमार-पञ्ह, खुद्दक-निकाय (सुत्त-पिटक) का चौथा परिच्छेद । सात वर्ष के सोपाक अर्हत् से पूछे गये

प्रश्न ।

कुमारिका, स्त्री०, कुँवारी ।

कुमुद, नपुं०, श्वेत कँवल ।

कुमुद-णाल, नपुं०, श्वेत कँवल की नलिका ।

कुमुद-वण्ण, वि०, श्वेत कुँवल के वर्ण का ।

कुम्भ, पु०, घड़ा ।

कुम्भक, नपुं०, जहाज का मस्तूल ।

कुम्भकार, पु०, कुम्हार ।

कुम्भकार जातक, बोधिसत्व के कुम्हार की योनि में उत्पन्न होने पर गृह-त्याग की कथा (४०८) ।

कुम्भकार-साला, स्त्री०, बर्तन बनाने का स्थान ।

कुम्भ-दासी, स्त्री०, पानी लाने वाली दासी ।

कुम्भ-जातक, शराब के आरम्भ की कथा (५१२) ।

कुम्भण्ड, पु०, दिव्य-लोक के प्राणी-विशेष, नपुं०, कद्दू ।

कुम्भी, स्त्री०, बर्तन ।

कुम्भील, पु०, मगरमच्छ ।

कुम्म, पु०, कछुआ ।

कुम्मग्ग, पु०, कुमार्ग ।

कुम्मास, पु०, कुलमाष ।

कुम्मासपिण्ड-जातक, कुलमाष-पिण्ड के दान की कथा (४१५)।

कुर, नपुं०, भात ।

कुरण्डक, पु०, एक पौधा, जिसमें फूल लगते हैं ।

कुरर, पु०, कुररी, मछली खाने वाला पक्षी-विशेष ।

कुरु, सोलह महाजन पदों में से एक ।

कुरंग, पु०, मृगों की एक जाति ।

कुरंग-मिग-जातक, शिकारी ने कुरंग-मृग को छलकर मारना चाहा । वह उसके छल को भाँप गया (२१) ।

कुरुंग-मिग-जातक, मृग, कठफोड़े तथा कछुवे की कथा (२०६) ।

कुरु-धम्म-जातक, पंचशील अथवा कुरु-धम्म के पालन से जनपद समृद्ध हो गया (२७६) ।

कुरुमान, कृदन्त, करते हुए ।

कुरु-रट्ठ, उत्तर-भारत का कुरु राष्ट्र ।

करूर, त्रि०, क्रूर, अत्याचारी ।

कुल, नपुं०, परिवार, जाति ।

कुल-गेह, नपुं०, माता-पिता का घर ।

कुलङ्गार, पु०, कुल-विनाशक ।

कुल-तन्ति, स्त्री०, कुल-परम्परा ।

कुल-दूसक, पु०, कुल की बदनामी करने वाला ।

कुल-धीता, स्त्री०, कुल की बेटी ।

कुल-पुत्त, पु०, कुल-पुत्र ।

कुल-वंस, नपुं०, वंश-परम्परा ।

कुलटा, स्त्री०, कुलटा नारी ।

कुलत्थ, पु०, पौधा-विशेष ।

कुल-पालिका, स्त्री०, कुल-स्त्री, कुल का पालन करनेवाली ।

कुलल, पु०, बाज, गीध ।

कुलाल, पुं०, कुम्हार ।

कुलाला-चक्क, नपुं० कुम्हार का चाक ।

कुलावक-जातक, गाँव के उनतीस परिवारों के मुखिया के रूप में मघ की समाज-सेवा की कथा (३१) ।

कुलिस, नपुं०, वज्र (इन्द्रायुध), गदा ।

कुलीन, वि०, श्रेष्ठ कुल का ।

कुलीर, पु०, केकड़ा।

कुलूपग, वि०, परिवार-विशेष से सुपरिचित।

कुल्ल, पु०, बेड़ा।

कुवलय, नपुं०, जल-कँवल।

कुवेर, पु०, यक्षाधिपति।

कुस, पु०, कुश (दर्भ)।

कुसग्ग, नपुं०, कुश का सिरा।

कुसचीर, नपुं०, कुश-निर्मित पहनावा।

कुस जातक, स्त्री के प्रति आसक्त हुए एक भिक्षु को सावधान करने के लिए कही गई कथा (५३१)।

कुसल, नपुं०, कुशल-कर्म; वि०, शुभ (कर्म)।

कुसल-चेतना, स्त्री०, शुभ-चिंतन।

कुसल-धम्म, पु०, कुशल-धर्म, शेष दो हैं अकुशल-धर्म तथा अव्याकृत-धर्म।

कुसल-विपाक, शुभ-कर्मों का फल।

कुसलता, स्त्री०, कुशलता।

कुसा, स्त्री०, नाक की नकेल।

कुसि, पु०, चीवर के अङ्ग।

कुसीनारा, मल्लों की राजधानी।

कुसीत, वि०, आलसी।

कुसीतता, स्त्री०, आलस्य।

कुसुम, नपुं०, फूल।

कुसुमित, वि०, पुष्पित।

कुसुब्भ, नपुं०, छोटा तालाब।

कुसुम्भ, नपुं०, केशर।

कुसूल, पु०, धान्यागार।

कुसेसय, नपुं०, पद्म।

कुह, कुहक, वि०, ठग, ढोंगी।

कुहक जातक, तपस्वी ने धनी गृहस्थ का सोना हड़प जाना चाहा (८९)।

कुहण, नपुं०, ढोंग।

कुहणा, स्त्री०, ढोंग।

कुहर, नपुं०, सुराख, छिद्र।

कुहिं, क्रि० वि०, कहाँ।

कुहेति, क्रिया, ठगता है।

कूजति, क्रिया, कूजता है।

कूजन, नपुं०, पक्षियों की आवाज़।

कूजंत, कृदन्त, कूजता हुआ।

कूट, वि०, मिथ्या।

कूट-गोण, पु०, दुष्ट बैल।

कूट-अट्ट, नपुं०, झूठा मुक़द्दमा।

कूट-अट्टकारक, पु०, झूठा मुक़द्दमा दायर करनेवाला।

कूट-जटिल, पु०, ढोंगी तपस्वी।

कूट-वाणिज, पुं०, ठग व्यापारी।

कूट वाणिज जातक, पण्डित तथा अपण्डित नाम के दो व्यापारियों की कथा (९८)।

कूट वाणिज जातक, एक सद्गृहस्थ ने एक व्यापारी को अपने लोहे के हल सुरक्षित रखने के लिए दिये। वापिस माँगने पर उसका वह मित्र बोला, चूहे खा गये (२१८)।

कूटागार, नपुं०, शिखर वाला भवन।

कूप, पु०, कुआँ।

कूपक, पु०, मस्तूल।

कूल, नपुं०, किनारा।

केका, स्त्री०, मोर की आवाज़।

केणि(नि)पात, पु०, नौका का चप्पु।

केतकी, स्त्री०, पौधा-विशेष, जिसके पत्ते काँटेदार होते हैं।

केतन, नपुं०, पताका।

केतव, नपुं०, शठता।

केतु, पु०, झण्डा, पताका।

केतु-कम्यता, स्त्री०, प्रमुखता की कामना।

केतु-मन्तु, वि०, पताकाओं से सुसज्जित।

केतुं, क्रिया, खरीदने के लिए।

केदार पु० तथा नपुं०, खेत।

केदार-पाळि, स्त्री०, दो खेतों के बीच का बाँध।

केयूर, नपुं०, बाजूबंद।

केय्य, वि०, खरीदने योग्य।

केराटिक, वि०, ठग, ढोंगी।

केराटिय, नपुं०, ठगी, ढोंग।

केलास, पु०, कैलास पर्वत।

केळि, स्त्री०, क्रीड़ा।

केळि सील जातक, हँसोड़ राजा को इन्द्र ने लोगों के परिहास का भाजन बनाया (२०२)।

केवट्ट, पु०, मछुवा।

केवल, वि०, एकान्त, समस्त।

केवल-कप्पं, वि०, लगभग सारा।

केवल-परिपुण्णं, वि०, सम्पूर्ण।

केवलि, वि०, सम्पूर्णता-प्राप्त, अर्हत्।

केस, पु०, सिर के बाल।

केसोहारक, पु०, नाई।

केस-कम्बल, नपुं०, बालों का बना कम्बल।

केस-कलाप, पु०, केश-गुच्छ।

केस-कल्याण, नपुं०, केशों का सौन्दर्य।

केस-धातु, स्त्री०, भगवान् बुद्ध की पवित्र केश-धातु।

केसर, नपुं०, रेणु, अयाल (पशुओं के कन्धे के बाल)।

केसर-सीह, पु०, केसरी (सिंह)।

केसव, वि०, केशों वाला।

केसव, पु०, केशव (वासुदेव कृष्ण)।

केसव जातक, तपस्वी को राज-वैद्य अच्छा न कर सके। वह अपने शिष्यों के बीच पहुँचकर बिना दवाई के ही अच्छा हो गया (३४६)।

केसोरोपन, नपुं०, बालों का काटना।

केसोहारण, नपुं०, बाल काटना।

को, पु०, कौन।

कोक, पु०, भेड़िया।

कोकनद, नपुं०, लाल कँवल।

कोकिल, पु०, कोयल।

कोचि, अव्यय, कोई।

कोच्छ, नपुं०, १. झाड़ू, २. कुर्सी, काउच।

कोज, पु०, कवच।

कोजव, पु०, गलीचा।

कोकालिक जातक, वाचाल नरेश को वाचालता के विरुद्ध दिया गया शिक्षण (३३१)।

कोञ्च, पु०, सारस।

कोञ्चनाद, पु०, हाथी की चिंघाड़।

कोट, नपुं०, शिखर।

कोटचिका, स्त्री०, चूत।

कोटि, स्त्री०, शिखर, करोड़।

कोटिप्पकोटि, स्त्री०, १०,०००,०००,०००,०००,०००,०००,०० संख्या।

कोटिप्पत्त, वि०, सिरे तक पहुँच गया, भली प्रकार समझ गया।

कोटिल्ल, नपुं०, कुटिलता, टेढ़ापन।

कोटिसिम्बलि जातक, गरुड़ ने नाग को पकड़ा। नाग वट-वृक्ष के गिर्द

लिपट गया। गरुड़ बट-वृक्ष को भी उखाड़ ले गया। (४१२)

कोटुम्बर, नपुं०, वस्त्र-विशेष।

कोट्टन, नपुं०, कूटना।

कोट्ठ, पु०, कोठा।

कोट्ठागार, नपुं०, धान्यागार।

कोट्ठागारिक, पु०, भाण्डागारिक।

कोट्ठासय, वि०, पेट में रहने वाला।

कोट्ठक, पु० तथा वि०, १. द्वार, २. छिपने का स्थान।

कोट्ठास, पु०, हिस्सा, भाग।

कोण, पु०, कोना, सिरा।

कोण्डञ्ञ, प्रसिद्ध ब्राह्मण-क्षत्रिय गोत्र।

कोतूहल, नपुं०, उत्तेजना, जिज्ञासा।

कोत्थु, कोत्थुक, पु०, गीदड़।

कोदण्ड, नपुं०, धनुष।

कोध, पु०, क्रोध, गुस्सा।

कोधन, वि०, असंयत चित्त।

कोप, पु०, क्रोध, गुस्सा।

कोपनेय्य, वि०, क्रोध उत्पन्न करने-वाला।

कोपी, वि०, क्रोधी।

कोपीन, नपुं०, लँगोटी।

कोपेति, क्रिया, क्रोध उत्पन्न करता है।

कोमल, वि०, नर्म।

कोमार, वि०, कुमार-सम्बन्धी।

कोमारभच्च, १. नपुं०, बच्चों की चिकित्सा, २. (राज-)कुमार द्वारा पोषित।

कोमाय-पुत्त जातक, कोमाय-पुत्त ने तपस्वियों का आश्रम हथिया लिया (२९९)।

कोमुदी; स्त्री०, चाँदनी।

कोरक, पु० तथा नपुं०, कोंपल।

कोरब्य, कोरव्य, वि० कुरु-वंश का।

कोल, पु० तथा नपुं०, रसभरी।

कोलक, नपुं०, मिर्च।

कोलम्ब, पु०, बड़ा बर्तन।

कोलाप, पु०; खोखला पेड़।

कोलाहल, नपुं०, शोर-गुल।

कोलित, मौद्गल्यायन स्थविर का गृहस्थनाम।

कोलिय, शाक्यों के समान ही एक दूसरी जाति।

कोलेय्यक, वि०, अच्छी नस्ल का (विशेष रूप से कुत्तों की नस्ल)।

कोविद, वि०, दक्ष, पण्डित।

कोस, पु०, भण्डार, खजाना, म्यान।

कोसक, पुं० तथा नपुं०, पानी पीने का पात्र।

कोसज्ज, नपुं०, आलस्य।

कोसम्बी, वत्स्य-देश की राजधानी।

कोसल, पु०, कोशल जनपद।

कोसल्ल, नपुं०, कुशलता।

कोसारक्ख, पु०, खजानची।

कोसिक, पु०, कौशिक, उल्लू।

कोसिनारक, वि०, कुसिनारा सम्बन्धी।

कोसिय जातक, ब्राह्मणी रोग का बहाना बना दिन-भर लेटी रहती और रात को मौज मनाती (१३०)।

कोसिय जातक, कौओं द्वारा उल्लू के आक्रान्त होने की कथा (२२६)।

कोसी, स्त्री०, म्यान।

कोसोहित, वि०, अण्डकोश से ढका हुआ।

कोहञ्ञ, नपुं०, ढोंग।

क्व, अव्यय, कहाँ ।

क्वचि, अव्यय, कहीं ।

ख

ख, कवर्ग का दूसरा अक्षर; नपुं०, आकाश ।

खग, पु०, पक्षी ।

खगन्तर, पु०, कठफोड़ा ।

खगादि, पु०, पक्षी ।

खगादिबन्धन, पु०, पक्षियों को फँसाने का जाल ।

खग्ग, पु०, तलवार ।

खग्ग-कोस, पु०, तलवार की म्यान (तलवार रखने का खाना) ।

खग्ग-गाहक, पु०, तलवार-धारी ।

खग्ग-तल, नपुं०, तलवार का फलक ।

खग्ग-धर, वि०, तलवार-धारी ।

खग्ग-विसाण, पु०, गेण्डा ।

खचति, क्रिया, जड़ता है, (अँगूठी में नगीना जड़ता है) ।

खज्ज, वि०, खाद्य, नपुं०, खाजा ।

खज्जकन्तर, नपुं०, नानाविध मिठाइयाँ ।

खज्जु, स्त्री०, खाज ।

खज्जूरी, स्त्री०, खजूर ।

खज्जोपनक, पु०, जुगनू ।

खञ्ज, वि०, लँगड़ा ।

खञ्जति, क्रिया०, लँगड़ाता है ।

खञ्जन, नपुं०, लँगड़ाना; पु०, खञ्जन पक्षी ।

खटक, पु०, मुट्ठी ।

खण, पु०, क्षण, अवसर ।

खणेन, क्रि० वि०, क्षण में ।

खणातीत, वि०, जो अवसर से चूक गया ।

खणति, क्रिया०, खोदता है ।

खणन, नपुं०, खोदना ।

खणिक, वि०, क्षणिक ।

खणित्ती, स्त्री०, खन्ति, कुदाल ।

खण्ड, पु०, हिस्सा, टुकड़ा ।

खण्ड-दन्त, वि०, टूटे दाँत वाला ।

खण्ड-फुल्ल, नपुं०, खँडहर ।

खण्डन, नपुं०, टूटना, टूटा हुआ होना ।

खण्डहाल जातक, रिश्वतखोर पुरोहित ने राजा के पुत्र की हत्या करानी चाही (५४२) ।

खण्डाखण्ड, वि०, टुकड़े-टुकड़े टूटा हुआ ।

खण्डिका, स्त्री०, टुकड़ा ।

खण्डिच्च, नपुं०, खण्डित होना ।

खण्डेति, क्रिया, टुकड़े-टुकड़े करता है ।

खत, कृदन्त, खोदा हुआ, घायल, चोट लगा हुआ ।

खत्त, नपुं०, शासन, अधिकार ।

खत्त-धम्म, क्षात्र-धर्म, राजनीति ।

खत्तिय, पु०, क्षत्रिय; वि०, क्षत्रिय-वर्ण का ।

खत्तिय-कञ्ञा, स्त्री०, क्षत्रिय-कन्या ।

खत्तिय-कुल, नपुं०, क्षत्रिय-कुल ।

खत्तिय-परिसा, स्त्री०, क्षत्रिय-परिषद् ।

खत्तिय-महासाल, पु०, धनी क्षत्रिय ।

खत्तिय-सुखुमाल, वि०, राजकुमार के

समान कोमल शरीरवाला।

खत्तिया,खत्तियानी, स्त्री०, क्षत्रियाणी।

खत्तु, पु०, सारथी, राजा का सलाहकार।

खदिर, पु०, बबूल।

खदिरङ्गार, पु०, बबूल की लकड़ी के अँगारे।

खदिरङ्गार जातक, सेठ ने जलते कोयलों के गड्ढे में गिर पड़ने का खतरा मोल लेकर भी दान देना चाहा (४०)।

खन्ति, स्त्री०, सहनशीलता।

खन्ति-बल, नपुं०, सहन-शक्ति।

खन्तिमन्तु, वि०, सहनशील।

खन्तिक, वि०, मत-विशेष का [अञ्ञ-खन्तिक, अन्य मत का]।

खन्ति-वण्ण जातक, एक राजदरबारी ने राजा के रनिवास में गड़बड़ी की और उसी राजदरबारी के नौकर ने अपने मालिक के घर में। राजा के सामने मामला पेश हुआ, तो राजा ने राजदरबारी को सहनशील बने रहने की सलाह दी (२२५)।

खन्तिवादी जातक, कलाबु नाम के राजा ने तपस्वी के अंग-अंग कटवा दिये। तपस्वी ने क्षमाशीलता को सीमा पर पहुँचा दिया (३१३)।

खन्तु, पु०, क्षमाशील।

खन्ध, पु०, स्कन्ध, पेड़ का तना, ढेर, परिच्छेद, रूप-वेदनादि पाँच स्कन्ध।

खन्ध-पञ्चक, रूप, वेदना संज्ञा, संस्कार और विज्ञान।

खन्धक, पु०, विभाग, परिच्छेद।

खन्धकोट्ठास, पु०, शरीर का भाग।

खन्धदेस, नपुं०, आसन।

खन्धवत्त जातक, नियमित मैत्री-भावना करने से सर्प-दंश से बचा रहा जा सकता है (२०३)।

खन्धावार, पु०, छावनी।

खम, वि०, क्षमाशील।

खमति, क्रिया, क्षमा करता है।

खमन, नपुं०, क्षमा।

खमापन, नपुं०, क्षमा-याचना करना।

खमापेति, क्रिया, क्षमा-याचना करता है।

खमितब्ब, कृदन्त, क्षमा देने योग्य।

खमित्वा, पूर्व०क्रिया, क्षमा देकर।

खम्भकत, वि०, हाथों को कमर पर रखकर खंभे की तरह खड़ा हुआ।

खय, पु०, क्षय, नाश।

खयानुपस्सना, स्त्री०, संसार के क्षय-शील स्वभाव का ज्ञान।

खर, वि०, कठोर, तेज, दुखद; पु० गदहा।

खरपुत्तजातक, राजा ने गाँव के लड़कों से नाग की रक्षा की (३८६)।

खरत्त, नपुं०, कठोरता।

खरादिय जातक, भानजे मृग ने मामा से मृगों की प्राण-रक्षा की विधि नहीं सीखी (१५)।

खल, नपुं०, खलिहान।

खलग्ग, धान का भूसा निकालने का आरम्भ।

खलति, क्रिया, स्खलित होता है, लड़खड़ाता है।

खलित, नपुं०, स्खलन, अपराध।

खलीन, पु०, (घोड़े की) लगाम।

खलु, अव्यय, वास्तव में।

खलुङ्क, पु०, घटिया किस्म का घोड़ा ।
खल्लाट, वि०, खल्वाट, गंजा ।
खलोपि, स्त्री०, एक प्रकार का बर्तन ।
खळ, वि०, कठोर; पु०, दुष्ट पुरुष ।
खाणु, पु०, पेड़ का ठूँठ ।
खात, कृदन्त, खोदा हुआ ।
खादक, वि० खानेवाला ।
खादति, क्रिया, खाता है ।
खादन, नपुं०, खाना ।
खादनीय, वि०, खाने योग्य; नपुं०, मिठाई ।
खादापन, नपुं०, खिलाना ।
खादापित, कृदन्त, खिलाया गया ।
खादापेति, क्रिया, खिलाता है ।
खादित, कृदन्त, खाया गया ।
खादितब्ब, कृदन्त, खाने योग्य ।
खादितुं, खाने के लिए ।
खायति, क्रिया, प्रतीत होता है ।
खायित, वि०, खाया गया ।
खार, पु०, क्षार, खार ।
खारी, स्त्री०, बहंगी से लटकी हुई टोकरी, खरिया ।
खारी-काज, पु० तथा नपुं०, बहंगी की टोकरी तथा बहंगी ।
खालेति, क्रिया, धोता है, कुल्ला करता है ।
खिड्डा, स्त्री०, क्रीड़ा ।
खिड्डा-पदोसिक, वि०, खेल-कूद के कारण खराब हुआ ।
खिड्डा-रति, स्त्री०, क्रीड़ा में रत होना ।
खित्त, कृदन्त, फेंका हुआ ।
खित्त-चित्त, वि०, विक्षिप्त-चित्त ।
खिप, पु०, जाल, फैलाई गई वस्तु ।
खिपति, क्रिया, फैलाता है ।
खिपन, नपुं०, फेंकना, फैलाना ।
खिपित, कृदन्त, फेंका गया ।
खिप्प, वि०, शीघ्र, क्षिप्र ।
खिल, नपुं०, कठोरता ।
खीण, कृदन्त, क्षीण, क्षय-प्राप्त ।
खीण-मच्छ, वि०, मछलियों से रहित ।
खीण-बीज, वि०, पुनर्जन्म के बीज से रहित ।
खीणासव, वि०, जिसके, आस्रव अर्थात् चित्त-मैल क्षीण हो गये ।
खीयति, क्रिया, क्षय होता है, नष्ट होता है ।
खीर, नपुं०, क्षीर, दूध ।
खीरण्णव, पु०, श्वेत समुद्र, क्षीरार्णव ।
खीरपक, वि०, दूध चूसता हुआ ।
खीरोदन, नपुं०, दूध-भात ।
खील, पु०, कील, खूंटा ।
खुंसेति, क्रिया, गाली देता है ।
खुज्ज, वि०, कुबड़ा ।
खुदा, स्त्री०, क्षुधा, भूख ।
खुद्दक, वि०, छोटा, तुच्छ ।
खुद्दक-निकाय, पाँचों निकायों में से एक ।
खुद्दक-पाठ, खुद्दक-निकाय की पहली पोथी खुद्दक-पाठ ।
खुद्दा, स्त्री०, शहद की छोटी मक्खी, क्षुद्रा ।
खुद्दानुखुद्दक, वि०, छोटे-मोटे (नियम) ।
खुप्पिपासा, स्त्री० भूख और प्यास ।
खुभति, क्रिया, क्षुब्ध होता है ।

खुर, नपुं०, उस्तरा, पशु का खुर।

खुरग्ग, नपुं०, मुण्डन-संस्कार का स्थान।

खुर-कोस, पु०, उस्तरे का खोल।

खुर-चक्क, नपुं०, उस्तरे जैसा तेज चक्र।

खुर-धारा, स्त्री०, उस्तरे की धार।

खुर-भण्ड, नपुं०, नाई का सामान।

खुर-मुण्ड, मुंडा हुआ सिर।

खुरप्प, पु०, एक प्रकार का तीर।

खुरप्प जातक, जंगल में सार्थवाहों को रास्ता दिखाते समय डाकुओं ने आक्रमण किया (२६५)।

खेट, ढाल।

खेटक, ढाल।

खेत्त, नपुं०, खेत, क्षेत्र।

खेत्तोपम, नपुं०, क्षेत्र के समान।

खेत्त-कम्म, नपुं०, खेत में काम।

खेत्त-गोपक, पु०, खेत का रखवाला।

खेत्त-सामिक, पु०, खेत का स्वामी।

खेत्ताजीव, पु०, किसान।

खेद, पु०, अफसोस।

खेप, पु०, फेंक।

खेपक, पु०, धनुर्धारी।

खेपन, नपुं०, काल-क्षेप।

खेपेति, क्रिया, काल-क्षेप करता है।

खेम, वि०, क्षेम, शान्ति।

खेमट्ठान, नपुं०, शान्ति-स्थान।

खेमप्पत्त, वि०, क्षेम-प्राप्त।

खेम-भूमि, स्त्री०, कल्याण-भूमि।

खेमी, पु०, सुखपूर्वक रहने वाला।

खेळ, पु०, थूक।

खेळ-मल्लक, पु०, थूकदान, पीकदान।

खेळ-सिंघानिका, स्त्री०, थूक-सींढ।

खेळासिक, वि०, थूक चाटने वाला (अपशब्द)।

खो, अव्यय, वास्तव में।

खोभ, पु०, क्षोभ।

खोम, नपुं, सन का कपड़ा।

ख्यात, वि०, प्रसिद्ध।

ख्यापन, नपुं०, प्रसिद्धि।

ग

गगन, नपुं०, आकाश।

गगन-गामी, वि०, नभ-चर, आकाश में विचरने वाला।

गग्ग-जातक, छींकने पर 'दीर्घायु हो' कहना अनिवार्य। न कह सकने पर यक्ष का आहार बनना पड़ता था (१५५)।

गग्गरा, स्त्री०, एक झील का नाम।

गग्गरायति, क्रिया, गर्जता है।

गग्गरी, स्त्री०, लोहार की धौंकनी।

गङ्गा, स्त्री०, नदी, गङ्गा-नदी।

गङ्गा-तीर, नपुं०, गङ्गा-तट।

गङ्गा-द्वार, नपुं०, नदी के समुद्र में गिरने की जगह।

गङ्गा-धार, पु०, गङ्गा की धारा।

गङ्गा-पार, नपुं०, गङ्गा का दूसरा तट।

गङ्गा-सोत, पु०, गङ्गा का स्रोत।

गङ्ग-माल जातक, उपोसथ-व्रतधारी नौकर निराहार रहकर मर गया (४२१)।

गङ्गेय्य, वि०, गङ्गा सम्बन्धी ।
गच्छ, पु०, पौधा, (गाछ) ।
गच्छति, क्रिया, जाता है ।
गज, पु०, हाथी ।
गज-कुम्भ, पु०, हाथी का सिर ।
गज-पोतक, पु०, हाथी का बच्चा ।
गज्जति, क्रिया, गर्जना करता है ।
गज्जना, स्त्री०, गर्जना ।
गज्जित, कृदन्त, गर्जित ।
गज्जितु, पु०, गरजने वाला ।
गण, पु०, समूह, दल, (भिक्षु-) संघ ।
गण-पूरक, वि०, जिससे गण-पूर्ति हो ।
गण-पूरण, नपुं०, गण-पूर्ति ।
गण-बंधन, नपुं०, सहयोग ।
गण-सङ्गणिका, स्त्री०, मण्डली में रहने की इच्छा ।
गणक, पु०, हिसाब-किताब रखने वाला, मुनीम ।
गणनपथातीत, वि०, गिनती से बाहर ।
गणना, स्त्री०, संख्या ।
गणाचरिय, पु०, अनेकों का शिक्षक ।
गणारामता, स्त्री०, मण्डली-प्रेम ।
गणिका, स्त्री०, वेश्या ।
गणिकण्टक, पु०, बारहसिंगा ।
गणित, कृदन्त, गिना गया, गणित-शास्त्र ।
गणी, पु०, जिसके अनुयायी हों ।
गणेति, क्रिया, गिनता है ।
गण्ठि, स्त्री०, ग्रन्थि ।
गण्ठिका, स्त्री०, ग्रन्थि ।
गण्ठि-कासाव, नपुं०, ग्रन्थि-युक्त काषाय वस्त्र ।
गण्ठिट्ठान, नपुं०, कठिन स्थल ।
गण्ठिपद, नपुं०, ग्रन्थि-पद, कठिनाई से समझ में आने वाला पद ।
गण्ठिपास, पु०, बेड़ी ।
गण्ड, पु०, फोड़ा ।
गण्डक, वि०, फोड़े वाला; पु०, गैंडा ।
गण्डम्ब, श्रावस्ती के द्वार पर स्थित आम्र-वृक्ष, जिसके नीचे भगवान् बुद्ध ने **यमक-पाटिहारिय** नाम का चमत्कार दिखाया था ।
गण्डिका, स्त्री, भीतर से खोखला लकड़ी का लट्ठा, जिससे घण्टे बजाने का काम लिया जाता है ।
गण्डी, स्त्री, घंटा, जल्लाद का ब्लाक, फोड़ों वाला ।
गण्डुप्पाद, पु०, पृथ्वी का कीड़ा ।
गण्डूस, पु०, मुँह-भर, कौर ।
गण्हाति, क्रिया, ग्रहण करता है ।
गण्हापेति, क्रिया, ग्रहण कराता है ।
गण्हितुं, लेने के लिए ।
गत, कृदन्त, गया हुआ ।
गतक, पु०, संदेशवाहक ।
गतट्ठान, नपुं०, जाने की जगह ।
गतद्ध, वि०, जिसने अपना रास्ता पूरा कर लिया ।
गतद्धी, वि०, जिसने अपना रास्ता पूरा कर लिया ।
गतयोब्बन, वि०, जिसका यौवन चला गया ।
गति, स्त्री०, जाना ।
गतिमन्तु, वि०, दक्ष, होशियार ।
गत्त, नपुं०, शरीर, गात्र ।
गथित, कृदन्त, बँधा हुआ ।

गद, पु०, रोग, वाणी।

गदति, क्रिया, बोलता है।

गदा, स्त्री०, एक प्रकार का आयुध।

गद्दुल, पु०, चमड़े का पट्टा।

गद्दूहन, नपुं०, दुहना।

गद्रभ, पु०, गधा।

गधित, देखो गथित।

गन्तब्ब, कृदन्त, जाने योग्य।

गन्तु, पु०, जाने वाला।

गन्तुं, जाने के लिए।

गन्त्वा, पूर्वक्रिया, जाकर।

गन्थ, पु०, ग्रन्थ।

गन्थकार, पु०, ग्रन्थकार।

गन्थधुर, नपुं०, पठन-पाठन का कार्य।

गन्थप्पमोचन, नपुं०, बन्धन-मोक्ष।

गन्थति, क्रिया, गांठ बाँधता है।

गन्थन, नपुं०, ग्रन्थन, गाँठ बाँधना।

गन्थेति, क्रिया, गाँठ बँधवाता है।

गन्ध, पु० (सु)गन्ध।

गन्ध-कुटि, स्त्री० भगवान् बुद्ध के रहने की कोठिरी।

गन्ध-चुण्ण, नपुं०, सुगन्धितचूर्ण।

गन्ध-जात, नपुं०, सुगन्धियों के प्रकार।

गन्ध-तेल, नपुं०, सुगन्धित तेल।

गन्ध-पञ्चङ्गुलिक, नपुं०, सुगन्धित तेल से सनी हुई पाँच अँगुलियों का निशान।

गन्धब्ब, पु०, संगीतकार, जन्म ग्रहण करने वाला जीव, गन्धर्व।

गन्धब्बाधिप, पु०, गन्धर्वों का प्रधान।

गन्धमादन, पु०, हिमालय का एक पर्वत।

गन्धवंस, बर्मा में लिखा गया एक पालि-ग्रन्थ। यह नन्दपञ्ञ आरण्यक की रचना माना जाता है।

गन्ध-सार, पु०, चन्दन, चन्दन-वृक्ष।

गन्धापण, पु०, सुगन्धित तेल बेचने वाले की दुकान। गन्धी की दुकान।

गन्धार, सोलह जनपदों में से एक। वर्तमान कन्धार। इसकी राजधानी तक्षशिला थी।

गन्धारी, स्त्री०, गन्धार से सम्बन्धित, जादू-टोना।

गन्धिक, वि०, सुगन्धि वाला।

गन्धी, वि०, सुगन्धि वाला।

गन्धोदक, नपुं०, सुगन्धित जल।

गब्बित, वि०, गर्वित, अहंकारी।

गब्भ, पु०, अन्दरूनी भाग, गर्भ।

गब्भ-गत, वि०, गर्भाधान हुआ।

गब्भ-परिहरण, नपुं०, गर्भ-संरक्षण।

गब्भ-पातन, नपुं, गर्भ-पात।

गब्भ-मल, नपुं०, बच्चे के जन्म के समय उसके शरीर के साथ लगा हुआ घृणित अंश।

गब्भ-वुट्ठान, नपुं०, प्रसव।

गब्भर, नपुं०, गुफा।

गब्भासय, पु०, बच्चादानी।

गब्भिनी, स्त्री०, गर्भिणी स्त्री।

गभीर, वि०, गहरा।

गम, पु०, गमन, यात्रा।

गमन, नपुं०, जाना।

गमनन्तराय, पु०, गमन में बाधा।

गमन-कारण, नपुं०, जाने का कारण।

गमनागमन, नपुं०, जाना-आना।

गमनीय, वि०, जाने योग्य।

गमिक, वि०, जाने वाला।

गमिक-वत्त, नपुं०, यात्रा की तैयारी।

गमेति, क्रिया, भेजता है, समझता है।

गम्भीर, वि०, गहरा ।
गम्भीरावभास, वि०, गम्भीरता की प्रतीति ।
गम्म, वि०, गँवार, ग्राम्य ।
गया, बोधि-वृक्ष तथा बनारस के बीच की सड़क पर स्थित प्रसिद्ध नगर।
गया-सीस, गया के पास का एक पर्वत ।
गय्ह, वि०, ग्रहण करने योग्य ।
गय्हति, क्रिया, ग्रहण करता है ।
गरहति, क्रिया, दोष देता है, निन्दा करता है ।
गरहन, नपुं०, दोषारोपण ।
गरहित जातक, एक बंदर कुछ समय तक आदमियों में रहा। उसने जंगल में वापिस पहुँचकर अपने साथियों के सामने आदमियों के गर्हित जीवन का वर्णन किया (२१९) ।
गरही, पु०, दोषारोपण करने वाला ।
गरु, भारी, गम्भीर, सम्मान्य ।
गरु-कातब्ब, वि०, सम्मान के योग्य ।
गरु-कार, पु०, सम्मान ।
गरु-गब्भा, स्त्री०, गर्भिणी ।
गरुट्ठानीय, वि०, आचार्य ।
गरुक, वि०, भारी, गम्भीर ।
गरु करोति, क्रिया, आदर करता है ।
गरुत्त, नपुं०, गुरुत्व ।
गरुळ, पु०, एक काल्पनिक पक्षी ।
गल, पु०, गला ।
गलग्गाह, पु०, गले से पकड़ना ।
गल-नाळी, स्त्री०, गले की नाली ।
गलप्पमाण, वि०, गले तक ।
गल-वाटक, पु०, गले का घेरा ।
गलति, क्रिया, बहता है ।
गलित, कृदन्त, बहा हुआ ।
गव, पु०, वृषभ ।
गवक्ख, पु०, गवाक्ष झरोखा ।
गव-घातन, नपुं०, गो-हत्या ।
गव-पान, नपुं०, खीर (दूध-भात) ।
गवज, देखिये गवय ।
गवय, पुं०, नील गाय ।
गवि, पु०, हव्य-सामग्री, घी ।
गवेसक, वि०, खोजने वाला ।
गवेसति, क्रिया, खोजता है ।
गवेसन, नपुं०, गवेषणा ।
गवेसी, पु०, खोजने वाला ।
गह, पु०, जो ग्रहण करता है, ग्रह (मंगल ग्रह आदि); नपुं०, घर ।
गह-कारक, पु०, घर का निर्माता ।
गह-कूट, नपुं०, घर का शिखर ।
गहट्ठ, पु०, गृहस्थ ।
गहण, नपुं, ग्रहण करना ।
गहणिक, वि०, अच्छी पाचन-शक्ति वाला ।
गहणी, स्त्री०, पाचन-शक्ति ।
गहन, नपुं०, घना ।
गहनट्ठान, नपुं०, जंगल में ऐसा स्थान जहाँ घुसना दुष्कर हो ।
गहपतानी, स्त्री०, गृह-पत्नी ।
गहपति, पु०, गृहपति ।
गहपति जातक, एक गृहस्थ की पत्नी, गाँव के मुखिया से फँसी थी। गृहस्थ जान गया। उसने मुखिया को पीटा (१९९) ।
गहपति महासाल, पु०, धनी गृहपति ।
गहित, कृदन्त, गृहीत ।
गळगळायति, क्रिया, गल-गल शब्द

करते हुए बरसता है।

गळोचि, स्त्री०, गडुच।

गाथा, स्त्री०, दो पंक्तियों का छन्द-विशेष, त्रिपिटक के नौ अंगों में से एक।

गाध, वि०, गहरा; पु०, गहराई।

गाधति, क्रिया, दृढ़ (खड़ा) रहता है।

गान, नपुं०, गाना।

गाम, पु०, गाँव, ग्राम।

गामक, पु०, एक छोटा गाँव।

गाम-घात, पु०, गाँव की लूट।

गाम-जेट्ठ, पु०, गाँव का मुखिया।

गाम-दारक, पु०, गाँव का लड़का।

गाम-दारिका, स्त्री, गाँव की लड़की।

गाम-द्वार, नपुं०, गाँव का दरवाजा।

गाम-धम्म, पु०, ग्राम्य-धर्म, मैथुन-धर्म।

गाम-भोजक, पु०, गाँव का मुखिया।

गाम-वासी, पु०, ग्राम-वासी।

गाम-सीमा, स्त्री०, गाँव की सीमा।

गामणी, पु०, गाँव का मुखिया (ग्रामणी)।

गामणी-जातक, देखो संवर-जातक।

गामिक, पु०, ग्रामीण।

गामी, वि०, जाने वाला।

गायक, पु०, गाने वाला।

गायति, क्रिया, गाता है।

गायन, नपुं०, गाना।

गायिका, स्त्री०, गाने वाली।

गारय्ह, वि०, निन्दनीय।

गारव, पु०, गौरव।

गाळ्ह, वि०, मजबूत, कसा हुआ।

गावी, स्त्री०, गौ।

गावुत, नपुं०, गव्यूति, दूरी का माप।

गावो पु०, पशु।

गाह, पु०, १. पकड़, २. दृष्टि, ३. मत।

गाहक, वि०, लेने वाला, ग्रहण करने वाला, ग्राहक।

गाहति, क्रिया, भीतर जाता है, डुबकी लगाता है।

गाहन, नपुं०, भीतर जाना, डुबकी लगाना।

गाहपच्च, पु०, गार्हपत्य।

गाहापक, वि०, ग्रहण कराने वाला।

गाहापेति, क्रिया, ग्रहण करवाता है।

गाही, वि०, गाहक (ग्राहक)।

गाहेति, क्रिया, ग्रहण कराता है।

गिंगमक, नपुं०, आभरण-विशेष।

गिज्झ, पु०, गीध।

गिज्झ-कूट, राजगृह के पास गृध्र-कूट पर्वत।

गिज्झ जातक, कृतज्ञ गीधों ने जहाँ-तहाँ से लोगों के आभूषण आदि उठा-उठा लाकर सेठ के मकान में गिराने आरम्भ किये (१६४)।

गिज्झ जातक, सुपत्त गीध ने अपने पिता का कहना न मान जान गँवाई (४२७)।

गिज्झति, क्रिया, लोभ करता है।

गिञ्जका, स्त्री०, ईंट।

गिञ्जकावसथ, पु०, ईंटों का बना घर।

गिद्ध, कृदन्त, लुब्ध।

गिद्धि, स्त्री०, लोभ, आसक्ति।

गिद्धी, वि०, लोभी।

गिनि, पु०, अग्नि, आग।

गिम्ह, पु०, गरमी, ग्रीष्म ऋतु।

गिम्हान, पु०, ग्रीष्म-ऋतु।
गिम्हिक, वि०, ग्रीष्म ऋतु सम्बन्धी।
गिरग्ग समज्जा, स्त्री०, समय-समय पर मनाया जाने वाला पहाड़वाला उत्सव।
गिरा, स्त्री०, वाणी।
गिरि, पु०, पर्वत।
गिरि-गब्भर, नपुं०, पर्वत-गुफा।
गिरि-दन्त जातक, अपने शिक्षक को लँगड़ाता देख घोड़ा भी लँगड़ाने लगा (१८४)।
गिरिब्बज, मगधों की पूर्व राजधानी।
गिरि-राज, पु०, मेरु पर्वत।
गिरि-सिखर, नपुं०, गिरि-शिख़र।
गिलति, क्रिया, निगल जाता है।
गिलन, नपुं०, निगलना।
गिलान, वि०, रोगी।
गिलान-पच्चय, पु०, रोगी का पथ्य।
गिलान-भत्त, नपुं०, रोगी का भोजन।
गिलान-साला, स्त्री०, रोगी-शाला।
गिलानालय, पु०, रोग का बहाना।
गिलानुपट्ठाक, पु०, रोगी-सेवक।
गिलानुपट्ठान, नपुं०, रोगी-सेवा।
गिलायति, क्रिया, रोगी होता है, दर्द करता है।
गिलित, कृदन्त, खाया हुआ।
गिही, बन्धन, नपुं०, गृही-बन्धन।
गिही-भोग, पु०, गृहस्थ के भोग।
गिही-ब्यञ्जन, नपुं०, गृहस्थ की विशेषताएँ।
गिही-संसग्ग, पु० गृहस्थों के साथ संसर्ग।
गीत, नपुं०, गाना।
गीत-रव, पु०, गीत की आवाज।
गीत-सद्द, पु०, गीत की आवाज।
गीवा, स्त्री०, गर्दन, ग्रीवा।
गीवेय्यक, नपुं०, गर्दन का गहना।
गुग्गुलु, पु०, गुग्गल।
गुञ्जा, स्त्री०, रत्ती-भर (तौल)।
गुण, पु०, सद्गुण या दुर्गुण, धागा। (**दिगुण**, दोहरा, द्विगुण)।
गुण-कथा, स्त्री० प्रशंसा।
गुण-कित्तन, नपुं०, आत्म-प्रशंसा।
गुण-गण, पु०, गुणों का समूह।
गुणवन्तु, वि०, गुणवान्।
गुणानुपेत, वि०, गुणी।
गुणहीन, वि०, गुण-रहित।
गुण-जातक, शेर को गीदड़ ने दलदल में से निकाला (१५७)।
गुणक, वि०, जिसके सिरे पर गाँठ हो।
गुण्ठिक, वि०, ढका हुआ।
गुण्ठिका, स्त्री०, धागे का गोला।
गुण्ठेति, क्रिया, लपेटता है।
गुण्डिक, देखो गुण्ठिक।
गुणेतर, दोष।
गुत्त, कृदन्त, संरक्षित।
गुत्त-द्वार, वि०, संयतेन्द्रिय।
गुत्ति, स्त्री०, संरक्षक।
गुत्तिक, पु०, चौकीदार।
गुत्तिल जातक, आचार्य गुत्तिल तथा उसके शिष्य मूसिल का मुकाबला (२४३)।
गुद, नपुं०, गुदा।
गुम्ब, पु०, झाड़ी।
गुम्बिय जातक, सार्थवाह ने अपने सार्थ को जंगल की कोई भी चीज बिना उससे पूछे खाने के लिए मना किया (३६६)।

गुय्ह, वि०, रहस्य, छिपाने योग्य ।
गुय्ह-भण्डक, नपुं०, पुरुष-लिङ्ग अथवा स्त्री-लिङ्ग ।
गुरु, पु०, शिक्षक ।
गुरु-दक्खिणा, स्त्री०, गुरु की दक्षिणा ।
गुहा, स्त्री०, गुफा ।
गुळ, नपुं०, गुड़, गोली, गेंद ।
गुळ-कीळा, स्त्री०, गोलियों की क्रीड़ा ।
गुळिका, स्त्री०, गोली ।
गूथ, नपुं०, गोबर, गूँह ।
गूथ-पाणक, पु०, गूँह में रहने वाला कीड़ा ।
गूथ-भक्ख, वि०, गूँह खाने वाला ।
गूथ-भाणी, पु०, बुरा बोलने वाला ।
गूथ-पाण जातक, गोबर के कीड़े ने शराब पी ली । उसे नशा चढ़ गया (२२७) ।
गूहति, क्रिया, छिपाता है ।
गूहन, नपुं०, छिपाव ।
गूहित, कृदन्त, छिपा हुआ ।
गूळ्ह, कृदन्त, छिपा हुआ ।
गेण्डुक, पु०, गेंद ।
गेध, पु०, लोभ ।
गेधित, कृदन्त, लुब्ध ।
गेय्य, वि०, गाने योग्य, त्रिपिटिक के नौ अंगों में से एक, गेय्य अंश ।
गेरुक, नपुं०, गेरू का रंग ।
गेलञ्ज, नपुं०, रोग ।
गेह, पु०, तथा नपुं०, घर ।
गेहङ्गन, नपुं०, घर का आँगन ।
गेहजन, पु०, परिवार के सदस्य ।
गेहट्ठान, नपुं०, घर के लिए जगह ।
गेह-द्वार, नपुं०, घर का दरवाजा ।
गेह-निस्सित, वि०, घर पर आश्रित ।
गेहप्पवेसन, नपुं०, गृह-प्रवेश का संस्कार ।
गो, पु० तथा स्त्री०, गाय, बैल, साँड़ पशु ।
गो-कण्टक, नपुं०, पशुओं के खुर ।
गो-कुल, नपुं०, गो-घर, गौ-शाला ।
गो-गण, पु०, पशु-समूह ।
गो-घातक, पु०, कसाई ।
गोकुलिक, वज्जिपुत्तकों का एक उप-भेद ।
गोचर, पु०, चरागाह ।
गोचर-गाम, पु०, भिक्षाटन-क्षेत्र ।
गोच्छक, पु०, गुच्छा ।
गोट्ठ, नपुं०, गौओं का बाड़ा ।
गोण, पु०, बैल, वृषभ ।
गोणक, पु०, एक प्रकार का बैल, ऊन का गलीचा ।
गोतम, वि०, गोतम-गोत्र सम्बन्धी, शाक्यों का गोत्र ।
गोतमी, स्त्री०, गोतम गोत्र की ।
गोत्त, नपुं०, गोत्र ।
गोत्रभू, एक पारिभाषिक शब्द । वह जो सांसारिक न रहा, बल्कि निर्वाण जिसका उद्देश्य हो गया हो ।
गोध जातक, तपस्वी ने गोह-मांस के लोभ से गोह की हत्या करनी चाही (१३८) ।
गोध-जातक, गोह-बच्चे ने गिरगिट-बालिका से यारी की (१४१) ।
गोध-जातक, गोह ने ढोंगी तपस्वी को आश्रम त्यागने पर मजबूर किया (३२५) ।
गोध-जातक, राजकुमार तथा उसकी

भार्या को शिकारियों ने गोह का मांस दिया (३३३)।
गोधा, स्त्री०, गोह।
गोधावरी, स्त्री०, दक्षिणापथ की एक नदी (गोदावरी)।
गोधूम, पु०, गेहूँ।
गोनस, पु०, विषैला सर्प।
गोपक, पु०, पहरेदार, चौकीदार।
गोपानसी, स्त्री०, कड़ियाँ।
गोपी, स्त्री०, ग्वाले या चरवाहे की स्त्री।
गोपुर, नपुं०, द्वार।
गोपेति, क्रिया, रक्षा करता है।
गोपेतु, पु०, रक्षक।
गोप्फक, नपुं०, गुलेल।
गोमय, नपुं०, गोबर।
गोमिक, वि०, पशुओं का मालिक।
गोमी, वि०, पशुओं का मालिक।
गोमुत्त, नपुं०, गोमूत्र।
गो-यूथ, पु०, गौओं का झुण्ड।
गोरक्खा, स्त्री०, गौ-रक्षा, गौ-पालन।
गोळक, पु० तथा नपुं०, गेंद।
गोसीस, पु०, पीला चन्दन।

घ

घ, कवर्ग का चौथा अक्षर।
घंसति, क्रिया, रगड़ता है।
घच्चा, स्त्री०, विनाश।
घट, पु०, घड़ा।
घटक, पु० तथा नपुं०, छोटा बर्तन।
घटजातक, कोसल नरेश के मन्त्री को लेकर सुनाई गई कथा (३५५)।
घटजातक, किस प्रकार घट पण्डित ने अपने भाई वासुदेव का कष्ट दूर किया, (४५४)।
घटति, क्रिया, कोशिश करता है, प्रयास करता है।
घटना, स्त्री०, मेल।
घटा, स्त्री०, भीड़।
घटासन जातक, वृक्ष पर रहने वाले पक्षियों को मार डालने के लिए जलाशय में रहने वाले नाग-देवता ने आग भड़काई (१३३)।
घटिका, स्त्री०, सुराही।
घटी, स्त्री०, जल-पात्र।
घटीकार, पु०, कुम्हार।
घटी-यन्त, नपुं०, घटी-यन्त्र, रहट।
घटीयति, क्रिया, सम्बन्धित होता है।
घटेति, क्रिया, प्रयत्न करता है।
घट्टन, नपुं०, संघर्ष।
घट्टेति, क्रिया, चोट पहुँचाता है, रुष्ट करता है।
घण्टा, स्त्री०, (बजाने का) घण्टा।
घत, नपुं०, घृत, घी।
घत-सित्त, वि०, जिस पर घी डाला गया हो।
घन, वि०, मोटा, स्थूल।
घनतम, वि०, बहुत मोटा, अत्यन्त स्थूल।
घन-पुप्फ, नपुं०, फूलों वाला गलीचा।
घनसार, पु०, कपूर।
घनोपल, नपुं०, ओले।
घम्म, पु०, ऊष्णता।
घम्म-जल, नपुं०, पसीना।
घम्माभितत्त, वि०, गरमी से हैरान।

घर, नपुं०, गृह ।
घर-गोलिका, स्त्री०, छिपकली ।
घर-बन्धन, नपुं०, विवाह ।
घर-मानुष, पु०, घर के लोग ।
घर-सप्प, वि०, चूहा ।
घराजिर, नपुं०, घर का आँगन ।
घरावास, पु०, गृहस्थ जीवन ।
घरणी, स्त्री०, गृहिणी ।
घस, वि०, खाने वाला ।
घसति, क्रिया, खाता है ।
घंसेति, क्रिया, रगड़ता है ।
घात, पु०, हत्या ।
घातन, नपुं०, हत्या ।
घातक, पु०, हत्यारा, लुटेरा ।
घाती, पु०, हत्यारा, लुटेरा ।
घातापेति, क्रिया, हत्या करवाता है, लुटवाता है ।
घातेति, क्रिया, हत्या करता है, लूटता है ।
घाण, नपुं०, नाक ।
घाण-विञ्ञाण, नपुं०, घ्राणेन्द्रिय के माध्यम से उत्पन्न होनेवाला ज्ञान ।
घायति, क्रिया, सूँघता है ।
घायित, कृदन्त, खाया हुआ ।
घास, पु०, घास, जानवरों का आहार ।
घासच्छादन, नपुं० भोजन-वस्त्र ।
घास-हारक, वि०, घास लाने वाला ।
घुट्ठ, कृदन्त, घोषित ।
घोटक, पु०, बिना सधा हुआ घोड़ा ।
घोर, वि०, भयानक ।
घोरतर, वि०, अधिक भयानक ।
घोस, पु०, घोषणा, शब्द ।
घोसक, पु०, घोषणा करने वाला ।
घोसापेति, क्रिया, घोषणा कराता है ।
घोसिताराम, कोसम्बी का प्रसिद्ध विहार ।
घोसेति, क्रिया, घोषणा करता है ।

च

च, अव्यय, और तब, अब
चकित, वि०, हैरान, भयभीत ।
चकोर, पु०, चकोर ।
चक्क, नपुं०, चक्र, चक्का, पहिया ।
चक्क-अङ्कित, वि०, चक्रांकित, चक्र के निशान वाला ।
चक्क-पाणी, पु०, चक्र-पाणि, विष्णु ।
चक्क-युग, नपुं०, पहियों का जोड़ा ।
चक्क-रतन, नपुं०, चक्रवर्ती राजा का रतन-चक्र ।
चक्क-वत्ती, पु० चक्रवर्ती राजा ।
चक्क-समारूळ्ह, वि०, चक्रों (गाड़ियों) पर चढ़े हुए ।
चक्कवाक, पु०, चकवा ।
चक्कवाक जातक, संतोष सौन्दर्य प्रदान करता है जैसे चकवा-चकवी का, और लोभ सौन्दर्य नष्ट करता है जैसे कौवे का (४३४) ।
चक्कवाक जातक, ऊपरी जातक के समान (४५१) ।
चक्क-वाळ, पु०, घेरा, क्षेत्र ।
चक्कव्ह, पु०, चक्रवाक, चकवा ।
चक्किक, एकसाथ स्तुति-पाठ करने वाले ।

चक्खु, नपुं०, आँख ।

चक्खुक, वि०, आँख वाला ।

चक्खुदद, वि०, आँख देनेवाला ।

चक्खु-धातु, स्त्री, दृष्टि ।

चक्खु-पथ, पु०, दृष्टिपथ ।

चक्खु-भूत, वि०, सम्यक् दृष्टिवाला ।

चक्खुमन्तु, वि०, आँख वाला ।

चक्खु-लोल, वि०, आँख का लोभी ।

चक्खु-विञ्ञाण, नपुं०, दृष्टि के द्वारा प्राप्त ज्ञान ।

चक्खु-सम्फस्स, पु०, चक्षु-स्पर्श ।

चक्खुस्स, वि०, आँख को अच्छा लगने वाला या आँख के लिए अच्छा ।

चङ्कम, पु०, चंक्रमण-भूमि, चंक्रमण करना ।

चङ्कमन, नपुं०,चंक्रमण करना ।

चङ्कमति, क्रिया, चंक्रमण करता है ।

चङ्गवार, पु०, दूध छानने का कपड़ा या छलनी ।

चङ्गोटक, पु०, छोटी टोकरी ।

चच्चर, नपुं०, आँगन, चौरस्ता ।

चजति, क्रिया, त्याग देता है ।

चजन, नपुं०, त्याग ।

चञ्चल, वि०, अस्थिर ।

चटक, पु०, चिड़िया ।

चणक, पु०, चना ।

चण्ड, वि०, भयानक, प्रचण्ड ।

चण्डपज्जोत, बुद्ध का समकालीन अवन्ति-नरेश ।

चण्डासोक, भाइयों की निर्दयतापूर्वक हत्या करने के कारण अशोक को दिया गया नाम ।

चण्डाल, पु०, जाति-बहिष्कृत अथवा अस्पृश्य ।

चण्डाल-कुल, नपुं०, नीचतम कुल ।

चण्डाली, स्त्री०, चण्डाल स्त्री ।

चण्डिक्क, नपुं०, भयानकता, प्रचण्ड-भाव ।

चतु, त्रि०, चार ।

चतुक्कण्ण, वि०, चतुष्कोण ।

चतुक्खत्तुं, क्रिया-विशेषण, चार बार ।

चतुग्गुण, वि०, चौगुना ।

चत्तालीसति, स्त्री०, चवालीस ।

चतुज्जाति-गन्ध, पु०, चार प्रकार की सुगन्धि ।

चतुत्तिंसति, स्त्री०, चौंतीस ।

चतुद्दस, त्रि०, चौदह ।

चतुद्दिसा, स्त्री०, चारों दिशाएँ ।

चतुद्वार, वि०, चारों द्वार ।

चतुनवुति, स्त्री०, चौरानबे ।

चतुपच्चय, पु०, भिक्षु की चीवर आदि चार आवश्यकताएँ ।

चतुपण्णास, स्त्री०, चौवन ।

चतु-परिसा, स्त्री०, चार प्रकार की परिषद् अर्थात् भिक्षु, भिक्षुणियाँ, उपासक तथा उपासिकाएँ ।

चतु-भूमक, वि०, चार तल्लों का ।

चतु-मधुर, नपुं०, चार प्रकार के घी, मधु आदि माधुर्य ।

चतुरङ्गिक, वि०, चार हिस्सों वाला ।

चतुरङ्गिनी, स्त्री०, चार अंगों वाली सेना ।

चतुरङ्गुल, वि०, चार अंगुल भर ।

चतुरस्स, वि०, चौकोर ।

चतुरस्सक, पु०, चार तल्ले का महल ।

चतुरंस, वि०, चतुष्कोण ।

चतुरासीति, स्त्री०, चौरासी ।

चतुवीसति, स्त्री०, चौबीस ।

चतुसट्ठि, स्त्री०, चौंसठ ।

चतु-सत्तति, स्त्री० चौहत्तर ।

चतुक्क, नपुं०, चार, चौरस्ता ।

चतुद्वार-जातक (४३९), इसी कथा का दूसरा नाम महामित्तविन्दक जातक भी है ।

चतुत्थ, वि०, चौथा ।

चतुत्थी, स्त्री०, पक्ष का चौथा दिन ।

चतुधा, क्रिया-विशेषण, चार तरह से ।

चतुपोसथिक जातक, ४४१वीं जातक का शीर्षक । वहाँ लिखा है कि यह पुण्णक जातक के अन्तर्गत है । इस नाम की कोई जातक कथा नहीं है ।

चतुप्पद, पु०, चतुष्पाद, चार पैरों वाला जानवर ।

चतुब्बिध वि०, चार प्रकार से ।

चतुभानवार, पाँच निकायों में से और विशेष रूप से खुद्दक-पाठ में से सत्ताईस उद्धरणों का एक संग्रह ।

चतुमट्ट जातक, चित्रकूट पर्वत से आये हंसों की कथा (१८७) ।

चतुर, वि०, होशियार, बुद्धिमान ।

चतुरोपधि, पु०, चार प्रकार के बन्धन ।

चत्त, कृदन्त, त्यक्त, त्यागा हुआ ।

चन, अव्यय, 'कभी कभी' के अर्थ के वाचक 'कुदाचन' शब्द का एक अंश ।

चनं, देखिये चन ।

चन्द, पु०, चाँद ।

चन्दग्गाह, पु०, चाँद-ग्रहण ।

चन्द-मण्डल, नपुं०, चाँद की तश्तरी ।

चन्द किन्नर जातक, बनारस-नरेश ने चन्दा किन्नरी पर आसक्त हो चन्दा के पति चन्द किन्नर को मार डाला । चन्दा किन्नरी की स्वामि-भक्ति (४८५) ।

चन्दन, पु०, चन्दन का वृक्ष; नपुं०, चन्दन की लकड़ी ।

चन्दन-सार, पु०, चन्दन का सार ।

चन्दाभ जातक, चन्द्र तथा सूर्य पर चित्त एकाग्र करने वाले आभास्वर लोक में उत्पन्न होते हैं (१३५) ।

चन्दनिका, स्त्री०, नाबदान ।

चन्दप्पभा, स्त्री०, चाँदनी ।

चन्दभागा, चन्द्रभागा नदी ।

चन्दिका, स्त्री, चाँदनी ।

चन्दिमा, पु०, चाँद ।

चपल, वि०, चंचल, अस्थिर ।

चपु-चपु-कारकं, क्रिया-विशेषण, चप-चप आवाज करते हुए (भोजन करना) ।

चमर, पु०, हिमालय-प्रदेश की सुरा-गाय ।

चमू, स्त्री०, सेना ।

चमूपति, पु०, सेनापति ।

चम्पक, पु०, चम्पा ।

चम्पा, स्त्री०; इसी नाम की नदी के किनारे का एक नगर । यह अंग की राजधानी था । वर्तमान भागलपुर ।

चम्पेयक जातक, मगध नरेश ने चम्पा नदी में रहने वाले नागराज की सहायता से अंग-नरेश को हराया (५०६) ।

चम्म, नपुं०, चर्म ।

चम्मकार, पु०, चमार ।

चम्म-खण्ड, पु०, आसन की तरह उप-योग में आने वाला चर्म-खण्ड ।

चम्म-पसिब्बक, पु०, चमड़े का थैला ।

चय, पु०, संग्रह, ढेर ।

चर, पु०, घूमने वाला, चर-पुरुष (गुप्तचर) ।

चरक, देखो चर ।

चरण, नपुं०, चलना-फिरना, पैर, आचरण ।

चरति, क्रिया, चलता-फिरता है, आचरण करता है ।

चराचर, नपुं०, चलाचल वस्तु ।

चरापेति, क्रिया, चलाता है ।

चरित, नपुं०, चरित्र, (जीवन-)चरित ।

चरिम, वि०, अन्तिम ।

चरिया, स्त्री०, आचरण, चरित ।

चरिया-पिटक, खुद्दक निकाय के पन्द्रह ग्रन्थों में से एक । यह खुद्दक निकाय का अन्तिम ग्रन्थ माना जाता है ।

चरु, पु०, यज्ञीय द्रव्य ।

चल, वि०, अस्थिर ।

चल-चित्त, अस्थिर चित्त ।

चलति, क्रिया, चंचल होता है, काँपता है ।

चलन, नपुं०, हिलना-डोलना, काँपना ।

चलनी, पु०, वात मृग ।

चवति, क्रिया, गिरता है ।

चवन, नपुं० पतन, मृत्यु ।

चसक, नपुं० तथा पु०, पान पात्र ।

चाग, पु०, भेंट, त्याग ।

चागानुस्सति, स्त्री०, अपनी उदारता का अनुस्मरण ।

चागी, पु०, त्यागी ।

चाटि, स्त्री, एक बर्तन ।

चाटुकम्यता, स्त्री०, चाटुकारिता, खुशामद ।

चातक, पु०, चातक पक्षी ।

चातुद्दसी, स्त्री०, पक्ष की चतुर्दशी ।

चातुद्दिस, वि०, चारों दिशाओं से सम्बन्धित ।

चातुद्दीपक, वि०, चार द्वीपों पर छाया हुआ ।

चातुम्महापथ, पु०, चारों सड़कों के मिलने की जगह, चौरस्ता ।

चातुम्महाभूतिक, वि०, पृथ्वी, अप, तेज, वायु नाम के चारों महाभूतों से सम्बन्धित ।

चातुम्महाराजिक, वि०, निम्नतम देवलोक में रहने वाले चातुर्महाराजिक देवताओं से सम्बन्धित ।

चातुरिय, नपुं०, चतुराई ।

चाप, पु०, धनुप ।

चापल्ल, नपुं०, चपलता ।

चामर, नपुं०, चँवरी ।

चामिकर, नपुं०, स्वर्ण ।

चार, पु० चलन ।

चारक, वि०, चलाने वाला; पु०, क़ैदखाना ।

चारण, नपुं०, चलाया जाना, व्यवस्था ।

चारिका, स्त्री०, यात्रा ।

चारित्त, नपुं०, आदत, आचरण, अभ्यास ।

चारु, वि०, सुन्दर, आकर्षक ।

चारु-दस्सन, वि०, सुन्दर ।

चारेति, क्रिया, चलाता है, (इन्द्रियों को) दौड़ाता है ।

चाल, पु०, आघात ।

चालेति, क्रिया, चलाता है ।

चावना, स्त्री०, गिरावट, हटाना ।

चावेति, क्रिया, गिराता है ।

चि (कोचि), अव्यय, कोई ।

चिक्खल्ल, नपुं०, कीचड़, दलदल ।

चिङ्गुलायति, क्रिया, अपने गिर्द घूमता है ।

चिटचिटायति, क्रिया, चिट-चिट करता है ।

चिञ्चा, स्त्री०, इमली वृक्ष ।

चिण्ण, कृदन्त, अभ्यस्त ।

चिण्ह, नपुं०, चिह्न, निशान ।

चित, कृदन्त, एकत्रित ।

चितक, पु०, चिता ।

चिति, स्त्री०, ढेर ।

चित्त-सम्भूत जातक, चित्त तथा सम्भूत दोनों चण्डाल-भाइयों के जाति-अभिमानियों द्वारा पीटे जाने की कथा (४९८) ।

चित्त, १. नपुं०, चित्त, मन, विचार, २. नपुं०, चित्र, तस्वीर, ३. पु०, चैत्र मास, ४. वि०, नानाविध, सुन्दर ।

चित्तक्खेप, पु०, चित्त का विक्षेप ।

चित्तपस्सद्धि, स्त्री०, चित्त की शान्ति ।

चित्त-मुदुता, स्त्री०, चित्त की कोमलता ।

चित्त-समथ, पु०, चित्त की एकाग्रता ।

चित्तानुपस्सना, स्त्री०, चित्तानुपश्यना ।

चित्ताभोग, पु०, विचार ।

चित्तुजुकता, स्त्री०, चित्त का सीधापन ।

चित्तुत्रास पु०, चित्त का त्रास, भय ।

चित्तुप्पाद, पु०, चित्त की उत्पत्ति ।

चित्तकत, वि०, सजा हुआ, चित्रकृत ।

चित्तकथिक, वि०, श्रेष्ठ वक्ता ।

चित्त-कम्म, नपुं०, चित्रकला ।

चित्त-कार, पु०, चित्रकार ।

चित्ततर, वि०, विचित्र-तर ।

चित्तागार, नपुं०, चित्रागार ।

चित्तक, नपुं०, तिलक; पु०, एक प्रकार का मृग ।

चित्तता, स्त्री०, विचित्रता, चित्त-भाव ।

चित्तीकार, पु०, आदर, सत्कार ।

चिनाति, क्रिया, ढेर लगाता है, संग्रह करता है ।

चिन्तक, वि०, सोचने वाला, विचारक ।

चिन्ता, स्त्री०, चिन्ता, विचार ।

चिन्तामणि, पु०, इच्छापूर्ति करने वाली मणि ।

चिन्तामय, वि०, विचारयुक्त ।

चिन्तित, कृदन्त, विचार किया हुआ । आविष्कृत ।

चिन्ती, (समास में) सोचता हुआ ।

चिन्तेतब्ब, कृदन्त, विचारणीय ।

चिन्तेति, क्रिया, सोचता है ।

चिन्तमान, कृदन्त, सोचता हुआ ।

चिन्तेय्य, वि०, विचारणीय ।

चिमिलिका, स्त्री०, तकिये का खोल ।

चिर, वि०, बहुत देर तक रहने वाला ।

चिरकाल, वि०, दीर्घकाल ।

चिरट्ठितिक, वि०, चिर स्थायी ।

चिरतर, वि०, और भी अधिक देर ।

चिरनिवासी, वि०, देर से रहने वाला ।

चिरपब्बजित, वि०, देर से प्रब्रजित ।

चिरप्पवासी, वि०, चिरकाल से प्रवास पर गया हुआ ।

चिरत्तं, वि०, चिरकाल का भाव ।

चिरत्ताय, वि०, चिरकाल के लिए ।

चिरं, क्रि०-वि०, चिरकाल तक ।

चिरस्सं, क्रि०-वि०, अति बिलम्ब, अन्त में ।

चिरातीत, वि०, चिरभूत (काल) ।

चिराय, क्रि०-वि०, चिरकाल के

लिए।

चिरायति, क्रिया, देर करता है।

चिरेन, क्रि०-वि०, बहुत समय बाद।

चीन-पिट्ठ, नपुं०, लाल सीसा।

चीन-रट्ठ, नपुं०, चीन राष्ट्र।

चीर, नपुं०, छाल, छाल का कपड़ा।

चीरक, देखिये चीर।

चीरी, स्त्री०, झींगुर।

चीवर, नपुं०, बौद्ध भिक्षु का काषाय-वस्त्र।

चीवर-कण्ण, नपुं०, चीवर का कोना।

चीवर-कम्म, नपुं०, चीवर का बनाना।

चीवर-कार, पु०, चीवर बनाने वाला।

चीवर-दान, नपुं०, चीवर अथवा चीवरों का देना।

चीवर-दुस्स, नपुं०, चीवर बनाने के लिए वस्त्र।

चीवर-रज्जु, स्त्री०, चीवर टाँगने की रस्सी।

चीवर-वंस, पु०, चीवर टाँगने के लिए बाँस।

चुण्ण, नपुं०, चूर्ण।

चुण्ण-विचुण्ण, वि०, चूर्ण-विचूर्ण।

चुण्णक, नपुं०, सुगन्धित चूर्ण।

चुण्णक-जात, वि०, चूर्णकृत।

चुण्णक-चालनी, स्त्री०, चूर्ण-छलनी।

चुण्णित, कृदन्त, चूर्ण किया हुआ।

चुण्णेति, क्रिया, चूर्ण कर डालता है।

चुत, कृदन्त, गिरा।

चुति, स्त्री०, च्युत होना, अदृश्य हो जाना।

चुदित, कृदन्त, दोषारोपित।

चुदितक, पु०, दोषारोपित।

चुद्दस, वि०, चौदह।

चुन्द, सुनार या लोहार। पावा का निवासी। कुसीनारा के रास्ते में पावा पहुँचने पर भगवान् बुद्ध चुन्द कम्मार-पुत्त के ही आम्रवन में ठहरे थे। उसी के यहाँ का भोजन भगवान् का अन्तिम भोजन सिद्ध हुआ।

चुन्दकार, पु०, खरादने वाला।

चुन्दभण्ड, चुन्द (सुनार) का सामान।

चुबुक, नपुं०, ठोड़ी।

चुम्बटक, नपुं०, गेण्डुरी।

चुम्बति, क्रिया, चूमता है।

चुल्ल, वि०, छोटा।

चुल्लन्तेवासिक, पु०, छोटा शिष्य।

चुल्ल-पितु, पु०, चाचा।

चुल्ल-उपट्ठाक, पु०, लघु-सेवक।

चुल्लकसेट्ठि जातक, मरी चुहिया से आरम्भ करके, व्योपार द्वारा धनी हो जाने की कथा (४)।

चुल्लकालिङ्ग जातक, दन्तपुर नरेश कालिङ्ग की युद्ध-लिप्सा (३०१)।

चुल्लकुणाल जातक, देखो कुणाल जातक।

चुल्लधनुग्गह जातक, तक्षशिला के आचार्य ने अपने धनुर्धारी शिष्य से अपनी बिटिया की शादी की (३७४)।

चुल्लधम्मपाल जातक, रानी राजा का सत्कार करने के निमित्त खड़ी न हो सकी। राजा ने पुत्र के हाथ-पाँव कटवा दिये (३५०)।

चुल्लनन्दिय जातक, ब्राह्मण ने बूढ़ी बंदरी की हत्या की (२२२)।

चुल्लनारद जातक, तपस्वी-पुत्र तरुणी पर आसक्त हुआ (४७७)।

चुल्लपदुम जातक, राजा ने अपने सभी बेटों को देश-निकाला दिया (१९३)।

चुल्लपलोभन जातक, राजकुमार को स्त्रियों से घृणा थी। शनैः शनैः एक नर्तकी उसे लुभाने में समर्थ हुई (२६३)।

चुल्लबोधि जातक, माता-पिता के निधन के बाद पति-पत्नी तपस्वी बन गये (४४३)।

चुल्लसुतसोम जातक, सोम-रस पेय करने वाले राजकुमार की सोलह हजार रानियों की कथा (५२५)।

चुल्लहंस जातक, नब्बे हजार सुनहरी बत्तखों के राजा की कथा (५३३)।

चुल्ली, स्त्री०, चूल्हा।

चूचुक, नपुं०, स्तन का अगला भाग।

चूलजनक जातक, देखो महाजनक जातक।

चूल-वग्ग, विनय-पिटक के दोनों खन्धकों में से एक।

चूळा, स्त्री०, सिर के बाल, जूड़ा।

चूळामणि, पु०, चूड़े या जूड़े में पहनी जाने वाली मणि।

चूळिका, स्त्री०, बालों का गुच्छ।

चे, अव्यय, यदि।

चेट, पु०, सेवक, बालक।

चेटक, पु०, नौकर, गुलाम।

चेटिका, स्त्री०, सेविका, बालिका।

चेटी, स्त्री०, सेविका, बालिका।

चेत, पु० तथा नपुं०, चित्त।

चेतक, पु०, वन्य जन्तु, बन्धन।

चेतना, स्त्री०, इरादा।

चेतयति, क्रिया, विचार करता है।

चेतस, वि०, मन (पाप-चेतस = पापी मन)।

चेतसिक, वि०, चैतसिक, चित्त-सम्बन्धी।

चेतापेति, क्रिया, अदली-बदली करता है।

चेतिय, नपुं०, चैत्य, धातु-गर्भ।

चेतियङ्गण, चैत्य का आंगन।

चेतिय-गब्भ, चैत्य का गर्भ।

चेतिय-पब्बत, चैत्य-पर्वत।

चेतिय जातक, चेति-नरेश, अपचर तथा विश्व के प्रथम मिथ्यावादी की कथा (४२२)।

चेतेति, देखो चेतयति।

चेतोखिल, नपुं०, चित्त-हानि।

चेतोपणिधि, स्त्री०, निश्चय।

चेतोपरिञ्ञाण, नपुं०, दूसरों के विचारों को जान लेना।

चेतोपसाद, पु०, चित्त की प्रसन्नता।

चेतोविमुत्ति, स्त्री०, चित्त की विमुक्ति।

चेतोसमथ, पु०, चित्त की शान्ति।

चेल, नपुं०, वस्त्र।

चेल-वितान, नपुं०, चँदवा।

चेलुक्खेप, पु०, वस्त्रों का उछालना।

चोच, नपुं०, केला (-फल)।

चोच-पान, नपुं०, केले का पेय।

चोदक, पु०, दोपारोपक।

चोदना, स्त्री०, दोपारोपण।

चोदित, कृदन्त, दोपारोपित।

चोदेति, क्रिया, दोषारोपण की प्रेरणा करता है।

चोपन, नपुं०, चलन।

चोर, पु०, चोर, डाकू।

चोर-घातक, पु०, जल्लाद।

चोर-उपद्दव, पु०, डाकुओं के द्वारा किया जाने वाला आक्रमण।

चोरिका, स्त्री०, चोरी।

चोरी, स्त्री०, चोरिणी, चोट्टी।

चोळ, पु०, वस्त्र।

चोळ-रट्ठ, नपुं०, चोळ राष्ट्र।

चोळक, नपुं०, चीथड़ा।

चोळिय, वि०, चोळ देश का।

छ

छ, वि०, छह।

छक्खत्तुं, क्रि०-वि० छह बार।

छचत्तालीसति, स्त्री०, छियालीस।

छद्वारिक, वि०, छह इन्द्रियों से सम्बन्धित।

छनवुति, स्त्री०, छियानबे।

छपञ्ञास, स्त्री०, छप्पन।

छब्बग्गिय, वि०, षड्वर्गीय भिक्षु।

छब्बण्ण, वि०, छह वर्णों का।

छब्बसिक, वि०, छह वार्षिक।

छब्बिध, वि०, छह प्रकार का।

छब्बीसति, स्त्री०, छब्बीस।

छसट्ठि, स्त्री०, छियासठ।

छसत्तति, स्त्री०, छिहत्तर।

छक, नपुं०, विष्ठा।

छकन, नपुं०, अश्वादि की लीद।

छकल, पु०, बकरा।

छक्क, नपुं०, छह-छह का बण्डल।

छट्ठ, वि०, छठा।

छट्ठी, स्त्री०, षष्ठी विभक्ति।

छड्डक, वि०, फेंकने वाला।

छड्डन, नपुं०, फेंकना।

छड्डनीय, वि०, फेंकने योग्य।

छड्डापेति, क्रिया, फिकवाता है।

छड्डित, कृदन्त, फिकवाया गया, वमन किया गया।

छड्डेति, क्रिया, फेंकता है।

छण, पु०, त्योहार, उत्सव।

छत्त, नपुं०, छाता; पु०, छात्र, विद्यार्थी।

छत्तकार, पु०, छाता बनाने वाला।

छत्त-गाहक, पु०, छाता ले चलने वाला।

छत्त-नाळि, स्त्री०, छाते का बेंत।

छत्त-दण्ड, नपुं०, छाते का बेंत।

छत्त-पाणि, पु०, छाता ले जाने वाला।

छत्त-मङ्गल, नपुं०, छत्र चढ़ाने का उत्सव।

छत्त-उस्सापन, नपुं०, राजकीय छत्र का उठाना।

छत्तिंसति, स्त्री०, छत्तीस।

छद, पु०, छदन, ढाँकने का वस्त्र।

छदन, नपुं०, छत।

छद्दन्त, वि०, छह दाँतों वाला।

छद्दन्त जातक, हस्ति-राज छद्दन्त की कथा (५१४)।

छद्दिका, स्त्री०, वमन।

छद्धा, क्रि०-वि०, छह प्रकार से।

छधा, क्रि०-वि०, छह प्रकार से।

छन्द, पु०, इच्छा, कामना ।

छन्द-राग, पु०, उत्तेजक कामना ।

छन्दक, नपुं०, मत, चन्दा ।

छन्दागति, स्त्री०, पक्षपात ।

छन्न, कृदन्त, ढका गया; वि०, ठीक, योग्य ।

छन्न, गौतम बुद्ध का सारथी, (बाद में) साथी ।

छप्पञ्च, छह या पाँच ।

छप्पद, पु०, शहद की मक्खी ।

छमा, स्त्री०, क्षमा (पृथ्वी), जमीन ।

छम्भति, क्रिया, भय से जड़ीभूत हो जाता है ।

छरस, पु०, तिक्त, मधुर आदि छह रस ।

छव, पु०, शव, लाश ।

छव-कुटिका, स्त्री०, श्मशान, ।

छवट्ठिक, नपुं०, शव की हड्डी ।

छव-दाहक, पु०, लाश जलाने वाला ।

छवालात, नपुं०, चिता की आग ।

छवक जातक, राजा ने अपने गले का हार चाण्डाल को पहनाया (३०६)।

छवि, स्त्री०, चमड़ी ।

छवि-कल्याण, नपुं०, चमड़ी का सौन्दर्य ।

छवि-वण्ण, पु०, चमड़ी का रंग ।

छळङ्ग, वि०, छह अङ्गों से युक्त ।

छळभिञ्ञा, छह प्रकार के दिव्य-ज्ञान (-अभिज्ञा) ।

छळंस, वि०, षट्कोण ।

छा, स्त्री०, भूख-प्यास ।

छात, वि०, भूखा ।

छातक, नपुं०, भूख, अकाल ।

छादन, नपुं०, आवरण, आच्छादन, शरीर ढकने के वस्त्र ।

छादना, स्त्री० आवरण, आच्छादन, शरीर ढकने के वस्त्र ।

छादनीय, कृदन्त, ढकने योग्य ।

छादेति, क्रिया, ढकता है ।

छाप, पु०, पशु-शावक, पशुओं का छौना ।

छापक, पु०, पशु-शावक, पशुओं का छौना ।

छाया, स्त्री०, छाया, साया ।

छायामान, नपुं० छाया को नापना ।

छायारूप, नपुं०, छाया-चित्र, फोटो ।

छारिका, स्त्री०, राख ।

छाह, नपुं०, छह दिन ।

छि, निपात, निश्चयार्थ ।

छिग्गल, नपुं, छिद्र ।

छिज्जति, क्रिया, कटता है ।

छिद, वि०, टूटता हुआ [बन्धन-छिद, बन्धनों को छिन्न-भिन्न करने वाला]।

छिद्द, नपुं० छिद्र, सूराख ।

छिद्दक, वि०, छिद्र वाला ।

छिद्दगवेसी, वि०, दूसरों के दोष खोजने वाला ।

छिद्दावच्छिद्दक, वि०, छिद्रों से भरा हुआ ।

छिद्दित, कृदन्त, छेदा हुआ ।

छिन्दति, क्रिया, काटता है ।

छिन्दिय, वि०, जो काटा जा सके, जो टूट सके ।

छिन्न, कृदन्त, टूटा हुआ, नष्ट हुआ ।

छिन्नास, वि०, निराश ।

छिन्ननास, वि०, जिसकी नाक कटी हो ।

छिन्न-भत्त, वि०, जिसे आहार न मिलता हो।

छिन्न-वत्थ, वि०, जिसके वस्त्र फट गये हों।

छिन्न-हत्थ, वि० जिसके हाथ काट लिये गये हों।

छिन्न-इरियापथ, वि० जो चल-फिर न सकता हो।

छुद्ध, कृदन्त, क्षुब्ध, उत्तेजित, प्रक्षिप्त, फेंका गया।

छुपति, क्रिया, स्पर्श करता है।

छुपन, नपुं०, स्पर्श।

छुरिका [छूरिकाभी], स्त्री०, छुरी, चाकू।

छेक, वि०, दक्ष, होशियार।

छेकता, स्त्री०, दक्षता, होशियारी।

छेज्ज, वि०, काट डालने योग्य; नपुं०, अंग-छेद द्वारा दिया जाने वाला दण्ड।

छेतब्ब, कृदन्त, काट डालने योग्य।

छेत्तु, पु०, काटने वाला।

छेत्वा, पूर्व० क्रिया, काटकर।

छेत्वान, पूर्व० क्रिया, काटकर।

छेद, पु०, काट।

छेदक, पु०, काटने वाला।

छेदन, नपुं०, काट।

छेदापन, नपुं०, कटवाना।

छेदापेति, क्रिया, कटवाता है।

छेप्पा, स्त्री०, पूँछ, दुम।

ज

जगती, स्त्री०, (जगति, समास पदों में ही), पृथ्वी, दुनिया।

जगतिप्पदेस, पु०, पृथ्वी-प्रदेश।

जगति-रूह, पु०, वृक्ष।

जग्गति, क्रिया, देख-भाल करता है, पोषण करता है, जागता रहता है।

जग्गित्वा, पूर्व० क्रिया, जागकर।

जग्गन, नपुं०, जागरण।

जग्घति, क्रिया, मजाक बनाता है।

जग्घना, स्त्री०, मजाक।

जग्घित, नपुं०, मजाक।

जङ्गम, वि०, चल (सम्पत्ति)।

जङ्गल, नपुं०, आरण्य, रेगिस्तान।

जङ्घमग्ग, पु०, पगडण्डी।

जङ्घपेसनिक, नपुं०, संदेश-वाहन; पु०, संदेश-वाहक।

जङ्घा, स्त्री० जाँघ।

जङ्घा-बल, नपुं०, जाँघ की शक्ति।

जङ्घा-विहार, पु०, सैर।

जङ्घेय्य, नपुं०, जाँघ-भर ढकने का वस्त्र।

जच्च, वि०, जन्म-सम्बन्धी।

जच्चन्ध, वि०, जन्म से अन्धा।

जच्चा, जन्म से।

जज्जर, वि०, जरा से जर्जरित।

जञ्ञ, वि०, पवित्र, श्रेष्ठ, आकर्षक, कुलीन।

जट, नपुं०, मूठ, मुठिया।

जटा, स्त्री०, जटा (-केश), पेड़ों की उलझी डालियाँ, (आलंकारिक अर्थ में) कामनाओं का उलझाव।

जटाधर, पु०, जटाधारी।

जटित, कृदन्त, उलझा हुआ।

जटी, पु०, जटाधारी तपस्वी ।

जटिल, पु०, जटाधारी तपस्वी ।

जठर, पु० तथा नपुं०, पेट ।

जठरग्गि, पु०, जठराग्नि, भूख ।

जण्णु, पु०, घुटना ।

जण्णुतग्घ, पु०, घुटने तक गहरा ।

जण्हु, नपुं० घुटना ।

जण्हुमत्त, वि०, घुटने तक ।

जतु, नपुं०, लाख ।

जतुमट्ठक, नपुं०, लाख-बन्द ।

जतुका, स्त्री०, चिमगादड़ ।

जत्तु, नपुं०, कंधा, कन्धे की हड्डी ।

जन, पु०, ग्रादमी, लोग ।

जन-काय, पु०, जनता ।

जनपद, पु०, प्रान्त, देश, देहात, काशी-कोसल ग्रादि सोलह जनपद ।

जनपद-कल्याणी, स्त्री०, देश की सुन्दरतम स्त्री ।

जनपद-चारिका, स्त्री०, देश-भ्रमण ।

जनसम्मद्द, पु०, लोगों की भीड़ ।

जनक, पु०, उत्पन्न करने वाला, पिता; वि०, उत्पन्न करता हुग्रा ।

जनन, नपुं०, उत्पत्ति ।

जननी, स्त्री०, माँ ।

जनसंध जातक, जनसंध की दान-शीलता की कथा (४६८) ।

जनाधिप, पु०, राजा ।

जनालय, पु०, मण्डप ।

जनिका, स्त्री०, माँ ।

जनित, कृदन्त, उत्पन्न हुग्रा ।

जनिन्द, पु०, राजा ।

जनेति, क्रिया, उत्पन्न करता है ।

जनेन्त, कृदन्त, उत्पन्न करता हुग्रा ।

जनेत्वा, पूर्व० क्रिया, उत्पन्न कर ।

जनेतु, पु०, उत्पन्न करने वाला ।

जनेत्ती, स्त्री०, माँ ।

जन्ताघर, नपुं०, वाष्प-स्नान का घर ।

जन्तु, पु०, जीव ।

जप, पु०, जपना ।

जपति, क्रिया, जाप करता है ।

जपित, जप किया हुग्रा ।

जपित्वा, जप करके ।

जपा, स्त्री०, जवा, ग्रड़हुल ।

जप्पना, स्त्री०, लोभ, जल्पना ।

जप्पा, स्त्री०, लोभ, जल्पना ।

जम्बाली, स्त्री०, गंदा तालाब ।

जम्बीर, पु०, नीबू ।

जम्बु, स्त्री०, जामुन ।

जम्बुखादक जातक, लोमड़ी की खुशामद के चक्कर में कौवे ने लोमड़ी के लिए फल गिराये (२९४) ।

जम्बुदीप, पु०, जामुन का देश, चारों महाद्वीपों में से एक ।

जम्बु-सण्ड, जामुन का बग़ीचा ।

जम्बुक, पु०, गीदड़ ।

जम्बुक जातक, गीदड़ ने हाथी पर ग्राक्रमण किया । हाथी ने उसे पैरों तले कुचल दिया (५३५) ।

जम्बोनद, नपुं०, सोने (स्वर्ण) का प्रकार ।

जम्भ, वि०, गँवार, निकृष्ट ।

जम्भति, क्रिया, ग्रँगड़ाई लेता है, जँभाई लेता है ।

जम्भना, स्त्री०, जँभाई लेना ।

जय, पु०, विजय ।

जयग्गाह, पु०, विजय, पाँसे का ग्रनु-

कूल पड़ना।
जय-पान, नपुं०, विजय-पान।
जय-सुमन, नपुं०, विजय-सुमन।
जयति, क्रिया, जीतता है।
जयद्दिस-जातक, कम्पिल्ल-नरेश पञ्चाल के पुत्रों को एक चुड़ैल दो बार खा गई (५१३)।
जया, स्त्री०, पत्नी।
जयम्पति, पु०, पत्नी तथा पति।
जर, पु०, ज्वर; वि०, बूढ़ा।
जरग्गव, पु०, बूढ़ा बैल।
जरता, स्त्री०, बुढ़ापा।
जरा, स्त्री०, बुढ़ापा।
जरा-दुक्ख, नपुं०, बुढ़ापे का दुख।
जरा-धम्म, वि०, ह्रास-धर्म।
जरा-भय, नपं०, बुढ़ापे का भय।
जरुदपान जातक, धन के मोह में अधिक और अधिक खोदने वाले सार्थों ने प्राण गँवाये (२५६)।
जल, नपुं०, पानी।
जल-गोचर, वि०, पानी में रहने वाला।
जलचर, पु०, मछली।
जलज, नपुं०, कमल।
जलद, पु०, बादल।
जलधि, पु०, समुद्र।
जल-निग्गम, पु०, जल का बहाव, नाली।
जलनिधि, पु०, समुद्र।
जलाधार, पु०, जल-संग्रह-स्थल।
जलासय, पु०, झील, जलाशय।
जलति, क्रिया, चमकता है, जलता है।
जलन, नपुं०, चमक, जलन।
जलाबु, पु०, गर्भाशय।
जलाबुज, वि०, गर्भ से उत्पन्न होने वाले।
जलूका, स्त्री०, जोंक।
जल्ल, नपुं०, गन्दगी, मैलापन।
जळ, वि०, जड़, अचेतन।
जव, पु०, गति, शक्ति।
जवति, क्रिया, दौड़ता है।
जवन, नपुं०, दौड़।
जवन-पञ्ञ, वि०, क्षिप्र-प्रज्ञा।
जवन-हंस जातक, हंस-राज तथा बनारस-नरेश की मैत्री की कहानी (४७६)।
जव-सकुण जातक, कठफोड़े ने शेर के मुँह में फँसी हुई हड्डी निकाली (३०८)।
जवनिका, स्त्री०, परदा।
जवाधिक, पु०, शीघ्रगामी घोड़ा।
जहति, क्रिया, छोड़ता है।
जागर, वि०, जागने वाला।
जागर जातक, वृक्ष-देवता ने तपस्वी से प्रश्न पूछा (४०४)।
जागरति, जागता रहता है, पहरा देता है।
जागरण, नपुं०, जागते रहना।
जागरिय, नपुं०, जाग्रत।
जागरियानुयोग, पु०, जागते रहना।
जाणु, पु०, घुटना।
जाणु-मण्डल, नपुं०, टखना।
जाणु-मत्त, वि०, घुटने तक।
जात, कृदन्त, उत्पन्न, घटित; नपुं०, संग्रह, प्रकार।
जात-दिवस, पु०, जन्म-दिन।
जात-रूप, नपुं०, सोना।

जात-वेद, पु०, अग्नि ।

जातस्सर, पु० तथा नपुं०, एक प्राकृतिक झील ।

जातक, नपुं०, जन्मकथा, सुत्तपिटक के खुद्दक निकाय का दसवाँ ग्रन्थ, जिसमें बुद्ध के पूर्व-जन्मों की कथाओं का वर्णन है ।

जातकट्ठकथा, जातक की अट्ठकथा । इसमें जातक के पद्य-भाग का सम्बन्धित गद्य-विस्तार है ।

जातक-भाणक, पु०, जातक कथा सुनाने वाले ।

जातत्त, नपुं०, उत्पत्ति-भाव ।

जाति, स्त्री०, जन्म, पुनर्जन्म, जाति (वंश-परम्परा), (सिंहल-) जाति ।

जाति-कोस, पु०, जावित्री का छिलका ।

जातिक्खय, पु०, पुनर्जन्म की संभावना का न रहना ।

जातिक्खेत्त, नपुं०, जन्म-स्थान ।

जातित्थद्ध, वि०, जन्माभिमानी ।

जाति-निरोध, पु०, पुनर्जन्म का निरोध ।

जाति-फल, नपुं०, जावित्री ।

जाति-मन्तु, वि०, अच्छी जाति का, गुणवान ।

जाति-वाद, पु०, जाति (-वंश परम्परा) के सम्बन्ध में विवाद ।

जाति-सम्पन्न, वि०, अच्छी जाति का ।

जाति-सुमना, स्त्री०, चमेली ।

जातिस्सर, वि०, पूर्व जन्मों की स्मृति ।

जाति-हिंगुलुक, नपुं०, सेंदूर ।

जातिक, वि०, जातिगत, जाति-सम्बन्धी ।

जातु, अव्यय, निश्चय से ।

जानन, नपुं०, ज्ञान, पहचान ।

जाननक, वि०, जानने वाला ।

जाननीय, वि०, जानने योग्य ।

जानपद, वि०, जनपद सम्बन्धी; पु०, गँवार, देहाती ।

जानपदिक, वि०, जनपद-सम्बन्धी ।

जानाति, क्रिया, जानता है ।

जानापेति, क्रिया, जनवाता है ।

जानि, स्त्री०, हानि, पत्नी ।

जानि-पति, पु०, पत्नी तथा पति ।

जामातु, पु०, जँवाई ।

जायति, क्रिया, उत्पन्न होता है ।

जायत्तन, नपुं०, पत्नीत्व ।

जायन, नपुं०, जन्म ।

जाया, स्त्री०, पत्नी ।

जाया-पति, पु०, पत्नी तथा पति ।

जार, पु०, यार, उपपति ।

जारत्तन, नपुं०, यारी, उपपतित्व ।

जारी, स्त्री०, छिनाल, उपपत्नी ।

जाल, नपुं०, (मछली पकड़ने का) जाल, उलझन ।

जाल-पूप, पु०, पुआ ।

जालक, पु०, छोटा जाल, कोंपल ।

जालक्खिक, नपुं०, जालरन्ध्र ।

जाला, स्त्री०, ज्वाला ।

जालाकुल, वि०, ज्वालाओं से घिरा ।

जालिक, पु०, जाल का उपयोग करने वाला मछुआ ।

जालिका, स्त्री०, लोह-कवच, जाली का बना कवच ।

जालिनी, स्त्री०, तृष्णा ।

जालेति, क्रिया, जलाता है ।

जिगिंसक, वि०, इच्छुक ।
जिगिंसति, क्रिया, इच्छा करता है ।
जिगुच्छक, वि०, जिगुप्सा करने वाला, घृणा करने वाला ।
जिगुच्छति, क्रिया, घृणा करता है ।
जिगुच्छन, नपुं०, घृणा ।
जिगुच्छना, स्त्री०, घृणा, अरुचि ।
जिगुच्छा, स्त्री०, घृणा, अरुचि ।
जिघच्छति, क्रिया, भूखा होता है, खाना चाहता है ।
जिघच्छा, स्त्री०, भूख ।
जिञ्जुक, पु० जंगली धतूरा (?) ।
जिण्ण, कृदन्त, बूढ़ा ।
जिण्णवसन, नपुं०, पुराना वस्त्र ।
जित, कृदन्त, जीता हुआ, जीत लिया गया ।
जितत्त, नपुं०, जीत; वि०, आत्म-विजयी ।
जिति, स्त्री०, जय, विजय ।
जिन, पु०, विजेता, जीतने वाला, बुद्ध ।
जिन-चक्क, नपुं०, बुद्ध-मत ।
जिन-पुत्त, पु०, बुद्ध-पुत्र ।
जिन-सासन, नपुं०, बुद्ध की शिक्षा ।
जिनाति, क्रिया, जीतता है ।
जिम्ह, वि०, टेढ़ा, बेईमान ।
जिया, स्त्री०, धनुष की डोरी ।
जिव्हा, स्त्री०, जीभ ।
जिव्हग्ग, नपुं०, जीभ का सिरा ।
जिव्हायतन, नपुं०, रसेन्द्रिय, रसना ।
जिव्हाविञ्जाण, नपुं०, जिह्वा के द्वारा प्राप्त ज्ञान ।
जिव्हिन्द्रिय, नपुं०, जिह्वा ।
जीन, वि०, हीन ।
जीमूत, पु०, बादल ।
जीयति, क्रिया, जरा को प्राप्त होता है, बूढ़ा होता है, पुराना पड़ता है ।
जीरक, नपुं०, जीरा ।
जीरति, क्रिया, जरा को प्राप्त होता है, घटता है, पुराना पड़ता है ।
जीरण, नपुं०, जीर्णता ।
जीरापेति, क्रिया, जरा को प्राप्त होने का कारण होता है, हजम कराता है ।
जीव, पु०, जीवन, आत्मा, जीव ।
जीव-दन्त, पु०, जीवित हाथी के दाँत ।
जीवक, पु०, जीने वाला, (नाम) बुद्ध का समकालीन प्रसिद्ध वैद्य ।
जीवकम्बवन, राजगृह का वह आम्र-वन, जो जीवक ने बुद्ध-प्रमुख भिक्षु-संघ को दान कर दिया था ।
जीवति, क्रिया, जीता है ।
जीवन, नपुं०, जीना ।
जीविका, स्त्री०, जीवन-यात्रा का साधन (जीविकं कप्पेति, जीविका चलाता है) ।
जीवित, नपुं०, जीवन ।
जीवितक्खय, पु०, जीवन की हानि ।
जीवित-दान, नपुं०, जीवन का दान ।
जीवित-परियोसान, नपुं०, जीवन का अन्त ।
जीवित-मद, पु०, जीवन मद ।
जीवित-वृत्ति, स्त्री०, जीविका ।
जीवित-संखय पु०, जीवन का अन्त ।
जीवितासा, स्त्री, जीवनाशा ।
जीवितिन्द्रिय, नपुं०, जान, जीवन ।
जीवित-संसय, पु०, जीवन के लिए

खतरा।

जीवी, पु०, जीने वाला।

जुण्ह, वि०, चमकदार।

जुण्ह-पक्ख, पु०, शुक्ल पक्ष।

जुण्ह, जातक, राजकुमार जुण्ह ने भिक्षा-पात्र तोड़ने के बदले में राजा बनने पर ब्राह्मण को दान दिया (४५६)।

जुण्हा, स्त्री०, चाँदनी, चाँदनी रात।

जुति, स्त्री०, द्युति, चमक।

जुतिक, वि०, चमकदार।

जुतिधर, वि०, प्रकाशमान्।

जुतिमन्तु, वि०, प्रकाशमान।

जुहति, क्रिया, आहुति डालता है।

जुहन, नपुं०, यज्ञ।

जूत, नपुं०, द्यूत, जुआ।

जूत-कार, पु०, जुआरी।

जे, नीच कुल की स्त्री को सम्बोधन करने के लिए अव्यय-पद।

जेगुच्छ, वि०, घृणित।

जेगुच्छी पु०, घृणा करने वाला।

जेट्ठ, वि०, ज्येष्ठ।

जेट्ठतर, वि०, ज्येष्ठतर।

जेट्ठ-भगिनी, स्त्री०, बड़ी बहिन।

जेट्ठ-भातु, पु०, बड़ा भाई।

जेट्ठ-मास, ज्येष्ठ महीना।

जेट्ठापचायन, नपुं०, बड़ों का सम्मान।

जेतब्ब, कृदन्त, जीतने योग्य।

जेतवन, श्रावस्ती का वह प्रसिद्ध उद्यान, जिसमें अनाथ पिण्डिक का जेतवनाराम बना था।

जेति, क्रिया जीतता है।

जेतुत्तर, नगर-विशेष।

जेतुमिच्छा, स्त्री०, जीतने की इच्छा।

जेय्य, कृदन्त, जीतने योग्य।

जोतक, वि०, द्योतक।

जोतति, क्रिया, चमकता है।

जोतन, नपुं०, चमक।

जोति, स्त्री०, ज्योति, प्रकाश; नपुं०, तारा; पु०, आग।

जोति-पाषाण, पु०, चकमक पत्थर।

जोतिसत्थ, नपुं०, ज्योतिष शास्त्र।

जोतेति, क्रिया, प्रकाशित करता है।

ज्या, स्त्री०, धनुष की डोरी।

झ

झज्झरी, स्त्री०, झंझट।

झत्वा, पूर्व० क्रिया, जलाकर।

झल्लिका, स्त्री०, झिंगुर।

झस, पु०, मछली।

झसा, स्त्री०, नागबाला।

झाटल, पु०, वृक्ष-विशेष।

झान, नपुं०, ध्यान।

झान-अङ्ग, नपुं०, ध्यान का एक अङ्ग।

झान-रत, वि०, ध्यान-रत।

झान-विमोक्ख, पु०, ध्यान द्वारा विमुक्ति।

झानसोधक जातक, "न-संज्ञा, न-असंज्ञा" की व्याख्या (१३४)।

झानिक, वि०, जिसने ध्यान प्राप्त किया है, ध्यान-सम्बन्धी।

झापक, पु०, आग लगाने वाला।
झापन, नपुं०, आग लगाना।
झापित, कृदन्त, जलाया गया।
झापियति, क्रिया, जलाया जाता है।
झापेति, क्रिया, जलाता है।
झापेत्वा, पूर्व० क्रिया, जलाकर।
झाबुक, पु०, पिचुल।
झाम, वि०, जला हुआ।
झामक, वि०, जला हुआ।
झायक, पु०, ध्यानी।
झायति क्रिया, ध्यान लगाता है, आग जलाता है।
झायन, नपुं०, ध्यान लगाना, आग जलाना।
झायी, पु० ध्यान लगाने वाला।

ञ

ञत्त, नपुं०, ज्ञान।
ञत्ति, स्त्री०, घोषणा।
ञत्वा, पूर्व० क्रिया, जानकर।
ञाण, नपुं०, ज्ञान, बुद्धि।
ञाण-करण, वि०, ज्ञान देने वाला।
ञाण-चक्खु, नपुं०, ज्ञान की आँख।
ञाण-जाल, नपुं०, ज्ञान का जाल।
ञाण-दस्सण, नपुं०, ज्ञान-दर्शन, सम्पूर्ण ज्ञान।
ञाण-विप्पयुत्त, वि०, ज्ञान-शून्य।
ञाण-सम्पयुत्त, वि०, ज्ञान-युक्त।
ञाणी, वि०, ज्ञानी।
ञात, कृदन्त, ज्ञात, प्रसिद्ध, साक्षात्-कृत।
ञातक, पु०, रिश्तेदार।
ञाति, पु०, रिश्तेदार।
ञाति-कथा, स्त्री०, रिश्तेदारों की चर्चा।
ञाति-धम्म, पु०, रिश्तेदारों का कर्त्तव्य।
ञाति-परिवट्ट, नपुं०, रिश्तेदारों की मण्डली।
ञाति-पेत, पु०, मृत रिश्तेदार।
ञाति-व्यसन, नपुं०, रिश्तेदारों का दुख।
ञाति-सङ्गह, पु०, रिश्तेदारों के साथ सद्व्यवहार।
ञाति-सालोहित, पु०, सम्बन्धी तथा रक्त-सम्बन्धी।
ञापन, नपुं०, घोषणा।
ञापेति, क्रिया, प्रकट करता है, घोषित करता है।
ञाय, पु०, व्यवस्था, पद्धति, उचित ढंग।
ञाय-पटिपन्न, वि०, सुपथगामी।
ञेय्य, वि०, ज्ञान का विषय।
ञेय्य-धम्म, पु०, जिसे सीखना या जानना योग्य हो।

ट

टङ्क, पु०, पत्थर काटने की छैनी।
टीका, स्त्री०, व्याख्या।
टीकाचरिय, पु०, अनुटीकाकार।

ठ

ठत्वा, पूर्व०क्रिया, खड़े होकर ।

ठपन, नपुं०, स्थापित करना ।

ठपापेति, क्रिया, स्थापित कराता है ।

ठपित, कृदन्त, स्थापित ।

ठपेति, क्रिया, रखता है, निश्चित करता है ।

ठपेत्वा, पूर्व० क्रिया, रखकर, एक ओर करके ।

ठान, नपुं०, स्थान, कारण ।

ठानसो, क्रि०-वि०, सकारण ।

ठानीय, नपुं०, स्थानीय, स्थान देने योग्य ।

ठापक, वि०, खड़ा रहने वाला, स्थापित करने वाला या रखने वाला ।

ठायी, वि०, स्थायी ।

ठित, कृदन्त, स्थित ।

ठितक, वि०, खड़ा होने वाला ।

ठितट्ठान, नपुं०, जहाँ आदमी खड़ा था ।

ठितत्त, नपुं०, स्थितत्व; वि०, संयत ।

ठिति, स्त्री०, स्थिति ।

ठितिक, वि०, निर्भर, स्थायी ।

ठिति-भागीय, वि०, स्थायित्व से सम्बन्धित

ड

डसति, क्रिया, डंक मारता है ।

डसन, नपुं०, डंक मारना ।

डय्हति, क्रिया, जलाया जाता है ।

डहति, क्रिया, जलाता है ।

डंस, पु०, डांस ।

डाक, पु० तथा नपुं०, खाने योग्य पौधे ।

डाह, पु०, चमक, गरमी, जलन ।

डीयन, नपुं०, उड़ना ।

डेति, क्रिया, उड़ता है ।

त

त, (सर्वनाम) सो, वह, सा, वह (स्त्री), तं, वह (वस्तु) ।

तक्क, पु०, विचार, तर्क ।

तक्क, नपुं०, तक्र, मट्ठा, पञ्च गोरस में से एक ।

तक्क जातक, तपस्वी ने गंगानदी में से डूबती हुई सेठ-कन्या को उबारा (६३) ।

तक्कन, नपुं०, तर्क करना, विचार करना ।

तक्कर, वि०, कर्ता; पु०, तस्कर, चोर ।

तक्करु जातक, देखो कक्करु जातक ।

तक्कळ जातक, वसिट्ठक ने अपनी भार्या के कहने से अपने बूढ़े पिता को मारकर गाड़ देने की तैयारी

की। वसिट्ठक के लड़के ने बाप की आँख खोली (४४६)।

तक्कसिला, स्त्री०, गन्धार की राजधानी। यहीं प्रसिद्ध तक्षशिला विश्वविद्यालय था।

तक्कसिला जातक, सम्भवतः तेलपत्त जातक का ही एक और नाम।

तक्कारी, स्त्री०, वैजयन्ती।

तक्काल, नपुं०, उस समय।

तक्कारिय जातक, ब्राह्मण ने अपनी चुप न रह सकने की सामर्थ्य के कारण अपनी जान को खतरे में डाला (४८१)।

तक्किक, पु०, तार्किक।

तक्की, पु०, तार्किक।

तक्केति, क्रिया, सोचता है, तर्क करता है।

तक्कोल, नपुं०, एक प्रकार की सुगन्धि।

तगर, नपुं०, सुगन्धित द्रव्य।

तग्गरुक, वि०, उधर झुका हुआ।

तग्घ, अव्यय, यथार्थ रूप से।

तच, पु०, चमड़ी।

तच-गन्ध, पु०, छाल की सुगन्ध।

तच-पञ्चक, नपुं०, शरीर के केश, लोम, नख, दन्त तथा त्वचा, पाँच अवयव।

तच-परियोसान, वि०, 'त्वचा' तक सीमित।

तचसार जातक, गाँव के वैद्य ने लड़कों द्वारा साँप पकड़वाना चाहा। एक बुद्धिमान लड़के ने साँप को मार कर अपनी जान बचाई (३६८)।

तचुब्भव, वि०, छाल-निर्मित।

तच्छ, वि०, सत्य, यथार्थ; नपुं०, सत्य।

तच्छक, पु०, बढ़ई, लकड़ी छीलने वाला।

तच्छति, क्रिया, छीलता है।

तच्छन, नपुं०, छीलना।

तच्छनी, स्त्री०, बसूला।

तच्छसूकर जातक, सूअर ने अपने साथियों को संगठित कर सूअर को मार डाला (२८६)।

तच्छेति, क्रिया, छीलता है।

तज्ज, वि०, उससे उत्पन्न।

तज्जना, स्त्री०, तर्जना, भय का कारण।

तज्जनीय, तर्जना करने के योग्य।

तज्जनी, स्त्री०, तर्जनी उँगली।

तज्जारी, स्त्री०, छत्तीस अणु।

तज्जेति, क्रिया, तर्जना करता है, डराता है, धमकाता है।

तट, नपुं०, (नदी का) तट; पु०, पर्वत या चट्टान की खड़ी दीवार, कगार।

तटतटायति, क्रिया, तट-तट शब्द करता है।

तट्टक, नपुं०, थाली, तश्तरी, ताट (मराठी)।

तट्टिका, स्त्री०, एक छोटी चटाई।

तण्डुल, नपुं०, चावल के दाने।

तण्डुलनालि जातक, राजा के मूल्य-निश्चय करने वाले ने पाँच सौ घोड़ों की कीमत चावल की नली बताई (५)।

तण्डुल-मुट्ठि, पु०, चावल की मुट्ठी।

तण्हा, स्त्री०, तृष्णा।

तण्हाक्खय, पु०, तृष्णा का क्षय ।

तण्हा-जाल, नपुं०, तृष्णा का जाल ।

तण्हा-दुतिय, वि०, तृष्णा सहित ।

तण्हा-पच्चय, वि०, तृष्णा के कारण ।

तण्हा-मूलक, तृष्णा जिनके मूल में हो ।

तण्हा-विचारित, कृदन्त, तृष्णा का विचार ।

तण्हा-संखय, पु०, तृष्णा का मूलोच्छेद ।

तण्हा-संयोजन, नपुं०, तृष्णा का बन्धन ।

तण्हा-सल्ल, नपुं०, तृष्णा-शल्य ।

तण्हीयति, क्रिया, तृष्णा करता है ।

तत, कृदन्त, फैला हुआ ।

ततिय, वि०, तृतीय ।

ततिया, स्त्री०, तृतीया ।

ततियं, क्रि०-वि०, तीसरी बार ।

ततो, अव्यय, वहाँ से, उससे, उस लिये ।

ततो निदानं, क्रि०-वि०, उस कारण से ।

ततो पट्ठाय, अव्यय, उस समय से आरम्भ करके ।

ततो परं, अव्यय, उसके बाद ।

तत्त, नपुं०, तत्त्व, वास्तविकता; कृदन्त, तपा हुआ ।

तत्ततो, अव्यय, वास्तविक रूप से ।

तत्तक, वि०, उतने तक, उतने माप तक ।

तत्थ (तत्र भी), क्रि०-वि०, वहाँ, उस स्थान पर ।

तथ, वि०, तथ्य; नपुं०, सत्य ।

तथता, स्त्री०, सत्यता ।

तथत्त, नपुं०, सत्यता ।

तथवचन, वि०, सत्य वचन ।

तथा, क्रि०-वि०, वैसे ।

तथाकारी, त्रि०, वैसा करने वाला ।

तथागत, वि०, भगवान् बुद्ध का स्वयं अपने लिए व्यवहृत वचन, जैसे आया अथवा जैसे गया ।

तथागत-बल, नपुं०, तथागत की दस विशिष्ट शक्तियाँ ।

तथा-भाव, पु०, वैसा-पन ।

तथा-रूप, वि०, इस प्रकार का, इस रूप का ।

तथेव, क्रि०-वि०, वैसे ही ।

तदग्गे, क्रि०-वि०, इससे आगे ।

तदङ्ग, वि०, वह अङ्ग, वह प्रकरण ।

तदत्थं, अव्यय, उस उद्देश्य के लिए ।

तदनुरूप, वि०, उसके अनुरूप ।

तदह, **तदहु**, नपुं०, उसी दिन ।

तदहुपोसथे, उसी उपोसथ-व्रत के दिन ।

तदा, अव्यय, उस समय, तब ।

तदुपिय, वि०, उसके अनुरूप, योग्य ।

तदुपेत, वि०, उसके साथ ।

तनय, (तनुज भी), पु०, पुत्र, सन्तान ।

तनया, (तनुजा भी), स्त्री०, लड़की ।

तनु, वि०, पतला, दुबला; स्त्री० तथा नपुं०, शरीर ।

तनुकत, वि०, दुबलाया हुआ ।

तनुकरण, नपुं०, दुबलाना ।

तनुतर, वि०, दुर्बलतर ।

तनुत्त, नपुं०, पतले होने का भाव ।

तनुता, स्त्री०, पतले होने का भाव ।

तनु-भाव, पु०, पतला होने का भाव ।

तनु-रूह, नपुं०, शरीर पर उगे बाल ।

तनोति, क्रिया, फैलाता है ।

तन्त, नपुं०, धागा ।

तन्त-वाय, पु०, जुलाहा ।

तन्ताकुलकजात, वि०, धागे की गेंद की तरह उलझा हुआ ।

तन्ति, स्त्री०, पंक्ति, परम्परा, पवित्र-ग्रन्थ ।

तन्ति-धर, वि०, परम्परा-संरक्षक ।

तन्तिस्सर, पु०, सितार का संगीत ।

तन्तु, पु०, धागा ।

तन्दित, वि०, थका हुआ, सुस्त, अक्रियाशील ।

तन्दी, वि०, आलसी, प्रमादी ।

तप, पु० तथा नपुं०, तपस्या ।

तपो-कम्म, नपुं०, तपस्या की क्रिया ।

तपो-धन, वि०, तपस्या ही जिसका धन है ।

तपोवन, नपुं०, तपस्या का स्थान ।

तपति, क्रिया, चमकता है ।

तपन, नपुं०, चमक ।

तपनीय, वि०, अनुताप का कारण; नपुं०, सोना ।

तपस्सी, वि०, तपस्वी; पु०, तपस्वी साधु ।

तपस्सिनी, स्त्री०, तपस्विनी ।

तपस्सु, उत्कल (उक्कल) का एक व्योपारी । वह तथा उसका साथी **भल्लुक**, ये दोनों ही केवल द्वि-शरणागमन से उपासकत्व को प्राप्त हुए थे ।

तपोदा, राजगृह के बाहर वैभार पर्वत के नीचे एक बड़ा जलाशय ।

तप्पण, नपुं०, संतोष, ।

तप्पति, क्रिया, जलता है, चमकता है, अनुतप्त होता है ।

तप्पर, वि०, तत्पर, समर्पित ।

तप्पित, कृदन्त, संतर्पित, संतुष्ट ।

तप्पिय, वि०, संतुष्ट होने योग्य; पूर्व० क्रिया, संतुष्ट होकर ।

तप्पेति, क्रिया, संतुष्ट होता है ।

तप्पेतु, पु०, संतुष्ट होने वाला ।

तब्बहुल, वि०, अधिकतया वही ।

तब्बिपक्ख, वि०, उसके विपक्ष में ।

तब्बिपरीत, वि०, उसके विपरीत ।

तब्बिसय, वि०, वही विषय ।

तब्भाव, पु०, वही भाव ।

तम, पु० तथा नपुं०, अन्धकार, अज्ञान ।

तमो-खन्ध, पु०, अन्धकार-समूह ।

तमो-नद्ध, वि०, अन्धकाराच्छन्न ।

तमोनुद, वि०, अन्धकार को दूर करने वाला ।

तमो-परायण, वि०, अन्धकार में जाने वाला ।

तमाल, पु०, वृक्ष-विशेष ।

तम्ब, नपुं०, ताँबा; वि०, ताँबे के वर्ण का ।

तम्ब-केस, वि०, ताम्र-वर्ण केश ।

तम्ब-चूल, पु०, मुर्गा ।

तम्ब-नख, वि०, ताम्र-वर्ण नाखून वाला ।

तम्ब-नेत्त, वि०, ताम्र-वर्ण आँखों वाला ।

तम्ब-भाजन, नपुं०, ताम्र-बर्तन ।

तम्बपण्णि, सुप्पारक से विदा होकर विजय राजकुमार तथा उसके

साथियों का लंका में प्रथम पदार्पण करने का स्थान।

तम्बूल, नपुं०, पान का पत्ता।

तम्बूल-पसिब्बक, पु०, पान रखने की थैली।

तम्बूल-पेळा, स्त्री०, पान की पेटी।

तय, नपुं०, तीन।

तयी, स्त्री०, (वेद-)त्रयी।

तयो, वि०, तीन जने।

तयोधम्म जातक, बन्दर-पिता अपनी सन्तान की स्वयं हत्या कर डालता था (५८)।

तर, पु०, तरणी, नौका।

तरङ्ग, पु०, लहर।

तरच्छ, पु०, भालू।

तरण, नपुं०, (तैरकर) पार जाना, उस ओर पहुँचना।

तरणी, स्त्री०, नौका।

तरति, क्रिया, तैरता है।

तरमान-रूप, वि०, जल्दी में।

तरल, नपुं०, कांजी, यवागु।

तरितु, पु०, पार जाने वाला।

तरी, स्त्री०, नाव।

तरु, पु०, वृक्ष, पेड़।

तरा-सण्ड, पु० वृक्षों का झुण्ड।

तरुण, वि०, नौजवान।

तल, नपुं०, नीचे का स्तर, चौपट स्थान, चौपट छत, किसी हथियार का फल।

तल-घातक, नपुं०, हाथ की चपत।

तल-सत्तिक, नपुं०, हाथ की हथेली, जो तलवार जैसी लगे।

तळाक, पु०, तालाब।

तळुण, देखो तरुण।

तस, वि०, चञ्चल, अस्थिर।

तसर, पु०, फिरकी, जुलाहे की नाल।

तसति, क्रिया, काँपता है; भयभीत होता है।

तसिना, स्त्री०, तृष्णा।

तस्सन, नपुं०, तृषा, पिपासा।

तहं, क्रि०-वि०, वहाँ, उस स्थान पर।

तहिं, क्रि०-वि०, वहाँ, उस स्थान पर।

ताण, नपुं०, त्राण, शरण।

तात, पु०, पिता, पुत्र (स्नेह-पूर्ण आमन्त्रण बड़ों तथा छोटों, दोनों के लिए)।

तादिस, वि०, तादृश, वैसा।

तापन, नपुं०, आत्म-क्लेश।

तापस, पु०, तपस्वी।

तापसी, स्त्री०, तपस्विनी।

तापेति, क्रिया, तपाता है, गरमी पहुंचाता है।

तामबूली, तमोली।

तामलित्ति, जिस पत्तन से अशोक ने बोधि वृक्ष की शाखा सिंहल भेजी थी।

तायति, क्रिया, रक्षा करता है।

तायन, नपुं०, संरक्षण।

तार, पु०, अत्यन्त ऊँची आवाज।

तारका, स्त्री०, (आकाश का) तारा।

तारा, स्त्री०, (आकाश का) तारा।

तारा-गण, पु०, तारा-समूह।

तारा-पति, पु०, चन्द्रमा।

तारा-पथ, पु०, आकाश।

तारेतु, पु०, तरण में सहायक, संरक्षक।

ताल, पु०, ताड़ का वृक्ष ।

तालट्ठिक, नपुं०, ताड़ के भीतर की गुठली ।

ताल-कन्द, पु०, ताड़ की कोंपल ।

तालक्खन्ध, ताड़-वृक्ष का तना ।

ताल-पक्क, नपुं०, ताड़ का फल ।

ताल-पण्ण, नपुं०, ताड़ का पत्ता ।

ताल-वन्त, नपुं०, पंखा ।

तालावत्थुकत, वि०, जड़ से उखाड़ दिया गया ।

तालु, पु०, तालु ।

तालुज, वि०, तालव्य ।

ताव, अव्यय, तब तक ।

तावकालिक, वि०, अस्थायी ।

तावतक, वि०, इतना ही, इतनी देर तक ही ।

तावता, क्रि०-वि०, तब तक ।

तावतिंस, तैंतीस संख्या, केवल समास-पदों में जहाँ ३३ देवताओं का जिक्र हो ।

तावतिंस-देवलोक, चातुम्महाराजिक देव-लोक के बाद दूसरा काल्पनिक देव-लोक (तैंतीस देवताओं का) ।

तावतिंस-भवन, नपुं०, ततीस देवताओं का भवन ।

तावदेव, अव्यय, उस समय, तुरन्त ।

ताळ, पु०, चाबी, गीत की ताल ।

ताळच्छिग्गल, नपुं०, चाबी का छेद ।

ताळच्छिद्द, नपुं०, चाबी का छेद ।

ताळावचर, नपुं०, संगीत; पु०, संगीतज्ञ ।

ताळन, नपुं०, ताड़न, चोट पहुँचाना ।

ताळी, स्त्री०, चोट ।

ताळेति, क्रि०, ताड़ना देता है ।

तास, पु०, त्रास, भय, कंपन ।

तासेति, क्रि०, त्रास देता है ।

ति, वि०, तीन ।

ति-कटुक, नपुं०, तीन मसाले (दवाइयाँ) ।

तिक्खत्तुं, क्रि०-वि०, तीन बार ।

तिगावुत, वि०, तीन गव्यूति माप ।

तिगोचर, पु०, तीन जनों द्वारा सुना गया शब्द ।

तिचीवर, नपुं०, भिक्षु के तीन चीवर ।

तिदिव, पु०, दिव्य-लोक ।

तिदिवाधार, पु०, मेरु पर्वत ।

तिदिवाधिभू, पु०, शक्र, देवेन्द्र ।

तिपिटक, नपुं०, पालि त्रिपिटक, १. सुत्त-पिटक, २. विनय-पिटक, ३. अभिधम्म-पिटक ।

तिपुटा, पु०, तेवरी ।

तिपेटक, **तिपेटकी**, वि०, त्रिपिटक का ज्ञाता ।

तियामा, स्त्री०, रात्रि ।

तियोजन, नपुं०, तीन योजन की दूरी ।

तिरक्कार, पु०, तिरस्कार, अपमान ।

तिलिङ्गिक, वि०, जिस शब्द की गिनती तीनों लिङ्गों के अन्तर्गत हो ।

तिलिच्छ, पु०, सर्प-विशेष ।

तिलोक, पु०, तीनों लोक ।

तिवग्ग, वि० त्रिवर्ग, जीवन के तीन परमार्थ—धर्म, अर्थ, काम ।

तिवङ्गिक, वि०, जिसके तीनों अङ्ग हों ।

तिवस्सिक, वि०, तीन वर्ष का ।

तिविज्जा, स्त्री०, त्रिविद्या ।

तिविध, वि०, त्रिविध ।

तिवुता, स्त्री०, शुक्लवर्ण तेवरी ।

तिक, नपुं०, तीसरा, जिसके अन्तर्गत तीन हों ।

तिकिच्छक, पु०, चिकित्सक ।
तिकिच्छति, क्रि०, चिकित्सा करता है ।
तिकिच्छा, स्त्री०, चिकित्सा ।
तिक्ख, वि०, तीक्ष्ण ।
तिक्खपञ्ञा, वि०, तेज प्रज्ञा वाला ।
तिखिण, वि०, तीक्ष्ण, तेज़ ।
तिट्ठति, (ठित, कृदन्त), क्रि०, ठहरता है ।
तिण, नपुं०, तृण ।
तिणअण्डूपक, नपुं०, घास का गद्दा ।
तिण-उक्का, स्त्री०, तिनकों की मशाल ।
तिण-गहण, नपुं०, तृण-ग्रहण ।
तिण-जाति, स्त्री०, तिनकों की जाति ।
तिण-भक्ख, वि०, तिनके खाकर रहने वाला ।
तिण-भिसि, स्त्री०, तिनकों की चटाई ।
तिण-संथार, पु०, तिनकों का बिछौना ।
तिण-हारक, पु०, घास बेचने वाला, घसियारा ।
तिणागार, नपुं०, तिनकों की कुटिया ।
तिन्दुक जातक, देखो तिण्दुक जातक ।
तिण्ण, कृदन्त, तीर्ण, पार उतर गया ।
तिण्ह, वि०, तेज ।
तितिक्खति, क्रि०, सहन करता है ।
तितिक्खा, स्त्री०, सहनशीलता ।
तित्त, वि०, तिक्त, तीता, कड़ुवा; कृदन्त, तृप्त, संतुष्ट ।
तित्तक, वि०, तिक्त, तीता, कड़ुवा ।
तित्ति, स्त्री०, तृप्ति ।
तित्तिर, पु०, तीतर ।
तित्तिर जातक, तीतर, बन्दर और हाथी की कथा (३७) ।
तित्तिर जातक, बिना मतलब किसी को उपदेश देने का दण्ड (११७) ।
तित्तिर जातक, एक तीतर के आवाज करने पर, दूसरे तीतर भी आ इकट्ठे होते और शिकारी के हाथ से मारे जाते (३१९) ।
तित्तिर जातक, तीतर ने तीनों वेद कण्ठस्थ कर लिये (४३८) ।
तित्थ, नपुं०, तीर्थ, पत्तन ।
तित्थकर, पु०, सम्प्रदाय-विशेष का संस्थापक ।
तित्थायतन, नपुं०, सम्प्रदाय-विशेष के सिद्धान्त ।
तित्थ जातक, राजकीय घोड़े ने अपने स्नान करने की जगह पर दूसरा घोड़ा नहला दिये जाने के कारण वहाँ नहाने से इनकार कर दिया (२५) ।
तित्थिय, पु०, दूसरे मत का संस्थापक ।
तित्थिय-सावक, पु०, दूसरे मत का शिष्य ।
तित्थियाराम, पु०, तपस्वियों का आश्रम ।
तिथि, स्त्री०, चान्द्र-मास की तिथि ।
तिदस, पु०, देवता ।
तिदसपुर, नपुं०, देव-नगर ।
तिदसिन्द, पु०, देवताओं का राजा ।
तिदण्ड, नपुं०, तिपाई ।
तिधा, क्रि०-वि०, तीन तरह से ।
तिन्त, गीला, भीगा ।
तिन्दुक, पु०, वृक्ष-विशेष ।
तिन्दुक जातक, तिन्दुक-फल खाने वाले बन्दरों की कथा (१७७) ।
तिपञ्ञास, स्त्री०, तिरपन ।
तिपल्लत्थ मिग जातक, मृग-पोतक ने

झुठ-मूठ मरने का ढोंग रच जान बचाई (१६)।

तिपु, नपुं०, सीसा।

तिपुस, नपुं०, कद्दू।

तिप्प, वि०, तीव्र।

तिब्ब, वि०, तीव्र।

तिमि, पु०, एक बड़ी मछली-विशेष।

तिमिंगल, पु०, विशाल मछली, जो छोटी मछलियों को निगल जाती है।

तिमिर, नपुं०, अँधेरा।

तिमिरायितत्त, नपुं०, अँधेरापन।

तिमिस, नपुं०, अँधेरा।

तिमिसिका, स्त्री०, अत्यन्त अँधेरी रात।

तिम्बरु, देखो तिंदुक।

तिरच्छान, पु०, पशु।

तिरच्छान-कथा, स्त्री०, वेकार बात-चीत।

तिरच्छानगत, पु०, पशु।

तिरच्छान-योनि, स्त्री०, पशु-योनि।

तिरियं, क्रि०-वि०, तिरछे।

तिरियं-तरण, पार उतरना।

तिरीटक, नपुं०, छाल का बना आच्छादन।

तिरीटवच्छ जातक, तिरीटवच्छ तपस्वी ने अपने आश्रम में राजा का स्वागत किया (२५९)।

तिरो, अव्यय, पार, बाह्य।

तिरोकरणी, स्त्री०, परदा।

तिरोकुड्ड, नपुं०, दीवार के बाहर की ओर।

तिरोक्कार, पु०, अपमान, तिरस्कार।

तिरोधान, नपुं०, ढक्कन।

तिरोभाव, पु०, अदृश्य होना।

तिल, नपुं०, तिल।

तिल-कक्क, तिल लेप।

तिल-पिञ्ञाक, नपुं०, तिल की खली।

तिल-पिट्ठ, नपुं०, तिल की खली।

तिल-मुट्ठि, पु०, तिलों की मुट्ठी।

तिल-मुट्ठि जातक, बुढ़िया के फैलाये हुए तिलों को मुट्ठी-भर खाने वाले राजकुमार की कथा (२५२)।

तिल-वाह, पु०, गाड़ी-भर तिल।

तिल-सङ्गुलिका, स्त्री०, तिल का लड्डू।

तिंसति, स्त्री०, तीस।

तिंसा, स्त्री०, तीस।

तीर, नपुं०, किनारा, तट।

तीर-दस्सी, पु०, तीर-द्रष्टा।

तीरण, नपुं०, निर्णय, निश्चय।

तीरेति, क्रि०, निश्चय करता है।

तीरित, कृदन्त, निश्चय किया गया।

तीरेत्वा, पूर्व०-क्रि०, निश्चय करके।

तीह, नपुं०, तीन दिन का समय।

तु, अव्यय, जैसे-तैसे, लेकिन, अभी, अब, तब।

तुङ्ग, वि०, ऊँचा, प्रसिद्ध।

तुंग-नासिक, वि०, ऊँची नाक वाला।

तुच्छ, वि०, खाली, व्यर्थ, त्यक्त।

तुट्ठ, कृदन्त, संतुष्ट।

तुट्ठि, स्त्री०, प्रसन्नता, प्रीति।

तुण्डक, नपुं०, चोंच।

तुण्डिल जातक, महातुण्डिल तथा चुल्ल-तुण्डिल, सूअर-पोतकों की कथा, (३८८)।

तुण्ण-कम्म, नपुं०, सिलाई का काम।

तुण्ण-वाय, पु०, दर्जी।

तुण्ही, अव्यय, चुप।

तुण्ही-भाव, पु०, मौन।

तुण्ही-भूत, वि०, चुप ।
तुण्हीयति, क्रि०, चुप रहता है ।
तुत्त, नपुं०, हाथी का अंकुश ।
तुदति, क्रि०, चुभोता है ।
तुदित, कृदन्त, चुभोया गया ।
तुदन, नपुं०, चुभोना ।
तुदम्पति, वि०, पत्नी-पति दोनों जने ।
तुमुल, वि०, बड़ा, विशाल ।
तुम्ब, पु० तथा नपुं, तुम्बा ।
तुम्ब-कटाह, लौकी का बर्तन ।
तुम्बी, स्त्री०, लौकी ।
तुम्ह, सर्वनाम (मध्यम पुरुष-बहुवचन), तुम ।
तुरग, पु०, घोड़ा ।
तुरति, क्रि०, जल्दी करता है ।
तुरित, वि०, शीघ्र ।
तुरितं, क्रि०-वि०, शीघ्रता से ।
तुरिय, नपुं०, तूर्य-बाजा ।
तुरियंतर, नपुं०, वाद्य-विशेष ।
तुरुक्ख, वि०, तुर्कों से सम्बन्धित ।
तुलना, स्त्री०, तोलना, विचार करना ।
तुलसी, स्त्री०, तुलसी का पौधा ।
तुला, स्त्री०, तराजू ।
तुलाकूट, नपुं०, खोटा तराजू ।
तुला-दण्ड, पु०, तराजू की डण्डी ।
तुलिय, पु०, चिमगादड़; वि०, समान, जो तोला जा सके ।
तुलेति, क्रिया, तोलता है ।
तुल्य, वि०, समान, जो तोला जा सके ।
तुल्यता, स्त्री०, समानता ।
तुल्ल, देखो तुल्य ।
तुवं, (त्वं भी), सर्वनाम, तू ।
तुवटं, क्रि०-वि०, शीघ्रता से ।
तुवट्टेति, क्रिया, बाँटता है ।
तुस्सति, क्रिया, संतुष्ट होता है ।
तुस्सना, स्त्री, संतोष ।
तुसित, छह देव-लोकों में से चौथा देव-लोक ।
तुहिन, नपुं०, ओस ।
तूण, पु०, तरकश ।
तूणीर, देखो तूण ।
तूरिय, देखो तुरिय ।
तूल, नपुं०, कपास ।
तूलिका, स्त्री०, चित्रकार की तूलिका, रूई का गद्दा ।
ते-असीति, स्त्री०, तिरासी ।
ते-किच्छ, वि०, चिकित्सा कर सकने योग्य ।
ते-चत्तालीसति, स्त्री०, तितालीस ।
ते-चीवरिक, वि०, त्रिचीवर वाला ।
तेज, पु० तथा नपुं०, ऊष्णता, प्रकाश ।
तेजो-धातु, स्त्री०, ऊष्णता ।
तेजो-कसिन, नपुं०, ध्यान लगाने के लिए अग्नि-प्रकाश ।
तेजन, नपुं०, तीर ।
तेजवन्तु, वि०, तेजयुक्त ।
तेजित, कृदन्त, तेज किया हुआ ।
तेजेति, क्रिया, ऊष्णता उत्पन्न करता है ।
तेत्तिंसा, स्त्री०, तैंतीस ।
तेन, अव्यय, इस कारण से ।
ते-नवुति, स्त्री०, तिरानबे ।
ते-पञ्ञासति, स्त्री०, तिरपन ।
तेमन, नपुं०, गीला होना, भीग जाना ।
तेमियति, क्रिया, भीगता है, गीला हो जाता है ।
तेरस, तेळस, वि०, तेरह ।
तेरो-वस्सिक, वि०, तीन वर्ष का ।

तेल, नपुं०, तेल, स्निग्ध पदार्थ ।
तेल-घट, पु०, तेल का घड़ा ।
तेल-चाटी, स्त्री०, तेल का बर्तन ।
तेल-धूपित, वि०, तेल में छौंका गया ।
तेल-पदीप, पु०, तेल-लैम्प ।
तेल-मक्खन, नपुं०, तेल माखना, तेल लगाना ।
तेलक, नपुं०, थोड़ा-सा तेल ।
तेल-पत्त जातक, राजकुमार इन्द्रिय-सुखों के फेर में न पड़कर तक्षशिला पहुँचा और राजा बना (९६) ।
तेलिक, पु०, तेली ।
तेलोवाद जातक, त्रिकोटि परिशुद्ध मांस-मछली का भोजन कर सकने के बारे में कथा (२४६) ।
तेसकुण जातक, राजा ने अण्डों में से निकले बच्चों को अपनी सन्तान की तरह पाला-पोसा (५२१) ।
तेसट्ठि, स्त्री०, तिरसठ ।
तेसत्तति, स्त्री०, तिहत्तर ।
तोमर, पु० तथा नपुं०, बर्छी ।
तोय, नपुं०, जल ।
तोरण, नपुं०, तोरण-द्वार ।
तोस, पु०, प्रसन्नता, प्रीति ।
तोसना, स्त्री०, संतोष ।
तोसापेति, क्रिया, संतुष्ट करता है ।
तोसेति, क्रिया, संतोष देता है ।
त्यादो, वि०, बहु, अनेक ।

थ

थकन, नपुं०, बन्द करना, ढक्कन ।
थकेति, क्रिया, बन्द करता है ।
थकेसि, अतीत०-क्रिया, बन्द किया ।
थकित, कृदन्त, बन्द किया हुआ ।
थकेन्त, कृदन्त, बन्द करता हुआ ।
थकेत्वा, पूर्व०-क्रिया, बन्द करके ।
थञ्ज, नपुं०, स्तन्य, माँ का दूध ।
थण्डिल, नपुं०, कड़ी जमीन ।
थण्डिल-सायिका, स्त्री, नंगी जमीन पर लेटना (एक प्रकार की तपस्या) ।
थण्डिल-सेय्या, स्त्री०, नंगी जमीन पर बिस्तर ।
थद्ध, वि०, कठोर, कड़ा ।
थद्ध-मच्छरी, पु०, अत्यन्त कंजूस ।
थन, नपुं०, स्त्री का स्तन, गौ-बकरी का स्तन ।
थनग्ग, नपुं०, चूची ।
थनप, पु०, स्तनपायी, शिशु ।
थनयति, क्रिया, गर्जता है ।
थनित नपुं०, गर्जन ।
थनेति, क्रिया, गर्जता है ।
थनेसि, अतीत०-क्रिया०, गर्जा ।
थनित, कृदन्त, गर्जा हुआ ।
थनेन्त, कृदन्त, गर्जता हुआ ।
थनेत्वा, पूर्व०-क्रिया, गर्जकर ।
थपति, पु०, बढ़ई ।
थबक, पु०, गुच्छा ।
थम्भ, पु०, खम्भा, स्तम्भ ।
थम्भक, पु०, घास की मुट्ठी ।
थरु, पु०, तलवार (या अन्य किसी शस्त्र) की मूठ, तलवार ।
थल, नपुं०, भूमि, जमीन ।
थल-गोचर, वि०, स्थल-निवास करने

वाला।

थलज, वि०, भूमि से उत्पन्न।

थलट्ठ, वि०, भूमि पर स्थित।

थलपथ, पु०, जमीन पर मार्ग।

थव, पु०, प्रशंसा, स्तुति।

थवति, क्रिया, प्रशंसा करता है।

थविका, स्त्री०, थैली।

थाम, पु०, सामर्थ्य, शक्ति।

थामवन्तु, वि०, सामर्थ्यवान्, शक्ति-शाली।

थाल, पु० तथा नपुं०, थाल।

थाली, स्त्री०, थाली।

थालक, नपुं०, छोटा भाजन।

थालिका, स्त्री०, नोकदार पात्र।

थाली-पाक, पु०, दूध में पका भात या जौ।

थावर, वि०, स्थिर, अचल।

थावरिय, नपुं०, स्थिरपन, अचलपन।

थिर, वि०, दृढ़।

थिरतर, वि०, दृढ़तर।

थिरता, स्त्री०, दृढ़तर।

थी, स्त्री०, स्त्री।

थी-रज, पु० तथा नपुं०, स्त्रियों का मासिक धर्म।

थीन, नपुं०, जड़ता, आलस्य।

थुति, स्त्री०, स्तुति।

थुति-पाठक, पु०, भाट।

थुनाति, क्रिया, कराहता है।

थुनि, अतीत०-क्रिया, कराहा।

थुनंत, **थुनमान**, कृदन्त, कराहता हुआ।

थुनित्वा, पूर्व०-क्रिया, कराहकर।

थुल्ल, वि०, स्थूल, बड़ा, विशाल।

थुल्लच्चय, पु०, बड़ा अपराध।

थुल्ल-कुमारी, स्त्री०, मोटी लड़की।

थुल्ल-फुसितक, वि०, बड़ी-बड़ी बूंदों वाली वर्षा।

थुल्ल-सरीर, वि०, मांसल, मोटे शरीर वाला।

थुस, पु०, भूसी।

थुसग्गि, पु०, भूसी की आग।

थुस-पच्छि, स्त्री०, भूसी से ठूसी हुई, पक्षी।

थुस-सोडक, नपुं०, सिरके का एक प्रकार।

थुस जातक, आचार्य ने बनारस राज्य के उत्तराधिकारी अपने शिष्य राज-कुमार को चार गाथाएँ सिखा दी थीं। उन्होंने ही उसकी जान बचाई (३३८)।

थूण, पु०, खम्भा, वध-स्थल, पशुओं की बलि देने का स्थान।

थूण, मज्झिम-देस की पश्चिम-सीमा पर एक गाँव। वर्तमान थाने-श्वर।

थूप, पु०, स्तूप।

थूपारह, वि०, स्तूप-निर्माण द्वारा पूज्य।

थूप-वंस, वाचिस्सर रचित पालि रचना। इस काव्य के एक अंश में अनुराधपुर के महास्तूप की रचना का वर्णन है।

थूपिका, स्त्री०, शिखर।

थूपीकत, वि०, स्तूप की तरह कृत।

थूल, वि०, स्थूल।

थूलता, स्त्री०, स्थूलता।

थूल-साटक, पु०, मोटा वस्त्र।

थेत, वि०, विश्वसनीय।

थेन, पु०, चोर ।

थेनक, पु०, चोर ।

थेनित, कृदन्त, चोरीकृत ।

थेनेति, क्रिया, चोरी करता है ।

थेनेसि, अतीत०-क्रिया, चोरी की ।

थेनेन्त, कृदन्त, चोरी करते हुए ।

थेनेत्वा, पूर्व०-क्रिया, चोरी करके ।

थेय्य, नपुं०, चोरी ।

थेय्य-चित्त, नपुं०, चोरी का इरादा ।

थेय्य-संवासक, वि०, झूठ-मूठ भिक्षुओं का वस्त्र धारण कर भिक्षुओं के साथ रहने वाला ।

थेर, पु०, ज्येष्ठ भिक्षु, जो कम-से-कम दस वर्ष का उपसम्पन्न भिक्षु हो ।

थेर-गाथा, खुद्दक निकाय का आठवाँ ग्रन्थ । इसकी गाथाएँ बुद्ध के समकालीन भिक्षुओं की रचनाएँ मानी जाती हैं ।

थेर-वाद, पु०, स्थविर-वाद, स्थविरों का सिद्धान्त ।

थेरी, स्त्री०, ज्येष्ठ भिक्षुणी, बुढ़िया ।

थेरी-गाथा, खुद्दक निकाय की नौवों रचना । यह स्थविरियों की काव्य-कृतियों का संग्रह माना जाता है ।

थेव, पु०, बूंद ।

थोक, वि०, थोड़ा ।

थोकं थोकं, क्रि०-वि०, थोड़ा-थोड़ा ।

थोमन, नपुं०, स्तुति ।

थोमेति, क्रिया, स्तुति करता है ।

द

दक, नपुं०, जल ।

दक-रक्खस, पु०, जल-राक्षस ।

दक-रक्खस जातक, देखो महाउम्मग्ग जातक (५४६) । दकरक्खस जातक (५१७) नाम की कोई कथा पृथक् रूप से अस्तित्व में नहीं है ।

दकसीतलिक, नपुं०, सफेद कुदुम का फूल ।

दक्ख, वि०, दक्ष, योग्य ।

दक्खक, वि०, देखने वाला ।

दक्खता, स्त्री०, दक्षता ।

दक्खति, क्रिया, देखता है ।

अदक्खि, अतीत०-क्रिया, देखा ।

दक्खिण, वि०, दक्षिण, दायाँ, दायीं ।

दक्खिणक्खक, नपुं०, दाहिनी हँसली ।

दक्खिण-दिसा, स्त्री०, दक्षिण-दिशा ।

दक्खिण-देस, पु०, दक्षिण देश ।

दक्खिणापथ, पु०, भारत का दक्षिणी हिस्सा, वर्तमान दक्किन ।

दक्खिणायन, नपुं०, (सूर्य का) दक्षिणायन (-पथ) ।

दक्खिणारह, वि०, दक्षिणा के योग्य ।

दक्खिणावत्त, वि०, दाहिनी ओर मुड़ना ।

दक्खिणा, स्त्री०, दक्षिण (दिशा), दक्षिणा ।

दक्खिणा-विसुद्धि, स्त्री०, दक्षिणा की पवित्रता ।

दक्खिणोदक, नपुं०, दक्षिणा का जल ।

दक्खिणेय्य, वि०, दक्षिणा देने के योग्य ।

दक्खिणेय्य-पुग्गल, पु०, दक्षिणा का अधिकारी व्यक्ति ।

दक्खी, पु०, देखने वाला, अनुभव करने वाला ।

दट्ठ, कृदन्त, डसा गया ।

दट्ठट्ठान, नपुं०, वह स्थान जहाँ डसा गया ।

दट्ठ-भाव, पु०, डसे जाने की बात ।

दड्ढ कृदन्त, जला हुआ ।

दड्ढट्ठान, नपुं०, वह स्थान जो जल गया ।

दड्ढ-गेह, वि०, ऐसा आदमी जिसका घर जल गया हो ।

दण्ड, पु०, १. लकड़ी, २. सजा ।

दण्डक-मधु, नपुं०, लकड़ी पर लटका हुआ मधु का छत्ता ।

दण्ड-कम्म, नपुं०, सजा ।

दण्ड-कोटि, स्त्री०, छड़ी का सिरा ।

दण्ड-दीपिका, स्त्री०, मशाल ।

दण्डनीय, वि०, जिसे दण्डित करना उचित हो ।

दण्डप्पत्त, वि०, जिसे दण्ड दिया गया हो ।

दण्ड-परायण, वि०, जिसे छड़ी का सहारा हो ।

दण्ड-पाणि, वि०, जिसके हाथ में छड़ी हो ।

दण्ड-पाणि, अंजन तथा यशोधरा का पुत्र, कपिलवस्तु का शाक्य । शुद्धोदन की दोनों रानियाँ, माया तथा प्रजापति, इसकी बहनें थीं ।

दण्ड-भय, नपुं०, दण्ड का भय ।

दण्ड-हत्थ, वि०, जिसके हाथ में छड़ी हो ।

दत्त, कृदन्त, दिया गया ।

दत्ति, स्त्री०, भोजन रखने के लिए छोटा-सा बर्तन ।

दत्तु, पु०, एक मूर्ख आदमी ।

दत्वा, पूर्व०-क्रिया, देकर ।

दद, वि०, देता हुआ ।

ददित्वा, देखो दत्वा ।

ददाति, क्रिया, देता है ।

दद्दभ जातक, बेल के पेड़ के नीचे पड़े खरगोश ने पेड़ से गिरते फल को देखकर सोचा कि प्रलय होने वाला है । वह भागा (३२२) ।

दद्दर जातक, जब गीदड़ भी शेर की तरह गर्जने लगे, तो शेर संकोच के मारे चुप हो गये (१७२) ।

दद्दर जातक, महादद्दर तथा चूळदद्दर नागों की कथा (३०४) ।

दद्दरी, पु०, वाद्य-विशेष ।

दद्दु, स्त्री०, दाद ।

दद्दुर, पु०, मेंढक ।

दद्दुल, नपुं०, स्पंज की तरह नर्म ढाँचा, एक प्रकार का चावल ।

दधि, नपुं०, दही ।

दधि-घट, पु०, दही का घड़ा ।

दधि-मण्ड(क), नपुं०, मठा, छाछ ।

दधिवाहन जातक, दधिवाहन राजा ने अपने शत्रुओं को दही के समुद्र में डुबोकर मार डाला था (१८६) ।

दन्त, नपुं०, दाँत; कृदन्त, संयत ।

दन्त-कट्ठ, नपुं०, दातून ।

दन्त-कार, पु०, हाथी-दाँत का काम करने वाला ।

दन्त-पाळि, स्त्री०, दाँतों की पाँत ।

दन्तपोण, पु०, दाँत की सफाई करने वाली वस्तु ।

दन्त-वलय, नपुं०, हाथी - दाँत की चूड़ी ।

दन्त-विदंसक, वि०, दाँत दिखाने वाला ।

दन्तावरण, नपुं०, दाँत का ढक्कन, होंठ ।

दन्तपुर, कलिंग राज्य की राजधानी ।

दन्तता, स्त्री०, संयत भाव ।

दन्तसठ, पु०, नीवू का पेड़, नीवू ।

दन्ध, वि०, ढीला, मूर्ख ।

दन्धता, स्त्री०, ढिलाई, आलस्य, मूर्खता ।

दनु, पु०, दानव-माता ।

दप्प, पु०, दर्प ।

दप्पण, नपुं०, दर्पण ।

दप्पित, वि०, अहंकारी, अभिमानी ।

दब्ब, वि०, बुद्धिमान, योग्य; नपुं०, लकड़ी, धन, पदार्थ ।

दब्ब-जातिक, वि०, समझदार ।

दब्ब-तिण, नपुं०, दूब ।

दब्ब-पुप्फ जातक, रोहित मछली को लेकर दो ऊद-बिलाव आपस में झगड़ रहे थे। मायावी गीदड़ ने उनका फैसला करने जाकर, मछली का सिर एक को दे दिया, पूँछ दूसरे को दे दी, शेष सारी मछली खुद खा गया (४००) ।

दब्ब-सम्भार, पु०, मकान बनाने का सामान ।

दब्बी, स्त्री०, कड़छी ।

दब्भ, पु०, कुश घास ।

दमन, नपुं०, संयम ।

दमक, वि०, संयत, संयत करनेवाला ।

दमित, कृदन्त, दमन किया गया ।

दमिळ, दक्षिण भारत की तमिल जाति ।

दमेति, क्रिया, संयत बनाता है ।

दमेतु, पु०, दमन करने वाला ।

दम्पति, पु०, पत्नी और पति ।

दम्म, वि०, जिसे दमित अथवा शिक्षित करना हो ।

दया, स्त्री०, करुणा ।

दयालु, वि०, दया करने वाला ।

दयित, कृदन्त, दयापात्र ।

दयितब्ब, कृदन्त, जिस पर दया करना या जिसके प्रति दया दिखाना योग्य हो ।

दयिता, स्त्री०, औरत ।

दर, पु०, दुःख, कष्ट, चिन्ता ।

दरथ, पु०, दुःख, कष्ट, चिन्ता ।

दरीमुख जातक, मगध नरेश के पुत्र ब्रह्मदत्त तथा उसके सहपाठी दरीमुख की कथा (३७८) ।

दल, नपुं०, फलक, पत्ता ।

दलिद्द, (**दळिद्द** भी), वि०, दरिद्र ।

दळ्ह, वि०, दृढ़ ।

दळ्हपरक्कम, वि०, दृढ़ पराक्रमी, उत्साही ।

दळ्ह, क्रि०-वि०, दृढ़ता-पूर्वक ।

दळ्हीकम्म, नपुं०, दृढ़ बनाना ।

दळ्हधम्म जातक, दळ्हधम्म नामक बनारस-नरेश के मंत्री की कथा (४०६) ।

दव, पु०, क्रीड़ा, आग, गरमी ।

दवकम्यता, स्त्री०, हँसी-मजाक करने

की रुचि ।

दवघु, नपुं०, जलन ।

दव-डाह, पु०, जंगली आग ।

दस, वि०, दस, देखनेवाला (देखना या दिखाई पड़ना भी) ।

दसक, नपुं०, दशाब्द ।

दसक्खत्तुं, क्रि०-वि०, दस बार ।

दसधा, क्रि०-वि०, दस प्रकार से ।

दस-बल, वि०, दस शक्तियों वाला, भगवान बुद्ध के लिए प्रयुक्त एक विशेषण-पद ।

दस-विध, वि०, दस प्रकार से ।

दस-सत, नपुं०, सहस्र, हजार ।

दस-सत-नयन, वि०, सहस्र आँखों (वाला) ।

दस-सहस्स, नपुं०, दस हजार ।

दुद्दस, जो कठिनाई से दिखाई दे ।

दसण्ण, मध्य-भारत का भूमि भाग, दशार्णव ।

दसण्णक जातक, राजा ने पुरोहित-पुत्र को अपनी रानी सप्ताह-भर के लिए ही दी थी। वह उसे लेकर भाग गया (४०१) ।

दसब्राह्मण जातक, इन्द्रप्रस्थ नरेश के दान की सीमा न थी। किन्तु उसका सारा दान दुष्ट आदमियों के पल्ले पड़ता था (४९५) ।

दसरथ जातक, वनवास के समय राम, लक्ष्मण तथा सीता को राजा दशरथ की मृत्यु का समाचार मिला । राम-पण्डित ने असाधारण सहनशीलता का परिचय दिया (४६१) ।

दसन, नपुं०, दाँत ।

दसनच्छद, पु०, होंठ ।

दसा, स्त्री०, किनारी, दशा ।

दसिक-सुत्त, नपुं०, किनारी का धागा ।

दस्सक, वि०, दिखानेवाला ।

दस्सति, क्रिया, (वह) देगा, दिखाई, पड़ता है ।

दस्सन, नपुं०, दर्शन, दृष्टि, अन्तः-प्रेरणा ।

दस्सनीय, वि०, दर्शनीय, देखने योग्य ।

दस्सावी, पु०, देखने वाला, (**भय-दस्सावी**, भयभीत) ।

दस्सु, पु०, दस्यु, डाकू ।

दस्सेति, क्रिया, दिखाता है ।

दस्सेतु, पु०, दिखानेवाला ।

दह, पु०, झील, जलाशय ।

दहति, क्रिया, जलाता है, स्वीकार करता है ।

दहन, नपुं०, जलन; पु०, आग ।

दहर, वि०, तरुण, लड़का ।

दहरा, स्त्री०, तरुणी, लड़की ।

दाडिम, नपुं०, अनार ।

दाढा, स्त्री०, दाढ़ ।

दाढा-धातु, स्त्री०, (बुद्ध के) दन्त-अवशेष ।

दाढावुध, वि०, दाँतों को शस्त्र की तरह उपयोग करने वाला ।

दाढाबली, वि०, दाँतों का बलवान ।

दात, कृदन्त, काटा गया ।

दातब्ब, कृदन्त, देने योग्य ।

दातु, पु०, देनेवाला ।

दातुं, देने के लिए ।

दात्त, नपुं०, दाँति, दराँति; कृदन्त, काटा गया ।

दान, नपुं०, दान, ।

दान-कथा, स्त्री०, दान-सम्बन्धी उप-

देश ।

दानग्ग, नपुं०, दान देने का स्थान ।

दान-पति, पु०, दान-शूर ।

दान-फल, नपुं०, दान-फल ।

दान-मय, वि०, दान-मय ।

दान-वट्ट, नपुं०, सतत दान ।

दान-वत्थु, नपुं०, दान देने की चीज ।

दान-वेय्यावटिक, वि०, दान बाँटने वाला ।

दान-साला, स्त्री०, दानशाला ।

दान-सील, वि०, दानशील ।

दान-सोण्ड, वि०, दान-प्रिय ।

दानारह, वि०, दान देने योग्य ।

दानव, पु०, राक्षस ।

दानि, देखो इदानि ।

दापन, नपुं०, दिलाना ।

दापेति, क्रिया, दिलाता है ।

दापेतु, पु०, दिलाने वाला ।

दाब्बि, स्त्री०, सूखी हल्दी ।

दाम, पु०, माला, रस्सी, जंजीर ।

दाय, पु०, जंगल, भेंट ।

दायपाल, पु०, माली ।

दायक, पु०, दाता, सहायक ।

दायज्ज, नपुं०, उत्तराधिकार ।

दायज्ज, वि०, उत्तराधिकारी ।

दायति, क्रिया, काटता है ।

दायन, नपुं०, काटना ।

दायाद, पु०, उत्तराधिकार ।

दायादक, वि०, उत्तराधिकारी ।

दायिका, स्त्री०, देनेवाली ।

दायी, वि०, देनेवाला ।

दार, पु०, स्त्री ।

दार-भरण, नपुं०, स्त्री का पालन-पोषण ।

दारक, पु०, लड़का, बच्चा ।

दारा, स्त्री०, स्त्री ।

दारिका, स्त्री०, लड़की, बच्ची ।

दारित, कृदन्त, चीरा गया, फाड़ा गया ।

दारेति, फाड़ता है ।

दारेत्वा, पु०-क्रिया, फाड़कर, चीरकर ।

दारेन्त, कृदन्त, फाड़ता हुआ, चीरता हुआ ।

दारेसि अतीत०-क्रिया, फाड़ा, चीरा ।

दारु, नपुं०, लकड़ी ।

दारु-खण्ड, नपुं०, लकड़ी का टुकड़ा ।

दारुक्खन्ध, पु०, लकड़ी का लट्ठा ।

दारु-भण्ड, नपुं०, लकड़ी का सामान ।

दारु-मय, वि०, लकड़ी का बना ।

दारु-सङ्घात, पु०, लकड़ी की नाव ।

दारुण, वि०, कठोर ।

दालन, नपुं०, चीरना-फाड़ना ।

दालेति, देखो दारेति ।

दावग्गि, पु०, जंगल की आग ।

दास, पु०, गुलाम ।

दास-गण, पु०, गुलामों का समूह ।

दासत्त, नपुं०, दास-भाव ।

दासित्त, नपुं०, दासी-भाव ।

दासी, स्त्री०, दासी ।

दाह, पु०, जलन, गर्मी ।

दाळिद्दिय, नपुं०, दरिद्रता ।

दाळिम, देखो दाडिम ।

दिक्खति, १. देखता है, २. दीक्षा ग्रहण करता है ।

दिक्खित, कृदन्त, दीक्षित ।

दिगम्बर, पु०, नग्न साधु ।

दिगुण, वि०, द्विगुण, डबल ।

दिग्धिका, स्त्री०, खाई ।

दिज, पु०, १. ब्राह्मण, २. पक्षी ।

दिजगण, पु०, ब्राह्मणों या पक्षियों का समूह ।

दिट्ठ, कृदन्त, देखा गया; नपुं०, दृश्य ।

दिट्ठ-धम्म, पु०, यही संसार; वि०, सत्य का साक्षात्कृत ।

दिट्ठधम्मिक, वि०, इसी लोक से सम्बन्धित ।

दिट्ठिमङ्गलिक, वि०, शकुन-अपशकुन का विचार करने वाला ।

दिट्ठसंसन्दन, नपुं०, दृष्ट अथवा ज्ञात बातों के बारे में तुलनात्मक विवेचन ।

दिट्ठानुगति, स्त्री०, दृष्ट का अनुकरण ।

दिट्ठि, स्त्री०, सिद्धान्त, मत, विश्वास ।

दिट्ठिक, वि०, मत-विशेष को मानने-वाला ।

दिट्ठि-कन्तार, पु०, मतों का जंगल ।

दिट्ठिगत, नपुं०, मत, मिथ्या-मत ।

दिट्ठि-गहन, नपुं०, मतों का जमघट ।

दिट्ठि-जाल, नपुं०, मतों का जाल ।

दिट्ठि-विपत्ति, स्त्री०, मत असफलता ।

दिट्ठि-विपल्लास, पु०, मतों की विकृति ।

दिट्ठि-विसुद्धि, स्त्री०, स्पष्ट दृष्टि, स्पष्ट मत ।

दिट्ठि-सम्पन्न, वि०, सम्यक् दृष्टि से युक्त ।

दिट्ठि-संयोजन, नपुं०, व्यर्थ के मतों का बंधन ।

दित्त, कृदन्त, दीप्त ।

दित्ति, स्त्री०, प्रकाश, दीप्ति ।

दिद्ध, वि०, दिग्ध, लिपटा हुआ, विष दिया हुआ ।

दिन, नपुं०, दिन ।

दिनकर, पु०, सूर्य ।

दिनच्चय, पु०, दिन का अन्त, सन्ध्या ।

दिन-पति, पु०, सूर्य ।

दिन्दिभ, पु०, टिटिहिरी ।

दिन्न, कृदन्त, दिया गया ।

दिन्नादायी, वि०, जो दिया गया हो उसी को ग्रहण करनेवाला ।

दिन्नक, पु०, दत्तक (पुत्र), दी गई (वस्तु) ।

दिपद, पु०, द्विपद, दो पैरों वाला, मनुष्य ।

दिपदिन्द, पु०, मनुष्येन्द्र, तथागत बुद्ध ।

दिपदुत्तम, पु०, मनुष्यों में श्रेष्ठ, तथागत बुद्ध ।

दिप्पति, क्रिया, चमकता है ।

दिप्पन, नपुं०, चमकना ।

दिब्ब, वि०, दिव्य ।

दिब्ब-चक्खु, नपुं०, दिव्य-चक्षु ।

दिब्ब-चक्खुक, वि०, दिव्य-चक्षु से युक्त ।

दिब्ब-विहार, पु०,दिव्य-विहार, करुणा, मुदिता आदि भावनाओं में चित्त का लगाना।

दिब्ब-सम्पत्ति, स्त्री०, दिव्य सम्पत्ति ।

दिब्बत, क्रिया, मनोविनोद करता है ।

दियड्ढ, पु०, डेढ़ ।

दिव, पु०, दिव्यलोक ।

दिवस, पु०, दिन ।

दिवसकर, पु०, सूर्य ।

दिवस-भाग, पु०, दिन का समय ।

दिवा, अव्यय, दिन, दिन में ।

दिवाकर, पु०, सूर्य ।

दिवा-ठान, नपुं०, दिन का समय गुजारने की जगह ।

दिवा-विहार, पु०, दिन में विश्राम करना ।

दिवा-सेय्या, स्त्री०, दिन में लेटना ।

दिस, पु०, शत्रु ।

दिसम्पति, पु०, नरेश ।

दिसा, स्त्री०, दिशा ।

दिसा-काक, पु०, स्थल-भूमि की खोज करने के लिए नौका पर रखा हुआ कौआ ।

दिसा-कुसल, वि०, दिशा-ज्ञान में कुशल ।

दिसा-पामोक्ख, वि०, लोक-प्रसिद्ध ।

दिसा-भाग, पु०, दिशा ।

दिसा-मूळ्ह,. वि०, जिसे दिशाओं का ज्ञान नहीं ।

दिसा-वासिक, वि०, देश के विभिन्न भागों में अथवा विदेश में रहने वाला ।

दिस्सति, क्रिया, ऐसा दिखाई देता है, ऐसा प्रतीत होता है ।

दीघ, वि०, लम्बा ।

दीघङ्गुली, वि०, लम्बी अँगुलियों वाला ।

दीघजातिक, पु०, सर्प की जाति का जीव ।

दीघता, स्त्री०, लम्बाई ।

दीघत्त, नपुं०, लम्बाई ।

दीघ-दस्सी, वि०, दीर्घ-दर्शी ।

दीघ-निकाय, **सुत्तपिटक** का पहला ग्रन्थ, जिसमें लम्बे आकार के ३४ सुत्त हैं ।

दीघ-भाणक, पु०, दीर्घनिकाय का पाठ करनेवाला ।

दीघ-रत्तं, क्रि०-वि०, दीर्घ काल तक ।

दीघ-लोमक, वि०, लम्बे बाल वाला ।

दीघ-सोत्थिय, नपुं०, सम्पन्नता ।

दीघ-हत्थ, पु०, लम्बे हाथवाला ।

दीधिति, स्त्री०, प्रकाश, चमक, दीप्ति ।

दीन, वि०, गरीब, दीनावस्था को प्राप्त ।

दीनता, स्त्री०, दीनत्व ।

दीप, १. पु०, दीपक, २. पु० तथा नपुं०, द्वीप, आश्रय, ३. नपुं०, एक प्रकार का यान जो चीते के चमड़े से ढका हो ।

दीपक, नपुं०, छोटा दीपक या द्वीप; वि०, प्रकट करने वाला ।

दीपङ्कर, वि०, दीपक जलाने वाला; पु०, २४ बुद्धों में से सर्वप्रथम ।

दीपच्चि, स्त्री०, दीपक की लौ ।

दीप-रुक्ख, पु०, दीप-स्तम्भ, लैम्प का स्टैंड ।

दीप-सिखा, स्त्री०, दीपक की लौ ।

दीपालोक, पु०, दीपक का प्रकाश ।

दीपना, स्त्री०, व्याख्या ।

दीपनी, स्त्री०, व्याख्यात्मक टिप्पणी ।

दीप-वंस, सिंहल का प्राचीनतम ऐतिहासिक काव्य ।

दीपि, पु०, चीता ।

दीपिक, पु०, चीता ।

दीपि जातक, बकरी ने मीठे शब्दों से

चीते को बहलाना चाहा, किन्तु वह उसे खा ही गया (४२६)।

दीपिका, स्त्री०, मशाल, व्याख्या।

दीपित, कृदन्त, व्याख्यात, जिसकी व्याख्या की गई हो।

दीपिनी, स्त्री०, चीती।

दीपेति, क्रिया, प्रकाशित करता है, स्पष्ट करता है।

दुक, नपुं०, जोड़ा, जोड़ी।

दुकूल, नपुं०, अच्छी किस्म का कपड़ा।

दुक्कट, वि०, दुष्कृत; नपुं०, अकुशल कर्म।

दुक्कर, वि०, दुष्कर, कठिन।

दुक्कर-भाव, पु०, दुष्करता, कठिनता।

दुक्ख, नपुं०, कष्ट; वि०, अप्रिय, कष्टदायी।

दुक्खं, क्रि०-वि०, कठिनाई से।

दुक्खक्खय, पु०, दुःख का क्षय।

दुक्खक्खन्ध, पु०, दुःख का समूह।

दुक्ख-निदान, नपुं०, दुःख का मूल।

दुक्ख-निरोध, पु०, दुःख का नाश।

दुक्ख-निरोध-गामिनी पटिपदा स्त्री०, दुःख-निरोध की ओर ले जाने वाला मार्ग।

दुक्खन्तगू, वि०, जो दुःख का अन्त कर चुका।

दुक्ख-पटिकूल, वि०, दुःख के प्रतिकूल।

दुक्ख-परेत, वि०, दुःख से दुखित।

दुक्खप्पत्त, वि०, दुःख-प्राप्त।

दुक्खप्पहाण, नपुं०, दुःख का दूर करना।

दुक्ख-विपाक, वि०, जिसका फल दुःख हो।

दुक्ख-सच्च, नपुं०, दुःख के सम्बन्ध में सत्य।

दुक्ख-समुदय, पु०, दुःख की उत्पत्ति के सम्बन्ध में सत्य।

दुक्ख-सम्फस्स, वि०, दुःख का स्पर्श।

दुक्खसेय्या, स्त्री०, बे-आराम की नींद।

दुक्खानुभवन, नपुं०, दण्ड भोगना।

दुक्खापगम, पु०, दुःख का हटाना।

दुक्खापन, नपुं०, कष्ट-प्रद।

दुक्खापेति, क्रिया, कष्ट देता है, दुखाता है।

दुक्खित, वि०, अप्रसन्न।

दुक्खी, वि०, अप्रसन्न।

दुक्खीयति, क्रिया, दुखी होता है।

दुक्खुद्रय, वि०, दुःखद।

दुक्खूपसम, पु०, दुःख का उपशमन।

दुग्ग, नपुं०, दुर्ग, क़िला।

दुग्गत, वि०, दरिद्र, दुर्गति-प्राप्त।

दुग्गति, स्त्री०, दुर्गति।

दुग्गन्ध, पु०, बदबू; वि०, बदबूदार।

दुग्गम, वि०, ऐसी जगह जहाँ जाना कठिन हो।

दुग्गहीत, वि०, जिसे ठीक से नहीं समझा, मिथ्या-मत।

दुग्ग-संचार, पु०, दुर्ग तक पहुँचने का रास्ता, दुर्गम रास्ता।

दुच्चज, वि०, जिसे त्यागना कठिन हो।

दुच्चरित, नपुं०, दुराचरण।

दुजिव्ह, पु०, साँप।

दुज्जह, वि०, जिसे छोड़ना कठिन हो।

दुज्जान, वि०, जिसे जानना कठिन हो।

दुज्जीवित, नपुं०, मिथ्या जीविका ।

दुट्ठ, वि०, दुष्ट; कृदन्त, द्वेष-युक्त ।

दुट्ठ-चित्त, नपुं०, दुष्ट चित्त वाला ।

दुट्ठु, क्रि०-वि०, बुरी तरह से ।

दुट्ठुल्ल, नपुं०, फूहड़ बातचीत; वि०, घटिया ।

दुतप्पय, वि०, जिसे आसानी से सन्तुष्ट न किया जा सके ।

दुतिय, वि०, द्वितीय, दूसरा ।

दुतियक, वि०, साथी ।

दुतियं, क्रि०-वि०, दूसरी बार ।

दुतियपलायी जातक, गान्धार नरेश के पलायन की कथा (२३०) ।

दुतिया, स्त्री०, पत्नी, द्वितीया विभक्ति कर्मकारक ।

दुतियिका, स्त्री०, पत्नी ।

दुत्तर, वि०, जो कठिनाई से पार किया जा सके ।

दुद्दद जातक, तक्षशिला-शिक्षित तपस्वी और उनके साथियों के बनारस आने पर वाराणसी के लोगों ने अन्न-पान से संतर्पित किया (१८०) ।

दुद्दम, वि०, जिसका कठिनाई से दमन किया जा सके ।

दुद्दस, वि०, जो कठिनाई से दिखाई दे, या समझ में आये ।

दुद्दसतर, वि०, जो और भी अधिक कठिनाई से दिखाई दे, या समझ में आये ।

दुद्दसा, स्त्री०, दुर्दशा, बुरी हालत ।

दुद्दसापन्न, वि०, दुर्दशा-ग्रस्त ।

दुद्दसिक, वि०, बदशक्ल ।

दुद्दिन, नपुं०, दुर्दिन, बारिश का दिन या खराब दिन ।

दुद्ध, नपुं०, दुग्ध, दूध; कृदन्त, दुहा हुआ ।

दुंदुभि, स्त्री०, ढोल ।

दुन्नामक, नपुं०, बवासीर ।

दुन्निक्खित्त, वि०, अयोग्य ढंग से रखा गया ।

दुन्निग्गह, वि०, जिसे काबू में रखना कठिन हो ।

दुन्निमित्त, नपुं० अपशकुन ।

दुन्नीत, वि०, अनुचित ढंग से ले जाया गया ।

दुपट्ट, वि०, दो तहों वाला ।

दुप्पञ्ञ, वि०, मूर्ख; पु०, मूर्ख (आदमी) ।

दुप्पटिनिस्सग्गिय, वि०, जिसे छोड़ना कठिन हो ।

दुप्पटिविज्झ, वि०, जिसे समझना कठिन हो ।

दुप्पमुञ्च, वि०, जिसे छोड़ना दूभर हो ।

दुप्परिहारिय, वि०, जिसकी व्यवस्था करना कठिन हो ।

दुफस्स, पु०, अप्रिय स्पर्श ।

दुब्बच, वि०, जो बात न मानता हो, अनाज्ञाकारी ।

दुब्बच्च जातक, आचार्य ने बोधिसत्व का कहना नहीं माना (११६) ।

दुब्बण्ण, वि०, दुर्वर्ण ।

दुब्बल, वि०, दुर्बल ।

दुब्बल-भाव, पु०, कमज़ोरी ।

दुब्बल-कट्ठ जातक, जंजीर तोड़कर भागे हुए हाथी की कथा (१०५) ।

दुब्बा, स्त्री०, दूर्वा-तृण, दूब ।

दुबिजान, वि०, कठिनाई से समझ में आने योग्य ।

दुब्बिनीत, वि०, दुर्विनीत ।

दुब्बुट्ठिक, वि०, दुर्वृष्टिक, जहाँ बारिश कम हो; नपुं०, अकाल ।

दुब्भक, वि०, विश्वासघाती ।

दुब्भति, क्रिया, विश्वासघात करता है, षड्यन्त्र करता है ।

दुब्भन, नपुं०, द्रोहीपन, विश्वासघात ।

दुब्भर, वि०, दूभर, जिसका पालन-पोषण कठिन हो ।

दुब्भासित, नपुं०, अपमानसूचक शब्द, अपशब्द ।

दुब्भिक्ख, नपुं०, अकाल, आहार की कमी ।

दुब्भी, वि०, विश्वासघात करने वाला ।

दुम, पु०, द्रुम, पेड़ ।

दुमग्ग, नपुं०, पेड़ का शिखर ।

दुमन्तर, नपुं०, नाना प्रकार के पेड़ ।

दुमिन्द, पु०, वृक्षराज, बोधि-वृक्ष ।

दुमुत्तम, देखो दुमिन्द ।

दुमुप्पल, पु०, पीले फूलों वाला वृक्ष-विशेष ।

दुम्मङ्कु, वि०, जिसे कठिनाई से चुप कराया जा सके ।

दुम्मती, पु०, बुद्धि-भ्रष्ट आदमी ।

दुम्मन, वि०, अप्रसन्न, दुखी ।

दुम्मुख, वि०, अप्रसन्न मुख ।

दुम्मेध, वि०, कुबुद्धि ।

दुम्मेध जातक, राजा ने दुष्कर्म करने वालों की बलि देने की घोषणा की (५०) ।

दुम्मेध जातक, राजा ने ईर्षावश अपने हस्तिराज को ही मरवा डालना चाहा (१२२) ।

दुय्योधन, दुर्योधन ।

दुय्हति, क्रिया, दुहा जाता है ।

दुरक्ख, वि०, जिसका संरक्षण कठिन हो ।

दुरच्चय, वि०, जिसे लाँघना कठिन हो ।

दुराजान, वि०, जिसे जानना या समझना कठिन हो ।

दुराजान जातक, आचार्य ने अपने शिष्य को सलाह दी कि वह अपनी स्त्री की करतूतों को उपेक्षा की दृष्टि से देखे (६४) ।

दुरासाद, वि०, जिसके पास पहुँचना कठिन हो ।

दुरित, नपुं०, पाप, अकुशल कर्म ।

दुरुत्त, वि०, बुरी तरह से कहा गया; नपुं०, बुरी बात, बुरी वाणी ।

दुल्लद्ध, वि० कठिनाई से प्राप्त ।

दुल्लद्धि स्त्री०, मिथ्या-दृष्टि ।

दल्लभ, वि०, जिसे कठिनाई से प्राप्त किया जा सके ।

दुवङ्गिक, वि०, दो अङ्गों से युक्त ।

दुविध, वि०, दो प्रकार का ।

दुवे, संख्यावाची, दो (आदमी या वस्तुएँ) ।

दुस्स, नपुं०, कपड़ा ।

दुस्स-करण्डक, पु०, कपड़ों की पेटी ।

दुस्स-कोट्ठागार, नपुं०, कपड़ों का भण्डार ।

दुस्स-युग, कपड़ों का जोड़ा ।

दुस्स-वट्टि, स्त्री०, कपड़ों का थान, कपड़े की किनारीं ।

दुस्सति, क्रिया, द्वेष करता है, क्रोधित होता है ।

दुस्सित्वा, पूर्व० क्रिया, द्वेष करके ।

दुस्सन, नपुं०, द्वेष, विकृति, क्रोध ।

दुस्सह, वि०, जिसका सहन करना कठिन हो ।

दुस्सील, वि०, दुराचारी ।

दुहति, क्रिया, (दूध) दुहता है ।

दुहन, नपुं०, दुहा जाना ।

दुहितु, स्त्री०, बेटी, दुहिता ।

दूत, पु०, संदेश-वाहक ।

दूती, स्त्री०, दूतिका ।

दूतेय्य, नपुं०, संदेश, संदेश-वाहन ।

दूत जातक, एक लोभी आदमी अपने को 'दूत-दूत' कहता हुआ राजा के खाने की मेज तक पहुँच गया। राजा ने पूछा "तू किसका दूत है?" आदमी का उत्तर था- "मैं पेट का दूत हूँ।" (२६०) ।

दूत-जातक, गुरु-दक्षिणा देने के लिए इकट्ठी की गई राशि गङ्गा नदी में गिर पड़ी (४७८) ।

दूभक, देखो दुब्भक ।

दूर, नपुं०, दूरी; वि०, दूर ।

दूरङ्गम, वि०, दूर तक जाने वाला ।

दूरतो, अव्यय, दूर से ।

दूरत्त, नपुं०, दूरत्व, दूर होने का भाव ।

दूसक, वि०, दूषित करने वाला, विकृत करने वाला, गन्दा करने वाला ।

दूसन, नपुं०, दूषण, विकृति, गन्दगी ।

दूसित, कृदन्त, दूषित ।

दूसेति, क्रिया, दूषित करता है, खराब करता है, बदनाम करता है, बुरा व्यवहार करता है ।

दूहन, नपुं०, डाका डालना, दूध दुहना ।

देड्डुभ, पु०, जल-सर्प ।

देण्डिम, पु०, दौण्डी ।

देति, क्रिया०, देता है ।

देव, पु०, देवता, आकाश, बादल, राजा ।

देव-कञ्ञा, स्त्री०, देव-कन्या ।

देव-काय, पु०, देव-गण ।

देव-कुमार, पु०, दिव्य राजकुमार ।

देव-कुसुम, नपुं० देव-लोक के फूल ।

देव-गण, पु०, देव-समूह ।

देव-चारिका, स्त्री०, देव-लोक में भ्रमण ।

देवच्छरा, स्त्री०, देवप्सरा ।

देवञ्ञतर, वि०, लघु-देवता ।

देवट्ठान, नपुं०, देवस्थान ।

देवत्तभाव, पु०, दैवी शरीर ।

देवदत्तिक, वि०, देवता द्वारा दिया गया ।

देव-दुन्दुभि, स्त्री०, गर्जना ।

देव-दूत, पु०, देवता का दूत ।

देव-देव, पु०, देवताओं का देवता ।

देव-धम्म, पु०, दिव्य-गुण, पाप-भीरुता ।

देव-धीतु, स्त्री०, अप्सरा ।

देव-नगर, नपुं०, देवताओं का नगर ।

देव-निकाय, वि०, देवताओं का समूह ।

देव-परिसा, स्त्री०, देव-परिषद् ।

देव-पुत्त, पु०, देवता का पुत्र ।

देव-पुर, नपुं०, देव-नगर ।

देव-भवन, नपुं०, देवताओं का निवास-गृह ।

देव-यान, नपुं०, स्वर्ग-मार्ग, हवाई जहाज ।

देवराजा, पु०, देवताओं का राजा शक्र ।

देव-रुक्ख, पु०, देवताओं का वृक्ष, पारिजात ।

देव-रूप, नपुं०, देवता की मूर्ति ।

देव-लोक, पु०, स्वर्ग-लोक ।

देव-विमान, वि०, देव-लोक का भवन ।

देवता, स्त्री०, देव।

देवत्त, नपुं० देवत्व।

देवदत्त, शाक्य मुनि गौतम बुद्ध के मामा सुप्रबुद्ध शाक्य का पुत्र, जो जन्म-भर बुद्ध-द्वेषी बना रहा।

देवदह, शाक्यों का एक निगम, कस्बा। बुद्ध ने अनेक बार वहाँ पदार्पण किया था।

देवदारु, पु०, देवदार-वृक्ष।

देव-धम्म जातक, देव-धम्म अर्थात् पाप से विरति का उपदेश (६)।

देवर, पु०, देवर, पति का छोटा भाई।

देवसिक, वि०, दैनिक।

देवा, पु०, मानवों से कुछ ऊपर के स्तर के प्राणी। तीन प्रकार के देव माने गये हैं—(१) सम्मुति देवा, जिन्हें देवता मान लिया गया, जैसे राजा तथा राजकुमार, (२) विसुद्धि-देवा, पवित्र देवता-गण, जैसे अर्हत् तथा बुद्ध, (३) उप्पत्ति-देवा, उत्पन्न हुए देवता-गण; सात प्रकार के देवता-समूहों का वर्णन है, जैसे चातुम्महा-राजिक, तावतिंस आदि।

देवातिदेव, पु०, देवताओं का देवता।

देवानुभाव, पु०, देव-प्रताप।

देवानम्पिय तिस्स, धर्माशोक का सम-कालीन तथा मित्र सिंहल नरेश।

देविसि, पु०, दिव्य ऋषि।

देवी, स्त्री०, देवी, रानी, महेन्द्र स्थविर तथा संघमित्रा की माता, अशोक-पत्नी का नाम।

देवुपपत्ति, स्त्री०, देवताओं में उत्पत्ति।

देस, पु० देश, प्रदेश।

देसक, पु०, देशना करने वाला, उपदेशक।

देसना, स्त्री०, उपदेश।

देसना-विलास, पु०, देशना का सौन्दर्य।

देसिक, वि०, प्रदेश-विशेष से सम्बन्धित।

देसित, कृदन्त, उपदिष्ट।

देसेति, क्रिया, उपदेश देता है।

देसेतु, देखो देसक।

देस्स, वि०, प्रतिकूल।

देस्सिय, देखो देस्स।

देह, पु० तथा नपुं०, शरीर।

देह-निक्खेप, नपुं०, शरीर-त्याग, मृत्यु।

देह-निस्सित, वि०, शरीर-सम्बन्धी।

देहनी, स्त्री०, देहली।

देहावयव, पु०, शरीर का कोई अंग।

देही, पु०, देहधारी।

दोण, पु० तथा नपुं०, माप-विशेष; पु०, भगवान् बुद्ध का शरीरान्त होने पर उनकी अस्थियों का बँटवारा करने वाला दोण-ब्राह्मण।

दोणि, **दोणिका**, स्त्री०, द्रोणि, नौका।

दोणिका, देखो दोणि।

दोमनस्स, नपुं०, असंतोष, चैतसिक दुःख।

दोला, स्त्री०, झूला।

दोलायति, क्रिया, झुलाता है।

दोवारिक, पु०, द्वारपाल।

दोस, पु०, द्वेष, क्रोध, दोष।

दोसक्खान, नपुं०, दोषारोपण।

दोसग्गि, पु०, द्वेषाग्नि।

दोसञ्ञू, पु०, पण्डित।

दोसापगत, वि०, दोष-रहित।

दोसिना, स्त्री०, चाँदनी।

दोसो, पु०, रात्रि ।

दोह, पु० तथा नपुं०, द्रोह, दूध दुहना ।

दोहक, पु० तथा नपुं०, दूध दुहने वाला, दूध की बाल्टी ।

दोहळ, पु०, गर्भिणी की बलवती इच्छा, दोहद ।

दोहळिनी, स्त्री०, दोहद की इच्छा वाली ।

दोही, वि०, दूध दुहने वाला, द्रोही, अकृतज्ञ ।

द्रव, पु०, रस, तरल पदार्थ ।

द्वङ्गुल, वि०, दो अङ्गुल भर ।

द्वत्तिक्खत्तुं, क्रिया-विशेषण, दो-तीन बार ।

द्वत्तिपत्त, नपुं०, दो-तीन पात्र ।

द्वत्तिंसति, स्त्री०, बत्तीस ।

द्वन्द, नपुं०, जोड़ा, द्वन्द्व (समास) ।

द्वय, नपुं०, दो ।

द्वाचत्तालीसति, स्त्री०, बयालीस ।

द्वादस, वि०, बारह ।

द्वानवुति, स्त्री०, बानबे ।

द्वार, नपुं०, दरवाजा ।

द्वार-कवाट, नपुं०, दरवाजे के किवाड़ ।

द्वार-कोट्ठक, नपुं०, दरवाजे के ऊपर का कमरा ।

द्वार-गाम, पु०, नगर-द्वार के बाहर का गाँव ।

द्वारपाल, पु०, चौकीदार, पहरेदार ।

द्वार-बाहा, स्त्री०, दरवाजे का खम्बा ।

द्वार-साला, स्त्री०, दरवाजे के समीप की शाला ।

द्वारिक, वि०, द्वार से सम्बन्धित; पु०, द्वारपाल ।

द्वाबीसति, स्त्री०, बाईस ।

द्वासट्ठिदिट्ठि, स्त्री०, बासठ मिथ्या मत ।

द्वासत्तति, स्त्री०, बहत्तर ।

द्वासीति, स्त्री०, बयासी ।

द्वि, वि०, दो ।

द्विक, नपुं०, दो की जोड़ी ।

द्विक्खत्तुं, क्रिया-विशेषण, दो बार ।

द्विगुण, वि०, दुगुना ।

द्विचत्तालीसति, स्त्री०, बयालीस ।

द्विज, देखो दिज ।

द्वि-जिव्ह, वि०, दो जीभों वाला (सर्प) ।

द्वि-पञ्ञासति, स्त्री०, बावन ।

द्वि-मासिक, वि०, दो ही महीने का ।

द्वि-सट्ठि, स्त्री०, बासठ ।

द्वि-सत, नपुं०, दो सौ ।

द्वि-सत्तति, स्त्री०, बहत्तर ।

द्वि-सहस्स, नपुं०, दो हजार ।

द्विगोचर, पु०, दो जनों के बीच की बातचीत ।

द्विधा, क्रिया-विशेषण, दो तरह ।

द्विधा-पथ, पु०, सड़क का दो ओर बँट जाना ।

द्विप, पु०, हाथी ।

द्विरद, पु०, हाथी ।

द्वीह, नपुं०, दो दिन ।

द्वीहं, क्रिया-विशेषण, दो दिन में ।

द्वीह-तीहं, क्रिया-विशेषण, दो या तीन दिन में ।

द्वे, संख्यावाची, वि०, दो ।

द्वे-वाचिक, वि०, दो शब्द ही दोहराने वाला ।

द्वेज्झ, नपुं०, सन्देह, विरोध ।

द्वेधा, क्रिया-विशेषण, दो तरह से ।

द्वेधा-पथ, पु०, सड़क का बँटवारा ।

द्वेळहक, नपुं०, शक, सन्देह ।

ध

धंक, पु०, कौवा ।

धंसित, कृदन्त, ध्वस्त ।

धज, पु०, ध्वजा ।

धजग्ग, ध्वजा का सिरा ।

धजालु, वि०, ध्वजाओं से सुसज्जित ।

धजाहट, वि०, युद्ध में जीतकर लाया हुआ ।

धजविहेठ जातक, दिन में तपस्वी, रात में बनारस के राजा की रानी के पास जाने वाले जादूगर की कथा (३९१) ।

धजिनी, स्त्री०, सेना ।

धञ्ञ, नपुं०, धान्य; वि०, सौभाग्य-सम्पन्न ।

धञ्ञ-पिटक, नपु०; धान्य की टोकरी ।

धञ्ञ-रासि, पु०, धान्य का ढेर ।

धञ्ञवन्तु, वि०, सौभाग्य-सम्पन्न ।

धञ्ञागार, अनाज का गोदाम ।

धत, कृदन्त, धृत, धारण किया हुआ, स्मरण रखा हुआ ।

धन, नपुं०, धन, दौलत ।

धनग्ग, श्रेष्ठ धन ।

धनत्थिक, धनार्थी, धन की इच्छा रखने वाला ।

धनक्खय, पु०, धन का क्षय ।

धनक्कीत, वि०, धन से खरीदा गया ।

धनत्थद्ध, वि०, धन का अभिमानी ।

धन-लोल, वि०, धन का लोभी ।

धनवन्तु, वि०, धनवान ।

धन-हेतु, क्रिया-विशेषण, धन के लिए ।

धनासा, स्त्री०, धन की आशा ।

धनञ्जय जातक, इन्द्रप्रस्थ का राजा पुराने योद्धाओं की ओर ध्यान न दे नये योद्धाओं का सम्मान करता था, (४१३) ।

धनायति, क्रिया, धन समझता है ।

धनिक, पु०, ऋणदाता ।

धनित, नपुं०, आवाज; वि०, ध्वनित, आवाज किया गया ।

धनी, वि०, धनवान; पु० धनी आदमी ।

धनु, नपुं०, धनुष, कमान ।

धनुक, नपुं०, छोटा धनुष ।

धनुकार, पु०, धनुष बनाने वाला ।

धनुकेतकी, पु०, केतकी ।

धनुग्गह, पु०, धनुर्धारी ।

धनुसिप्प, नपुं०, तीरंदाज़ी ।

धनुपञ्चसत, नपुं०, पाँच सौ धनुष या कोस-भर का फासला ।

धन्त, कृदन्त, फूँका हुआ ।

धम, वि०, बजाने वाला ।

धमक, वि०, बजाने वाला ।

धमकरक, पु०, पानी छानने का साधन ।

धमति, क्रिया, बजाता है ।

धमनि, स्त्री०, नस, रग ।

धमनि-संथत-गत्त, जिसके सारे शरीर

पर नसें ही नसें दिखाई दें।

धमेति, क्रिया, बजाता है।

धमापेति, क्रिया, बजवाता है।

धम्म, पु०, धर्म, सिद्धान्त, स्वभाव, सत्य, सदाचार।

धम्मक्खान, नपुं०, धर्म की व्याख्या।

धम्म-कथा, स्त्री०, धार्मिक कथा।

धम्म-कथिक, पु०, उपदेष्टा।

धम्म-कम्म, नपुं०, कानूनी कार्रवाई, विनय के अनुकूल कार्रवाई।

धम्म-काम, वि०, धर्म-प्रिय, धर्म चाहने वाला।

धम्म-काय वि०, धर्म-काय।

धम्म-क्खन्ध, पु०, धर्म-स्कन्ध।

धम्म-गण्ठिका, (धम्म-गण्डिका भी), स्त्री०, बलि-वेदी।

धम्म-गरू, वि०, धर्म का गौरव।

धम्म-गुत्त, वि०, धर्म द्वारा सुरक्षित।

धम्म-घोसक, पु०, धर्म की घोषणा करने वाला।

धम्म-चक्क, नपुं०, धर्म-चक्र।

धम्म-चक्क-पवत्तन, नपुं०, धर्म-चक्र-प्रवर्तन, धर्म-देशना।

धम्मचक्कपवत्तन-सुत्त, आषाढ़-पूर्णिमा के दिन इसिपतन के मिगदाय में पञ्च-वर्गीय भिक्षुओं को भगवान् बुद्ध द्वारा दिया गया सर्वप्रथम उपदेश।

धम्म-चक्खु, नपुं०, धर्म-चक्षु।

धम्म-चरिया, स्त्री०, धर्माचरण।

धम्मचारी, पु०, धर्मानुसार आचरण करने वाला।

धम्म-चेतिय, नपुं०, पवित्र धर्म-ग्रन्थालय।

धम्मजातक, धर्म तथा अधर्म का शास्त्रार्थ (४५७)।

धम्मजीवी, वि०, धर्मानुसार जीवन वाला।

धम्मञ्ञु, वि०, धर्मज्ञ।

धम्मट्ठ, वि०, धर्म-स्थित।

धम्मट्ठिति, स्त्री०, धर्म-स्थिति।

धम्म-तक्क, पु०, धर्म-तर्क, सही तर्क करना।

धम्मता, स्त्री०, स्वाभाविक नियम।

धम्म-दान, नपुं०, धर्म-दान।

धम्म-दायाद, वि०, धर्म का उत्तराधिकारी।

धम्म-दीप, वि०, धर्म-द्वीप।

धम्म-देसना, स्त्री०, धर्म-देशना, धर्म का उपदेश।

धम्म-देस्सी, पु०, धर्म-द्वेषी।

धम्म-धज, वि०, जो धर्म को ही ध्वजा समझे।

धम्मद्धज-जातक, बनारस-नरेश के रिश्वतखोर काळक पुरोहित तथा धर्मध्वज नामक धार्मिक पुरोहित का संघर्ष (२२०)।

धम्मद्धज जातक, धर्मध्वजी कौवे ने दूसरे पक्षियों को धोखा देकर उन सबके अण्डे-बच्चे खा डाले (३८४)।

धम्मधर, वि०, धर्म-धर।

धम्म-नियाम, पु०, प्राकृतिक नियम, स्वाभाविक नियम।

धम्मनी, पु०, गृह-सर्प।

धम्म-पण्णाकार, पुं०, धर्म-भेंट।

धम्म-पद, नपुं०, धर्म के पद्य, खुद्दक-निकाय का दूसरा ग्रन्थ। सम्भवतः यह थेरगाथा व थेरीगाथा के बाद का गाथा-संकलन है।

धम्मपद-अट्ठकथा, धम्मपद की वैसी ही अर्थ-कथा, जैसी जातक अर्थ-कथा

(जातकट्ठकथा) ।

धम्मप्पमाण, वि०, धर्म-माप ।

धम्म-भण्डागारिक, पु०, धर्म का खजान्ची, भगवान बुद्ध के निकटतम शिष्य ग्रानन्द के लिए प्रयुक्त ।

धम्म-भेरि, स्त्री०, धर्म का ढोल ।

धम्म-रक्खित, वि०, धर्म-रक्षित ।

धम्म-रत, वि०, धर्म-रत, धर्म-प्रिय ।

धम्म-रति, स्त्री०, धर्म-प्रीति ।

धम्म-रस, पु०, धर्म-रस ।

धम्म-राजा, पुं०, धर्म-राजा, भगवान् बुद्ध के लिए प्रयुक्त ।

धम्म-लद्ध, वि०, धर्म से प्राप्त ।

धम्मवर, पु०, धर्म-श्रेष्ठ ।

धम्मवादी, वि०, धर्मानुसार बोलने वाला ।

धम्म-विचय, पु०, धर्म का चयन, धर्म-मीमांसा ।

धम्म-विद्रू, वि०, धर्म का जानकार।

धम्म-विनिच्छय, पु०, धार्मिक निश्चय ।

धम्म-सङ्गणि, ग्रभिधम्म-पिटक के सात प्रकरणों में से पहला ग्रन्थ ।

धम्म-संविभाग, पु०, धर्मानुसार बँट-वारा ।

धम्म-संगीति, स्त्री०, धर्म-संगायन ।

धम्म-संगाहक, पु०, धर्म का संग्रह करने वाला ।

धम्म-समादन नपुं०, धर्म का ग्रहण।

धम्म-सवण, नपुं०, धर्म का श्रवण ।

धम्म-साकच्छा, स्त्री०, धार्मिक चर्चा।

धम्म-सेनापति, पु०, धर्म-सेनापति, प्रायः भगवान् बुद्ध के अग्रश्रावक सारिपुत्र के लिए प्रयुक्त ।

धम्म-सोण्ड, वि०, धर्म-प्रेमी।

धम्माधिपति, वि०, धर्म को स्वामी मानने वाला।

धम्मानुधम्म, पु०, धर्मानुसार ग्राच-रण।

धम्मानुवत्ती, वि०, धर्मानुयायी ।

धम्माभिसमय, पुं०, धर्म की समझ ।

धम्मामतं, नपुं०, धर्म-रूपी ग्रमृत ।

धम्मादास, पु०, धर्म-दर्पण ।

धम्माधार, विं०, धर्म ही सहारा ।

धम्मासन, नपुं०, धर्मासन ।

धम्मिक, वि०, धार्मिक, धर्मानुकूल ।

धम्मिल्ल, पु०, बालों की गाँठ ।

धम्मीकथा, स्त्री०, धार्मिक कथा ।

धर, वि०, धारण करनेवाला ।

धरण, नपुं०, भार-विशेष; वि०, धारण करने वाला।

धरणी, स्त्री०, पृथ्वी ।

धरति, क्रिया, धारण करता है, जारी रहता है।

धरा, स्त्री०, भूमि ।

धव, पु०, पति, बबूल का पेड़ ।

धवल, वि०, श्वेत, स्वच्छ; पु०, श्वेत रंग ।

धात, कृदन्त, भरा-पेट, संतुष्ट ।

धातकी, स्त्री०, ग्रग्निज्वाला ।

धाती, स्त्री०, दाई ।

धातु, स्त्री०, स्वाभाविक ग्रवस्था, पवित्र (ग्रस्थि) धातु, शब्द का मूल-स्वरूप, शारीरिक धातु, इन्द्रिय ।

धातु-कथा, स्त्री०, धातुग्रों की व्याख्या। ग्रभिधम्मपिटक का तीसरा ग्रन्थ ।

धातु-घर नपुं०, पवित्र धातु-गृह ।

धातु-नानत्त, नपुं०, धातुग्रों के नाना प्रकार ।

धातु-विभाग, पु०, धातुओं का पृथक्-पृथक् विश्लेषण।
धातुक, वि०, धातु की प्रकृति लिये।
धाना, स्त्री०, भुना हुआ जौ।
धार, वि०, धारण करनेवाला।
धारक, त्रि०, धारण करनेवाला, पालन-पोषण करनेवाला, याद रखने वाला।
धारण, नपुं०, धारण करना।
धारा, स्त्री०, (जल-)धारा।
धाराधर, पु०, बादल।
धारित, कृदन्त, धारण किया हुआ।
धारी, वि०, धारण करनेवाला।
धारेति, क्रिया, धारण करता है।
धारेतु, पु०, धारण करनेवाला।
धारेन्त, कृदन्त, धारण करता हुआ।
धारेसि, अतीत० क्रिया, धारण किया।
धारेत्वा, पूर्व०-क्रिया, धारण करके।
धावति, क्रिया, दौड़ता है।
धावन्त, कृदन्त, दौड़ता हुआ।
धावि, अतीत० क्रिया, दौड़ा।
धावित, कृदन्त, दौड़ा हुआ।
धाविय, पूर्व०-क्रिया, दौड़कर।
धावित्वा, पूर्व० क्रिया, दौड़कर।
धावन, नपुं०, दौड़।
धावी, वि०, दौड़ने वाला।
धि, अव्यय, धिक्कार।
धिक्कत, वि०, घृणित।
धिति, स्त्री०, धैर्य, सहन-शक्ति।
धितिमन्तो, वि०, धृतिमान।
धी, स्त्री०, बुद्धि।
धीमन्तो, वि०, बुद्धिमान।
धीतलिका, स्त्री०, गुड़िया।
धीतु, स्त्री०, धी, बेटी।
धीतु-पति, पु०, जामाता, जँवाई।
धीयति, क्रिया, उत्पन्न होता है।
धीयमान, कृदन्त, उत्पन्न होने वाला।
धीर, वि०, बुद्धिमान।
धीरत्त, नपुं०, धीरज, धीरता, धैर्य-भाव।
धीवर, पु०, मछुआ।
धुत, कृदन्त, धुना गया, हटाया गया।
धुतङ्ग, नपुं०, तपस्वियों के व्रत-विशेष।
धुत-धर, वि०, धुतङ्गधारी।
धुतवादी, पु०, धुतङ्ग-अभ्यासी।
धुत्त, पु०, धूर्त।
धुत्तक, पु०, धूर्त।
धुत्तिका, स्त्री०, धूर्तपन।
धुत्ती, स्त्री०, धूर्तपन।
धुनन, नपुं०, हटाना, दूर करना, झाड़ फेंकना।
धुनाति, क्रिया, हिलाता है, दूर करता है।
धुनन्त, कृदन्त, धुनता हुआ।
धुनितब्ब, कृदन्त, धुनने योग्य।
धुनित्वा, पूर्व०-क्रिया, धुनकर।
धुपित, कृदन्त, गर्म किया गया।
धुर, नपुं०, उत्तरदायित्व।
धुर-गाम, पु०, पड़ोसी ग्राम।
धुरंधर, वि०, पदाधिकारी।
धुर-निक्खेप, पु०, पद-परित्याग।
धुर-भत्त, नपुं०, नियमित भोजन।
धुर-वहन, नपुं०, पद-धारण।
धुरवाही, पु०, भारवाहक पशु।
धुर-विहार, पु०, पड़ोसी विहार।
धुव, वि०, स्थायी।
धुवं, क्रिया-विशेषण, ध्रुव, लगातार, सिलसिलेवार।

धूत, देखो धुत ।
धूप, पु०, धूप (-बत्ती) ।
धूपन, नपुं०, धूप जलाना, छौंकना ।
धूपायति, क्रिया, धुग्राँ देता है ।
धूपायी, कृदन्त, धुग्राँ दिया ।
धूपायन्ति, कृदन्त, धुग्राँ देता हुग्रा ।
धूपायित, कृदन्त, धुग्राँ दिया हुग्रा ।
धूपेति, क्रि०, छौंकता है ।
धूपेसि, ग्रतीत० क्रिया, छौंका ।
धूपित, कृदन्त, छौंका हुग्रा ।
धूपेत्वा, पूर्व० क्रिया, छौंककर ।
धूम, पु०, धुग्राँ ।
धूम-केतु, पु०, धूम-केतु तारा ।
धूम-जाल, नपुं०, धुएँ का जाल ।
धूम-नेत्त, नपुं०, धुग्राँ निकलने का रास्ता ।
धूम-सिख, पु०, धूम्र-शिखा, ग्राग ।
धूमयति, क्रिया, धूम्रपान करता है, धुग्राँ करता है ।
धूमायति, देखो धूमयति ।
धूमायितत्त, नपुं०, धुंधला करना, ग्रस्पष्ट करना ।
धूमायि, ग्रतीत० क्रिया, धूम्रपान किया ।
धूलि, स्त्री०, धूल ।
धूसर, वि०, मटमैला ।
धेनु, स्त्री०, गौ ।
धेनुप, पु०, दूध पीता बछड़ा ।
धोत, कृदन्त, धोया हुग्रा ।
धोन, वि०, बुद्धिमान ।
धोरय्ह वि०, भार वहन करने में समर्थ ।
धोवति, क्रिया, धोता है ।
धोवन, नपुं०, धोना ।

न

न, ग्रव्यय, नहीं ।
नकुल, पु०, नेवला ।
नकुल-जातक, साँप तथा नेवले में भी मैत्री-सम्बन्ध स्थापित होने की कथा (१६५) ।
नक्क, पु०, कछुग्रा ।
नक्खत्त, नपुं०, नक्षत्र ।
नक्खत्त-कीळा, स्त्री०, नक्षत्र-क्रीडा ।
नक्खत्त-पाठक, पु०, ज्योतिषी ।
नक्खत्त-योग, पु०, नक्षत्रों का योग, जन्म-पत्री ।
नक्खत्त-राज, पु०, चन्द्रमा ।
नक्खत्त-जातक, नक्षत्र के ग्रनुसार शादी करने जाकर वर-पक्ष वालों ने ग्रपना काम बिगाड़ा (४९) ।
नख, पु० तथा नपुं०, नाखून ।
नख-पञ्जर, पु०, पंजा ।
नखी, वि०, पंजों वाला ।
नग, पु०, पर्वत ।
नगर, नपुं०, छोटा शहर ।
नगर-गुत्तिक, पु०, नगराधिपति ।
नगर-वर, नपुं०, श्रेष्ठ नगर ।
नगर-वासी, पु०, नागरिक ।
नगर-सोधक, पु०, नगर-शोधक, शहर की सफाई करने वाला ।
नगर-सोभिनी, स्त्री०, नगर-वधू ।
नग्ग, वि०, नग्न, नंगा ।
नग्ग-चरिया, वि०, नग्न रहना ।

नग्ग-समण, वि०, नग्न-श्रमण ।
नग्गिय, नपुं०, नग्नता, नंगापन ।
नङ्गल, नपुं०, हल ।
नङ्गल-फाल, पु०, हल की फाल ।
नङ्गलीस जातक, मूर्ख विद्यार्थी हर चीज की उपमा हल की फाल से ही देता था (१२३) ।
नङ्गुट्ठ, नपुं०, पूँछ, दुम ।
नङ्गुट्ठ जातक, ब्रह्मचारी ने अग्नि-देवता को गौ की पूँछ ही अर्पित की (१४४) ।
नङ्गूल, पूँछ, दुम ।
न चिरस्सं, क्रिया-विशेषण, अचिर काल में, थोड़े समय में ।
नच्च, नपुं०, नृत्य, नाटक ।
नच्च जातक, हंस-राज ने निर्लज्ज मोर को अपनी कन्या नहीं दी (३२) ।
नच्चट्ठान, नपुं०, नृत्य-स्थान, नाटक-गृह ।
नच्चक, पु०, नाचने वाला, नाटक का पात्र ।
नच्चति, क्रिया, नाचता है ।
नच्चि, अतीत० क्रिया, नाचा ।
नच्चन्त, कृदन्त, नाचता हुआ ।
नच्चित्वा, पूर्व० क्रिया, नाचकर ।
नच्चन, नपुं०, नाचना, नाच ।
नट, पु०, नृत्यकार ।
नटक, पु०, नृत्यकार ।
नट्ट, नपुं०, नृत्य, नाटक ।
नट्टक, पु०, नृत्यकार ।
नट्ठ, कृदन्त, नष्ट हुआ ।
नत, कृदन्त, झुका हुआ ।
नति, स्त्री०, नम्रता, झुकाव ।
नत्त, नपुं०, नृत्य, नाटक ।
नत्तक, पु०, नृत्यकार ।
नत्तकी, स्त्री०, नर्तकी ।
नत्तन, नपुं०, नृत्य, नाटक ।
नत्तमाल, पु०, वृक्ष-विशेष ।
नत्तु, पु०, नाती ।
नत्थि, क्रिया, नहीं है ।
नत्थिक-दिट्ठि, नपुं०, नास्तिक मत ।
नत्थिक-वादी, पु०, नास्तिक ।
नत्थिता, स्त्री०, नास्तिकता ।
नत्थि-भाव, पु०, न होने का भाव ।
नत्थु, स्त्री०, नाक ।
नत्थु-कम्म, नपुं०, नाक की चिकित्सा, नाक के माध्यम से चिकित्सा ।
नदति, क्रिया, गर्जता है ।
नदि, अतीत० क्रिया, गर्जा ।
नदन्त, कृदन्त, गर्जता हुआ ।
नदित, कृदन्त, गर्जा हुआ ।
नदित्वा, पूर्व० क्रिया, गर्जकर ।
नदन, नपुं०, गर्जन ।
नदी, स्त्री०, नदी, दरिया ।
नदी-कूल, नपुं०, नदी-तट ।
नदी-दुग्ग, नपुं०, जहाँ पहुँचने में नदी बाधक हो ।
नदी-मुख, नपुं०, नदी का मुहाना ।
नद्ध, कृदन्त, बँधा हुआ ।
नद्धि, स्त्री०, चमड़े की रस्सी ।
नन्द थेर, शुद्धोदन तथा महाप्रजापति गौतमी की सन्तान । सिद्धार्थ गौतम का सौतेला भाई ।
नन्द, नव-नन्द नाम से प्रसिद्ध नौ राजागण ।
नन्द जातक, पिता ने अपने दास नन्द को अपने गाड़े धन की जगह बता दी

थी और कह दिया था कि पुत्र के बड़े होने पर वह उसे बता दे (३९)।

ननन्दा, स्त्री०, ननद।

ननु, अव्यय, निश्चय से।

नन्दक, वि०, खुशी देनेवाला, आनन्द-दायक।

नन्दति, क्रिया, प्रसन्न होता है।

नन्दि, अतीत० क्रिया, प्रसन्न हुआ।

नन्दित, कृदन्त, प्रसन्नचित्त।

नन्दमान, कृदन्त, प्रसन्न होता हुआ।

नन्दितब्ब, कृदन्त, प्रसन्न करने योग्य।

नन्दित्वा, पूर्व०-क्रिया, प्रसन्न करके।

नन्दन, नपुं०, प्रसन्नता, इन्द्र-नगर का उद्यान।

नन्दि, स्त्री०, मनोविनोद।

नन्दिक्खय, पु०, तृष्णा का क्षय।

नन्दि-राग, पु०, अनुराग।

नन्दि-संयोजन, नपुं०, तृष्णा का बंधन।

नन्दियमिग जातक, नन्दिय मृग की सच्चरित्रता ने उसकी तथा उसके माता-पिता की रक्षा की (३८५)।

नन्दि विसाल जातक, नन्दि विसाल वृषभ ने शर्त जीतकर अपने मालिक को धनी बनाया (२८)।

नन्धति, क्रिया, बाँधता है।

नन्धि, अतीत० क्रिया, बाँधा।

नन्धित्वा, पूर्व० क्रिया, बाँध कर।

नपुंसक, पु०, नपुंसक, पुरुषत्व-हीन।

नभ, पु० तथा नपुं०, आकाश।

नमक्कार, पु०, नमस्कार।

नमति, क्रिया, झुकता है।

नमि, अतीत० क्रिया, झुका।

नमन्त, कृदन्त, झुकता हुआ।

नमित्वा, पूर्व० क्रिया, झुककर।

नमितब्ब, कृदन्त, झुकना चाहिए।

नमस्सति, क्रिया, नमस्कार करता है।

नमस्सि, अतीत० क्रिया, नमस्कार किया।

नमस्सित्वा, पूर्व०-क्रिया, नमस्कार करके।

नमस्सिय, कृदन्त, नमस्कार करने योग्य।

नमस्सितुं, नमस्कार करने के लिए।

नमस्सन, नपुं०, नमस्कार।

नमस्सना, स्त्री०, नमस्कार।

नमुचि, पु०, नष्ट करने वाला, मृत्यु, 'मार' का नाम।

नमो, अव्यय, नमस्कार है।

नम्मदा, स्त्री०, नर्मदा नदी।

नय, पु०, क्रम, पद्धति, ढंग, ठीक परिणाम।

नयति, क्रिया, ले जाता है, मार्ग-दर्शन करता है। देखो नेति।

नयन, नपुं० आँख, ले जाना।

नयनावुध, पु०, जिसके नयन ही उसके शस्त्र हों—यमराज।

नय्हति, क्रिया, बाँधता है।

नय्हन, नपुं०, बंधन, बाँधना।

नय्हित्वा, पूर्व०-क्रिया, बाँधकर।

नर, पु०, आदमी।

नरक, नपुं०, नरक, जहन्नुम।

नर-देव, पु०, राजा।

नर-वीर, पु०, नरों में वीर, प्रायः भगवान् बुद्ध के लिए प्रयुक्त।

नर-सीह, पु०, नरों में सिंह, प्रायः

भगवान् बुद्ध के लिए प्रयुक्त ।

नराधम, पु०, अधम आदमी, नीच पुरुष ।

नरासभ, पु०, आदमियों का स्वामी, प्रायः भगवान् बुद्ध के लिए प्रयुक्त ।

नरुत्तम, पु०, आदमियों में श्रेष्ठ, प्रायः भगवान् बुद्ध के लिए प्रयुक्त ।

नळपान जातक, बंदरों ने सरकण्डे के माध्यम से जलाशय का पानी पिया (२०) ।

नलाट, नपुं०, ललाट, मस्तक ।

नलिनी, स्त्री०, जलाशय, कमल-जलाशय ।

नव, वि० नया, नौ ।

नव-कम्म, नपुं०, नया काम, मरम्मत ।

नव-कम्मिक, वि०, नया काम (भवन-निर्माण) कराने वाला ।

नवङ्ग, वि०, जिसके नौ हिस्से हों ।

नव-नवुति, स्त्री०, निन्नानबे ।

नवक, पु०, नवागन्तुक, तरुण, जो नया-नया संघ में प्रविष्ट हुआ हो; नपुं०, नौ जनों का समूह ।

नवकतर, वि० तरुण से भी तरुण ।

नवनीत, नपुं०, मक्खन ।

नवम, वि०, नौवाँ ।

नवमी, स्त्री०, चान्द्र मास की नवमी ।

नवुति, स्त्री०, नब्बे ।

नस्सति, क्रिया, नष्ट होता है, लुप्त होता है ।

नस्सि, अतीत० क्रिया, नष्ट हुआ ।

नस्सन्त, कृन्दत, नष्ट होता हुआ ।

नस्सित्वा, पूर्व०-क्रिया, नष्ट होकर ।

नस्सन, नपुं०, नाश ।

नहात, कृदन्त, स्नान किया हुआ ।

नहान, नपुं०, स्नान ।

नहानिय, नपुं०, स्नान-सामग्री ।

नहापक, पु०, नहलाने वाला ।

नहापन, नपुं०, स्नान, धोना ।

नहापित, पु०, नाई; कृदन्त, नहाया हुआ ।

नहापेति, क्रिया, नहलाता है ।

नहापेसि, अतीत० क्रिया, नहलाया ।

नहापेन्त, कृदन्त, नहाते हुए ।

नहापेत्वा, पूर्व०-क्रिया, स्नान करके ।

नहायति, क्रिया, नहाता है ।

नहायि, अतीत० क्रिया, नहाया ।

नहायन्त, कृदन्त, नहाते हुए ।

नहायित्वा, पूर्व०-क्रिया, नहाकर ।

नहायितुं, नहाने के लिए ।

नहायन, नपुं०-स्नान ।

नहारु, पु०, नस ।

नहि, अव्यय, नहीं ।

नहुत, नपुं, दस हजार ।

नळ, पुं०, सरकण्डा ।

नळकार, पुं०, टोकरी बनाने वाला ।

नळ-कलाप, पुं०, सरकण्डों का ढेर ।

नळ-मीन, पुं०, समुद्री केकड़ा ।

नळागार, नपुं०, सरकण्डों की झोंपड़ी ।

नळिनिका जातक, राजकुमारी नळिनिका को ऋषि शृंग का तप भ्रष्ट करने के लिए भेजा गया (५२६) ।

नाक, पुं०, स्वर्ग ।

नाग, पुं०, सर्प, हाथी, वृक्ष-विशेष, श्रेष्ठ, पुरुष ।

नाग-दन्त, नपुं०, हाथी दाँत की कील या खूँटी ।

नाग--दीप, सिंहलद्वीप का उत्तरी भाग, वर्तमान जाफना ।

नाग-बल, वि०, हाथी के बल सदृश बल वाला ।

नाग-बला, स्त्री०, गंगेरन (लता-विशेष) ।

नाग-भवन, नपुं०, नागों का निवास-स्थल ।

नाग-माणवक, पु०, नाग-तरुण ।

नाग-माणविका, स्त्री०, नाग-तरुणी, नाग-कुमारी ।

नाग-राज, पु०, नागों का राजा ।

नाग-रुक्ख, पु०, नाग-वृक्ष ।

नाग-लता, स्त्री०, पान की बेल ।

नाग-लोक, पु०, नाग-संसार ।

नाग-वन, नपुं०, नागों का वन ।

नागसेन थेर, मिलिन्द राजा से शास्त्रार्थ करने वाले प्रसिद्ध नागसेन स्थविर ।

नागर, वि०, नगर वाला, शहरी ।

नागरिक, वि०, नगर से सम्बन्धित ।

नाटक, नपुं०, ड्रामा ।

नाटकित्थि, स्त्री०, नृत्य-कुमारी ।

नानच्छन्द जातक, पुरोहित ने घर के लोगों से परामर्श किया कि वह राजा से क्या चीज माँगे । किसी ने किसी चीज का नाम लिया, किसी ने दूसरी चीज का । इस प्रकार नाना माँगें सामने आईं (२८९) ।

नाथ, पु०, संरक्षण, संरक्षक; **लोक-नाथ**, पु०, लोकों के संरक्षक, भगवान बुद्ध के लिए प्रयुक्त नाम ।

नाद, पु०, आवाज ।

नानता, स्त्री०, नानत्व, विविधता ।

नानत्त, नपुं०, नानत्व, विविधता ।

नानत्त-काय, वि०, नाना प्रकार के शरीरों वाला ।

नाना, अव्यय, अनेक, भिन्न-भिन्न ।

नाना-कारण, नपुं०, अनेक कारण ।

नाना-गोत्त, वि०, अनेक गोत्र ।

नाना-जच्च, वि०, अनेक जातियों का ।

नाना-जन, पु०, अनेक प्रकार की जनता ।

नाना-तित्थिय, वि०, नाना सम्प्रदाय के लोग ।

नाना-प्रकार, वि०, अनेक प्रकार ।

नाना-रत्त, वि०, नाना वर्ण ।

नानावाद, पु०, नानावाद ।

नाना-विध, वि०, नाना प्रकार का ।

नाना-संवास, वि०, जो अलग-अलग रहते हों ।

नाभि (**नाभी** भी), स्त्री०, नाभी, पेट का मध्य-बिन्दु, चक्र का मध्य-भाग ।

नाम, नपुं०, नाम, व्यक्तित्व का चैत-सिक-भाग; वि०, नाम (वाला) ।

नाम-करण, नपुं०, नाम रखना ।

नाम-गहण, नपुं०, नाम ग्रहण करना ।

नाम-धेय (**नाम-धेय्य** भी), नपुं०, नाम; वि०, नाम वाला ।

नाम-पद, नपुं०, नाम, संज्ञा ।

नामक, वि०, नाम से, नाम मात्र का ।

नामसिद्धि जातक, शिष्य अच्छा-सा नाम खोजने जाकर अपने पहले वाले नाम '**पापक**' से ही संतुष्ट होकर लौट आया (९७) ।

नामेति, क्रिया, झुकाता है ।

नामेसि, अतीत० क्रिया, झुकाया ।

नामित, कृदन्त, झुकाया गया ।

नामेत्वा, पूर्व० क्रिया, झुका कर ।

नायक, पु०, नेता, मार्ग-दर्शक ।

नायिका, स्त्री०, मार्ग-दर्शिका ।

नारङ्ग, पु०, नारंगी का पेड़ ।

नाराच, पु०, लोहे की छड़, एक प्रकार का तीर ।

नारी, स्त्री०, औरत ।

नालं, अव्यय, अपर्याप्त, प्रतिकूल ।

नालंदा, राजगृह के पास का प्रसिद्ध स्थान, जहाँ भगवान् बुद्ध कई बार ठहरे थे और जहाँ बाद की सदियों में बौद्ध विश्वविद्यालय बना ।

नाल, पु०, नालिका, नाली ।

नालागिरि, राजकीय हस्तिशाला का हाथी, जिसे देवदत्त की प्रेरणा से गौतम बुद्ध को शारीरिक हानि पहुँचाने के लिए उस पर छोड़ा गया था ।

नालि, स्त्री०, माप-विशेष ।

नालिमत्त, वि०, नालिमात्र, सिर्फ एक नालि ।

नालिका, स्त्री०, नाली ।

नालिका-यन्त, नपुं०, घड़ी ।

नालिकेर, पु०, नारियल ।

नालि-पट्ट, पु०, टोपी ।

नावा, स्त्री०, जहाज ।

नावा-तित्थ, नपुं०, नौका का पत्तन ।

नावा-संचार, पु०, नौकाओं का आना-जाना ।

नाविक, पु०, मल्लाह, माँझी ।

नाविकी, स्त्री०, मल्लाहिन, माँझी की स्त्री ।

नावुतिक, वि०, नब्बे वर्ष का ।

नास, पु०, नाश, मृत्यु ।

नासन, नपुं०, नाश करना, त्याग देना, निकाल बाहर कर देना ।

नासा, स्त्री०, नाक, नासिका ।

नासा-रज्जु, स्त्री०, नकेल ।

नासिका, स्त्री०, नाक ।

नासेति, क्रिया, नष्ट करता है, खराब कर देता है, मार डालता है ।

नासेसि, अतीत० क्रिया, नष्ट किया ।

नासित, कृदन्त, नष्ट किया हुआ ।

नासेत्वा, पूर्व०-क्रिया, नष्ट करके ।

नासितब्ब, नष्ट करने योग्य ।

निकट, नपुं०, पड़ोस; वि०, पास ।

निकट्ठ, वि०, निकृष्ट, गिरा हुआ ।

निकटि, स्त्री०, ठगी ।

निकत, वि०, कपटी ।

निकति, स्त्री०, ठगी ।

निकन्त, कृदन्त, कटा हुआ ।

निकन्तति, क्रिया, काटता है ।

निकन्ति, अतीत० क्रिया, काटा; स्त्री०, इच्छा ।

निकन्तित, कृदन्त, कटा हुआ ।

निकन्तित्वा, पूर्व०-क्रिया, काटकर ।

निकर, पु०, समूह ।

निकस, पु०, कसौटी ।

निकामना, स्त्री०, इच्छा (=निकन्ति)।

निकामलाभी, वि०, बिना कठिनाई से प्राप्त करने वाला ।

निकामेति, क्रिया, इच्छा करता है, चाहता है ।

निकामेसि, अतीत० क्रिया, इच्छा की ।

निकामित, कृदन्त, इच्छा किया हुआ ।

निकामेन्त, इच्छा करता हुआ ।

निकाय, पु०, समूह, सम्प्रदाय, संग्रह ।

निकास, पु०, पड़ोस ।

निकिट्ठ, वि०, निकृष्ट ।

निकुञ्ज, पु० तथा नपुं०, वृक्षों तथा झाड़ियों से ढका घना स्थान ।

निकूजति, क्रिया, कूजता है ।

निकूजि, अतीत० क्रिया, शब्द किया।
निकूजित, कृदन्त, शब्द किया हुआ।
निकूजमान, कृदन्त, शब्द करता हुआ।
निकेतन, नपुं०, निवास-स्थान, घर।
निक्कङ्ख, वि०, असंदिग्ध।
निक्कड्ढन, नपुं०, बाहर खींच लाना।
निक्कण्टक, वि०, निष्कण्टक, काँटों या शत्रुओं से रहित।
निक्कद्दम, वि०, कर्दम-रहित, कीचड़-रहित।
निक्कम, पु०, प्रयत्न।
निक्करुण, वि०, करुणा-विहीन।
निक्कसाव, वि०, अपवित्रता से मुक्त।
निक्काम, वि०, कामना-रहित।
निक्कारण, वि०, बिना कारण के।
निक्कारणा, क्रिया-विशेषण, कारण-रहित।
निक्किलेस, वि०, विकार-रहित।
निक्कुज्ज, वि०, फेंका गया।
निक्कुज्जेति, क्रिया, उलट देता है।
निक्कुज्जेसि, अतीत० क्रिया, उलट दिया।
निक्कुजित, कृदन्त, उलट दिया गया।
निक्कुज्जेत्वा, पूर्व०-क्रिया, उलट कर।
निक्कुज्जिय, उलट देने योग्य।
निक्कुह, वि०, बिना ढोंग के।
निक्कोध, वि०, क्रोध-रहित।
निक्केस-सीस, पु०, गंजा सिर।
निक्ख, पु०, निकष, स्वर्ण-मुद्रा।
निक्खन्त, कृदन्त, (घर से) बाहर निकला हुआ।
निक्खम, पु०, निष्क्रमण।
निक्खमण, नपुं०, निष्क्रमण, विदाई।
निक्खमति, क्रिया, (घर से) बाहर जाता है।
निक्खमि, अतीत० क्रिया, निकला।
निक्खमन्त, कृदन्त, निकलता हुआ।
निक्खमित्वा, पूर्व०-क्रिया, निकलकर।
निक्खम्म, पूर्व० क्रिया, निष्क्रमण कर।
निक्खमितब्ब, निष्क्रमण करने योग्य।
निक्खमितुं, निष्क्रमण करने के लिए।
निक्खमनीय, पु०, सावन का महीना। इस महीने में बच्चे को बाहर निकाल कर सूर्य का दर्शन कराया जाता है।
निक्खामेति, क्रिया, निकाल बाहर करता है।
निक्खामेसि, अतीत० क्रिया, निकाला।
निक्खामित, कृदन्त, निकाला हुआ।
निक्खामेन्त, कृदन्त, निकालता हुआ।
निक्खामेत्वा, पूर्व०-क्रिया, निकाल कर।
निक्खिक, पु०, कोषाध्यक्ष, खजांची।
निक्खित्त, कृदन्त, रखा गया।
निक्खिपति, क्रिया, एक ओर रख देता है।
निक्खिपि, अतीत० क्रिया, रखा।
निक्खिपन्त, कृदन्त, रखता हुआ।
निक्खिपित्वा, पूर्व० क्रिया, रख कर।
निक्खिपितब्ब, रखने के योग्य।
निक्खेप, पु०, निक्षेप, रख देना।
निक्खेपन, नपुं०, निक्षेपण, धर देना।
निखणति (**निखनति** भी), क्रिया, खनता है, खोदता है।
निखनि, अतीत० क्रिया, खोदा।
निखात, कृदन्त, खोदा हुआ।
निखनन्त, कृदन्त, खोदते हुए।
निखनित्वा, पूर्व०-क्रिया, खोद कर।
निखादन, नपुं०, छेनी।
निखिल, वि०, समस्त।

निगच्छति, क्रिया, अनुभव करता है, सहन करता है ।

निगण्ठ, निर्ग्रन्थ, जैन सम्प्रदाय का संन्यासी ।

निगण्ठनाथपुत्त, बुद्ध के समकालीन छह प्रसिद्ध आचार्यों में से एक । जैनों के अन्तिम तीर्थंकर वर्धमान महावीर ।

निगति, स्त्री०, भाग्य, अवस्था, आचरण ।

निगम, पु०, कस्बा ।

निगमन, नपुं०, व्याख्या, उद्धरण, दृष्टान्त ।

निगल, पु०, हाथी के पैर की जंजीर।

निगूहति, क्रिया, ढकता है, छिपाता है।

निगूहि, अतीत० क्रिया, छिपाया ।

निगूहित, कृदन्त, छिपाया हुआ ।

निगूळ्ह, कृदन्त, छिपाया हुआ ।

निगूहित्वा, पूर्व०-क्रिया, छिपाकर ।

निगूहन, नपुं०, छिपाना ।

निग्गच्छति, क्रिया, बाहर जाता है ।

निग्गण्ठि, वि०, ग्रन्थि-रहित ।

निग्गण्हन, नपुं०, निग्रह करना, डाटना-डपटना ।

निग्गण्हाति, क्रिया, दोषारोपण करता है, डाँटता-डपटता है ।

निग्गण्हि, अतीत० क्रिया, निग्रह किया ।

निग्गहीत, कृदन्त, निग्रह किया गया; नपुं०, अनुस्वार ।

निग्गण्हन्त, कृदन्त, निग्रह करता हुआ ।

निग्गय्ह, पूर्व०-क्रिया, निग्रह करके ।

निग्गहित्वा, पूर्व०-क्रिया, निग्रह करके ।

निग्गम, पु०, बाहर जाना, बाहर निकलना ।

निग्गमन, नपुं०, बाहर जाना, विदा होना ।

निग्गय्ह-वादी, पु०, निग्रह करने वाला, दोष दिखाने वाला ।

निग्रोध मिग जातक, निग्रोध मृग ने अपनी जान देकर भी अपने पक्ष की मृगी और उसके बच्चे की प्राण-रक्षा करनी चाही । वह सभी के प्राण बचाने में सफल हुआ (१२) ।

निग्गह, पु०, निग्रह, दोषारोपण करना ।

निग्गहेतब्ब, कृदन्त, निग्रह करने योग्य ।

निग्गाहक, पु०, निग्रह करने वाला ।

निग्गुण्डि (निग्गुण्डी भी), स्त्री०, बूटी-विशेष ।

निग्गुम्ब, वि०, जहाँ झाड़-झंखाड़ न हो ।

निग्घातन, नपुं०, हत्या, विनाश ।

निग्घोस, पु०, निर्घोष, चिल्लाना ।

निग्रोध, पु०, वट वृक्ष, बरगद का पेड़ ।

निग्रोध-पक्क, नपुं०, वट का पका फल ।

निग्रोध-परिमण्डल, वि०, वट का घेरा ।

निघंस, पु०, रगड़ना ।

निघंसन, नपुं०, रगड़ना ।

निघंसति, क्रिया, रगड़ता है ।

निघंसि, अतीत० क्रिया, रगड़ा ।

निघंसित, कृदन्त, रगड़ा हुआ ।

निघंसित्वा, पूर्व०-क्रिया, रगड़कर ।

निघण्डु, पु० निघंटु, पर्याय वचनों का कोश ।

निघात, पु०, मारना ।

निचय, पु०, संग्रह, धन ।

निचित, कृदन्त, संग्रहीत ।

निचुल, नपुं०, एक प्रकार का पोधा, मुचलिदो ।

निच्च, वि०, नित्य, लगातार ।

निच्चं, क्रिया-विशेषण, नित्य, सदैव, लगातार ।

निच्च-कालं, क्रिया-विशेषण, सदैव ।

निच्च-दान, नपुं०, स्थायी दान ।

निच्च-भत्त, नपुं०, सतत भोजन-दान ।

निच्च-सील, नपुं०, सतत शील-पालन, पंचशील ।

निच्चता, स्त्री०, नित्यता ।

निच्चम्म, वि०, चर्म-रहित ।

निच्चल, वि०, निश्चल, स्थिर ।

निच्चोल, वि०, निर्वस्त्र, नंगा ।

निच्छय, पु०, निश्चय ।

निच्छरण, नपुं०, बाहर भेजना, बाहर निकलना ।

निच्छरति, क्रिया, बाहर जाता है ।

निच्छरि, अतीत० क्रिया, बाहर निकला ।

निच्छरित, कृदन्त, बाहर निकला हुआ ।

निच्छरित्वा, पूर्व० क्रिया, बाहर निकल कर ।

निच्छात, वि०, बिना भूख के ।

निच्छारित, कृदन्त, प्रकट किया हुआ ।

निच्छारेति, क्रिया, प्रकट करता है, बोलता है ।

निच्छारेत्वा, पूर्व० क्रिया, प्रकट करके ।

निच्छारेसि, अतीत० क्रिया, प्रकट किया, बोला ।

निच्छित, कृदन्त, निश्चित, विचारित, मीमांसित ।

निच्छनाति, क्रिया, विचार करता है, विमर्षण करता है ।

निज, वि०, स्वकीय, अपना ।

निज-देस, पु०, अपना देश ।

निज्जट, वि०, सुलझा हुआ ।

निज्जर, वि०, जरा-रहित, ह्रास-रहित, जिसे बुढ़ापा न व्यापे ।

निज्जरेति, क्रिया, नष्ट करता है, विनाश करता है ।

निज्जिण्ण, कृदन्त, जरा-प्राप्त, ह्रास-प्राप्त ।

निज्जिव्ह, वि०, जिह्वा-विहीन, बिना जीभ के; पु०, जंगली मुर्गा ।

निज्जीव, वि०, निर्जीव ।

निज्झान, नपुं०, अन्तर्दृष्टि ।

निज्झायति, क्रिया, ध्यान लगाता है ।

निट्ठा, स्त्री०, अन्त, सारांश, निष्ठा ।

निट्ठाति, क्रिया, समाप्त होता है, समाप्त करता है ।

निट्ठान, नपुं०, समाप्ति ।

निट्ठासि, अतीत० क्रिया, समाप्त किया ।

निट्ठापित, कृदन्त, पूरा कराया हुआ ।

निट्ठापेति, क्रिया, पूरा कराता है, समाप्त कराता है ।

निट्ठापेत्वा, पूर्व० क्रिया, पूरा करके ।

निट्ठापेन्त, कृदन्त, पूरा करता हुआ ।

निट्ठापेसि, अतीत० क्रिया, पूरा कराया, समाप्त कराया ।

निट्ठित, कृदन्त, समाप्त, सम्पूर्ण ।

निट्ठुभति, क्रिया, थूकता है ।

निट्ठुभन, नपुं०, थूकना, थूक ।

निट्ठुभि, अतीत० क्रिया, थूका ।

निट्ठुभित, कृदन्त, थूका हुआ ।

निट्ठुभित्वा, थूक करके ।

निट्ठुर, वि०, निष्ठुर, कठोर,

निर्दयी।

निट्ठुरिय, नपुं०, निष्ठुरता, निर्दयता।

निड्ड, नपुं०, नीड़, घोंसला, विश्राम-स्थल।

निड्डेति, क्रिया, घास-पात हटाता है।

निण्णय, पु०, निर्णय।

नितम्ब, पु०, चूतड़, पर्वत का किनारा।

नित्तण्ह, वि०, तृष्णा-रहित।

नित्तल, वि०, गोल।

नित्तिण्ण, कृदन्त, पार हुआ, उत्तीर्ण हुआ।

नित्तुदन, नपुं०, घोंपना, चुभाना।

नित्तेज, वि०, तेज-रहित।

नित्थरण, नपुं०, पार हो जाना, तर जाना, समाप्ति।

नित्थरति, क्रिया, पार होता है।

नित्थरि, अतीत० क्रिया, पार हुआ।

नित्थरित, कृदन्त, पार हुआ।

नित्थरित्वा, पूर्व० क्रिया, पार होकर।

नित्थुनन, नपुं०, कराहना।

नित्थुनाति, क्रिया, कराहता है।

नित्थुनन्त, कृदन्त, कराहता हुआ।

नित्थुनि, अतीत० क्रिया, कराहा।

नित्थुनित्वा, पूर्व० क्रिया, कराह करके।

निदस्सन, नपुं०, उदाहरण, साक्षी, तुलना।

निदस्सित, कृदन्त, दरसाया हुआ।

निदस्सिय, पूर्व० क्रिया, दरसाकर।

निदस्सितब्ब, दरसाने योग्य।

निदस्सेति, क्रिया, दरसाता है।

निदस्सेसि, अतीत० क्रिया, दरसाया।

निदस्सेत्वा, पूर्व० क्रिया, दरसा करके।

निदहति, क्रिया, खज़ाना गाड़ता है।

निदहि, अतीत० क्रिया, खजाना गाड़ा।

निदहित, कृदन्त, निहित, खज़ाना गाड़े हुए।

निदहित्वा, पूर्व० क्रिया, खज़ाना गाड़ कर।

निदाघ, पु०, सूखा, ग्रीष्म-काल, गरमी।

निदान, नपुं०, मूल, कारण, उत्पत्ति।

निदान-कथा, जातकट्ठकथा का आरंभिक अंश (भूमिका)।

निद्दय, वि०, निर्दय।

निद्दर, वि०, दुख-रहित, भय-रहित।

निद्दा, स्त्री०, निद्रा, नींद।

निद्दारामता, स्त्री०, निद्रा-प्रियता।

निद्दालु, वि०, निद्रालु।

निद्दासीलो, वि०, निद्रालु।

निद्दायति, क्रिया, सोता है।

निद्दायन, नपुं०, सोना।

निद्दायन्त, कृदन्त, सोता हुआ।

निद्दायि, **निद्दायित्वा**, पूर्व० क्रिया, सोकर।

निद्दिट्ठ, कृदन्त, निर्दिष्ट, निर्देश किया हुआ।

निद्दिसति, क्रिया, निर्देश करता है।

निद्दिसि, अतीत० क्रिया, निर्देश किया।

निद्दिसितब्ब, निर्देश करने योग्य।

निद्दिसित्वा, पूर्व० क्रिया, निर्देश करके।

निद्दुक्ख, वि०, दुख-रहित।

निद्देस, पु०, विश्लेषणात्मक व्याख्या, खुद्दक निकाय के अन्तर्गत गिना जाने वाला एक टीका-ग्रन्थ।

निद्दोस, वि०, निर्दोष, निर्मल।

निद्धन, वि०, निर्धन ।

निद्धन्त, कृदन्त, फूंक मारते हुए ।

निद्धमति, फूंक मारता है, बाहर निकालता है ।

निद्धमि, अतीत० क्रिया, फूंक मारी ।

निद्धमित्वा, पूर्व० क्रिया, फूंक मारकर ।

निद्धमन, नपुं०, नाली, नहर ।

निद्धमन-द्वार, नपुं०, तालाब के पानी का निकास ।

निद्धारण, नपुं०, निश्चित करना ।

निद्धारित, कृदन्त, निश्चित किया हुआ ।

निद्धारेति, क्रिया, निश्चय करता है ।

निद्धारेसि, अतीत० क्रिया, निश्चित किया ।

निद्धारेत्वा, पूर्व० क्रिया, निश्चित करके ।

निद्धुनन, नपुं०, धुनना ।

निद्धुनाति, क्रिया, धुनता है ।

निद्धुनि, अतीत० क्रिया, धुना ।

निद्धुनित्वा, पूर्व० क्रिया, धुनकर ।

निद्धोत, कृदन्त, धोया हुआ, साफ किया हुआ, तेज किया हुआ ।

निधन, पु० तथा नपुं०, मृत्यु, मौत ।

निधान, नपुं०, छिपा खज़ाना ।

निधापित, कृदन्त, रखवाया हुआ ।

निधापेति, क्रिया, रखवाता है, गड़वाता है ।

निधापेसि, अतीत० क्रिया, रखवाया, गड़वाया ।

निधाय, पूर्व० क्रिया, रखकर, गाड़कर ।

निधि, पु०, छिपा खज़ाना ।

निधि-कुम्भि, स्त्री०, खज़ाने का घड़ा ।

निधीपति, क्रिया, रखवाता है, गड़वाता है ।

निधेति, क्रिया, रखता है, गाड़ता है ।

निधेसि, अतीत० क्रिया, गाड़ा ।

निन्दति, क्रिया, निन्दा करता है । (निन्दि, निन्दित, निन्दन्त, निन्दित्वा, निन्दितब्ब) ।

निन्दन, नपुं०, अपमान, अगौरव ।

निन्दना, स्त्री०, अपमान, अगौरव ।

निन्दिय, वि०, निन्दनीय ।

निन्न, वि०, निम्न; नपुं०, निम्न भूमि ।

निन्नता, स्त्री०, निम्नता ।

निन्नगा, स्त्री० नदी ।

निन्नहुत, नपुं०, संख्या-विशेष ।

निन्नाद, पु०, स्वर-माधुर्य, लय, राग ।

निन्नादी, वि०, ऊँची आवाज़ वाला ।

निन्नामेति, क्रिया, झुकता है । (निन्नामेसि, निन्नामेत्वा, निन्नामित) ।

निन्निमित्त, नपुं०, इच्छानुसार ।

निन्नेजक, पु०, धोबी ।

निन्नेतु, पु०, निर्णय करने वाला, निर्णायक ।

निपक, वि०, दक्ष, बुद्धिमान ।

निपच्च, पूर्व० क्रिया, गिरकर ।

निपच्चाकार, पु०, नम्रता ।

निपज्ज, पूर्व० क्रिया, लेटकर ।

निपज्जति, क्रिया, लेटता है । (निपज्जि, निपन्न, निपज्जन्त, निपज्ज, निपज्जिय, निपज्जित्वा) ।

निपज्जन, नपुं०, लेटना ।

निपठ, पु०, पाठ ।

निपाठ, पु०, पढ़ना ।

निपतति, क्रिया, गिरता है । (निपति, निपतित, निपतित्वा) ।

निपन्न, कृदन्त, लेटा।

निपात, पु०, गिरना, उतरना, अव्यय-प्रत्यय।

निपातन, नपुं०, गिरना, नीचे गिरना।

निपाती, वि०, गिरने वाला, सोने वाला।

निपातेति, क्रिया, गिरने देता है, गिराता है।
(**निपातेसि**, **निपातित**, **निपातेन्त**, **निपातेत्वा**)।

निपान, नपुं०, पशुओं की जल पीने की जगह।

निपुण, वि०, दक्ष, होशियार।

निपक्क, वि०, उबला हुआ।

निप्पदेस, वि०, सर्व-व्यापक।

निप्पपञ्च, वि०, प्रपञ्च-रहित।

निप्पभ, वि०, निष्प्रभ।

निप्परियाय, वि०, बिना किसी भेद के।

निप्पलाप, वि०, प्रलाप-रहित।

निप्पाप, वि०, निष्पाप।

निप्पाव, पु०, सूप, छाज।

निप्पितिक, वि०, पिता-विहीन।

निप्पीळन, नपुं०, पीड़ना, दबाना, निचोड़ना।

निप्पीळेति, क्रिया, निचोड़ता है।
(**निप्पीळेसि**, **निप्पीळित**, **निप्पीळेत्वा**)।

निप्पुरिस, वि०, पुरुष-विहीन, स्त्रियाँ ही स्त्रियाँ।

निप्पोथन, नपुं०, पीटना।

निप्फज्जति, क्रिया, निष्पादन करता है, देखो निप्पज्जति।
(**निप्फज्जि**, **निप्फन्न**, **निप्फज्जमान**, **निप्फज्जित्वा**)।

निप्फज्जन, नपुं०, परिणाम, प्रभाव, प्राप्ति।

निप्फत्ति स्त्री०, निष्पत्ति, प्राप्ति।

निप्फल, वि०, निष्फल।

निप्फादक, वि०, निष्पादक, उत्पन्न करने वाला।

निप्फादन, नपुं०, उत्पत्ति।

निप्फादेति, क्रिया, उत्पन्न करता है।
(**निप्फादेसि**, **निप्फादित**, **निप्फादेन्त**, **निप्फादेत्वा**)।

निप्फादेतु, पु०, उत्पन्न करने वाला, उत्पादक।

निप्फोटन, नपुं०, पीटना।

निप्फोटेति, क्रिया, पीटता है।
(**निप्फोटेसि**, **निप्फोटित**, **निप्फोटेन्त**, **निप्फोटेत्वा**)।

निबद्ध, वि०, नियमित, लगातार।

निबन्ध, पु०, बंधन।

निबन्धन, नपुं०, बंधन।

निबन्धति, क्रिया, बाँधता है, प्रेरित करता है।
(**निबन्धि**, **निबद्ध**, **निबद्धित्वा**)।

निब्बट्ट, वि०, बिना बीज क।

निब्बट्टेति, क्रिया, हटाता है।
(**निब्बट्टेसि**, **निब्बट्टित**, **निब्बट्टेत्वा**)।

निब्बत्त, कृदन्त, जिसका पुनर्जन्म हुआ हो।

निब्बत्तक, वि०, उत्पन्न करने वाला।

निब्बत्तनक, वि०, उत्पादक।

निब्बत्तति, क्रिया, उत्पन्न होता है, परिणत होता है, जन्म ग्रहण करता है।
(**निब्बत्ति**, **निब्बत्त**, **निब्बत्तन्त**, **निब्बत्तित्वा**)।

निब्बत्तन, नपुं०, उत्पत्ति ।

निब्बत्ति, स्त्री०, जन्म-ग्रहण, प्रकट होना ।

निब्बत्तापन, नपुं०, पुनर्जन्म ।

निब्बत्तेति, क्रिया, उत्पन्न करता है । (**निब्बत्तेसि, निब्बत्तित, निब्बत्तेन्त, निब्बत्तेतब्ब, निब्बत्तेत्वा**) ।

निब्बन, वि०, तृष्णा-रहित, वन-रहित ।

निब्बनथ, वि०, तृष्णा-मुक्त ।

निब्बसन, वि०, निर्वसन, बिना वस्त्र के ।

निब्बाति, क्रिया, बुझ जाता है, ठण्डा पड़ जाता है, उत्तेजना-रहित हो जाता है । (**निब्बायि, निब्बुत, निब्बायन्त, निब्बायित्वा**) ।

निब्बान, नपुं०, निर्वाण, (अग्नि का) बुझ जाना, मोक्ष ।

निब्बान-गमन, वि०, निर्वाण-गामी ।

निब्बान-धातु, स्त्री०, निर्वाण-क्षेत्र ।

निब्बान-पत्ति, स्त्री०, निर्वाण-प्राप्ति ।

निब्बान-सच्छिकिरिया, स्त्री०, निर्वाण का साक्षात् करना ।

निब्बान-सम्पत्ति, स्त्री०, निर्वाण की प्राप्ति ।

निब्बानाभिरत, वि०, निर्वाण-प्राप्ति में अनुरक्त ।

निब्बापन, नपुं०, शान्त होना, बुझना ।

निब्बापेति, क्रिया, बुझा देता है । (**निब्बापेसि, निब्बापित, निब्बापेन्त, निब्बापेत्वा**) ।

निब्बायति, क्रिया, निर्वाण-प्राप्त होता है ।

निब्बायितुं, निर्वाण प्राप्त करने के लिए ।

निब्बाहन, नपुं०, हटाना; वि०, बाहर किये हुए, बाह्य-कृत ।

निब्बिकार, वि०, निर्विकार, अपरिवर्तनशील ।

निब्बिचिकिच्छ, वि०, सन्देह-रहित ।

निब्बिज्ज, कृदन्त, निर्वेद-प्राप्त ।

निब्बिज्जति, क्रिया, निर्वेद प्राप्त करता है । (**निब्बिज्जि, निब्बिन्न, निब्बिज्जित्वा**) ।

निब्बिज्झति, क्रिया, बींधता है । (**निब्बिज्झि, निब्बिद्ध**) ।

निब्बिदा, स्त्री०, निर्वेद ।

निब्बिन्दति, क्रिया, निर्वेद-प्राप्त होता है । (**निब्बिन्दि, निब्बिन्न, निब्बिन्दित्वा**) ।

निब्बिस, नपुं०, मजदूरी; वि०, निर्विष ।

निब्बिसेस, वि०, समान, एक जैसा ।

निब्बुति, स्त्री०, शान्ति, सुख ।

निब्बुय्हति, क्रिया, तैरता है ।

निब्बेठन, नपुं०, उधेड़ना, व्याख्या ।

निब्बेठेति, क्रिया, उधेड़ता है । (**निब्बेठेसि, निब्बेठित, निब्बेठेत्वा**) ।

निब्बेध, पु०, घुसाना, घुसेड़ना ।

निब्बेमतिक, वि०, एकमत ।

निब्भय, वि०, निर्भय ।

निब्भोग, वि०, व्यर्थ, बेकार ।

निभ, वि०, समान ।

निभा, स्त्री०, प्रकाश, चमक-दमक ।

निभाति, क्रिया, चमकता है ।

निभासि, अतीत० क्रिया, चमका ।

निमन्तक, वि०, निमंत्रण देने वाला ।

निमन्तन, नपुं०, निमंत्रण ।

निमन्तेति, क्रिया, निमंत्रण देता है । (**निमन्तेसि, निमन्तित, निमन्तेत्वा, निमन्तिय, निमन्तेन्त**) ।

निमि जातक, सिर का सफेद बाल दिखाई देने पर अपने अनेक पूर्वजों की तरह निमि राजा ने भी सिंहासन का त्याग कर दिया (५४१) ।

निमित्त, नपुं०, चिह्न, शकुन, कारण ।

निमित्तग्गाही, वि०, ऊपरी चिह्नों से आकर्षित ।

निमित्त-पाठक, पु०, शकुनों की व्याख्या करने वाला, भविष्य-वक्ता ।

निमिनाति, क्रिया, आदान-प्रदान करता है । (**निम्मिनि, निमिनित, निमिनित्वा**) ।

निमिस, (**निमेस** भी), पु०, आँख का झपकना ।

निमिसति, क्रिया, आँख झपकता है, आँख मारता है ।

निमीलेति, आँख झपकता है, आँख बंद करता है । (**निमीलेसि, निमीलित, निमीलेत्वा**) ।

निमीलन, नपुं०, आँख झपकाना, आँख मारना ।

निमुज्ज, कृदन्त, डुबकी लगाई हुई ।

निमुज्जति, क्रिया, डुबकी लगाता है । (**निमुज्जि, निमुज्जित्वा, निमुज्जितुं**) ।

निमुज्जा, स्त्री०, डुबकी मारना, डुबकी ।

निमुज्जन, नपुं०, डुबकी लगाना ।

निमेस, पु०, देखो निमिस ।

निम्ब, पु०, नीम का वृक्ष ।

निम्मक्खिक, वि०, मक्खी-रहित ।

निम्मज्जन, नपुं०, निचोड़ना ।

निम्मथन, नपुं०, पीसना ।

निम्मथति, क्रिया, पीस डालता है । (**निम्मथि, निम्मथित, निम्मथित्वा**) ।

निम्मथेति, क्रिया, पीस डालता है, दबा देता है ।

निम्मद्दन, नपुं०, मर्दित करना, दबा देना ।

निम्मल, वि०, निर्मल ।

निम्मंस, वि०, मांस-रहित ।

निम्मात-पितिक, वि०, अनाथ, माता-पिता रहित ।

निम्मातिक, वि०, माता-विहीन ।

निम्मातु, पु०, निर्माण करने वाला, रचयिता ।

निम्माण, नपुं०, रचना, कृति ।

निम्मान, नपुं०, रचना, कृति; वि०, मान-रहित ।

निम्मित, कृदन्त, निर्मित ।

निम्मिणाति, (**निम्मिनाति** भी), क्रिया, उत्पन्न करता है, निर्माण करता है, रचता है । (**निम्मिणि, निम्मिणन्त, निम्मिणित्वा, निम्माय**) ।

निम्मूल, वि०, निर्मूल ।

निम्मोक, पु०, साँप की केंचुल ।

निय, नियक, वि०, स्वकीय, अपना ।

नियत, वि०, निश्चित, स्थिर ।

नियति, स्त्री, भाग्य, किस्मत, आवश्यकता ।

नियम, पु०, मर्यादा, निश्चित होना, स्थिर होना ।

नियमन, नपुं०, स्थिरता, नियमाधीन होना।

नियमेति, क्रिया, नियमित करता है। (**नियमेसि**, **नियमित**, **नियमेत्वा**)।

नियाम, पु०, नियम होना, तरीका।

नियामता, स्त्री०, नियमित होना।

नियामक, पु०, जहाज़ का कप्तान, सेनापति, नियम में चलाने वाला।

नियुज्जति, क्रिया, नियुक्त होता है, कार्य-रत होता है।

नियुञ्जि, अतीत० क्रिया, कार्य-रत हुआ।

नियुत्त, कृदन्त, नियुक्त।

नियोग, पु०, आज्ञा, हुक्म, आवश्यकता।

नियोजन, नपुं०, नियुक्त करना, आज्ञा देना।

नियोजित, कृदन्त, प्रतिनिधि।

नियोजेति, क्रिया, नियुक्त करता है, प्रेरित करता है। (**नियोजेसि**, **नियोजेन्त**, **नियोजेत्वा**)।

निय्यति, (**नीयति** भी), क्रिया, ले जाया जाता है।

निय्यातन, नपुं०, समर्पण, सौंपना।

निय्याति, क्रिया, बाहर जाता है। (**निय्यासि**, **निय्यात**)।

निय्यातु, पु०, नेता, मार्गदर्शक, बाहर जाने वाला।

निय्यातेति (**निय्यादेति**, **नीयादेति** भी), क्रिया, सौंपता है, समर्पित करता है। (**निय्यातेसि**, **निय्यातित**, **निय्यादित**, **निय्यातेत्वा**, **निय्यादेत्वा**)।

निय्यान, नपुं०, बहिर्गमन, विदाई, मुक्ति।

निय्यानिक, वि०, मुक्ति की ओर अग्रसर करने वाला।

निय्यास, पु०, पेड़ों से निकलने वाला रस, गोंद आदि।

निय्यूह, पु०, शिखर, द्वार।

निरंकरोति, (**निराकरोति** भी), क्रिया, तिरस्कार करता है, उपेक्षा करता है। (**निरंकरि**, **निरंकत**, **निरंकत्वा**)।

निरग्गल, वि०, बाधा-रहित, मुक्त।

निरत, वि०, लगा हुआ।

निरत्थ, वि०, निरर्थक।

निरत्थक, वि०, निरर्थक।

निरन्तर, वि०, लगातार।

निरन्तरं, क्रिया-विशेषण, लगातार।

निरपराध, वि०, निर्दोष।

निरपेक्ख, वि०, अपेक्षा-रहित, जिसको परवाह न हो।

निरब्बुद, वि०, बाधा-रहित, दुख-रहित, एक विशाल संख्या, निरय-विशेष।

निरय, पु०, नरक।

निरय-गामी, वि०, नरक-गामी।

निरय-दुक्ख, नपुं०, नरक का दुख।

निरय-पाल, पु०, नरक का अधिपति।

निरय-भय, नपुं०, नरक का भय।

निरय-संवत्तनिक, वि०, नरक की ओर ले जाने वाला।

निरवसेस, वि०, सम्पूर्ण।

निरसन, वि०, निराहार।

निरस्साद, वि, बे-स्वाद।

निराकति, स्त्री०, दूर करना।

निराकुल, वि०, उलझन-रहित, बाधा-

रहित ।

निरातङ्क, वि०, रोग-रहित, स्वस्थ ।

निरामय, वि०, निरोग ।

निरामिस, वि०, मांस-रहित, अभौतिक ।

निरारम्भ, वि०, बिना पशुओं की हत्या किये ।

निरालम्ब, वि०, निराधार ।

निरालय, वि०, आसक्ति-रहित, गृह-रहित ।

निरास, वि०, आशा-रहित, इच्छा-रहित ।

निरासङ्क, वि०, शंका-रहित ।

निरासंस, वि०, इच्छा-रहित, आशा-रहित ।

निरासव, वि०, आसव-रहित, चित्त-मैल रहित ।

निराहार, वि०, आहार-रहित, व्रती ।

निरिन्धन, वि०, ईंधन-रहित ।

निरुज्झति, वि०, निरोध को प्राप्त होता है ।
(**निरुज्झि, निरुद्ध, निरुज्झित्वा**) ।

निरुज्झन, नपुं०, निरोध ।

निरुत्तर, वि०, उत्तर-विहीन, सर्वोत्तम ।

निरुत्ति, स्त्री०, निरुक्त-शास्त्र, बोली, व्याकरण सम्बन्धी विश्लेषण ।

निरुत्ति-पटिसम्भिदा, निरुक्त का ज्ञान ।

निरुदक, वि०, जल-रहित ।

निरुद्ध, कृदन्त, निरोध को प्राप्त हुआ ।

निरुपद्दव, वि०, उपद्रव-रहित ।

निरुपधि, वि०, राग-रहित, आसक्ति-रहित ।

निरुपम, वि०, उपमा-रहित ।

निरुस्सास, वि०, आश्वास-प्रश्वास-रहित ।

निरुस्सुक, वि०, औत्सुक्य-रहित, उपेक्षा-युक्त ।

निरोग, वि०, स्वस्थ ।

निरोज, वि०, स्वाद-रहित, बे-मज़ा ।

निरोध, पु०, पुनरुत्पत्ति का रुक जाना ।

निरोध-धम्म, वि०, निरोध-स्वभाव ।

निरोध-समापत्ति, विज्ञान के निरुद्ध होने की स्थिति ।

निरोधेति, क्रिया, निरोध को प्राप्त करता है ।
(**निरोधेसि, निरोधित, निरोधेत्वा**) ।

निलय, पु०, घर, निवास-स्थान ।

निलीयति, क्रिया, छिपता है ।
(**निलीयि, निलीन, निलीयित्वा**) ।

निल्लज्ज, वि०, निर्लज्ज, बेशरम ।

निल्लेहक, वि०, चाटने वाला ।

निल्लोप, पु०, लूटना, डाका डालना ।

निवत्त, कृदन्त, रुक जाना ।

निवत्तति, क्रिया, रुक जाता है, लौट पड़ता है ।
(**निवत्ति, निवत्तन्त, निवत्तित्वा, निवत्तितुं**) ।

निवत्तन, नपुं०, रुकना, वापिस होना ।

निवत्ति, स्त्री०, रुकना, वापिस होना ।

निवत्तेति, क्रिया, रोकता है, लौटाता है ।
(**निवत्तेसि, निवत्तित, निवत्तेन्त, निवत्तेत्वा**) ।

निवत्थ, कृदन्त, वस्त्र पहने हुए ।

निवसति, क्रिया, रहता है, वास करता है ।

(**निवसि, निवुत्थ, निवसन्त निवसित्वा**)।

निवह, पु०, ढेर, संग्रह।

निवातक, नपुं०, सुरक्षित स्थान।

निवातवुत्ति, वि०, विनम्र।

निवाप, पु०, पशुओं का आहार, श्राद्ध।

निवारण, नपुं०, रोकना।

निवारिय, वि०, रोकने योग्य।

निवारेति, क्रिया, रोकता है। (**निवारेसि, निवारित, निवारेत्वा**)।

निवारेतु, पु०, रोकने वाला।

निवास, पु०, रहना, रहने की जगह।

निवास-भूमि, स्त्री०, रहने की जगह।

निवासन, नपुं०, अन्तर्वसन, अन्दर पहनने का कपड़ा, रहने की जगह।

निवासिक, पु०, रहने वाला।

निवासेति, क्रिया, वस्त्र पहनता है। (**निवासेसि, निवासित, निवत्थ, निवासेन्त, निवासित्वा**)।

निविट्ठ, कृदन्त, स्थिर हुआ।

निविसति, क्रिया, घुसता है, रुकता है।

निवुत, कृदन्त, घिरा हुआ।

निवुत्थ, कृदन्त, रहा हुआ।

निवेदक, वि०, निवेदन करने वाला।

निवेदेति, क्रिया, निवेदन करता है। (**निवेदेसि, निवेदित, निवेदित्वा, निवेदिय**)।

निवेस, पु०, निवास-स्थल, घुसना, रुकना।

निवेसन, नपुं०, घर, घुसना।

निवेसेति, क्रिया, स्थापित करता है, घुसाता है, निर्धारित करता है। (**निवेसेसि, निवेसित, निवेसित्वा**)।

निसग्ग, पु०, देना, प्रकृति, निसर्ग।

निसज्ज, पूर्व० क्रिया, बैठकर।

निसज्जा, स्त्री०, बैठना, बैठने का अवसर, बैठने की जगह, सीट।

निसद, पुं०, चक्की (विशेषतः चक्की का निचला पाट)।

निसद-पोत, पु०, चक्की का ऊपर का पाट।

निसभ, पु०, वृषभ।

निसम्म, पूर्व० क्रिया तथा क्रिया-विशेषण, विचार करके।

निसम्मकारी, वि०, सोच-विचारकर करने वाला।

निसा, स्त्री०, निशा, रात्रि।

निसाकर, पु०, चन्द्रमा।

निसाण, पु०, सान चढ़ाने का पत्थर, सिल्ली।

निसाद, सात स्वरों में से एक, एक गैर-आर्य जाति-विशेष, चोर-डाकू।

निसानाथ, पु०, चन्द्रमा।

निसामक, वि०, द्रष्टा, दर्शक, ध्यान लगाकर सुनने वाला।

निसामन, नपुं०, देखना तथा सुनना।

निसामेति, क्रिया, सुनता है। (**निसामेसि, निसामित, निसामेन्त, निसामेत्वा**)।

निसित, वि०, तेज।

निसिन्न, कृदन्त, बैठा हुआ।

निसिन्नक, वि०, बैठा हुआ।

निसीथ, पु०, मध्य-रात्रि।

निसीदति, क्रिया, बैठता है। (**निसीदि, निसीदितब्ब, निसीदित्वा, निसीदिय**)।

निसीदन, नपुं०, बैठना, बैठने की चटाई वगैरह।

निसीदापन, नपुं०, बैठाना।

निसीदापेति, क्रिया, बैठाता है। (**निसीदापेसि, निसीदापित, निसीदापेत्वा**)।

निसूदन, नपुं०, हत्या करना।

निसेध, पु०, रोक-थाम।

निसेधक, वि०, निषेध करने वाला।

निसेधेति, क्रिया, निषेध करता है। (**निसेधेसि, निसेधित, निसेधेन्त, निसेधेत्वा**)।

निसेवति, क्रिया, संगति करता है। (**निसेवि, निसेवित, निसेवित्वा**)।

निसेवन, नपुं०, संगति करना, उपयोग करना, अभ्यास करना।

निस्सग्ग, पु०, परित्याग।

निस्सग्गिय, वि०, परित्याग करने योग्य।

निस्सङ्ग, वि०, संग-रहित।

निस्सज्जति, क्रिया, ढीला छोड़ता है, त्याग देता है, देता है। (**निस्सज्जि, निस्सट्ठ, निस्सज्ज, निस्सज्जित्वा**)।

निस्सट्ठ, कृदन्त, बाहर निकला हुआ, दिया हुआ, परित्यक्त।

निस्सत्त, वि०, सत्त्व(प्राणी)-विहीन।

निस्सद्द, वि०, निःशब्द, शान्त।

निस्सन्द, पु०, परिणाम, रिसना।

निस्सय, पु०, आश्रय, संरक्षण।

निस्सयति, क्रिया, आश्रय ग्रहण करता है, सहारा लेता है।

निस्सरण, नपुं०, बाहर जाना, विदाई।

निस्सरति, क्रिया, विदा होता है। (**निस्सरि, निस्सट, निस्सरित्वा**)।

निस्साय, अव्यय, उसके द्वारा, उससे।

निस्सार, वि०, सार-रहित।

निस्सारज्ज, वि०, विश्वस्त, दावे के साथ।

निस्सारण, नपुं०, बाहर निकालना।

निस्साव, पु०, चावल का माँड़।

निस्सित, कृदन्त, आश्रित।

निस्सितक, वि०, आश्रय ग्रहण करने वाला, अनुयायी, शिष्य।

निस्सिरीक, वि०, अभाग्यपूर्ण, दुखी, वैभव-हीन।

निस्सेणि (**निस्सेणी** भी), स्त्री०, सीढ़ी।

निस्सेस, वि०, सम्पूर्ण।

निस्सेसं, वि०, सम्पूर्ण रूप से।

निस्सोक, वि०, शोक-रहित।

निहत, कृदन्त, निरहकारी, जिसकी मान-मर्यादा कुचल दी गई हो।

निहतमान, वि०, विनम्र।

निहनति, क्रिया, जान से मार डालता है। (**निहनि, निहंत्वा**)।

निहीन, वि०, नीच, तुच्छ, थोड़ा, महत्त्वहीन।

निहीन-कम्म, नपुं०, नीच-कर्म, पाप-कर्म।

निहीन-पञ्ञ, वि०, दुर्बुद्धि।

निहीन-सेवी, वि०, कुसंगति में रहने वाला।

निहीयति, क्रिया, नाश को प्राप्त होता है। (**निहीयि, निहीन, निहीयमान**)।

नीघ, पु०, दुख, अव्यवस्था ।

नीच, वि०, निकृष्ट ।

नीचकुल, नपुं०, नीच जाति ।

नीचकुलीनता, स्त्री०, नीच कुल में जन्म ग्रहण करने का भाव ।

नीचासन, नपुं०, नीचा आसन ।

नीत, कृदन्त, ले जाया गया ।

नीतत्थ, पु०, अनुमानित अर्थ ।

नीति, स्त्री०, कानून, मार्ग दर्शन ।

नीति-सत्थ, नपुं०, नीति-शास्त्र ।

नीप, पु०, कदम्ब-वृक्ष ।

नीयति, क्रिया, ले जाया जाता है ।

नीयाति, देखो निय्याति ।

नीर, नपुं०, जल ।

नील, वि०, नीला ।

नील-कसिण, नपुं०, ध्यान लगाने के लिए नील-वर्ण गोलाकार ।

नील-गीव, नपुं०, नील-ग्रीवा, मोर ।

नील-मणि, पु०, नीलम ।

नील-वण्ण, वि०, नील-वर्ण, नीले रंग का ।

नील-वल्ली, स्त्री०, नील-वर्ण लता ।

नील-सप्प, पु०, नीला साँप ।

नीलिनी, नीली, स्त्री०, नील का पौधा ।

नीलुप्पल, नपुं०, नील कमल ।

नीवरण, नपुं०, बाधा ।

नीवार, पु०, धान्य-विशेष ।

नीहट, कृदन्त, बाहर निकला हुआ ।

नीहरण, नपुं०, बाहर निकालना ।

नीहरति, क्रिया, बाहर ले जाता है । (**नीहरि, नीहरन्त, नीहरित्वा**) ।

नीहार, पु०, बाहर निकालना, पथ, ढंग ।

नीहित, कृदन्त, रखा हुआ, व्यवस्थित ।

नीळ, नपुं०, नीड़, घोंसला ।

नीलज, पु० पक्षी ।

नुद, वि०, निकाल बाहर करने वाला, दूर करने वाला ।

नुदक, देखो नुद ।

नुदति, क्रिया, दूर हाँक देता है, भगा देता है । (**नुदि, नुदित्वा**) ।

नुन्न, कृदन्त, हाँका गया, भगाया गया ।

नूतन, वि०, नया ।

नून, अव्यय, निश्चय से ।

नूपुर, नपुं०, पैंजनी, पैर में पहनने का स्त्रियों का गहना ।

नूही, स्त्री०, समन्तदुग्धा, सेंहुड़ ।

नेक, वि०, अनेक ।

नेकाकार, वि०, अनेक प्रकार का ।

नेकतिक, पु०, ठग; वि०, ठग (आदमी) ।

नेकायिक, वि०, सुत्तपिटक के पाँचों निकायों का जानकार, स्मृतिकार ।

नेक्ख, नपुं०, निकष, स्वर्ण-मुद्रा ।

नेक्खम्म, नपुं०, संसार-त्याग ।

नेक्खम्म-वितक्क, नपुं०, अभिनिष्क्रमण सम्बन्धी विचार ।

नेक्खम्म-सङ्कप्प, पु०, अभिनिष्क्रमण सम्बन्धी संकल्प ।

नेक्खम्म-सुख, नपुं०, अभिनिष्क्रमण का सुख ।

नेगम, वि०, निगम सम्बन्धी; पु०, निगम का बाशिंदा, निगम-सभा ।

नेति, क्रिया, ले जाता है । (**नेसि, नीत, नेन्त, नेतब्ब, नेत्वा**) ।

नेतु, पु०, नेता ।

नेत्त, पु०, पथ-दर्शक; नपुं०, नेत्र, आँख ।

नेत्त-तारा, स्त्री०, आँख का तारा ।

नेत्ति, स्त्री०, तृष्णा ।

नेत्तिक, पु०, खेत सींचने के लिए नाली बनाने वाला ।

नेत्तिंस, पु०, तलवार ।

नेपक्क, नपुं०, बुद्धिमानी, सूझ-बूझ ।

नेपच्छ, नपुं०, पहनावा ।

नेपुञ्ञ, नपुं०, निपुणता, दक्षता ।

नेमि, स्त्री०, पहिये की हाल ।

नेमित्तिक, पु०, ज्योतिषी ।

नेमिंधर, पु०, पर्वत-विशेष का नाम ।

नेय्य, वि०, ले जाया गया ।

नेरञ्जरा, बुद्धत्व-प्राप्ति के बाद भगवान् बुद्ध इसी नदी के तट पर थे ।

नेरयिक, वि०, निरय में उत्पन्न ।

नेरु, पु०, ऊँचे से ऊँचे पर्वत का नाम; देखो मेरु ।

नेरु जातक, स्वर्ण-वर्ण नेरु (मेरु) पर्वत की चमक-दमक के कारण किसी ने भी स्वर्ण-वर्ण राजहंस की ओर ध्यान नहीं दिया (३७९) ।

नेवासिक, पु०, रहने वाला ।

नेसज्जिक, वि०, बैठा रहने वाला ।

नेसाद, पु०, निषाद, शिकारी; देखो निसाद ।

नो, अव्यय, नहीं ।

नोनीत, नपुं०, मक्खन ।

न्यास, पु०, धरोहर ।

न्हात, देखो नहात ।

न्हान, देखो नहान ।

न्हारु, देखो नहारु ।

प

पंसु, पु०, धूलि ।

पकट्ठ, वि०, अति श्रेष्ठ ।

पकत, वि०, कृत, निर्मित ।

पकतत्त, वि०, सदाचारी ।

पकति, स्त्री०, प्राकृतिक या मूल रूप, स्वाभाविक या मूल स्थिति ।

पकति-गमन, नपं०, स्वाभाविक चाल ।

पकति-चित्त, नपुं०, स्वाभाविक चित्त; वि०, स्वाभाविक चित्त वाला ।

पकति-सील, नपुं० स्वाभाविक शील ।

पकतिक, वि०, प्राकृतिक ।

पकतिज, पु० तथा नपुं०, प्रकृति से उत्पन्न ।

पकप्पना, स्त्री०, तर्क, योजना, व्यवस्था ।

पकप्पेति, क्रिया, विचार करता है, योजना बनाता है, व्यवस्था करता है ।
(**पकप्पेसि, पकप्पित, पकप्पेत्वा**) ।

पकम्पति, क्रिया, काँपता है ।
(**पकम्पि, पकम्पित, पकम्पन**) ।

पकरण, नपुं०, अवसर, साहित्यिक कृति या व्याख्या ।

पकार, पु०, ढंग, पद्धति ।

पकास, पु०, चमक, कथन, व्याख्या ।

पकासक, पु०, प्रकाशक, घोषणा

करने वाला, व्याख्या करने वाला ।

पकासति, क्रिया, प्रकट होता है, प्रकाशित होता है ।
(**पकासि**, **पकासित**) ।

पकासन, नपुं०, प्रकाशन, घोषणा ।

पकासेति, क्रिया, प्रकट करता है, प्रकाशित करता है ।
(**पकासेसि**, **पकासित**, **पकासेन्त**, **पकासेत्वा**) ।

पकिण्णक, वि०, प्रकीर्ण, बिखरा हुआ ।

पकित्तेति, क्रिया, प्रशंसा करता है, व्याख्या करता है ।
(**पकित्तेसि**, **पकित्तित**, **पकित्तेन्त**, **पकित्तेत्वा**) ।

पकिरति, क्रिया, बिखेरता है, गिरने देता है ।
(**पकिरि**, **पकिण्ण**) ।

पकुध-कच्चायन, बुद्ध के समकालीन छह तैर्थिक सम्प्रदायों में से एक का मुखिया ।

पकुप्पति, क्रिया, क्रोधित होता है ।

पकुब्बति, क्रिया, करता है ।

पकुब्बमान, कृदन्त, करता हुआ ।

पकोटि, स्त्री०, संख्या-विशेष ।

पकोट्ठन्त, पु०, कलाई ।

पकोप, पु०, क्रोध, विद्वेष ।

पकोपन, नपुं०, क्रोधित करना ।

पक्क, कृदन्त, पका हुआ, उबाला हुआ (भात); नपुं०, पका (फल) ।

पक्कट्ठित, कृदन्त, बहुत उबला हुआ ।

पक्कम, पु०, चले जाना, प्रारम्भ करना ।

पक्कमन, नपुं०, विदाई ।

पक्कमति, क्रिया, विदा होता है ।
(**पक्कमि**, **पक्कन्त**, **पक्कमन्त**, **पक्कमित्वा**) ।

पक्कामि, कृदन्त, चला गया ।

पक्कोसति, क्रिया, बुलाता है ।
(**पक्कोसि**, **पक्कोसित**, **पक्कोसित्वा**) ।

पक्कोसन, नपुं०, बुलावट ।

पक्कोसना, स्त्री०, बुलावट ।

पक्ख, पु०, पक्ष, पहलू, पखवारा, (शुक्ल या कृष्ण); वि०, जो साफ दिखाई दे, सम्बन्धित; पु०, लँगड़ा आदमी ।

पक्खन्दति, क्रिया, कूदता है, छलाँग लगाता है ।
(**पक्खन्दि**, **पक्खन्त**, **पक्खन्दित्वा**) ।

पक्खन्दन, नपुं०, कूदना, छलाँग मारना, पीछा करना ।

पक्खन्दिका, स्त्री०, अतिसार, दस्त लग जाना, आँव पड़ना ।

पक्खन्दी, पु०, कूदने वाला, छलाँग मारने वाला ।

पक्ख-बिलाल, पु०, चिमगादड़ ।

पक्खलति, क्रिया, लड़खड़ाता है, साफ करता है, धोता है ।
(**पक्खलि**, **पक्खलित**, **पक्खलित्वा**) ।

पक्खलन, नपुं०, लड़खड़ाहट, धोना, साफ करना ।

पक्खालेति, धोता है, साफ करता है ।
(**पक्खालेसि**, **पक्खालित**, **पक्खालेत्वा**) ।

पक्खिक, वि०, पाक्षिक ।

पक्खिक-भत्त, नपुं०, एक पखवारे में एक बार दिया जाने वाला भोजन ।

पक्खित्त, कृदन्त, प्रक्षिप्त, फेंका गया ।

पक्खिपति, क्रिया, फेंकता है ।

(**पक्खिपि, पक्खिपन्त, पक्खिपित्वा**)।

पक्खिपन, नपुं०, फेंकना ।

पक्खि-भेद, पु०, पक्षियों का प्रकार ।

पक्खिय, वि०, देखो पक्खिक ।

पक्खी, पु०, पक्षी, पक्ष वाला ।

पक्खेप, पु०, देखो पक्खिपन ।

पखुम, नपुं०, बरौनी ।

पगब्भ, वि०, प्रगल्भ, साहसी, दुस्साहसी ।

पगाळ्ह, कृदन्त, डूबा हुआ ।

पगाहति, डुबकी मारता है ।

(**पगाहि, पगाहन्त, पगाहित्वा**) ।

पगिद्ध, कृदन्त, अत्यन्त लोभी ।

पगुण, वि०, अभ्यस्त, ज्ञान से परिपूर्ण ।

पगुणता, स्त्री०, दक्षता ।

पगुम्ब, पु०, झाड़ी ।

पगेव, अव्यय, समय से अति पूर्व, कहना ही क्या ।

पग्गण्हाति, क्रिया, ग्रहण करता है, धारण करता है, अनुबल देता है ।

(**पग्गण्हि, पग्गण्हन्त, पग्गहेत्वा, पग्गय्ह, पग्गहेतब्ब**) ।

पग्गह, पु०, प्रयत्न, सामर्थ्य, उठाना, पकड़ना, अनुबल देना ।

पग्गहण, नपुं०, ग्रहण करना, अनुबल देना ।

पग्गहित, कृदन्त, गृहीत, धरा हुआ, पकड़ा हुआ ।

पग्गाह, पु०, पराक्रम, उत्साह ।

पग्घरण, नपुं०, चूना, रिसना ।

पग्घरणक, वि०, चूता हुआ, रिसता हुआ ।

पग्घरति, क्रिया, चूता है, बूंद-बूंद गिरता है, रिसता है ।

पघण, पु०, घर के सामने का छज्जा ।

पघाण, पु०, अलिन्द, बरामदा ।

पङ्क, पु०, कीचड़, गारा, मैला ।

पङ्कज, नपुं०, कमल ।

पङ्करुह, देखो पंकज ।

पङ्गु, वि०, लँगड़ा ।

पङ्गुल, देखो, पंगु ।

पचति, क्रिया, पकाता है ।

(**पचि, पचित, पक्क, पचन्त, पचितब्ब, पचित्वा**) ।

पचन, नपुं०, पकाना ।

पचरति, क्रिया, अभ्यास करता है, देखता है, चलता है ।

पचरि, अतीत० क्रिया, चला ।

पचलायति, क्रिया, ऊँघता है ।

पचलायिका, स्त्री०, ऊँघना ।

पचा, स्त्री०, पकाना ।

पचापेति, क्रिया, पकवाता है ।

(**पचापेसि, पचापेत्वा**) ।

पचारक, पु०, प्रचारक, विज्ञापक ।

पचारेति, क्रिया, प्रचार करता है, जाता है ।

पचालक, वि०, झूलता, हिलता ।

पचालकं, क्रिया-विशेषण, झूलते हुए के रूप में ।

पचिनति, क्रिया, चुगता है, (फूल) तोड़ता है, संग्रह करता है ।

पचिनाति, क्रिया, देखो पचिनति ।

पचुर, वि०, बहुत, नाना प्रकार का ।

पच्चक्ख, वि०, प्रत्यक्ष ।

पच्चक्ख-कम्म, नपुं०, प्रत्यक्ष करना ।

पच्चक्खाति, क्रिया, प्रत्याख्यान करता है, निषेध करता है ।

(**पच्चक्खासि, पच्चक्खात, पच्चक्खाय**) ।

पच्चक्खान, नपुं०, प्रत्याख्यान, निषेध, इनकार ।

पच्चग्घ, वि०, नया, सुन्दर, मूल्यवान, महँगा ।

पच्चङ्ग, नपुं०, प्रत्यंग ।

पच्चति, क्रिया, पकाया जाता है, कष्ट पाता है ।

(**पच्चि, पच्चित्वा, पच्चमान**) ।

पच्चत्त, वि०, पृथक्, व्यक्तिगत ।

पच्चत्तं, क्रिया-विशेषण, पृथक्-पृथक्, व्यक्तिगत तौर पर ।

पच्चत्थरण, नपुं०, आस्तरण, बिछाने की चादर ।

पच्चत्थिक, पु०, शत्रु, विरोधी ।

पच्चन, नपुं०, उबलना, कष्ट पाना ।

पच्चनिक, वि०, उल्टा, निषेधात्मक; पु०, विरोधी, शत्रु ।

पच्चनुभवति, क्रिया, अनुभव करता है ।

(**पच्चनुभवि, पच्चनुभवित्वा**) ।

पच्चन्त, पु०, प्रत्यन्त-देश सीमा-प्रदेश ।

पच्चन्त-जनपद, मज्झिम-देश की सीमा से बाहर का प्रदेश ।

पच्चन्त-वासी, पु०, प्रत्यन्त-देश का वासी, देहाती ।

पच्चन्त-विसय, पु०, प्रत्यन्त-देश ।

पच्चन्तिम, वि०, बहुत दूर स्थित ।

पच्चय, पु०, हेतु, कारण, उद्देश्य, आवश्यकता, साधन, आश्रय ।

पच्चयता, स्त्री०, हेतुत्व ।

पच्चयाकार, पु०, कारणों का प्रकार ।

पच्चयुप्पन्न, वि०, कारण से उत्पन्न ।

पच्चयिक, त्रि०, विश्वसनीय ।

पच्चरी, देखो महापच्चरी (अविद्यमान अट्ठकथा) ।

पच्चवेक्खति, क्रिया, विचार करता है, विवेचन करता है ।

(**पच्चवेक्खि, पच्चवेक्खित, पच्चवेक्खित्वा, पच्चवेक्खिय**) ।

पच्चवेक्खना, स्त्री०, विचार, विवेचन ।

पच्चस्सोसि, अतीत० क्रिया, प्रतिश्रुति दी, वचन दिया ।

पच्चाकत, कृदन्त, परित्यक्त, पराजित ।

पच्चाकोटित, कृदन्त, चिकना किया हुआ, स्त्री किया हुआ ।

पच्चागच्छति, क्रिया, वापिस आता है, पीछे हटता है ।

(**पच्चागच्छि, पच्चागत, पच्चागन्त्वा**) ।

पच्चागमन, नपुं०, वापसी, लौटना ।

पच्चाजायति, क्रिया, पुनर्जन्म ग्रहण करता है ।

(**पच्चाजायि, पच्चाजात, पच्चाजायित्वा**) ।

पच्चादेस, पु०, प्रतिक्षेप करना, अस्वीकृति ।

पच्चामित्त, पु०, शत्रु, विरोधी ।

पच्चासिंसति, क्रिया, आशा करता है, इच्छा करता है, इन्तजार करता है ।

पच्चाहरति, क्रिया, वापिस लाता है ।

(**पच्चाहरि, पच्चाहट, पच्चाहरित्वा**) ।

पच्चाहार, पु०, बहाना, क्षमा-याचना।

पच्चुग्गच्छति, क्रिया, स्वागत करने जाता है।
(**पच्चुग्गन्त्वा**)।

पच्चुग्गमन, नपुं०, स्वागत करना।

पच्चुट्ठाति, क्रिया, सम्मान प्रदर्शित करने के लिए खड़ा होता है।
(**पच्चुट्ठासि**, **पच्चुट्ठित**, **पच्चुट्ठाय**)।

पच्चुट्ठान, नपुं०, आदर।

पच्चुपकार, पु०, प्रत्युपकार, उपकार का बदला।

पच्चुपट्ठाति, क्रिया, उपस्थित रहता है, सेवा में रहता है।
(**पच्चुपट्ठासि**, **पच्चुपट्ठित**, **पच्चुपट्ठित्वा**)।

पच्चुपट्ठान, नपुं०, सेवा में उपस्थित रहना।

पच्चुपट्ठापेति, क्रिया, सम्मुख उपस्थित करता है।

पच्चुप्पन्न, वि०, वर्तमान, मौजूदा।

पच्चूस, पु०, प्रत्यूष, बहुत सुबह।

पच्चूस-काल, पु०, प्रातःकाल।

पच्चूह, पु०, बाधा, रुकावट।

पच्चेक, वि०, प्रत्येक, पृथक्-पृथक्।

पच्चेक-बुद्ध, पु०, जिसने बोधि तो प्राप्त की हो लेकिन दूसरों को उस बोधि का उपदेश न दे।

पच्चेति, क्रिया, परिणाम पर पहुँचता है।

पच्चोरोहति, क्रिया, नीचे उतरता है।
(**पच्चोरोहि**, **पच्चोरूळ्ह**, **पच्चोरोहित्वा**, **पच्चोरुय्ह**)।

पच्चोसक्कति, क्रिया, वापिस लौटता है।
(**पच्चोसक्कि**, **पच्चोसक्कित**, **पच्चोसक्कित्वा**)।

पच्चोसक्कना, स्त्री०, वापिस लौटना।

पच्छतो, अव्यय, पीछे से।

पच्छन्ना, कृदन्त, ढका हुआ।

पच्छा, अव्यय, बाद में, पीछे।

पच्छा-जात, वि०, बाद में पैदा हुआ।

पच्छाताप, पु०, पश्चाताप।

पच्छा-निपाती, पु०, बाद में सोने वाला।

पच्छानुताप, पु०, पश्चाताप।

पच्छाबन्ध, पु०, नाव का डाँडा।

पच्छा-बाहं, क्रिया-विशेषण, पीछे हाथ बँधा।

पच्छा-भत्तं, क्रिया-विशेषण, अपराह्न; नपुं०, अपराह्न-भोजन।

पच्छा-भाग, पु०, पिछला भाग।

पच्छाभाव, पु०, पश्चात्-भाव।

पच्छा-समण, पु०, अनुगामी श्रमण।

पच्छाद, पु०, रथ का झोल।

पच्छानुतप्पति, क्रिया, पश्चाताप करता है।

पच्छाया, स्त्री०, सायादार हिस्सा।

पच्छि, स्त्री०, हाथ की टोकरी।

पच्छिज्जति, क्रिया, छीजता है, बाधित होता है।
(**पच्छिज्जि**, **पच्छिन्न**, **पच्छिज्जित्वा**)।

पच्छिज्जन, नपुं०, बाधा, रुकावट।

पच्छिन्दति, क्रिया, छाँटता है, काट डालता है।
(**पच्छिन्दि**, **पच्छिन्न**, **पच्छिन्दित्वा**)।

पच्छिम, वि०, अंतिम, सबसे पीछे

का।

पच्छिमक, त्रि०, अंतिम, सबसे निम्न स्तर का।

पच्छेदन, नपुं०, काटना, तोड़ना।

पजग्घति, क्रिया, जोर से हँसता है।

पजप्पति, क्रिया, बक-बक करता है, उत्कट इच्छा करता है।
(**पजप्पि**)।

पजहति, क्रिया, छोड़ देता है, त्याग देता है।
(**पजहि, पजहित, पजहित्वा, पहाय, पजहन्त**)।

पजा, स्त्री०, सन्तान, प्राणी, मनुष्य।

पजानना, स्त्री०, ज्ञान, समझ।

पजानाति, क्रिया, स्पष्ट रूप से जानता है।

पजापति, १. पु०, सृष्टि का मालिक, २. स्त्री०, जिसके सन्तान हो।

पजायति, क्रिया, उत्पन्न होता है।

पजायन, नपुं०, जन्म, उत्पन्न होना।

पज्ज, नपुं०, पद्य।

पज्ज-बद्ध, पु०, काव्य।

पज्जलति, क्रिया, जलता है।
(**पज्जलि, पज्जलित, पज्जलन्त, पज्जलित्वा**)।

पज्जलन, नपुं०, जलना।

पज्जुन्न, पु०, वर्षा के बादल, इन्द्र।

पज्जोत, पु०, प्रदीप, प्रकाश, चमक-दमक।

पज्झायति, क्रिया, जलता है, क्षीण होता है, शोकाकुल होता है।
(**पज्झायि, पज्झायन्त**)।

पञ्च, वि०, पाँच।

पञ्चक, नपुं०, पाँच का समूह।

पञ्च-कल्याण, नपुं०, सौन्दर्य के पाँच चिह्न।

पञ्च-कामगुण, पु०, पाँच इन्द्रियों के भोग।

पञ्चक्खत्तुं, क्रिया-विशेषण, पाँच बार।

पञ्चक्खन्ध, पु०, पाँच स्कन्ध।

पञ्च गरु जातक, प्रत्येक बुद्ध का उपदेश माननेवाला राजकुमार राजा बना (१३२)।

पञ्च-गोरस, पु०, दूध, दही आदि पाँच गोरस पदार्थ।

पञ्चङ्ग, वि०, पाँच अंगों (हिस्सों) से युक्त।

पञ्चङ्गिक, देखो, पञ्चङ्ग।

पञ्चङ्गुलिक, वि०, पाँच अँगुलियों का निशान।

पञ्च-चक्खु, वि०, पाँच चक्षुओं वाला।

पञ्चचत्तालीसति, स्त्री०, पैंतालीस।

पञ्च-चूळक, वि०, सिर में बालों के पाँच जूड़ों वाला।

पञ्चतिंसति, स्त्री०, पैंतीस।

पञ्चदस, वि०, पन्द्रह।

पञ्चदसी, स्त्री०, पूर्णिमा।

पञ्च-धरण, नपुं०, तोल-विशेष।

पञ्चधा, अव्यय, पाँच तरह से।

पञ्चनवुति, स्त्री०, पंचानबे।

पञ्च-नीवरण, पाँच बंधन।

पञ्चपञ्ञासति, स्त्री०, पचपन।

पञ्च पण्डित जातक, यह जातक महा-उम्मग्ग जातक के एक अंश के रूप में दिया गया है (५०८)।

पञ्च-पतिट्ठित, नपुं०, पाँच अङ्गों से

प्रणाम ।

पञ्चप्पकरण, धम्मसङ्गणि व विभङ्ग को छोड़कर अभिधम्मपिटक की शेष पाँच पुस्तकों का सामूहिक नाम ।

पञ्च-बन्धन, नपुं०, पाँच प्रकार का बन्धन ।

पञ्च-बल, नपुं०, पांच बल ।

पञ्च-महापरिच्चाग, पु०, पाँच प्रकार के त्याग ।

पञ्च-महानदी, स्त्री०, गंगा, अचिरवती, यमुना आदि पाँच महानदियाँ ।

पञ्च-महाविलोक, नपुं०, पाँच प्रकार का अन्वेषण ।

पञ्च-वग्गिय, बुद्ध के प्रथम पांच शिष्यों का सामूहिक नाम । वे पाँच शिष्य थे—कोण्डञ्ञ, भद्दिय, वप्प, महानाम, अस्सजि ।

पञ्च-वण्ण, वि०, पाँच वर्ण ।

पञ्चविध, वि०, पाँच गुना ।

पञ्चवीसति, स्त्री०, पच्चीस ।

पञ्चसट्ठि, स्त्री०, पैंसठ ।

पञ्चसत, नपुं०, पांच सौ ।

पञ्चसिख, पु०, देव-गन्धर्व ।

पञ्च-सील नपुं०, पांच शील ।

पञ्च-सुवण्ण, पु०, पाँच सुवर्ण भर (एक तौल) ।

पञ्चसो, अव्यय, पाँच तरह से ।

पञ्च-हत्थ पु०, पांच हाथ लम्बा ।

पञ्चानन्तरिय, नपुं०, जो पाँच दुष्कर्म तुरन्त फल देते हैं : १. मातृ-हत्या, २. पितृ-हत्या, ३. अर्हत्-हत्या, ४. बुद्ध के शरीर को जख्मी करना तथा ५. संघ की एकता नष्ट करना ।

पञ्चाभिञ्ञा, स्त्री०, पांच दिव्य शक्तियाँ : १. प्रातिहार्य या करिश्मे रखने की शक्ति, २. दिव्य चक्षु, ३. दिव्य श्रोत्र, ४. दूसरों के विचार जान लेने की शक्ति तथा ५. पूर्व जन्म की अनुस्मृति ।

पञ्चाल, सोलह महाजनपदों में से एक । उत्तर-पंचाल तथा दक्षिण-पंचाल नामक दो हिस्सों में विभक्त था ।

पञ्चालिका, स्त्री०, गुड़िया, पुतली ।

पञ्चावुध, नपुं०, तलवार, बर्छी, कुल्हाड़ा आदि पाँच शस्त्र ।

पञ्चावुध जातक, पाँच हथियारों से युक्त राजकुमार का सिलेसलोम यक्ष से भयानक संघर्ष हुआ । अन्त में यक्ष ने कुमार को विजयी स्वीकार किया (५५) ।

पञ्चासीति, स्त्री०, पचासी ।

पञ्चाह, नपुं०, पाँच दिन ।

पञ्चुपोसथ जातक, कबूतर, साँप, गीदड़ और भालू के परस्पर मैत्रीपूर्ण ढंग से रहने की कथा (४९०) ।

पञ्जर, पु० तथा नपुं०, पिंजरा ।

पञ्जलिक, वि०, नमस्कार करने के लिए हाथ जोड़े हुए ।

पञ्ञ, वि०, (समास में), प्रज्ञावान ।

पञ्ञाता, स्त्री०, (समास में), प्रज्ञावान होना ।

पञ्ञत्त, कृदन्त, बनाया गया नियम, की गई घोषणा, बुद्धिमानी ।

पञ्ञत्ति, स्त्री०, संज्ञा, नियम, घोषणा ।

पञ्ञावन्तु, वि०, बुद्धिमान आदमी।

पञ्ञा, स्त्री०, प्रज्ञा, ज्ञान, अन्तर्दृष्टि।

पञ्ञाक्खन्ध, पु०, प्रज्ञा-स्कन्ध।

पञ्ञा-चक्खु, नपुं०, प्रज्ञा-चक्षु।

पञ्ञा-धन, नपुं०, प्रज्ञा-धन।

पञ्ञा-बल, नपुं०, प्रज्ञा-बल।

पञ्ञा-भेद, पु०, प्रज्ञा के प्रकार।

पञ्ञा-विमुत्ति, स्त्री०, प्रज्ञा-विमुक्ति।

पञ्ञा-सम्पदा, स्त्री०, प्रज्ञा-सम्पत्ति।

पञ्ञाण, नपुं०, चिह्न, निशान।

पञ्ञात, कृदन्त, प्रकट हुआ।

पञ्ञापक, वि०, नियुक्त करने वाला।

पञ्ञापन, नपुं०, घोषणा, (बैठने के लिए आसनों की) व्यवस्था।

पञ्ञापेति, क्रिया, नियम बनाता है, व्यवस्था करता है, घोषणा करता है।
(**पञ्ञापेसि, पञ्ञापित, पञ्ञत्त, पञ्ञापेन्त, पञ्ञापेत्वा**)।

पञ्ञापेतु, पु०, नियम-बद्ध करने वाला, घोषणा करने वाला।

पञ्ञायति, क्रिया, प्रकट होता है, स्पष्ट होता है।
(**पञ्ञायि, पञ्ञात, पञ्ञायमान, पञ्ञायित्वा**)।

पञ्ह, त्रिलिङ्गी, प्रश्न, जिज्ञासा।

पञ्ह-विस्सज्जन, नपुं०, प्रश्नों का उत्तर देना।

पञ्ह-व्याकरण, नपुं०, प्रश्नों का समाधान करना।

पट, पु० तथा नपुं०, वस्त्र, पहनावा।

पटग्गि, पु०, प्रति-अग्नि, आग के जवाब में आग।

पटङ्ग, पु०, झींगुर।

पटल, नपुं०, आवरण।

पटलिका, स्त्री०, ऊनी कढ़ी हुई चादर, दुशाला।

पटह, पु०, नगाड़ा।

पटाका, स्त्री०, पताका, झंडा।

पटि (पति भी), एक उपसर्ग (विरुद्ध, अनुकूल)।

पटिकङ्खति, क्रिया, इच्छा करता है।
(**पटिकङ्खि, पटिकङ्खित**)।

पटिकण्टक, वि०, विरोधी; पु०, शत्रु।

पटिकम्म, नपुं०, प्रति-कर्म, प्रायश्चित।

पटिकत, कृदन्त, प्रायश्चित किया गया।

पटिकर, वि०, प्रतिकार।

पटिकरोति, क्रिया, प्रतिकार करता है, मार्जन करता है।
(**पटिकरि, पटिकरोन्त**)।

पटिकस्सति, क्रिया, पीछे हटता है, पीछे खिचता है।
(**पटिकस्सि, पटिकास्सित**)।

पटिकार, पु०, प्रतिकार, इलाज।

पटिकुज्जति, क्रिया, झुकता है।
(**पटिकुज्जेसि, पटिकुज्जित, पटिकुज्जेत्वा, पटिकुज्जित्वा, पटिकुज्जिय**)।

पटिकुज्जन, नपुं०, झुकाना, उलट देना।

पटिकुज्झति, क्रिया, बदले में क्रोधित होता है।

पटिकुट्ठ, कृदन्त, घृणित, बदनाम, सदोष, डाँट खाया हुआ।

पटिक्कन्त, कृदन्त, वापिस लौटा हुआ।

पटिक्कम, पु०, एक ओर हट जाना,

पीछे लौटना।

पटिक्कमति, क्रिया, पीछे हटता है।

(**पटिक्कमि, पटिक्कमन्त, पटिक्कमित्वा**)।

पटिक्कमन, नपुं०, प्रतिक्रमण, पीछे हटना।

पटिक्कमन-साला, स्त्री०, विश्राम-शाला।

पटिक्कूल, वि०, प्रतिकूल।

पटिक्कूलता, स्त्री०, प्रतिकूलता।

पटिक्कूल-सञ्ञा, स्त्री०, शरीर की गंदगी से सम्बन्धित चेतना।

पटिक्कोसना, स्त्री०, विरोध-प्रदर्शन।

पटिक्कोसति, क्रिया, बुरा-भला कहता है, दोषारोपण करता है।

(**पटिक्कोसि, पटिक्कुट्ठ, पटिकोसित्वा**)।

पटिक्खिपति, क्रिया, प्रतिक्षेप करता है।

(**पटिक्खिपि, पटिक्खित्त, पटिक्खिपित्वा, पटिक्खित्वा**)।

पटिक्खेप, पु०, प्रतिक्षेप, निषेध।

पटिगच्च, अव्यय, पहले से, देखो पटिकच्च।

पटिगिज्झति, क्रिया, इच्छा करता है, लोभ करता है।

(**पटिगिज्झि, पटिगिद्ध, पटिगिज्झित्वा**)।

पटिगूहति, क्रिया, छिपाता है, पीछे रहता है।

(**पटिग्गूहि, पटिग्गूहित, पटिग्गूहित्वा**)।

पटिग्गण्हन, नपुं०, प्रतिग्रहण, स्वागत।

पटिग्गण्हक, वि०, स्वागत करने वाला, प्रतिग्रहण करने में समर्थ।

पटिग्गण्हाति, क्रिया, लेता है, प्राप्त करता है, स्वीकार करता है।

(**पटिगण्हि, पटिग्गहित, पटिग्गण्हन्त, पटिगहेत्वा, पटिगण्हिय, पटिग्गय्ह**)।

पटिग्गह, पु०, जो ग्रहण करे, पात्र (पानी वगैरह का), पीकदान।

पटिग्गहण, देखो, पटिगण्हन।

पटिग्गहेतु, पु०, स्वीकार करने वाला, स्वागत करने वाला।

पटिघ, पु०, क्रोध, विरोध, द्वेष।

पटिघात, पु०, प्रतिघात, टक्कर।

पटिघोस, पु०, गूँज।

पटिचरति, क्रिया, प्रश्नों का जवाब देने से कतराना, घूमना।

पटिचोदेति, क्रिया, बदले में इलजाम लगाना।

(**पटिचोदेसि, पटिचोदित, पटिचोदेत्वा**)।

पटिच्च, (अव्यय, पूर्व० क्रिया), हेतु से।

पटिच्च-समुप्पन्न, वि०, हेतु से उत्पन्न।

पटिच्च-समुप्पाद, पु०, हेतु से उत्पत्ति का नियम।

पटिच्छति, क्रिया, स्वीकार करता है, ग्रहण करता है।

पटिच्छन्न, कृदन्त, ढका हुआ।

पटिच्छादक, वि०, छिपाने वाला।

पटिच्छादनिय, नपुं०, मांस का सूप, टखनी।

पटिच्छादेति, क्रिया, ढकता है, छिपाता है।

(पटिच्छादित, पटिच्छन्न, पटिच्छादेन्त, पटिच्छादेत्वा, पटिच्छादिय) ।

पटिजग्गक, पु०, पालन-पोषण करने वाला ।

पटिजग्गति, क्रिया, पालन-पोषण करता है ।
(**पटिजग्गि, पटिजग्गित, पटिजग्गित्वा, पटिजग्गिय**) ।

पटिजग्गन, नपुं०, पालन-पोषण करना ।

पटिजग्गनक, वि०, देख-भाल रखने वाला, पालन-पोषण करने वाला ।

पटिजग्गिय, वि०, पालन-पोषण करने योग्य, मरम्मत करने योग्य ।

पटिजानाति, क्रिया, स्वीकार करता है, वचन देता है, सहमत होता है ।
(**पटिजानि, पटिञ्ञात, पटिजानन्त, पटिजानित्वा**) ।

पटिञ्ञा, वि०, विश्वास दिलाने वाला, (जैसे, समण-पटिञ्ञ = झूठ-मूठ श्रमण होने की बात करने वाला) ।

पटिञ्ञा, स्त्री०, प्रतिज्ञा, सहमति, अनुमति ।

पटिञ्ञात, कृदन्त, प्रतिज्ञात, सहमत हुआ ।

पटिददाति, क्रिया, वापिस देता है ।
(**पटिददि, पटिदिन्न, पटिदत्वा**) ।

पटिदण्ड, पु०, प्रतिकार ।

पटिदस्सेति, क्रिया, अपने आपको प्रकट करता है ।
(**पटिदस्सेसि, पटिदस्सित, पटिदस्सेत्वा**) ।

पटि-दान, नपुं०, पुरस्कार ।

पटिदिस्सति, क्रिया, दिखाई देता है ।

पटिदिस्सि, कृदन्त, दिखाई दिया ।

पटिदेसेति, क्रिया, स्वीकार करता है, मान लेता है, कबूल कर लेता है ।
(**पटिदेसेसि, पटिदेसित, पटिदेसेत्वा**) ।

पटिधावति, क्रिया, पीछे की ओर दौड़ता है, समीप दौड़ता है ।
(**पटिधावि, पटिधावित्वा**) ।

पटिनन्दति, क्रिया, प्रसन्न होता है ।
(**पटिनन्दि, पटिनन्दित, पटिनन्दित्वा**) ।

पटिनन्दना, स्त्री०, आनन्दित होना ।

पटिनासिका, स्त्री०, बनावटी नाक ।

पटिनिधि, पु०, प्रतिमूर्ति ।

पटिनिवत्त, कृदन्त, लौटा हुआ, वापिस आया हुआ ।

पतिनिवत्तति, क्रिया, वापिस लौटता है
(**पटिनिवत्ति, पटिनिवत्तित्वा**) ।

पटिनिस्सग्ग, पु०, परित्याग ।

पटिनिस्सज्जति, क्रिया, त्याग देता है, छोड़ देता है ।
(**पटिनिस्सज्जि, पटिनिस्सट्ठ, पटिनिस्सजित्वा, पटिनिस्सज्जिय**) ।

पटिनेति, क्रिया, वापिस ले जाता है ।
(**पटिनेसि, पटिनीत, पटिनेत्वा**) ।

पतिपक्ख, वि०, विरोधी, पु०, शत्रु ।

पटिपक्खिक, वि०, विरोधी पक्ष का ।

पटिपज्जति, क्रिया, मार्ग रूढ़ होता है ।
(**पटिपज्जि, पतिपन्न, पटिपज्जमान, पटिपज्जित्वा**) ।

पटिपज्जन, नपुं०, पद्धति, अभ्यास, आचरण ।

पटिपण्ण, नपुं०, पत्र का उत्तर ।

पटिपत्ति, स्त्री०, आचरण, धार्मिक

क्रिया-कलाप ।

पटिपथ, पु०, उल्टा रास्ता, सामने का रास्ता ।

पटिपदा, स्त्री०, आचरण, जीवन-मार्ग ।

पटिपन्न, कृदन्त, मार्गारूढ़ ।

पटिपहरति, क्रिया, उल्टा प्रहार करता है ।

(पटिपहरि, पटिपहट, पटिहरित्वा) ।

पटिपहिणाति, क्रिया, वापिस भेजता है ।

(पटिपहिणि, पटिपहित, पटिपहिणित्वा) ।

पटिपाटि, स्त्री०, क्रम ।

पटिपाटिया, क्रिया-विशेषण, क्रमशः ।

पटिपाद, पु०, पलंग या चारपाई का सहारा ।

पटिपादक, पु०, व्यवस्थापक ।

पटिपादन, नपुं०, प्रतिपादन, शिक्षण देना ।

पटिपादेति, क्रिया, व्यवस्था करता है, सामग्री पहुँचाता है ।

(पटिपादेसि, पटिपादित, पटिपादेत्वा) ।

पटिपीळन, नपुं०, त्रास देना, पीड़ा देना ।

पटिपीळेति, क्रिया, त्रास देता है, पीड़ा देता है, दमन करता है ।

(पटिपीळेसि, पटिपीळित, पटिपीळेत्वा) ।

पटिपुग्गल, पु०, प्रतिस्पर्धी ।

पटिपुच्छति, क्रिया, बदले में प्रश्न पूछता है ।

(पटिपुच्छि, पटिपुच्छित) ।

पटिपुच्छा, स्त्री०, बदले में पूछा गया प्रश्न, प्रश्न के उत्तर में पूछा गया प्रश्न ।

पटिपूजना, स्त्री०, आदर प्रदर्शित करना, गौरव करना ।

पटिपूजेति, क्रिया, आदर करता है, गौरव करता है ।

(पटिपूजेसि, पटिपूजित, पटिपूजेत्वा) ।

पटिपेसेति, क्रिया, वापिस भेजता है ।

पटिपस्सद्ध, कृदन्त, शान्त हुआ ।

पटिपस्सद्धि, स्त्री०, शान्ति ।

पटिपस्सम्भति, क्रिया, शान्त होता है ।

पटिपस्सम्भना, स्त्री०, देखो पटिपस्सद्धि ।

पटिबद्ध, कृदन्त, बँधा हुआ, आकर्षित ।

पटिबद्ध-चित्त, वि०, अनुरक्त ।

पटिबल, वि०, योग्य, सामर्थ्यवान ।

पटिबाहक, वि०, विरोध करने वाला, रुकावट डालने वाला, हटाने वाला ।

पटिबाहति, क्रिया, दूर करता है, हटाता है, बचाता है ।

(पटिबाहि, पटिबाहित, पटिबाहन्त, पटिबाहित्वा, पटिबाहिय) ।

पटिबिम्ब, नपुं०, प्रतिबिम्ब, छाया ।

पटिबिम्बित, वि०, जिसकी छाया पड़ी हो ।

पटिबुज्झति, क्रिया, समझता है, जागता है ।

(पटिबुज्झि, पटिबुज्झित्वा) ।

पटिबुद्ध, कृदन्त, ज्ञानी, जागा हुआ ।

पटिभय, नपुं०, डर, भय ।

पटिभाग, वि०, समान, एक जैसा ।

पटिभाग, पु०, समानता, एकरूपता, मुकाबले का भाग।

पटिभाति, क्रिया, सूझता है, स्पष्ट होता है।

पटिभासि, अतीत० क्रिया, सूझा।

पटिभाण, नपुं०, प्रत्युत्पन्न-मति, हाजिरजवाबी।

पटिभाणवन्तु, नपुं०, प्रत्युत्पन्न-मति (वाला), क्षिप्र-प्रज्ञ।

पटिभासति, क्रिया, उत्तर देता है।

पटिभासि, अतीत० क्रिया, उत्तर दिया।

पटिभू, पु०, जामिन।

पटिमग्ग, पु०, विरुद्ध मार्ग।

पटिमण्डित, कृदन्त, सजा हुआ।

पटिमल्ल, पु०, मुकाबले का पहलवान।

पटिमा, स्त्री०, प्रतिमा, मूर्ति।

पटिमानेति, क्रिया, गौरव करता है, प्रतीक्षा करता है।
(**पटिमानेसि**, **पटिमानित**, **पटिमानेत्वा**)।

पटिमुक्क, कृदन्त, वस्त्र पहने, बँधा हुआ।

पटिमुञ्चति, क्रिया, वस्त्र धारण करता है, बाँधता है।
(**पटिमुञ्चि**, **पटिमुञ्चित्वा**)।

पटियादेति, क्रिया, तैयार करता है, व्यवस्था करता है, सामग्री पहुँचाता है।
(**पटियादेसि**, **पटियादित**, **पटियत्त**, **पटियादेत्वा**)।

पटियोध, पु०, मुकाबले का योधा।

पटिरव, पु०, प्रतिरव, गूंज।

पटिराज, पु०, मुकाबले का राजा।

पटिरूप, (**पतिरूप** भी), वि०, योग्य, ठीक, अनुकूल।

पटिरूपक, (**पतिरूपक** भी), मिलती-जुलती शक्ल का।

पटिरूपता, (**पतिरूपता** भी) स्त्री०, स्वरूप की साम्यता।

पटिलद्ध, कृदन्त, प्राप्त।

पटिलभति, क्रिया, प्राप्त करता है।
(**पटिलभि**, **पटिलभन्त**, **पटिलभित्वा**, **पटिलद्धा**)।

पटिलाभ, पु०, प्राप्ति।

पटिलीयति, क्रिया, पीछे हटता है, दूर रहता है।
(**पटिलीयि**, **पटिलीन**, **पटिलीयित्वा**)।

पटिलीयन, नपुं०, दूर रहना, पीछे हटना।

पटिलोम, वि०, विरुद्ध।

पटिलोम-पक्ख, विरोधी पक्ष।

पटिवचन, नपुं०, उत्तर, जवाब।

पटिवत्तन, नपुं०, पीछे की ओर मुड़ना।

पटिवत्तिय, वि०, पीछे लौटाने योग्य, लपेटने योग्य।

पटिवत्तु, पु०, विरुद्ध भाषण करने वाला, खण्डन करने वाला।

पटिवत्तेति, क्रिया, लपेटता है, पीछे हटता है।
(**पटिवत्तेसि**, **पटिवत्तित**, **पटिवत्तेत्वा**, **पटिवत्तिय**)।

पटिवदति, क्रिया, उत्तर देता है, विरुद्ध, बोलता है।
(**पटिवदि**, **पटिवुत्त**, **पटिवत्वा**, **पटिवदित्वा**)।

पटिवसति, क्रिया, रहता है, निवास

करता है।
(**पटिवसि, पटिवुत्थ, पटिवसित्वा**)।

पटिवाक्य, नपुं०, उत्तर।

पटिवातं, क्रिया-विशेषण, हवा के विरुद्ध।

पटिवाद, पु०, प्रतिवाद, आरोपित दोष का खण्डन।

पटिविंस, पु०, हिस्सा।

पटिविजानाति, क्रिया, पहचानता है, जानता है।
(**पटिविजानि, पटिविजानेत्वा**)।

पटिविज्झति, क्रिया, प्रवेश करता है, समझता है।
(**पटिविज्झि, पटिविज्झ, पटिविज्झित्वा**)।

पटिविदित, कृदन्त, ज्ञात, सुनिश्चित।

पटिविद्ध, कृदन्त, प्रविष्ट हुआ, समझ लिया गया।

पटिविनोदन, नपुं०, हटाना, निकाल बाहर करना।

पटिविनोदेति, क्रिया, हटाता है, निकाल बाहर करता है।
(**पटिविनोदेसि, पटिविनोदित, पटिविनोदेत्वा, पटिविनोदय**)।

पटिविभजति, क्रिया, बाँटता है।
(**पटिविभजि, पटिविभत्त, पटिविभजित्वा**)।

पटिविरत, कृदन्त, रुका हुआ।

पटिविरमति, क्रिया, रुकता है, विरत रहता है।
(**पटिविरमि, पटिविरमन्त, पटिविरमित्वा**)।

पटिविरुज्झति, क्रिया, विरुद्ध होता है, झगड़ा करता है।
(**पटिविरुज्झि, पटिविरुज्झित्वा**)।

पटिविरुद्ध, कृदन्त, विरुद्ध।

पटिविरूहति, क्रिया, फिर से उगता है।
(**पटिविरूहि, पटिविरूळ्ह, पटिविरूहित्वा**)।

पटिविरोध, पु०, विरोध-भाव, दुश्मनी, शत्रुता।

पटिविस्सक, पु०, पड़ोसी।

पटिवेदेति, क्रिया, जनाता है, ज्ञात कराता है।
(**पटिवेदेसि, पटिवेदित, पटिवेदेत्वा**)।

पटिवेध, पु०, भीतर घुसना।

पटिसङ्खत, कृदन्त, चुकता कर दिया गया।

पटिसंयुत्त, कृदन्त, सम्बन्धित।

पटिसंवेदेति, क्रिया, सहन करता है, अनुभव करता है।
(**पटिसंवेदेसि, पटिसंविदित, पटिसंवेदित, पटिसंवेदेत्वा**)।

पटिसंहरण, नपुं०, सिकोड़ना, त्याग देना, हटा लेना।

पटिसंहार, पु०, सिकोड़ना, त्याग देना, हटा लेना।

पटिसंहरति, सिकोड़ता है, त्याग देता है, हटा लेता है।
(**पटिसंहरि, पटिसंहरित, पटिसंहत, पटिसंहरित्वा**)।

पटिसंकरण, नपुं०, प्रतिसंस्करण, मरम्मत।

पटिसंकरोति, क्रिया, प्रतिसंस्कार करता है, मरम्मत करता है।

पटिसंखरण, नपुं०, देखो पटिसंकरण।

पटिसंखरोति, देखो पटिसंकरोति।

पटिसंखा, स्त्री०, विचार, फैसला ।

पटिसंखान, नपुं०, विचार करना, मीमांसा करना ।

पटिसंखाय, पूर्व० क्रिया, विचार कर ।

पटिसंखार, देखो पटिसंखरण ।

पटिसंचिक्खति, क्रिया, विचार करता है, मीमांसा करता है ।

(**पटिसंचिक्खि, पटिसंचिक्खित, पटिसंचिक्खित्वा**) ।

पटिसंथार, पु०, मैत्रीपूर्ण स्वागत ।

पटिसंदहति, क्रिया, पुनर्मिलन होता है ।

[**पटिसंदहि, पटिसंदहित** (**पटिसंधित**)]

पटिसंधातु, पु०, मेल कराने वाला, शान्ति-संस्थापक ।

पटिसंधान, नपुं०, पुनर्मिलन ।

पटिसंधि, स्त्री०, पुनर्जन्म ग्रहण करना ।

पटिसम्भिदा, स्त्री०, मीमांसापूर्ण ज्ञान ।

पटिसम्भिदामग्ग, खुद्दक निकाय का बारहवाँ ग्रन्थ । वास्तव में इसकी गणना अभिधम्म ग्रन्थों में की जानी चाहिए ।

पटिसम्मोदति, क्रिया, मैत्रीपूर्ण बातचीत करता है ।

(**पटिसम्मोदि, पटिसम्मोदित, पटिसम्मोदित्वा**) ।

पटिसरण, नपुं०, शरण-स्थान, सहायता, संरक्षण ।

पटिसल्लान, नपुं०, एकान्त जीवन ।

पटिसल्लान-सारूप्प, वि०, एकान्त जीवन या योगाभ्यास के लिए अनुकूल ।

पटिसल्लीयति, क्रिया, एकान्त जीवन व्यतीत करता है, योगाभ्यास करता है ।

(**पटिसल्लि, पटिसल्लीन, पटिसल्लीयित्वा**) ।

पटिसमेति, क्रिया, व्यवस्थित करता है, दूर रहता है ।

(**पटिसमेसि, पटिसमित, पटिसमित्वा**) ।

पटिसासन, नपुं०, प्रत्युत्तर ।

पटिसेध, पु० प्रतिषेध, इनकार ।

पटिसेधन, नपुं० प्रतिषेध करना, इनकार करना ।

पटिसेधक, वि०, प्रतिषेध करने वाला ।

पटिसेधेति, क्रिया, दूर रखता है, दूर हटाता है, मना करता है ।

(**पटिसेसेसि, पटिसेधित, पटिसेधित्वा, पटिसेधिय**) ।

पटिसेवति, क्रिया, अनुकरण करता है, सेवन करता है, उपयोग में लाता है ।

(**पटिसेवि, पटिसेवित, पटिसेवन्त, पटिसेवित्वा, पटिसेविय**) ।

पटिसेवन, नपुं०, अभ्यास करना, अनुकरण करना, उपयोग में लाना ।

पटिसोत, वि०, स्रोत (=बहाव) के विरुद्ध ।

पटिस्सत, वि०, विचारवान ।

पटिस्सव, पु०, वचन, स्वीकृति ।

पटिसुणाति, वचन देता है, सहमत होता है ।

(**पटिसुणि, पटिस्सुत, पटिसुणित्वा**) ।

पटिहञ्ञति, क्रिया, चोट खाता है ।

(**पटिहञ्ञि, पटिहञ्ञित्वा**) ।

पटिहत, कृदन्त, चोट खाया हुआ।
पटिहनन, नपुं०, विरोध, संघर्ष।
पटिहनति, क्रिया, रगड़ खाता है।
(**पटिहनि, पटिहत, पटिहन्त्वा**)।
पटिहार, पुं०, द्वार।
पटु, वि०, होशियार, कुशल (आदमी)।
पटुता, स्त्री०, दक्षता।
पटोल, पु०, पटोल।
पट्ट, नपुं०, तख्ता, वस्त्र, रेशमी वस्त्र, पट्टी।
पट्टक, देखो पट्ट।
पट्टन, नपुं०, नदी तट के पास का नगर।
पट्टिका, स्त्री०, पट्टी।
पट्ठपेति, क्रिया, स्थापित करता है।
(**पट्ठपेसि, पट्ठपित, पट्ठपेत्वा**)।
पट्ठान, नपुं०, प्रस्थान।
पट्ठानप्पकरण, अभिधम्म पिटक का अन्तिम ग्रन्थ। इसमें भौतिक तथा अभौतिक चीजों के २४ प्रकार के पच्चयों अथवा हेतुओं का विस्तृत विवेचन है।
पट्ठाय, अव्यय, आरम्भ करके, तब से, उस समय से।
पठति, क्रिया, पढ़ता है।
(**पठि, पठित, पठित्वा**)।
पठन, नपुं०, पढ़ना।
पठम, वि०, पहला।
पठमं, क्रिया-विशेषण, पहली बार।
पठमज्झान, नपुं०, प्रथम ध्यान।
पठमतरं, क्रिया-विशेषण, सबसे पहले, यथासम्भव जल्दी।
पठवी, स्त्री०, भूमि, पृथ्वी।
पठवी-ओज, (**पठवोज** भी), पृथ्वी का तेज।
पठवी-कम्पन, नपुं०, भूकम्प।
पठवी-कसिण, नपुं०, योगाभ्यास करने के लिए मिट्टी का बना केन्द्र-बिन्दु।
पठवी-चलन, नपुं०, भूकम्प।
पठवी-चाल, पु०, भूकम्प।
पठवी-धातु, स्त्री०, पृथ्वी-धातु।
पठवी-सम, वि०, पृथ्वी-समान।
पण, पु०, शर्त, दुकान।
पणक, पु०, शैवाल-विशेष, सिवाल।
पणमति, क्रिया, प्रणाम करता है, झुकता है, पूजा करता है।
(**पणमि, पणमित, पणत, पणमित्वा**)।
पणय, पु०, विश्वास, याचना, प्रणय।
पणव, पु०, ढोल।
पणाम, पु०, प्रणाम, नमस्कार।
पणामेति, क्रिया, चलता करता है, भगा देता है, फैला देता है, झुकाता है।
(**पणामेसि, पणामित, पणामेन्त, पणामेत्वा**)।
पणालि, स्त्री०, नाली।
पणिदहति, क्रिया, इच्छा करता है। आकांक्षा करता है।
(**पणिदहि, पणिहित, पणिदहित, पणिदहित्वा**)।
पणिधान, नपुं०, आकांक्षा, दृढ़ संकल्प।
पणिधि, स्त्री०, आकांक्षा, निश्चय।
पणिधाय, पूर्व० क्रिया, संकल्प करके।
पणिपात, पु०, दण्डवत् लेट जाना, पूजा।
पणिय, नपुं०, पण्य, बेचने की चीज;

पु०, व्यापारी ।

पणिहित, कृदन्त, संकल्प-युक्त ।

पणीत, वि०, श्रेष्ठ, बढ़िया ।

पणीततर, वि०, श्रेष्ठतर, और भी बढ़िया ।

पणेति, क्रिया, दण्डित करता है, निकालता है, रास्ते पर ले जाता है ।
(**पणेसि, पणेत्वा**) ।

पण्डक, पु०, हिजड़ा ।

पण्डर, वि०, श्वेत, सफेद, फीका, हल्का पीला ।

पण्डर जातक, साँपों की, गरुड़ों से अपने-आपको बचाये रखने की युक्ति (५१८) ।

पण्डव, पु०, पर्वत-विशेष ।

पण्डिच्च, नपुं०, पाण्डित्य ।

पण्डित, वि०, विद्वान् ।

पण्डितक, पु०, बनावटी पण्डित, पाण्डित्य-दम्भ वाला ।

पण्डु, वि०, पीला, पीलापन लिये हुए ।

पण्डुकम्बल, नपुं०, पाण्डु रंग का कम्बल ।

पण्डु-पलास, पु०, सूखा पत्ता ।

पण्डु-रोग, पु०, पाण्डु-रोग ।

पण्डु-रोगी, पु०, पाण्डु-रोग वाला ।

पण्डुकम्बल सिलासन, देवेन्द्र शक्र के बैठने का आसन ।

पण्डू, दक्षिण भारत की एक जाति—पाण्ड्य ।

पण्ण, नपुं०, पत्ता, पत्र, चिट्ठी ।

पण्णक, देखो, पण्ण ।

पण्ण-कुटि, स्त्री०, पर्ण-कुटी ।

पण्ण-छत्त, नपुं०, पत्तों का छाता, पत्तों का पंखा, पत्तों की छत ।

पण्ण-सन्थर, पु०, पत्तों का बिछौना ।

पण्ण-साला, स्त्री०, आश्रम, कुटिया ।

पण्णत्ति, देखो, पञ्ञत्ति (प्रज्ञप्ति) ।

पण्णरस, वि०, पन्द्रह ।

पण्णाकार, पु०, भेंट ।

पण्णास, स्त्री०, पचास ।

पण्णिक, पु०, पत्ते बेचने वाला ।

पण्णिक जातक, पिता ने लड़की के सतीत्व की परीक्षा ली (१०२) ।

पण्य, देखो, पणिय ।

पण्हि, पु० तथा स्त्री०, एड़ी ।

पतङ्ग, पु०, पक्षी ।

पतति, क्रिया, गिरता है, फिसलता है ।
(**पति, पतित, पतन्त, पतित्वा**) ।

पतन, नपुं०, गिरावट ।

पतनु, वि०, अत्यन्त दुबला-पतला ।

पताका, स्त्री०, झण्डा ।

पताप, पु०, प्रताप, तेजस्विता ।

पतापवन्तु, वि०, प्रतापी, तेजस्वी ।

पतापेति, क्रिया, तपाता है ।
(**पतापेसि, पतापित**) ।

पति, पु०, स्वामी, खाविन्द ।

पतिकिट्ठ, वि०, निकृष्ट ।

पति-कुल, नपुं०, पति का खानदान ।

पतिट्ठहति, क्रिया, प्रतिष्ठित होता है, स्थापित होता है ।
(**पतिट्ठहि, पतिट्ठहन्त, पतिट्ठहित्वा**) ।

पतिट्ठा, स्त्री०, प्रतिष्ठा, सहायता, आश्रय-स्थान ।

पतिट्ठातब्ब, (पतिट्ठितब्ब भी),

कृदन्त, प्रतिष्ठा के योग्य, स्थापित करने योग्य।

पतिट्ठाति, देखो पतिट्ठहति।
(**पतिट्ठासि, पतिट्ठित, पतिट्ठाय, पतिट्ठातुं**)।

पतिट्ठान, नपुं०, प्रतिष्ठान, स्थापना।

पतिट्ठापित, कृदन्त, प्रतिष्ठापित, स्थापित किया हुआ।

पतिट्ठापेति, क्रिया, प्रतिष्ठित कराता है।
(**पतिट्ठापेसि, पतिट्ठापेन्त, पतिट्ठापेत्वा, पतिट्ठापिय**)।

पतिट्ठापेतु, पु०, स्थापित करने वाला।

पतित, कृदन्त, गिरा हुआ।

पतितिट्ठति, क्रिया, खड़ा होता है, दुबारा खड़ा होता है।

पतिदान, नपुं०, प्रतिदान, दान का बदला दान।

पतिबोध, पु०, जागरण, ज्ञान।

पतिब्बता, स्त्री०, प्रतिव्रता।

पतिरूप, देखो, पटिरूप।

पतिस्सत, देखो, पटिस्सत।

पतीचि, स्त्री०, पश्चिम दिशा।

पतीत, वि०, प्रसन्न-चित्त।

पतीर, नपुं०, किनारा।

पतोद, पु०, बैलों को हाँकने की लकड़ी, पैंणी।

पतोदक, नपुं०, प्रेरणा; वि०, प्रेरक।

पतोदक-लट्ठि, स्त्री०, बैलों को हाँकने की लाठी।

पत्त, कृदन्त, प्राप्त, प्राप्त हुआ; पु०, पात्र, भिक्षा-पात्र; नपुं०, पत्ता, पंख।

पत्तक्खन्ध, वि०, गिरे हुए कन्धों वाला, निराश, बुझा-बुझा-सा।

पत्तगत, वि०, पात्र-गत, पात्र में पड़ा हुआ।

पत्त-गन्ध, पु०, पत्तों की गन्ध।

पत्त-गाहक, पु०, (दूसरे का) भिक्षा-पात्र लेकर चलने वाला।

पत्त-थविका, स्त्री०, भिक्षा-पात्र लटकाने की झोली।

पत्त-पाणि, वि०, जिसके हाथ में भिक्षा-पात्र हो।

पत्त-पिण्डिक, वि०, एक ही पात्र में से खाने वाला।

पत्त-दान, पु०, पक्षी-विशेष।

पत्तन, देखो पट्टन।

पत्तब्ब, कृदन्त, प्राप्त करणीय।

पत्ताधारक, पु०, पात्र का आधार।

पत्तानीक, नपुं०, चार-चार जनों की पैदल सेना।

पत्तानुमोदना, स्त्री०, प्राप्त पुण्य का अनुमोदन (=देवताओं तथा स्वर्गस्थ सम्बन्धियों को दान)।

पत्ति, पु०, पैदल सैनिक; स्त्री०, पत्ती, पेड़ का पत्तों वाला भाग।
पत्तिक, वि०, हिस्सेदार, पैदल चलने वाला, पैदल सैनिक, पात्रवाला।
पत्ति-दान, नपुं०, पुण्य अथवा हिस्से का प्रदान।

पत्ती, पु०, तीर, धनुष का तीर।

पत्तुन्न, नपुं०, वस्त्र-विशेष।

पत्तुं, कृदन्त, प्राप्त करने के लिए।

पत्थ, पु०, प्रस्थ, धान्य अथवा किसी तरल पदार्थ का माप, एकान्त स्थान।

पत्थट, कृदन्त, ज्ञात, विख्यात, फैलाया हुआ।

पत्थद्ध, वि०, कठोर, चट्टान की तरह सीधा।

पत्थना, स्त्री०, प्रार्थना, कामना, इच्छा।

पत्थयति, क्रिया, इच्छा करता है, कामना करता है, प्रार्थना करता है।

(**पत्थयि**, **पत्थयन्त**, **पत्थित**, **पत्थ-यित्वा**)।

पत्थयान, वि०, इच्छा करते हुए, कामना करते हुए।

पत्थर, पु०, पत्थर, शिला, पत्थर का सामान।

पत्थरति, क्रिया, फैलाता है।

(**पत्थरि**, **पत्थट**, **पत्थरन्त**, **पत्थ-रित्वा**)।

पत्थिव, पु०, पार्थिव, राजा।

पत्थेति, देखो पत्थयति।

(**पत्थेसि**, **पत्थित**, **पत्थेन्त**, **पत्थेत्वा**)।

पत्वा, पूर्व० क्रिया, प्राप्त करके।

पथ, पु०, मार्ग, रास्ता (**गणन-पथ**, गिनती)।

पथवी, देखो पठवी।

पथावी, पु०, पथिक, पैदल यात्री।

पथिक, पु०, राही, यात्री।

पथित, वि०, प्रसिद्ध।

पद, नपुं०, कदम, वचन, पदवी, स्थान, हेतु, कविता का अनुच्छेद।

पद-चेतिय, नपुं०, पवित्र पद-चिह्न।

पद-जात, नपुं०, नाना प्रकार के पद-चिह्न।

पदट्ठान, नपुं०, निकट कारण, नजदीकी वजह।

पद-पूरण, नपुं०, जिससे पद-पूर्ति हो।

पद-भाजन, नपुं०, शब्दों का विभाग।

पद-भाणक, वि०, धर्म-ग्रन्थ के पदों का पाठ करने वाला।

पद-वण्णना, स्त्री०, पदों की व्याख्या।

पद-वलञ्ज, नपुं०, पद-चिह्न, पद-चिह्नों वाला रास्ता।

पद-विभाग, पु०, शब्दों का विभाग।

पद-वीतिहार, पु०, कदमों का परिवर्तन।

पद-सद्द, पु०, पैरों की आहट।

पदकुसल माणव जातक, बारह साल के गुजर जाने के बाद भी पद-चिह्नों का पता लगा सकने की कथा (४३२)।

पदक्खिणा, स्त्री०, प्रदक्षिणा।

पदग, पु०, पैदल सैनिक।

पदत्त, कृदन्त, दिया गया, बाँटा गया।

पदर, नपुं०, दरार, फटाव, छेद।

पदवि, स्त्री०, मार्ग।

पदहति, क्रिया, प्रयत्न करता है, किसी के खिलाफ लड़ता है।

(**पदहि**, **पदहित**, **पदहित्वा**)।

पदहन, देखो पधान।

पदातवे, कृदन्त, देने के लिए।

पदाति, पु०, पैदल सैनिक; क्रिया, देना, लेना, पाना।

पदातु, पु०, दाता, देने वाला।

पदान, नपुं०, प्रदान, देना।

पदाळन, नपुं०, चीरना, फाड़ना, चिपटना।

पदाळेति, क्रिया, चिपटता है, चीरता

है, फाड़ता है ।
(पदाळेसि, पदाळित, पदाळेन्त, पदाळेत्वा) ।

पदाळेतु, पु०, चीरने वाला, तोड़ने वाला ।

पदिक, वि०, काव्य-पंक्तियों से युक्त, पैदल यात्री ।

पदिप्पति, जलता है ।
(**पदिप्पि, पदिप्पमान, पदित्त**)

पदिस्सति, क्रिया, दिखाई देता है ।

पदिट्ठ, कृदन्त, देखा गया ।

पदिस्समान, कृदन्त, देखा जाता हुआ ।

पदीप, पु०, प्रदीप, दिया, चिराग, प्रकाश ।

पदीप-काल, पु०, लैम्प जलाने का समय ।

पदीपिय, नपुं०, प्रदीप-सामग्री ।

पदीपेति, क्रिया, प्रदीप जलाता है, समझाता है, तेज करता है ।
(**पदीपेसि, पदीपित, पदीपेन्त, पदीपेत्वा**) ।

पदीपेय्य, देखो पदीपिय ।

पदीयति, क्रिया, दिया जाता है, प्रदान किया जाता है ।
(**पदीयि, पदिन्न**) ।

पदुट्ठ, कृदन्त, प्रदुष्ट, विकृत, खराब ।

पदुब्भति, क्रिया, षड्यन्त्र करता है, साजिश करता है, गलत करता है ।
(**पदुब्भि, पदुब्भित, पदुब्भित्वा**) ।

पदुम, नपुं०, कमल, नरक-विशेष, एक बहुत बड़ी संख्या ।

पदुम-कण्णिका, स्त्री०, कमल का बीज-कोष ।

पदुम-कलाप, पु०, कमल-समूह ।

पदुम-गब्भ, पु०, कमल का भीतरी भाग ।

पदुम-पत्त, नपुं०, कमल का पत्ता ।

पदुम-राग, पु०, लाल रंग की मणि ।

पदुम-सर, पु० तथा नपुं०, कमल का तालाब ।

पदुम जातक, बोधिसत्व को तालाब से कमल-गुच्छ लाने में सफलता मिली (२६१) ।

पदुमिनी, स्त्री०, कमल का पौधा, कमल का तालाब ।

पदुमिनी-पत्त, नपुं०, कमल के पौधे का पत्ता ।

पदुमी, वि०, कमल वाला, पदुमी (हाथी) ।

पदुस्सति, क्रिया, दुष्कृत करता है, क्रोधित होता है, भ्रष्ट करता है ।
(**पदुस्सि, पदुट्ठ, पदुस्सित्वा**)

पदुस्सन, नपुं०, विरोधी कार्य, षड्यन्त्र, साजिश ।

पदूसेति, क्रिया, भ्रष्ट करता है, दुष्कृत करता है ।
(**पदूसेसि, पदूसित, पदूसेत्वा**) ।

पदेस, पु०, प्रदेश, स्थान ।

पदेस-ञाण, नपुं०, सीमित ज्ञान ।

पदेस-रज्ज, नपुं०, प्रदेश राज्य ।

पदेस-राजा, पु०, अनु-राजा ।

पदेसन, नपुं०, भेंट या परित्याग ।

पदोस, पु०, १. प्रदोष (रात्रि), २. क्रोध, ३. दोष ।

पदोसेति, देखो पदूसेति ।

पद्म, देखो पदुम ।

पधंस, पु०, प्रध्वंस, विनाश ।

पधंसन, नपुं०, लूट-मार ।

पधंसित, कृदन्त, लूट-पाट किया गया।

पधंसिय, वि०, लूट-पाट किये जाने की सम्भावना वाला।

पधंसेति, क्रिया, लूट-पाट करता है, आक्रमण करता है।
(**पधंसेसि**, **पधंसित**, **पधंसेत्वा**, **पधंसेन्त**)

पधान, वि०, प्रधान, मुख्य; नपुं०, प्रयास, प्रयत्न।

पधान-घर, नपुं०, योगाभ्यास करने का स्थान।

पधानिक, वि०, योगाभ्यास के लिए प्रयत्न करने वाला।

पधावति, क्रिया, दौड़ता है।
(**पधावि**, **पधावित**, **पधावित्वा**)।

पधावन, नपुं०, दौड़।

पधूपेति, क्रिया, धुआँ देता है, धुआँ फेंकता है; देखो धूपेति।
(**पधूपेसि**, **पधूपित**, **पधूपेन्त**)।

पधोत, कृदन्त, अच्छी तरह धोया गया या तेज किया गया।

पन, अव्यय, और, अभी, लेकिन, इसके विरुद्ध, अब, इसके अतिरिक्त।

पनस, पु०, कटहल का पेड़; नपुं० कटहल का फल।

पनस्सति, क्रिया, विनाश को प्राप्त होता है, गायब हो जाता है।
(**पनस्सि**, **पनट्ठ**, **पनस्सित्वा**)।

पनाळिका, स्त्री०, नाली, पाइप, नली।

पनुदति, क्रिया, दूर करता है, हटा देता है, धकेल देता है।
(**पनुदि**, **पनुदित**, **पनुदित्वा**, **पनुदिय**, **पनुदमान**)।

पनुदन, (**पनूदन** भी), नपुं०, हटाना, दूर करना, अस्वीकृत कर देना।

पन्त, वि०, दूर, एकान्त।

पन्त-सेनासनं, नपुं०, एकान्त स्थान।

पन्ति, स्त्री०, पंक्ति, कतार।

पन्थ, पु०, मार्ग, सड़क।

पन्थक, पु०, यात्री, राही।

पन्थ-घात, पु०; बटमारी।

पन्थ-घातक, पु०, रास्ता चलते डाका डालने वाला।

पन्थ-दूहन, नपुं०, रास्ता चलते डाका डालना।

पन्थिक, देखो, पन्थक।

पन्न, कृदन्त, गिरा हुआ, पतित।

पन्नक्खन्ध, देखो पत्तक्खन्ध।

पन्न-भार, वि०, जिसने अपना भार नीचे उतारकर रख दिया।

पन्न-लोम, वि०, जिसके बाल गिर पड़े, पराजित।

पन्नग, पु०, साँप।

पप, नपुं०, जल, पानी।

पपञ्च, पु०, प्रपंच, रुकावट, झगड़ा, झंझट, विलम्ब, भ्रम, वहम।

पपञ्चेति, क्रिया, व्याख्या करता है, विलम्ब करता है।
(**पपञ्चेसि**, **पपञ्चित**, **पपञ्चेत्वा**)।

पपटिका, स्त्री०, पेड़ की छाल, पपड़ी।

पपतति, क्रिया, गिर जाता है।
(**पपति**, **पपतित**, **पपतित्वा**)।

पपतन, नपुं०, गिरना, गिरावट।

पपद, पु०, पाँव का पंजा।

पपा, स्त्री०, प्याऊ, कुआँ।

पपात, पु०, गिरना, प्रपात, झरना ।

पपितामह, पु०, दादा के पिता ।

पपुत्त, पु०, पौत्र, पोता ।

पपुन्नाट, पु०, फलगु फल ।

पप्पटक, पु०, कुकुरमुत्ता, पत्थर का टुकड़ा ।

पप्पोठेति, क्रिया, पीटता है ।
(**पप्पोठेसि, पप्पोठित, पप्पोठेत्वा**) ।

पप्पोति, क्रिया, प्राप्त होता है, पहुँचता है ।
(**पप्पुय्य**) ।

पप्फास, नपुं०, फेफड़े ।

पबन्ध, पु०, साहित्यिक रचना; वि०, सिलसिलेवार ।

पबल, वि०, प्रबल ।

पबुज्झति, क्रिया, जागता है, समझता है ।

पबुज्झि, अतीत० क्रिया, जागा, समझा ।

पबुद्ध, कृदन्त, प्रबुद्ध, जाग्रत ।

पबोधन, नपुं०, जागरण ।

पबोधेति, क्रिया, जगाता है, प्रबुद्ध करता है ।
(**पबोधेसि, पबोधित, पबोधेत्वा, पबोधेन्त**) ।

पब्ब, नपुं०, गाँठ, उँगली का पोर, विभाग, हिस्सा ।

पब्बजति, क्रिया, प्रव्रजित होता है, निकल पड़ता है, संन्यास के लिए घर छोड़ता है ।
(**पब्बजि, पब्बजित, पब्बजित्वा, पब्बजन्त**) ।

पब्बजन, नपुं०, प्रव्रज्या, गृहस्थ-जीवन का त्याग ।

पब्बज्जा, स्त्री०, प्रव्रज्या ।

पब्बजित, कृदन्त, प्रव्रजित हुआ; पु०, प्रव्रजित, साधु ।

पब्बत, पु०, पहाड़ ।

पब्बत-कूट, नपुं०, पर्वत-शिखर, पहाड़ की चोटी ।

पब्बत-गहन, नपुं०, पर्वत-भरा प्रदेश ।

पब्बतट्ठ, वि०, पर्वत-स्थित ।

पब्बत-पाद, पु०, पर्वत की तराई ।

पब्बत-शिखर नपुं०, पर्वत की चोटी ।

पब्बतुपत्थर जातक, एक राजदरबारी ने राजा के रनिवास को दूषित किया। राजा ने उसकी उपेक्षा की (१९५) ।

पब्बतेय्य, वि०, पर्वत पर रहने वाला ।

पब्बाजन, नपुं०, प्रव्रजित करना, देश-निकाला देना ।

पब्बाजनिय, वि०, निकाल बाहर करने योग्य ।

पब्बाजेति, क्रिया, निकाल बाहर करता है, प्रव्रजित करता है ।
(**पब्बाजेसि, पब्बाजित, पब्बाजेत्वा**) ।

पब्भार, पु०, पर्वत की ढलान ।

पभग्ग, कृदन्त, नष्ट हुआ, टूटा हुआ ।

पभङ्कर, पु०, प्रभाकर, सूर्य ।

पभङ्गु, वि०, अनित्य, नाशवान् ।

पभङ्गुर, वि०, देखो पभङ्गु ।

पभव, पु०, उत्पत्ति, मूल स्रोत ।

पभवति, क्रिया, उत्पन्न होता है; देखो पहोति ।
(**पभवि, पभवित, पभवित्वा**) ।

पभस्सर, वि०, प्रभास्वर, अत्यन्त चमकदार ।

पभा, स्त्री०, प्रभा, प्रकाश ।

पभात, कृदन्त, स्पष्ट हुआ, चमकता हुआ; नपुं०, प्रभात, सवेरा ।

पभाव, पु०, प्रभाव, सामर्थ्य, तेजस्विता ।

पभावित, कृदन्त, प्रभावित ।

पभावेति, क्रिया, प्रभावित करता है ।

पभास, पु०, चमक, प्रकाश ।

पभासति, क्रिया, चमकता है । (**पभासि, पभासित्वा, पभासन्त**) ।

पभासेति, क्रिया, प्रकाशित कराता है । (**पभासेसि, पभासित, पभासेन्त, पभासेत्वा**) ।

पभिज्जति, क्रिया, टूटता है, टुकड़े-टुकड़े हो जाता है । (**पभिज्जि, पभिज्जमान, पभिज्जित्वा**) ।

पभिज्जन, नपुं०, पृथक्-पृथक् होना, टूटना ।

पभिन्न, कृदन्त, टूटा हुआ, भिन्न हुआ, टुकड़े-टुकड़े हुआ ।

पभु, (पभू भी), स्वामी, प्रभु ।

पभुति, अव्यय, प्रभृति, इत्यादि । (**ततो-पभुति**=तब से) ।

पभुत्त, नपुं०, प्रभुत्व ।

पभेद, पु०, प्रभेद, प्रकार ।

पभेदन, नपुं०, बँटवारा; वि०, विनाश करने वाला ।

पमज्जति, क्रिया, लापरवाही करता है, प्रमाद करता है, नशे में होता है, साफ कर देता है । (**पमज्जि, पमत्त, पमज्जित्वा, पमज्ज, पमज्जिय, पमज्जितुं**) ।

पमज्जना, स्त्री०, प्रमाद, विलम्ब ।

पमत्त, कृदन्त, प्रमादी, आलसी ।

पमत्त-बन्धु, पु०, प्रमादियों का मित्र, अर्थात् मार ।

पमथति, क्रिया, अधीन करता है । (**पमत्थि, पमत्थित, पमत्थित्वा**) ।

पमदा, स्त्री०, औरत ।

पमदा-वन, नपुं०, महल के समीप का उद्यान ।

पमद्दति, क्रिया, मर्दन करता है, नष्ट करता है, पराजित करता है । (**पमद्दि, पमद्दित, पमद्दित्वा**) ।

पमद्दन, नपुं०, मर्दन, जीत लेना ।

पमद्दी, पु०, मर्दन करने वाला, विजयी होने वाला ।

पमा, स्त्री०, माप ।

पमाण, नपुं०, माप ।

पमाणक, वि०, मापने वाला ।

पमाणिक, वि०, माप के अनुसार ।

पमाद, पु०, प्रमाद, लापरवाही ।

पमाद-पाठ, नपुं०, पुस्तक का सदोष पाठ ।

पमिणाति, क्रिया, मापता है, अन्दाजा लगाता है । (**पमिणि, पमित, पमिणित्वा, पमित्वा**) ।

पमुख, वि०, प्रमुख; नपुं०, (घर के) आगे का भाग ।

पमुच्चति, क्रिया, मुक्त करता है । (**पमुच्चि, पमुत्त, पमुच्चित्वा**) ।

पमुच्छति, क्रिया, मूर्छित होता है । (**पमुच्छि, पमुच्छित, पमुच्छित्वा**) ।

पमुञ्चति, क्रिया, छोड़ता है, मुक्त करता है । (**पमुञ्चि, पमुञ्चित, पमुत्त, पमु-**

ञ्चिय, पमुञ्चित्वा) ।

पमुट्ठ, कृदन्त, भूला हुआ ।

पमुत्त, देखो, पमुञ्चति ।

पमुत्ति, स्त्री०, मोक्ष, मुक्ति ।

पमुदित, कृदन्त, प्रमुदित, अति प्रसन्न ।

पमुय्हति, क्रिया, मोह को प्राप्त होता है, चकित होता है ।

(**पमुय्हि, पमूळ्ह, पमुय्हित्वा, पमुय्ह**) ।

पमुस्सति, क्रिया, भूल जाता है ।

(**पमुस्सि, पमुट्ठ, पमुस्सित्वा**) ।

पमूळ्ह, कृदन्त, मोह को प्राप्त हुआ ।

पमेय्य, वि०, मापा जा सके, सीमित किया जा सके ।

पमोक्ख, पु०, मोक्ष, मुक्ति ।

पमोचन, नपुं०, मुक्त करना ।

पमोचेति, क्रिया, मुक्त करता है ।

(**पमोचेसि, पमोचित, पमोचेत्वा**) ।

पमोद, पु०, आनन्द, प्रीति, खुशी ।

पमोदति, क्रिया, आनन्दित होता है, खुश होता है ।

(**पमोदि, पमोदित, पमोदमान, पमोदित्वा**) ।

पमोदना, स्त्री०, देखो पमोद ।

पमोहन, नपुं०, धोखा ।

पमोहेति, क्रिया, धोखा देता है ।

(**पमोहेसि, पमोहित, पमोहेत्वा**) ।

पम्पक, पु०, छिपकली जैसा प्राणी ।

पम्पटक, पु०, एक प्रकार की छिपकली ।

पम्ह, नपुं०, बरौनी ।

पय, पु० तथा नपुं०, दूध, पानी ।

पयत, कृदन्त, संयत ।

पयतन, नपुं०, प्रयत्न, कोशिश ।

पयाग, गङ्गा-जमुना के संगम पर आधुनिक इलाहाबाद ।

पयाग-तित्थ, देखो पयाग ।

पयाग-पतिट्ठान, देखो पयाग ।

पयाति, क्रिया, आगे बढ़ता है ।

(**पयासि, पयात**) ।

पयिरुपासति, क्रिया, संगति करता है, सेवा में रहता है ।

(**पयिरुपासि, पयिरुपासित, पयिरुपासित्वा**) ।

पयिरुपासना, स्त्री०, सेवा में रहना, संगति करना ।

पयुञ्जति, क्रिया, नियुक्त करता है, लगाता है ।

(**पयुञ्जि, पयुत्त, पयुञ्जमान, पयुञ्जित्वा**) ।

पयुत्तक, वि०, चर-पुरुष ।

पयोग, पु०, प्रयोग, साधन, क्रिया ।

पयोग-करण, नपुं०, प्रयास, प्रयत्न ।

पयोग-विपत्ति, स्त्री०, असफलता ।

पयोग-सम्पत्ति, स्त्री०, सफलता ।

पयोजक, पु०, व्यवस्थापक, निर्देशक ।

पयोजन, नपुं०, प्रयोजन, कार्य ।

पयोजेति, क्रिया, कार्य में लगाता है ।

(**पयोजेसि, पयोजित, पयोजेन्त, पयोजेत्वा, पयोजिय**) ।

पयोजेतु, देखो पयोजक ।

पयोधर, पु०, बादल, स्तन ।

पय्यक, पु०, प्रपितामह ।

पर, वि०, दूसरा ।

पर-कत, वि०, पुरकृत, दूसरे का किया हुआ ।

पर-कार, (**परङ्कार** भी), दूसरापन, (अहंकार का उलटा) ।

पर-जन, पु०, अपरिचित जन, बाहर

का आदमी ।

परत्थ, पु०, परोपकार; अव्यय, अन्यत्र, मरणान्तर ।

परदत्तूपजीवी, त्रि०, दूसरों के दान पर जीने वाला ।

पर-दार, पु०, किसी दूसरे की स्त्री ।

पर-दार-कम्म, नपुं०, पर-स्त्री-गमन ।

पर-दारिक, पु०, पर-स्त्री-गमन करने वाला ।

परनेय्य, वि०, दूसरे द्वारा ले जाया जाने वाला ।

पर-जातक, रानी ने राजा तथा पुरोहित की अनुपस्थिति में परन्तप नाम के नौकर से सहवास किया (४१६) ।

पर-पच्चय, वि०, दूसरे पर निर्भर ।

पर-पटिय, वि०, दूसरे पर आश्रित ।

पर-पुट्ठ, वि०, दूसरे द्वारा पोषित ।

पर-पेस्स, वि०, दूसरों की सेवा करने वाला ।

पर-भाग, पु०, पीछे का हिस्सा, बाहर का हिस्सा ।

पर-लोक, पु०, मरणान्तर लोक ।

पर-वम्भन, नपुं०, दूसरों को नीची नजर से देखना ।

पर-वाद, पु०, विरोधी मत ।

परवादी, पु०, विरोधी मत रखने वाला ।

पर-विसय, पु०, विदेश, दूसरे का राज्य ।

पर-सेना, स्त्री०, विरोधी सेना ।

पर-हत्थगत, वि०, शत्रु-गृहीत ।

पर-हित, पु०, दूसरों का उपकार ।

पर-हेतु, वि०, दूसरों के लिए ।

परक्कम, पु०, पराक्रम, प्रयत्न ।

परक्कमन, नपुं०, प्रयास ।

परक्कमति, क्रिया, पराक्रम करता है, साहस दिखाता है ।
(**परक्कमि, परक्कन्त, परक्कमन्त, परक्कमित्वा, परक्कम्म**) ।

परम, वि० श्रेष्ठतम ।

परमता, स्त्री०, श्रेष्ठत्व, पराकाष्ठा का भाव ।

परमत्थ, पु०, परमार्थ, उच्चतम आदर्श ।

परमत्थ-जोतिका, **खुद्दक-पाठ, धम्मपद, सुत्तनिपात** तथा **जातक** पर **बुद्ध-घोष** की अट्ठकथा ।

परमत्थ-दीपनी, उदान, इतिवुत्तक, विमानवत्थु, पेतवत्थु, थेरगाथा तथा **थेरीगाथा** पर **धम्मपाल** की अट्ठकथा ।

परमाणु, पु०, अणु (कण) का छत्तीसवाँ हिस्सा ।

परमायु, नपुं०, आयु की सीमा ।

परम्परा, स्त्री०, (वंश-)परम्परा, सिलसिला ।

परम्मुख, त्रि०, मुँह दूसरी ओर ।

परम्मुखा, क्रिया-विशेषण, अनुपस्थिति में ।

परसुवे, अव्यय, परसों ।

परं, क्रिया-विशेषण, बाद में, मरणान्तर ।

परंमरणा, क्रिया-विशेषण, मरने के बाद ।

परा, उपसर्ग, परिहानि व पराजय आदि अर्थों में ।

पराग, पु०, पुष्प-रेणु ।

पराजय, पु०, हार ।
पराजियति, क्रिया, पराजित होता है ।
(**पराजियि, पराजियित्वा**) ।
पराजेति, क्रिया, हराता है ।
(**पराजेसि, पराजित, पराजेन्त, पराजित्वा**) ।
पराधीन, वि०, दूसरे के अधीन ।
पराभव, पु०, अवनति, अपमान ।
पराभवति, क्रिया, अवनत होता है, पतित होता है ।
(**पराभवि, पराभूत, पराभवन्त**) ।
परामट्ठ, कृदन्त, छुआ हुआ ।
परामसति, क्रिया, स्पर्श करता है, पकड़े रहता है ।
(**परामसि, परामसित, परामट्ठ, परामसन्त, परामसित्वा**) ।
परामास, पु०, स्पर्श ।
परामसन, नपुं०, स्पर्श करना, हाथ में लेना ।
परायण (**परायन** भी), नपुं०, आधार, सहारा; वि०, परायण ।
परायत्त, वि०, दूसरों का (माल) ।
परि, उपसर्ग, चारों ओर से सम्पूर्ण रूप से ।
परिकड्ढति, क्रिया, खींचता है ।
परिकड्ढि, परिकड्ढित, परिकड्ढित्वा) ।
परिकड्ढन, नपुं०, खींचना ।
परिकथा, स्त्री०, व्याख्या, भूमिका ।
परिकन्तति, क्रिया, काट डालता है ।
(**परिकन्ति, परिकन्तित, परिकन्तित्वा**) ।
परिकप्प, पु०, इरादा ।
परिकप्पेति, क्रिया, इरादा करता है, सार निकालता है, कल्पना करता है ।
(**परिकप्पेसि, परिकप्पित, परिकप्पेत्वा**) ।
परिकम्म, नपुं०, व्यवस्था, तैयारी ।
परिकम्म-कत, वि०, लेप किया गया ।
परिकम्म-कारक, पु०, मरम्मत करने वाला, तैयारी करने वाला ।
परिकस्सति, क्रिया, खींचता है ।
(**परिकस्सि, परिकस्सित, परिकस्सित्वा**) ।
परिकिण्ण, कृदन्त, बिखरा हुआ ।
परिकित्तेति, क्रिया, व्याख्या करता है ।
(**परिकित्तेसि, परिकित्तित, परिकित्तेत्वा**) ।
परिकिरति, क्रिया, बिखेरता है, घेरता है ।
(**परिकिरि, परिकिण्ण, परिकिरिय, परिकिरित्वा**) ।
परिकिलन्त, कृदन्त, थका हुआ ।
परिकिलमति, क्रिया, थकता है ।
(**परिकिलमि, परिकिलमित्वा**) ।
परिकिलिट्ठ (**परिक्किलिट्ठ** भी), धब्बा लगा हुआ, दाग़ लगा हुआ ।
परिकिलिन्न, कृदन्त, दाग़दार, मैला ।
परिकिलिस्सति, क्रिया, धब्बा लगता है, मैला हो जाता है ।
(**परिकिलिस्सित्वा, परिकिलिस्सि**) ।
परिकिलिस्सन, नपुं०, गन्दगी ।
परिकुप्पति, क्रिया, उत्तेजित होता है ।
(**परिकुप्पि, परिकुपित, परिकुप्पित्वा**) ।
परिकोपेति, क्रिया, कुपित करता है ।
(**परिकोपेसि, परिकोपित, परिकोपेत्वा**) ।

परिक्कमन, नपुं०, परिक्रमा ।

परिक्खक, पु०, परीक्षक, परीक्षा लेने वाला, खोज करने वाला ।

परिक्खण, नपुं०, परीक्षण ।

परिक्खत, कृदन्त, खोदा हुआ, जख्मी, तैयार किया हुआ ।

परिक्खति, क्रिया, परीक्षा लेता है, देख भाल करता है ।

(**परिक्खि**, **परिक्खित**, **परिक्खित्वा**)।

परिक्खय, पु०, क्षय, हानि, ह्रास ।

परिक्खा, देखो, परिक्खण ।

परिक्खार, नपुं०, परिष्कार, आवश्यकताएँ, वस्तुएँ ।

परिक्खित्त, कृदन्त, घेरा हुआ ।

परिक्खिपति, क्रिया, घेरता है ।

(**परिक्खिपि**, **परिक्खिपन्त**, **परिक्खित्त**, **परिक्खिपित्वा**, **परिक्खिपितब्ब**) ।

परिक्खिपापेति, क्रिया, घिरवाता है ।

परिक्खीण, कृदन्त, क्षीण हुआ, नष्ट हुआ, समाप्त हुआ ।

परिक्खेप, पु०, घेरा, परिधि ।

परिक्किलेस, पु०, कठिनाई, बाधा, अपवित्रता ।

परिखणति, (**पळिखणति** भी), क्रिया, चारों ओर खोदता है ।

(**परिखणित्वा**, **परिखत**, **परिखणि**)।

परिखा, स्त्री०, खाई ।

परिगण्हन, नपुं०, खोजबीन करना, ग्रहण करना ।

परिगण्हाति, खोजबीन करता है, परीक्षा करता है, ग्रहण करता है ।

(**परिगण्हि**, **परिग्गहित**, **परिगण्हन्त**, **परिगण्हित्वा**, **परिगहेत्वा**, **परिग्गय्ह**)।

परिगिलति, निगलता है ।

(**परिगिलि**, **परिगिलित**, **परिगिलित्वा**) ।

परिगूहति, क्रिया, छिपाता है ।

(**परिगूहि**, **परिगूहित**, **परिगूळ्ह**, **परिगूहित्वा**, **परिगूहिय**) ।

परिगूहना, स्त्री०, छिपाना ।

परिग्गह, पु०, परिग्रह, हड़पना, सम्पत्ति ।

परिग्गहित, कृदन्त, परिगृहीत ।

परिचय, पु०, अभ्यास, पहचान ।

परिचरण, नपुं०, देख-भाल करना, भोग भोगना ।

परिचरति, क्रिया, घूमता-फिरता है, देख-भाल करता है, भोग भोगता है ।

(**परिचरि**, **परिचिण्ण**, **परिचारित्वा**)।

परिचारक, वि०, परिचर्या करने वाला, सेवा करने वाला; पु०, नौकर, सेवक ।

परिचारणा, स्त्री०, देख-भाल करना, खाना-पीना ।

परिचारिका, स्त्री०, सेविका, पत्नी ।

परिचारेति, सेवा कराता है ।

(**परिचारेसि**, **परिचारित**, **परिचारेत्वा**) ।

परिचिण्ण, कृदन्त, अभ्यस्त, संगृहीत, पहचाना हुआ ।

परिचित, कृदन्त, देखो परिचिण्ण ।

परिचुम्बति, क्रिया, चूमता है, चुम्बन लेता है ।

(**परिचुम्बि**, **परिचुम्बित**, **परिचुम्बित्वा**) ।

परिच्च, पूर्व० क्रिया, समझकर ।

परिच्चजति, क्रिया, परित्याग करता

है ।

(परिच्चजि, परिच्चत्त, परिच्चजन्त, परिच्चजित्वा, परिच्चजितुं) ।

परिच्चजन, नपुं०, परित्याग ।

परिच्चाग, पु०, परित्याग ।

परिच्छन्न, कृदन्त, छिपा हुआ ।

परिच्छादना, स्त्री०, ओढ़ना ।

परिच्छिन्दति, क्रिया, सीमित करता है, (परिच्छेदों में) विभक्त करता है ।

(परिच्छिन्दि, परिच्छिन्न, परिच्छिन्दिय, परिच्छिन्ज) ।

परिच्छिन्दन, नपुं०, सीमा, निशान, विश्लेषण ।

परिच्छेद, पु०, माप, सीमा, सर्ग ।

परिजन, पु०, अनुयायी-गण ।

परिजानन, नपुं०, ज्ञान, परिचय ।

परिजानना, स्त्री०, ज्ञान, परिचय ।

परिजानाति, क्रिया, निश्चयात्मक रूप से जानता है ।

(परिजानि, परिञ्ञात, परिजानान्त, परिजानित्वा, परिञ्ञाय) ।

परिजिण्ण, कृदन्त, ह्रास को प्राप्त हुआ, जीर्ण हो गया ।

परिञ्ञा, स्त्री०, स्थिर ज्ञान ।

परिञ्ञात, देखो परिजानाति ।

परिञ्ञाय, पूर्व० क्रिया, पूर्ण रूप से जानकर ।

परिञ्ञेय, वि०, ठीक से जानने योग्य ।

परिडय्हति, क्रिया, जलता है ।

(परिडय्हि, परिडड्ढ, परिडय्हित्वा)

परिडय्हन, नपुं०, जलना ।

परिणमति, क्रिया, पकता है, परिवर्तित होता है ।

(परिणन, परिणमि, परिणमित्वा) ।

परिणय, पु०, शादी, विवाह ।

परिणाम, पु०, पकना, परिवर्तन, विकास ।

परिणामन, नपुं०, किसी के उपयोग में आना ।

परिणामेति, क्रिया, परिवर्तित करता है ।

(परिणामेसि, परिणामित, परिणामेत्वा) ।

परिणायक, पु०, मार्ग-दर्शक, परामर्शदाता ।

परिणायक-रतन, नपुं०, चक्रवर्ती नरेश का सेनापति ।

परिणायिका, स्त्री०, अन्तर्दृष्टि ।

परिणाह, पु०, परिधि, लम्बाई-चौड़ाई ।

परितप्पति, क्रिया, अनुतप्त, होता है, चिन्ता करता है ।

(परितप्पि, परितत्त, परितप्पित्वा) ।

परितस्सति, क्रिया, उत्तेजित होता है, चिन्तित होता है, कामना करता है ।

(परितस्सि, परितस्सित, परितस्सित्वा) ।

परितस्सना, स्त्री०, चिन्तित होना, उत्तेजना ।

परिताप, पु०, अनुताप, पश्चाताप ।

परितापन, नपुं०, अनुताप, पश्चाताप ।

परितापेति, क्रिया, त्रास देता है ।

(परितापेसि, परितापित, परितापेत्वा) ।

परितुलेति, क्रिया, तोलता है, विचार करता है ।

(**परितुलेसि, परितुलित, परितुलेत्वा**)।

परितो, अव्यय, चारों ओर से।

परितोसेति, क्रिया, प्रसन्न करता है, संतोष देता है।

(**परितोसेसि, परितोसित, परितोसेत्वा**)।

परित्त, (**परित्ता** भी), खुद्दक पाठ, अंगुत्तर निकाय, मज्झिम निकाय, सुत्तनिपात के कुछ सूत्रों का संग्रह, जिनका विशेष अवसरों पर पाठ किया जाता है। 'परित्त' शब्द का अर्थ है संरक्षण। पाठ का उद्देश्य रोग आदि से संरक्षण माना जाता है। वि०, थोड़ा, अल्पमात्र, तुच्छ; नपुं०, तावीज।

परित्तक, वि०, थोड़ा, अल्पमात्र, तुच्छ।

परित्त-सुत्त, नपुं०, अभिमंत्रित धागा।

परित्ताण, नपुं०, संरक्षण, शरण, सुरक्षा।

परित्तायक, वि०, संरक्षक।

परिदहति, क्रिया, परिधान धारण करता है, वस्त्र पहनता है।

(**परिदहि, परिदहित, परिदहित्वा**)।

परिदहन, नपुं०, वस्त्र धारण करना।

परिदीपक, वि०, व्याख्यात्मक, प्रकाश डालने वाला।

परिदीपन, नपुं०, व्याख्या, उदाहरण।

परिदीपेति, क्रिया, स्पष्ट करता है, व्याख्या करता है, प्रकाशित करता है।

(**परिदीपेसि, परिदीपित, परिदीपेन्त, परिदीपेत्वा**)।

परिदूसेति, क्रिया, दूषित करता है।

(**परिदूसेसि, परिदूसित, परिदूसेत्वा**)।

परिदेव, पु०, रोना-पीटना।

परिदेवना, स्त्री०, देखो परिदेव।

परिदेवति, क्रिया, रोता-पीटता है।

(**परिदेवि, परिदेवित, परिदेवित्वा, परिदेवन्त, परिदेवमान**)।

परिदेवित, नपुं०, रोना-पीटना।

परिधंसक, वि०, ध्वंसक, नष्ट करने वाला।

परिधावति, क्रिया, इधर-उधर दौड़ता है।

(**परिधावि, परिधावित, परिधावित्वा**)।

परिधि, पु०, सूर्य-मंडल।

परिधोत, कृदन्त, धोया हुआ।

परिधोवति, क्रिया, सम्पूर्ण रूप से धोता है, अच्छी तरह साफ करता है।

(**परिधोवि, परिधोवित्वा**)।

परिनिट्ठान, नपुं०, अन्तिम सिरा, परिसमाप्ति।

परिनिट्ठापेति, क्रिया, समाप्त करता है।

(**परिनिट्ठापेसि, परिनिट्ठापित, परिनिट्ठापेत्वा**)।

परिनिब्बान, नपुं०, जन्म-मरण के बन्धन से मुक्ति। अर्हत् की अन्तिम मृत्यु।

परिनिब्बापन, नपुं०, राग-द्वेषाग्नि का सम्पूर्ण रूप से बुझ जाना।

परिनिब्बाति, क्रिया, परिनिर्वाण को प्राप्त होता है।

(**परिनिब्बायि, परिनिब्बुत, परिनि-**

ब्बायित्वा)।

परिनिब्बायी, वि०, परिनिर्वाण-प्राप्त।

परिपक्क, कृदन्त, अच्छी तरह पका हुआ, प्रौढ़।

परिपतति, क्रिया, गिर पड़ता है, विनाश को प्राप्त होता है।
(**परिपति, परिपतित, परिपतित्वा**)।

परिपन्थ, पु०, खतरा, बाधा, किनारा।

परिपन्थिक, वि०, बाधक।

परिपाक, पु०, पका होना, प्रौढ़ होना, हाजमा।

परिपाचन, नपुं०, पकना, प्रौढ़ होना, विकसित होना, हजम होना।

परिपाचेति, क्रिया, पकाता है, प्रौढ़ होता है, विकसित होता है।
(**परिपाचेसि, परिपाचित, परिपाचेत्वा**)।

परिपातेति, क्रिया, आक्रमण करता है, गिराता है, मार डालता है, नाश कर डालता है।
(**परिपातेसि, परिपातित, परिपातेत्वा**)।

परिपालेति, क्रिया, पालन करता है, पहरा देता है, संरक्षण करता है।
(**परिपालेसि, परिपालित, परिपालेत्वा**)।

परिपीळेति, क्रिया, पीड़ित करता है।
(**परिपीळेसि, परिपीळित, परिपीळेत्वा**)।

परिपुच्छक, वि०, प्रश्न पूछने वाला।

परिपुच्छति, क्रिया, पूछताछ करता है।
(**परिपुच्छि, परिपुच्छित, परिपुट्ठ, परिपुच्छित्वा**)।

परिपुच्छा, स्त्री०, पूछताछ, प्रश्न।

परिपुण्ण, कृदन्त, सम्पूर्ण।

परिपुण्णता, स्त्री०, सम्पूर्णता।

परिपूर, वि०, सम्पूर्ण।

परिपूरक, वि०, पूर्ति करने वाला।

परिपूरकारिता, स्त्री०, पूर्ति का भाव।

परिपूरकारी, पु०, पूरा करने वाला।

परिपूरण, नपुं०, पूर्ति।

परिपूरति, क्रिया, पूरा करता है।
(**परिपूरि, परिपुण्ण, परिपूरित्वा**)।

परिपूरेति, क्रिया, पूरा कराता है।
(**परिपूरेसि, परिपूरित, परिपूरेन्त, परिपूरेत्वा, परिपूरिय, परिपूरेतब्ब**)।

परिप्फुट, कृदन्त, भरा हुआ, व्याप्त।

परिप्लव, वि०, चंचल, अस्थिर।

परिप्लवति, क्रिया, काँपता है, इधर-उधर घूमता है।

परिफन्दति, क्रिया, काँपता है, धड़कता है।
(**परिफन्दि, परिफन्दित, परिफन्दित्वा**)।

परिबाहिर, वि०, बाह्य, बाहरी।

परिब्बजति, क्रिया, घूमता है।
(**परिब्बजि, परिब्बजित, परिब्बजित्वा**)।

परिब्बय, पु०, खर्च।

परिब्बाजक, पु०, परिव्राजक, घूमने-फिरने वाला साधु।

परिब्बाजिका, स्त्री०, परिव्राजिका, घूमने-फिरने वाली साध्वी।

परिब्बूळ्ह, कृदन्त, घिरा हुआ।

परिब्भमति, क्रिया, इधर-उधर भटकता है, भ्रमण करता है।
(**परिब्भमि, परिब्भन्त, परिभमन्त,**

परिब्भमित्वा)।

परिब्भमन, नपुं०, परिभ्रमण।

परिब्भमेति, क्रिया, परिभ्रमण कराता है।

(**परिब्भमेसि**, **परिब्भमित**, **परिब्भमेत्वा**)।

परिभट्ठ, कृदन्त, परिभ्रष्ट, पतित।

परिभण्ड, पु०, लीपना, घेरना, कमरबन्द; वि०, घेरते हुए।

परिभण्ड-कत, वि०, लीपा हुआ।

परिभव, पु०, घृणा, अपशब्द।

परिभवन, नपुं०, घृणा करना, निन्दा करना।

परिभवति, क्रिया, घृणा करता है, अपशब्द कहता है, निन्दा करता है।

(**परिभवि**, **परिभूत**, **परिभवन्त**, **परिभवमान**, **परिभवित्वा**)।

परभावित, कृदन्त, शिक्षित, प्रभावित।

परिभास, पु०, दोषारोपण।

परिभासक, वि०, निन्दा करने वाला, अपशब्द कहने वाला।

परिभासति, क्रिया, अपशब्द कहता है, बुरा-भला कहता है।

(**परिभासि**, **परिभासित**, **परिभासमान**, **परिभासित्वा**)।

परिभासन, नपुं०, निन्दा, उपहास।

परिभिन्न, कृदन्त, टूटा हुआ, गिरा हुआ, विरुद्ध हुआ।

परिभुञ्जति, क्रिया, खाता है, उपयोग में लाता है, भोग भोगता है।

(**परिभुञ्जि**, **परिभुत्त**, **परिभुञ्जन्त**, **परिभुञ्जमान**, **परिभुञ्जित्वा**, **परिभुत्वा**, **परिभुञ्जि**, **परिभुञ्जितब्ब**)।

परिभुत्त, कृदन्त, खाया हुआ, भोगा हुआ।

परिभूत, कृदन्त, निन्दा-कृत।

परिभोग, पु०, उपयोग, भोग, भोग-सामग्री।

परिभोग-चेतिय, नपुं०, तथागत द्वारा उपयुक्त वस्तु होने से पवित्र वस्तु।

परिभोजनीय, वि०, उपयोग में लाने योग्य।

परिमञ्जक, पु०, रगड़ने वाला या थपथपाने वाला।

परिमज्जति, क्रिया, रगड़ता है, थपथपाता है, पोंछता है।

(**परिमज्जि**, **परिमज्जित**, **परिमट्ठ**, **परिमज्जित्वा**)।

परिमज्जन, नपुं०, रगड़ना, पोंछना, मालिश करना।

परिमण्डल, वि०, गोलाकार।

परिमण्डलं, क्रिया-विशेषण, चारों ओर से (ढक कर)।

परिमद्दति, क्रिया, रगड़ता है, मर्दन करता है, मालिश करता है।

(**परिमद्दि**, **परिमद्दित**, **परिमद्दित्वा**)।

परिमाण, नपुं०, माप, सीमा।

परिमित, कृदन्त, मापा गया, सीमा किया गया।

परिमुखं, क्रिया-विशेषण, सामने।

परिमुच्चति, क्रिया, मुक्त होता है, बच निकलता है।

(**परिमुच्चि**, **परिमुत्त**, **परिमुच्चित्वा**)।

परिमुच्चन, नपुं०, मुक्ति, बच निकलना।

परिमुत्त, कृदन्त, मुक्त, बच निकला हुआ।

परिमुत्ति, स्त्री०, मुक्ति, बचाव।

परिमोचेति, क्रिया, मुक्त करता है। (**परिमोचेसि**, **परिमोचित**, **परिमोचेत्वा**)।

परियत्ति, स्त्री०, धार्मिक ग्रन्थों को याद करना, धर्म-ग्रन्थों के अध्ययन में उपलब्धि।

परियत्ति-धर, वि०, तिपिटक को कण्टस्थ करने वाला।

परियत्ति-धम्म, पु०, तिपिटक-धर्म।

परियत्ति-सासन, नपुं०, तिपिटक (और उसकी अट्ठकथाएँ)।

परियन्त, पु०, आखरी सिरा, सीमा।

परियन्त-कत, वि०, सीमित, बाधित।

परियन्तिक, वि०, समाप्त, सीमाबद्ध।

परियाति, क्रिया, चारों ओर घूमता है।

परियादाति, क्रिया, अधिक मात्रा में ग्रहण करता है, खाली कर देता है। (**परियादिन्न**, **परियादाय**)।

परियादियति, क्रिया, काबू कराता है, खाली करा देता है। (**परियादियि**, **परियादिन्न**, **परियादियित्वा**)।

परियापन्न, कृदन्त, सम्मिलित, सम्बन्धित।

परियापुणन, नपुं०, अध्ययन करना।

परियापुणाति, क्रिया, भली भाँति अध्ययन करता है। (**परियापुणि**, **परियापुत**, **परियापुणित्वा**)।

परियापुत, कृदन्त, कण्ठस्थ किया हुआ, जाना हुआ।

परियाय, पु०, क्रम, गुण, आदत, कारण।

परियाय-कथा, स्त्री०, गोल-मोल बात-चीत।

परियाहत, कृदन्त, चोट खाया हुआ।

परियाहनति, क्रिया, चोट करता है, खटखटाता है। (**परियाहनि**, **परियाहत**)।

परियुट्ठाति, क्रिया, उठता है, सब जगह फैल जाता है। (**परियुट्ठासि**, **परियुट्ठित**)।

परियुट्ठान, नपुं०, उदान, पूर्व-संकल्प।

परियेट्ठि, स्त्री०, खोज।

परियेसति, क्रिया, खोजता है। (**परियेसि**, **परियेसित**, **परियेसन्त**, **परियेसमान**, **परियेसित्वा**)।

परियेसना, स्त्री०, खोज।

परियोग, पु०, भाजन, देग, हण्डा।

परियोगाळ्ह, कृदन्त, कसा हुआ, गहरे गया हुआ।

परियोगाहति, क्रिया, डुबकी मारता है, पानी की गहराई तक जाता है। (**परियोगाहि**, **परियोगाहित्वा**)।

परियोगाहन, नपुं०, डुबकी मारना, भीतर जाना।

परियोदपना, (**परियोदपन** भी), शुद्धि, साफ करना।

परियोदपेति, क्रिया, शुद्ध करता है, साफ करता है। (**परियोदपेसि**, **परियोदपित**, **परियोदपेत्वा**)।

परियोदात, वि०, शुद्ध, परिशुद्ध ।

परियोनद्ध, कृदन्त, बंधा हुआ, ढका हुआ ।

परियोनन्धति, क्रिया, बाँधता है, ढकता है ।
(**परियोनन्धि**, **परियोनद्ध**, **परियोनन्धित्वा**) ।

परियोनन्धन, नपुं०, ढकना ।

परियोनाह, पु०, ढकना ।

परियोसान, नपुं०, समाप्ति, सारांश ।

परियोसापेति, क्रिया, समाप्त करता है ।
(**परियोसापेसि**, **परियोसापित**, **परियोसापेत्वा**) ।

परियोसित, कृदन्त, समाप्त, सन्तुष्ट ।

परिरक्खति, क्रिया, रक्षा करता है, संरक्षण करता है ।

परिरक्खण, नपुं०, रक्षा करना, संरक्षण ।

परिवच्छ, नपुं०, तैयारी ।

परिवज्जन, नपुं०, बचाव, टरकाना ।

परिवज्जेति, क्रिया, दूर-दूर रखता है। टरकाता है ।
(**परिवज्जेसि**, **परिवज्जित**, **परिवज्जेन्त**, **परिवज्जेत्वा**) ।

परिवट्ट, नपुं०, घेरा ।

परिवत्त, कृदन्त, लोटता-पोटता हुआ ।

परिवत्तक, वि०, लोटता-पोटता हुआ; पु०, गोला ।

परिवत्तति, क्रिया, लोटता-पोटता है।
(**परिवत्ति**, **परिवत्तित्वा**, **परिवत्तमान**) ।

परिवत्तन, नपुं०, परिवर्तन, उलटना-पलटना, अनुवाद ।

परिवत्तेति, क्रिया, उलटता है ।
(**परिवत्तेसि**, **परिवत्तित**, **परिवत्तेत्वा**, **परिवत्तिय**, **परिवत्तेन्त**) ।

परिवसति, क्रिया, शागिर्द बनकर रहता है ।
(**परिवसि**, **परिवुत्थ**, **परिवसित्वा**) ।

परिवार, पु०, अनुयायी, अनुगामी, नौकर-चाकर ।

परिवारक, वि०, अनुचर, साथी ।

परिवारण, नपुं०, घेर लेना ।

परिवार-पालि, विनय पिटक का एक ग्रन्थ ।

परिवारेति, क्रिया, घेर लेता है ।
(**परिवारेसि**, **परिवारित**, **परिवारेत्वा**) ।

परिवासित, कृदन्त, सुगन्धित ।

परिवितक्क, पु०, विचार-विमर्श ।

परिवितक्केति, क्रिया, विचार करता है; मनन करता है ।
(**परिवितक्केसि**, **परिवितक्कित**, **परिवितक्केत्वा**) ।

परिविसति, क्रिया, भोजन कराता है, सेवा में रहता है ।
(**परिविसि**, **परिविसित्वा**) ।

परिवीमंसति, क्रिया, विचार करता है, मनन करता है ।
(**परिवीमंसि**, **परिवीमंसमान**, **परिवीमंसित्वा**) ।

परिवुत, कृदन्त, घिरा हुआ ।

परिवेण, नपुं०, भिक्षुओं का निवास-स्थान, भिक्षुओं का विद्यालय ।

परिवेसक, वि०, भोजन परोसने वाला ।

परिवेसना, स्त्री०, भोजन परोसना ।

परिसक्कति, क्रिया, सहन करता है, कोशिश करता है, प्रयत्न करता है। (**परिसक्कि, परिसक्कित, परिसक्कित्वा**)।

परिस-गत, त्रि०, परिषद् में सम्मिलित, मण्डली के अन्तर्गत।

परिसङ्कति, क्रिया, सन्देह करता है। (**परिसङ्कि, परिसङ्कित, परिसङ्कित्वा**)।

परिसङ्का, स्त्री०, सन्देह।

परिस-दूसक, पु०, परिषद् को दूषित करने वाला।

परिस-प्पति, क्रिया, रेंगता है। (**परिसप्पि, परिसप्पित, परिसप्पित्वा**)।

परिसप्पना, स्त्री०, रेंगना, काँपना, सन्देह, हिचकिचाहट।

परिसमन्ततो, क्रिया-विशेषण, चारों ओर से।

परिसहति, क्रिया, जीत लेता है। (**परिसहि, परिसहित्वा**)।

परिसा, स्त्री०, परिषद्।

परिसावचर, वि०, सभा-समिति में विचरने वाला।

परिसिञ्चति, क्रिया, सर्वत्र छिड़कता है। (**परिसिञ्चि, परिसित्त, परिसिञ्चित्वा**)।

परिसुज्झति, क्रिया, परिशुद्ध होता है। (**परिसुज्झि, परिसुज्झन्त, परिसुज्झित्वा**)।

परिसुद्ध, कृदन्त, साफ, पवित्र।

परिसुद्धि, स्त्री०, सफाई, पवित्रता।

परिसुस्सत, क्रिया, सूख जाता है, व्यर्थ जाता है। (**परिसुस्सि, परिसुक्ख, परिसुस्सित्वा**)।

परिसुस्सन, नपुं०, पूर्ण रूप से सूख जाना।

परिसेदित, कृदन्त, वाष्प से उबाला गया।

परिसेदेति, क्रिया, वाष्प-स्नान करता है, सेंकता है, (अण्डे) सेता है।

परिसोधन, नपुं०, शुद्धि।

परिसोधेति, क्रिया, शुद्ध करता है, साफ करता है। (**परिसोधेसि, परिसोधित, परिसोधित्वा, परिसोधिय**)।

परिसोसेति, क्रिया, सुखाता है। (**परिसोसेसि, परिसोसित**)।

परिस्सजति, क्रिया, गले मिलता है। (**परिस्सजि, परिस्सजित, परिस्सजन्त, परिस्सजित्वा**)।

परिस्सजन, नपुं०, गले मिलना।

परिस्सन्त, कृदन्त, परिश्रान्त, थका हुआ।

परिस्सम, पु०, परिश्रम, मेहनत।

परिस्सय, पु०, खतरा, परेशानी।

परिस्सावन, नपुं०, पानी छानने का साधन।

परिस्सावेति, क्रिया, पानी छानता है। (**परिस्सावेसि, परिस्सावित, परिस्सावेत्वा**)।

परिहरण, नपुं०, ले जाना, संरक्षण।

परिहरणा, स्त्री०, रखना, ले जाना, संरक्षण।

परिहरति, क्रिया, संभालता है, रक्षा करता है, ले जाता है।

(परिहरि, परिहरित, परिहत, परिहरित्वा)।

परिहसति, क्रिया, हँसता है।

(परिहसि, परिहसित, परिहसित्वा)।

परिहानि, स्त्री०, हानि।

परिहानिय, वि०, हानिकर।

परिहापेति, क्रिया, अवनत होता है, लापरवाही करता है।

(परिहापेसि, परिहापित, परिहापेत्वा)।

परिहायति, क्रिया, अवनत होता है, नुकसान उठाता है।

(परिहायि, परिहीन, परिहायमान, परिहायित्वा)।

परिहार, पु०, संरक्षण, बचाव।

परिहारक, वि०, संरक्षक, पहरेदार।

परिहार-पथ, पु०, चक्करदार रास्ता।

परिहारिक, वि०, (जीवित) रखने वाला।

परिहास, पु०, हँसी-मजाक।

परिहीन, कृदन्त, हानिग्रस्त, अनाथ।

परूपक्कम, पु०, शत्रु का आक्रमण।

परूपघात, पु०, दूसरों का घात।

परूपवाद, पु०, दूसरों द्वारा किया गया दोषारोपण।

परूळ्ह, कृदन्त, उगा हुआ।

परूळ्ह-केस, वि०, लम्बे बालों वाला।

परेत, वि०, युक्त, संयुक्त।

परो, अव्यय, मरणान्तर, आगे, ऊपर।

परोक्ख, वि०, परोक्ष, आँख से ओझल।

परोक्खे, अव्यय, परोक्ष में, अनुपस्थिति में।

परोदति, क्रिया, रोता है।

(परोदि, परोदित्वा)।

परोवर, वि०, ऊँच-नीच।

परोवरिय, वि०, ऊँचे-नीचे।

परोसत, वि०, सौ से अधिक।

परोसहस्स, वि०, हजार से अधिक।

परोसहस्स जातक, तपस्वी के हजार शिष्य, 'आकिञ्चञ्ञायतन' का यथार्थ भावार्थ नहीं समझ सके (९९)।

पल, नपुं०, तोल का माप-विशेष।

पल-गण्ड, पु०, राज (मकान बनाने वाला)।

पलण्डु, पु०, प्याज।

पलण्डुक, देखो पलण्डु।

पलपति, क्रिया, बकवास करता है।

(पलपि, पलपित, पलपित्वा)।

पलपन, नपुं०, व्यर्थ की बातचीत।

पलपित, नपुं०, देखो, पलपन।

पलय, पु०, प्रलय, कल्प-विनाश।

पलवङ्ग, पु०, काला मुँह व लम्बी पूँछ वाला लंगूर।

पलात, कृदन्त, भागा हुआ।

पलाप, पु०, (धान की) भूसी, व्यर्थ का बकवास।

पलापी, पु०, बकवास करने वाला।

पलापेति, क्रिया, भगा देता है, बकवास करता है।

(पलापेसि, पलापित, पलापेत्वा)।

पलायति, क्रिया, भागता है, बच निकलता है।

(पलायि, पलात, पलायन्त, पलायित्वा)।

पलायन, नपुं०, भाग जाना।

पलायनक, वि०, भागता हुआ ।

पलायी, पु०, भागा हुआ ।

पलायी जातक, बनारस-नरेश तक्ष-शिला पर आक्रमण करने गया, किन्तु नगर की अँटारियों के शिखरों को देखकर ही वापिस भाग आया (२२९) ।

पलाल, नपुं०, पुआल (धान का), भूसा, पौधों का डंठल ।

पलाल-पुञ्ज, पु०, पुआल का ढेर ।

पलास, पु० तथा नपुं०, पत्ता, ईर्षा, द्वेष, तिरस्कार ।

पलास-साद, वि०, पत्तों का भोजन ।

पलास जातक, ब्राह्मण को पलास-वृक्ष के नीचे गड़ा धन मिला (३०७) ।

पलास जातक, पलास-वृक्ष में वट-वृक्ष उग आया, जिसने धीरे-धीरे पलास-वृक्ष को ही नष्ट कर दिया (३७०) ।

पलासाद, पु०, गेंडा ।

पलासी, वि०, ईर्षालु ।

पलिघ, पु०, अर्गला, बाधा, रुकावट ।

पलित, वि०, प्रौढ़, सफेद (बाल); नपुं०, सफेद बाल ।

पलिप, पु०, दलदल ।

पलिपथ, पु०, खतरनाक रास्ता, खतरा, बाधा ।

पलिपन्न, कृदन्त, गिरा या डूबा हुआ ।

पलुग्ग, कृदन्त, नीचे गिरा हुआ, टूटा हुआ ।

पलुज्जति, नीचे गिरता है, टूट जाता है ।
(**पलुज्जि**, **पलुज्जमान**, **पलुज्जित्वा**) ।

पलुज्जन, नपुं०, लड़खड़ाना ।

पलुद्ध, कृदन्त, अत्यन्त आसक्त ।

पलेति, क्रिया, चला जाता है ।

पलोभन, नपुं०, प्रलोभन, लालच ।

पलोभेति, क्रिया, लालच देता है ।
(**पलोभेसि**, **पलोभित**, **पलोभेत्वा**) ।

पल्लङ्क, पु०, पलंग, दीवान; वि०, पालथी मार कर बैठा हुआ ।

पल्लत्थिका, स्त्री०, पालकी ।

पल्लल, नपुं०, छोटा तालाब या झील, दलदल जमीन ।

पल्लव, पु०, कोंपल ।

पवक्खति, क्रिया, कहेगा, बता देगा ।

पवड्ढ, (**पवद्ध** भी), वि०, वर्धित, शक्तिशाली ।

पवड्ढति, क्रिया, बढ़ता है ।
(**पवड्ढि**, **पवड्ढित**, **पवड्ढित्वा**) ।

पवड्ढन, नपुं०, वृद्धि ।

पवत्त, वि०, चालू रहा, नीचे गिरा; नपुं०, वह जो चालू रहे, यानी भव-चक्र, जन्म-मरण का चक्कर ।

पवत्तति, क्रिया, चालू रहता है, विद्यमान रहता है ।
(**पवत्ति**, **पवत्तित**, **पवत्तित्वा**) ।

पवत्तन, नपुं०, अस्तित्व, चालू रखना ।

पवत्तापन, नपुं०, लगातार चालू रखना ।

पवत्ति, स्त्री० प्रवृत्ति, घटना ।

पवत्तेति, क्रिया, चालू करता है ।
(**पवत्तेसि**, **पवत्तित**,, **पवत्तेन्त**, **पव-त्तेत्वा**, **पवत्तेतुं**) ।

पवत्तेतु, पु०, चालू करने वाला ।

पवद्ध, देखो, पवड्ढ ।

पवन, नपुं०, अनाज पछोरना, पहाड़ का किनारा, हवा ।

पवर, वि०, श्रेष्ठ ।
पवसति, क्रिया, रहता है, वास करता है ।
(**पवसि**, **पवुत्थ**, **पवसित्वा**) ।
पवस्सति, क्रिया, बरसता है ।
(**पवस्सि**, **पवुट्ठ**, **पवस्सित्वा**) ।
पवस्सन, नपुं०, वर्षा ।
पवात, नपुं०, ऐसी जगह, जहाँ हवा चलती हो, ठंडी हवा ।
पवाति, सुगन्धि फैलती है, हवा चलती है ।
पवायति, क्रिया, (हवा) चलती है, बहती है, सुगन्धि फैलाता है ।
(**पवायि**, **पवायित**, **पवायित्वा**) ।
पवारणा, स्त्री०, निमंत्रण, वर्षावास के बाद किया जाने वाला एक धार्मिक संस्कार, सन्तोष ।
पवारित, कृदन्त, निमंत्रित, पवारणा मनाई गई ।
पवारेति, क्रिया, निमंत्रण देता है, सौंपता है, 'पवारणा' करता है ।
(**पवारेसि**, **पवारेत्वा**) ।
पवाल, पु०, प्रवाल, मूँगा, कोंपल ।
पवास, पु०, प्रवास, घर से दूर रहना ।
पवासी, पु०, प्रवासी ।
पवाह, पु०, प्रवाह, बहाव ।
पवाहक, वि०, ले जाने वाला ।
पवाहेति, क्रिया, प्रवाहित करता है, बहा देता है ।
(**पवाहेसि**, **पवाहित**, **पवाहेत्वा**) ।
पवाळ, देखो पवाल ।
पवाळ्ह, कृदन्त, रद्द कर दिया गया ।
पविज्झति, क्रिया, बींधता है ।
(**पविज्झि**, **पविद्ध**, **पविज्झित्वा**) ।
पविट्ठ, कृदन्त, प्रविष्ट ।
पविवित्त, वि०, पृथक् कृत, एकान्त (स्थान) ।
पविवेक, पु०, एकान्त ।
पविसति, क्रिया, प्रवेश करता है ।
(**पविसि**, **पविसन्त**, **पविसित्वा**, **पविसितुं**) ।
पवीण, वि०, प्रवीण, होशियार ।
पवुच्चति, क्रिया, कहलाता है, कहा जाता है ।
पवुत्त, कृदन्त, कहलाया गया ।
पवुत्थ, कृदन्त, रहा ।
पवेणि, स्त्री०, परम्परा, उत्तराधिकार, (सिर के बालों की) वेणी ।
पवेदन, नपुं०, घोषणा ।
पवेदियमान, कृदन्त, घोषित किया जाता हुआ ।
पवेदेति, क्रिया, विज्ञापित करता है, प्रगट करता है ।
(**पवेदेसि**, **पवेदित**, **पवेदेत्वा**, **पवेदेन्त**) ।
पवेधति, क्रिया, काँपता है, डरा हुआ होना ।
(**पवेधि**, **पवेधित**, **पवेधित्वा**, **पवेधमान**) ।
पवेस, पु०, प्रवेश ।
पवेसन, नपुं०, दाखला, घुसना ।
पवेसक, वि०, प्रवेश करने वाला या कराने वाला ।
पवेसेति, क्रिया, प्रवेश कराता है, परिचय कराता है ।
(**पवेसेसि**, **पवेसित**, **पवेसेत्वा**, **पवेसेन्त**, **पवेसेतुं**) ।

पवेसेतु, पु०, प्रवेश कराने वाला ।

पसंसक, पु०, प्रशंसा करने वाला या खुशामद करने वाला ।

पसंसति, क्रिया, प्रशंसा करता है ।
(**पसंसि, पसंसित, पसत्थ, पसंसन्त, पसंसितब्ब, पसंसिय, पसंसितुं**) ।

पसंसन, नपुं०, प्रशंसा ।

पसंसा, स्त्री०, स्तुति ।

पसङ्ग, पु०, प्रसङ्ग, अवस्था, आसक्ति ।

पसट, कृदन्त, प्रशस्त, फैला हुआ ।

पसत, पु०, प्रसर, गहरी की हुई अंजली ।

पसत्थ, (**पसट्ठ भी**) कृदन्त, प्रशस्त ।

पसद, पु०, मृग-विशेष ।

पसन्न, कृदन्त, प्रसन्न, स्पष्ट, तेज-युक्त ।

पसन्न-चित्त, वि०, प्रसन्न-चित्त ।

पसन्न-मानस, वि०, प्रसन्न-मन ।

पसय्ह, पूर्व० क्रिया, जबर्दस्ती करके ।

पसव, पु०, सन्तान, (बच्चा) पैदा करना ।

पसवति, क्रिया, उत्पन्न करता है ।
(**पसवि, पसवित, पसवन्त, पसवित्वा**) ।

पसहति, क्रिया, दबाता है, जीत लेता है, मर्दन करता है ।
(**पसहि, पसहित्वा, पसय्ह**)

पसहन, नपुं०, अधिकार करना, अधीन करना ।

पसाख, नपुं०, शाखाएँ फूट निकलने का स्थान ।

पसाखा, स्त्री०, छोटी-छोटी शाखाएँ ।

पसाद पु०, प्रसन्नता, श्रद्धा, स्पष्टता,
[(**इन्द्रिय-**)**पसाद**, इन्द्रियों का कार्य ।]

पसादनिय, वि०, विश्वासोत्पादक ।

पसादेति, क्रिया, प्रसन्न करता है, पवित्र करता है, श्रद्धावान् बना लेता है ।
(**पसादेसि, पसादित, पसादेन्त, पसादेत्वा, पसादेतब्ब**) ।

पसाधन, नपुं०, गहना, सजावट ।

पसाधेति, क्रिया, गहना पहनता है, सजता है ।
(**पसाधेसि, पसाधित, पसाधेत्वा, पसाधिय**) ।

पसारण, नपुं०, प्रसारण ।

पसारित, कृदन्त, प्रसारित, फैलाया गया ।

पसारेति, क्रिया, फैलाता है ।
(**पसारेसि, पसारित, पसारेत्वा**) ।

पसासति, क्रिया, अनुशासन करता है, शिक्षा देता है, राज्य करता है ।
(**पसासि, पसासित, पसासित्वा**) ।

पसिति, स्त्री०, बन्धन ।

पसिद्ध, वि०, प्रसिद्ध ।

पसिब्बक, पु०, रुपयों की बाँसनी,, थैली ।

पसीदति, क्रिया, प्रसन्न होता है, श्रद्धावान होता है ।
(**पसीदि, पसन्न, पसीदित्वा, पसीदितब्ब**) ।

पसीदन, नपुं०, श्रद्धा, प्रसन्नता ।

पसीदना, स्त्री०, श्रद्धा, संतोष ।

पसु, पु०, पशु, चौपाया ।

पसुत, वि०, लगा हुआ, आसक्त ।

पसूत, कृदन्त, प्रसूत, उत्पन्न हुआ,

बच्चा दिया।

पसूति, स्त्री०, प्रसूति, जन्म।

पसूतिका, स्त्री०, प्रसूतिका, वह स्त्री जिसने किसी बच्चे को जन्म दिया हो।

पसूतिका-घर, नपुं०, प्रसूतिका-गृह।

पसेनदि, बुद्ध का समकालीन, कोसल-नरेश।

पस्स, पु०, पार्श्व, पासा, एक तरफ।

पस्सति, क्रिया, देखता है, पता लगता है, समझता है।
(**पस्सि, दिट्ठ, पस्सन्त, पस्समान, पस्सित्वा, दिस्वा, पस्सिय, पस्सितुं, पस्सितब्ब**)।

पस्सद्ध, कृदन्त, शान्त।

पस्सद्धि, स्त्री०, शान्ति, गाम्भीर्य।

पस्सम्भति, क्रिया, शान्त होता है।
(**पस्सम्भि, पस्सम्भित्वा**)।

पस्सम्भना, स्त्री०, शान्ति।

पस्सम्भेति, क्रिया, शान्त करता है।
(**पस्सम्भेसि, पस्सम्भित, पस्सम्भेत्वा, पस्सम्भेन्त**)।

पस्ससति, क्रिया, प्रश्वास लेता है।
(**पस्ससि, पस्ससित, पस्ससित्वा, पस्ससन्त**)।

पस्साव, पु०, पेशाब।

पस्साव-मग्ग, पु०, योनि, पेशाब का मार्ग।

पस्सास, पु०, साँस निकालना।

पस्सासी, पु०, साँस निकालने वाला।

पहट, कृदन्त, प्रहार-प्राप्त, चोट खाया हुआ।

पहट्ठ, कृदन्त, अत्यन्त प्रसन्न-चित्त।

पहरण, नपुं०, पीटना, प्रहार करना, प्रहार करने के लिए शस्त्र।

पहरणक, वि०, पिटाई करनेवाला।

पहरति, क्रिया, पीटता है।
(**पहरि, पहरन्त, पहरित्वा, पहरितुं**)।

पहाण (**पहान** भी), नपुं०, हटाना, छोड़ना, त्यागना।

पहाय, पूर्व० क्रिया, छोड़कर।

पहायी, पु०, छोड़ने वाला।

पहार, पु०, प्रहार, चोट, (**एक-प्पहारेन**, एक ही प्रहार से, एक ही बार)।

पहार-दान, नपुं०, चोट पहुँचाना।

पहास, पु०, अत्यन्त प्रीति।

पहासेति, क्रिया, हँसाता है, आनन्दित करता है।

पहासेसि, प्रहर्षित किया।

पहासित, कृदन्त, प्रहर्षित।

पहिणन, नपुं०, भेजना।

पहिण-गमन, नपुं०, दूत की तरह जाना।

पहिणति, क्रिया, भेजता है।
(**पहिणि, पहिणन्त, पहिणित्वा**)।

पहित, कृदन्त, प्रेषित, भेजा गया।

पहीन, कृदन्त, प्रहीण, रहित, त्यक्त, नष्ट।

पहीयति, क्रिया, प्रहीण होता है, नहीं रहता है, त्यागा जाता है।
(**पहीयि, पहीन, पहीयमान, पहीयित्वा**)।

पहु, वि०, योग्य।

पहूत, वि०, बहुत अधिक।

पहूत-जिव्ह, वि०, बड़ी जीभ वाला।

पहूत-भक्ख, वि०, प्रचुर खाद्य-पदार्थ

वाला या प्रचुर खाने वाला ।

पहेणक, नपुं०, किसी को भेजने योग्य भेंट ।

पहोति, क्रिया, समर्थ होता है, देखो पभवति ।

पहोनक, वि०, पर्याप्त ।

पळिगुण्ठेति, क्रिया, उलझाता है, ढकता है ।
(**पळिगुण्ठेसि, पळिगुण्ठित**) ।

पळिघ (**पलिघ** भी), पु०, अरगल, बाधा ।

पळिबुज्झति, क्रिया, प्रमाद करता है, मैला होता है, बाधित होता है ।
(**पळिबुज्झि, पळिबुद्ध, पळिबुज्झित्वा**) ।

पळिबुज्झन, नपुं०, मैला होना ।

पळिबोध, पु०, बाधा ।

पळिवेठन, नपुं०, लपेटना, घेर लेना ।

पळिवेठेति, क्रिया, लपेटता है, घेर लेता है ।
(**पळिवेठेसि, पळिवेठित**) ।

पंसु, पु०, धूल ।

पंसु-कूल, नपुं०, धूल का ढेर ।

पंसुकूल-चीवर, नपुं०, कूड़े-करकट के ढेर पर से इकट्ठे किये हुए चीथड़ों का चीवर ।

पंसुकूलिक, वि०, चीथड़ों का चीवर पहनने वाला ।

पाक, पु०, पकाना, पकाया हुआ ।

पाक-वट्ट, नपुं०, भोजन-सामग्री की लगातार प्राप्ति ।

पाकट, वि०, प्रकट, प्रसिद्ध, विख्यात ।

पाकट्ठान, नपुं०, रसोईघर ।

पाकतिक, वि०, प्राकृतिक, कुदरती ।

पाकार, पु०, प्राकार, चारदीवारी ।

पाकार-परिक्खित्त, वि०, दीवार से घिरा ।

पागब्भिय, नपुं०, प्रगल्भता, वाचालता ।

पागुञ्ञता, स्त्री०, प्रगुणता ।

पाचक, वि०, पकाने वाला ।

पाचन, नपुं०, पकाना, पशु हाँकने की छड़ी ।

पाचरिय, नपुं०, प्राचार्य ।

पाचापेति, क्रिया, पकवाता है ।
(**पाचापेसि, पाचापित, पाचापेत्वा**) ।

पाचिका, स्त्री०, पकाने वाली ।

पाचित्तिय, विनयपिटक का एक ग्रन्थ ।

पाचीन, वि०, पूर्वीय ।

पाचीन-दिसा, स्त्री०, पूर्व दिशा ।

पाचीन-मुख, वि०, पूर्व दिशाभिमुख ।

पाचेति, क्रिया, पकवाता है ।

पाजन, नपुं०, हाँकना ।

पाजेति, क्रिया, हाँकता है ।
(**पाजेसि, पाजित, पाजेन्त, पाजेत्वा, पाजापेति**) ।

पाटल, वि०, गुलाब, गुलाबी ।

पाटलिपुत्त, मगध की प्राचीन राजधानी (पटना) ।

पाटली, पु०, वृक्ष-विशेष ।

पाटव, पु० तथा नपुं०, पटु-भाव, दक्षता ।

पाटिकङ्ख, वि०, आशान्वित ।

पाटिकङ्खी, वि०, आशा करनेवाला ।

पाटिकम्म (**फाटिकम्म** भी), नपुं०, प्रतिकर्म, मरम्मत ।

पाटिका, स्त्री०, अर्धगोलाकार चान्द्र-

प्रस्तर ।

पाटिकूल्य, नपुं०, प्रतिकूलता ।

पाटिपद, पु०, प्रतिपद, चान्द्र मास के शुक्ल-पक्ष का प्रथम दिन ।

पाटिभोग, पु०, जिम्मेदार ।

पाटिमोक्ख (**पातिमोक्ख** भी), पु०, भिक्षु-विनय के दो सौ सत्ताईस नियमों का संग्रह ।

पाटियेक्क, वि०, प्रत्येक, पृथक्-पृथक् ।

पाटिहार (**पाटिहीर, पाटिहेर, पाटिहारिय** भी), नपुं०, करिश्मा ।

पाटिहारिय-पक्ख, पु०, अतिरिक्त छुट्टी ।

पाटेक्क, देखो **पाटियेक्क** ।

पाठ, पु०, ग्रन्थ-विशेष का अनुच्छेद, पाठ ।

पाठक, वि०, पाठ करने वाला ।

पाठीन, पु०, मछली का एक प्रकार ।

पाण, पु०, जीवन, साँस, प्राणी ।

पाण-घात, पु०, प्राणि-हत्या ।

पाण-घाती, पु०, जीव हत्या करने वाला ।

पाणद, वि०, प्राण-रक्षक ।

पाण-भूत, पु०, जीवित प्राणी ।

पाण-बध, पु०, जीव-हत्या ।

पाण-सम, वि०, प्राण के समान (प्रिय) ।

पाण-हर, वि०, प्राण हरण करने वाला ।

पाणक, पु०, कीड़ा ।

पाणि, पु०, हाथ, हथेली ।

पाणि-तल, नपुं०, हाथ की हथेली ।

पाणिग्गह, पु०, पाणि-ग्रहण, विवाह ।

पाणिका, स्त्री०, हाथ जैसी वस्तु, तौलिया ।

पाणी, पु०, प्राणी ।

पातु, पु०, गिरना, फेंकना ।

पातन, नपुं०, गिराना, फेंकना ।

पातब्ब, कृदन्त, पीने योग्य ।

पातरास, पु०, कलेवा, सुबह का नाश्ता, ब्रेकफास्ट ।

पाताल, पु०, पाताल (-लोक), पृथ्वी के नीचे का भाग ।

पाति, स्त्री०, पात्र, थाली; क्रिया, रक्षा करता है ।

पातिक, नपुं०, तश्तरी ।

पातिमोक्ख, देखो **पाटिमोक्ख** ।

पाती, वि०, फेंकने वाला, छोड़ने वाला ।

पातु, अव्यय, सामने, दिखाई देने वाला, प्रकट ।

पातुकम्म, नपुं०, प्रकट करना ।

पातुकरण, नपुं०, प्रकट करना ।

पातुभाव, पु०, प्रादुर्भाव, प्रकट होना ।

पातुभूत, कृदन्त, प्रकट हुआ ।

पातुकम्यता, वि०, पीने की इच्छा ।

पातुकरोति, क्रिया, प्रकट करता है ।

पातुकरि, प्रकट किया ।

पातुकत, प्रकट हुआ ।

पातुकरित्वा, प्रकट करके ।

पातुकत्वा, प्रकट करके ।

पातुकाम, वि०, पीने की इच्छा वाला ।

पातुभवति, क्रिया, प्रादुर्भूत होता है, प्रकट होता है ।

(**पातुभवि, पातुभूत, पातुभवित्वा**) ।

पातुरहोसि, प्रादुर्भूत हुआ ।

पातुं, पीने के लिए ।

पातेति, क्रिया, गिराता है, फेंकता है, हत्या करता है।
(**पातेसि**, **पातित**, **पातेत्वा**)।

पातो, अव्यय, प्रातःकाल।

पातोव, अव्यय, सुबह, सवेरे, तड़के।

पाथेय्य, नपुं०, रास्ते के लिए खुराकी।

पाद, पु०, तथा नपुं०, पाँव, टाँग, किसी लम्बाई का चौथा हिस्सा, किसी छन्द की चार पंक्तियों में से एक।

पादक, वि०, आधार-सहित, नींव वाला।

पादकज्झान, नपुं०, साधार ध्यान-भावना।

पाद-कठलिका, स्त्री०, पाँव रगड़ने के लिए लकड़ी का टुकड़ा।

पादङ्गुट्ठ, नपुं०, अँगूठा।

पादङ्गुलि, स्त्री०, पंजा।

पादट्ठिक, नपुं०, टाँग की हड्डी।

पाद-तल, पाँव का तल्ला।

पाद-परिचारिका, स्त्री०, पत्नी।

पाद-पीठ, नपुं०, पाँव रखने की चौकी।

पाद-पुंछन, नपुं०, पाँव पोंछने का कपड़ा।

पाद-मूले, चरणों में।

पाद-मूलिक, पु०, नौकर।

पाद-लोल, वि०, घूमने-फिरने का इच्छुक।

पाद-सम्बाहन, नपुं०, पैरों का दबाना, पैरों की मालिश।

पादञ्जलि-जातक, राजा का पादञ्जलि नामक आवारागर्द पुत्र नरेश नहीं बन सका (२४७)।

पादप, पु०, वृक्ष।

पादासि, क्रिया, (उसने) दिया।

पादुका, स्त्री०, खड़ाऊँ।

पादूदर, पु०, साँप।

पादोदक, पु०, पाँव धोने का जल।

पान, नपुं०, पीना, पेय पदार्थ।

पानक, नपुं०, पेय पदार्थ।

पान-मण्डल, नपुं०, सुरापान करने का स्थान।

पानागार, नपुं०, शराबखाना।

पानीय, नपुं०, पानी, पेय पदार्थ।

पानीय-घट, पु०, पानी का घड़ा।

पानीय-चाटी, स्त्री०, पानी की चाटी।

पानीय-थालिका, स्त्री०, पीने का प्याला।

पानीय-भाजन, नपुं०, पीने का बर्तन।

पानीय-मालक, नपुं०, प्याऊ।

पानीय-साला, स्त्री०, प्याऊ।

पानीय-जातक, अपना पानी बचाकर दूसरे का पानी पीने की कथा (४५९)।

पाप, नपुं०, अकुशल-कर्म; वि०, बुरा।

पाप-कम्म, नपुं०, अपराध, पाप-कर्म।

पाप-कम्मन्त, वि०, पापी।

पापकर (**पापकारी** भी), वि०, पापी।

पाप-करण, नपुं०, दुष्कर्म करना।

पाप-धम्म, वि०, पापी।

पाप-मित्त, पु०, बुरा दोस्त।

पाप-मित्तता, स्त्री०, कुसंगति।

पाप-सङ्कप्प, पु०, बुरे विचार।

पाप-सुपिन, नपुं०, बुरा सपना।

पापक, वि०, पापी।

पापणिक, पु०, दुकानदार।

पापिका, स्त्री०, पापिन।

पापित, कृदन्त, जिसने बुरा किया हो,

पहुँचा हुआ ।

पापिमन्तु, वि०, पाप करने वाला ।

पापियो, वि०, (तुलनात्मक) उससे बड़ा पापी ।

पापुणन, नपुं०, प्राप्ति, पहुँच ।

पापुणाति, क्रिया, पहुँचता है ।

(**पापुणि**, **पापुणन्त**, **पापुणित्वा**, (**पत्वा**), **पापुणितुं**, **पत्तुं**) ।

पापुरण, नपुं०, ओढ़ना, कम्बल ।

पापुरति, क्रिया, लपेटता है, ओढ़ता है ।

पापेति, क्रिया, पहुँचाता है, प्राप्त कराता है ।

(**पापेसि**, **पापित**, **पापेन्त**, **पापेत्वा**) ।

पाभत, नपुं०, भेंट ।

पाम, नपुं०, खाज, खुजली ।

पामङ्ग, नपुं०, छाती पर बाँधने की पट्टी ।

पामुज्ज, नपुं०, प्रसन्नता, आनन्द ।

पामेति, क्रिया, तुलना करता है ।

पामोक्ख, वि०, प्रमुख, पु०, नेता, नायक ।

पामोज्ज, देखो **पामुज्ज** ।

पाय, वि०, (समास में) भरा हुआ, प्रायः ।

पायक, वि०, चूसने वाला या पीने वाला ।

पायाति, क्रिया, चल देता है ।

(**पायासि**) ।

पायास, पुं०, दूध की खीर ।

पायित, कृदन्त, पिया गया ।

पायी, वि०, पीने वाला ।

पायु, पु०, गुदा ।

पायेति, क्रिया, चुसवाता है, पिलाता है ।

(**पायेसि**, **पायित**, **पायेन्त**, **पायमान**, **पायेत्वा**) ।

पायेन, क्रि० वि०, प्रायः ।

पार, नपुं०, (नदी के) पार, दूसरा तट ।

पार-गत, वि०, पार पहुँचा हुआ ।

पार-गवेसी, वि०, उस पार जाने का इच्छुक ।

पार-गामी, पुं०, उस पार जाने वाला ।

पारगू (**पारङ्गत**, **पारपत्त**), वि०, उस पार पहुँचा हुआ ।

पारलोकिक, वि०, परलोक सम्बन्धी ।

पारद, पु०, पारा ।

पारदारिक, पु०, पराई स्त्री के पास जाने वाला ।

पारमिता (**पारमी** भी), स्त्री०, सम्पूर्णता, गुणों की पराकाष्ठा ।

पारम्परिय, नपुं०, परम्परा ।

पारं, क्रि० वि०, पार, उस पार, आगे ।

पाराजिक, वि०, भिक्षुओं द्वारा किये जा सकने वाले चार प्रधान दोषों में से किसी एक का दोषी; (नाम) विनय-पिटक के सुत्तविभंग के दो भागों में से पहला भाग ।

पारापत, (**पारावत** भी), पु०, कबूतर ।

पारायण (**पारायन** भी), नपुं०, अन्तिम उद्देश्य, प्रधान उद्देश्य ।

पारिचरिया, स्त्री०, सेवा-सुश्रूषा ।

पारिच्छत्तक, त्रयोत्रिंश देव-लोक के नन्दन वन में उगा हुआ वृक्ष, मूँगे का पेड़ ।

पारिजातक, पु०, पारिच्छत्तक ।

पारिपन्थिक, वि०, खतरनाक, बट-मार ।

पारिपूरि, स्त्री०, पूर्ति, सम्पूर्णता ।

पारिम, वि०, उधर, आगे, और आगे ।

पारिभोगिक, वि०, उपयोग में लाने योग्य, उपयोग में लाया हुआ ।

पारिलेय्य, (**पारिलेय्यक** भी) कोसम्बी के समीप का वन या कोई छोटा नगर ।

पारिवट्टक, वि०, अदला-बदली किया गया ।

पारिसज्ज, वि०, परिषद् का सदस्य ।

पारिसुद्धि, स्त्री०, पवित्रता ।

पारिसुद्धि-सील, नपुं०, जीविका के साधनों की शुद्धि ।

पारुत, कृदन्त, ओढ़ा हुआ ।

पारुपति, क्रिया, ओढ़ता है, पहनता है । (**पारुपि**, **पारुपित्वा**, **पारुपन्त**) ।

पारुपन, नपुं०, वस्त्र, चीवर ।

पारेवत, देखो **पारापत**, **पारावत** ।

पारोह, पु०, वट-वृक्ष की भाँति किसी पेड़ की शाखा से लटकने वाली दाढ़ी ।

पाल, पु०, पालक, संरक्षक ।

पालक, पु०, पालने वाला, संरक्षक ।

पालन, नपुं०, संरक्षण ।

पालना, स्त्री०, आरक्षा, सुरक्षा ।

पालि (**पाली**, **पाळि**, **पाळी** भी), स्त्री०, पंक्ति, बौद्ध तिपिटक अथवा तिपिटक की भाषा ।

पालिच्च, नपुं०, सिर के बालों की सफेदी ।

पालेति, क्रिया, पालन करता है । (**पालेसि**, **पालेन्त**, **पालित**, **पालेतब्ब**, **पालेत्वा**, **पालेतुं**) ।

पालेतु, पु०, पालने वाला, संरक्षक ।

पावक, पु०, अग्नि ।

पावचन, नपुं०, प्रवचन, बुद्धोपदेश ।

पावळ, पु०, नितम्ब, चूतड़ ।

पावस्सि, बरसा ।

पावा, मल्लों का एक नगर, जहाँ भगवान् बुद्ध अपने जीवन के अन्तिम दिनों में गये थे ।

पावार, पु०, चोगा ।

पावारिक, वि०, चोगा बेचने वाला ।

पावुस, पु०, वर्षा ऋतु, मछली-विशेष ।

पावुस्सक, वि०, वर्षा-ऋतु सम्बन्धी ।

पास, पु०, पाश, ढेलवाँस, जाल, बटन का छेद ।

पासक, पु०, पासा ।

पासण्ड, नपुं०, मिथ्या-दृष्टि ।

पासण्डिक, पु०, मिथ्या-दृष्टि वाला, पाखण्डी ।

पासाण, पु०, पत्थर, चट्टान ।

पासाण-गुळ, पु०, पत्थर की गोली ।

पासाण-चेतिय, नपुं०, पत्थर का देवालय या चैत्य ।

पासाण-पिट्ठि, स्त्री०, चट्टान का ऊपरी तल ।

पासाण-फलक, पु०, पाषाण-फलक ।

पासाण-लेखा, स्त्री०, चट्टान पर उत्कीर्ण लेख ।

पासाद, पु०, प्रासाद, महल ।

पासाद-तल, नपुं०, महल का ऊपरी

तल्ला ।

पासादिक, वि०, प्रियकर, अच्छा लगने वाला ।

पाहुण, पु०, अतिथि; नपुं०, अतिथि-भोजन, भेंट ।

पाहुणेय्य, वि०, आतिथ्य करने के योग्य ।

पाहेति, क्रिया, भिजवाता है । (पाहेसि) ।

पि, अव्यय, अपि, भी ।

पिक, पु०, कोयल ।

पिङ्गल, वि०, ताम्र-वर्ण ।

पिङ्गल-नेत्त, वि०, पिंगल-वर्ण नेत्रों वाला ।

पिङ्गल-मक्खिका, स्त्री०, गोमक्खी ।

पिचु, नपुं०, कपास ।

पिचु-पटल, कपास की तह ।

पिच्छ, नपुं०, मोर का पिछला पंख ।

पिच्छिल, वि०, फिसलने वाला ।

पिञ्ज, नपुं०, पक्षियों का पिछला भाग ।

पिञ्जर, वि०, रक्त वर्ण ।

पिञ्जाक, नपुं०, खली ।

पिटक, नपुं०, पिटारी; पालि तिपिटक में से कोई एक पिटक। तीन पिटक हैं—(१) **सुत्तपिटक**, (२) **विनय-पिटक**, (३) **अभिधम्मपिटक** ।

पिटक-धर, वि०, जिसे समस्त पिटक कण्ठस्थ हो ।

पिट्ठ, नपुं०, पीठ, पीछे का हिस्सा, आटा ।

पिट्ठ-खादनिय, नपुं०, आटे की मिठाई ।

पिट्ठ-धीतलिका, स्त्री०, आटे की गुड़िया ।

पिट्ठ-पिण्डी, स्त्री०, आटे की पिण्डी ।

पिट्ठि, स्त्री०, पीठ ।

पिट्ठि-कण्टक, नपुं०, रीढ़ की हड्डी ।

पिट्ठि-गत, वि०, किसी पशु या अन्य किसी की पीठ पर चढ़ना ।

पिट्ठि-पस्स, नपुं०, पिछला हिस्सा ।

पिट्ठि-पासाण, पु०, चौड़ी चट्टान ।

पिट्ठि-मंसिक, वि०, चुगली खाने वाला ।

पिट्ठि-वंस, पीठ की हड्डी, इमारत की कोई शहतीर ।

पिठर, पु०, मिट्टी का बड़ा मटका ।

पिण्ड, पु०, आहार-पिण्ड ।

पिण्ड-चारिका, वि०, भिक्षाटन करने वाला ।

पिण्ड-दायक, पु०, भिक्षा देने वाला ।

पिण्ड-पात, पु०, भिक्षाटन, भिक्षा-दान ।

पिण्ड-पातिक, वि०, भिक्षाटन करने-वाला या मात्र भिक्षाटन से प्राप्त भोजन ग्रहण करने वाला ।

पिण्डाचार, पु०, भिक्षाटन ।

पिण्डक, पु० तथा नपुं०, भिक्षा में मिला आहार ।

पिण्डाय, (चतुर्थी विभक्ति), भिक्षाटन के लिए ।

पिण्डि, स्त्री०, गुच्छा ।

पिण्डिक-मंस, नपुं०, नितम्ब, चूतड़ ।

पिण्डित, कृदन्त, पिण्डी-कृत ।

पिण्डियालोप-भोजन, नपुं०, भिक्षाटन से प्राप्त भोजन ।

पिण्डेति, क्रिया, पिण्ड बनाता है । (**पिण्डेसि, पिण्डेत्वा**) ।

पिण्डोल-भारद्वाज, कोसम्बी के राजा उदेन के पुरोहित का पुत्र। वह भारद्वाज-गोत्रीय था।

पिण्डोल्य, नपुं०, भिक्षाटन।

पितामह, पु०, पितामह, दादा।

पितिक, वि०, जिसका पिता हो।

पिति-पक्ख, पु०, पिता की ओर से।

पितु, पु०, पिता।

पितु-किच्च, नपुं०, पिता का कर्तव्य।

पितु-घात, पु०, पितृ-हत्या।

पितु-सन्तक, वि०, पिता की सम्पत्ति।

पितुच्छा, स्त्री०, पिता की बहन, बुआ, फूफी।

पितुच्छा-पुत्त, पु०, फूफी का लड़का।

पित्त, नपुं०, पित्त (वात, पित्त, कफ में से)।

पित्ताधिक, वि०, जिसमें पित्त का आधिक्य हो।

पिथीयति, क्रिया, बन्द किया जाता है, छिपा दिया जाता है।
(**पिथीयि, पिथीयित्वा**)।

पिदहति, क्रिया, बन्द करता है, ढकता है।
(**पिदहि, पिदहित, पिहित, पिदहित्वा, पिधाय**)।

पिदहन, नपुं०, बन्द करना, ढकना।

पिधान, नपुं०, ढक्कन।

पिनास, पु०, जुकाम।

पिपासा, स्त्री०, प्यास।

पिपासित, कृदन्त, प्यासा।

पिपिल्लिका (**पिपीलिका** भी), स्त्री०, चींटी।

पिप्फलक, नपुं०, कैंची।

पिप्फली, स्त्री० पिप्पली।

पिबति, क्रिया, पीता है।
(**पिबि, पीत, पिबन्त, पिबमान, पिबित्वा, पातुं, पिबितुं**)

पिय, वि०, प्रिय, प्यारा; पु०, पति; नपुं०, प्यारी वस्तु।

पियकम्यता, स्त्री०, प्रिय वस्तुओं की या स्वयं प्रिय बनने की इच्छा।

पियतर, वि०, प्रियतर।

पियतम, वि०, प्रियतम, सर्वाधिक प्रिय।

पिय-दस्सन, वि०, प्रिय-दर्शन, देखने में प्यारा।

पिय-रूप, नपुं०, प्रिय रूप, आकर्षक रूप।

पिय-वचन, नपुं०, प्रिय वचन, मीठी बोली; वि०, मीठी बोली बोलने वाला।

पिय-भाणी, वि०, मधुर वचन भाषी।

पियवादी, वि०, मीठा बोलने वाला।

पियविप्पयोग, पु०, प्रिय से विप्रयोग या विछोह।

पियङ्गु, पु०, दवाई में काम आने वाला पौधा-विशेष।

पियता, स्त्री०, प्रिय भाव।

पिया, स्त्री०, पत्नी।

पियापाय, वि०, प्रिय-विप्रयोग, प्रिय से बिछुड़ना।

पियायति, क्रिया, प्रेम करता है।
(**पियायि, पियायित, पियायन्त, पियायमान, पियायित्वा**)।

पियायना, स्त्री०, प्रेम करना।

पिलक्ख, पु०, अंजीर का पेड़।

पिलन्धति, क्रिया, सजता है, सजाता है।
(**पिलन्धि, पिलन्धित, पिलन्धिय,**

पिलन्धित्वा) ।

पिलन्धन, नपुं०, गहना ।

पिलवति (**प्लवति** भी), क्रिया, तैरता है। (**प्लवि**, **प्लवित**, **प्लवित्वा**) ।

पिलोतिका, स्त्री०, चीथड़ा, फटा-पुराना कपड़ा ।

पिल्लक, पु०, (कुत्ते का) पिल्ला ।

पिवति, देखो **पिबति** ।

पिवन, नपुं०, पीना ।

पिसति, क्रिया, पीसता है । (**पिसि**, **पिसित**, **पिसित्वा**) ।

पिसन, (**पिंसन** भी), नपुं०, पीसना ।

पिसाच, **पिसाचक**, पु०, (भूत-) पिशाच ।

पिसित, नपुं०, मांस ।

पिसुण, नपुं०, चुगली; वि०, चुगली खाने वाला ।

पिसुणावाचा, स्त्री०, चुगल-खोरी ।

पिहक, नपुं०, प्लीहा ।

पिहयति, क्रिया, स्पृहा करता है, इच्छा करता है, प्रयत्न करता है । (**पिहयि**, **पिहायित**) ।

पिहायना, स्त्री०, प्रिय करना ।

पिहालु, वि०, ईर्षालु ।

पिहित, कृदन्त, ढका हुआ ।

पिंसति, देखो **पिसति** ।

पीठ, नपुं०, आसन ।

पीठक, नपुं०, बैठने का पीढ़ा या आसन ।

पीठ जातक, एक तपस्वी एक दानी व्यापारी के घर भिक्षार्थ गया । कोई घर पर नहीं था । उसे खाली हाथ लौट आना पड़ा (३३७) ।

पीठसप्पी, पु०, लूला-लंगड़ा ।

पीठिका, स्त्री०, बैठने का पीढ़ा या आसन ।

पीणन, नपुं०, संतोष ।

पीणेति, क्रिया, प्रसन्न करता है, संतुष्ट करता है । (**पीणेसि**, **पीणित**, **पीणेत्वा**, **पीणेन्त**) ।

पीत, कृदन्त, पिया हुआ; वि०, पीत-वर्ण, पीला रंग ।

पीतक, वि०, पीत-वर्ण ।

पीतन, नपुं०, पीला रंग ।

पीति, स्त्री०, प्रसन्नता, आनन्द ।

पीति-पामोज्ज, नपुं०, प्रसन्नता तथा आनन्द ।

पीति-भक्ख, वि०, प्रीति ही आहार हो जिसका ।

पीति-मन, वि०, प्रसन्न-चित्त ।

पीति-रस, प्रीति-रस ।

पीति-सम्बोज्झङ्ग, पु०, सम्बोधि का 'प्रीति' अङ्ग ।

पीति-सहगत, वि०, प्रीति-सहित ।

पीण, वि०, मोटा, फूला हुआ ।

पीळक, वि०, पीड़ा देने वाला; नपुं०, फोड़ा-फुंसी, फफोला ।

पीळन, नपुं०, पीड़ित करना ।

पीळा, स्त्री०, पीड़ा ।

पीळेति, क्रिया, पीड़ित करता है । (**पीळेसि**, **पीळित**, **पीळेत्वा**) ।

पुक्कस (**पुक्कुस** भी), पु०, एक निम्न जाति जिसके बारे में कहा गया है कि वे कूड़ा या मैला साफ करते थे ।

पुग्गल, पु०, पुद्गल, व्यक्ति ।

पुग्गल-पञ्ञात्ति, स्त्री०, पुद्गलों का

वर्गीकरण; (नाम) अभिधम्मपिटक के सात प्रकरणों में से चौथा प्रकरण।

पुग्गलिक, वि०, व्यक्तिगत।

पुङ्ख, नपुं०, तीर का पंख वाला हिस्सा।

पुङ्गव, पु०, वृषभ, श्रेष्ठ पुरुष।

पुचिमन्द, पु०, नीम का वृक्ष।

पुचिमन्द-जातक, नीम के वृक्ष पर रहने वाले वृक्ष देवता ने लूट का माल लाये चोरों को भगा दिया (३११)।

पुच्चण्ड, नपुं०, सड़ा हुआ अण्डा।

पुच्छ, नपुं०, पूँछ।

पुच्छक, पु०, प्रश्न पूछने वाला।

पुच्छति, क्रिया, प्रश्न पूछता है।
(**पुच्छि**, **पुट्ठ**, **पुच्छित**, **पुच्छन्त**, **पुच्छित्वा**, **पुच्छितब्ब**, **पुच्छित**)।

पुच्छन, नपुं०, पूछना।

पुच्छा, स्त्री०, प्रश्न।

पुज्ज, वि०, पूज्य, गौरवार्ह।

पुञ्छति, क्रिया, पोंछता है, साफ कर देता है।
(**पुञ्छि**, **पुञ्छित**, **पुञ्छित्वा**, **पुञ्छन्त**, **पुञ्छमान**)।

पुञ्छन, नपुं०, पोंछने का वस्त्र, तौलिया।

पुञ्छनी, स्त्री०, पोंछने का वस्त्र, तौलिया।

पुञ्ज, पु०, ढेर।

पुञ्जकत, वि०, ढेर लगा हुआ।

पुञ्ञ, नपुं०, पुण्य।

पुञ्ञ-कम्म, नपुं०, पुण्य-कर्म।

पुञ्ञ-काम, वि०, पुण्य चाहने वाला।

पुञ्ञ-किरिया, स्त्री०, पुण्य क्रिया।

पुञ्ञक्खन्ध, पु०, पुण्य-स्कन्ध, पुण्य का ढेर।

पुञ्ञक्खय, पु०, पुण्य का क्षय, पुण्य की हानि।

पुञ्ञापेक्ख, वि०, पुण्य की अपेक्षा रखने वाला।

पुञ्ञ-फल, नपुं०, पुण्य का फल।

पुञ्ञ-भाग, पु०, पुण्य का हिस्सा।

पुञ्ञ-भागी, वि० पुण्य का हिस्सेदार।

पुञ्ञवन्तु, पु०, पुण्यवान्।

पुञ्ञानुभाव, पुण्य का प्रताप।

पुञ्ञाभिसन्द, पु०, पुण्यों का राशीकरण।

पुट, पु० तथा नपुं०, (पत्तों का) दोना।

पुट-बद्ध, वि०, दोने में बँधा हुआ।

पुट-भत्त, नपुं०, भात का दोना, रास्ते के लिए खाने का पैकेट।

पुट-भेदन, नपुं० दोनों का खोलना।

पुटक, नपुं०, पत्तों का दोना।

पुट दूसक जातक, पत्तों के दोनों को नष्ट करने वाले बन्दर की कथा (२८०)।

पुट-भत्त जातक, राजकुमार ने भात के दोने में से अपनी भार्या को भात नहीं दिया (२१९)।

पुट्ठ, कृदन्त, पूछा गया।

पुणाति, क्रिया, शुद्ध करता है, साफ करता है।
(**पुणि**, **पुणित्वा**)।

पुण्डरीक, नपुं०, श्वेत कमल।

पुण्ण, कृदन्त, सम्पूर्ण।

पुण्ण-घट, पु०, पूर्ण-घट।

पुण्ण-चन्द, पु०, पूर्ण चन्द।

पुण्ण-पत्त, नपुं०, पूर्ण-पात्र (भेंट)।

पुण्णमासी, स्त्री०, पूर्णिमा ।

पुण्ण नदी जातक, राजा ने पुरोहित को पत्ते पर पत्र लिखकर वापिस बुला भेजा (२४१)।

पुण्ण पाति जातक, शराब के घड़ों के भरे रहने की कथा (५३) ।

पुण्णता, स्त्री०, पूर्णता ।

पुण्णमी, स्त्री०, पूर्णिमा ।

पुत्त, पु०, पुत्र, बेटा ।

पुत्तक, पु०, छोटा बेटा ।

पुत्त-दार, पुत्र तथा पत्नी ।

पुत्त-धीतु, स्त्री०, बेटा-बेटी ।

पुत्तिम, वि०, पुत्रवाला ।

पुत्तिय, वि०, पुत्रवाला ।

पुथु, अव्यय, पृथक्-पृथक्, व्यक्तिगत, दूर-दूर ।

पुथुज्जन, पु०, सामान्य अशिक्षित आदमी ।

पुथु-भूत, वि०, सर्वत्र फैला हुआ ।

पुथु-लोम, पु०, मछली-विशेष ।

पुथुक, नपुं०, चिड़्डा, २-जानवर का बच्चा ।

पुथुल, वि०, पृथुल, चौड़ा, विशाल ।

पुथुवी, स्त्री०, पृथ्वी ।

पुथुसो, क्रि०वि०, उल्टी तरह से, अलग-अलग ।

पुन, अव्यय, फिर ।

पुन-दिवस, पु०, अगले दिन ।

पुनप्पुनं, अव्यय, फिर-फिर ।

पुनब्भव, पु०, पुनर्जन्म ।

पुनवचन, नपुं० दोहराना ।

पुनरुत्ति, स्त्री०, पुनरुक्ति ।

पुनागमन, नपुं०, फिर आना ।

पुनाति, देखो **पुणाति** ।

पुनेति, क्रिया, पुनः आता है ।

पुन्नाग, पु०, जायफल का पेड़ ।

पुप्फ, नपुं०, पुष्प, मासिक धर्म ।

पुप्फ-गच्छ, पु०, फूलने वाला पौधा ।

पुप्फ-गन्ध, पु०, फूलों की सुगन्धि ।

पुप्फ-चुम्बटक, नपुं०, फूलों का गुच्छा ।

पुप्फ-छड्डक, कुम्हलाये फूलों को फेंकने वाला, पाखाना साफ करने वाला ।

पुप्फ-दाम, फूलों की माला ।

पुप्फ-धर, वि०, फूलदार ।

पुप्फ-पट, पु० तथा नपुं०, बेल-बूटेदार कपड़ा ।

पुप्फ-मुट्ठि, पु०, फूलों की मूठी ।

पुप्फ-रासि, पु०, फूलों का ढेर ।

पुप्फवती, स्त्री०, पुष्पवती, मासिक धर्म वाली स्त्री ।

पुप्फरत्त जातक, स्वामी ने स्त्री की इच्छा पूरी करने के लिए राजा के केसर-बाग में से केसर चुराने का प्रयत्न किया। वह पकड़ा गया (१४७) ।

पुप्फति, पुष्पित होता है, फूलता है । (**पुप्फि, पुप्फित्वा, पुप्फित**) ।

पुब्ब, पु०, पीप (जख्म में पड़ने वाली) ; वि०, पहला, पूर्व दिशा का । (**गत-पुब्ब**, गुजर गया) ।

पुब्बन्त, पु०, अतीत-काल, पूर्व का सिरा ।

पुब्ब-कम्म, नपुं०, पूर्व-जन्म का कर्म ।

पुब्ब-किच्च, नपुं०, पूर्व-कृत्य ।

पुब्बङ्गम, वि०, पूर्व गामी ।

पुब्ब-चरित, नपुं०, पूर्व-चरित-(जीवन) ।

पुब्ब-देव, पु०, प्राचीन देवता-गण ।

पुब्ब-निमित्त, नपुं०, पूर्व लक्षण ।
पुब्ब-पुरिस, पु०, पूर्व-पुरुष ।
पुब्ब-पेत, पु०, पूर्व-प्रेत ।
पुब्बङ्ग, पु०, पहला हिस्सा ।
पुब्ब-योग, पु०, पूर्व-सम्बन्ध ।
पुब्ब-विदेह, पूर्वीय महाद्वीप का नाम ।
पुब्बण्ह, पु०, पूर्वाह्न, दोपहर से पहले ।
पुब्बन्न, नपुं०, चावल, गेहूँ आदि सात प्रकार के धान ।
पुब्बा, स्त्री०, पूर्व ।
पुब्बाचरिय, पु०, पूर्वाचार्य ।
पुब्बापर, वि०, पहले का और बाद का ।
पुब्बाराम, श्रावस्ती के पूर्व की ओर स्थित उद्यान । अनाथपिण्डिक के घर पर भोजन कर चुकने के अनन्तर भगवान् बुद्ध इसी उद्यान में विश्राम करते थे ।
पुब्बुट्ठायी, वि०, किसी दूसरे से पहले उठने वाला ।
पुब्बे, पहले, पूर्व-काल में ।
पुब्बेकत, वि०, पूर्व-कृत, पिछले जन्म में किये कर्म ।
पुब्बे-निवास, पु०, पूर्व-जन्म ।
पुब्बेनिवास-ञाण, नपुं०, पूर्वजन्म का ज्ञान ।
पुब्बेनिवासानुस्सति, स्त्री०, पूर्व-जन्म की स्मृति ।
पुम, पु०, पुरुष ।
पुर, नपुं०, नगर या शहर ।
पुरक्खत, कृदन्त, पुरस्कृत, सम्मानित ।
पुरक्खरोति, क्रिया, पुरस्कृत करता है, सम्मानित करता है ।
(**पुरक्खरि**, **पुरक्खत**, **पुरक्खत्वा**) ।
पुरतो, अव्यय, सामने ।
पुरत्था, अव्यय, पूर्व-दिशा ।
पुरत्थाभिमुख, वि०, पूर्वाभिमुख ।
पुरत्थिम, वि०, पूर्व की (दिशा) ।
पुरा, अव्यय, पूर्व का ।
पुराण, वि०, प्राचीन ।
पुराण-दुतियिका, स्त्री०, जो पहले पत्नी रही हो (खास कर किसी भिक्षु की) ।
पुराण-सालोहित, वि०, पूर्व का रक्त-सम्बन्धी ।
पुरातन, वि०, प्राचीन ।
पुरिन्दद, पु०, इन्द्र ।
पुरिम, वि०, पूर्व का, पहला ।
पुरिम जाति, स्त्री०, पूर्व-जन्म ।
पुरिमत्तभाव, पु०, पूर्व-जन्म ।
पुरिमतर, वि०, पूर्वतर ।
पुरिस, पु०, पुरुष, आदमी ।
पुरिसकार, पु०, पुरुषत्व ।
पुरिस-थाम, पु०, पुरुष सामर्थ्य ।
पुरिस-दम्म, पु०, शैक्ष मनुष्य ।
पुरिस-दम्म-सारथी, पु०, शैक्ष मनुष्यों का सारथी, बुद्ध ।
पुरिस-परक्कम, पु०, पुरुष-पराक्रम ।
पुरिस-मेध, पु०, मनुष्य-बलि ।
पुरिस-लिङ्ग, पुरिस व्यञ्जन ।
पुरिस-व्यञ्जन, नपुं०, पुरुष-लिंग ।
पुरिसाजञ्ञ, पु०, श्रेष्ठ आदमी ।
पुरिसादक, पु०, आदम-खोर ।
पुरिसाधम, पु०, अधम पुरुष, नीच आदमी ।
पुरिसिन्द्रिय, नपुं०, पुरुष-भाव ।
पुरिसुत्तम, पु०, श्रेष्ठतम मनुष्य ।
पुरे, क्रि० वि०, पूर्व, पूर्वतर ।

पुरेचारिक, वि०, आगे-आगे चलने वाला।

पुरेजव, वि०, आगे-आगे दौड़ने वाला।

पुरेतरं, क्रि० वि०, अन्य सबसे आगे या पहले।

पुरेभत्त, नपुं०, सवेरे का नाश्ता, कलेवा।

पुरेक्खार, पु०, पुरस्कार (आगे बढ़ाना), आदर करना, भक्ति करना।

पुरेजात, वि०, पूर्वोत्पन्न।

पुरोगामी, पु०, आगे चलनेवाला।

पुरोहित, पु०, पुरोहित।

पुलवक, पु०, कीड़ा।

पुलिन, नपुं०, बालू, बालू-सहित किनारा।

पूग, पु०, (पेशों की) परिषद्; नपुं०, ढेर।

पूग-रुक्ख, पु०, सुपारी का पेड़।

पूजना, स्त्री०, पूजा, भक्ति-पूर्ण भेंट।

पूजनेय्य, वि०, पूजा के योग्य।

पूजिय, वि०, पूज्य।

पूजियमान, कृदन्त, पूजा किया जाता हुआ।

पूजित, कृदन्त, गौरवान्वित।

पूजेति, क्रिया, पूजा करता है। (**पूजेसि**, **पूजेन्त**, **पूजियमान**, **पूजेत्वा**, **पूजेतुं**)

पूति, वि०, सड़ा हुआ, दुर्गन्ध-युक्त।

पूति-काय, पु०, गन्दा शरीर।

पूति-गन्ध, पु०, गन्दगी।

पूति-मच्छ, पु०, सड़ी मछली।

पूति-मुख, वि०, दुर्गन्धयुक्त मुंह वाला।

पूति-मुत्त, नपुं०, गो-मूत्र।

पूति-लता, स्त्री०, लता-विशेष।

पूतिक, वि०, सड़ा हुआ।

पूतिमंस जातक, पूतिमंस शृगाल ने बकरियों को मार खाने की साजिश की (४३७)।

पूप, पु० तथा नपुं०, पूआ।

पूपिय, पु०, पूए बेचने वाला।

पूय, पु०, पीप।

पूर, वि०, पूर्ण।

पूरक, वि०, पूर्ति करनेवाला।

पूरापेति, क्रिया, पूर्ण करता है। (**पूरापेसि**, **पूरापित**, **पूरापेत्वा**)

पूरेति, क्रिया, पूर्ति करता है। (**पूरेसि**, **पूरित**, **पूरेन्त**, **पूरेत्वा**, **पूरेतुं**)।

पूव, पु० तथा नपुं०, पुआ।

पूविक, पु०, पूए बेचने वाला।

पेक्खक, वि०, देखने वाला।

पेक्खण, नपुं०, दृश्य देखना।

पेक्खति, क्रिया, देखता है। (**पेक्खि**, **पेक्खित**, **पेक्खित्वा**, **पेक्खमान**)।

पेखुण, नपुं०, मोर का पिछला पंख।

पेच्च, अव्यय, मरणान्तर।

पेटक, नपुं०, टोकरी, पिटारी; वि०, पिटक सम्बन्धी।

पेत, वि०, मृत; पु०, भूत-प्रेत।

पेत-किच्च, नपुं०, अन्त्येष्टि।

पेत-योनि, स्त्री०, प्रेत-योनि।

पेत-लोक, पु०, प्रेत-लोक।

पेत-वत्थु, नपुं०, प्रेत-कथा, खुद्दक निकाय का सातवाँ ग्रन्थ जो प्रेत-लोक की कथाओं से समन्वित है।

पेत्तिक, वि०, पैतृक ।

पेत्तणिक, वि०, पिता की सम्पत्ति पर जीने वाला ।

पेत्ति-विसय, पु०, पितर-लोक ।

पेत्तेय्य, वि०, पिता का सम्मान करने वाला ।

पेत्तेय्यता, स्त्री०, पितृ-भक्ति ।

पेम, नपुं०, प्रेम ।

पेमनीय, वि०, प्रेम-पात्र ।

पेय्य, वि०, पीने योग्य; नपुं०, पेय पदार्थ ।

पेय्यवज्ज, नपुं०, प्रिय वाणी ।

पेय्याल, नपुं०, बीच में से वाक्यांश छोड़ दिये रहने का संकेत ।

पेलक, पु०, खरगोश ।

पेलव, नपुं०, कोमल, बारीक ।

पेसक, पु०, प्रेषक, भेजने वाला ।

पेसकार, पु०, बुनने वाला, बुनकर, जुलाहा ।

पेसन, नपुं०, भेजना ।

पेसन-कारक, पु०, नौकर ।

पेसन-कारिका, स्त्री०, नौकरानी ।

पेसल, वि०, सदाचरण-युक्त ।

पेसि (**पेसिका** भी), स्त्री०, मांस-पेशी ।

पेसित, कृदन्त, प्रेषित, भेजा गया ।

पेसीयति, क्रिया, भेजा जाता है । (पेसियमान) ।

पेसुण, नपुं०, चुगली खाना ।

पेसुण-कारक, वि०, चुगलखोर ।

पेसुणिक, पु०, चुगल-खोर, निन्दक ।

पेसुञ्ञ, नपुं०, चुगली, निन्दा ।

पेसेति, क्रिया, भेजता है । (**पेसेसि, पेसित, पेसेन्त, पेसेत्वा, पेसेतब्ब**) ।

पेस्स (**पेस्सिय, पेस्सिक** भी), पु०, नौकर अथवा दूत ।

पेळा, स्त्री०, पेटी ।

पोक्खर, नपुं०, कमल ।

पोक्खरता, स्त्री०, सौन्दर्य ।

पोक्खर-पत्त, नपुं०, कमल-पत्र ।

पोक्खर-मधु, नपुं०, कमल-मधु ।

पोक्खर-वस्स, नपुं०, ओलों की वर्षा, पुष्प-वर्षा ।

पोक्खरणी, स्त्री०, तालाब ।

पोङ्ख, देखो पुङ्ख ।

पोटगल, पु०, काश तृण ।

पोट्ठपाद, पु०, आश्विन मास; (नाम) भगवान बुद्ध के साथ 'आत्मा' को लेकर प्रश्न पूछने वाला परिव्राजक ।

पोठन, नपुं०, पीटता है, चोट पहुँचाता है ।

पोठेति, क्रिया, पीटता है, चोट पहुँचाता है, उँगलियाँ चटखाता है । (**पोठेसि, पोठित, पोठेत्वा**) ।

पोण, वि०, झुका हुआ ।

पोत, पु०, १. जानवर का बच्चा २. कोंपल ३. नौका ।

पोतक, पु०, जानवर का बच्चा ।

पोतिका, स्त्री०, जानवर की बच्ची ।

पोतवाह, पु०, नाविक ।

पोत्थक, पु० तथा नपुं०, पुस्तक, चित्र का फलक ।

पोत्थनिका, स्त्री०, बर्छी ।

पोत्थलिका, स्त्री०, गुड़िया ।

पोत्थुज्जनिक, वि०, सामान्य आदमी से सम्बन्धित ।

पोथियमान, कृदन्त, पिटता हुआ ।

पोथेति, देखो **पोठेति** ।

पोनोभविक, वि०, पुनर्भव का कारण ।

पोराण, वि०, पुराना ।

पोराणक, वि०, प्राचीन ।

पोरिस, नपुं०, पुरुषत्व; वि०, पुरुष के लायक, पुरुष से सम्बन्धित ।

पोरिसाद, वि०, आदम खोर ।

पोरी, पु०, नागरिक, शहरी, शिष्ट ।

पोरोहिच्च, नपुं०, पुरोहित-कर्म ।

पोस, वि०, जिसका पोषण किया जाय ।

पोसक, वि०, पोषण करनेवाला ।

पोसिका, स्त्री०, पोषण करनेवाली, दायी ।

पोसथ, देखो **उपोसथ** ।

पोसथिक, पु०, उपोसथ व्रत करने वाला ।

पोसन, नपुं०, पोषण ।

पोसावनिक, नपुं०, पालने-पोसने का खर्चा ।

पोसित, कृदन्त, पोषण किया गया, पाला गया ।

पोसेति, क्रिया, पोसता है, पोषण करता है । (**पोसेसि, पोसेन्त, पोसेतब्ब, पोसेत्वा, पोसेतु**) ।

प्लव, पु०, तैरना, डोंगी ।

प्लवन, नपुं०, कूदना, तैरना ।

प्लवङ्गम, पु०, बन्दर ।

फ

फग्गव, पु०, शाक का एक प्रकार ।

फग्गु, पु०, निराहार रहने का समय ।

फग्गुण, महीने का नाम, फाल्गुण, फागुन ।

फग्गुणी, स्त्री०, फाल्गुणी नक्षत्र ।

फण, पु०, साँप का फन ।

फणक (**फनक** भी), नपुं०, साँप के फन जैसा ।

फणिज्जक, पु०, जम्बीर विशेष ।

फणी (**फनी** भी), पु०, सर्प ।

फन्दति, क्रिया, काँपता है, धड़कता है । (**फन्दि, फन्दित, फन्दमान, फन्दित्वा**) ।

फन्दन, नपुं०, स्पन्दन, हिलना-डुलना ।

फन्दना, स्त्री०, स्पन्दन ।

फन्दन जातक, स्पन्दन वृक्ष के नीचे पड़े शेर पर स्पन्दन वृक्ष की शाखा टूट पड़ी । वह चोट खा गया (४७५) ।

फन्दित, नपुं०, स्पन्दित ।

फरण, नपुं०, व्याप्ति ।

फरणक, वि०, व्याप्त ।

फरति, क्रिया, व्याप्त होता है, पूरा करता है । (**फरि, फरित, फरित्वा, फरन्त**) ।

फरसु, पु०, कुल्हाड़ी, फरसा ।

फरुस, वि०, परुष, कठोर ।

फरुस-वचन, नपुं०, कठोर वचन ।

फरुसा-वाचा, स्त्री०, कठोर वाणी ।

फल, नपुं०, फल, परिणाम, चाकू आदि का फलक ।

फल-चित्त, नपुं०, (स्रोतापत्ति-) मार्ग आदि का (स्रोतापत्ति-) फल ।

फलट्ठ, वि०, फल-स्थित ।

फलत्थिक, वि०, फलार्थी ।

फलदायी, वि०, फल देनेवाला, लाभ-प्रद ।

फलरुह, वि०, फलोत्पन्न ।

फलवन्तु, वि०, फलदार ।

फलाफल, नपुं०, नाना प्रकार के फल ।

फलासव, पु०, फलों का आसव ।

फल-जातक, जंगल में से गुजरते हुए सार्थवाह ने अपने कारवाँ को कहा कि बिना उसकी अनुमति के कोई भी किसी फल-फूल को न खाये (५४) ।

फलक, पु० तथा नपुं०, तख्ता, ढाल ।

फलति, क्रिया, फल देता है, फाड़ता है ।

(**फलि, फलित, फलित्वा, फलन्त**) ।

फली, पु०, फलदार वृक्ष ।

फलु, नपुं०, सरकण्डे की गांठ ।

फलु-बीज, नपुं०, गांठ ।

फस्स, पु०, स्पर्श ।

फस्सेति, क्रिया, स्पर्श करता है, प्राप्त करता है ।

(**फस्सेसि, फस्सित, फस्सित्वा**) ।

फळु, नपुं०, बाँस आदि की गाँठ ।

फाटिकम्म, देखो **पाटिकम्म** ।

फाणित, नपुं०, सीरा ।

फाणित-पुट, पु०, सीरे का दोना ।

फाति, स्त्री०, बढ़ना, समृद्धि, बढ़ोतरी ।

फारुसक, नपुं०, फालसा (?) ।

फाल, पु०, हल की फाल ।

फालक, पु०, फाड़ने वाला या तोड़ने वाला ।

फालन, नपुं०, फाड़ना ।

फालेति, क्रिया, फाड़ता है, तोड़ता है ।

(**फालेसि, फालित, फालेन्त, फालित्वा, फालेतुं**) ।

फासु, पु०, आसानी, आराम; वि०, आरामदेह ।

फासुक, वि०, सुखद, आसान ।

फासुका (**फासुलिका** भी), स्त्री०, पसली ।

फिय, नपुं०, चप्पु ।

फीत, वि०, स्फीत, समृद्ध ।

फुट, कृदन्त, स्पृष्ट, व्याप्त ।

फुटन (**पुटन** भी), नपुं०, चीरना, फाड़ना ।

फुट्ठ, कृदन्त, स्पृष्ट ।

फुल्ल (**फुल्लित**), कृदन्त, पूर्ण रूप से खिला हुआ ।

फुसति, क्रिया, स्पर्श करता है, पहुँचता है, प्राप्त करता है ।

(**फुसि, फुसन्त, फुसमान, फुसित, फुट्ठ, फुसित्वा**) ।

फुसन, नपुं०, स्पर्श करना ।

फुसना, स्त्री०, स्पर्श करना ।

फुसित (**फुसितक**), नपुं०, बूंद, स्पर्श ।

फुसीयति, क्रिया, स्पर्श किया जाता है ।

फुस्स, पु०, पौष मास, नक्षत्र-विशेष; वि०, वर्णयुक्त; नपुं०, शकुन, शुभ मुहूर्त ।

फुस्स-रथ, पु०, राज्य-रथ, राज्य का उत्तराधिकारी खोज निकालने के लिए छोड़ा गया रथ ।

फुस्स-राग, पु०, पुष्प-राग, पुखराज ।

फेग्गु, नपुं०, छाल।
फेण, नपुं०, झाग।
फेण-पिण्ड, पु०, झाग-पिण्ड।
फेणुद्देहक, वि०, झाग उठाता हुआ।
फेणिल, पु०, झाग देने वाला पौदा।
फोट, पु०, फफोला।
फोटक, नपुं०, फफोला।
फोट्ठब्ब, नपुं०, स्पर्श का विषय।
फोसित, कृदन्त, छिड़का हुआ।

ब

बक, पु०, बगुला।
बक जातक, बगुले ने मछलियों को ठगा। अन्त में एक केकड़े ने उसकी जान ली (३८८)।
बक जातक, बगुले की बगुला-भक्ति। (२३६)।
बक-ब्रह्म जातक, भगवान् बुद्ध की बक-ब्रह्मा से भेंट (४०५)।
बज्झति, क्रिया, बँधवाता है, पकड़वाता है।
बत्तिसति, स्त्री०, बत्तीस।
बदर, नपुं०, बेर।
बदरमिस्स, वि०, बेर-मिश्रित।
बदरा, स्त्री०, कपास।
बदरी, स्त्री०, बेर का पेड़।
बदालता, स्त्री०, लता-विशेष।
बद्ध, कृदन्त, बँधा हुआ, फँसा हुआ, दृढ़।
बद्धञ्जलिक, वि०, हाथ जोड़े हुए।
बद्ध-राव, पु०, पकड़े गये या फँसे जानवर की चिल्लाहट।
बद्ध-वेर, नपुं०, दृढ़ वैर।
बधिर, वि०, बहरा।
बन्ध, पु०, बंधन, आसक्ति।
बन्धति, क्रिया, बाँधता है। (**बन्धि**, **बद्ध**, **बन्धन्त**, **बन्धित्वा**, **बन्धिय**, **बन्धितुं**, **बन्धितब्ब**, **बन्धनीय**)
बन्धन, नपुं०, बन्धन।
बन्धन मोक्ख जातक, राजा ने रानी का कुशल-समाचार जानने के लिए युद्ध-भूमि से दूत भेजे। रानी ने सभी दूतों के साथ सहवास किया (१२०)।
बन्धनागार, नपुं०, जेलखाना।
बन्धनागार जातक, दो बच्चों की माता को छोड़ पति तपस्या करने चला गया (२०१)।
बन्धनागारिक, पु०, कैदी।
बन्धव, पु०, सगा-सम्बन्धी, भाई-बन्द।
बन्धापेति, क्रिया, बँधवाता है। (**बन्धापेसि**, **बन्धापित**)।
बन्धु, देखो बन्धव।
बन्धु-जीवक, पु०, पौधा विशेष।
बन्धुमन्तु, वि०, रिश्तेदारों वाला।
बन्धुल, कुसी नगर के मल्लों के सेनापति का पुत्र।
बप्प, पु०, आँसू।
बब्बज, नपुं०, बब्बढ़ तृण।
बब्बु, **बब्बुक**, पु०, बिलार, बिल्ली।
बब्बु जातक, धन की लोभी पत्नी मर कर चुहिया बनी (१३७)।

बरिह, नपुं०, मोर का पिछला पंख ।

बरिहिस, नपुं०, कुश घास ।

बल, नपुं०, शक्ति, सैनिक शक्ति ।

बलक्कार, पु०, जबर्दस्ती ।

बलट्ठ, (**बलत्थ** भी) पु०, सैनिक ।

बल-न्यास, पु०, सेना की कतार ।

बलाका, स्त्री०, सारस ।

बलि, पुं०, बलि, भूमि-कर ।

बलिकम्म, बलि, आहुति ।

बलि-पटिग्गाहक, वि०, आहुति ग्रहण करने वाला ।

बलि-पुट्ठ, पु०, कौवा ।

बलिबद्द, पु०, वृषभ, बैल ।

बलि-हरण, नपुं०, कर (टैक्स) उगाहना ।

बली, वि०, शक्तिशाली ।

बळिस, पु०, मछली पकड़ने का काँटा ।

बव्हाबाध, वि०, रोग-बहुल ।

बहल, वि०, मोटा, गहरा ।

बहलत्त, नपुं०, मोटापन, गहराई ।

बहि, अव्यय, बाह्य, बाहर ।

बहिगत, वि०, बाहर गया ।

बहि-नगर, नपुं०, नगर के बाहर या बाहर का नगर ।

बहि-निक्खमन, नपुं०, अभिनिष्क्रमण, बाहर जाना ।

बहिद्धा, अव्यय, बाहर ।

बहु, वि०, बहुत, अनेक ।

बहुक, वि०, अनेक ।

बहुकरणीय, वि०, बहुकृत्य ।

बहुकार, त्रि०, बहुत उपयोगी ।

बहुक्खत्तुं, वि०, अनेक बार ।

बहु-जन, पु०, अनेक जन ।

बहु-जागर, वि०, बहुत जागृत ।

बहु-धन, वि०, धनी ।

बहु-पद, वि०, अनेक पैरों वाला ।

बहु-बीहि, बहुब्रीहि समास ।

बहु-भण्ड, वि०, बहुत सामान वाला ।

बहु-भाणी, वि०, बहुत बोलने वाला ।

बहु-भाव, पु०, विपुलता ।

बहु-मत, वि०, बहु-मान्य ।

बहु-मान, पु०, सम्मान ।

बहुमानन, नपुं०, सम्मान, गौरव ।

बहुमानित, वि०, सम्मानित ।

बहु-वचन, नपुं०, अनेक वचन ।

बहु-विध, वि०, अनेक प्रकार का ।

बहुस्सुत, वि०, बहु-श्रुत, पण्डित ।

बहुत्त, नपुं०, बहुत्व ।

बहुधा, क्रि० वि०, नाना प्रकार से ।

बहुल, वि०, विपुल ।

बहुलता, स्त्री०, विपुलता ।

बहुलत्व, नपुं०, बहुत्व ।

बहुलीकत, वि०, अभ्यस्त, प्राय: करके ।

बहुलीकरण, नपुं०, लगातार अभ्यास ।

बहुलीकम्म, नपुं०, सतत अभ्यास ।

बहुलीकार, पु०, निरन्तर अभ्यास ।

बहुलीकरोति, क्रिया, बढ़ाता है । (**बहुलीकरि**, **बहुलीकत**) ।

बहुसो, क्रि० वि०, अधिक करके, प्राय: ।

बहूपकार, वि०, बहुत उपकार करने वाला ।

बाकुची, स्त्री०, सोमराजी वृक्ष ।

बाण, पु०, बाण, तीर ।

बाणधि, पु०, तूणीर ।

बाधक, वि०, रोकने वाला ।

बाधकत्त, नपुं०, बाधकत्व ।

बाधति, क्रिया, बाधक होता है।
(**बाधि, बाधित, बाधित्वा**)।

बाधन, नपुं०, बाधा, रुकावट।

बाधा, स्त्री०, रुकावट।

बाधित, कृदन्त, बाधा-युक्त।

बाधेति, क्रिया, बाधा डालता है, दबाता है।
(**बाधेसि, बाधेन्त, बाधेत्वा**)।

बारस, वि०, बारह।

बाराणसी, स्त्री०, वाराणसी, काशी जनपद की राजधानी।

बाराणसेय्यक, वि०, वाराणसी का वासी, वाराणसी-निर्मित।

बाल, वि०, आयु में कम, अज्ञानी, अबोध; पु०, बच्चा, मूर्ख।

बालक, पु०, बच्चा।

बालता, स्त्री०, मूर्खता।

बाला, स्त्री०, लड़की।

बालिका, स्त्री०, बालिका।

बालिसिक, पु०, मछुआ।

बाल्य, नपुं०, बचपन, मूर्खता।

बावीसति, स्त्री०, बाईस।

बावेरू जातक, वाराणसी से बावेरु गये व्यापारियों की कथा (३३९)।

बाहा, स्त्री०, बाजू।

बाह-बल, नपुं०, बाहुबल।

बाहित, कृदन्त, दूर रखा, बाहर रखा।

बाहिर, वि०, बाह्य।

बाहिर, नपुं०, बाहर की ओर; वि०, बाहर वाला।

बाहिरक, वि०, दूसरे मत का।

बाहिरक-पब्बज्जा, स्त्री०, दूसरे मतों के अनुसार प्रव्रज्या।

बाहिरत्त, नपुं०, बाहिर का भाव।

बाहिय जातक, राजा ने प्रसव-वेदना के अनन्तर शिशु जनने वाली देवी को अपनी पटरानी बनाया (१०८)।

बाहु, पु०, बाजू।

बाहुज, पु०, क्षत्रिय।

बाहुजञ्ञ, वि०, सार्वजनिक।

बाहुमूल, नपुं०, बगल।

बाहुलिक, वि०, विपुलता में निवास करने वाला।

बाहुल्ल (**बाहुल्य** भी), नपुं०, प्रचुरता, कामोपभोगी जीवन।

बाहुसच्च, नपुं०, अधिक विद्वत्ता।

बाहेति, क्रिया, दूर रखता है, दूर करता है।
(**बाहेसि, बाहित, बाहेत्वा**)।

बाळ्ह, वि०, मजबूत।

बाळ्हं, क्रि० वि०, जोर से, अधिकता से।

बिदल, नपुं०, बाँस।

बिन्दु, नपुं० बिन्दु, बूँद।

बिन्दुमत्त, वि०, बिन्दुमात्र।

बिन्दुमत्तं, क्रि० वि०, बिन्दुमात्र।

बिन्दुसार, अशोक के पिता मगध-नरेश।

बिम्ब, नपुं०, छाया।

बिम्बा, स्त्री०, सिद्धार्थ गौतम की पत्नी बिम्बा (यशोधरा)।

बिम्बिका, बिम्बी, स्त्री०, लता-विशेष।

बिम्बिसार, मगध-नरेश बिम्बिसार।

बिम्बोहन, नपुं०, तकिया।

बिल, नपुं०, सूराख, (चूहे का) बिल।

बिलङ्ग, पु०, सिरका।

बिलङ्ग-थालिका, स्त्री०, एक प्रकार

की यन्त्रणा ।

बिलसो, क्रि० वि०, पृथक्-पृथक् देरी करके ।

बिल्ल, पु०, बिल्व, बेल (फल) ।

बिळार, पु०, बिल्ला, नर बिल्ली ।

बिळार-भस्ता, स्त्री०, (लोहार की) भाथी ।

बिळार जातक, ढोंगी गीदड़ प्रति दिन एक-एक चूहा मारकर खा जाता था । चूहों के नेता ने गीदड़ को मार डाला । शेष चूहों ने उसका मांस खाया (१२८) ।

बिळारिकोसिय जातक, बिलारकोसिय सेठ की कथा, जिसने अपने कंजूसपन के कारण परम्परागत दानशाला नष्ट करा दी थी (४५०) ।

बिळाली, स्त्री०, बिल्ली ।

बीज, नपुं०, बीज ।

बीज-कोस, पु०, फूलों का बीज-कोष ।

बीज-गाम, पु०, बीजों का समूह ।

बीज-जात, नपुं०, बीजों के अलग-अलग विभेद ।

बीज-बीज, नपुं०, बीजों से उगाये जा सकने वाले पौधे ।

बीभच्च, वि० बीभत्स ।

बीरण, नपुं०, बीरण घास ।

बीरण-थम्भ, पु०, बीरण घास का खम्बा।

बुज्झति, क्रिया, जानता है, समझता है, बूझता है ।

(बुज्झि, बुद्ध, बुज्झन्त, बुज्झित्वा) ।

बुज्झन, नपुं०, बूझना, ज्ञान प्राप्त करना ।

बुज्झनक, वि०, समझदार ।

बुज्झितु, पु०, जागने वाला, बूझने वाला, ज्ञानी ।

बुड्ढ, वि०, वृद्ध ।

बुड्ढतर, वि०, वृद्धतर ।

बुद्ध, सम्पूर्ण ज्ञान के प्रतीक बुद्धत्व-पद का लाभी ।

बुद्धकारक-धम्म, पु०, बुद्धत्व-प्राप्ति में सहायक चर्या ।

बुद्ध-काल, पु०, बुद्धोत्पत्ति का काल ।

बुद्ध-कोलाहल, पु०, बुद्ध के आगमन की पूर्व-सूचना ।

बुद्धक्खेत्त, नपुं०, बुद्ध की शक्ति का सीमा-क्षेत्र ।

बुद्ध-गुण, पु०, बुद्ध के गुण ।

बुद्धंकुर, पु०, जिसका बुद्ध बनना स्थिर है ।

बुद्ध-चक्खु, नपुं०, बुद्ध की अन्तर्दृष्टि ।

बुद्ध-ञाण, नपुं०, अनन्त ज्ञान ।

बुद्धन्तर, नपुं०, एक बुद्ध और दूसरे बुद्ध के बीच का काल ।

बुद्ध-पुत्त, पु०, बुद्ध-पुत्र ।

बुद्ध-बल, नपुं०, बुद्ध की शक्ति ।

बुद्ध-भाव, पु०, बुद्ध-भाव, बुद्धत्व ।

बुद्ध-भूमि, स्त्री०, बुद्ध-भूमिका ।

बुद्ध-मामक, वि०, बुद्धभक्त ।

बुद्ध-रस्मि, **बुद्ध-रंसि**, स्त्री०, बुद्ध के शरीर से निकलने वाली रश्मियाँ ।

बुद्ध-लीळ्हा, स्त्री०, बुद्ध-लीला ।

बुद्ध-वचन, नपुं०, बुद्ध की शिक्षा ।

बुद्ध-विसय, पु०, बुद्ध-क्षेत्र ।

बुद्ध-वेनेय्य, वि०, बुद्ध के द्वारा ही विनीत बनाया जा सकने वाला ।

बुद्ध-सासन, नपुं०, बुद्धों की शिक्षा ।

बुद्धानुभाव, पु०, बुद्धों का प्रताप ।

बुद्धानुस्सति, स्त्री०, बुद्ध का अनुस्मरण ।

बुद्धारम्मण, **बुद्धालम्बन**, नपुं०, बुद्ध के

गुणों का ध्यान ।

बुद्धपट्ठाक, वि०, बुद्ध सेवक ।

बुद्धुप्पाद, पु०, बुद्ध-युग ।

बुद्धघोस, त्रिपिटक का सर्वश्रेष्ठ व्याख्याकार अट्ठकथाचार्य ।

बुद्धघोसुप्पत्ति, इस नाम का एक ग्रन्थ ।

बुद्धत्त, नपुं०, बुद्धत्व - प्राप्ति की अवस्था ।

बुद्ध-वंस, खुद्दक निकाय का चौदहवाँ ग्रन्थ ।

बुद्धि, स्त्री०, प्रज्ञा ।

बुद्धिमन्तु, वि०, बुद्धिमान ।

बुद्धि-सम्पन्न, बुद्धिमान ।

बुध, पु०, बुद्धिमान आदमी, बुध-ग्रह, बुध(-वार) ।

बुब्बुल, बुब्बुलक, नपुं०, बुलबुला ।

बुभुक्खति, क्रिया, खाने की इच्छा करता है ।
(**बुभुक्खि, बुभुक्खित**) ।

बुन्द, पु०, जड़ ।

बेलुव, पु०, बिल्व-फल का पेड़ ।

बेलुव-पक्क, पका बेल ।

बेलुव-लट्ठि, स्त्री०, बेल का गाछ ।

बेलुव-सलाटुक, नपुं०, बेल का कच्चा फल ।

बोज्झङ्ग, नपुं०, बोधि-प्राप्ति के लिए आवश्यक सहायक गुण ।

बोध, पु०, बोधन; नपुं०, बुद्धत्व, ज्ञान ।

बोधनीय, बोधनेय, वि०, बुद्धत्व लाभ कर सकने वाला ।

बोधि, स्त्री०, श्रेष्ठतम ज्ञान ।

बोधि-अङ्गण, नपुं०, बोधि वृक्ष का आंगन ।

बोधि-पक्खिक, वि०, बोधिपक्षीय धर्म ।

बोधि-पादप, बोधि-रुक्ख, पु०, बोधि-वृक्ष, पीपल ।

बोधि-पूजा, स्त्री०, बोधि-वृक्ष की पूजा ।

बोधि-मण्ड, पु०, बोधि-वृक्ष के नीचे का वह स्थान जहाँ सिद्धार्थ गौतम वज्रासन लगाकर बुद्ध-प्राप्ति के लिए कृत-संकल्प होकर बैठे थे ।

बोधि-मह, पु०, बोधि वृक्ष के सम्मान में उत्सव ।

बोधि-मूल, नपुं०, बोधि-वृक्ष की जड़ ।

बोधिसत्त, बुद्धत्व-प्राप्ति के लिए कृत-संकल्प प्राणी, बुद्धत्व-प्राप्ति से पूर्व का सिद्धार्थ गौतम बुद्ध का परि-चायक नाम ।

बोधेति, क्रिया, ज्ञान प्राप्त कराता है ।
(**बोधेसि, बोधित, बोधेन्त, बोधेत्वा**) ।

बोधेतु, पु०, जाग्रत होने वाला, ज्ञान लाभी ।

बोन्दि, पु०, शरीर ।

ब्यग्घ, पु०, व्याघ्र ।

ब्यञ्जन, नपुं०, स्वरों के अतिरिक्त वर्णमाला के शेष अक्षर, सालन, कढ़ी, पकवान ।

ब्यापाद, पु०, क्रोध, द्वेष ।

ब्याम, पु०, ब्याम-मात्र (माप) ।

ब्यामप्पभा, स्त्री०, बुद्ध के शरीर से निकलने वाली प्रभा ।

ब्यूह, पु०, सेना की रचना-पद्धति ।

ब्रहन्त, वि०, विशाल ।

ब्रह्म, ब्रह्मा, पु०, सृष्टि-कर्ता ।

ब्रह्म-कायिक, वि०, ब्रह्माओं की मण्डली का ।

ब्रह्म-घोस, वि०, ब्रह्मा सदृश आवाज ।

ब्रह्मचर्या, स्त्री०, श्रेष्ठ जीवन ।

ब्रह्मचारी, मैथुन-धर्म से विरत रहने वाला ।

ब्रह्मजच्च, वि०, ब्राह्मण-जन्मा ।

ब्रह्मञ्ञ, ब्रह्मञ्ञता, स्त्री०, श्रेष्ठ-जीवन ।

ब्रह्म-दण्ड, पु०, दण्ड विशेष, जो छन्न को दिया गया था ।

ब्रह्म-देय्य, नपुं०, राजकीय भेंट ।

ब्रह्मप्पत्त, वि०, श्रेष्ठतम अवस्था को प्राप्त ।

ब्रह्म-बन्धु, पु०, ब्रह्म का सम्बन्धी, ब्राह्मण ।

ब्रह्मभूत, वि०, सर्वश्रेष्ठ ।

ब्रह्म-लोक, पु०, ब्रह्म-लोक ।

ब्रह्म-विमान, नपुं०, ब्रह्मा का निवास-स्थान ।

ब्रह्म-विहार, चित्त की वाञ्छनीय स्थिति; मैत्री, करुणा, मुदिता तथा उपेक्षा का सम्मिलित नाम ।

ब्रह्मदत्त जातक, तपस्वी ने राजा से विदा लेते समय केवल पत्तों का एक छाता और खड़ाऊँ की जोड़ी माँगी (३२३) ।

ब्राह्मण, पु०, ब्राह्मण वर्ण का व्यक्ति ।

ब्रह्म-कञ्ञा, स्त्री०, ब्राह्मण-कन्या ।

ब्रह्म-वाचनक, नपुं०, ब्राह्मणों द्वारा किया जाने वाला वेद-पाठ ।

ब्राह्मण-वाटक, पु०, ब्राह्मणों के एकत्र होने का स्थान ।

ब्रूति, क्रिया, बोलता है ।
(**अब्रवि, ब्रुवन्त, ब्रुवित्वा**) ।

ब्रूहन, नपुं०, वृद्धि ।

ब्रूहेति, क्रिया, बढ़ाता है, वृद्धि करता है ।
(**ब्रूहेसि, ब्रूहित, ब्रूहेन्त, ब्रूहेत्वा**) ।

ब्रूहेतु, पु०, बढ़ाने वाला ।

भ

भक्ख, वि०, खाने योग्य; नपुं०, भोजन, खाद्य-पदार्थ ।

भक्खक, पु०, खाने वाला ।

भक्खति, क्रिया, खाता है ।
(**भक्खि, भक्खित, भक्खितुं**) ।

भक्खन, नपुं०, खाना ।

भक्खेति, क्रिया, खाता है ।

भग, नपुं०, भाग्य, योनि ।

भगन्दल, भगन्दर रोग ।

भगवन्तु, वि०, भाग्यवान्; पु०, भगवान् (बुद्ध) ।

भगिनी, स्त्री०, बहन ।

भगु, (नाम), भृगु ऋषि ।

भग्ग, कृदन्त, टूटा हुआ ।

भङ्ग, पु०, टूटना; नपुं०, पटुआ ।

भङ्ग-खण, नपुं०, टूटने का क्षण ।

भङ्गानुपस्सना, स्त्री०, वस्तुओं के विनाश के सम्बन्ध में अन्तर्दृष्टि ।

भच्च, पु०, भृत्य, नौकर; वि०, पालित-पोषित ।

भजति, क्रिया, संगति करता है ।
(**भजि, भजित, भजमान, भजित्वा, भजितब्ब**) ।

भजन, नपुं०, संगति ।

भज्जति, क्रिया, भूँजता है ।
(**भज्जि, भज्जित, भज्जमान**

भञ्जित्वा)।

भञ्जक, वि०, तोड़ने वाला, खराब करने वाला।

भञ्जति, क्रिया, तोड़ता है, नष्ट करता है।

(भञ्जि, भग्ग, भञ्जित, भञ्जन्त, भञ्जमान, भञ्जित्वा)।

भञ्जन, नपुं०, तोड़, विनाश।

भञ्जनक, नपुं०, तोड़ना, नष्ट करना।

भट, पु०, सैनिक, सिपाही, नौकर।

भट-सेना, स्त्री०, पैदल सेना।

भट्ठ, कृदन्त, भूना हुआ, गिरा हुआ।

भणति, क्रिया, बोलता है।

(भणि, भणित, भणन्त, भणितब्ब, भणित्वा, भणितुं)।

भणे, अव्यय, सम्बोधन-विशेष।

भण्ड, नपुं०, सामान।

भण्डक, नपुं०, सामान, चीजें।

भण्डागार, नपुं०, भण्डार, खज़ाना।

भण्डागारिक, पु०, भंडारी, खज़ानची।

भण्डति, क्रिया, झगड़ा करता है।

(भण्डेति, भण्डि, भण्डेसि, भण्डेत्वा)।

भण्डन, नपुं०, कलह, झगड़ा।

भण्डिका, स्त्री०, बण्डल, गठड़ी।

भण्डु, पु०, सिरमुंडा।

भण्डु-कम्म, नपुं०, हजामत बनाना।

भत, कृदन्त, पालित-पोषित; पु०, नौकर।

भतक, पु०, भृत्य, कुली।

भति, स्त्री०, मजदूरी।

भत्त, नपुं०, भात।

भत्त--कारक, पु०, रसोइया।

भत्त-किच्च, नपुं०, भात खाना, भोजन करना।

भत्त-किलमथ, पु०, भोजनानन्तर आलस्य।

भत्त-सम्मद, पु०, भोजनानन्तर तन्द्रा।

भत्त-गाम, पु०, भेंट या सेवा देने वाला ग्राम।

भत्तग्ग, नपुं०, भोजनालय।

भत्त-पुट, नपुं०, भात का दोना।

भत्त-विस्सग्ग, पु०, भोजन परोसना।

भत्त-वेतन, नपुं०, भोजन और तनख्वाह।

भत्त-वेला, स्त्री०, भोजन का समय।

भत्ति, स्त्री०, भक्ति।

भत्तिक, भत्तिमन्तु, त्रि०, भक्त।

भत्तु, पु०, भर्तृ, पति।

भदन्त, वि०, गौरवार्ह, पूज्य।

भद्द (भद्र भी), वि०, शुभ (मुहूर्त)।

भद्दक, नपुं०, भाग्य-सम्पन्न वस्तु; वि०, भाग्य-सम्पन्न (वस्तु)।

भद्दकच्चाना, स्त्री०, यशोधरा (राहुल माता) का एक और नाम।

भद्दकुम्भ, पु०, पानी का भरा घड़ा।

भद्द-दारु, पु०, देव-दारु की जाति का वृक्ष।

भद्द-पदा, स्त्री०, भाद्रपद नक्षत्र।

भद्द-पीठ, नपुं०, भद्रासन।

भद्द-मुख, वि०, सुन्दर मुख, शिष्ट सम्बोधन।

भद्द-युग, नपुं०, श्रेष्ठ जोड़ा।

भद्दसाल जातक, राजा के उद्यान के श्रेष्ठ भद्रशाल वृक्ष के काटे जाने की कथा (४६५)।

भद्रघट जातक, शराबी लड़के ने इन्द्र-प्रदत्त भद्र-घट भी फोड़ डाला (२९१)।

भद्दा, भद्दिका, स्त्री०, एक शिष्ट स्त्री।

भद्दिय, अङ्ग जनपद का एक नगर। भगवान बुद्ध अनेक बार वहाँ पधारे थे।

भन्त, कृदन्त, भ्रान्त, भ्रमित।

भन्तत्त, नपुं०, भ्रान्त-भाव, गड़बड़ी।

भन्ते, भदन्त का सम्बोधन-रूप।

भब्ब, वि०, भव्य, योग्य।

भब्बता, स्त्री०, भव्यता, योग्यता।

भम, पु०, घूमने वाली चीज।

भमकार, पु०, घुमाने वाला।

भमति, क्रिया, घूमता है।
(**भमि, भन्त, भमन्त, भमित्वा**)।

भमर, पु०, भ्रमर, भौंरा।

भमरिका, स्त्री०, लट्टू।

भमु, भमुका, स्त्री०, भौं।

भय, नपुं०, डर।

भयङ्कर, वि०, भयानक।

भय-दस्सावी, वि०, भयदर्शी।

भय-दस्सी, वि०, भयदर्शी।

भयानक, वि०, भयावह।

भर, वि०, (समास में) पोषण करने वाला।

माता-पेत्ति-भर, माता-पिता का पोषण करने वाला।

भरण, नपुं०, भरण-पोषण।

भरत कुमार, दसरथ-पुत्र। राम का सौतेला भाई। देखो दसरथ जातक (४६१)।

भरति, क्रिया, भरण-पोषण करता है।
(**भरि, भत, भरित्वा**)।

भरित, कृदन्त, भरा हुआ।

भरिया, स्त्री०, भार्या, पत्नी।

भरुकच्छ, भरु प्रदेश का बन्दरगाह।

भरु जातक, भरु देश के राजा ने तपस्वियों के मुकद्दमे में निर्णय दिया (२१३)।

भल्लाटक (**भल्लातक** भी), पु०, वृक्ष-विशेष, लोध।

भल्लाटिक जातक, भल्लाटिय नरेश के शिकार की कथा (५०४)।

भल्ली, स्त्री०, भल्लातक, भिलावा।

भव, पु०, अस्तित्व, संसार।

भवग्ग, पु०, संसार का उच्चतम शिखर।

भवङ्ग, नपुं०, अचेतन मन।

भव-चक्क, नपुं०, भव-चक्र।

भव-तण्हा, स्त्री०, भव-तृष्णा।

भव-नेत्ति, स्त्री०, भव-तृष्णा।

भवन्तग, भवन्तगू, वि०, भव के अन्त तक पहुँचा हुआ।

भव-संयोजन, नपुं०, पुनर्जन्म का बन्धन।

भवाभव, पु०, यह या वह जीवन।

भवेसना, स्त्री०, भवेषणा, भवेच्छा।

भवोघ, पु०, पुनर्जन्म रूपी बाढ़।

भवति, क्रिया, होता है।
(**भवि, भूत, भवन्त, भवमान, भवितब्ब, भवित्वा, भूत्वा, भवितुं**)।

भवन, नपुं०, होना, निवास-स्थान।

भस्ता, स्त्री०, धौंकनी।

भस्म, नपुं०, राख।

भस्मच्छन्न, वि०, राख से ढका हुआ।

भस्स, नपुं०, बेकार बातचीत।

भस्सारामता, स्त्री०, बेकार बातचीत में रुचि।

भस्सति, क्रिया, गिर पड़ता है।
(**भस्सि, भट्ठ, भसन्त, भसमान, भसित्वा**)।
भस्सर, वि०, प्रकाशमान।
भा, स्त्री०, प्रकाश की चमक।
भाकुटिक, वि०, भ्राकुटिक, भृकुटि टेढ़ी करने वाला।
भाग, पु०, हिस्सा।
भागवन्तु, वि०, हिस्से वाला, हिस्सेदार।
भागदेय्य, भागधेय्य, नपुं०, भाग्य।
भागसो, क्रि० वि०, हिस्सों के अनुसार।
भागिनेय्य, पु०, भानजा।
भागिनेय्या, स्त्री०, भानजी।
भागीय, वि०, (समास में) सम्बन्धित।
भागी, वि०, हिस्सेदार।
भागीरथी, गङ्गा नदी का एक नाम।
भाग्य, नपुं०, सौभाग्य।
भाजक, भाजेतु, बाँटने वाला।
भाजन, नपुं०, बँटवारा, बर्तन, पात्र।
भाजन-विकति, स्त्री०, नाना प्रकार के बर्तन।
भाजेति, क्रिया, बाँटता है।
(**भाजेसि, भाजित, भाजेन्त, भाजेत्वा, भाजेतब्ब, भाजीयति**)।
भाणक, पु०, धर्म-ग्रन्थों का पाठ करने वाला, बड़ा मटका।
भाणवार, पु०, त्रिपिटक के अनेक भागों में से एक। एक भाणवार आठ सहस्र अक्षरों से समन्वित माना जाता है।
भाणी, वि०, बोलने वाला।
भाति, क्रिया, चमकता है।
(**भासि**)।
भातिक, भातु, पु०, भाई।
भानु, पु०, प्रकाश, सूर्य।
भानुमन्तु, वि०, प्रकाशवान; पु०, सूर्य।
भायति, क्रिया, डरता है।
(**भायि, भायन्त, भायितब्ब, भायित्वा**)।
भायापेति, क्रिया, डराता है।
(**भायापेसि, भायापित, भायापेत्वा**)।
भार, पु०, बोझा।
भार-निक्खेपन, नपुं०, भार उतार कर रख देना।
भार-मोचन, नपुं०, भार-मुक्ति।
भार-वाही, पु०, भार ढोने वाला।
भार-हार, पु०, बोझा ढोने वाला।
भारिक, वि०, भार-युक्त।
भारिय, वि०, भारी।
भाव, पु०, स्वभाव।
भावना, स्त्री०, विकास, योगाभ्यास।
भावनानुयोग, पु०, योगाभ्यास में लगना।
भावनामय, वि०, भावनायुक्त।
भावना-विधान, नपुं०, योगाभ्यास की पद्धति।
भावनीय, वि०, अभ्यास करने योग्य, सम्माननीय।
भावित, कृदन्त, अभ्यस्त, विकसित।
भावितत्त, वि०, विशेष अभ्यासी, संयत।
भावी, वि०, होने वाला, अनिवार्य।
भावेति, क्रिया, वृद्धि करता है, अभ्यास करता है।
(**भावेसि, भावित, भावेन्त, भावयमान, भावेतब्ब, भावेत्वा, भावेतुं**)।

भासति, क्रिया, बोलता है, चमकता है।
(**भासि, भासित, भासन्त, भासित्वा, भासितब्ब**)।
भासन, नपुं०, भाषण।
भासन्तर, नपुं०, दूसरी भाषा।
भासा, स्त्री, भाषा, बोली।
भासित, नपुं०, कथन।
भासितु, भासी, पु०, बोलने वाला, कहने वाला।
भासुर, वि०, चमकदार।
भिक्खक, पु०, भिखमंगा।
भिक्खति, क्रिया, भीख माँगता है।
(**भिक्खि, भिक्खन्त, भिक्खमान, भिक्खित्वा**)।
भिक्खन, नपुं०, भीख माँगना।
भिक्खा, स्त्री०, भिक्षा।
भिक्खाचरिया, स्त्री०, भिक्षाटन।
भिक्खाचार, पु०, भिक्षाटन।
भिक्खाहार, पु०, भिक्षु द्वारा प्राप्त आहार।
भिक्खा-परम्पर जातक, राजा को प्राप्त भोजन क्रमशः प्रत्येक बुद्ध को प्राप्त हुआ (४९६)।
भिक्खु, पु०, बौद्ध भिक्षु।
भिक्खुणी, स्त्री०, बौद्ध भिक्षुणी।
भिक्खु-भाव, पु०, भिक्षुत्व।
भिक्खु-भेद, पु०, भिक्षु विशेष।
भिक्खु-संघ, पु०, भिक्षुओं का संघ।
भिङ्क, पु०, हाथी का बच्चा।
भिङ्कार, पु०, पानी की झारी।
भिज्जति, क्रिया, टूट जाता है, नष्ट हो जाता है।
(**भिज्जि, भिन्न, भिज्जमान, भिज्जित्वा**)।
भिज्जन, नपुं०, टूटना।
भिज्जन-धम्म, वि०, टूटने के स्वभाव वाला।
भित्ति, स्त्री०, दीवार।
भित्ति-पाद, पु०, दीवार की नींव।
भिन्दति, क्रिया, तोड़ता है, फाड़ता है, पृथक्-पृथक् कर देता है।
(**भिन्दि, भिन्दित, भिन्न, भिन्दन्त, भिन्दित्वा, भिन्दितु**)।
भिन्दन, नपुं०, टूटना।
भिन्न, कृदन्त, टूटा हुआ।
भिन्नत्त, नपुं०, भिन्नत्व।
भिन्न-भाव, पु०, पार्थक्य।
भिन्न-नाव, वि०, टूटा जहाज।
भिन्न-पट, नपुं०, फटा वस्त्र।
भिन्न-मरियाद, वि०, सीमोल्लंघित।
भिन्न-सील, वि०, शील-भ्रष्ट।
भिय्यो, भिय्योसो, अव्यय, अत्यधिक।
भिय्योसो मत्ताय, अत्यधिक, अपनी योग्यता से अधिक।
भिस, नपुं०, कमल-नालिका।
भिस-पुप्फ, नपुं०, कमल-पुष्प।
भिस-मुळाल, नपुं०, कमल मृणाल।
भिस जातक, पिता के मरने पर सभी भाई तथा उनकी बहिन हिमालयाभिमुख हुए (४८८)।
भिसक्क, पु०, भिषक्, चिकित्सक।
भिसपुप्फ, जातक, देवी ने बोधिसत्व को फूल की गन्ध मात्र सूंघने के लिए गन्ध-चोर कहा (३९२)।
भिसि, स्त्री०, गद्दा।
भिसन, भिसनक, वि०, भयानक।
भीत, कृदन्त, डरा हुआ।

भीति, स्त्री०, भय ।

भीम, भीसन, वि०, भयानक ।

भीमसेन जातक, भीमसेन का उपयोग कर बौने धनुषधारी ने यश प्राप्त किया (८०) ।

भीयो, वि०, बहुत ।

भीरु, भीरुक, वि०, डरपोक ।

भीरुत्ताण, नपुं०, डरपोक का संरक्षण ।

भुक्करण, नपुं, (कुत्ते का) भौंकना ।

भुंकार, भुक्कार पु०, (कुत्ते का) भौंकना ।

भुंकरोति, क्रिया, भौंकता है । (**भुंकरि, भुंकत, भुंकरोन्त, भुंकत्वा, भुंकरित्वा**) ।

भुज, पु०, हाथ; वि०, मुड़ा हुआ ।

भुज-पत्त, पु०, भोज-पत्र ।

भुजग, भुजङ्ग, भुजङ्गम, पु०, साँप ।

भुजिस्स, पु० स्वतन्त्र आदमी ।

भुञ्जक, पु०, खाने वाला या भोगने वाला ।

भुञ्जति, क्रिया, खाता है, भोगता है । (**भुञ्जि, भुत्त, भुञ्जन्त, भुञ्जमान, भुञ्जितब्ब, भुञ्जित्वा, भुञ्जिय, भुत्वा, भुञ्जितुं, भोत्तुं**) ।

भुञ्जन, नपुं०, खाना ।

भुञ्जन-काल, पु०, भोजन का समय ।

भुत्त, कृदन्त, खाया हुआ, भोगा हुआ ।

भुत्तावी, वि०, खाने वाला ।

भुम्म, वि०, तल्लों वाला (मकान) ।

भुम्मट्ठ, वि०, भूमि-स्थित ।

भुम्मत्थरण, नपुं०, दरी, बिछावन ।

भुम्मन्तर, नपुं०, भिन्न भूमियाँ ।

भुवन, नपुं०, संसार ।

भुस, नपुं०, भूसा; वि०, बहुत, अधिक ।

भुसं, क्रि० वि०, अधिकांश रूप से ।

भुसति, क्रिया, भौंकता है । (**भुस्सि, भुस्सन्त, भुस्समान, भुस्सित्व**) ।

भुसत्थ, पु०, आधिक्य का अर्थ ।

भू, स्त्री, पृथ्वी ।

भूत, कृदन्त, हुआ, उत्पन्न हुआ; पुं० तथा नपुं०, (महा-)भूत, भूत(-प्रेत), प्राणी, भूतार्थ (यथार्थ) ।

भूत-काय, पु०, महाभूतों से उत्पन्न शरीर ।

भूत-गाम, पु०, वनस्पति ।

भूत-गाह, पु०, भूत-प्रेत द्वारा ग्रसित ।

भूत-वादी, वि०, सत्यवादी ।

भूत-वेज्ज, पु०, भूत-प्रेत उतारने वाला, ओझा ।

भूतत्त, नपुं०, होने का भाव ।

भूतिक, वि०, भौतिक ।

भू-तिण, नपुं०, भू-तृण ।

भू-धर, पु०, पहाड़ ।

भू-नाथ, पु०, राजा ।

भू-भुज, पु०, भूपति ।

भूमक, वि०, तल्लों वाला (मकान) ।

भूमि, स्त्री०, पृथ्वी ।

भूमि-कम्पा, स्त्री०, भू-कम्प ।

भूमि-गत, वि०, पृथ्वी-स्थित ।

भूमि-तल, नपुं०, पृथ्वी-तल ।

भूमिप्पदेस, भूमि-भाग, पु०, जमीन का टुकड़ा ।

भूरि, स्त्री०, प्रज्ञा; वि०, विपुल ।

भूरिदत्त जातक, तपस्वी के नाग-कन्या द्वारा लुभाये जाने की कथा (५४३) ।

भूरि-पञ्ञ, वि०, बहुत प्रज्ञा वाला ।

भूरिपञ्ह जातक, महाउम्मग्ग जातक का एक अंश (४५२)।

भूरि-मेध, वि०, बहुत मेधा वाला।

भूसन, नपुं०, भूषण।

भूसा, स्त्री०, सजावट।

भूसापेति, क्रिया, सजवाता है। (**भूसापेसि, भूसापित, भूसापेत्वा**)।

भूसेति, क्रिया, सजाता है। (**भूसेसि, भूसित, भूसेन्त, भूसेत्वा**)।

भेक, पु०, मेंढक।

भेज्ज, वि०, भुरभुरा, जो टूट सके; नपुं०, टूटना या काटना।

भेण्डिवाल, पु०, अस्त्र-विशेष।

भेण्डुक, खेलने की गेंद।

भेत्तु, पु०, तोड़ने वाला।

भेद, पु०, मेल का अभाव, अनेकता।

भेदक, वि०, एकता नष्ट करने वाला।

भेदकर, वि०, भेद पैदा करने वाला।

भेदन, नपुं० टूटना।

भेदनक, वि०, तोड़ डालने योग्य, फूटने योग्य।

भेदन-धम्म, वि०, टूटने के स्वभाव वाला।

भेदित, कृदन्त, टूटा हुआ।

भेंदति, क्रिया, तोड़ता है। (**भेदित, भेदेत्वा**)।

भेरण्ड, पु०, गीदड़।

भेरण्डक, नपुं०, गीदड़ की आवाज।

भेरव, वि०, भयानक।

भेरि, स्त्री०, ढोल।

भेरि-चारण, नपुं०, ढोल बजाकर मुनादी कराना।

भेरि-तल, नपुं०, ढोल का तल्ला।

भेरि-वादक, पु०, ढोल बजाने वाला।

भेरि-वादन, नपुं०, ढोल का बजाना।

भेरि-सद्द, पु०, ढोल की आवाज।

भेरिवाद-जातक, लड़के ने पिता का कहना न मान ढोल को बार-बार बजाया। डाकुओं ने आकर पिता-पुत्र को लूट लिया (५९)।

भेसज्ज, नपुं०, दवाई।

भेसज्ज-कपाल, नपुं०, दवाई का बर्तन।

भो, अव्यय, सम्बोधन-विशेष।

भोग, पु०, धन, सम्पत्ति।

भोगक्खन्ध, पु०, धन का ढेर।

भोग-गाम, पु०, करदाता गाँव।

भोग-मद, पु०, धन का अभिमान।

भोगवन्तु, वि०, धनी।

भोगी, पु०, सर्प, धनी आदमी; वि० (समास में) भोग भोगने वाला।

भोग्ग, वि०, भोग्य।

भोजक, पु०, खिलाने वाला, कर उगाहने वाला।

गाम-भोजक, पु०, गाँव का मुखिया।

भोजन, नपुं०, खाद्य-सामग्री।

भोजनिय, वि०, खाने योग्य, नरम खाद्य-सामग्री।

भोजाजानीय जातक, श्रेष्ठ घोड़े की कथा, जिसने जख्मी होने पर भी शत्रु पर आक्रमण किया (२३)।

भोजापेति, खिलाता है। (**भोजापेसि, भोजापित, भोजापेत्वा**)।

भोजी, वि०, भोजन करने वाला।

भोजेति, क्रिया, खिलाता है। (**भोजेसि, भोजित, भोजेत्वा, भोजेन्त, भोजेतुं**)।

भोज्ज, नपुं०, खाने योग्य वस्तु ।

भोति, सम्बोधन, भवति ।

भोत्तब्ब, देखो भोज्ज ।

भोत्तुं, खाने के लिए ।

भोवादी, पु०, ब्राह्मण ।

म

मंस, नपुं०, मांस, गोश्त ।

मंस-चक्खु, नपुं०, दिव्य चक्षु आदि से भिन्न भौतिक आँखें ।

मंस जातक, शिकारी से मांस माँगने की कथा (३१५) ।

मंस-पुञ्ज, पु०, मांस का ढेर ।

मंस-पेसि, स्त्री०, मांस-पेशी ।

मकचि, पु०, धनुष की डोरी का पटुआ ।

मकचि-वाक, नपुं०, पटुए का छिलका ।

मकचि-वत्थ, नपुं०, पटुए का बुना वस्त्र ।

मकर, पु०, मगरमच्छ ।

मकर-दन्तक, नपुं०, मगरमच्छ के दाँतों के समान ।

मकरन्द, पु०, पुष्प-रेणु ।

मकस, पु०, मच्छर ।

मकस-वारण, नपुं०, मसहरी ।

मकस जातक, बेटे ने बाप के सिर पर बैठा मच्छर हटाने जाकर कुल्हाड़ी से उसका सिर चीर डाला (४४) ।

मकुट, पुं० तथा नपुं०, मुकुट, ताज ।

मकुल, नपुं०, फूल की कली ।

मक्कट, पु०, बंदर ।

मक्कटक, पु०, मकड़ी ।

मक्कटक-सुत्त, नपुं०, मकड़ी का जाल ।

मक्कट जातक, बन्दर ने तपस्वी का वल्कल-चीर धारण कर कुटी में रहने वाले एक तपस्वी की कुटी में प्रवेश करना चाहा। उसे सफलता नहीं मिली (१७३) ।

मक्कटी, स्त्री०, बंदरी ।

मक्ख, पु०, दूसरे के गुण का मूल्य घटाना ।

मक्खण, नपुं०, (तेल) माखना ।

मक्खली-गोसाल, बुद्ध के समकालीन छह भिन्न मतावलम्बी आचार्यों में से एक ।

मक्खिका, स्त्री०, मक्खी ।

मक्खित, कृदन्त, माखा हुआ ।

मक्खी, पु०, दूसरे के गुणों का मूल्य घटाने वाला ।

मक्खेति, क्रिया, माखता है, चुपड़ता है ।

(**मक्खेसि, मक्खित, मक्खेत्वा**) ।

मखादेव जातक, राजा ने सिर में उगे सफेद बाल को 'देव-दूत' समझा, प्रव्रज्या ग्रहण की (९) ।

मग, पु०, चौपाया ।

मगसिर, मार्गशीर्ष, नक्षत्र-विशेष ।

मगध, कोसल, वंस, अवन्ति के समान ही भगवान् बुद्ध के समय का एक प्रधान राज्य ।

मग्ग, पु०, रास्ता, सड़क, पथ ।

मग्ग-किलन्त, वि०, चलने से थका हुआ ।

मग्ग-कुसल, वि०, रास्ते का जानकार ।

मग्गक्खायी, वि०, रास्ता बताने वाला ।

मग्गङ्ग, नपुं०, सम्यक् दृष्टि आदि आर्य-मार्ग के आठ अङ्ग।

मग्ग-ञाण, नपुं०, मार्ग के बारे में ज्ञान।

मग्गञ्ञू, **मग्गविदू**, वि०, मार्ग का जानकार।

मग्गट्ठ, वि०, मार्ग-स्थित।

मग्ग-दूसी, पु०, मुसाफिरों को लूटने वाला डाकू।

मग्ग-देसक, वि०, मार्ग-दर्शक।

मग्ग-पटिपन्न, वि०, यात्री, मार्गारूढ।

मग्ग-भावना, स्त्री, आर्य-मार्ग का अभ्यास।

मग्ग-मूळ्ह, वि०, मार्ग-भ्रष्ट, रास्ता-भूला।

मग्ग-सच्च, नपुं०, आर्य-मार्ग नामक सत्य।

मग्गति, क्रिया, खोजता है, पता लगाता है।

(**मग्गि**, **मग्गित**, **मग्गित्वा**)।

मग्गन, नपुं०, खोज, तलाश।

मग्गना, स्त्री०, खोज, तलाश।

मग्गिक, पु०, मार्गारूढ।

मग्गित, कृदन्त, खोजता हुआ।

मग्गुर, पु०, एक प्रकार की मछली।

मग्गेति, क्रिया, देखो मग्गति।

मघवन्तु, पु०, शक्र (इन्द्र) का एक और नाम।

मघा, स्त्री०, मघा नक्षत्र।

मङ्कु, वि०, उत्साहहीन।

मङ्कु-भाव, पु०, नैतिक दौर्बल्य, उत्साह-मन्दता।

मङ्कु-भूत, वि०, मन्दोत्साह।

मङ्गल, वि०, शुभ मुहूर्त।

मङ्गल-किच्च, नपुं०, मङ्गल-कृत्य, उत्सव।

मङ्गल-कोलाहल, पु०, शुभ-मुहूर्त आदि को लेकर झगड़ा।

मङ्गल-दिवस, पु०, उत्सव का दिन, शादी का दिन।

मङ्गल-अस्स, पु०, राजकीय अश्व।

मङ्गल-सिन्धव, पु०, राजकीय घोड़ा।

मङ्गल-पोक्खरणी, स्त्री०, मङ्गल-पुष्करणी।

मङ्गल-सिलापट्ट, नपुं०, राज्यासन।

मङ्गल-सुपिन, नपुं०, अच्छा स्वप्न।

मङ्गल-हत्थी, पु०, राजकीय हाथी।

मङ्गल-जातक, चूहे द्वारा काट डाले गये कपड़ों को घर में रखना अशुभ समझ ब्राह्मण ने उन्हें श्मशान-भूमि में फिंकवाना चाहा (८७)।

मङ्गुर, पु०, नदी की मछली-विशेष; वि०, पीत-वर्णी।

मच्च, पु०, आदमी, मनुष्य।

मच्चु, पु०, मृत्यु, मौत।

मच्चुतर, वि०, मृत्युजयी।

मच्चु-धेय्य, नपुं०, मृत्यु-क्षेत्र।

मच्चु-परायण, वि०, मरणाधीन।

मच्चु-पास, पु०, मृत्यु-पाश।

मच्चु-मुख, नपुं०, मृत्यु-मुख।

मच्चु-राज, पु०, मृत्यु-राज।

मच्चु-वस, मृत्यु की सामर्थ्य।

मच्चु-हायी, वि०, मृत्यु को जीतने वाला।

मच्छ, पु०, मछली।

मच्छण्ड, नपुं०, मछली का अण्डा।

मच्छण्डि, स्त्री०, गुड़, शक्कर आदि की तरह गन्ने की विकृति।

मच्छ-मंस, नपुं०, मत्स्य ओर मांस ।

मच्छ-बन्ध, पु०, मछुवा ।

मच्छ-जातक, मछली की सत्य-क्रिया से वर्षा हुई (७५) ।

मच्छ-जातक, कथा उक्त कथा से मिलती-जुलती है (२१६) ।

मच्छर, चरिया, नपुं०, मात्सर्य ।

मच्छरचारी, पु०, कंजूस ।

मच्छरायति, क्रिया, कंजूसी करता है ।

मच्छरिय, नपुं०, मात्सर्य, कंजूसपन ।

मच्छा, सोलह जनपदों में से एक जनपद मत्स्य के वासी ।

मच्छिक, पु०, मछलीमार ।

मच्छी, स्त्री०, मछली ।

मच्छुद्दान जातक, मछली के पेट में से रुपयों की थैली वापिस मिली (२८८) ।

मच्छेर, देखो मच्छरिय ।

मज्ज, नपुं०, मद्य ।

मज्जन, नपुं०, नशा ।

मज्जप, वि०, मद्यप, शराबी ।

मज्जपान, नपुं०, शराब पीना ।

मज्जपायी, देखो मज्जप ।

मज्ज-विक्कयी, पु०, मद्य-विक्रेता ।

मज्जति, क्रिया, माँजता है, साफ करता है, पालिश करता है । (**मज्जि**, **मत्त**, **मट्ठ**, **मज्जित**, **मज्जन्त मज्जित्वा**) ।

मज्जना, स्त्री०, माँजना ।

मज्जार, पु०, मार्जार, बिल्ला ।

मज्जारी, स्त्री०, मार्जारी, बिल्ली ।

मज्झ, पु०, मध्य-भाग; वि०, बीच का ।

मज्झट्ठ, **मज्झत्त**, वि०, मध्यस्थ, पक्षपात रहित ।

मज्झण्ह, पु०, मध्याह्न ।

मज्झत्तता, स्त्री०, मध्यस्थता ।

मज्झ-देस, पु०, मध्य-देश ।

मज्झन्तिक समय, पु०, मध्याह्न, दोपहर ।

मज्झन्तिक (थेर), अशोक-पुत्र महेन्द्र स्थविर को उपसम्पदा देने वाले महास्थविर । बाद में वे धर्म-प्रचारार्थ काश्मीर-गन्धार की ओर गये ।

मज्झिम, वि०, मध्यम, केन्द्रीय ।

मज्झिम पुरिस, पु०, मध्याकार का आदमी, मध्यम पुरुष ।

मज्झिम-याम, पु०, अर्धरात्रि ।

मज्झिम-वय, पु०, प्रौढ़ ।

मज्झिम-निकाय, सुत्त पिटक के पाँच निकायों में से मध्यमाकार के सूत्रों का संग्रह ।

मज्झिम-देस, मध्य मण्डल, जिसकी पूर्वी-सीमा वर्तमान कंकजोल मानी जा सकती है, जिसके मध्य में वर्तमान सिलई नदी थी, जिसके दक्षिण भाग में हजारी बाग जिले का सेतकण्णिक नाम का कोई कस्बा रहा, जिसकी पश्चिमी सीमा हरियाणा प्रदेश के कर्नाल जिले का थानेसर नाम का कस्बा था और जिसकी उत्तरी सीमा उशीरध्वज नाम का हिमालय का कोई पर्वत-भाग रही ।

मञ्च, पु०, चारपाई ।

मञ्चक, पु०, छोटी चारपाई ।

मञ्च-परायण, वि०, चारपाई पर पड़ा ।

मञ्च-पीठ, नपुं०, चारपाई तथा कुर्सी आदि ।

मञ्च-वान, नपुं०, चारपाई का बुनना।

मञ्जरी, स्त्री०, गुच्छा।

मञ्जिट्ठ, मञ्जेट्ठ, वि०, मजीठिया रंग।

मञ्जिट्ठा, स्त्री०, वृक्ष-विशेष।

मञ्जिर, नपुं०, पाँव के आभरण।

मञ्जु, वि०, आकर्षक, प्रियकर।

मञ्जु-भाणक, वि०, प्रियंवद।

मञ्जुस्सर, वि०, प्रियभाणी।

मञ्जूसक, पु०, देवताओं का वृक्ष।

मञ्जूसा, स्त्री०, पेटी।

मञ्जेट्ठी, स्त्री०, मजीठ (लता)।

मञ्ञति, क्रिया, कल्पना करता है, संकल्प करता है, विचार करता है। (**मञ्ञि, मञ्ञित, मञ्ञमान, मञ्ञित्वा**)।

मञ्ञना, स्त्री०, मान्यता, कल्पना।

मञ्ञित, नपुं०; मान्यता, कल्पना।

मञ्ञे, अव्यय, मैं कल्पना करता हूं।

मट्ट, मट्ठ, वि०, चिकना, घिसा हुआ, पालिश किया हुआ।

मट्ट-साटक, नपुं०, चिकना वस्त्र।

मट्टकुण्डलि जातक, ब्राह्मण के पुत्र-शोक से मुक्त होने की कथा (४४६)।

मणि, पु०, मणि, जवाहिर।

मणि-कुण्डल, नपुं०, मणियों की बाली।

मणिक्खन्ध, पु०, बड़ी भारी मूल्यवान मणि।

मणि-पल्लङ्क, पु०, मणि-जड़ा सिंहासन।

मणि-बन्ध, पु०, कलाई।

मणि-मय, पु०, मणि-निर्मित।

मणि-रतन, नपुं०, मूल्यवान मणि।

मणि-वण्ण, वि०, मणि के रंग का।

मणि-सप्प, पु०, मणि वाला सर्प।

मणिक, पु०, बड़ा बर्तन।

मणिकण्ठ जातक, मणिकण्ठ नाम के सर्प से उसकी मणि माँगने पर सर्प ने तपस्वी को हैरान करना छोड़ दिया (२५३)।

मणि-कुण्डल जातक, राजा ने अपना रनिवास दूषित करने वाले मन्त्री को देश से निकाल बाहर किया (३५१)।

मणिचोर जातक, राजा ने अपनी मणि गृहस्थ की गाड़ी में छिपा, उसे चोर घोषित करा, उसकी सुन्दर पत्नी को हथियाना चाहा (१६४)।

मणिसूकर जातक, सूअरों ने मणि को जितना ही रगड़ा, उतनी ही वह अधिकाधिक चमकी (२८५)।

मण्ड, पु०, माँड; वि०, अति स्पष्ट।

मण्डन, नपुं०, सजावट।

मण्डन-जातिक, वि०, सजावट-प्रिय।

मण्डप, पु०, मण्डप।

मण्डल, नपुं०, घेरा, गोल-वेदिका।

मण्डल-माल, पु०, गोलाकार मण्डप।

मण्डलिक, वि०, प्रदेश (मण्डल) से सम्बन्धित।

मण्डलिस्सर, पु०, मण्डल का शासक।

मण्डली, वि०, मण्डल वाला।

मण्डित, कृदन्त, सुसज्जित।

मण्डूक,, पु०, मेंढक।

मण्डेति, क्रिया, सजाता है। (**मण्डेसि, मण्डित, मण्डेत्वा**)।

मत, कृदन्त, मृत।

मत-किच्च, नपुं०, मृत व्यक्ति के

सम्बन्ध में करणीय ।

मतक, पु०, मृतक, मरा हुआ ।

मतक-भत्त, नपुं०, मृत व्यक्ति के सम्बन्धियों द्वारा दिया जाने वाला दान । श्राद्ध ।

मतक-वत्थ, नपुं०, मृत व्यक्ति के सम्बन्धियों द्वारा दान दिया गया वस्त्र ।

मतकभत्त जातक, श्राद्ध करने के इच्छुक ब्राह्मण ने बकरी की बलि देने से पूर्व अपने शिष्यों से कहा कि उसे नहला लाओ (१८) ।

मतरोदन जातक, भाई तथा पिता के मरने पर भी अनित्यता का स्मरण कर 'बोधिसत्व' ने एक भी आँसू नहीं गिराया (३१७) ।

मति, स्त्री०, प्रज्ञा, विचार ।

मतिमन्तु, त्रि०, बुद्धिमान् ।

मति-विप्पहीन, वि०, मूर्ख ।

मत्त, कृदन्त, नशे में चूर; (समास में) मात्रा ।

मत्त-हत्थी, पु०, नशे में चूर हाथी ।

मत्तञ्ञू, त्रि०, मात्रज्ञ, मात्रा का जानकार ।

मत्तञ्ञुता, स्त्री०, मात्रज्ञ होना ।

मत्ता, स्त्री०, मात्रा ।

मत्तासुख, नपुं०, सीमित सुख ।

मत्तिका, स्त्री०, मिट्टी ।

मत्तिका-पिण्ड, पु०, मिट्टी का पिण्ड ।

मत्तिका-भाजन, नपुं०, मिट्टी का बर्तन ।

मत्तिघ, पु०, मातृहंता ।

मत्तेय्य, त्रि०, माता की सेवा करने वाला ।

मत्तेय्यता, स्त्री०, मातृ-भक्ति ।

मत्थक, पु०, मस्तक, शिखर, दूरी पर ।

मत्थ-लुङ्ग, नपुं०, दिमाग ।

मत्थु, नपुं०, दही से पृथक् मथा हुआ जल ।

मथति, क्रिया, मथता है ।
(**मथि**, **मथित**, **मथित्वा**) ।

मथन, नपुं०, मथना ।

मद, पु०, अहंकार ।

मदन, पु०, कामदेव; नपुं०, नशा ।

मदनीय, वि०, नशीला ।

मदिरा, स्त्री०, सुरा, धान्य-निर्मित शराब ।

मद्द, देश विशेष, मद्र ।

मद्दति, क्रिया, दबाता है, निचोड़ता है, रौंदता है ।
(**मद्दि**, **मद्दित**, **मद्दन्त**, **मद्दित्वा**, **मद्दिय**) ।

मद्दन, नपुं०, मर्दन करना, रौंदना ।

मद्दल, पु०, वाद्य-यंत्र विशेष ।

मद्दव, नपुं०, मार्दव, कोमलता; वि०, कोमल ।

मद्दित, कृदन्त, मर्दन किया गया, रौंदा गया ।

मधु, नपुं०, शहद, सुरा ।

मधुक, पु०, वह वृक्ष जिससे मधु तैयार होती है ।

मधुकर, पु०, शहद की मक्खी ।

मधु-गन्ध, पु०, शहद का छत्ता ।

मधु-पटल, पु०, शहद का छत्ता ।

मधुप, पु०, भ्रमर ।

मधु-पिण्डिका, स्त्री०, शहद-पिण्ड ।

मधुब्बत, पु०, शहद की मक्खी ।

मधु-मक्खित, वि०, शहद से माखा हुआ ।

मधु-मेह, पु०, मधु-मेह, बहुमूत्र रोग।

मधु-लट्ठिका, स्त्री०, मुलहठी।

मधु-लाज, पु०, शहद-मिश्रित खील।

मधु-लीह, पु०, मक्खी।

मधुस्सव, वि०, शहद से चूता हुआ।

मधुका, स्त्री०, मुलहटी, औषधि-विशेष।

मधुर, वि०, मीठा; नपुं०, मीठी चीज।

मधुरत्त, नपुं०, मधुरता।

मधुरस्सर, पुं० मधुर स्वर; वि०, मधुर-भाषी।

मधुरा, यमुना-तट पर स्थित सूरसेन जनपद की राजधानी, दक्षिण भारत का प्रसिद्ध मदुरा नगर।

मध्वासव, पु०, सुरा।

मन, पु० तथा नपुं, चित्त, विज्ञान।

मनक्कार, **मनसिकार**, पु०, मनो-संकल्प।

मनता, स्त्री०, मनोभाव, [**अत्त-मनता**, स्त्री०, आनन्दपूर्ण मनोभाव]।

मनन, नपुं०, विचार करना।

मनसिकरोति, क्रिया, मन में रखता है।
(**मनसिकरि**, **मनसिकत**, **मनसिकरोन्त**, **मनसिकत्वा**, **मनसिकातब्ब**)।

मनं, अव्यय, लगभग।

मनाप, **मनापिक**, वि०, मनोनुकूल आकर्षक।

मनुज, पु०, मनुष्य।

मनुजाधिप, पु०, राजा।

मनुजिन्द, पु०, नरेन्द्र, राजा।

मनुञ्ञ, वि०, मनोज्ञ, सुन्दर।

मनुस्स, पु०, मनुष्य।

मनुस्सत्त, नपुं०, मनुष्यत्व।

मनुस्स-भाव, पुं०, मनुष्य-भाव।

मनुस्स-भूत, वि०, जो आदमी होकर उत्पन्न हुआ।

मनुस्स-लोक, पु०, मनुष्य-लोक।

मनेसिका, स्त्री०, दूसरे के विचार की जानकारी।

मनो, (समास में) मन।

मनोकम्म, नपुं०, मानसिक कर्म।

मनोजव, वि०, मन के समान तीव्र गति।

मनोदुच्चरित, नपुं०, मानसिक दुष्कर्म।

मनोद्वार, नपुं०, मन रूपी द्वार (इन्द्रिय)।

मनोधातु, स्त्री०, चित्त।

मनोपदोस, पु०, द्वेष।

मनोपसाद, पु०, भक्ति।

मनोपुब्बङ्गम, वि०, जिसका पूर्वगामी मन हो।

मनोमय, वि०, मन से उत्पन्न।

मनोरथ, पु०, इच्छा, संकल्प।

मनोरम, वि०, आनन्ददायक।

मनोविञ्ञाण, नपुं०, मनोविज्ञान।

मनोविञ्ञेय्य, वि०, मन के द्वारा जानने योग्य।

मनोवितक्क, पु०, विचार।

मनोहर, वि०, सुन्दर, आकर्षक।

मनोज जातक, मनोज ने राजकीय अश्वों पर आक्रमण किया। राजा के धनुर्धारियों द्वारा मारा गया (३९७)।

मनोसिला, स्त्री०, संखिया।

मन्त, नपुं०, मन्त्र।

मन्तज्झायक, वि०, मन्त्रों का अध्ययन करने वाला।

मन्तन, नपुं०, मन्त्रणा, विचार-विमर्श।

मन्तना, स्त्री०, मन्त्रणा, विचार-विमर्श करना।

मन्ता, स्त्री०, प्रज्ञा।

मन्ती, पु०, मन्त्री।

मन्तिणी, स्त्री०, मंत्रिणी।

मन्तु, पु०, कल्पना करने वाला।

मन्तेति, क्रिया, मन्त्रणा करता है, विचार-विमर्श करता है। (**मन्तेसि, मन्तित, मन्तेन्त, मन्तयमान, मन्तेत्वा, मन्तेतुं**)।

मन्थ, पु०, मथानी, च्युड़ा।

मन्थर, पु०, कछुवा।

मन्द, वि०, मन्द (-बुद्धि), आलसी।

मन्दता, स्त्री०, मन्द-भाव, मूर्खता।

मन्दत्त, नपुं०, मन्द भाव, जड़ता।

मन्दं, मन्दमन्दं, क्रि० वि०, धीरे-धीरे।

मन्दाकिनी, स्त्री०, झील तथा नदी का नाम।

मन्दामुखी, स्त्री०, अँगीठी।

मन्दार, पु०, पर्वत-विशेष।

मन्दिय, नपुं०, मूर्खता, आलस्य।

मन्दिर, नपुं०, भवन, महल।

मन्धातु जातक, मान्धाता नरेश की कथा (२५८)।

ममङ्कार, पु०, ममत्व।

ममायना, स्त्री०, स्वार्थपरता, आसक्ति।

ममायति, क्रिया, आसक्त होता है। (**ममायि, ममायित, ममायन्त, ममायित्वा**)।

मम्म, मम्मट्ठान, नपुं०, मर्म-स्थान।

मम्मच्छेदक, वि०, मर्म-स्थान को चोट पहुँचाने वाला।

मम्मन, वि०, हकलाने वाला।

मयं, सर्वनाम, हम।

मय्हक जातक—भाई ने भतीजे को नदी में डुबाकर मार डाला (३९०)।

मयूख, पु०, प्रकाश की किरण।

मयूर, पु०, मोर।

मरण, नपुं०, मृत्यु, मौत।

मरण-काल, पु०, मरने का समय।

मरण-चेतना, स्त्री०, मार डालने का इरादा।

मरण-धम्म, वि०, मरण-स्वभाव।

मरणन्त, वि०, जीवन जिसका अन्त मृत्यु हो।

मरण परियोसान, देखो मरणन्त।

मरण-भय, नपुं०, मृत्यु-भय।

मरण-मञ्चक, पु०, जिस चारपाई पर किसी की मृत्यु हुई हो या होने वाली हो।

मरण-मुख, नपुं०, मृत्यु का मुँह।

मरण-लिङ्ग, नपुं०, मृत्यु के चिह्न।

मरण-सति, स्त्री०, मरणानुस्मृति, मृत्यु का स्मरण।

मरण-समय, पु०, मृत्यु का समय।

मरति, क्रिया, मरता है। (**मरि, मत, मरन्त, मरमान, मरितब्ब, मरित्वा, मरितुं**)।

मरिच, नपुं०, मिर्च।

मरियादा, स्त्री०, सीमा, नियम।

मरीचि, स्त्री०, प्रकाश-किरण।

मरीचिका, स्त्री०, मृगतृष्णा।

मरीचि-धम्म, वि०, मृगतृष्णा सदृश।

मरु, स्त्री०, कान्तार; पु०, देवता।

मरुम्ब, नपुं०, बिलौर।

मल, नपुं०, मैल, मैला।

मल-तर, वि०, अधिक मैला।

मलय, पु०, मलय पर्वत ।

मलयज, पु०, चन्दन ।

मलिन, त्रि०, धब्बेदार, मैला ।

मल्ल, पु०, पहलवान, मल्ल जाति से सम्बन्धित ।

मल्ल-युद्ध, नपुं०, कुश्ती ।

मल्लक, पु०, बर्तन, थैला ।

मल्लिका, स्त्री०, चमेली ।

मसारगल्ल, नपुं०, बहुमूल्य पत्थर-विशेष ।

मसि, पु०, कालिख।

मस्सु, नपुं०, दाढ़ी ।

मस्सुक, वि०, दाढ़ी वाला ।

मस्सु-कम्म, नपुं०, हजामत ।

मस्सु-करण, नपुं०, हजामत बनाना ।

मह, पु०, धार्मिक उत्सव ।

महग्गत, वि०, बहुत ऊँचा ।

महग्घ, वि०, अत्यन्त मूल्यवान् ।

महग्घता, स्त्री०, कीमतीपन ।

महग्घस, वि०, बहुत खाने वाला, भुक्खड़ ।

महण्णव, पु०, विशाल समुद्र ।

महति, क्रिया, आदर करता है, गौरव करता है ।

(**महि, महित, महित्वा**) ।

महत्त, नपुं०, महत्त्व ।

महद्धन, वि०, अत्यन्त धनवान् ।

महनीय, वि०, आदरणीय ।

महन्त, वि०, महान्, बड़ा ।

(**महन्तर, महन्तता, महन्त-भाव**) ।

महप्फल, वि०, महान् फल वाला ।

महब्बल, वि०, महान् बलशाली; नपुं०, बड़ी भारी सेना ।

महब्भय, नपुं०, महान् भय ।

महल्लक, वि०, बूढ़ा; पु०, बूढ़ा आदमी ।

महल्लकतर, वि०, वृद्धतर ।

महल्लिका, स्त्री०, वृद्धा स्त्री ।

महा, समास पदों में 'महन्त' का 'महा' हो जाता है, और 'ा' का ह्रस्व हो जाता है । महान् ।

महाउपासक, पु०, बुद्ध का श्रद्धा-सम्पन्न अनुयायी ।

महाउपासिका, स्त्री०, महान् श्रद्धा-सम्पन्न उपासिका ।

महाकरुणा, स्त्री०, महान् दया ।

महाकाय, वि०, बड़े शरीर वाला ।

महागण, पु०, बड़ी मण्डली, बड़ा समूह ।

महागणी, पु०, अनेक अनुयायियों सहित ।

महाजन, पु०, जनता ।

महातण्ह, वि०, बहुत लोभी ।

महातल, नपुं०, भवन के ऊपर की खुली छत ।

महादीप, पु०, जम्बुद्वीप, उत्तर कुरु आदि चार महाद्वीप ।

महाधन, नपुं०, विशाल धन ।

महानरक, पु०, भयानक नरक ।

महानस, नपुं०, रसोई-घर ।

महानुभाव, वि०, महान् प्रतापी ।

महापञ्ञ, वि०, अत्यन्त प्रज्ञावान् ।

महापथ, पु०, महामार्ग ।

महापितु, पु०, पिता का बड़ा भाई, ताया, ताऊ ।

महापुरिस, पु०, महापुरुष ।

महाभूत, नपुं०, पृथ्वी, जल आदि चार महाभूत।

महाभोग, वि०, ऐश्वर्यशाली।

महामति, पु०, महान् बुद्धिमान्।

महामत्त, (**महामच्च** भी), पु०, मुख्य-मन्त्री।

महामुनि, पु०, महान् मुनि।

महामेघ, पु०, वर्षा की तेज बौछाड़।

महायञ्ञ, **महायाग**, पु०, महान् यज्ञ।

महायस, वि०, महान् यशस्वी।

महारह, वि०, अत्यन्त मूल्यवान्।

महाराजा, पु०, महान् नरेश।

महालतापसाधन, नपुं०, स्त्रियों के शृंगार में सहायक होने वाली लता।

महासत्त, महान् सत्व।

महासमुद्द, पु०, महासमुद्र।

महासर, नपुं०, एक बड़ी झील।

महासार, **महासाल**, विशाल धन के स्वामी।

महासावक, पु०, बड़ा शिष्य।

महाअस्सारोह जातक, युद्ध में हारकर राजा घोड़े पर चढ़कर भाग गया (३०२)।

महाउक्कुस जातक, मित्रों ने मित्र की सहायता की (४८६)।

महा-उम्मग्ग जातक, महोषध पण्डित के पाण्डित्य की कथाएँ (५४६)।

महाकण्ह जातक, शक्र (इन्द्र) ने महा-कण्ह नाम के अपने कुत्ते को साथ ले दुराचारी मनुष्यों को बुरी तरह भय-भीत किया (४६९)।

महाकपि जातक, बन्दर ने नदी पर अपने शरीर का पुल बना, अपनी सारी जाति को अपने शरीर पर से गुजरने देकर यथार्थ नेता का धर्म निभाया (४०७)।

महाकपि जातक, कृतघ्न आदमी ने बन्दर का सिर फोड़ दिया। परहित-कामी बन्दर ने ऐसे आदमी की भी जान बचाई (५१६)।

महाकस्सप थेर, भगवान् बुद्ध के प्रधान शिष्यों में से एक प्रमुख शिष्य।

महाजनक जातक, मिथिला के महा-जनक नाम के राजा के दो पुत्रों के संघर्ष की कथा (५३९)।

महाजानपद, अनेक स्थलों पर नामां-कित सोलह जनपद (राज्य)। वे थे कासी, कोसल, अङ्ग, मगध, वज्जि, मल्ल, चेतिय, वंस, कुरु, पञ्चाल, मच्छ, सूरसेन, अस्सक, अवन्ति, गन्धार तथा कम्बोज। इनमें से प्रथम चौदह मज्झिम-देस (मध्य-मण्डल) में हैं, अन्त के दो उत्तरापथ में।

महातक्कारि जातक, देखो तक्कारि जातक।

महाथूप, राजा दुट्ठग्रामणी द्वारा निर्मित अनुराधपुर स्थित महान् चैत्य।

महाधम्मपाल जातक, चिरंजीवी होने का रहस्य (४४७)।

महाधम्मरक्खित थेर, तृतीय संगीति के बाद अशोक और मोग्गलिपुत्त तिस्स स्थविर द्वारा महाराष्ट्र में भेजे गये धर्म-प्रचारक महास्थविर।

महानारदकस्सप जातक, नारद कस्सप ब्रह्मा ने अंगति नरेश को परलोक का विश्वास दिलाया (५४४)।

महानेरु, महामेरु, सुमेरु पर्वत का ही एक और नाम।

महापजापति गौतमी, सिद्धार्थ गौतम की माता महामाया का देहान्त होने पर, मौसी महाप्रजापति गौतमी ने ही सिद्धार्थ को दूध पिलाकर पाला था। भिक्षुणी संघ की स्थापना का सारा श्रेय महाप्रजापति गौतमी को ही है।

महापदुम जातक, विमाता ने पुत्र पर झूठा लांछन लगाया (४७२)।

महापनाद जातक, इसकी कथा सुरुचि जातक में आई है (२६४)।

महापलोभन जातक, इसकी कथा चुल्ल-पलोभन जातक की कथा के ही समान है (५०७)।

महापिङ्गल जातक, दुष्ट महापिङ्गल नरेश के मरने पर उसकी प्रजा ने खुशियाँ मनाईं (२४०)।

महाबोधि जातक, राजा ने बोधि की न्याय-प्रियता के कारण उसे न्याया-धीश नियुक्त किया (५२८)।

महामङ्गल जातक, शकुनों की व्याख्या। वास्तविक महामङ्गल कौन-कौनसे हैं (४५३)।

महामाया, देखो माया।

महामोग्गल्लान थेर, भगवान् बुद्ध के दो प्रधान शिष्यों में से एक। दूसरे थे धर्म-सेनापति सारिपुत्त।

महारक्खित थेर, तृतीय संगीति के अनन्तर यवन-देश में धर्म-प्रचारार्थ जाने वाले महास्थविर।

महारट्ठ, तृतीय संगीति के अनन्तर महाधम्मरक्खित महारट्ठ (महा-राष्ट्र) में ही धर्म-प्रचारार्थ गये।

महावंस, सिंहल-द्वीप का प्रसिद्ध ऐति-हासिक महाकाव्य। इसके प्रथम खण्ड की रचना चौथी शताब्दी में महानाम स्थविर के द्वारा हुई। उसके बाद से इसके उत्तर-कालीन खण्डों की भी रचना बराबर होती रही।

महावग्ग, विनय-पिटक के पाँच ग्रन्थों में से एक, जो आगे खन्धकों में विभक्त है।

महावाणिज जातक, वट वृक्ष की एक शाखा से व्यापारियों को पानी मिला, दूसरी से भोजन, तीसरी से सुन्दर लड़कियाँ और चौथी से अनेक दूसरी मूल्यवान् वस्तुएँ (४९३)।

महाविहार, अनुराधपुर (सिंहल-द्वीप) का प्रसिद्ध विहार। शताब्दियों तक यही बौद्ध धर्म का प्रधान केन्द्र बना रहा।

महावेस्सन्तर जातक, देखो वेस्सन्तर जातक।

महासंधिक, द्वितीय संगीति के ही समय स्थविरवाद से पृथक् हो जाने वाला एक बौद्ध सम्प्रदाय।

महासार जातक, एक बंदरी रानी की मोतियों की माला उठा ले गई (९२)।

महासीलव जातक, मन्त्री ने राजा के रनिवास को दूषित किया। राजा ने उसे देश-निकाला दे दिया (५१)।

महासुक जातक, गूलर के वृक्ष के फल-रहित हो जाने पर भी तोते ने उसका परित्याग नहीं किया (४२९)।

महासुतसोम जातक, मनुष्य-मांस भोजी राजा की कथा (५३७)।

महासुदस्सन जातक, महासुदस्सन की मृत्यु का वृत्तान्त (९५)।

महासुपिन जातक, कोसल-नरेश प्रसेनजित् द्वारा देखे गये सोलह महान् स्वप्नों की व्याख्या (७७)।

महाहंस जातक, रानी की बलवती इच्छा हुई कि स्वर्ण-वर्ण राजहंस उसे सिंहासन पर बैठ धर्मोपदेश दे (५३४)।

महिंसासक, स्थविरवाद से पृथक् हो जाने वाला एक और बौद्ध सम्प्रदाय।

महिका, स्त्री०, धुंध।

महिच्छ, वि०, अत्यन्त लोभी।

महिच्छता, स्त्री०, अत्यधिक लोभ।

महित, कृदन्त, पूजित।

महिद्धिक, वि०, महाऋद्धिवान्।

महिन्द, महान् इन्द्र; भिक्षुणी संघमित्रा के भाई तथा महाराज अशोक के सुपुत्र, जो महामोग्गलिपुत्त तिस्स की प्रेरणा से धर्म-प्रचारार्थ सिंहल पहुँचे थे।

महिला, स्त्री०, स्त्री।

महिलामुख जातक, महिलामुख नामक राजकीय हाथी की कथा (२६)।

महिस, पु०, भैंस।

महिस जातक, भैंसे ने बन्दर द्वारा की गई सभी शरारतों को सहन किया। वह बन्दर एक दूसरे भैंसे द्वारा मारा गया (२७८)।

महिस-मण्डल, महादेव स्थविर का धर्म-प्रचार क्षेत्र। वर्तमान मैसूर।

महिस्सर, पु०, महेश्वर, महादेव।

मही, स्त्री०, पृथ्वी, नदी-विशेष।

मही-तल, नपुं०, जमीन की सतह।

मही-धर, पु०, पर्वत।

महीपति, महीपाल, पु०, राजा।

महीभाग, पु०, कान्तार।

महीरूह, पु०, वृक्ष।

महेसक्ख, वि०, महाप्रतापशाली।

महेसि, पु०, महर्षि; स्त्री०, रानी।

महोघ, पु०, महान् बाढ़।

महोदधि, वि०, समुद्र।

महोदर, वि०, बड़े पेट वाला।

महोरग, पु०, साँपों (नागों) का राजा।

महोसध, नपुं०, सोंठ, सूखा अदरक।

मा, अव्यय, निषेधार्थक, मत; पु०, चन्द्रमा।

मागध, मागधक, वि०, मगध सम्बन्धी।

मागधी, स्त्री०, पालि भाषा का प्रारम्भिक नाम।

मागविक, पु०, शिकारी।

मागसिर, पु०, मार्गशीर्ष महीना।

माघ, पु०, महीना-विशेष।

माघात, पु०, हत्या-विरत रहने की आज्ञा।

माणव, माणवक, पु०, तरुण, ब्रह्मचारी।

माणविका, स्त्री०, तरुणी, ब्रह्मचारिणी।

मातङ्ग, पु०, हाथी का नाम; नीची मानी जाने वाली जाति।

मातली, इन्द्र के सारथी का नाम।

मातापितु, पु०, माता-पिता।

मातापेत्तिक, वि०, माता-पिता से

आगत ।

मातापेत्ति-भार, माता-पिता की सेवा में रहना ।

मातामह, पु०, नाना ।

मातामही, नानी ।

मातिक, वि०, माता सम्बन्धी ।

मातिका, स्त्री०, जल-मार्ग, अभिधर्म सम्बन्धी विषयों के शीर्षस्थान, प्राति-मोक्ष-नियमावलि ।

मातिपक्ख, पु०, मातृपक्ष ।

मातु, स्त्री०, माँ ।

मातु-कुच्छि, पु०, माता की कोख ।

मातु-गाम, पु०, स्त्री ।

मातु-घात, पु०, मातृ-हत्या ।

मातु-घातक, पु०, मातृ-हत्यारा ।

मातुच्छा, स्त्री०, मौसी ।

मातुपट्ठान, नपुं०, माता की सेवा ।

मातुपोसक, वि०, माता का पोषक ।

मातुपोसक जातक, हाथी ने अपनी अन्धी माता की सेवा की (४५५) ।

मातु-भगिनी, स्त्री०, मातुच्छा, मौसी।

मातु-भातु, पु०, मामा ।

मातुल, पु०, मामा ।

मातुलानी, स्त्री०, मामी ।

मातुलुङ्ग, पु०, चकोतरा ।

मादिस, वि०, मेरे जैसा ।

मान (माण भी), नपुं०, माप; पु०, अहंकार।

मानकूट, पु०, खोटा माप ।

मानत्थद्ध, वि०, अहंकार से जड़ीभूत ।

मानद, वि०, गौरवार्ह, आदरणीय ।

मानन, नपुं०, आदर करना, सम्मान करना ।

मानव, पु०, मनुष्य ।

मानस, नपुं०, मन, चित्त, विज्ञान; (समास में) संकल्प लिये हुए ।

मानित, कृदन्त, सम्मानित ।

मानी, पु०, अभिमानी ।

मानुस, वि०, मनुष्य सम्बन्धी; पु०, मनुष्य ।

मानुसक, वि०, मनुष्य सम्बन्धी ।

मानुसी, स्त्री०, मानुषी, स्त्री ।

मानेति, क्रिया, आदर करता है, सत्कार करता है ।

(**मानेसि, मानेन्त, मानेत्वा**) ।

मापक, पु०, रचयिता, निर्माण करने वाला ।

मापित, कृदन्त, रचित, निर्मापित ।

मापेति, क्रिया, निर्माण करता है ।

(**मापेसि, मापेत्वा**) ।

मामक, वि०, श्रद्धावान्, प्रेमी, ममत्व-युक्त ।

माया, ठगी, जादू ।

माया, महामाया, सिद्धार्थ गौतम (बुद्ध) की माता । उसका पिता था देवदह का अञ्जन शाक्य और उसकी माता थी जयसेन की लड़की यशोधरा ।

मायाकार, पु०, जादूगर ।

मायावी, वि०, माया करने वाला, ढोंगी, जादूगर ।

मायु, पु०, पित्त ।

मार, पु०, चित्त की अकुशल वृत्तियों की साकार मूर्ति, लुभाने वाला, साक्षात् यमराज ।

मार-कायिक, वि०, मार-लोक सम्बन्धी ।

मार-धेय्य, नपुं०, मार का क्षेत्र ।

मार-बन्धन, नपुं०, मृत्यु का बंधन ।

मार-सेना, स्त्री०, मार की सेना।

मारक, वि०, मारने वाला।

मारण, नपुं०, मार डालना।

मारापित, कृदन्त, मरवाया।

मारापेति, क्रिया, मरवाता है। (**मारापेसि**, **मारापित**, **मारापेत्वा**, **मारापेन्त**)।

मारित, कृदन्त, मारा गया।

मारिस, वि०, सम्बोधन-विशेष, मित्र, मान्यवर।

मारुत, पु०, हवा।

मारेति, क्रिया, मारता है। (**मारेसि**, **मारेन्त**, **मारेत्वा**, **मारेतुं**)।

मारेतु, पु०, मारने वाला।

माल, **मालक**, पु०, घेरेदार जगह, गोल आँगन।

माळ, पु०, एक तल्ले वाला मकान।

मालती, स्त्री०, मालती-लता।

माला, स्त्री०, (फूलों की) माला।

माला-कम्म, नपुं०, माला गूंथने का काम, दीवार पर उत्कीर्ण फूल।

मालाकार, पु०, माली।

माला-गच्छ, पु०, फूल देने वाला पौधा।

माला-गुण, पु०, माला गूंथने का धागा।

माला-गुळ, नपुं०, फूलों का ढेर।

माला-चुम्बटक, पु०, फूलों का गजरा।

माला-दाम, पु०, माला गूंथने का धागा।

माला-धर, वि०, मालाधारी।

माला-भारी, वि०, मालाधारी।

माला-पुट, पु०, फूलों का दोना।

मालावच्छ, नपुं०, पुष्पोद्यान, पुष्प-शैया।

मालिक, **माली**, वि०, मालाधारी।

मालिनी, स्त्री०, मालाधारिणी।

मालुत, पु०, हवा।

मालुत जातक, तपस्वी ने निर्णय दिया कि जब कभी भी हवा चलती है, तब अधिक ठण्ड पड़ती है (१७)।

मालुवा, स्त्री०, आकाश-बेल।

मालूर, पु०, वृक्ष-विशेष।

माल्य, नपुं०, पुष्प-माला।

मास, पु०, महीना, माश की दाल।

मासिक, वि०, माहवार।

मासक, पु०, मासा (सिक्का)।

मिग, पु०, पशु, चौपाया, हिरण।

मिग-चापक, **मिग-पोतक**, पु०, हिरण का बच्चा।

मिग-तण्हिका, स्त्री०, मृगतृष्णा।

मिग-दाय, पु०, मृगोद्यान।

मिग-मद, पु०, कस्तूरी।

मिग-मातुका, स्त्री०, मृग-विशेष।

मिग-लुद्दक, पु०, शिकारी।

मिग-पोतक जातक, तपस्वी ने बड़े स्नेह से हिरण के बच्चे का पालन-पोषण किया। उसके मरने पर तपस्वी बहुत संतप्त हुआ (३७२)।

मिगव, नपुं०, शिकार।

मिगार-मातु-पासाद, श्रावस्ती के पूर्व के पूर्वाराम में विसाखा मिगारमाता द्वारा बनवाये गये विहार का नाम।

मिगालोप जातक, मिगालोप ने अपने पिता गृध्र का कहना न मान जान गँवाई (३८१)।

मिगिन्द, पु०, पशुओं का राजा, सिंह।

मिगी, स्त्री०, हरिणी ।

मिच्छत्त, नपुं०, मिथ्यात्व ।

मिच्छा, अव्यय, मिथ्या, झूठ ।

मिच्छा-कम्मन्त, पु०, मिथ्याचरण, दुराचरण ।

मिच्छा-गहण, नपुं०, गलत समझ ।

मिच्छाचार, पु०, कदाचार, मिथ्या-चरण ।

मिच्छाचारी, वि०, कदाचारी, दुरा-चारी ।

मिच्छा-दिट्ठि, स्त्री०, मिथ्यादृष्टि; वि०, मिथ्या-मतधारी ।

मिच्छा-पणिहित, वि०, गलत ओर झुका हुआ ।

मिच्छा-वाचा, स्त्री०, मिथ्या वाणी ।

मिच्छा-वायाम, पु०, मिथ्याप्रयत्न ।

मिच्छा-सङ्कप्प, पु०, मिथ्या संकल्प ।

मिञ्ज, नपुं०, मज्जा ।

मिणन, नपुं०, माप ।

मिणति (**मिनाति** भी), क्रिया, मापता है, तोलता है ।
(**मिणि**, **मित**, **मिणन्त**, **मिणित्वा**, **मिणितुं**, **मिणीयति**) ।

मित, कृदन्त, मापा गया, तोला गया ।

मित-भाषी, पु०, संयत-भाषी ।

मितचिन्ती जातक, बहुचिन्ती, अप्पचिन्ती तथा मितचिन्ती मछलियों की कथा (११४) ।

मित्त, पु० तथा नपुं०, मित्र ।

मित्तद्दु, **मित्तदुब्भि**, **मित्तदूभी**, पु०, मित्र-द्रोही ।

मित्त-पतिरूपक, वि०, झूठा मित्र ।

मित्त-भेद, पु०, मैत्री-विच्छेद ।

मित्त-सन्थव, पु०, मैत्री-सम्बन्ध ।

मित्तविन्दक जातक, चतुद्वार जातक में वर्णित मित्तविन्द जातक-कथा का एक अंश (८२) ।

मित्तविन्द जातक, चतुद्वार जातक का ही एक और अतिरिक्त अंश (१०४) ।

मित्तविन्द-जातक, चतुद्वार जातक का ही एक और दूसरा अतिरिक्त अंश (३६९) ।

मित्तामित्त जातक, तपस्वी ने हाथी के बच्चे का पोषण किया । उसने बड़े होने पर तपस्वी को मार डाला (१९७) ।

मित्तामित्त जातक, सच्चे मित्र के लक्षण (४७३) ।

मिथिला, विदेह जनपद की राजधानी। नेपाल की सीमा के अन्दर वर्तमान जनकपुर ।

मिथु, अव्यय, एक के बाद एक, छिप कर ।

मिथु-भेद, पु०, मैत्री-विच्छेद ।

मिथुन, नपुं०, पुल्लिङ्ग तथा स्त्रीलिङ्ग, युगल, जोड़ा ।

मिथो, अव्यय, परस्पर ।

मिद्ध, नपुं०, आलस्य ।

मिद्धी, वि०, आलसी ।

मिय्यति, **मीयति**, क्रिया, मरता है ।

मीयमान, कृदन्त, मृतमान्, मरता हुआ ।

मिलक्ख, पु०, बर्बर जाति का ।

मिलक्ख-देस, पु०, बर्बर-देश ।

मिलात, कृदन्त, म्लान हुआ ।

मिलातता, स्त्री०, म्लान-भाव, कुम्हलायापन ।

मिलायति, क्रिया, कुम्हलाता है ।

(**मिलायि, मिलायमान**) ।

मिलिन्द, सागल का राजा मिनाण्डर। उसका जन्म अलसन्दा (अलैक्जैंण्ड्रिया) के समीप कलसी में हुआ था। मिलिन्द-पञ्ह में उसी के साथ का नागसेन स्थविर का शास्त्रार्थ दर्ज है।

मिलिन्द-पञ्ह, भिक्षु नागसेन तथा राजा मिलिन्द के प्रश्नोत्तरों से समन्वित ग्रन्थ ।

मिस्स, मिस्सक, वि०, मिश्रित ।

मिस्सेति, क्रिया, मिश्रित करता है । (**मिस्सेसि, मिस्सेन्त, मिस्सेत्वा**) ।

मिहित, नपुं०, मुस्कराहट ।

मीन, पु०, मछली ।

मीळ्ह, नपुं० गूंह ।

मुकुल, नपुं०, कली ।

मुख, नपुं०, मुँह, चेहरा, प्रवेश-द्वार; वि०, प्रमुख ।

मुख-तुण्ड, नपुं०, चोंच ।

मुख-द्वार, नपुं०, मुँह ।

मुख-धोवन, नपुं०, मुंह का धोना ।

मुख-पुञ्छन, नपुं०, मुँह पोंछने का वस्त्र ।

मुख-पूर, नपुं०, मुँह भरना; वि०, मुँह भरने वाला ।

मुख-वट्टि, स्त्री०, किनारा ।

मुख-वण्ण, पु०, चेहरे का रंग ।

मुख-विकार, पु०, चेहरे का रंग-ढंग ।

मुख-संकोचन, नपुं०, चेहरे की विकृति ।

मुख-संयत, वि०, वाणी का संयमी ।

मुखर, वि०, वाचाल ।

मुखरता, स्त्री०, वाचालता ।

मुखाधान, नपुं०, लगाम ।

मुखुल्लोकक, वि०, आदमी के चेहरे की ओर देखने वाला ।

मुखोदक, नपुं०, मुँह धोने का जल ।

मुख्य, वि०, प्रमुख, प्रधान, अति महत्त्वपूर्ण ।

मुग्ग, पु०, मूंग ।

मुग्गर, पु०, मुगदर ।

मुंगुस, पु०, नेवला ।

मुचलिन्द, पु०, वृक्ष-विशेष, (नाम) उरुवेल में अजपाल न्यग्रोध के पास का एक वृक्ष, जिसके नीचे बुद्धत्व-प्राप्ति के अनन्तर भगवान् बुद्ध ने तीसरा सप्ताह मनाया ।

मुच्चति, क्रिया, स्वतन्त्र होता है, मुक्त होता है ।
(**मुच्चि, मुत्त, मुच्चित, मुच्चमान, मुच्चित्वा**) ।

मुच्छति, क्रिया, मूर्छित होता है ।
(**मुञ्छि, मुच्छित, मुच्छन्त, मुच्छित्वा, मुच्छिय**) ।

मुच्छन, नपुं०, मूर्छा ।

मुच्छना, स्त्री०, मूर्छा ।

मुञ्चक, वि०, मुक्त करने वाला ।

मुञ्चति, क्रिया, मुक्त करता है, ढीला करता है ।
(**मुञ्चि, मुक्ति, मुञ्चित, मुञ्चन्त, मुञ्चमान, मुञ्चित्वा, मुञ्चिय**) ।

मुञ्चन, नपुं०, छोड़ना, मुक्त करना ।

मुञ्ज, नपुं०, मूंज, तृण का एक प्रकार ।

मुट्ठ, कृदन्त, विस्मृत ।

मुट्ठसच्च, वि०, विस्मृति ।

मुट्ठस्सती, पु०, विस्मृत करने वाला ।

मुट्ठि, पु० तथा स्त्री०, मुट्ठी, मूठ ।

मुट्ठिक, पु०, पहलवान ।

मुट्ठि-मल्ल, पु०, मुक्केबाज ।
मुट्ठि-युद्ध, नपुं०, मुक्का-मुक्की ।
मुण्ड, वि०, बाल-रहित ।
मुण्डक, पु०, बाल-रहित (मुण्डित) सिर वाला ।
मुण्डच्छद, पु०, चौड़ी छत वाला मकान ।
मुण्डत्त, **मुण्डिय**, नपुं०, मुण्ड-भाव ।
मुण्डेति, क्रिया, मूँडता है, सिर की हजामत बनाता है ।
(**मुण्डेसि**, **मुण्डित**, **मुण्डेत्वा**) ।
मुणिक जातक, मालिक की बेटी के विवाह के अवसर पर बैलों की उपेक्षा कर सूअर को बहुत खिलाया-पिलाया गया, उसे मोटा कर उसकी हत्या करने के लिए (३०) ।
मुत, नपुं०, नाक, जीभ तथा **स्पर्शेन्द्रिय** द्वारा होने वाला इन्द्रियानुभव ।
मुतिङ्ग, **मुदिङ्ग**, पु०, मृदङ्ग ।
मुतिमन्तु, वि०, बुद्धिमान् ।
मुत्त, कृदन्त, मुक्त, नपुं०, मूत्र ।
मुत्ताचार, वि०, शिथिलाचार ।
मुत्तकरण, नपुं०, पेशाब करना ।
मुत्तवत्थि, स्त्री०, अण्डकोश ।
मुत्ता, स्त्री०, मोती ।
मुत्तावलि, स्त्री०, मोती-माला ।
मुत्ताहार, पु०, मोतियों का हार ।
मुत्ता-जाल, नपुं०, मोतियों का जाल ।
मुत्ति, स्त्री०, मुक्ति ।
मुदा, स्त्री०, प्रसन्नता ।
मुदित, वि०, प्रसन्न ।
मुदित-मन, वि०, प्रसन्न-चित्त ।
मुदिता, स्त्री०, दूसरों की समृद्धि देखकर आनन्दित होना ।
मुदु मुदुक, वि०, कोमल ।
मुदु-चित्त, वि०, मृदु-चित्त ।
मुदु-जातिक, वि०, मृदु-स्वभाव वाला ।
मुदुता, स्त्री०, मृदु-भाव ।
मुदुत्त, नपुं०, मृदुत्व ।
मुदु-भूत, वि०, कोमल ।
मुदुलक्खण जातक, मुदुलक्खण नामक तपस्वी राजा की रानी पर मोहित हो गया (६६) ।
मुद्दङ्कन, नपुं०, छपाई ।
मुद्दा, स्त्री०, मुद्रा, संकेत (हस्त-मुद्रा)
मुद्दापक, पु०, मुद्रक ।
मुद्दापन, नपुं०, मुद्रण ।
मुद्दायन्त, नपुं०, मुद्रणालय ।
मुद्दापेति, क्रिया, छापता है, मुद्रित करता है ।
(**मुद्दापेसि**, **मुद्दापित**, **मुद्दापेत्वा**) ।
मुद्दिका, स्त्री०, अँगूठी, अंगूरी शराब ।
मुद्दिकासव, पु०, अंगूरी आसव ।
मुद्ध, वि०, मूर्ख, चकित ।
मुद्धातुक, वि०, मूर्ख-स्वभाव ।
मुद्धता, स्त्री०, मूर्खता ।
मुद्धा, पु०, शीर्ष, शिखर ।
मुद्धज, पु०, मूर्धा से उत्पन्न अक्षर, बाल ।
मुद्धाधिपात, पु०, सिर का गिरना ।
मुद्धावसित्त, वि०, राज-तिलक किया हुआ नरेश ।
मुधा, अव्यय, मुफ्त ।
मुनाति, क्रिया, जानता है ।
(**मुनि**, **मुत**) ।
मुनि, पु०, मुनि, मनन करने वाला साधु ।
मुनिन्द, पु०, मुनियों में प्रधान (बुद्ध) ।

मुय्हति, क्रिया, भूल जाता है, मन्द-बुद्धि होता है।
(**मुय्हि**, **मूळ्ह**, **मूय्हमान**, **मुय्हित्वा**)।
मुय्हन, नपुं०, भूल, विस्मृति।
मुरज, पु०, चंग या झाँझ।
मुरमुरायति, क्रिया, मुर-मुर शब्द करके काट डालता है।
मुसल, पु०, मूसल।
मुसली, वि०, मूसल वाला।
मुसा, अव्यय, मृषा, झूठ।
मुसावाद, पु०, मृषावाद, झूठ।
मुस्सति, क्रिया, भूल जाता है, अन्तर्धान हो जाता है।
(**मुस्सि**, **मुट्ठ**, **मुस्सित्वा**)।
मुहुत्त, पु० तथा नपुं०, मूहूर्त।
मुहुत्तेन, क्रि० वि०, क्षण-भर में।
मुहुत्तिक, वि०, मुहूर्त-भर रहने वाला; पु०, ज्योतिषी।
मुळाल, नपुं०, मृणाल, कमल-नाल।
मुळाल-पुप्फ, नपुं०, कमल का फूल।
मूग, वि०, गूंगा।
मूगपक्ख जातक, (५३८), देखो तेमिय जातक।
मूल, नपुं०, जड़, मूल (-धन), नकद, उत्पत्ति, तल्ला, कारण, नींव, आरम्भ।
मूल-कन्द, पु०, कन्द-विशेष।
मूल-बीज, नपुं०, कोंपल निकले मूल-बीज।
मूलपरियाय जातक, 'काल सबको खाता है, अपने-आपको भी। सभी को खाने वाले काल को कौन खा सकता है?' प्रश्न का समाधान (२४५)।
मूलक, वि०, (समास में) कारणीभूत।
मूलिक, वि०, महत्त्वपूर्ण।
मूल्य, नपुं०, कीमत, मजदूरी।
मूसा, स्त्री०, धातु पिघलाने की घरिया।
मूसिक, पु०, चूहा।
मूसिका, स्त्री०, चुहिया।
मूसिक-छिन्न, वि०, चूहों द्वारा काटा गया।
मूसिक-वच्च, नपुं०, चूहे की मेगन।
मूसिक जातक, पुत्र ने पिता की हत्या करने की चेष्टा की (३७७)।
मूळ्ह, कृदन्त, मूढ।
मे, सर्वनाम, मुझे, मेरा।
मेखला, स्त्री०, करधनी।
मेघ, पु०, बादल, वर्षा।
मेघनाद, पु०, गर्जना।
मेघ-पासाण, पु०, ओले।
मेघ-वण्ण, वि०, बादलों के वर्ण का।
मेचक, वि०, काला या गहरा नीला।
मेज्झ, वि०, पवित्र।
मेण्ड, **मेण्डक**, पु०, मेंढा या भेड़।
मेण्डक, विशाखा मिगारमाता का पितामह।
मेत्त-चित्त, मैत्रीपूर्ण चित्त।
मेत्ता, स्त्री०, मैत्री-भावना, उदारता।
मेत्ता-कम्मट्ठान, नपुं०, मैत्री कर्म-स्थान।
मेत्ता-भावना, स्त्री०, मैत्री का अभ्यास करना।
मेत्तायना, स्त्री०, मैत्री-भाव।
मेत्ताविहारी, वि०, मैत्री-भाव में रमता हुआ।

मेत्तायति, क्रिया, मैत्री करता है। (**मेत्तायि, मेत्तायित्वा, मेत्तायन्त**)।

मेत्तेय्य-नाथ, पु०, भावी बुद्ध, मेत्तेय्य।

मेथुन, नपुं०, मैथुन।

मेथुन-धम्म, पु०, मैथुन-क्रिया।

मेद, पु०, चर्बी।

मेदक-तालिका, स्त्री०, चर्बी भूनने का भाजन।

मेद-वण्ण, वि०, चर्बी के रंग का।

मेदिनी, स्त्री०, पृथ्वी।

मेध, पु०, यज्ञ।

मेधग, पु०, झगड़ा।

मेधा, स्त्री०, बुद्धि, प्रज्ञा।

मेधावी, वि०, प्रज्ञावान्।

मेरय, नपुं०, शराब।

मेरु, पु०, उच्चतम पर्वत का नाम।

मेलक, नपुं०, मेल, लोगों की परिषद्।

मेलन, नपुं०, मिलना।

मेस, पु०, मेष, भेड़ा।

मेह, पु०, मूत्र-रोग।

मेहन, नपुं०, पुरुषेन्द्रिय अथवा स्त्री की इन्द्रिय।

मोक्ख, पु०, मोक्ष, मुक्ति।

मोक्खक, वि०, मोक्षदाता।

मोक्ख-मग्ग, पु०, मोक्ष का मार्ग।

मोक्खति, क्रिया, मुक्त होता है।

मोग्गल्लान, भगवान् बुद्ध के दो प्रधान शिष्यों में से एक।

मोग्गलिपुत्त तिस्स थेर, तृतीय संगीति के प्रधान, अशोक-गुरु।

मोघ, वि०, व्यर्थ।

मोघपुरिस, पु०, बेकार आदमी, मूर्ख।

मोच, पु०, केला।

मोचन, नपुं०, मुक्त करना।

मोचापन, नपुं०, मुक्त कराना।

मोचापेति, क्रिया, मुक्त कराता है।

मोचेति, क्रिया, मुक्त करता है। (**मोचेसि, मोचित, मोचेन्त, मोचेत्वा, मोचिय, मोचेन्तुं**)।

मोदक, पु०, लड्डू।

मोदति, क्रिया, आनन्दित होता है। (**मोदि, मोदित, मोदमान, मोदित्वा**]।

मोदन, नपुं०, आनन्दित होना।

मोदना, स्त्री०, प्रमुदित होना।

मोन, नपुं०, बुद्धि, मौन।

मोनेय्य, नपुं०, नैतिक सम्पूर्णता।

मोमुह, वि०, जड़-बुद्धि, मूर्ख।

मोर, पु०, मोर पक्षी।

मोर-पिञ्ज, नपुं०, मोर की पूँछ।

मोर जातक, सूर्य तथा बुद्ध की प्रशंसा में स्तोत्र गाने वाला मोर हर तरह से सुरक्षित रहा (१५९)।

मोस, पु०, चोरी।

मोसन, नपुं०, चोरी।

मोसवज्ज, नपुं०, असत्य।

मोह, पु०, मोह, मूर्खता।

मोहक्खय, पु०, अविद्या का नाश।

मोह-चरित, वि०, मूढ़-चरित।

मोहतम, पु०, मोहांधकार।

मोहनीय, वि०, मोहने वाला, मूर्ख बनाने वाला।

मोहन, नपुं०, मोहना, मूर्ख बनाना।

मोहक, वि०, मोह उत्पन्न करने वाला।

मोहेति, क्रिया, मोह उत्पन्न करता है, धोखा देता है।

(मोहेसि, मोहित, मोहेत्वा)।

मोलि, पु० तथा स्त्री०, मौली, सिर का उच्चतम भाग।

य

य, सर्वनाम, जो, जो कौन, जो क्या, जो कुछ भी।

यकन, नपुं०, यकृत।

यक्ख, पु०, यक्ष।

यक्ख-गण, पु०, यक्ष-गण।

यक्ख-गाह, पु०, यक्षाधिकृत।

यक्खत्त, नपुं०, यक्षत्व।

यक्खभूत, वि०, यक्ष होकर पैदा हुआ।

यक्ख-समागम, पु०, यक्षों का सम्मेलन।

यक्खाधिप, पु०, यक्षों का राजा।

यक्खिनी, यक्खी, स्त्री०, यक्षिणी।

यग्घे, वि०, आदरसूचक सम्बोधन।

यजति, क्रिया, यज्ञ करता है, दान करता है।

(यजि, यिट्ठ, यजित, यजित्वा, यजमान)।

यजन, नपुं०, यज्ञ करना, दान देना।

यजु, नपुं०, यजुर्वेद।

यञ्ञ, पु०, यज्ञ।

यञ्ञ-सामी, पु०, यज्ञ-स्वामी।

यञ्ञावाट, पु०, यज्ञ-वेदिका (यज्ञ-गर्त)।

यञ्ञ-उपनीत, वि०, यज्ञ (-बलि) के लिए लाया गया।

यट्ठि, पु० तथा स्त्री०, लकड़ी।

यट्ठि-कोटि, स्त्री०, लकड़ी का सिरा।

यट्ठि-मधुका, स्त्री०, मुलहठी।

यत, कृदन्त, रोका गया, संयत किया गया।

यतति, क्रिया, प्रयत्न करता है।

यतन, नपुं०, प्रयत्न।

यति, पु०, भिक्षु, साधु, ब्रह्मचारी।

यतो, अव्यय, जहाँ से, जब से।

यत्तक, वि०, जितना।

यत्थ, यत्र, क्रि० वि०, जहाँ कहीं।

यथत्त, नपुं०, यथार्थावस्था।

यथरिव, अव्यय, जैसा।

यथा, क्रि० वि०, जैसे।

यथाकम्मं, क्रि० वि०, यथा कर्म।

यथा कामं, क्रि० वि०, यथेच्छ।

यथाकारी, वि०, अपनी मर्जी से करने वाला।

यथकालं, क्रि० वि०, योग्य समय, उपयुक्त समय।

यथाक्कमं, क्रि० वि०, क्रमानुसार।

यथाठित, वि०, यथास्थित।

यथातथ, वि०, यथा-तथ्य, सत्य।

यथातथं, क्रि० वि०, यथा-सत्य।

यथाधम्मं, क्रि० वि०, धर्म के मुताबिक, नियमानुसार।

यथाधोत, वि०, जैसे धुला हो।

यथानुसिट्ठं, क्रि० वि०, उपदेशानुसार।

यथानुभावं, क्रि० वि०, योग्यतानुसार।

यथापसादं, क्रि० वि०, प्रसन्नता के अनुसार।

यथापूरित, वि०, भरे होने के अनुसार, पूरी तरह भरा हुआ।

यथाफासुक, वि०, सुविधाजनक।

यथाबलं, क्रि० वि०, यथाबल, शक्ति के

अनुसार।
यथाभतं, क्रि० वि०, जैसे लाया गया।
यथाभिरतं, क्रि० वि०, जब तक इच्छा हो।
यथाभूत, वि०, यथार्थ।
यथाभूत, क्रि० वि०, यथार्थ रूप से।
यथारहं, क्रि० वि०, योग्यतानुसार।
यथारुचि, क्रि०वि०, रुचि के अनुसार।
यथावतो, क्रि० वि०, यथावत्।
यथाविधि, क्रि० वि०, यथा विधि, विधि-अनुसार।
यथाविहितं, क्रि० वि०, व्यवस्था के अनुसार।
यथावुड्ढं, क्रि० वि०, ज्येष्ठपन के अनुसार।
यथावुत्तं, क्रि० वि०, यथोक्त।
यथासक, क्रि० वि०, मिल्कियत के अनुसार।
यथासत्ति, क्रि० वि०, शक्ति के अनुसार।
यथासद्धं, क्रि० वि०, श्रद्धा के अनुसार।
यथासुखं, क्रि० वि०, सुखपूर्वक।
यथिच्छितं, क्रि० वि०, इच्छानुसार।
यदा, क्रि० वि०, जब।
यदि, अव्यय, अगर।
यदिच्छा, स्त्री०, इच्छा, प्रवृत्ति।
यन्त, नपुं०, यन्त्र, मशीन।
यन्त-नाळि, स्त्री०, पाइप।
यन्त-मुत्त, वि०, मशीन द्वारा फेंका गया।
यन्तिक, पु०, यान्त्रिक, मशीन बनाने या सुधारने वाला, टेकनीशियन।
यम, पु०, यमराज।
यम-दूत, पु०, यमराज का दूत।
यम-पुरिस, पु०, नरक में यन्त्रणा देने वाले।
यम-लोक, पु०, प्रेत-लोक।
यमक, वि०, जुड़वाँ, दोहरा; नपु०, जोड़ा।
यमक, अभिधम्म पिटक का छठा प्रकरण (ग्रन्थ)।
यमक-साल, पु०, शाल-वृक्षों की जोड़ी।
यमुना, जम्बुद्वीप की पाँच बड़ी नदियों में से एक।
यव, पु०, जौ।
यव सूक, पु०, जौ की रोटी।
यवस, पु०, घास-विशेष।
यस, पु० तथा नपुं०, यश, प्रसिद्धि।
यस-दायक, वि०, ऐश्वर्यदाता।
यस-महत्त, नपुं०, ऐश्वर्य अथवा प्रसिद्धि की विशालता।
यस-लाभ, पु०, यश अथवा ऐश्वर्य का लाभ।
यस थेर, वाराणसी सेठ का पुत्र यश, जिसके सन्तप्त हृदय को बुद्ध की अमृत-वाणी ने शान्ति प्रदान की थी।
यसोधर, वि०, प्रसिद्ध।
यसोलद्ध, वि०, यश के द्वारा प्राप्त।
यहिं, क्रि० वि०, यहाँ।
यं, नपुं०, जो, जो कौन (वस्तु)।
या, स्त्री०, जो कोई भी (स्त्री)।
याग, पु०, यज्ञ।
यागु, स्त्री०, यवागु।
याचक, पु०, माँगने वाला।
याचति, क्रिया, माँगता है।
(**याचि, याचित, याचन्त, याचमान, याचितुं, याचित्वा**)।

याचन, नपुं०, याचना।

याचयोग, वि०, दानशील।

याचित, कृदन्त, माँगा गया।

याचितक, वि०, माँगी गयी; नपुं, माँगी हुई वस्तु या चीज़।

याजक, पु०, यज्ञ कराने वाला।

यात, कृदन्त, गया।

याति, क्रिया, जाता है।

यात्रा, स्त्री०, गमन, मुसाफरी।

याथाव, वि०, ठीक-ठीक।

यादिस, वि०, जिसके समान, जिस-सा।

यान, नपुं०, गाड़ी, रथ।

यानक, नपुं०, छोटी गाड़ी।

यानगत, वि०, गाड़ी में बैठा।

यान-भूमि, स्त्री०, गाड़ी जा सकने लायक भूमि।

यानी, पु०, गाड़ी हाँकने वाला।

यानीकत, वि०, अभ्यस्त।

यापन, नपुं०, गुजारा, आहार।

यापनीय, वि०, जीवन-आधार।

यापेति, क्रिया, गुजारा करता है। (**यापेसि**, **यापित**, **यापेन्त**, **यापेत्वा**)।

याम, पु०, रात्रि का पहर।

याम-कालिक, वि०, भिक्षु द्वारा अपराह्न तथा रात के समय ग्रहण की जा सकने वाली वस्तु।

यायी, वि०, जाते हुए।

याव, अव्यय, तक (**याव-ततियं**— तीसरी बार तक)।

याव-कालिक, वि०, अस्थायी।

याव-जीव, वि०, जीवन-पर्यन्त

याव-जीवं, क्रि० वि०, जीवन-भर।

याव-जीविक, वि०, जीवन-पर्यन्त बने रहने वाला।

यावतक, वि०, जितना।

यावदत्थं, क्रि० वि०, आवश्यकतानुसार।

यावता, अव्यय, जहाँ तक।

यावतायुकं, क्रि० वि०, जीवन बना रहने तक।

यावतावतिहं, क्रि० वि०, जितने दिन तक।

यिट्ठ, कृदन्त, आहुति दी गई।

युग, नपुं०, जोड़ा, जुआ, युग, जमाना।

युगन्त, पु०, युग का अन्त।

युगग्गाह, पु०, ईर्षा, काबू,।

युगच्छिद्द, नपुं०, जुए का छेद।

युगनद्ध, वि०, जुए में जुता।

युगमत्त, वि०, युग-मात्र, जुए की लम्बाई भर की दूरी।

युगन्धर, हिमालय के पर्वतों में से एक।

युगल, **युगलक**, नपुं०, जोड़ा।

युज्झति, क्रिया, युद्ध करता है। (**युज्झि**, **युज्झित**, **युज्झन्त**, **युज्झमान**, **युज्झित्वा**, **युज्झिय**, **युज्झितुं**)।

युज्झन, नपुं०, युद्ध करना।

युञ्जति, क्रिया, शामिल होता है, प्रयत्न करता है।

(**युञ्जि**, **युत्त**, **युञ्जन्त**, **युञ्जमान**, **युञ्जित्वा**, **युञ्जितब्ब**)।

युञ्जन, नपुं०, जोड़ना, सम्मिलित होना।

युत्ति, स्त्री०, न्याय।

युद्ध, नपुं०, संग्राम, लड़ाई।

युद्ध-भूमि, स्त्री०, संग्राम-भूमि।

युद्ध-मण्डल, नपुं०, संग्राम-भूमि ।
युव, पु०, तरुण, नौजवान ।
युवती, स्त्री०, तरुणी ।
युवञ्जय जातक, ओस की बूंदों का सूख जाना देख राजकुमार को संसार की अनित्यता का बोध हुआ (४६०) ।
यूथ, पु०, समूह, पशु-समूह ।
यूथ-जेट्ठ, पु०, पशुओं के झुण्ड का मुखिया ।
यूप, पु०, यज्ञ-स्तम्भ ।
यूस, पु०, (मांस का) सूप ।
येन, क्रि० वि०, जिसके कारण से ।
येभुय्य, वि०, अनेक ।
येव, अव्यय, ही ।
यो, सर्वनाम, जो, जो कोई (पुरुष) ।
योग, पु०, सम्बन्ध ।
योगक्खेम, पु०, आसक्ति से मुक्ति ।
योग-युत्त, वि०, आसक्ति से बँधा ।
योगावचर, पु०, योगी ।
योगातिग, वि०, पुनर्जन्म के बंधन से मुक्त ।
योग्ग, वि०, योग्य; नपुं०, गाड़ी, रथ ।
योजक, पु०, सम्मिलित होने वाला ।
योजन, नपुं०, नियुक्त होना, दूरी का माप-विशेष (=करीब दो मील) ।
योजना, स्त्री०, निर्माण ।
योजनिक, वि०, योजना बनाने वाला ।
योजित, कृदन्त, मिला हुआ ।
योजेति, क्रिया, जोड़ता है ।
(योजेसि, योजेन्त, योजेत्वा, योजिय) ।
योत्त, नपुं०, धागा, रस्सी ।
योध, पु०, योधा ।
योधाजीव, पु०, सैनिक ।
योधेति, क्रिया, लड़ता है, युद्ध करता है ।
(योधेसि, योधित, योधेत्वा) ।
योनकधम्मरक्खित थेर, तृतीय संगीति के बाद मोग्गलिपुत्त तिस्स द्वारा अपरन्तक जनपद की ओर धर्म-प्रचारार्थ भेजे गये स्थविर ।
योना (**युवाना**, **योनका** भी), यवन, ग्रीस (यूनान) के निवासी ।
योनि, स्त्री०, मूल, (मनुष्य-)योनि, (स्त्री-)योनि ।
योनिसो, क्रि० वि०, यथार्थ ढंग से, बुद्धिपूर्वक ।
योनिसो मनसिकार, पु०, यथार्थ विचार ।
योब्बन (**योबञ्ञ** भी), नपुं०, यौवन ।
योब्बन-मद, पु०, यौवन-मद ।

र

रक्खक, पु०, रक्षक, पहरेदार ।
रक्खति, क्रिया, रक्षा करता है ।
(रक्खि, रक्खित, रक्खन्त, रक्खित्वा, रक्खितब्ब) ।
रक्खन, नपुं०, रक्षण ।
रक्खनक, वि०, रक्षण करता हुआ ।
रक्खस, पु०, राक्षस ।
रक्खा, स्त्री०, आरक्षा ।
रक्खित, कृदन्त, संरक्षित ।
रक्खित थेर, तृतीय संगीति की समाप्ति

पर वनवासि प्रदेश में भेजे गये स्थविर।

रक्खिय, वि०, रक्षण करने योग्य।

रगा, मार की तीन कन्याओं में से एक, जिसने बुद्ध को प्रलोभित करने की चेष्टा की थी।

रङ्कु, पु०, मृगों की एक जाति।

रङ्ग, पु०, रंग।

रङ्गकार, पु०, रँगने वाला, नाटक के पात्र।

रङ्गजात, नपुं०, नाना प्रकार के रंग।

रङ्गरत्त, वि०, रंग से रँगा।

रङ्गाजीव, पु०, चित्रकार या रंग-साज।

रचयति, क्रिया, रचता है, व्यवस्था करता है, तैयार करता है। (**रचयि, रचित, रचित्वा**)।

रचना, स्त्री०, व्यवस्था।

रच्छा, (**रथिया, रथिका** भी), स्त्री०, गली, बाजार।

रज, पु० तथा नपुं०, धूलि।

रजक्ख, वि०, रज (=चित्त-मैल) से युक्त।

रजक्खन्ध, पु०, धूल का अंबार।

रजक, पु०, धोबी।

रजत, नपुं०, चाँदी।

रजति, क्रिया, रँगता है। (**रजि, रजित्वा, रजितब्ब**)।

रजन, नपुं०, रँगना।

रजन-कम्म, नपुं०, रँगना।

रजनी, स्त्री०, रात्रि।

रजनीय, वि०, आकर्षक।

रजस्सला, स्त्री०, मासिक धर्म वाली स्त्री।

रजोजल्ल, नपुं०, कीचड़।

रजोहरण, नपुं०, धूल का हटाना, धूल का पोंछना।

रज्ज, नपुं०, राज्य।

रज्ज-सिरि, स्त्री०, राज्य-श्री।

रज्ज-सीमा, स्त्री०, राज्य-सीमा।

रज्जति, क्रिया, आनन्दित होता है, प्रसन्न होता है, मजा करता है। (**रज्जि, रत्त, रज्जन्त, रज्जित्वा**)।

रज्जन, नपुं०, **अनुरंजन**।

रज्जु, स्त्री०, रस्सी।

रज्जुगाहक, पु०, जमीन मापने वाला।

रञ्जति, क्रिया, आनन्दित होता है। (**रञ्जि, रञ्जित, रत्त, रञ्जन्त, रञ्जमान, रञ्जित्वा**)।

रञ्जेति, क्रिया, आनन्द देता है, रँगता है। (**रञ्जेसि, रञ्जित, रञ्जेन्त, रञ्जेत्वा**)।

रट्ठ, नपुं०, राष्ट्र।

रट्ठ-पिण्ड, पु०, राष्ट्र-पिण्ड, लोगों का दिया हुआ भोजन।

रट्ठवासी, रट्ठवासिक, पु०, राष्ट्र का अधिवासी।

रट्ठिक, वि०, राष्ट्रिक, राष्ट्र-विशेष का, सरकारी अफसर।

रण, नपुं०, युद्ध, लड़ाई।

रणञ्जह, वि०, राग-मुक्त।

रत, कृदन्त, अनुरक्त, आनन्द लेता हुआ।

रतन, नपुं०, रतन, लम्बाई का माप।

रतनत्तय, नपुं०, रत्न-त्रय—बुद्ध, धर्म तथा संघ।

रतनवर, नपुं०, श्रेष्ठ रतन।

रतनाकर, पु०, समुद्र ।
रतनिक, वि०, (इतने) रतन लम्बा-चौड़ा।
रति, स्त्री०, आसक्ति, प्रेम ।
रति-कीडा, स्त्री०, मैथुन-क्रीड़ा ।
रती, मार की कन्याओं में से एक ।
रत्त, वि०, लाल; नपुं०, रक्त, खून ।
रत्तक्ख, वि०, लाल आँख वाला ।
रत्त-चन्दन, नपुं०, लाल चंदन ।
रत्त-फला, स्त्री०, लाल फलों वाली लता ।
रत्त-पदुम, नपुं०, लाल कमल ।
रत्तं-मणि, पु०, लाल मणि ।
रत्त-अतिसार, पु०, रक्त अतिसार ।
रत्तञ्ञू, वि०, दीर्घकालीन ।
रत्तन्धकार, पु०, रात का अँधेरा ।
रत्तपा, स्त्री०, जोंक ।
रत्ति, स्त्री०, रात्रि ।
रत्तिक्खय, पु०, रात्रि-क्षय ।
रत्तिक्खित्त, वि०, रात्रि में फेंका गया ।
रत्ति-भाग, पु०, रात्रि का समय ।
रत्ति-भोजन, नपुं०, रात्रि का भोजन ।
रत्तूपरत, वि०, रात्रि-भोजन से विरत ।
रथ, पु०, गाड़ी ।
रथकार, पु०, रथ बनाने वाला ।
रथङ्ग, नपुं०, रथ के अङ्ग ।
रथ-गुत्ति, स्त्री०, रथ की रक्षा ।
रथ-चक्क, नपुं०, रथ का पहिया ।
रथ-पञ्जर, पु०, रथ का ढाँचा ।
रथ-युग, नपुं०, रथ की बल्ली ।
रथ-रेणु, पु०, रथ-धूलि ।
रथाचरिय, पु०, रथ हाँकने वाला ।
रथानीक, नपुं०, युद्ध-रथों का समूह ।
रथारोह, पु०, रथ में बैठा योद्धा ।
रथ-लट्ठि जातक, पुरोहित की पैणी से उसके अपने सिर में चोट लगी (३३२) ।
रथिक, पु०, रथ में बैठकर युद्ध करने वाला ।
रथिका, स्त्री०, देखो रच्छा ।
रद, पु०, (हाथी-)दाँत ।
रदन, नपुं०, दाँत ।
रन्ध, नपुं०, रन्ध्र, छेद ।
रन्ध-गवेसी, पु०, छिद्रान्वेषी ।
रन्धक, पु०, राँधने वाला, रसोइया ।
रन्धन, नपुं०, राँधना, पकाना ।
रन्धेति, क्रिया, पकाता है, उबालता है, राँधता है ।
(**रन्धेसि, रन्धित, रन्धित्वा**) ।
रमन, (**रमण** भी), नपुं०, मजा लेना ।
रमनी, (**रमणी** भी), स्त्री०, औरत ।
रमनीय, (**रमणीय** भी), वि०, आकर्षक ।
रमति, क्रिया, आनन्दित होता है ।
(**रमि, रत, रमन्त, रममान, रमित्वा, रमितुं**) ।
रम्भा, स्त्री०, केले का गाछ ।
रम्म, वि०, रम्य, सुन्दर ।
रम्मक, चैत्र मास का नाम ।
रय, पु०, वेग ।
रव, पु०, आवाज ।
रवन, नपुं०, चिल्लाना ।
रवति, क्रिया, शोर करता है; ऊँची आवाज निकालता है ।
(**रवि, रवन्त, रवमान, रवित्वा, रवित, रुत**) ।
रवि, पु०, सूर्य ।
रवि-हंस, पु०, पक्षी-विशेष ।

रस, पु०, स्वाद।

रसक, पु०, रसोइया।

रसग्ग, अत्यन्त स्वादिष्ट।

रसञ्जन, नपुं०, आँख में लगाने का एक प्रकार का अंजन।

रस-तण्हा, स्त्री०, रस-तृष्णा।

रसना, स्त्री०, स्त्रियों की मेखला।

रसवती, स्त्री०, रसोईघर।

रसवाहिनी, वेदेह नाम के एक भिक्षु द्वारा संगृहीत पालि कथा-ग्रन्थ।

रसातल, नपुं०, पाताल लोक।

रसाल, पु०, ऊख।

रसित, नपुं०, मेघ-ध्वनि, गर्जन।

रस्मि, स्त्री०, (घोड़े के मुँह की) लगाम, सूर्य की किरण।

रस्स, वि०, ह्रस्व, बौना।

रस्सत्त, नपुं०, **ह्रस्वत्व, बौनापन**।

रह, नपुं०, एकान्त स्थान।

रहद, पु०, तालाब।

रहस्स, नपुं०, रहस्य।

रहाभाव, पु०, रहस्य के अभाव की स्थिति।

रहित, वि०, बिना।

रहो, अव्यय, रहस्यमय ढंग से।

रहो-गत, वि०, एकान्त जगह पर स्थित।

रंसि, देखो रस्मि।

रंसिमन्तु, पु०, सूर्य; वि०, प्रकाशमान।

राग, पु०, रंग, आसक्ति।

रागक्खय, पु०, आसक्ति का नाश।

रागग्गि, पु०, रागाग्नि।

राग-चरित, वि०, राग-प्रवृत्त।

राग-रत्त, वि०, राग से अनुरक्त।

रागी, वि०, अनुरागी, कामुक।

राज, पु०, राजा।

राजककुधभण्ड, नपुं०, राजकीय चिह्न।

राजकथा, स्त्री०, राजाओं के बारे में बातचीत।

राज-कम्मिक, पु०, सरकारी अफसर।

राजकुमार, पु०, राजपुत्र।

राजकुमारी, स्त्री०, राजकन्या।

राज-कुल, नपुं०, राज्य-कुल, महल।

राज-गेह, राज-भवन, राज-मन्दिर, नपुं०, राजा का महल।

राजङ्गण, नपुं०, राजमहल का आँगन।

राज-दण्ड, पु०, राजा द्वारा दिया गया दण्ड।

राज-दाय, पु०, राजा द्वारा दी गई भेंट।

राज-दूत, पु०, राजा का दूत।

राज-देवी, स्त्री०, राजा की रानी।

राज-धम्म, पु०, राजा का कर्तव्य।

राजधानी, स्त्री०, राजकीय नगर।

राज-धीतु, राजपुत्ती, स्त्री०, राजपुत्री।

राज-निवेसन, नपुं०, राजभवन।

राजन्तेपुर, नपुं०, रनिवास।

राज-परिसा, स्त्री०, राज्य-परिषद्।

राज-पुत्त, पु०, राजकुमार।

राज-पुरिस, पु०, सरकारी नौकर।

राज-बलि, पु०, राज्य-कर, टैक्स।

राज-भट, पु०, सैनिक।

राज-भय, नपुं०, राजा का भय, सरकार का डर।

राज-भोग्ग, वि०, राजा के लिए योग्य।

राज-महामत्त, पु०, प्रधान मंत्री।

राज-महेसी, स्त्री०, पटरानी।

राज-मुद्दा, स्त्री०, राजकीय मुद्रा ।

राजवर, पु०, श्रेष्ठ राजा ।

राज-वल्लभ, वि०, राजा का प्रिय पात्र, प्रेम-भाजन ।

राज-सम्पत्ति, स्त्री०, सरकारी ठाट-बाट, राजकीय ऐश्वर्य ।

राजगह, मगध जनपद की राजधानी, आधुनिक राजगिर ।

राजञ्ञ, पु०, क्षत्रिय-जन ।

राजति, क्रिया, चमकता है । (**राजि, राजित, राजमान**) ।

राजत्त, नपुं०, राजत्व ।

राजहंस, पु०, राजकीय हंस ।

राजाणा, स्त्री०, राजाज्ञा ।

राजानुभाव, पु०, राजा का प्रताप या ठाट-बाट ।

राजामच्च, पु०, राजामात्य ।

राजायतन, पु०, वृक्ष-विशेष । तपस्सु-भल्लिक नाम के दो व्यापारियों ने ऐसे ही एक वृक्ष के नीचे भगवान् बुद्ध की मधु-पिण्ड से सेवा की थी ।

राजि, स्त्री०, पंक्ति ।

राजित, कृदन्त, चमक वाला ।

राजिद्धि, स्त्री०, राजकीय शक्ति ।

राजिनी, स्त्री०, रानी ।

राजिसि, पु०, राजर्षि ।

राजुपट्ठान, नपुं०, राजा की सेवा में रहना ।

राजुय्यान, नपुं०, राजकीय उद्यान ।

राजुल, पु०, राजल साँप, दोमुहाँ साँप ।

राजोरोध, पु०, राजा का रनिवास ।

राजोवाद जातक, काशी तथा कोसल नरेश अपने-अपने राज्यों की सीमा लाँघकर अपने अवगुणों का पता लगाने चले (१५१) ।

राजोवाद जातक, राजा का अन्याय-पूर्ण शासन फलों की कड़वाहट का कारण (३३४) ।

राध जातक, पोट्ठपाद तथा राध नाम के दो तोतों की कथा (१४५) ।

राध जातक, पोट्ठपाद तथा राध नाम के दो तोतों की कथा (१९८) ।

राधित, कृदन्त, तैयार किया गया ।

राम, राजा दशरथ का ज्येष्ठ पुत्र । राम का ही दूसरा नाम राम पण्डित था । उसने अपनी बहन सीता से विवाह किया ।

रामगाम, गंगा के तट पर बसा हुआ एक कोलिय-ग्राम । इसके बाशिन्दों ने भी बुद्ध के शरीर की पवित्र धातु का एक अंश प्राप्त कर उस पर चैत्य बनवाया था ।

रामञ्ञ, बर्मा देश का पालि नाम ।

रामणेय्यक, वि०, सुन्दर, आकर्षक ।

राव, पु०, शब्द, चिल्लाहट, आवाज ।

रासि, पु०, ढेर, मात्रा ।

रासि-वड्ढक, पु०, राज्य-कर का व्यवस्थापक ।

राहसेय्यक, वि०, रहस्य या एकान्त में रहने वाला ।

राहु, एक असुर-राजा, चाँद को ग्रसने वाला राहु ।

राहु-मुख, नपुं०, राहु का मुंह, दण्ड-विशेष ।

राहुल थेर, गौतम बुद्ध के एकमात्र पुत्र, जिनका जन्म सिद्धार्थ गौतम के गृह-त्याग करने के दिन ही हुआ था ।

राहुल-माता, गौतम बुद्ध की पत्नी तथा राहुल-जननी। उसके दूसरे नाम हैं भद्दकच्चाना, यशोधरा, बिम्बा देवी और सम्भवतः बिम्बा सुन्दरी भी।

रिञ्चति, क्रिया, छोड़ देता है, खाली कर देता है।
(**रिञ्चि**, **रित्त**, **रिञ्चित्वा**, **रिञ्च-मान**)।

रित्त, कृदन्त, रिक्त।

रित्त-मुट्ठि, वि०, खाली मुट्ठी।

रित्त-हत्थ, वि०, खाली-हाथ (आदमी)।

रिपु, पु०, शत्रु।

रुक्ख, पु०, वृक्ष।

रुक्ख-गहण, नपुं०, वृक्षों का झुण्ड।

रुक्ख-देवता, स्त्री०, वृक्ष-देवता।

रुक्ख-मूल, नपुं०, वृक्ष की जड़।

रुक्ख-मूलिक, वि०, वृक्ष के नीचे रहने वाला।

रुक्ख-सुसिर, नपुं०, पेड़ का खोडर (खोखला)।

रुक्खधम्म जातक, वृक्ष-देवताओं की कथा (७४)।

रुचि, स्त्री०, पसन्द, पसन्दगी।

रुचिर, वि०, सुन्दर, रुचिकर, अनुकूल।

रुच्चति, क्रिया, अच्छा लगता है।
(**रुच्चि**, **रुच्चित**, **रुच्चित्वा**)।

रुच्चन, नपुं०, रुचि, आनन्द।

रुच्चनक, वि०, अच्छा लगने वाला।

रुजति, क्रिया, दर्द होता है, पीड़ा होती है।
(**रुजि**, **रुजित्वा**)।

रुजन, नपुं०, पीड़ा।

रुजा, स्त्री०, पीड़ा।

रुजक, वि०, दुखता हुआ।

रुज्झति, क्रिया०, रूँधता है, रुकावट पैदा होती है।
(**रुज्झि**, **रुद्ध**)।

रुट्ठ, कृदन्त, रुष्ट।

रुण्ण, कृदन्त, रोता हुआ, चिल्लाता हुआ।

रुत, नपुं०, किसी जानवर का शब्द।

रुदति, क्रिया, रोता है।
(**रुदि**, **रुदित**, **रुत**, **रुदन्त**, **रुदमान**, **रुदित्वा**)।

रुदम्मुख, वि०, अश्रु-मुख।

रुद्ध, कृदन्त, अवरुद्ध, रुका हुआ।

रुधिर, नपुं०, रक्त, खून।

रुन्धति, क्रिया, रोकता है, बाधा डालता है, जेल में डालता है।
(**रुन्धि**, **रुन्धित**, **रुद्ध**, **रुन्धित्वा**)

रुन्धन, नपुं०, रोक, जेल में डालना।

रुप्पति, क्रिया, परिवर्तित होता है, चिढ़ता है।
(**रुप्पि**, **रुप्पमान**)।

रुप्पन, नपुं०, लगातार परिवर्तन।

रुरु, पु०, मृग-विशेष।

रुरु (मिग) जातक, अयोग्य पुत्र ने माता-पिता की सारी सम्पत्ति नष्ट कर दी और ऋणी हो गया (४८२)।

रुह, वि०, (समास में) उगने वाला, वृद्धि को प्राप्त होने वाला।

रुहक जातक, रुहक की पत्नी ने अपने पुरोहित पति को उल्लू बनाया (१९१)।

रुहिर, नपुं०, रुधिर, रक्त, खून ।

रूप, नपुं०, चक्षुरेन्द्रिय का विषय, भौतिक पदार्थ, आकार, मूर्ति ।

रूपक, नपुं०, एक छोटा आकार-प्रकार, उपमा ।

रूप-तण्हा, स्त्री०, रूप-तृष्णा ।

रूप-दस्सन, नपुं०, रूप-दर्शन ।

रूप-भव, पु०, रूप-लोक ।

रूप-राग, पु०, रूप-लोक में उत्पन्न होने की इच्छा ।

रूपवन्तु, वि०, सुन्दर ।

रूप-सम्पत्ति, स्त्री०, सौन्दर्य ।

रूप-सिरि, स्त्री०, लावण्य ।

रूपारम्मण, नपुं०, चक्षुरेन्द्रिय का विषय ।

रूपावचर, वि०, रूप-लोक से सम्बन्धित ।

रूपिय, नपुं०, चाँदी ।

रूपियमय, वि०, रजतमय ।

रूपिनी, स्त्री०, सुन्दरी ।

रूपी, वि०, रूप वाला ।

रूपूपजीविनी, स्त्री०, वेश्या ।

रूळ्ह, कृदन्त, उगा हुआ ।

रूहति, क्रिया, उगता है, चढ़ता है, (जख्म) अच्छा करता है ।
(**रूहि, रूळ्ह, रूहित्वा**) ।

रूहन, नपुं०, उगना, चढ़ना, वृद्धि, (जख्म का) भरना ।

रेचन, नपुं०, बाहर निकलना, पेट साफ होना ।

रेणु, पु० तथा नपुं०, धूलि, रेणु ।

रेणुक, पुं०, रेणुक नाम का सुगन्धित द्रव्य ।

रेवती, स्त्री०, एक सौ बीस नक्षत्रों में से एक ।

रोग, पु०, रोग, बीमारी ।

रोग-निड्ड, रोग-नीळ, नपुं०, रोग-स्थान ।

रोग-हारी, पु०, वैद्य ।

रोगातुर, वि०, रोगी ।

रोगी, पु०, बीमार ।

रोचति, क्रिया, चमकता है ।
(**रोचि, रोचित्वा**) ।

रोचन, नपुं०, चुनाव, पसन्द, चमक ।

रोचेति, क्रिया, पसन्द करता है ।
(**रोचेसि, रोचित, रोचेत्वा**) ।

रोदति, क्रिया, चिल्लाता है, रोता है ।
(**रोदि, रोदित, रोदन्त, रोदमान, रोदित्वा, रोदितुं**) ।

रोदन, नपुं०, रोना ।

रोध, पु०, रुकावट ।

रोधन, नपुं०, रोक ।

रोप, पु०, पौधे लगाने का कार्य ।

रोपित, कृदन्त, रोपा हुआ ।

रोपेति, क्रिया, रोपता है ।
(**रोपेसि, रोपेन्त, रोपयमान, रोपेत्वा, रोपिय**) ।

रोम, नपुं०, शरीर के बाल ।

रोमक, वि०, रोम-निवासी ।

रोमञ्च, नपुं०, रोमाञ्च, बालों का उठ खड़े होना ।

रोमन्थति, क्रिया, जुगाली करता है ।
(**रोमन्थि, रोमन्थित्वा**) ।

रोमन्थन, नपुं०, जुगाली करना ।

रोरुव, पु०, रौरव-नरक ।

रोस, पु०, क्रोध ।

रोसक, वि०, रोषक, क्रोधित करने वाला ।

रोसना, स्त्री०, रोष का भाव।
रोसेति, क्रिया, क्रोधित करना है।
(**रोसेसि, रोसित, रोसेत्वा**)।
रोहति, देखो **रूहति**।
रोहन, रूहन, नपुं०, उठना, उगना।
रोहिणी, स्त्री०, रोहिणी नक्षत्र।
रोहित, वि०, लाल; पु०, मृग-विशेष।
रोहित-मच्छ, रोहित मछली।

ल

लकार, पु०, (नाव की) पाल।
लकुण्टक, वि०, बौना।
लक्ख, नपुं०, निशान, लक्ष्य, लाख (संख्या, सौ हजार)।
लक्खण, नपुं०, निशान, लक्षण, गुण।
लक्खण-पाठक, पु०, ज्योतिषी।
लक्खण-सम्पत्ति, स्त्री०, अच्छे लक्षण।
लक्खण-सम्पन्न, वि०, अच्छे लक्षणों वाला।
लक्खण जातक, लक्खण तथा काळ मृगों की कथा (११)।
लक्खिक वि०, भाग्यवान्।
लक्खित, कृदन्त, लक्षित, चिह्नित।
लक्खी, स्त्री०, लक्ष्मी, भाग्य, ऐश्वर्य।
लक्खेति, क्रिया, चिह्न लगाता है।
(**लक्खेसि, लक्खित, लक्खेत्वा**)।
लगुळ, पु०, डण्डा।
लग्ग, वि०, लगा हुआ, जुड़ा हुआ।
लग्गकेस, पु०, जटाएँ, उलझे बाल।
लग्गति, क्रिया, लगता है, जुड़ता है, लटकता है।
(**लग्गि, लग्गित**)।
लग्गन, नपुं०, लगना, जुड़ना, लटकना।
लग्गेति, क्रिया, लगता है, जुड़ता है, लटकता है।
(**लग्गेसि, लग्गित, लग्गेत्वा**)।
लङ्गी, स्त्री०, द्वार-दण्ड।
लङ्गुल, नपुं०, पूँछ।
लङ्घक, पु०, लाँघने वाला, बाज़ीगर।
लङ्घति, क्रिया, लाँघता है, कूदता है।
(**लङ्घि, लङ्घित्वा**)।
लङ्घन, नपुं०, लाँघना, कूदना।
लङ्घापेति, क्रिया, लँघाता है, कुदवाता है।
लङ्घी, पु०, लाँघने वाला, कूदने वाला, बाज़ीगर।
लङ्घेति, क्रिया, कूदता है, छलाँग मारता है, उल्लंघन करता है।
(**लङ्घेसि, लङ्घित, लङ्घेत्वा**)।
लज्जति, क्रिया, लज्जा करता है।
(**लज्जि, लज्जित, लज्जन्त, लज्जमान, लज्जित्वा**)।
लज्जन, नपुं०, लज्जा।
लज्जापन, नपुं०, लज्जित करना।
लज्जापेति, क्रिया, लज्जित करता है।
(**लज्जापेसि, लज्जापित**)।
लज्जितब्बक, वि०, लज्जा करने योग्य, वह जिसके कारण लज्जित होना पड़े।
लज्जी, वि०, लज्जा अनुभव करने वाला, शर्मीला।
लच्छति, (**लभिस्सति भी**), क्रिया, प्राप्त करता है, प्राप्त करेगा।
लञ्च, पु०, रिश्वत।
लञ्च-खादक, वि०, रिश्वतखोर।
लञ्च-दान, नपुं०, रिश्वत, घूस देना।

लञ्छ, पु०, चिह्न, निशान ।
लञ्छन, नपुं०, चिह्न, निशान ।
लञ्छक, पु०, निशान लगाने वाला ।
लञ्छति, **लञ्छेति**, क्रिया, निशान लगाता है ।
(**लञ्छि**, **लञ्छेसि**, **लञ्छित्वा**, **लञ्छेत्वा**) ।
लञ्छित, कृदन्त, चिह्नित ।
लटुकिक जातक, बटेरनी ने उसके बच्चों को रौंद डालने वाले हाथी से बदला लिया (३५७) ।
लटुकिका, स्त्री०, बटेरनी ।
लट्ठि, **लट्ठिका**, स्त्री०, लाठी ।
लण्ड, पु०, लेंडो ।
लण्डिका, स्त्री०, लेंडी ।
लता, स्त्री०, बेल ।
लता-कम्म, नपुं०, बेल-बूटे का काम ।
लद्ध, कृदन्त, प्राप्त ।
लद्धक, वि०, आकर्षक, अच्छा लगने वाला ।
लद्धब्ब, कृदन्त, प्राप्तव्य ।
लद्ध-भाव, पु०, प्राप्ति ।
लद्धस्साद, वि०, दुःख से मुक्त ।
लद्धा-लद्धान, पू० क्रि०, प्राप्त करके ।
लद्धि, स्त्री०, लब्धि, दृष्टिकोण, मत ।
लद्धिक, वि०, जिसका मत हो, सम्प्रदाय वाला ।
लद्धुं, प्राप्त करने के लिए ।
लपति, क्रिया, बोलता है ।
(**लपि**, **लपित**, **लपित्वा**) ।
लपन, नपुं०, बोलना, बकना, मुंह ।
लपनज, पु०, दाँत ।
लपना, स्त्री०, ज़बान की लपलप, खुशामद ।
लबुज, पु०, कटहल ।
लब्भति, क्रिया, प्राप्त करता है, प्राप्त होता है ।
(**लद्ध**, **लब्भमान**) ।
लब्भा, अव्यय, सम्भव ।
लभति, प्राप्त करता है ।
(**लभि**, **लद्ध**, **लभन्त**, **लभित्वा**, **लद्धा**, **लभितुं**, **लद्धुं**) ।
लम्ब, वि०, लटकता हुआ ।
लम्बक, नपुं०, लटकने वाला ।
लम्बति, क्रिया, लटकता है ।
(**लम्बि**, **लम्बन्त**, **लम्बमान**, **लम्बित्वा**) ।
लय, पु०, समय का बहुत ही छोटा भाग ।
ललना, स्त्री०, स्त्री ।
ललित, वि०, सुन्दर, कोमल, आकर्षक; नपुं०, लीला, खेल ।
लव, पु०, बूंद ।
लवङ्ग, नपुं०, लौंग ।
लवण, नपुं०, निमक, नमक ।
लवन, नपुं०, काटना ।
लसति, क्रिया, चमकता है, खेलता है ।
(**लसि**, **लसित्वा**, **लसित**) ।
लसिका, स्त्री०, शरीर के जोड़ों को तर रखने वाला पदार्थ ।
लसी, स्त्री०, मस्तिष्क ।
लसुण, नपुं०, लहसुन ।
लहु, वि०, हलका, शीघ्र; नपुं०, ह्रस्व स्वर ।
लहुक, वि०, हलका ।
लहुकं, क्रि० वि०, शीघ्रता से ।
लहुता, स्त्री०, हलकापन ।
लहु-परिवत्त, वि०, शीघ्र बदलने

वाला ।

लहुं, लहुसो, क्रि० वि०, जल्दी से ।

लाखा, स्त्री०, लाख (मुहर लगाने की लाख) ।

लाखा-रस, पु०, लाख का सार, जो रँगने के काम आता है ।

लाज, पु०, खील ।

लाजपञ्चमक, वि०, अन्य चार वस्तुओं सहित पाँचवी चीज खील ।

लाप, पु०, बटेर ।

लापु, लाबु, स्त्री०, लौकी ।

लाबु-कटाह, पु०, तूम्बा ।

लाभ, पु०, फायदा, प्राप्ति ।

लाभ-कम्यता, स्त्री०, लाभ की इच्छा ।

लाभग्ग, पु०, श्रेष्ठतम लाभ ।

लाभ-मच्छरिय, नपुं०, लाभ मात्सर्य ।

लाभ-सक्कार, पु०, लाभ और सत्कार ।

लाभगरह जातक, शिष्य ने दुनिया में 'लाभ' कमाने का रास्ता बताया (२८७) ।

लाभा, अव्यय, 'यह लाभ की बात है,' 'यह फायदे की बात है,' इन अर्थों में प्रयुक्त होता है ।

लाभी, पु०, जिसे बहुत लाभ होता है ।

लामक, वि०, निकृष्ट ।

लायक, पु०, काटने वाला ।

लायति, क्रिया, काटता है । (**लायि, लायित, लायित्वा**) ।

लालन, नपुं०, लाड ।

लालपति, क्रिया, अधिक बोलता है । (**लालपि, लालपित**) ।

लालसा, स्त्री०, बलवती इच्छा ।

लालेति, क्रिया, लाड करता है । (**लालेसि, लालित, लालेत्वा**) ।

लाळ, (लाट भी), विजय राजकुमार का जन्म-प्रदेश, वर्तमान गुजरात ।

लास, पु०, नृत्य ।

लासन, नपुं०, नृत्य, लास(-विलास) ।

लिकुच, पु०, कटहल ।

लिक्खा, स्त्री०, जूँ का अण्डा, लीख, माप-विशेष ।

लिखति, क्रिया, लिखता है । (**लिखि, लिखित, लिखन्त, लिखित्वा, लिखितुं**) ।

लिखन, नपुं०, लेखन, लिखावट ।

लिखापेति, क्रिया, लिखवाता है । (**लिखापेसि, लिखापेत्वा**) ।

लिखितक, पु०, जिसे विद्रोही घोषित कर दिया गया ।

लिङ्ग, नपुं०, चिह्न, निशान ।

लिङ्ग-विपल्लास, पु०, लिङ्ग-परिवर्तन ।

लिङ्गिक, वि०, (व्याकरण) लिङ्ग सम्बन्धी अथवा स्त्री-पुरुष, लिङ्ग सम्बन्धी ।

लिच्छवि, बुद्ध की समकालीन, वैशाली जनपद की लिच्छवि जाति ।

लित्त, कृदन्त, लेप किया हुआ ।

लित्त जातक, छली जुआरी मुँह में गोटी छिपा लेता था (९१) ।

लिपि, स्त्री०, लेखाक्षर ।

लिपि-कार, पु०, लेखक ।

लिम्पति, क्रिया, लेप करता है । (**लिम्पि, लित्त, लिम्पित्वा**) ।

लिम्पन, नपुं०, लेप करना ।

लिम्पेति, क्रिया, लेप करता है । (**लिम्पेसि, लिम्पित, लिम्पेन्त लिम्पेत्वा**) ।

लिम्पापेति, क्रिया, लिपवाता है ।

लिहति, क्रिया, चाटता है ।
(**लिहि, लिहित्वा, लिहमान**) ।
लीन, कृदन्त, संकोची, शर्मीला ।
लीनता, स्त्री०, संकोच, लज्जा ।
लीनत्त, नपुं०, संकोच, लज्जा ।
लीयति, क्रिया, संकोच करता है ।
(**लीयि, लीन, लीयमान, लीयित्वा**) ।
लीयन, नपुं०, संकुचित होना, बिखरना ।
लीला, स्त्री०, हाव-भाव ।
लुज्जति, क्रिया, टूटता हुआ है, तोड़ा जाता है ।
(**लुज्जि, लुग्ग, लुज्जित्वा**) ।
लुज्जन, नपुं०, गिरना ।
लुञ्चति, क्रिया, लुंचन करता है, बाल नोचता है ।
(**लुञ्चि, लुञ्चित, लुञ्चित्वा**) ।
लुत, कृदन्त, काटा ।
लुत्त, कृदन्त, टूटा हुआ, कटा हुआ ।
लुद्द, वि०, निर्दयी ।
लुद्दक, पु०, शिकारी ।
लुद्ध, कृदन्त, लोभी ।
लुनाति, क्रिया, काटता है ।
लुब्भति, क्रिया, लोभ करता है ।
(**लुब्भि, लुद्ध**) ।
लुब्भन, नपुं०, लोभ, लोभ करना ।
लुम्पति, क्रिया, लूटता है, टूटता है ।
(**लुम्पि, लुम्पित, लुम्पित्वा**) ।
लुम्पन, नपुं०, लूटना ।
लुम्बिनी, कपिलवस्तु तथा देवदह के मध्य स्थित लुम्बिनी नाम का उद्यान, जहाँ सिद्धार्थ गौतम (बुद्ध) का जन्म हुआ था ।
लुळित, कृदन्त, हिलाया गया ।
लूख, वि०, रूखा ।
लूख-चीवर, वि०, मोटा - झोटा चीवर ।
लूखता, स्त्री ०, रुक्षता, मोटा-झोटा-पन
लूखप्पसन्न, वि०, मोटा-झोटा पहनने वाले के प्रति श्रद्धावान ।
लूण, लून, कृदन्त, काटा गया ।
लेखक, पु०, लिपि-कारक ।
लेखिका, स्त्री०, लिखने वाली ।
लेखन, नपुं०, लिखना ।
लेखनी, स्त्री०, कलम ।
लेखनी-मुख, नपुं०, निब ।
लेखा, स्त्री०, लेख, पत्र, (शिला-) लेख, रेखा, लकीर, लेखन-कला ।
लेड्डु, पु०, मिट्टी का ढेला ।
लेड्डु-पात, पु०, ढेला फेंक सकने की दूरी-भर ।
लेण, नपुं०, संरक्षण, गुफा ।
लेप, पु०, लेप ।
लेपन, नपुं०, लेप करना ।
लेपेति, क्रिया, लेप करता है ।
(**लेपेसि, लेपित, लित्त, लेपेन्त, लेपेत्वा**) ।
लेय्य, वि०, जो चाटा जा सके ।
लेस, पु०, बहाना, लेश (-मात्र) ।
लोक, पु०, दुनिया, लोग ।
लोकग्ग, पु०, लोकाग्र, यानी बुद्ध ।
लोकनायक, पु०, लोक-स्वामी, यानी बुद्ध ।
लोकन्त, पु०, लोक का अन्त ।
लोकन्तगू, पु०, लोक के अन्त को पहुँचा हुआ ।

लोकन्तर, नपुं०, दूसरा लोक, अन्य लोक।

लोकन्तरिक, वि०, दो लोकों के बीच स्थित।

लोक-निरोध, पु०, लोक-विनाश।

लोक-पाल, पु०, लोक-संरक्षक।

लोक-वज्ज, नपुं०, दुनिया की दृष्टि में दोष।

लोक-विवरण, नपुं०, लोक-उद्घाटन।

लोक-वोहार, पु०, सामान्य व्यवहार।

लोकाधिपच्च, नपुं०, लोकाधिपत्य, लोक पर अधिकार।

लोकानुकम्पा, स्त्री०, लोगों पर दया।

लोकायतिक, वि०, लोकायत-दृष्टि वाला, भौतिकवादी।

लोकिक, **लोकिय**, वि०, लौकिक, दुनियावी।

लोकुत्तर, वि०, लोकोत्तर।

लोचक, वि०, (बालों को) नोचने वाला, जड़ से उखाड़ने वाला।

लोचन, नपुं०, आँख।

लोण, नपुं०, निमक; वि०, नमकीन।

लोणकार, पु०, नमक बनाने वाला।

लोण-धूपन, नपुं०, नमक से छौंकना।

लोण-सक्खरा, स्त्री०, नमक के छोटे-छोटे टुकड़े।

लोणिक, वि०, क्षार।

लोप, पु०, लुप्त होना, काटना।

लोभ, पु०, लालच।

लोभनीय, वि०, लोभ करने योग्य।

लोभ-मूलक, वि०, जिसके मूल में लोभ हो।

लोम, नपुं०, बदन का बाल।

लोम-कूप, पु०, लोम-छिद्र।

लोम-हट्ठ, वि०, जिसे लोमहर्ष (बालों का सीधा खड़ा होना) हुआ हो।

लोम हंस, पु० तथा नपुं०, लोम हर्ष।

लोमस, वि०, बालों वाला।

लोमसकस्सप जातक, बदन पर बड़े-बड़े बाल होने के कारण तपस्वी का नाम लोमसकस्सप पड़ा (४३३)।

लोमस पाणक, पु०, झिनगा।

लोमहंस जातक, आजीवक ने सभी प्रकार के काय-क्लेश सहन किये (९४)।

लोल जातक, कबूतर तथा लोभी कौवे की कथा (२७४)।

लोल, वि०, लोभी, चंचल।

लोलता, स्त्री०, उत्सुकता, लोभ, चंचलता।

लोलुप, वि०, लोभी, लालची।

लोलुप्प, नपुं०, लोभ, लालच।

लोलेति, क्रिया, हिलाता है।

लोसक जातक, नेवासी भिक्षु आगन्तुक भिक्षु के प्रति ईर्षालु हो गया (४१)।

लोह, नपुं०, ताँबा, लोहा।

लोह-कटाह, पु०, लोहे का कड़ाहा।

लोहकार, पु०, लोहार।

लोह-कुम्भी, स्त्री०, गागर।

लोह-पिट्ठ, पु० तथा नपुं०, सारस, बगुला।

लोह-पिण्ड, पु०, लोहे का गोला।

लोह-जाल, नपुं०, लोहे की जाली।

लोह-थालक, पु०, लोहे की थाली।

लोह-पासाद, (नाम) श्रीलंका के अनुराधपुर का प्रसिद्ध विहार।

लोह-भण्ड, नपुं०, लोहे का सामान।

लोह्-मासक, पु०, ताँबे का सिक्का।

लोह्-सलाका, स्त्री०, लोहे की सलाई।

लोह्-कुम्भि जातक, पुरोहित के शिष्य ने यज्ञ में बलि दिये जाने वाले पशुओं की जान बचाई (३१४)।

लोहित, नपुं०, रक्त; वि०, रक्त वर्ण।

लोहितक्ख, वि०, लाल आँखों वाला।

लोहित-चन्दन, नपुं०, रक्त-वर्ण चन्दन।

लोहित-पक्खन्दिका, स्त्री०, रक्तातिसार।

लोहित-भक्ख, वि०, रक्त-भक्षक।

लोहितुप्पादक, पु०, बुद्ध के शरीर का रक्त बहाने वाला।

लोहितक, नपुं०, लाल वर्ण मणि वि०, लाल वर्ण।

व

व, इव (जैसा) या एव (ही) का संक्षिप्त रूप।

वक, पु०, (वृक) भेड़िया।

वक जातक, भेड़िये ने बकरे को देखा। उसका झूठ-मूठ का व्रत उसी समय खण्डित हो गया (३००)।

वकुल, पु०, वृक्ष-विशेष।

वक्क, नपुं०, गुर्दा।

वक्कल, नपुं०, वल्कल-चीर, पेड़ की छाल का बना वस्त्र।

वक्कली, वि०, वल्कल-चीर पहनने वाला।

वक्खति, क्रिया, कहेगा।

वग्ग, पु०, समूह, पुस्तक का परिच्छेद; वि०, भिन्न, पृथक्-पृथक्।

वग्ग-बन्धन, नपुं०, वर्ग में संगठित करना।

वग्गिय, वि०, (समास में) वर्ग से सम्बन्धित।

वग्गु, वि०, प्रिय, मधुर।

वग्गु-वद, वि०, प्रियं-वद, मधुर भाषी।

वग्गुलि, पु० तथा स्त्री०, चिमगादड़।

वङ्क, वि०, टेढ़ा, बेईमान; नपुं०, (मछली पकड़ने का) काँटा।

वङ्क-घस्त, वि०, जो काँटा निगल गयी हो (मछली)।

वङ्कता, स्त्री०, टेढ़ापन।

वङ्ग, पु०, वङ्ग-प्रदेश, बंगाल।

वच, पु० तथा नपुं०, कहावत।

वचन, नपुं०, शब्द, वाणी, व्याख्या।

वचन-कर, वि०, आज्ञाकारी।

वचनक्खम, वि०, कहने के अनुसार चलने वाला।

वचनत्थ, पु०, शब्द का अर्थ।

वचनीय, वि०, कहने-सुनने योग्य।

वचन-पथ, पु०, वचन-मार्ग।

वचा, स्त्री०, वच नाम की ओषधि।

वची, स्त्री०, भाषण, वाणी।

वची-कम्म, नपुं०, वाणी का कर्म।

वची-गुत्त, वि०, वाणी का संयत।

वची-दुच्चरित, नपुं०, वाणी का असंयम।

वची-परम, वि०, बोलने में बहादुर, वाणी का शूर।

वची-भेद, पु०, मुंह से निकले शब्द।

वची-विञ्ञत्ति, स्त्री०, वाणी द्वारा सूचना।

वची-सङ्खार, पु०, वाणी का संस्कार (चेतसिक)।

वची-समाचार, पु०, शुभ वचन बोलना।

वची-सुचरित, नपुं०, वाणी का संयम।

वच्च, नपुं०, मल, गूह।

वच्च-कुटि, स्त्री०, पाखाना।

वच्च-कूप, पु०, पाखाना करने का कुएँ जैसा गड्ढा।

वच्च-मग्ग, पु०, गुदा।

वच्च-सोधक, पु०, भंगी।

वच्छ, पु०, वत्स, बछड़ा।

वच्छक, पु०, छोटा बछड़ा।

वच्छगिद्धिनी, स्त्री०, बछड़े के लिए लालायित।

वच्छतर, पु०, बड़ा बछड़ा।

वच्छनख जातक, वच्छनख तपस्वी ने गृहस्थ-जीवन के दोष बताये (२३५)।

वच्छर, नपुं०, वत्सर, वर्ष।

वच्छल, वि०, वत्सल, स्नेह-पात्र।

वज, पु०, व्रज, पशुओं का अड्डा।

वजति, क्रिया, जाता है। (**वजि**, **वजमान**)।

वजिर, नपुं०, वज्र।

वजिर-पाणी, पु०, शक्र।

वजिर-हत्थ, पु०, इन्द्र।

वज्ज, नपुं०, वद्य (दोष), वाद्य (बाजा); वि०, वद्य (अकरणीय), वद्य (कथनीय)।

वज्जनीय, वि०, वर्जनीय, न करने योग्य।

वज्जन, नपुं०, वर्जन, नहीं करना।

वज्जिय, पू० क्रि०, छोड़कर, वर्जित करके।

वज्जी, बुद्ध के समय के सोलह जनपदों में से एक वज्जी-जनपद।

वज्जेति, क्रिया, मना करता है। (**वज्जेसि**, **वज्जेतब्ब**, **वज्जेत्वा**, **वज्जेतुं**)।

वज्झ, वि०, वध्य, मार डालने योग्य।

वज्झप्पत्त, वि०, वध्य, प्राण-दण्ड दिया गया।

वज्झ-भेरि, स्त्री०, प्राण-दण्ड की डौण्डी या मुनादी।

वञ्चक, पु०, ठग।

वञ्चन, नपुं०, ठगी।

वञ्चना, स्त्री०, ठगी।

वञ्चनिक, वि०, ठग, ठगने वाला।

वञ्चेति, क्रिया, ठगता है। (**वञ्चेसि**, **वञ्चित**, **वञ्चेन्त**, **वञ्चेत्वा**)।

वञ्जु, पु०, अशोक वृक्ष।

वञ्झ, वि०, वंध्या, बाँझ।

वञ्झा, स्त्री०, बाँझ स्त्री।

वट, पु०, वट-वृक्ष, बड़ का पेड़।

वटंसक, पु०, सिर के लिए पुष्प-माला।

वटुम, नपुं०, रास्ता, सड़क।

वट्ट, वि०, गोल; नपुं०, चक्कर, घेरा, जन्म-मरण का चक्कर, यान-व्यवस्था।

वट्टक जातक, बटेर की सत्य-क्रिया से आग बुझी (३५)।

वट्टक जातक, बटेर ने अपने-आपको भूखा रख मुक्ति पाई (११८)।

वट्टक जातक, बटेर ने कौवे को अपने मोटापे का रहस्य बताया (३९४)।

वट्टक जातक, देखो सम्मोदमान जातक।

वट्टका, स्त्री०, बटेर।

वट्टति क्रिया, घुमाना, उचित होना, वाजिब होना।

वट्टन, नपुं०, घूमना।

वट्टि, वट्टिका, स्त्री०, बत्ती, किनारा।

वट्टुल, वि०, वर्तुल, गोलाकार।

वट्टेति, क्रिया, घूमता है, घुमाता है। (**वट्टेसि, वट्टित, वट्टेत्वा**)।

वट्ठ, कृदन्त, बरसा हुआ।

वठर, वि०, स्थूल, मोटा।

वद्ध, वद्धक, वि०, बढ़ता हुआ।

वद्धन, नपुं०, वर्धन।

वद्धनक, वि०, वर्द्धित होता हुआ, बढ़ता हुआ।

वड्ढकी, पु०, बढ़ई।

वड्ढकी, सूकर जातक, सूअरों ने शेर को मार डाला (२८३)।

वड्ढति, क्रिया, बढ़ता है। (**वड्ढि, वड्ढित, वड्ढन्त, वड्ढमान, वड्ढित्वा**)।

वड्ढि, स्त्री०, वृद्धि, सूद।

वड्ढेति, क्रिया, बढ़ाता है। (**वड्ढेसि, वड्ढित, वड्ढेन्त, वड्ढेत्वा**)।

वण, नपुं०, व्रण, जख्म।

वण-चोळक, नपुं०, जख्म पर बांधने की पट्टी।

वण-पटिकम्म, नपुं०, जख्म की चिकित्सा।

वण-बन्धन, नपुं०, जख्म के लिए पट्टी।

वणिज्जा, स्त्री०, वाणिज्य, व्योपार।

वणित, कृदन्त, व्रण-युक्त, जख्मी।

वणिप्पथ, पु०, व्योपार का देश।

वणिब्बक, पु०, दरिद्र, याचक।

वण्ट, वण्टक, नपुं०, डंठल।

वण्टिक, वि०, डंठल वाला।

वण्ण, पु०, वर्ण, रंग, चमड़ी का रंग।

वण्णक, नपुं०, रंग (कपड़े रँगने का)।

वण्ण-कसिण, नपुं०, चित्त की एकाग्रता का अभ्यास करने के लिए रंगीन चक्कर।

वण्णद, वि०, वर्ण-दान करने वाला, सौन्दर्य प्रदान करने वाला।

वण्ण-धातु, स्त्री०, रंग।

वण्ण-पोक्खरता, स्त्री०, वर्ण का निखार।

वण्णवन्तु, वि०, वर्णवान।

वण्णवादी, पु०, आत्म-प्रशंसक।

वण्ण-संपन्न, वि०, वर्ण-युक्त, सुन्दर।

वण्ण-दासी, स्त्री०, वेश्या, नगर-वधू।

वण्णना, स्त्री०, व्याख्या।

वण्णनीय, वि०, प्रशंसनीय।

वण्णारोह जातक, गीदड़ ने शेर और चीते में मनमुटाव पैदा करने की कोशिश की (३६१)।

वण्णित, कृदन्त, व्याख्यात, प्रशंसित।

वण्णी, वि०, (समास में) वर्ण का, शक्ल का।

वण्णु, स्त्री०, बालू, रेत।

वण्णु-पथ, पु०, बालू की जमीन।

वण्णुपथ जातक, सार्थवाह के अप्रमाद से सभी के प्राण बचे (२)।

वण्णेति, क्रिया, वर्णन करता है। (**वण्णेसि, वण्णित, वण्णेन्त, वण्णेतब्ब, वण्णेत्वा**)।

वत, अव्यय, निश्चय से, नपुं०, व्रत।

वत-पद, नपुं०, व्रत-पद।

वतवन्तु, वि०, व्रती ।

वत-समादान, नपुं०, व्रत ग्रहण करना ।

वति (**वतिका** भी), स्त्री०, बाड़, चारदीवारी ।

वतिक, वि०, (समास में) अभ्यासी ।

वत्त, नपुं०, कर्तव्य, सेवा-कार्य ।

वत्त-पटिवत्त, नपुं०, सभी कर्तव्य ।

वत्त-सम्पन्न, वि०, कर्तव्य का पालन करने वाला ।

वत्तक, (**वत्तेतु** भी), पु०, बरतने वाला ।

वत्तति, क्रिया, घटित होता है । (**वत्ति**, **वत्तित्वा**, **वत्तन्त**, **वत्तमान**, **वत्तितुं**, **वत्तितब्ब**) ।

वत्तन, नपुं०, वर्तन, आचरण ।

वत्तना, स्त्री०, बर्तना, व्यवहार, आचरण ।

वत्तनी, स्त्री०, सड़क, रास्ता ।

वत्तब्ब, कृदन्त, कहने योग्य ।

वत्तमान, वि०, विद्यमान; पु०, वर्तमान काल ।

वत्तमानक, वि०, विद्यमान ।

वत्तमाना, स्त्री०, वर्तमान काल ।

वत्तिका, स्त्री०, बत्ती ।

वत्तितब्ब, कृदन्त, जारी रखने योग्य ।

वत्ती, वि०, (समास में) अभ्यासी ।

वत्तु, पु०, बोलने वाला ।

वत्तुं, कहने को ।

वत्तेति, क्रिया, जारी रखता है । (**वत्तेसि**, **वत्तित**, **वत्तेन्त**, **वत्तेत्वा**, **वत्तेतब्ब** **वत्तेतुं**) ।

वत्थ, नपुं०, वस्त्र ।

वत्थ-गुय्ह, नपुं०, गुह्य-स्थान ।

वत्थन्तर, नपुं०, वस्त्र का नमूना ।

वत्थ-युग, नपुं०, कपड़ों का जोड़ा ।

वत्थि, स्त्री०, वस्ति, मूत्राशय ।

वत्थि-कम्म, नपुं०, वस्ति-क्रिया (पेट की सफाई ।

वत्थु, नपुं०, वस्तु, स्थान, भूमि ।

वत्थुक, वि०, (समास में) स्थानीय ।

वत्थु-कत, वि०, आधार-कृत ।

वत्थु-गाथा, स्त्री०, भूमिका के पद ।

वत्थु-देवता, स्त्री०, स्थानीय देवता ।

वत्थु-विज्जा, स्त्री०, गृहनिर्माण शिल्प ।

वत्थु-विसद-किरिया, स्त्री०, महत्त्वपूर्ण भाग की शुद्धि ।

वत्वा, पूर्व० क्रिया, कहकर ।

वदञ्ञू, वि०, उदार ।

वदञ्ञुता, स्त्री०, उदारता ।

वदति, क्रिया, बोलता है । (**वदि**, **वुत्त**, **वदन्त**, **वदमान**, **वत्तब्ब**, **वत्वा**, **वदित्वा**) ।

वदन, नपुं०, चेहरा, वाणी ।

वदानिय, वि०, त्यागी, दान-वीर, उदार ।

वदापन, नपुं०, बुलवाना ।

वदापेति, क्रिया, बुलवाता है, कहलवाता है ।

वदेति, क्रिया, कहता है ।

वद्दलिका, स्त्री०, घने बादल ।

वद्धापचायन, नपुं०, बड़ों का सम्मान ।

वध, पु०, दण्ड, प्राण-दण्ड ।

वधक, पु०, जल्लाद ।

वधुका, स्त्री०, तरुण पत्नी, पुत्र-वधू ।

वधू, स्त्री०, औरत, पत्नी ।

वधेति, क्रिया, जान से मार डालता है, चिढ़ाता है, कष्ट पहुँचाता है ।

(वधेसि, वधेन्त, वधित्वा) ।
वन, नपुं०, जंगल ।
वन-कम्मिक, पु०, जंगल से लकड़ी लाने वाला ।
वन-गहन, नपुं०, घना जंगल ।
वन-गुम्ब, पु०, घने पेड़ ।
वन-चर, वि०, वनवासी ।
वन-चरक, वि०, वन में रहने वाला ।
वन-चारी, वि० वन में विचरने वाला ।
वनथ, पु०, तृष्णा ।
वन-दुग्ग, नपुं०, कान्तार ।
वन-देवता, स्त्री०, वन का देवता ।
वनप्पति, बिना फूलों के फल देने वाला वृक्ष ।
वनप्पथ, नपुं०, जंगल में दूर की जगह ।
वनवास, दक्षिण में सम्भवत: उत्तर-कन्नड़ (जिला) । तीसरी संगीति के बाद रक्खित स्थविर को वहीं धर्म-प्रचारार्थ भेजा गया था ।
वनवासी, वि०, जंगल में रहने वाला ।
वन-सण्ड, पु०, वन-खण्ड ।
वनिक, वि०, (समास में) वन-सम्बन्धी ।
वनिता, स्त्री०, नारी ।
वनिब्बक, पु०, भिखारी ।
वन्त, कृदन्त, वमन किया गया, परित्यक्त ।
वन्त-कसाव, वि०, दोष-विरहित ।
वन्त-मल, वि०, निर्मल ।
वन्दक, वि०, वन्दना करने वाला ।
वन्दति, क्रिया, वन्दना करता है, नमस्कार करता है ।
(**वन्दि, वन्दित, वन्दन्त, वन्दमान, वन्दितब्ब, वन्दित्वा, वन्दिय**) ।
वन्दन, नपुं०, नमस्कार ।
वन्दना, स्त्री०, नमस्कार ।
वन्दापन, नपुं०, वंदना कराना ।
वन्दापेति, क्रिया, वंदना कराता है ।
(**वन्दापेसि, वन्दापित, वन्दापेत्वा**) ।
वपति, क्रिया, बोता है, मुण्डन करता है ।
(**वपि, वपित, वुत्त, वपन्त, वपित्वा**) ।
वपन, नपुं०, बोना ।
वपु, नपुं०, शरीर ।
वप्प, पु०, बोना, मांस-विशेष ।
वप्प-काल, पु०, बीज बोने का समय ।
वप्प-मङ्गल, नपुं०, हल चलाने का उत्सव ।
वप्प थेर, पंचवर्गीय स्थविरों में से एक ।
वमति, क्रिया, वमन करता है ।
(**वमि, वन्त, वमित, वमित्वा**) ।
वमथु, पु०, वमन, वमित पदार्थ ।
वम्भन, पु०, घृणा ।
वम्भी, पु०, घृणा करने वाला ।
वम्भेति, क्रिया, घृणा करता है ।
(**वम्भेसि, वम्भित, वम्भिन्त, वम्भेत्वा**) ।
वम्म, नपुं०, कवच ।
वम्मी, पु०, कवचधारी ।
वम्मिक, पु०, दीमक की बाँबी ।
वम्मित, कृदन्त, कवच धारण किया ।
वम्मेति, क्रिया, कवच धारण करता है ।
(**वम्मेसि, वम्मित्वा**) ।
वय, पु० तथा नपुं०, आयु, हानि, खर्च ।

वय-करण, नपुं०, खर्च ।

वय-कल्याण, नपुं०, तरुणाई का आकर्षण ।

वयट्ठ, वि०, प्रौढ़ होना ।

वयप्पत्त, वि०, आयु-प्राप्त, विवाह करने के योग्य ।

वयस्स, पु०, मित्र ।

वयोवुद्ध, वि०, वयोवृद्ध ।

वयोहर, वि०, आयु का हरण ।

वय्ह, नपुं०, वाहन, गाड़ी ।

वर, वि०, श्रेष्ठ; पु०, वरदान ।

वरङ्गना, स्त्री०, वरांगना, विदुषी ।

वरद, वि०, वर देने वाला ।

वरदान, नपुं०, वर का देना ।

वर-पञ्ञ, वि०, श्रेष्ठ-प्रज्ञ ।

वर-लक्खण, नपुं०, श्रेष्ठ चिह्न ।

वरक, पु०, धान्य-विशेष ।

वरण, पु०, वृक्ष-विशेष ।

वरण जातक, आलसी लड़का जलाने के लिये गीली लकड़ी ले आया, जिसके कारण आग न जल सकी (७१) ।

वरत्ता, स्त्री०, चमड़े की पट्टी ।

वराक, वि०, बेचारी या बेचारा, दया करने लायक ।

वरारोहा, स्त्री०, सुन्दर स्त्री ।

वराह, पु०, सुअर ।

वराही, स्त्री०, सुअरी ।

वलञ्ज, नपुं०, मार्ग, उपयोग, मल-त्याग ।

वलञ्जनक, वि०, उपयोग में लाने योग्य ।

वलञ्जियमान, वि०, उपयोगी ।

वलञ्जेति, क्रिया, मार्ग चलता है, उपयोग में लाता है, खर्च करता है । (**वलञ्जेसि, वलञ्जित, वलञ्जेन्त, वलञ्जेत्वा, वलञ्जेतब्ब**) ।

वलय, नपुं०, कंगन ।

वलयाकार, वि०, गोलाकार ।

वलाहक, पु०, बादल ।

वलाहस्स जातक, वलाहक अश्व ने दो सौ पचास व्यापारियों की रक्षा की (१९६) ।

वलि, स्त्री०, झुर्री ।

वलिक, वि०, जिसके बदन पर झुर्रियाँ पड़ी हों ।

वलित, कृदन्त, झुर्री पड़ा हुआ ।

वलि-त्तच, वि०, झुर्री पड़ी चमड़ी ।

वलिर, वि०, ऐंची आँख वाला ।

वली, वि०, झुर्रियों वाला ।

वलीमुख, पु०, बन्दर, जिसके चेहरे पर झुर्रियाँ पड़ी हों ।

वल्लकी, स्त्री०, सारङ्गी, वीणा ।

वल्लभ, वि०, प्रिय ।

वल्लभत्त, नपुं०, प्रिय होना ।

वल्लरी, स्त्री०, गुच्छा ।

वल्लि-हारक, पु०, लताओं का संग्राहक ।

वल्लिभ, पु०, कद्दू ।

वल्ली, स्त्री०, लता ।

वल्लूर, नपुं०, सूखी मछली ।

ववत्थपेति, क्रिया, व्यवस्था करता है, निश्चित करता है, तै करता है । (**ववत्थपेसि, ववत्थापित, ववत्थपेत्वा**) ।

ववत्थापन, नपुं०, स्थिर करना, निश्चित करना ।

ववत्थेति, क्रिया, विश्लेषण करता है ।

(ववत्थेसि, ववत्थित, ववत्थेत्वा)।

वस, पु०, अधिकार, प्रभाव।

वसग, (**वसङ्गत** भी), वि०, जो किसी के अधिकार में हो।

वसवत्तक, (**वसवत्ती** भी), वि०, शक्तिशाली, प्रभावशाली।

वसवत्तन, नपुं०, वशवर्ती होना।

वसानुग, (**वसानुवत्ती** भी), वि०, आज्ञाकारी।

वसति, क्रिया, वास करता है।

(वसि, वुत्थ, वुसित, वसन्त, वसमान, वसित्वा, वसितब्ब)।

वसन, नपुं०, वस्त्र, रहना, रहने का स्थान।

वसनक, वि०, रहते हुए।

वसनट्ठान, नपुं०, वास-स्थान।

वसन्त, पु०, वसन्त-ऋतु।

वसल, पु०, वृषल, अन्त्यज।

वसवत्ती, पु०, वशवर्ती मार।

वसा, स्त्री०, चर्बी।

वसापेति, क्रिया, बसाता है।

(वसापेसि, वसापित, वसापेत्वा)।

वसिता, स्त्री०, वश में होना, दक्षता।

वसितुं, रहने के लिए।

वसिप्पत्त, वि०, जिसने वश में कर लिया।

वसी, वि०, वश वाला, शक्तिशाली।

वसीकत, वि०, वशीकृत।

वसीभाव, पु०, वश में होना।

वसीभूत, वि०, वश में हुआ।

वसु, नपुं०, धन।

वसुधा, **वसुन्धरा**, **वसुमति**, स्त्री०, पृथ्वी।

वस्स, नपुं० तथा पु०, वर्ष, साल, वर्षा।

वस्स-काल, पु०, वर्षाकाल।

वस्सग्ग, नपुं०, भिक्षुओं का ज्येष्ठपन।

वस्सवर, पु०, नपुंसक।

वस्सति, क्रिया, बरसता है, आवाज निकालता है।

(वस्सि, वस्सित, वुत्थ, वस्सन्त, वस्सित्वा)।

वस्सन, नपुं०, बरसना, जानवर की आवाज।

वस्साटिका, भिक्षुओं का वर्षा-कालीन अतिरिक्त वस्त्र।

वस्सान, पु०, वर्षा ऋतु।

वस्सापनक, वि०, बरसाने वाला।

वस्सापेति, क्रिया, बरसाता है।

(वस्सापेसि, वस्सापित, वस्सापेत्वा)।

वस्सिक, वि०, वर्षा ऋतु सम्बन्धी, वर्ष से सम्बन्धित।

वास्सिका, स्त्री०, चमेली।

वस्सित, कृदन्त, भीगा हुआ।

वहति, क्रिया, धारण करता है, सहन करता है, बहता है।

(वहि, वहित, वहन्त, वहित्वा, वहितब्ब)।

वहन, नपुं०, ढोना, ले जाना, बहना।

वहनक, वि०, लाता हुआ।

वहितु, पु०, धारण करने वाला, ले जाने वाला, सहन करने वाला।

वळवा, स्त्री०, घोड़ी।

वळवा-मुख, नपुं०, समुद्र के भीतर की आग।

वंस, पु०, जाति, नस्ल, वंश-परम्परा, बाँस, बाँस की मुरली; (नाम) कोसल जनपद के दक्षिण का प्रदेश। यमुना नदी के किनारे स्थित कोसम्बी इसकी राजधानी थी।

वंस-कळीर, पु०, बाँस की कोंपल ।

वंसज, वि०, वंश-विशेष में उत्पन्न ।

वंस-वण्ण, पु०, वैडूर्य, बहुमूल्य नीला रत्न ।

वंसागत, वि०, वंश-परम्परा से प्राप्त ।

वंसानुपालक, वि०, वंश-परम्परा का रक्षक ।

वंसिक, वि०, वंश सम्बन्धी ।

वा, अव्यय, या, अथवा ।

वाक, नपुं०, पेड़ की छाल ।

वाक-चीर, नपुं०, वल्कल-चीर ।

वाकमय, वि०, वल्कल-छाल निर्मित ।

वाकरा, (**वागुरा** भी), स्त्री०, हिरण पकड़ने का जाल ।

बाक-करण, नपुं०, बात-चीत ।

वाक्य, नपुं०, शब्दों का सार्थक समूह, फिक़रा ।

वागुरिक, पु०, जाल का उपयोग करने वाला ।

वाचक, पु०, शिक्षक अथवा पाठक ।

वाचनक, नपुं०, पाठ ।

वाचना-मग्ग, पु०, पाठ करने की पद्धति ।

वाचसिक, वि०, वाणी से सम्बन्धित ।

वाचा, स्त्री०, शब्द, वाणी ।

वाचानुरक्खी, वि०, वाणी का संयमी ।

वाचाल, वि०, व्यर्थ बातचीत करने वाला, बकवासी ।

वाचुग्गत, वि०, कण्ठस्थ ।

वाचेति, क्रिया, पढ़ता है, पढ़ाता है, पाठ करता है ।
(**वाचेसि**, **वाचित**, **वाचेन्त**, **वाचेतब्ब**, **वाचेत्वा**) ।

वाचेतु, पु०, पढ़ने वाला या पढ़ाने वाला ।

वाज, पु०, तीर का पंख, पेय-पदार्थ विशेष ।

वाजपेय्य, नपुं०, यज्ञ-विशेष ।

वाजी, पु०, घोड़ा ।

वाट, (**वाटक** भी), पु०, घेरा ।

वाणिज, (**वाणिजक** भी), पु०, व्यापारी ।

वाणिज्ज, नपुं०, व्यापार ।

वाणी, स्त्री०, शब्द ।

वात, पु०, हवा ।

वात-घातक, पु०, वृक्ष-विशेष ।

वात-जव, वि०, वायु-वेग ।

वातपान, नपुं०, खिड़की, झरोखा ।

वात-मण्डलिका, स्त्री०, झंझावात ।

वात-रोग, पु०, वातज रोग ।

वाताबाध, पु०, वायु के कारण उत्पन्न बीमारी ।

वात-वुट्ठि, स्त्री०, हवा तथा वर्षा ।

वात-वेग, पु०, वायु का जोर ।

वातग्ग-सिन्धव जातक, गधी ने अपने प्रेम-पात्र घोड़े को लतियाया और बाद में उसके वियोग से मर गई (२६६) ।

वातमिग जातक, वातमिग रस-तृष्णा के कारण पकड़ लिया गया (१४) ।

वातातप, पु०, हवा तथा धूप ।

वाताभिहत, वि०, वायु से हिलाया हुआ, वायु-ताड़ित ।

वातायन, नपुं०, झरोखा ।

वाताहत, वि०, वायु द्वारा लाया गया ।

वाति, क्रिया, बहता है, चलता है ।

वातिक, वि०, वायु से सम्बन्धित ।

वातेरित, वि०, वायु-सञ्चालित ।

वाद, पु०, सिद्धान्त ।

वाद-काम, वि०, वाद-विवाद का इच्छुक, शास्त्रार्थ-कामी ।

वादक्खित्त, वि०, वाद-विवाद में उखड़ा हुआ ।

वाद-पथ, पु०, वाद-विवाद का कारण, वाद-विवाद का आधार ।

वादक, पु०, किसी वाद्य-यन्त्र को बजाने वाला ।

वादित्त, नपुं०, बजाना ।

वादी, पु०, मत-विशेष की स्थापना करने वाला ।

वादेति, क्रिया, वाद्य-यन्त्र को बजाता है ।

वान, नपुं०, तृष्णा, चारपाई का बुनना ।

वानर, पु०, बन्दर ।

वानर जातक, बन्दर ने मगरमच्छ को बेवकूफ बनाया (३४२) ।

वानरी, स्त्री०, बन्दरी ।

वानरिन्द, पु०, बन्दरों का राजा ।

वानरिन्द जातक, बन्दर ने मगरमच्छ को छकाया (५७) ।

वापी, स्त्री०, तालाब, पुष्करणी ।

वापित, कृदन्त, बोया गया ।

वाम, वि०, बायाँ ।

वाम-पस्स, नपुं०, बाईं ओर ।

वामन, पु०, बौना; वि०, बौना ।

वामनक, वि०, बौना ।

वाय, पु० तथा नपुं०, बुनना ।

वायति, क्रिया, बहता है, चलता है, सुगन्धि फैलाता है ।

(**वायि**, **वायन्त**, **वायमान**, **वायित्वा**) ।

वायति, क्रिया, (कपड़ा) बुनता है ।

वायन, नपुं०, (हवा का) चलना, सुगन्धि का फैलना ।

वायन-दण्डक, पु०, करघा ।

वायमति, क्रिया, प्रयास करता है, कोशिश करता है ।

(**वायमि**, **वायमन्त**, **वायमित्वा**) ।

वायस, पु०, कौवा ।

वायसारि, नपुं०, उल्लू ।

वायाम, पु०, प्रयास, प्रयत्न ।

वायित, कृदन्त, बुना गया, (हवा) चला हुआ ।

वायिम, वि०, बुना हुआ ।

वायेति, क्रिया, बुनवाता है ।

वायु, नपुं०, हवा ।

वायो, समास में वायु का ही रूपान्तर।

वायो-कसिण, नपुं०, चित्तैकाग्रता के लिए 'वायु' को ध्यान का विषय बनाना ।

वायो-धातु, स्त्री०, वायु-तत्त्व ।

वार, पु०, बारी, मौका ।

वारक, पु०, मटका, बड़ा बर्तन ।

वारण, पु०, हाथी, बाज़ की एक जाति; नपुं०, वारना, रोकना, हटाना ।

वारि, नपुं०, जल ।

वारि-गोचर, वि०, पानी में रहने वाला ।

वारिज, वि०, पानी में उत्पन्न; पु०, मछली; नपुं०, कमल ।

वारिद, **वारिधर**, **वारिवाह**, पु०, बादल ।

वारि-मग्ग, पु०, नाली ।

वारित, कृदन्त, हटाया गया, रोका गया ।

वारित्त, नपुं०, न करना, न करने योग्य कार्य ।

वारियमान, वि०, रोका जाता हुआ, बाधा डाली जाती हुई, मना किया जाता हुआ ।

वारुणी, स्त्री०, शराब ।

वारुणी जातक, शिष्य ने शराब में नमक मिलाया (४७) ।

वारेति, क्रिया, मना करता है, बाधा डालता है, रोकता है ।
(**वारेसि, वारेन्त, वारियमान, वारेतब्ब, वारेत्वा**) ।

वाल, पु०, पूँछ के बाल; वि०, भयानक, ईर्षालु ।

वाल-कम्बल, नपुं०, (घोड़े के) बालों का कम्बल ।

वालग्ग, नपुं०, बाल का सिरा ।

वालण्डुपक, पु० तथा नपुं०, घोड़े के बालों की बनी कूँची या ब्रश ।

वाल-बीजनी, स्त्री०, चँवरी ।

वाल-वेधी, पु०, बाल को बींध सकने वाला धनुर्धारी ।

वालधी, पु०, पूँछ ।

वालिका, (**वालुका** भी), स्त्री०, बालू ।

वालुका-कन्तार, पु०, बालू का रेगिस्तान ।

वालुका-कुञ्ज, पु०, बालू का ढेर ।

वालुका-पुलिन, नपुं०, बालू-तट ।

वालोदक जातक, घोड़ों और गदहों को अंगूरी पिलाये जाने की कथा (१८३) ।

वास, पु०, रहना, प्रवास, वस्त्र, सुगन्धि ।

वास-चुण्ण, नपुं०, सुगन्धित चूर्ण ।

वासट्ठान, नपुं०, रहने का स्थान ।

वासन, नपुं०, सुगन्धित करना, बसाना ।

वासना, स्त्री०, पूर्व-संस्कार, पूर्व-स्मृति ।

वास-योग, पु०, स्नान-चूर्ण ।

वासर, पु०, दिन ।

वासव, पु०, इन्द्र ।

वासि, स्त्री०, (बढ़ई का) बसूला या बसूली ।

वासि-जट, नपुं०, बसूले की मूठ ।

वासि-फल, नपुं०, बसूले का लोह-अंश ।

वासिक, (**वासी** भी), पु०, (समास में) रहने वाला ।

वासितक, नपुं०, सुगन्धित चूर्ण ।

वासेति, क्रिया, बसाता है, (सुगन्धि) बसाता है ।
(**वासेसि, वासित, वासेत्वा**) ।

वाह, वि०, ले जाता हुआ, मार्ग दिखाता हुआ; पु०, नेता, गाड़ी, गाड़ी का भार, माल ढोने वाला पशु, जल-धारा ।

वाहक, पु०, भार ढोने या ले जाने वाला ।

वाहन, नपुं०, गाड़ी ।

वाहसा, अव्यय, कारण से ।

वाहिनी, स्त्री०, सेना, नदी ।

वाही, वि०, ले जाता हुआ ।

वाहेति, क्रिया, ले जाता है ।

विकच, वि०, विकसित हुआ, खिला हुआ ।

विकट, वि०, परिवर्तित, बदला हुआ; नपुं०, गंदगी ।

विकण्णक जातक, राजा को जब यह

मालूम हुआ कि मछलियाँ और कछवे उसके संगीत पर मोहित हैं, तो उसने उनको रोज खाना खिलाये जाने की व्यवस्था की (२३३)।

विकति, स्त्री०, विकृति, प्रकार, किस्म।

विकतिक, वि०, नाना आकार-प्रकार के।

विकत्थक, (**विकत्थी भी**), पु०, शेखी बघारने वाला।

विकत्थति, क्रिया, शेखी बघारता है। (**विकत्थि**, **विकत्थित**, **विकत्थित्वा**)।

विकत्थन, नपुं०, शेखी बघारना।

विकन्तति, क्रिया, काटता है। (**विकन्ति**, **विकन्तित**, **विकन्तित्वा**)।

विकन्तन, नपुं०, काटना, काटने का चाकू।

विकप्प, पु०, विचार, विकल्प, अनिश्चय।

विकप्पन, नपुं०, अस्थिरता।

विकप्पेति, क्रिया, संकल्प करता है, व्यवस्था करता है, इरादा करता है, परिवर्तित करता है। (**विकप्पेसि**, **विकप्पित**, **विकप्पेन्त**, **विकप्पेत्वा**)।

विकम्पति, क्रिया, काँपता है। (**विकम्पि**, **विकम्पित**, **विकम्पित्वा**, **विकम्पमान**)।

विकम्पन, नपुं०, काँपना।

विकरोति, क्रिया, परिवर्तन करता है। (**विकरि**, **विकत**)।

विकल, वि०, सदोष, अभाव पूर्ण।

विकलक, वि०, जो अभावपूर्ण हो, जो कम हो।

विकसति, क्रिया, विकसित होता है। (**विकसि**, **विकसित**, **विकसित्वा**)।

विकार, पु०, परिवर्तन, तबदीली, विकृति।

विकाल, पु०, अनुचित समय, मध्याह्नोत्तर तथा रात्रि।

विकाल-भोजन, नपुं०, मध्याह्नोत्तर तथा रात्रि का भोजन।

विकास, पु०, फैलाव।

विकासेति, क्रिया, चमकता है, विकसित करता है। (**विकासेसि**, **विकासित**, **विकासेत्वा**)।

विकिण्ण, कृदन्त, विकीर्ण, बिखेरा हुआ।

विकेसिक, वि०, बिखरे हुए बाल वाला।

विकिरण, नपुं०, बिखरा हुआ।

विकिरति, क्रिया, बिखेरता है, छिड़कता है, फैलाता है। (**विकिरि**, **विकिरन्त**, **विकिरमान**, **विकिरित्वा**)।

विकिरीयति, क्रिया, बिखेरा जाता है।

विकुणित, कृदन्त, विकृत।

विकुब्बति, क्रिया, परिवर्तन करता है, प्रातिहार्य (=करिश्मे) करता है। (**विकुब्बि**, **विकुब्बित**)।

विकुब्बन, नपुं०, ऋद्धि-बल का प्रदर्शन।

विकूजति, क्रिया, कूजता है, शब्द करता है, चहचहाता है। (**विकूजि**, **विकूजित**)।

विकूजन, नपुं०, पक्षियों का कूजना, चहचहाना।

विकूल, वि०, ढलान।

विकोपन, नपुं०, कुपित करना, हानि पहुँचाना।

विकोपेति, क्रिया, कुपित करता है, हानि पहुँचाता है।
(**विकोपेसि, विकोपित, विकोपेत्वा, विकोपेन्त**)।

विक्कन्त, नपुं०, विक्रान्त-भाव, वीरता।

विक्कन्दति, क्रिया, चिल्लाता है, चीखता है।

विक्कम, पु०, विक्रम, शक्ति।

विक्कमन, नपुं०, प्रयास, गमन।

विक्कय, पु०, बिक्री।

विक्कय-भण्ड, नपुं०, बिक्री का सामान।

विक्कयिक, (**विक्केतु** भी), पु०, बिक्री करने वाला।

विक्किणाति, क्रिया, बेचता है।
(**विक्किणि, विक्किणित, विक्किणीत, विक्किणन्त, विक्किणित्वा, विक्किणितुं**)।

विक्खम्भ, पु०, व्यास, गोलाकार के एक सिरे से दूसरे सिरे तक मध्य-बिन्दु में से होकर गुजरती हुई रेखा।

विक्खम्भन, नपुं०, रोकना, त्यागना, मथना, दबाना।

विक्खम्भेति, क्रिया, त्यागता है, दबाता है, दूर करता है।
(**विक्खम्भित, विक्खम्भेन्त, विक्खम्भेत्वा**)।

विक्खालेति, क्रिया, धोता है।
(**विक्खालेसि, विक्खालित, विक्खालेत्वा**)।

विक्खित्त, कृदन्त, विक्षिप्त।

विक्खित्त-चित्त, वि०, अस्वस्थ-चित्त, पागल।

विक्खित्तक, वि०, सर्वत्र बिखरा हुआ; नपुं०, सर्वत्र बिखरा हुआ मृतक शरीर।

विक्खिपति, क्रिया, विक्षेप उत्पन्न करता है।
(**विक्खिपि, विक्खिपन्त, विक्खिपित्वा**)।

विक्खिपन, नपुं०, गड़बड़ी।

विक्खेप, पु०, विक्षेप, गड़बड़ी।

विक्खेपक, वि०, गड़बड़ी उत्पन्न करने वाला।

विक्खोभन, नपुं०, विक्षोभ, गड़बड़ी।

विक्खोभेति, क्रिया, हिलाता-डुलाता है, क्षुब्ध करता है।
(**विक्खोभेसि, विक्खोभित, विक्खोभेत्वा**)।

विगच्छति, क्रिया, विदा होता है।
(**विगच्छि, विगच्छन्त, विगच्छमान**)।

विगत, कृदन्त, चला गया, विरहित हो गया।

विगत-खिल, वि०, दोष-रहित।

विगत-रज, वि०, रज-रहित।

विगास, वि०, तृष्णा-रहित।

विगासव, वि०, चित्तमैल-रहित, अर्हत्।

विगम, पु०, विदा, प्रस्थान।

विगमन, नपुं०, विदा, प्रस्थान।

विगय्ह, पूर्व० क्रिया, प्रविष्ट होकर, गोता लगाकर।

विगरहति, क्रिया, निन्दा करता है, गाली देता है।
(**विगरहि, विगरहित्वा**)।

विगलित, कृदन्त, स्थान से च्युत, पतित।

विगाहति, क्रिया, प्रविष्ट होता डुबकी लगाता है।
(**विगाहि, विगाळ्ह, विगाहमान, विगाहित्वा, विगाहेत्वा, विगाहितुं**)।

विगाहन, नपुं०, डुबकी मारना, प्रविष्ट होना।

विग्गय्ह, पूर्व० क्रिया, विग्रह करके, विश्लेषण करके।

विग्गह, पु०, झगड़ा, विवाद, शरीर, शब्द-व्युत्पत्ति।

विग्गाहिक-कथा, स्त्री०, झगड़े की बातचीत।

विघट्टन, नपुं०, प्रहार देना।

विघाटन, नपुं०, उद्घाटन, विवृत करना, ढीला करना।

विघाटेति, क्रिया, खोलता है, तोड़ता है।
(**विघाटेसि, विघाटित, विघाटेन्त, विघाटेत्वा**)।

विघात, पु०, विनाश, दुरवस्था, विद्वेष।

विघातेति, क्रिया, हत्या करता है, नष्ट करता है।
(**विघातेसि, विघातित, विघातेत्वा**)।

विघास, पु०, बचा हुआ भोजन।

विघासाद, पु०, अवशिष्ट भोजन खाने वाला।

विघास जातक, तपस्वी ने तपस्वी-जीवन का स्वरूप स्पष्ट किया (३९३)।

विचक्खण, वि०, विचक्षण, चतुर; पु०, बुद्धिमान् आदमी।

विचय, पु०, (धर्म–)विवेचन, धर्म-विचार।

विचरण, नपुं०, विचरना, घूमना, आना-जाना।

विचरति, क्रिया, घूमता है, आता-जाता है।
(**विचरि, विचरित, विचरन्त, विचरमान, विचरित्वा, विचरितुं**)।

विचार, पु०, **विचारण**, नपुं०, **विचारणा**, स्त्री०, खोजना, चिन्तन करना, व्यवस्था करना, योजना बनाना।

विचारक, पु०, विचार करने वाला, खोज-बीन करने वाला, व्यवस्थापक।

विचारेति, क्रिया, सोचता है, व्यवस्था करता है, योजना बनाता है।
(**विचारेसि, विचारित, विचारेन्त, विचारेत्वा**)।

विचिकिच्छति, क्रिया, सन्देह करता है, हिचकिचाता है, आगा-पीछा करता है।
(**विचिकिच्छि, विचिकिच्छित, विचिकिच्छित्वा**)।

विचिकिच्छा, स्त्री०, सन्देह।

विचिण्ण, कृदन्त, चुना हुआ।

विचित, कृदन्त, चुना गया।

विचित्त, वि०, विचित्र, अलंकृत, सजाया गया।

विचिनन, नपुं०, विवेचन करना, चुनाव करना।

विचिनाति, क्रिया, विचार करता है, चुनाव करता है, संग्रह करता है।
(**विचिनि, विचित, विचिनन्त, विचिनित्वा**)।

विचिन्तिय, पूर्व० क्रिया, विचार करके।

विचिन्तेति, क्रिया, विचार करता है, मनन करता है।

(विचिन्तेसि, विचिन्तित, विचेन्तेन्त, विचिन्तेत्वा)।

विचुण्ण, वि०, चूर्ण किया गया, टुकड़े-टुकड़े किया गया।

विचुण्णेति, क्रिया, पीसता है, चूर्ण बनाता है, टुकड़े-टुकड़े करता है।
(विचुण्णेसि, विचुण्णित, विचुण्णेत्वा)।

विच्छिक, पु०, बिच्छू।

विच्छिद्दक, वि०, छिद्रों से भरा हुआ।

विच्छिन्दति, क्रिया, काटता है, रोकता है, बाधक होता है।
(विच्छिन्दि, विच्छिन्दन्त, विच्छिन्दमान, विच्छिन्दित्वा)।

विच्छिन्न, कृदन्त, कटा हुआ, पृथक् किया हुआ।

विच्छेद, पु०, काट, पार्थक्य।

विजटन, नपुं०, सुलझावट।

विजटेति, क्रिया, सुलझाता है।
(विजटेसि, विजटित, विजटेत्वा)।

विजन, वि०, जन-रहित, शून्य-स्थान।

विजन-वात, वि०, एकान्त, सूनापन लिये।

विजम्भति, क्रिया, अँगड़ाई लेता है।
(विजम्भि, विजम्भित्वा)।

विजम्भना, स्त्री०, अँगड़ाई लेना।

विजम्भिका, स्त्री०, जंभाई, उबासी।

विजय, पु०, जीत।

विजय, सिंहल-द्वीप का प्रथम आर्य-नरेश, सिंह-बाहु तथा सिंह-सीवली की सन्तान।

विजयति, क्रिया, जीतता है।
(विजयि, विजयित्वा)।

विजहति, क्रिया, छोड़ता है, त्याग देता है।
(विजहि, विजहन्त, विजहित्वा, विहाय, विजहितब्ब)।

विजहन, नपुं०, परित्याग।

विजहित, कृदन्त, परित्यक्त।

विजाता, स्त्री०, जननी, शिशु-माता।

विजातिक, वि०, विदेशी, दूसरी जाति का।

विजानन, नपुं०, ज्ञान, पहचान।

विजानाति, क्रिया, जानता है, पहचानता है।
(विजानि, विञ्ञात, विजानन्त, विजानितब्ब, विजानित्वा, विजानिय, विजानितुं)।

विजायति, क्रिया, जन्म देती है।
(विजायि, विजायित्वा)।

विजायन, नपुं०, जन्म देना।

विजायन्ती, स्त्री०, जन्म देती हुई।

विजायमाना, स्त्री०, जन्म देती हुई।

विजायिनी, स्त्री०, बच्चे को जन्म दे सकने वाली।

विजित, कृदन्त, जीत लिया गया; नपुं०, राज्य।

विजित-सङ्गाम, वि०, विजयी।

विजिनाति, देखो जिनाति।

विजितावी, पु०, विजयी।

विज्ज-ट्ठान, नपुं०, अध्ययन का विषय।

विज्जति, क्रिया, विद्यमान होता है।
(विज्जन्त, विज्जमान)।

विज्जन्तरिका, स्त्री०, बिजली कड़कने के बीच का समय।

विज्जा, स्त्री०, विद्या।

विज्जाचरण, नपुं०, विद्या तथा आचरण।

विज्जाधर, वि०, ओझा, जादू-टोना करने वाला।

विज्जा-विमुत्ति, स्त्री०, विद्या (-ज्ञान) द्वारा विमुक्ति।

विज्जु, (**विज्जुता**, **विज्जुल्लता** भी), स्त्री०, बिजली।

विज्जोतति, क्रिया, चमकता है।
(**विज्जोति**, **विज्जोतित**, **विज्जोतमान**)।

विज्झति, क्रिया, बींधता है, छेद करता है।
(**विज्झि**, **विद्ध**, **विज्झन्त**, **विज्झमान**, **विज्झित्वा**, **विज्झिय**)।

विज्झन, नपुं०, बींधना, निशाना लगाना।

विज्झायति, क्रिया, बुझता है।

विज्झापेति, क्रिया, (आग) बुझाता है।

विञ्ञत्त, कृदन्त, सूचित।

विञ्ञत्ति, स्त्री०, सूचना।

विञ्ञाण, नपुं०, विज्ञान, चेतना।

विञ्ञाणक, वि०, सचेतन।

विञ्ञाणक्खन्ध, पु०, विज्ञान-स्कन्ध।

विञ्ञाणट्ठिति, स्त्री०, विज्ञान-स्थिति, चेतना की अवस्था।

विञ्ञाण-धातु, स्त्री०, विज्ञान=चेतना=चित्त=मन।

विञ्ञात, कृदन्त, विज्ञात, ज्ञात, जाना गया।

विञ्ञातब्ब, कृदन्त, जानने योग्य, समझने योग्य।

विञ्ञातु, पु०, जानने वाला।

विञ्ञापक, पु०, जनाने वाला, शिक्षक।

विञ्ञापन, नपुं०, विज्ञापन, जानकारी।

विञ्ञापय, वि०, शैक्ष, जिसे सिखाया जा सके।

विञ्ञापित, कृदन्त, सूचित किया हुआ।

विञ्ञापेति, क्रिया, सूचित करता है, शिक्षा देता है।
(**विञ्ञापेसि**, **विञ्ञापित**, **विञ्ञापेत्वा**, **विञ्ञापेन्त**)।

विञ्ञापेतु, पु०, सूचना देने वाला, शिक्षक।

विञ्ञाय, पूर्व० क्रिया, जानकर, सीखकर।

विञ्ञायति, क्रिया, जाना जाता है।

विञ्ञू, वि०, बुद्धिमान, ज्ञाता, विज्ञ; पु०, बुद्धिमान आदमी।

विञ्ञुता, स्त्री०, विज्ञता, विवेक।

विञ्ञुप्पसत्थ, वि०, बुद्धिमानों द्वारा प्रशंसित।

विञ्ञेय्य, वि०, जानने योग्य।

विटङ्क, पु० तथा नपुं०, कबूतर का दरबा।

विटप, पु०, शाखा।

विटपी, पु०, शाखा वाला, वृक्ष।

विडूडभ, पसेनदि (प्रसेनजित्) तथा वासभ खत्तिया का पुत्र, प्रसिद्ध सेनापति।

विडोज, पु०, इन्द्र।

वितक्क, पु०, वितर्क।

वितक्कन, नपुं०, विचार, मनन।

वितक्केति, क्रिया, विचार करता है, मनन करता है।

(वितक्केसि, वितक्कित, वितक्केन्त, वितक्केत्वा)।

वितच्छिका, स्त्री०, खुजली।

वितच्छेति, क्रिया, छिलका उतारता है, चिकना करता है।

(वितच्छेसि, वितच्छित)।

वितण्ड-वाद, पु०, व्यर्थ का वाद-विवाद।

वितत, कृदन्त, फैलाया हुआ, विस्तृत किया गया।

वितथ, वि०, असत्य, अयथार्थ; नपुं०, झूठ।

वितनोति, क्रिया, फैलाता है।

(वितनि)।

वितरण, नपुं०, बाँटना।

वितरति, क्रिया, बाँटता है।

(वितरि, वितरित, वितिण्ण)।

वितान, नपुं०, चँदवा।

वितुदति, क्रिया, चुभोता है।

वितुदन, नपुं०, चुभोना।

वित्त, नपुं०, धन, सम्पत्ति।

वित्ति, स्त्री०, प्रीति।

वित्थ, नपुं०, शराब पीने का पात्र।

वित्थम्भन, नपुं०, विस्तार।

वित्थम्भेति, क्रिया, फैलाता है।

(वित्थम्भेसि, वित्थम्भित, वित्थम्भेत्वा)।

वित्थार, पु०, व्याख्या, विस्तार।

वित्थार-कथा, स्त्री०, टीका।

वित्थारतो, क्रि० वि०, विस्तार से।

वित्थारिक, वि०, विस्तारित, जिसका नाम दूर तक फैला हो।

वित्थारेति, क्रिया, विस्तार करता है, फैलाता है।

(वित्थारेसि, वित्थारित, वित्थारेन्त, वित्थारेत्वा)।

विदत्थि, स्त्री०, बालिश्त।

विदहति, क्रिया, व्यवस्था करता है।

(विदहि, विदहित, विहित, विदहित्वा)।

विदारण, नपुं०, चीरना-फाड़ना।

विदारेति, क्रिया, चीरता है, फाड़ता है।

(विदारेसि, विदारित, विदारेन्त, विदारेत्वा)।

विदालन, नपुं०, चीरना-फाड़ना।

विदालित, कृदन्त, चीरा गया, फाड़ा गया।

विदालेति, देखो विदारेति।

विदित, कृदन्त, ज्ञात।

विदितत्त, नपुं०, जान लिये जाने का भाव।

विदिसा, स्त्री०, कुतुबनुमा का मध्य-बिन्दु।

विदुग्ग, नपुं०, कठिन स्थल, कठिनाई से पहुँचा जा सकने वाला किला।

विदू, वि०, बुद्धिमान्; पु०, बुद्धिमान् आदमी।

विदूर, वि०, अति दूर।

विदूर जातक, देखो सुचिर जातक।

विदूसित, कृदन्त, दूषित, भ्रष्ट।

विदूसेति, देखो दूसेति।

विदेस, पु०, विदेश।

विदेसिक, वि०, वैदेशिक।

विदेसी, वि०, विदेशी।

विदेह, वज्जि जनपद का एक भाग विदेह था, जिसकी राजधानी थी मिथिला नगरी।

विद्दसु, वि०, बुद्धिमान ।
विद्देस, पु०, शत्रुता ।
विद्ध, कृदन्त, बींधा गया ।
विद्धंसक, वि०, विध्वंस करने वाला ।
विद्धंसन, नपुं०, विध्वंस करना, विनष्ट करना ।
विद्धंसेति, क्रिया, विध्वंस करता है, विनष्ट करता है ।
(**विद्धंसेसि, विद्धंसित, विद्धस्त, विद्धंसेत्वा, विद्धंसेन्त**) ।
विध, वि०,(समास में) प्रकार(**नाना** ।
विध, वि०, नाना प्रकार का) ।
विधमक, वि०, विध्वंस करने वाला ।
विधमति, क्रिया, विध्वंस करता है ।
(**विधमि, विधमित, विधमित्वा**) ।
विधमन, नपुं०, विनाश ।
विधमेति, देखो विधमति ।
विधवा, स्त्री०, जिसके पति का देहान्त हो गया हो ।
विधा, स्त्री०, प्रकार, ढंग, अभिमान, अहंकार ।
विधातु, पु०, विधाता, सृष्टि रचयिता ।
विधान, नपुं०, व्यवस्था, आज्ञा, पद्धति ।
विधायक, वि०, व्यवस्था करने वाला ।
विधावति, क्रि०, दौड़ता-भागता है ।
(**विधावि, विधावित्वा**) ।
विधावन, नपुं०, दौड़ना-भागना ।
विधि, पु०, ढग, भाग्य, प्रकार ।
विधिना, क्रि० वि०, विधि-पूर्वक ।
विधुनाति, क्रिया, धुनता है ।
(**विधुनि, विधूत, विधुनित, विधुनित्वा**) ।
विधुर, वि०, तनहा, एकाकी ।
विधुर-पंडित जातक, विधुर पण्डित ने, चारों राजाओं में से कौन सबसे ज्यादा शीलवान है, इस प्रश्न का उत्तर दिया (५४५) ।
विधूत, कृदन्त, धुना गया ।
विधूपन, नपुं०, पंखा, पंखा करना, छौंकना, धुआँ देना ।
विधूपेति, क्रिया, छौंकता है, धुआँ देता है, बिखेरता है ।
(**विधूपेसि, विधूपित, विधूपेन्त, विधूपेत्वा**) ।
विधूम, वि०, धूम्र-रहित, राग-रहित ।
विधेय्य, वि०, आज्ञाकारी ।
विनट्ठ, कृदन्त, विनष्ट ।
विनत, कृदन्त, झुका हुआ ।
विनता, (नाम) गरुड़ों की माता ।
विनद्ध, कृदन्त, घेरा हुआ, लपेटा हुआ ।
विनन्धति, क्रिया, घेरता है, लपेटता है ।
(**विनन्धि, विनन्धित्वा**) ।
विनन्धन, नपुं०, लपेटना ।
विनय, पु०, भिक्षु-जीवन के नियम-उपनियम ।
विनयन, नपुं०, नियमबद्ध करना, शिक्षित करना ।
विनय-धर, वि०, विनय का विशेषज्ञ ।
विनय-पिटक, भिक्षुओं के नियम-उपनियमों का संग्रह ।
विनय-वादी, पु०, विनय के नियमों के समर्थन में बोलने वाला ।
विनळीकत, कृदन्त, नष्ट किया हुआ ।
विनस्सति, क्रिया, नष्ट होता है ।
(**विनस्सि, विनट्ठ, विनस्सन्त,**

विनस्समान, विनस्सित्वा)।

विनस्सन, नपुं०, नष्ट होना।

विना, अव्यय, रहित।

विना-भाव, पु०, पार्थक्य।

विनाति, क्रिया, बुनता है।
(**विनि, वीत**)।

विनामन, नपुं०, शरीर का झुकाना।

विनामेति, क्रिया, झुकाता है।
(**विनामेसि, विनामित, विनामेत्वा**)।

विनायक, पु०, महान नेता, बुद्ध।

विनास, पु०, विनाश।

विनासक, वि०, विनाश करने वाला।

विनासन, नपुं०, विनाश करना।

विनासेति, क्रिया, नष्ट कराता है।
(**विनासेसि, विनासित, विनासेन्त, विनासेत्वा**)।

विनिग्गत, कृदन्त, बाहर निकला हुआ।

विनिच्छय, पु०, विनिश्चय, फैसला।

विनिच्छय-कथा, स्त्री०, विश्लेषणात्मक वार्ता।

विनिच्छयट्ठान, नपुं०, न्यायालय, कचहरी।

विनिच्छय-साला, स्त्री०, न्यायालय, कचहरी।

विनिच्छित, कृदन्त, निश्चय हुआ, फैसला हुआ।

विनिच्छिनन, नपुं०, फैसला देना।

विनिच्छिनाति, क्रिया, खोज-बीन करता है।
(**विनिच्छिनि, विनिच्छित, विनिच्छिनित्वा**)।

विनिच्छेति, क्रिया, खोज-बीन करता है, फैसला देता है।
(**विनिच्छेसि, विनिच्छित, विनिच्छेत्वा, विनिच्छेन्त**)।

विनिधाय, पूर्व० क्रिया, अनुचित व्यवस्था करके, अनुचित स्थापना करके।

विनिपात, पु०, दुःख भोगने का स्थान।

विनिपातिक, वि०, नरक में गिरने वाला।

विनिपातेति, क्रिया, नाश का कारण होता है।

विनिबद्ध, कृदन्त, सम्बन्धित।

विनिबन्ध, पु०, बन्धन, आसक्ति।

विनिब्भुजति, क्रिया, पृथक्-पृथक् करता है, बाँटता है।
(**विनिब्भुजि, विनिब्भुजित्वा**)।

विनिब्भोग, पु०, पृथक्करण।

विनिमय, पु०, अदला-बदली।

विनिमोचेति, क्रिया, अपने-आपको मुक्त करता है।
(**विनिमोचेसि, विनिमोचित, विनिमोचेत्वा**)।

विनिम्मुत्त, कृदन्त, विमुक्त।

विनिवट्टेति, क्रिया, लोट-पोट होता है, फिसलता है।
(**विनिवट्टेसि, विनिवट्टित, विनिवट्टेत्वा**)।

विनिविज्झ, कृदन्त, बींधा गया।

विनिविज्झति, क्रिया, बींध डालता है।
(**विनिविज्झि, विनिविद्ध, विनिविज्झित्वा**)।

विनिविज्झन, नपुं०, बींधना।

विनिविद्ध, कृदन्त, बींधा गया।

विनिवेठेति, क्रिया, बन्धन-मुक्त करता है।

(**विनिवेठेसि, विनिवेठित, विनिवेठेत्वा**)।

विनिवेठन, नपुं०, बन्धन-मुक्त होना या करना।

विनीत, कृदन्त, नियमित जीवन का अभ्यस्त।

विनीलक जातक, हंस और कौवे के मेल से विनीलक का जन्म हुआ (१६०)।

विनीवरण, वि०, चित्त-मलों से मुक्त।

विनेति, क्रिया, शिक्षित करता है।
(**विनेसि, विनेन्त, विनेतब्ब, विनेत्वा**)।

विनेतु, पु०, शिक्षक।

विनेय-जन, बुद्ध द्वारा विनीत किये जाने वाले लोग।

विनेय्य, पूर्व० क्रिया, हटाकर; वि०, शिक्षित किये जाने योग्य।

विनोद, पु०, प्रीति, आनन्द।

विनोदन, नपुं०, हटाना, दूर करना।

विनोदेति, क्रिया, दूर करता है, हटाता है।
(**विनोदेसि, विनोदित, विनोदेत्वा**)।

विन्दक, पु०, अनुभव करने वाला।

विन्दति, क्रिया, अनुभव करता है।
(**विन्दि, विन्दित, विन्दन्त, विन्दमान, विन्दित्वा विन्दितब्ब**)।

विन्दियमान, कृदन्त, अनुभव किया जाता हुआ।

विन्यास, पु०, (चक्र-)व्यूह।

विपक्ख, वि०, विपक्ष।

विपक्खिक, वि०, विरोधी का पक्षपाती।

विपच्चति, क्रिया, पकता है, फल देता है।
(**विपच्चि, विपक्क, विपच्चमान**)।

विपज्जति, क्रिया, व्यर्थ सिद्ध होता है, विनष्ट होता है।
(**विपज्जि, विपन्न**)।

विपज्जन, नपुं०, व्यर्थ सिद्ध होना, नष्ट होना।

विपत्ति, स्त्री०, असफलता, मुसीबत।

विपथ, पु०, कुमार्ग।

विपन्न, कृदन्त, विपद्-ग्रस्त।

विपन्न-दिट्ठि, वि०, मिथ्या-दृष्टि वाला।

विपन्न-सील, वि०, शील भ्रष्ट।

विपरिणत, कृदन्त, परिवर्तित, रागी।

विपरिणाम, पु०, परिवर्तन।

विपरिणामेति, क्रिया, परिवर्तित करता है, बदलता है।
(**विपरिणामेसि, विपरिणामित**)।

विपरियय, (**विपरियाय** भी), विरुद्ध भाव।

विपरियेस, पु०, प्रतिकूल होना।

विपरिवत्तति, क्रिया, उलट देता है।
(**विपरिवत्ति, विपरिवत्तित**)।

विपरिवत्तन, नपुं०, परिवर्तन, उलट देना।

विपरीत, वि०, उलटा, बदल दिया गया।

विपरीतता, स्त्री०, विरोधी भाव।

विपल्लत्थ, पलट दिया गया।

विपल्लास, पु०, पलटा खा जाना, स्थानान्तर होना।

विपस्सक, वि०, अन्तर्दृष्टि वाला।

विपस्सति, क्रिया, देखता है, अन्तर्दृष्टि प्राप्त करता है।
(**विपस्सि, विपस्सित्वा**)।

विपस्सना, स्त्री०, विपश्यना, अन्तर्दृष्टि।

विपस्सना-ञाण, नपुं०, विपश्यना-ज्ञान।

विपस्सना-धुर, नपुं०, विपश्यना-पथ।

विपस्सी, पु०, विपश्यी, अन्तर्दृष्टि-युक्त।

विपाक, पु०, परिणाम, फल।

विपातिका, स्त्री०, बेवाय।

विपिट्ठिकत्वा, पूर्व०-क्रिया, (किसी की ओर) पीठ करके, मुँह फेरकर।

विपिन, नपुं०, जंगल।

विपुल, वि०, विशाल।

विपुलता, स्त्री०, विशालता।

विपुलत्त, नपुं०, विशालत्व।

विप्प, पु०, विप्र, ब्राह्मण।

विप्प-कुल, नपुं०, ब्राह्मण-कुल।

विप्पकत, वि०, अधूरा।

विप्पकार, पु०, परिवर्तन, बजाय।

विप्पकिण्ण, कृदन्त, बिखेरा हुआ।

विप्पकिरति, क्रिया, चारों तरफ बिखेरना, नष्ट करना।
(विप्पकिरि, विप्पकिरित्वा, विप्पकिण्ण)।

विप्पजहति, क्रिया, छोड़ देता है, त्याग देता है।
(विप्पजहि, विप्पजहित्वा)।

विप्पटिपज्जति, क्रिया, गलती करता है, दोष-भागी होता है।
(विप्पटिपज्जि, विप्पटिपज्जित्वा)।

विप्पटिपत्ति, स्त्री०, दुराचरण।

विप्पटिपन्न, कृदन्त, कुपथ-गामी।

विप्पटिसार, पु०, पश्चात्ताप।

विप्पमुत्त, कृदन्त, विमुक्त।

विप्पयुत्त, कृदन्त, पृथक् किया हुआ।

विप्पलपति, क्रिया, विलाप करता है।

विप्पलाप, पु०, प्रलाप।

विप्पलुज्जति, क्रिया, टुकड़े-टुकड़े हो जाता है।

विप्पवसति, क्रिया, अनुपस्थित होता है, प्रवास करता है।

विप्पवास, पु०, अनुपस्थिति, प्रवास।

विप्पवुत्थ, कृदन्त, अनुपस्थित, प्रवासी।

विप्पसन्न, कृदन्त, अति स्पष्ट।

विप्पसीदति, क्रिया, स्पष्ट होता है।

विप्पहान, नपुं०, प्रहाण, त्याग देना।

विप्फन्दति, क्रिया, फड़फड़ाता है, हाथ-पैर मारता है।
(विप्फन्दि, विप्फन्दित, विप्फन्दित्वा)।

विप्फन्दन, नपुं०, संघर्ष करना, या फड़फड़ाना, हाथ-पैर मारना।

विप्फार, पु०, विस्तार।

विप्फारिक, वि०, फैलाया हुआ।

विप्फारित, कृदन्त, फैलाया हुआ।

विप्फुरण, नपुं०, व्याप्ति।

विप्फुरति, क्रिया, व्याप्त होता है, हलचल मचाता है, कँपा देता है।
(विप्फुरि, विप्फुरित, विप्फुरन्त)।

विप्फुलिङ्ग, नपुं०, स्फुलिंग, अग्नि-कण।

विफल, वि०, व्यर्थ, निष्फल।

विबन्ध, पु०, बन्धन।

विबाधक, वि०, बाधा डालने वाला, हानि पहुँचाने वाला।

विबाधति, क्रिया, बाधा डालता है, रुकावट डालता है।

विबाधन, नपुं०, बाधा, रुकावट।

विबुध, पु०, देवतागण ।

विब्भन्त, कृदन्त, विभ्रान्त ।

विब्भन्तक, वि०. भिक्षु-जीवन परित्यक्त ।

विब्भमति, क्रिया, कुपथगामी होता है, भटक जाता है, भिक्षु जीवन त्याग देता है ।
(**विब्भमि**, **विब्भमित्वा**) ।

विभङ्ग, पु०, बँटवारा, विभाग, वर्गीकरण ।

विभङ्ग, विनय-पिटक के पाराजिक तथा पाचित्तिय दोनों ग्रंथों का सामूहिक नाम ।

विभङ्गप्पकरण, अभिधम्मपिटक के सात प्रकरणों में से दूसरा प्रकरण या ग्रन्थ ।

विभजति, क्रिया, बंटवारा करता है, वर्गीकरण करता है ।
(**विभजि**, **विभत्त**, **विभजित**, **विभजन्त**, **विभजित्वा**) ।

विभज्ज, पूर्व० क्रिया, विभक्त करके अथवा विश्लेषण करके ।

विभज्जवाद, पु०, युक्तिवाद ।

विभज्जवादी, पु०, थेरवाद का अनुयायी ।

विभत्त, कृदन्त, विभक्त, बँटा हुआ ।

विभत्ति, स्त्री०, वर्गीकरण, विभक्ति (-रूप) ।

विभव, पु०, धन, ऐश्वर्य ।

विभाग, पु०, बँटवारा ।

विभाजन, नपुं०, बँटवारा ।

विभात, कृदन्त, चमका ।

विभाति, क्रिया, चमकता है ।

विभावन, नपुं०, व्याख्या ।

विभावना, स्त्री०, भाष्य ।

विभावी, वि०, प्रज्ञावान्; पु०, प्रज्ञावान् आदमी ।

विभावेति, क्रिया, स्पष्ट करता है ।
(**विभावेसि**, **विभावित**, **विभावेन्त**, **विभावेत्वा**) ।

विभीतक, पु०, बहेड़ा ।

विभीतकी, स्त्री०, बहेड़ा ।

विभू, वि०, सर्व-व्यापक ।

विभूत, कृदन्त, स्पष्ट ।

विभूति, स्त्री०, प्रताप ।

विभूसन, नपुं०, विभूषण, गहने, सजावट ।

विभूसित, कृदन्त, विभूषित ।

विभूसेति, क्रिया, सजाता है, अलंकृत करता है ।
(**विभूसेसि**, **विभूसेत्वा**) ।

विमति, स्त्री०, सन्देह, शक ।

विमतिच्छेदक, वि०, सन्देह की निवृत्ति करने वाला ।

विमन, वि०, असन्तुष्ट ।

विमल, वि०, निर्मल, स्वच्छ ।

विमान, नपुं०, भवन ।

विमान-पेत, पु०, प्रेत-विशेष ।

विमान-वत्थु, नपुं०, दिव्य भवनों की कहानियों का ग्रन्थ, खुद्दकनिकाय का एक ग्रन्थ ।

विमानन, नपुं०, अपमान ।

विमानेति, क्रिया, अनादर करता है ।
(**विमानेसि**, **विमानित**, **विमानेत्वा**) ।

विमुख, वि०, लापरवाह ।

विमुच्चति, क्रिया, मुक्त होता है ।
(**विमुच्चि**, **विमुत्त**, **विमुच्चित्वा**,

विमुच्चन्त) ।

विमुञ्चति, क्रिया, मुक्त होता है ।
(**विमुञ्चि, विमुञ्चित, विमुञ्चन्त, विमुञ्चित्वा**) ।

विमुत्त, कृदन्त, विमुक्त ।

विमुत्ति, स्त्री०, विमुक्ति ।

विमुत्ति-रस, पु०, मुक्ति-रस ।

विमुक्ति-सुख, नपुं०, मुक्ति-सुख ।

विमोक्ख, पु०, विमुक्ति, विमोक्ष ।

विमोचक, पु०, मुक्त करने वाला ।

विमोचन, नपुं०, मुक्ति ।

विमोचेति, क्रिया, मुक्त करता है ।

विमोहेति, क्रिया, मोह में डालता है, भ्रम उत्पन्न करता है ।
(**विमोहेसि, विमोहित, विमोहेत्वा**) ।

विम्हय, पु०, आश्चर्य ।

विम्हापक, वि०, आश्चर्य में डालने वाला, चकित करने वाला ।

विम्हापन, नपुं०, आश्चर्य में डालना ।

विम्हापेति, क्रिया, आश्चर्य उत्पन्न करता है, चकित करता है ।
(विम्हापेसि, विम्हापित, विम्हापेत्वा) ।

विम्हित, कृदन्त, आश्चर्यान्वित, चकित ।

विय, समान, जैसा (तुलनार्थक) ।

वियत्त, वि०, व्यक्त, पण्डित, सुयोग्य ।

वियूहति, क्रिया, हटाता है, बिखेरता है ।
(**वियूहि, वियूळ्ह, वियूहित, वियूहित्वा**) ।

वियूहन, नपुं०, हटाना, बिखेरना ।

वियूळ्ह, (**व्यूळ्ह** भी), कृदन्त, एकत्रित ।

वियोग, पु०, पृथक् होना ।

विरचित, कृदन्त, रचा हुआ ।

विरचयति, क्रिया, रचना करता है, निर्माण करता है ।
(**विरचि, विरचयित्वा, विरचित**) ।

विरज, वि०, निर्मल, शुद्ध ।

विरज्जति, क्रिया, वैराग्य को प्राप्त होता है, अनासक्त होता है ।
(**विरज्जि, विरत्त, विरज्जित्वा, विरज्जमान**) ।

विरज्जन, नपुं०, विरक्त होना ।

विरज्झति, क्रिया, चूक जाता है ।
(**विरज्झि, विरद्ध, विरज्झित्वा**) ।

विरत, कृदन्त, जो रत न हो ।

विरति, स्त्री०, रति का अभाव, बचाव, दूर-दूर रहना ।

विरत्त, कृदन्त, विरक्त, अनासक्त ।

विरद्ध, कृदन्त, चूक गया ।

विरमन, नपुं०, रुकना, विरत रहना ।

विरमति, क्रिया, विरत रहता है ।
(विरमि, विरमन्त, विरमित्वा) ।

विरल (विरळ भी), वि०, बिरला, पतला, जो घना न हो ।

विरव, (**विराव** भी), पु०, चीख-चिल्लाहट ।

विरवति, क्रिया, चीखता है, चिल्लाता है ।
(**विरवि, विरवन्त, विरवित्वा**) ।

विरवन, नपुं०, देखो विरव ।

विरह, पु०, पार्थक्य, शून्यता ।

विरहित, वि०, खाली, शून्य, बिना ।

विराग, पु०, वैराग्य, आसक्ति का अभाव, इच्छा का न होना ।

विरागता, स्त्री०, राग का न होना ।

विरागी, वि०, राग-रहित ।

विराजति, क्रिया, चमकता है ।
(**विराजि, विराजित, विराजमान**) ।

विराजेति, क्रिया, दूर करता है, हटाता है, नष्ट करता है ।
(**विराजेसि, विराजेत्वा**) ।

विराधना, स्त्री०, असमर्थता, चूक जाना ।

विराधेति, क्रिया, चूक जाता है ।
(**विराधेसि, विराधित, विराधेत्वा**) ।

विरिच्चति, क्रिया, विरेचन क्रिया जाता है ।

विरिच्चमान, कृदन्त, विरेचन करता हुआ ।

विरित्त, कृदन्त, विरेचन हुआ ।

विरिय, नपुं०, शक्ति, सामर्थ्य ।

विरिय-बल, नपुं०, वीर्य-बल ।

विरियवन्तु, वि०, वीर्यवान् ।

विरिय-समता, स्त्री०, न कम और न अधिक प्रयत्न ।

विरियारम्भ, पु०, प्रयत्न का आरम्भ ।

विरियिन्द्रिय, नपुं०, वीर्य, प्रयास, प्रयत्न ।

विरुज्झति, क्रिया, विरुद्ध होता है, प्रतिकूल होता है ।
(**विरुज्झि, विरुद्ध, विरुज्झन्त, विरुज्झित्वा**) ।

विरुद्ध, कृदन्त, विरोधी ।

विरुद्धता, स्त्री०, विरोधी-भाव ।

विरूप, वि०, कुरूप ।

विरूपक्ख, पु०, नागों का अधिपति ।

विरूपता, स्त्री०, कुरूपता ।

विरूळ्ह, कृदन्त, उगा हुआ, बढ़ा हुआ ।

विरूळ्हि, स्त्री०, वृद्धि ।

विरूहति, क्रिया, उगता है, बढ़ता है ।
(**विरूहि, विरूहन्त, विरूहित्वा**) ।

विरेक, पु०, विरेचन, जुलाब ।

विरेचेति, क्रिया, पेट की सफाई करता है ।
(**विरेचेसि, विरेचित, विरेचेत्वा**) ।

विरोचति, क्रिया, चमकता है ।
(**विरोचि, विरोचमान, विरोचित्वा**) ।

विरोचन, नपुं०, चमकना ।

विरोचन जातक, गीदड़ ने हाथी पर आक्रमण किया । वह उसके पाँव तले रौंदा गया (१४३) ।

विरोचेति, क्रिया, प्रकाशित करता है ।
(**विरोचेसि, विरोचित, विरोचेत्वा**) ।

विरोध, पु०, प्रतिकूल होना ।

विरोधन, नपुं०, प्रतिकूलता ।

विरोधेति, क्रिया, विरोध कराता है ।
(**विरोधेसि, विरोधित, विरोधेत्वा**) ।

विलग्ग, कृदन्त, चिपका हुआ, लगा हुआ ।

विलङ्घति, क्रिया, कूदता है, फाँदता है, कलाबाजी खाता है ।

विलङ्घेति, क्रिया, उल्लंघन करता है ।
(**विलङ्घेसि, विलङ्घित, विलङ्घेत्वा**) ।

विलपति, क्रिया, प्रलाप करता है ।
(**विलपि, विलपन्त, विलपमान, विलपित्वा**) ।

विलम्बति, क्रिया०, विलम्ब करता है,

देर लगाता है, लटकता रहता है।
(**विलम्बि, विलम्बित, विलम्बित्वा**)।

विलम्बन, नपुं०, मटरगश्ती करना, देर लगाना।

विलम्बेति, क्रिया, मुँह चिढ़ाता है, शक्ल बनाता है, नीची नजर से देखता है।

विलय, पु०, विलीन हो जाना, घुल-मिल जाना।

विलसति, क्रिया, चमकता है, खेलता है।
(**विलसि, विलसित्वा, विलसित**)।

विलसित, कृदन्त, प्रसन्न-चित्त, शानदार।

विलाप, पु०, रोना-पीटना, व्यर्थ की बकवास।

विलास, पु०, सौन्दर्य, (हास-) विलास, नखरा।

विलासिता, स्त्री०, नखरा।

विलासिनी, स्त्री०, स्त्री।

विलासी, पु०, विलास-युक्त पुरुष।

विलिखति, क्रिया, खुरचता है, रगड़ कर चमकाता है।

विलिखित, कृदन्त, खुरचा हुआ।

विलित्त, कृदन्त, लेप किया गया।

विलिम्पति, क्रिया, लेप करता है।

विलिम्पेति, क्रिया, लेप करता है, अभिषेक करता है।
(**विलिम्पेसि, विलिम्पेन्त, विलिम्पेत्वा**)।

विलीन, कृदन्त, घुल-मिल गया, लीन हो गया।

विलीयति, क्रिया, पिघल जाता है, घुल जाता है, नष्ट हो जाता है।
(**विलीयि, विलीयमान, विलीयित्वा**)।

विलीयन, नपुं०, घुलना।

विलीव (**विलिव** भी), नपुं०, बाँस या सरकण्डे की खपची।

विलीवकार, पु०, टोकरी बनाने वाला।

विलुग्ग, कृदन्त, टूटा, टुकड़े-टुकड़े हो गया।

विलुत्त, कृदन्त, लूटा गया।

विलून, कृदन्त, काटा गया।

विलेख, पु०, उलझन, काटना-पीटना, खरोंच।

विलेपन, नपुं०, उबटन, लेप, सुगन्धित चूर्ण आदि।

विलेपित, कृदन्त, सुगन्धित लेप किया गया।

विलेपेति, क्रिया, सुगन्धित लेप करता है।
(**विलेपेसि, विलेपेत्वा**)।

विलोकन, नपुं०, देखना, खोज-बीन करना।

विलोकेति, क्रिया, देखता है, खोज-बीन करता है।
(**विलोकेसि, विलोकित, विलोकेन्त, विलोकयमान, विलोकेत्वा**)।

विलोचन, नपुं०, आँख।

विलोपन, नपुं०, लूट-मार।

विलोपक, पु०, लूटमार करने वाला।

विलोम, वि०, विरुद्ध, प्रतिकूल।

विलोमता, स्त्री०, प्रतिकूलता, न्यूनता।

विलोमेति, क्रिया, असहमत होता है, विवाद करता है।
(**विलोमेसि, विलोमेत्वा**)।
विलोळन, नपुं०, बिलोना, मथना।
विलोळेति, क्रिया, बिलोता है, मथता है।
विवज्जन, नपुं०, त्याग, दूर-दूर रहना।
विवज्जेति, क्रिया, बचाता है, त्यागता है, छोड़ देता है।
(**विवज्जेसि, विवज्जित, विवज्जेन्त, विवज्जेत्वा, विवज्जिय**)।
विवट, कृदन्त, विवृत, खुला, नंगा।
विवट्ट, नपुं०, उत्तरोत्तर बढ़ते हुए कल्पों के सम्बन्ध में 'पलट'।
विवट्ट-कप्प, उत्तरोत्तर बढ़ता हुआ कल्प (समय विभाग)।
विवट्टति, क्रिया, पीछे की ओर हटता है, फिर से आरम्भ करता है।
(**विवट्टि, विवट्टित, विवट्टित्वा**)।
विवट्टन, नपुं०, पीछे हटना, मुड़ जाना।
विवट्टेति, क्रिया, पीछे हटता है, दूसरी ओर जाता है, नष्ट कर देता है।
(**विवट्टेसि, विवट्टित, विवट्टेत्वा**)।
विवण्ण, वि०, बदरंग, दुर्बल।
विवण्णेति, क्रिया, निन्दा करता है, बदनामी करता है।
(**विवण्णेसि, विवण्णित, विवण्णेत्वा**)।
विवदति, क्रिया, विवाद करता है, झगड़ा करता है।
(**विवदि, विवदन्त, विवदमान, विवदित्वा**)।
विवदन, नपुं०, विवाद।
विवर, नपुं०, दरार, सुराग।
विवरण, नपुं०, उघाड़ना, खोलना, व्याख्या करना, व्याख्या।
विवरति, क्रिया, विवृत करता है, उघाड़ता है, स्पष्ट करता है, विश्लेषण करता है।
(**विवरि, विवट, विवरन्त, विवरमान, विवरित्वा, विवरितुं**)।
विवस, वि०, बे-वश, असंयत।
विवाद, पु०, कलह, झगड़ा।
विवादी, पु०, विवाद करने वाला।
विवादक, पु०, झगड़ालू।
विवाह, पु०, शादी।
विवाह-मङ्गल, नपुं०, शादी-मङ्गल।
विविच्च, अव्यय, पृथक्, अलहदा।
विवित्त, वि०, अकेला, एकान्त में।
विवित्तता, स्त्री०, एकान्त का भाव।
विविध, वि०, नाना प्रकार के।
विवेक, पु०, एकान्त, अकेले में।
विवेचन, नपुं०, आलोचना।
विवेचेति, क्रिया, पृथक्-पृथक् करता है, आलोचना करता है।
(**विवेचेसि, विवेचित, विवेचेत्वा**)।
विस, नपुं०, विष।
विस-कण्टक, नपुं०, विषैला कण्टक।
विस-धर, पु०, साँप।
विस-पीत, वि०, विष में बुझा हुआ।
विस-रुक्ख, पु०, विष-वृक्ष।
विस-वेज्ज, पु०, विष-वैद्य।
विस-सल्ल, नपुं०, विष में बुझा तीर।
विसञ्ञ, वि०, बे-होश, अचेतन।
विसञ्ञी, वि०, बे-होश, अचेतन।
विसट, (**विसत भी**), कृदन्त, फैला

हुआ।

विसति, देखो पविसति।

विसत्त, वि०, विशेष रूप से आसक्त, उलझा हुआ।

विसत्तिका, स्त्री०, तृष्णा, आसक्ति।

विसद, वि०, स्पष्ट, साफ, व्यक्त।

विसद-किरिया, स्त्री०, स्पष्ट करना।

विसदता, स्त्री०, स्पष्टता।

विसद-भाव, पु०, स्पष्टता।

विसभाग, वि०, भिन्न, विरोधी, असाधारण।

विसम, वि०, विषम, ऊबड़-खाबड़।

विसय, पु०, स्थान, प्रदेश, क्षेत्र, (इन्द्रियों का) विषय।

विसय्ह, वि०, जो सहन किया जा सके, सम्भव।

विसय्ह जातक, उदार दानी विसह्य सेठ के दान से शक्र का आसन गर्म हो उठा (३४०)।

विसर, पु०, समूह।

विसवन्त जातक, सर्प-विष वैद्य ने सर्प को पुनः अपना विष चूसने को कहा (६९)।

विस-लित्त, वि०, विष में बुझा हुआ (तीर)।

विसल्ल, वि०, शोक-मुक्त।

विसहति, क्रिया, समर्थ होता है, साहस करता है।
(विसहि, विसहमान, विसहित्वा)।

विसंयुत्त, कृदन्त, जो जुता नहीं, जो पृथक् किया गया।

विसंयोग, पु०, पार्थक्य।

विसंवाद, पु०, धोखा, झूठ।

विसंवादक, वि०, अविश्वसनीय।

विसंवादन, नपुं०, झूठ बोलना, झूठा व्यवहार करना।

विसंवादेति, क्रिया, वचन-भंग करता है, झूठ बोलता है।
(विसंवादेसि, विसंवादित, विसंवादेन्त, विसंवादेत्वा)।

विसंसट्ठ, वि०, पृथक् हुआ।

विसङ्कित, वि०, सन्दिग्ध।

विसङ्खार, पु०, सङ्खार-निरोध।

विसङ्खित, कृदन्त, नष्ट किया गया।

विसाखा, स्त्री०, विशाखा नक्षत्र।

विसाखा, भगवान बुद्ध की उदार-चेता दायिका, उपासिकाओं में प्रमुख, मिगारमाता विसाखा।

विसाण, नपुं०, विषाण, सींग।

विसाणमय, वि०, सींग का बना।

विसाद, पु०, विषाद, खेद, उल्लास का अभाव।

विसारद, वि० विशारद, दक्ष, संयत।

विसाल, वि०, विशाल।

विसालक्खी, स्त्री०, विशालाक्षी।

विसालता, स्त्री०, विशालता।

विसालत्त, नपुं०, विशालत्व।

विसिखा, स्त्री०, गली, सड़क।

विसिट्ठ, वि०, विशिष्ट, प्रमुख, असाधारण।

विसिट्ठतर, वि०, विशिष्टतर।

विसिब्बेति, क्रिया, उधेड़ता है, सिलाई उखाड़ता है।
(विसिब्बेसि, विसिब्बेत्वा)।

विसीदति, क्रिया, हतोत्साह होता है।
(विसीदि, विसीदित्वा)।

विसीदन, नपुं०, हतोत्साह होना।

विसीवन, नपुं०, अपने-आपको गर-

माना।

विसीवेति, क्रिया, अपने-आपको गरमाता है।
(**विसीवेसि, विसीवेन्त, विसीवेत्वा**)।

विसुज्झति, क्रिया, स्वच्छ होता है।
(**विसुज्झि, विसुज्झमान, विसुज्झित्वा**)।

विसुद्ध, कृदन्त, विशुद्ध, परिशुद्ध।

विसुद्धता, स्त्री०, विशुद्धि-भाव।

विसुद्धि, स्त्री०, पवित्रता।

विसुद्धि-देव, पु०, सच्चरित्र व्यक्ति।

विसुद्धि-मग्ग, पु०, विशुद्धि का मार्ग।

विसुद्धिमग्ग, संघपाल स्थविर की प्रार्थना पर आचार्य बुद्धघोष द्वारा रचित बौद्ध धर्म का विश्वकोश।

विसुं, क्रि० वि०, पृथक्-पृथक्।

विसुंकरण, नपुं०, पार्थक्य।

विसुंकत्वा, पूर्व० क्रिया, पृथक करके।

विसूक, नपुं०, तमाशा।

विसूक-दस्सन, नपुं०, नाटक आदि का देखना।

विसूचिका, स्त्री०, हैजा।

विसेस, पु०, विशेष, भेद-प्राप्ति।

विसेसक, पु०, विशेष चिह्न।

विसेस-गामी, वि०, विशेषता की ओर अग्रसर।

विसेस-भागिय, वि०, विशेषता की ओर अग्रगामी।

विसेसाधिगम, पु०, विशेष पद की प्राप्ति।

विसेसता, स्त्री०, विशेषता।

विसेसतो, क्रि० वि०, विशेष रूप से।

विसेसन, नपुं०, विशेषण।

विसेसिय, विसेसितब्ब, वि०, विशेष व्यवहार का पात्र।

विसेसी, वि०, विशेषता-युक्त।

विसेसेति, क्रिया, विशेष करता है।
(**विसेसेसि, विसेसित, विसेसेत्वा**)।

विसोक, वि०, शोक-रहित।

विसोधन, नपुं०, शुद्धिकरण।

विसोधेति, क्रिया, शुद्ध करता है।
(**विसोधेसि, विसोधित, विसोधेन्त, विसोधेत्वा, विसोधिय**)।

विसोसेति, क्रिया, सुखाता है, बिखेर देता है।
(**विसोसेति, विसोसित, विसोसेन्त, विसोसेत्वा**)।

विस्सगन्ध, पु०, कच्चे मांस की-सी गन्ध।

विस्सग्ग, पु०, दान।

विस्सज्जक, वि०, देने वाला, बाँटने वाला, प्रश्न का उत्तर देने वाला।

विस्सज्जति, क्रिया, देता है, बाँटता है, प्रश्नों का उत्तर देता है।
(**विस्सज्जि, विस्सज्जित्वा, विस्सज्जितब्ब, विस्सज्जिय**)।

विस्सज्जन, नपुं०, भेजना, प्रत्युत्तर, खर्चा।

विस्सज्जनक, वि०, प्रत्युत्तर देने वाला, दान देने वाला।

विस्सज्जनीय, वि०, बाँटने योग्य, उत्तर देने योग्य।

विस्सज्जेति, क्रिया, उत्तर देता है, है, बाँटता है, भेजता है, खर्च करता है, बाहर करता है, जाने देता है।
(**विस्सज्जित, विस्सज्जेत्वा, विस्सज्जेन्त**)।

विस्सट्ठ, कृदन्त, भेजा गया, उत्तरित।

विस्सट्ठि, स्त्री०, बाहर निकलना

[**सुक्क-विस्सट्ठि**, शुक्र-मोचन, स्वप्न-दोष]।

विस्सत्थ, कृदन्त, विश्वस्त, विश्वसनीय।

विस्सन्द, पु०, उमड़ना, उफान आना।

विस्सन्दन, नपुं०, उमड़ना।

विस्सन्दति, क्रिया, उफन जाता है। (**विस्सन्दि**, **विस्सन्दित**, **विस्सन्दमान** **विस्सन्दित्वा**)।

विस्समति, क्रिया, विश्राम करता है। (**विस्समि**, **विस्समन्त**, **विस्समित्वा**)।

विस्सन्त, कृदन्त, विश्रान्त, विश्राम-प्राप्त।

विस्सर, वि०, दुखपूर्ण स्वर।

विस्सरति, क्रिया, भूल जाता है। (**विस्सरित**, **विस्सरित्वा**)।

विस्ससति, क्रिया, विश्वास करता है। (**विस्ससि**, **विस्सत्थ**, **विस्ससित्वा**)।

विस्सास, पु०, विश्वास, घनिष्ठता। (**विस्सासक**, **विस्सासिक**, **बिस्सासी**, **विस्सासनीय**)।

विस्सास-भोजन जातक, सिंह ने हिरनी की देह को चाटा। उस पर विष चुपड़ा था। वह मर गया, (९३)।

विस्सुत, वि०, विश्रुत, प्रसिद्ध।

विहग, पु०, पक्षी।

विहङ्गम, पु०, पक्षी, चिड़िया।

विहञ्ञति, क्रिया, दुखित होता है। (**विहञ्जि**, **विहञ्ञमान**)।

विहत, कृदन्त, मारा गया, धुनी गई (कपास)।

विहनति, क्रिया, मारता है। (**विहनि**, **विहनित्वा**, **विहत्वा**)।

विहरति, क्रिया, जीता है, (किसी स्थान पर) रहता है। (**विहरि**, **विहरन्त**, **विहरमान**, **विहरित्वा**)।

विहाय, पूर्व० क्रिया, छोड़कर।

विहार, पु०, निवास-स्थान, भिक्षुओं के रहने की जगह, बौद्ध प्रतिमा-गृह।

विहार देवी, दुट्ठगामणी की माता।

विहारिक, वि०, रहने वाला या विचरने वाला।

विहारी, वि०, रहने वाला, विचरने वाला।

विहिंसति, क्रिया, कष्ट पहुँचाता है। (**विहिंसि**, **विहिंसित**, **विहिंसित्वा**)।

विहिंसना, (**विहिंसा भी**), स्त्री०, निर्दयता।

विहित, कृदन्त, योग्य, उचित, व्यवस्थित।

विहीन, कृदन्त, त्यक्त, विरहित।

विहेठक, वि०, कष्ट देने-वाला, हानि पहुँचाने वाला।

विहेठ-जातिक, वि०, तंग करने वाला।

विहेठन, नपुं०, कष्ट देना।

विहेठियमान, कृदन्त, दुख पहुँचाया जाता हुआ।

विहेठेति, क्रिया, कष्ट देता है। (**विहेठेसि**, **विहेठित**, **विहेठेन्त**, **विहेठेत्वा**)।

विहेसक, वि०, कष्टप्रद।

विहेसा, स्त्री०, हैरानी।

विहेसियमान, देखो विहेठियम

विहेसेति, देखो विहेठेति।

वीचि, स्त्री०, लहर।

वीच्छा, स्त्री०, बार-बार एक ही बात कहना।

वीजति, क्रिया, पंखा करता है।
(**वीजि**, **वीजित**, **वीजित्वा**, **वीजयमान**)।

वीजन, नपुं०, पंखा करना।

वीजनी, स्त्री०, पंखा।

वीजयमान, कृदन्त, पंखा किया जाता हुआ।

वीजेति, पंखा करता है।
(**वीजेसि**, **वीजेन्त**, **वीजेत्वा**)।

वीणा, स्त्री०, वीणा, सारंगी।

वीणा-दण्डक, पु०, वीणा-दण्ड।

वीणा-दोणि, स्त्री०, वीणा-द्रोणि।

वीणा-वादन, नपुं०, वीणा-वादन।

वीणाथूण जातक, बनारस के सेठ की लड़की कुबड़े के साथ भाग गई, बाद में समझा-बुझाकर वापस लाई गई।

वीत, कृदन्त, १. रहित, २. बुना हुआ (वायित)।

वीतच्चिक, वि०, लौ-रहित (चमक)।

वीत-गेध, वि०, लोभ-रहित।

वीत-तण्ह, वि०, तृष्णा-रहित।

वीत-मल, वि०, मल-रहित।

वीत-मोह, वि०, मोह-रहित, अज्ञान-रहित।

वीत-राग, वि०, राग-रहित; पु०, अर्हत।

वीतिक्कम, पु०, व्यतिक्रम, नियम का उल्लंघन।

वीतिक्कमति, क्रिया, व्यतिक्रमण करता है।
(**वीतिक्कमि**, **वीतिक्कन्त**, **वीतिक्कमन्त**, **वीतिक्कमित्वा**)।

वीतिच्छ जातक, प्रति-प्रश्न पूछकर प्रश्नकर्ता को हराया, (२४४)।

वीतिनामेति, क्रिया, समय बिताता है।
(**वीतिनामेसि**, **वीतिनामित**, **वीतिनामेत्वा**)।

वीतिवत्त, कृदन्त, गुजर गया, खर्च हो गया, जीत लिया गया।

वीतिवत्तेति, क्रिया, जीत लेता है, समय व्यतीत करता है।
(**वीतिवत्तेसि**, **वीतिवत्तित**, **वीतिवत्तेत्वा**)।

वीतिहरण, नपुं०, लम्बे-लम्बे डग धरना।

वीतिहार, पु०, डग।

वीतिहरति, क्रिया, चलता है, टहलता है।
(**वीतिहरि**, **वीतिहरित्वा**)।

वीथि, स्त्री०, गली, रास्ता।

वीथि-चित्त, नपुं०, क्रियाशील चित्त।

वीमंसक, वि०, विमर्श करने वाला, परीक्षा करने वाला।

वीमंसन, नपुं०, विमर्श करना, खोज-बीन करना।

वीमंसा, स्त्री०, छान-बीन, परीक्षण।

वीमंसति, क्रिया, विमर्श करता है, खोज-बीन करता है, परीक्षण करता है।
(**वीमंसि**, **वीमंसित**, **वीमंसन्त**, **वीमंसित्वा**, **वीमंसिय**)।

वीमंसी, पु०, खोज-बीन करने वाला, परीक्षण करने वाला।

वीर, वि०, बहादुर; पु०, वीर (आदमी)।

वीरक जातक, साविट्ठिक नाम का कौवा वीरक नाम के कौवे का नौकर बन, वीरक की मारी हुई मछलियाँ खाता रहा (२०४)।

वीयति, क्रिया, बुनता है।

वीरु, स्त्री०, लता।

वीसति, स्त्री०, बीस।

वीसतिम, वि०, बीसवाँ।

वीहि, पु०, धान।

वुच्चति, क्रिया, कहा जाता है।

वुच्चमान, कृदन्त, कहा जाता हुआ।

वुट्ठ, कृदन्त, बारिश का भीगा।

वुट्ठहति, (वुट्ठाति भी), क्रिया, उठता है।
(**वुट्ठहि, वुट्ठासि, वुट्ठहित, वुट्ठहन्त, वुट्ठहित्वा, वुट्ठाय**)।

वुट्ठान, नपुं०, उत्थान।

वुट्ठापेति, क्रिया, उठवाता है।
(**वुट्ठापेसि, वुट्ठापित, वुट्ठापेत्वा**)।

वुट्ठि, स्त्री०, वर्षा।

वुट्ठिक, वि०, वर्षा वाला।

वुड्ढ, वि०, वृद्ध, ज्येष्ठ।

वुड्ढतर, वि०, वृद्धतर, ज्येष्ठतर।

वुड्ढि, स्त्री०, वृद्धि, ऐश्वर्य।

वुत्त, कृदन्त, कहा गया, बोया गया; नपुं०, कहा गया वचन, बोया गया बीज।

वुत्तप्पकार, वि०, कथनानुसार।

वुत्तप्पकारेन, क्रि० वि०, उक्त कथनानुसार।

वुत्त-वादी, पु०, दोहराने वाला, कथित बात को कहने वाला।

वुत्त-सिर, मुण्डित सिर।

वुत्ति, स्त्री०, व्यवहार, आचरण, जीविका।

वुत्तिक, वि०, अभ्यस्त।

वुत्तिका, स्त्री०, वृत्ति का भाव।

वुती, वि०, अभ्यस्त।

वुत्थ, क्रि०-वि०, रहकर, समय बिताकर।

वुत्थ-वस्स, वि०, जिसने 'वर्षा-वास' किया हो।

वुद्ध, देखो वुड्ढ।

वुद्धि, देखो वुड्ढि।

वुद्धिप्पत्त, वि०, आयु-प्राप्त, विवाह करने योग्य।

वुद्धियुत्त, वि०, समृद्ध।

वुद्धिरोग, पु०, अण्डकोश की वृद्धि।

वुय्हति, क्रिया, ले जाया जाता है।
(**वुय्हि, वूळ्ह, वुय्हमान**)।

वुय्हन, नपुं०, ढोया जाना।

वुस, पु०, बैल।

वुसित, कृदन्त, वास किया।

वुसितत्त, नपुं०, रहना।

वुसित-भाव, पु०, निवास का भाव।

वुस्सति, क्रिया, रहा जाता है।

वुपकट्ठ, वि०, एकान्त-सेवी।

वूपसन्त, कृदन्त, शान्ति-प्राप्त।

वूपसमन, नपुं०, शान्ति।

वूपसमेति, क्रिया, शान्त करता है।
(**वूपसमेसि, वूपसमित, वूपसमेन्त, वूपसमेत्वा**)।

वूपसम्मति, क्रिया, उपशमित होता है, शान्त होता है।

वूळ्ह, कृदन्त, ले जाया गया।

वे, अव्यय, वास्तव में, स्थिर रूप से।

वेकल्ल, नपुं०, विकल-भाव ।

वेकल्लता, स्त्री०, अंग-विकृति ।

वेग, पु०, शक्ति, गति, जोर ।

वेजयन्त, पु०, इन्द्र के महल का नाम ।

वेज्ज, पु०, वैद्य ।

वेज्ज-कम्म, नपुं०, वैद्य-कर्म, चिकित्सा ।

वेठक, वि०, लपेटने वाला, घेरने वाला ।

वेठन, नपुं०, लपेट, पगड़ी ।

वेठियमान, कृदन्त, लपेटे जाते हुए या मरोड़े जाते हुए ।

वेठेति, क्रिया, लपेटता है । (**वेठेसि**, **वेठित**, **वेठेन्त**, **वेठेत्वा**) ।

वेण, पु०, टोकरी बनाने वाला ।

वेणविक, पु०, वंशी बजाने वाला ।

वेणिक, पु०, वीणा बजाने वाला ।

वेणी, स्त्री०, बालों की लट ।

वेणी-कत, वि०, गुंथा हुआ सिर ।

वेणी-करण, नपुं०, गूंथना, गट्ठर बाँधना ।

वेणु, पु०, बाँस ।

वेणु-गुम्ब, पु०, बाँसों का झुंड ।

वेणु-बलि, पु०, बाँस के रूप में कर (=टैक्स) चुकता करना ।

वेणु-वन, नपुं०, बाँसों का वन ।

वेतन, नपुं०, मजदूरी, तनख्वाह, फीस ।

वेतनिक, नपुं०, वैतनिक, वेतन पर काम करने वाला, किराये का टट्टू ।

वेतरणी, स्त्री०, नरक की त्रास-दायिनी नदी ।

वेतस, पु०, सरकण्डा, नरकट ।

वेतालिक, पु०, राजदरबारी कलाकार, संगीतज्ञ, गायक ।

वेति, क्रिया, लुप्त हो जाता है, अन्तर्धान हो जाता है ।

वेत्त, नपुं०, बेंत ।

वेत्तग्ग, नपुं०, बेंत का सिरा ।

वेत्त-लता, स्त्री०, बेंत की छड़ी ।

वेद, पु०, धार्मिक भावना, अनुभूति, ब्राह्मणों के 'स्वयं-प्रमाण' माने जाने वाले चार ग्रन्थ ।

वेदगू, पु०, उच्चतम ज्ञान-प्राप्त ।

वेदजात, वि०, आनन्दित ।

वेदन्तगू, पु०, ज्ञान की पराकाष्ठा पर पहुँचा हुआ ।

वेदन्त-पारगू, पु०, ज्ञान के दूसरे छोर तक गया हुआ ।

वेदक, पु०, अनुभव करने वाला या भोगने वाला ।

वेदनट्ट, वि०, कष्ट से पीड़ित ।

वेदना, स्त्री०, पीड़ा, इन्द्रिय-जनित अनुभूति ।

वेदनाक्खन्ध, पु०, वेदना-स्कन्ध, वेदना-समूह ।

वेदब्भ जातक, वेदब्भ-मन्त्र के जानकार ब्राह्मण की कथा । लोभी डाकुओं ने प्राण गँवाये, (४८) ।

वेदयित, नपुं०, अनुभूति, अनुभव ।

वेदिका (**वेदी** भी), स्त्री०, वेदिका, प्लेट-फार्म ।

वेदित, कृदन्त, ज्ञात ।

वेदियति, क्रिया, अनुभव किया जाता है ।

वेदियमान, कृदन्त, अनुभव किया जाता हुआ ।

वेदेति, अनुभव करता है, जानता है । (**वेदेसि**, **वेदेन्त**, **वेदेत्वा**) ।

वेदेह, वि०, विदेह देश का ।

वेदेहीपुत्त, पु०, विदेह की राजकुमारी का पुत्र ।

वेध, पु०, बींधना ।

वेधन, नपुं०, तीर मारना ।

वेधति, क्रिया, काँपता है । (**वेधि, वेधित, वेधित्वा**) ।

वेधी, पु०, बींधने वाला ।

वेनयिक, पु०, 'विनय' का विशेषज्ञ ।

वेनेय्य, वि०, 'विनीत' बनाया जा सकने वाला, शिक्षणीय ।

वेपुल्ल, नपुं०, विपुलता ।

वेपुल्ल, राजगृह के आसपास के पाँच पर्वतों में से उच्चतम पर्वत ।

वेभङ्गिय, वि०, बाँटने योग्य ।

वेभार, राजगृह के चारों ओर के पर्वत-शिखरों में से एक ।

वेम, पु०, ढरकी ।

वेमज्झ, नपुं०, बीच, मध्य ।

वेमतिक, वि०, सन्दिग्ध ।

वेमत्त, नपुं०, सन्देह, भेद ।

वेमत्तता, स्त्री०, द्वैध-भाव, दुविधा ।

वेमातिक, वि०, विमाता वाला, सौतेला ।

वेमानिक, वि०, 'विमान' वाला, दिव्य-भवन का स्वामी ।

वेमानिक-पेत, पु०, विमान-पेत ।

वेय्यग्घ, वि०, बाघ-सम्बन्धी, बाघ के चमड़े से ढका हुआ ।

वेय्यत्तिय, नपुं०, स्पष्टता ।

वेय्याकरण, नपुं०, व्याख्या; पु०, व्याकरण का जानकार, व्याख्याकार ।

वेय्याबाधिक, वि०, कष्टप्रद ।

वेय्यायिक, नपुं०, खर्च ।

वेय्यावच्च, नपुं०, सेवा, कर्तव्य ।

वेय्यावच्चकर, पु०, सेवक, नौकर ।

वेय्यावतिक, पु०, सेवक, नौकर ।

वेर, नपुं०, वैर ।

वेरज्जक, वि०, नाना राज्यों का ।

वेरञ्जा, नगर-विशेष, जहाँ भगवान् बुद्ध ने अपना एक वर्षा-वास बिताया ।

वेरमणी, स्त्री०, विरति ।

वेरम्भ-वात, पु०, पर्वत-प्रदेशों में चलने वाली हवा ।

वेरिक, वि०, शत्रुभाव लिये, द्वेषी ।

वेरी, वि०, शत्रु ।

वेरी जातक, डाकुओं के डर से बैलों को तेज भगाया और धनी व्यापारी सकुशल घर लौट आया (१०३) ।

वेरोचन, पु०, सूर्य ।

वेला, स्त्री०, समय ।

वेलातिक्कम, पु०, समय की सीमा को लाँघ जाना ।

वेल्लित, वि०, टेढ़ा, घुंघराले (बाल) ।

वेल्लितग्ग, वि०, घुँघराले बालों का सिरा ।

वेवचन, पर्याय-वचन, समानार्थी वचन ।

वेवण्णिय, नपुं०, विवरण करना, बद-रंग करना ।

वेस, पु०, वेश, भेष ।

वेसम्म, नपुं०, विषमता ।

वेसाख, पु०, वैशाख महीना । बुद्ध का जन्म, ज्ञान-प्राप्ति, परिनिर्वाण—सभी वैशाख में हुए माने जाते हैं ।

वेसारज्ज, नपुं०, विशारदता, आत्म-विश्वास ।

वेसाली, लिच्छवियों की प्रसिद्ध राज-धानी वैशाली ।

वेसिया, (**वेसी** भी), स्त्री०, वेश्या ।

वेस्म, नपुं०, निवास-स्थान, घर ।

वेस्स, पु०, वैश्य ।

वेस्सन्तर जातक, वेस्सन्तर राजा की दानशीलता की कथा (५४७) ।

वेहास, पु०, आकाश ।

वेहास-कुटी, स्त्री०, ऊपर के तल्ले पर हवादार कमरा ।

वेहास-गमन, नपुं०, आकाश-गमन ।

वेहासट्ठ, वि०, आकाश-स्थित ।

वेळु, देखो वेणु ।

वेळुरिय, नपुं०, वैडूर्य ।

वेळुक जातक, बाँस में रखे, पोषित साँप ने सपेरे को काटा (४३) ।

वेळुवन, राजगृह के समीप राजा बिम्बसार का प्रमोद-उद्यान, जो बाद में बुद्ध-प्रमुख भिक्षु-संघ को अर्पित कर दिया गया था ।

वो, तुम्ह का पर्याय, तुम ।

वोकार, पु०, रूप, वेदना आदि पांच स्कन्ध ।

वोकिण्ण, कृदन्त, मिला-जुला, ढका हुआ ।

वोक्कमति, क्रिया, एक ओर हो जाता है ।
(**वोक्कमि**, **वोक्कन्त**, **वोक्कम्म**, **वोक्कमित्वा**) ।

वोच्छिज्जति, क्रिया, कटता है ।
(**वोच्छिज्जि**, **वोच्छिन्न**, **वोच्छिज्जित्वा**) ।

वोत्थपन, नपुं०, परिभाषा ।

वोदक, वि०, जल-रहित ।

वोदपन, नपुं०, शुद्धि ।

वोदपेति, क्रिया, शुद्ध करता है ।

वोदन, नपुं०, शुद्धि ।

वोमिस्सक, वि०, मिश्रित ।

वोरोपन, नपुं०, वञ्चित ।

वोरोपेति, क्रिया, वञ्चित करता है ।
(**वोरोपेसि**, **वोरोपित**, **वोरोपेन्त**, **वोरोपेत्वा**) ।

वोलोकेति, क्रिया, परीक्षा करता है ।

वोसित, वि०, समाप्त, पूरा हुआ ।

वोस्सग्ग, पु०, दान ।

वोस्सजन, नपुं०, परित्याग ।

वोस्सजति, क्रिया, परित्याग करता है ।
(**वोस्सजि**, **वोस्सट्ठ**, **वोस्सजित्वा**, **वोस्सज्ज**) ।

वोहरति, क्रिया, व्यवहार में लाता है, प्रकट करता है ।
(**वोहरि**, **वोहरित**, **वोहरन्त**, **वोहरित्वा**) ।

वोहरियमान, कृदन्त, बुलाया जाता हुआ ।

वोहार, पु०, बुलाना, प्रकट करना, उपयोग, व्यापार, कानून ।

वोहारिक, पु०, व्यापारी, न्यायाधीश ।

वोहारिकामच्च, पु०, मुख्य न्यायाधीश ।

व्यग्घ, पु०, बाघ ।

व्यग्घ जातक, बाघ और सिंह के जंगल से चले जाने पर लोग जंगल के पेड़ काटने लगे । वृक्ष देवता कुछ न कर सके (२७२) ।

व्यञ्जन, नपुं०, दाल-सब्जी, चिह्न ।

व्यञ्जेति, क्रिया, प्रकट करता है, संकेत करता है ।
(**व्यञ्जयि**, **व्यञ्जित**) ।

व्यत्त, वि०, पण्डित ।

व्यत्ततर, वि०, बड़ा पण्डित, अधिक होश्यार ।

व्यत्तता, स्त्री०, पाण्डित्य, होशियारी ।

व्यथति, क्रिया, कष्ट देता है, दबाता है ।
(**व्यथि, व्यथित, व्यथित्वा**) ।

व्यन्तिकरोति, क्रिया, नष्ट करता है ।
(**व्यन्तिकरि, व्यन्तिकत, व्यन्तिकरित्वा**) ।

व्यन्तिभवति, क्रिया, रोकता है, रुकता है ।
(**व्यन्तिभवि, व्यन्तिभूत**) ।

व्यपगच्छति, क्रिया, विदा होता है ।
(**व्यपगमि, व्यपगत**) ।

व्यम्ह, नपुं०, विमान, महल ।

व्यसन, नपुं०, दुर्भाग्य ।

व्याकत, कृदन्त, व्याख्यात ।

व्याकरण, नपुं०, व्याकरण, व्याख्या ।

व्याकरियमान, कृदन्त, व्याख्या किया जाता हुआ ।

व्याकरोति, क्रिया, व्याख्या करता है ।
(**व्याकरि, व्याकत, व्याकरित्वा**) ।

व्याकुल, वि०, गड़बड़ाया हुआ ।

व्याख्याति, क्रिया, सूचित करता है ।
(**व्याख्यासि, व्याख्यात**) ।

व्याध, पु०, शिकारी ।

व्याधि, पु०, रोग ।

व्याधित, वि०, रोगी ।

व्यापक, वि०, व्याप्त ।

व्यापज्जति, क्रिया, असफल होता है ।

व्यापज्जना, स्त्री०, असफलता, क्रोध ।

व्यापन्न, कृदन्त, मार्ग-भ्रष्ट ।

व्यापाद, पु०, द्वेष ।

व्यापादेति, क्रिया, बिगाड़ता है ।

व्यापार, पु०, पेशा ।

व्यापारित, कृदन्त, उत्तेजित ।

व्यापित, कृदन्त, पूरित ।

व्यापेति, क्रिया, व्याप्त होता है, सर्वत्र फैलता है ।
(**व्यापेसि, व्यापेत, व्यापेत्वा**) ।

व्याबाधेति, क्रिया, हानि पहुँचाता है ।
(**व्याबाधेसि, व्याबाधित, व्याबाधित्वा**) ।

व्याभङ्गी, लाठी लिये जाते हुए ।

व्याम, पु०, लम्बाई या गहराई का माप ।

व्यावट्ट, वि०, व्यावृत्त, संलग्न ।

व्यासत्त, वि०, आसक्त ।

व्यासेचन, नपुं०, सींचना, छिड़कना ।

व्याहरति, क्रिया, बोलता है, बातचीत करता है ।
(**व्याहरि, व्याहट, व्याहरित्वा**) ।

व्यूह, पु०, सैनिक व्यवस्था, व्यूह-रचना ।

स

स, वि०, स्वकीय, अपना, सहित ।

स, सो, कर्ता एकवचन का एक रूप ।

स-उपादान, वि०, आसक्ति-सहित ।

स-उपादिसेस, वि०, शरीर रहते (निर्वाण) ।

सक, वि०, स्वकीय; पु०, सम्बन्धी; नपुं०, अपनी निजी सम्पत्ति ।

सक-मन, वि०, आनन्दित ।

सकङ्ख, वि०, कङ्खा सहित, सन्देह सहित ।

सकट, पु० तथा नपुं०, गाड़ी ।
सकट-भार, पु०, गाड़ी का भार ।
सकट-वाह, पु०, गाड़ी का भार ।
सकट-व्यूह, पु०, गाड़ियों का (चक्र-) व्यूह ।
सकण्टक, वि०, कंटक-सहित ।
सकदागामी, पु०, धर्म-पथ का ऐसा पथिक, जिसके पुनः एक ही बार और इस संसार में जन्म लेने की संभावना हो।
सक-बल, वि०, अपना बल ।
स-कवल, वि०, सहित-कौर ।
स-कम्म, नपुं०, स्वकीय कर्म ।
स-कम्मक, वि०, सकर्मक (क्रिया) ।
स-करणीय, वि०, जिसके लिए 'करणीय' शेष है ।
स-कल, वि०, सम्पूर्ण, तमाम ।
स-कलिका, स्त्री०, खमाची ।
स-कास, पु०, पड़ोस ।
स-किच्च, नपुं०, स्वकीय कार्य ।
स-किञ्चन, वि०, दुनियावी वस्तुओं का मालिक, आसक्तियुक्त ।
सकिं, क्रि० वि०, एक बार ।
सकीय, वि०, स्वकीय, अपना ।
सकुण, पु०, पक्षी ।
सकुणग्घी, पु०, बाज ।
सकुणी, स्त्री०, पक्षी ।
सकुण जातक, पक्षिराज ने पक्षियों को सावधान किया कि उनके घोंसलों में आग लगने वाली है (३६) ।
सकुणग्घी जातक, बटेर ने अपनी चतुराई से बाज की जान ली (१६०) ।
सकुन्त, पु०, पक्षी ।
सक्क, वि०, योग्य, समर्थ, संभव; पु०, शाक्य वंश, देवेन्द्र शक्र ।
सक्कच्च, पूर्व० क्रिया, भली भाँति तैयारी करके ।
सक्कच्चकारी, पु०, सावधानी बरतने वाला ।
सक्कच्चं, क्रि० वि०, सावधानी से ।
सक्कत, कृदन्त, सत्कृत, सम्मानित ।
सक्कत्त, नपुं०, शक्रत्व, देवेन्द्र शक्र की-सी स्थिति ।
सक्करोति, क्रिया, सत्कार करता है, आदर करता है, आतिथ्य करता है । (**सक्करि, सक्कत, सक्करोन्त, सक्करितब्ब, सक्कातब्ब, सक्कत्वा, सक्करित्वा, सक्करीयति, सक्करितुं, सक्कातुं**) ।
सक्का, अव्यय, शक्य, सम्भव ।
सक्काय, पु०, विद्यमान शरीर, सत्-काय ।
सक्काय-दिट्ठि, आत्म-दृष्टि ।
सक्कार, पु०, सत्कार ।
सक्कुणाति, क्रिया, समर्थ होता है । (**सक्कुणि, सक्कुणन्त, सक्कुणित्वा**) ।
सक्कुणेय्यत्त, सम्भावना ।
सक्कोति, क्रिया, समर्थ होता है । (**सक्खि, सक्खिस, सक्कोन्त**) ।
सक्खर, नपुं०, मुहरवाली अँगूठी ।
सक्खरा, स्त्री०, शर्करा, शक्कर ।
सक्खलि, (**सक्खलिका** भी), स्त्री०, छिद्र ।
सक्खि, आमने-सामने ।
सक्खिक, (**सक्खी** भी), वि०, साक्षी, गवाह ।
सक्खि-दिट्ठ, वि०, आमने-सामने

दिखाई दिया ।

सक्खि-पुट्ठ, वि०, गवाह के रूप में पूछा गया ।

सक्क-पुत्तिय, शाक्य-पुत्र, बौद्ध-भिक्षुओं को दिया गया नाम ।

सक्क-मुनि, भगवान् बुद्ध का ही एक नाम, शाक्य मुनि ।

सक्क-सीह, पु०, गौतम बुद्ध का एक अधिवचन ।

सख, (**सखि** भी), पु०, मित्र ।

सखिल, वि०, मधुर भाषी ।

सख्य, नपुं०, सखा-भाव, मैत्री ।

सगब्भ, वि०, गर्भवती ।

सगाह, (**सगह** भी), वि०, भयानक जन्तुओं (घड़ियालों) से युक्त ।

सगामेय्य, वि०, एक ही ग्राम के ।

सगारव वि०, गौरव सहित ।

सगारवं, क्रि० वि०, गौरव सहित ।

सगारवता, स्त्री०, आदर, गौरव, सम्मान ।

सगोत्त, वि०, एक ही गोत्र के ।

सग्ग, पु०, स्वर्ग ।

सग्ग-काय, पु०, स्वर्गीय सभा ।

सग्ग-मग्ग, पु०, स्वर्ग-मार्ग ।

सग्ग-लोक, पु०, स्वर्ग-प्रदेश ।

सग्ग-संवत्तनिक, स्वर्गाभिमुख ।

सग्ग-वासी, पु०, देवतागण ।

सग्गुण, पु०, सद्गुण ।

सङ्कट, नपुं०, तंग स्थान ।

सङ्कटीर, नपुं०, कूड़े-कचरे का ढेर ।

सङ्कड्ढति, क्रिया, एकत्र करता है ।

(**सङ्कड्ढि, सङ्कड्ढित्वा**) ।

सङ्कति, क्रिया, संदेह करता है, शंका करता है ।

(**सङ्कि, सङ्कित, सङ्कमान, सङ्कित्वा**) ।

सङ्कन्तति, क्रिया, चारों ओर से काटता है ।

(**सङ्कन्ति, सङ्कन्तित, सङ्कन्तित्वा**) ।

सङ्कन्तिक, वि०, सांक्रान्तिक, एक अवस्था में से दूसरी में जाना ।

सङ्कन्तिक-रोग, पु०, छूत की बीमारी ।

सङ्कप्प, पु०, इरादा ।

सङ्कप्प जातक, राजा के बाहर गए रहने पर तपस्वी रानी के शरीर का नग्न अंश देख, उस पर आसक्त हो गया (२५१) ।

सङ्कप्पेति, क्रिया, संकल्प करता है ।

(**सङ्कप्पेसि, सङ्कप्पित, सङ्कप्पेत्वा**) ।

सङ्कमति, क्रिया, संक्रमण करता है ।

(**सङ्कमि, सङ्कन्त, सङ्कमित्वा**) ।

सङ्कमन, नपुं०, रास्ता, पुल ।

सङ्कम्पति, क्रिया, काँपता है ।

(**सङ्कम्पि, सङ्कम्पित, सङ्कम्पित्वा**) ।

सङ्कर, वि०, आनन्द-दायक, मिश्रित ।

सङ्कलन, नपुं०, संग्रह ।

सङ्कस्स, स्वर्ग में अभिधम्म का उपदेश देने के बाद भगवान बुद्ध की स्वर्गावतरण भूमि ।

सङ्का, स्त्री०, शंका, सन्देह ।

सङ्कायति, क्रिया, शंका करता है ।

सङ्कार, पु०, कूड़ा-करकट ।

सङ्कार-कूट, पु०, कूड़े-करकट का ढेर ।

सङ्कार-चोळ, नपुं०, कूड़े-कचरे के ढेर पर से उठाया गया चीकड़ ।

सङ्कारट्ठान, नपुं०, कूड़ा-कचरा फेंकने की जगह ।

सङ्कास, वि०, समान, एक जैसा।

सङ्कासना, स्त्री०, व्याख्या।

सङ्किच्च जातक, संकिच्च ने राजकुमार को पितृ-हत्या के संकल्प से विरत रखने का प्रयास किया (५३०)।

सङ्कित्तन, नपुं०, संकीर्तन, प्रचारित करना।

सङ्किलिट्ठ, कृदन्त, मैला हुआ।

सङ्किलिस्सति, क्रिया, अशुद्ध होता है, मैला होता है।

(**सङ्किलिस्सि, सङ्किलिस्सित्वा**)।

सङ्किलिस्सन, नपुं०, अशुद्धि, मैल।

सङ्किलेस, पु०, चित्त-मैल।

सङ्किलेसिक, वि०, हानिकारक।

सङ्की, वि०, सन्देह करने वाला।

सङ्कु, पु०, खूंटा।

सङ्कु-पथ, खूंटों की सहायता से चलने लायक मार्ग।

सङ्कुचति, क्रिया, संकोच करता है।

(**सङ्कुचि, सङ्कुचित, सङ्कुचित्वा**)।

सङ्कुचन, नपुं०, सिकोड़ना।

सङ्कुचित, वि०, सिकुड़ा।

सङ्कुपित, कृदन्त, क्रुद्ध।

सङ्कुल, वि०, भरा हुआ, भीड़ सहित।

सङ्केत, पु० तथा नपुं०, निशान, चिह्न।

सङ्केत-कम्म, नपुं०, समझौता।

संकोच, पु०, हिचकिचाहट।

सङ्कोचेति, हिचकिचाता है, सिकुड़ता है।

सङ्कोप, पु०, कुपित करना, विघ्न उपस्थित करना।

सङ्ख, पु०, शंख।

सङ्खट्ठी, पु०, कुष्ठ-रोगी, कोढ़ी।

सङ्ख-थाल, पु०, शंख-थाली।

सङ्ख-धम, पु०, शंख बजाने वाला।

सङ्ख-नख, पु०, छोटा शंख।

सङ्ख-मुण्डिक, नपुं०, त्रास देने की विधि विशेष।

सङ्ख-जातक, मणिमेखला ने सप्ताह-भर तक समुद्र में तैरते वीर की सहायता करनी चाही, जिसे उसने अस्वीकार किया (४४२)।

सङ्ख जातक, सुसीम के पिता ने मृत पुत्र का सम्मान किया। यह कथा जातकट्ठकथा में नहीं है।

सङ्खत, कृदन्त, संस्कृत, समुत्पन्न।

सङ्खधम्म जातक, पुत्र ने पिता को बार-बार शंख बजाने से मना किया (६०)।

सङ्खपाल जातक, तपस्वी ने शंखपाल नाग को धर्मोपदेश दिया (५२४)।

सङ्खय, पु०, हानि।

सङ्खरण, नपुं०, मरम्मत, तैयारी।

सङ्खरोति, मरम्मत करता है, संस्कार करता है।

(**सङ्खरि, सङ्खत, सङ्खरोन्त, सङ्खरित्वा**)।

सङ्खला, स्त्री०, हाथी के पाँव की शृंखला।

सङ्खलिका, स्त्री०, बेड़ी।

सङ्खा, (**संख्या** भी), स्त्री०, गिनती।

सङ्खात, (**संख्यात** भी), कृदन्त, (अमुक) नाम का।

सङ्खादति, क्रिया, चबाता है।

(**सङ्खादि, सङ्खादित, सङ्खादित्वा**)।

सङ्खान, (**संख्यान** भी), नपुं०, गिनती।

सङ्खाय, पूर्व० क्रिया, विचार करके, मनन करके।

सङ्खार, पु०, संस्कार।

सङ्खारक्खन्ध, पु०, संस्कार-स्कन्ध।

सङ्खार-दुक्ख, नपुं०, (उपादान) संस्कार-दुख।

सङ्खार-लोक, पु०, सम्पूर्ण प्रकृति।

सङ्खित्त, कृदन्त, संक्षिप्त।

सङ्खिपति, क्रिया, संक्षेप करता है। (**सङ्खिपि, सङ्खिपन्त, सङ्खिपमान, सङ्खिपितब्ब, सङ्खिपित्वा, सङ्खिपितुं**)।

सङ्खुभति, क्रिया, क्षुब्ध होता है। (**सङ्खुभि, सङ्खुभित, सङ्खुभित्वा**)।

सङ्खुभन, नपुं०, क्षोभ।

सङ्खेप, पु०, संक्षेप, सारांश।

सङ्खेय्य, वि०, जिसकी गिनती की जा सके।

सङ्खेय्य परिवेण, सागल का वह विहार, जिसमें राजा मिलिन्द के साथ शास्त्रार्थ करने वाले भिक्षु नागसेन रहते थे।

सङ्खोभ, पु०, क्षोभ, हलचल।

सङ्खोभेति, क्रिया, क्षुब्ध करता है। (**सङ्खोभेसि, सङ्खोभित, सङ्खोभेन्त, संङ्खोभेत्वा**)।

संख्या-भेद, पु०, संख्या-विशेष जैसे एक लाख।

सङ्ग, पु०, आसक्ति।

सङ्गच्छति, क्रिया, साथ-साथ चलता है। (**सङ्गच्छि, सङ्गत, सङ्गन्त्वा**)।

सङ्गणिका, स्त्री०, समाज।

सङ्गणिकाराम, वि०, जिसे समाज में रहना पसन्द हो।

सङ्गणिकारत, वि०, जिसे लोगों में रहना पसन्द हो।

सङ्गण्हाति, क्रिया, संग्रह करता है, शालीनता का व्यवहार करता है। (**सङ्गण्हि, सङ्गण्हन्त, सङ्गहेत्वा, सङ्गहित्वा, सङ्गण्हित्वा, सङ्गय्ह**)।

सङ्गम, पु०, मेल।

सङ्गर, पु०, मित्रता, रिश्वत, युद्ध, प्रतिज्ञा आदि अर्थों में।

सङ्गह, पु०, संग्रह, आतिथ्य।

सङ्गति, स्त्री०, साथ रहना।

सङ्गाम, पु०, संग्राम, युद्ध।

सङ्गामावचर, वि०, प्रायः युद्ध-रत।

सङ्गामावचर जातक, पीलवान के वचनों ने आक्रामक हाथी को उत्साहित किया (१८२)।

सङ्गामेति, क्रिया, संग्राम करता है। (**सङ्गामेसि, सङ्गामित, सङ्गामेत्वा**)।

सङ्गायति, क्रिया, संगायन करता है। (**सङ्गायि, सङ्गीत, सङ्गायित्वा**)।

सङ्गाह, पु०, संग्रह।

सङ्गाहक, वि०, संग्रह करने वाला।

सङ्गीति, स्त्री०, तिपिटक के वचनों का संगायन करने के लिए अर्हतों का सम्मेलन।

सङ्गीति-कारक, पु०, संगीति करने वाले अर्हत् गण।

सङ्घ, पु०, समूह, परिषद्, भिक्षुओं की मण्डली।

सङ्घ-कम्म, नपुं०, भिक्षु-संघ के सदस्यों द्वारा किया गया धार्मिक कार्य।

सङ्घ-गत, वि०, संघ को दिया गया

(दान)।

सङ्घ-थेर, पु०, संग का ज्येष्ठतम भिक्षु।

सङ्घ-भत्त, नपुं०, संघ को कराया गया भोजन।

सङ्घ-भेद, पु०, संघ में फूट।

सङ्घ-भेदक, पु०, संघ में भेद पैदा करने वाला।

सङ्घ-मामक, वि०, संघ के प्रति ममत्व रखने वाला।

सङ्घटेति, क्रिया, संघटन करता है। (**सङ्घटेसि, सङ्घटित, सङ्घटेत्वा**)।

सङ्घट्टन, नपुं०, संगठन, चोट पहुँचाना।

सङ्घट्टेति, क्रिया, चोट पहुँचाता है, उत्तेजित करता है। (**सङ्घट्टेसि, सङ्घट्टित, सङ्घट्टेत्वा**)।

सङ्घमित्ता थेरी, अशोक-पुत्री तथा महास्थविर महिन्द की बहन। उसका जन्म उज्जेनी में हुआ था। वही बुद्ध गया से बोधि वृक्ष की शाखा लेकर सिंहल-द्वीप पहुँची थी।

सङ्घाट, पु०, जोड़, मेल, बेड़ा।

सङ्घाटी, स्त्री०, बौद्ध भिक्षु के तीन चीवरों में से एक।

सङ्घात, पु०, आक्रमण, उँगलियों का चटखाना, संग्रह।

सङ्घिक, वि०, संघ सम्बन्धी, संघ की मिलकियत।

सङ्घी, वि०, संघ या समूह का नेता।

सङ्घुट्ठ, कृदन्त, घोषित, गूंजता हुआ।

सचित्त, नपुं०, अपना चित्त।

सचित्तक, वि०, चित्त वाला।

सचिव, पु०, राजा का मन्त्री।

सचे, अव्यय, यदि, अगर।

सचेतन, वि०, चेतना-युक्त, प्राणवान्।

सच्च, नपुं०, सत्य, सच; वि०, सत्य (वचन)।

सच्च-अभिसमय, पु०, सत्य का ज्ञान।

सच्चकार, पु०, प्रतिज्ञा।

सच्च-किरिया, स्त्री०, किसी सत्य बात की बाजी लगाकर कोई कामना करना।

सच्चङ्किर जातक, दुष्ट राजकुमार अकृतज्ञ निकला (७३)।

सच्च-पटिवेध, पु०, सत्य का साक्षात्-कार।

सच्चबद्ध, श्रावस्ती तथा सूनापरन्त के बीच का कोई पर्वत।

सच्च-वाचा, स्त्री०, सत्य वाणी।

सच्चवादी, पु०, सत्य बोलने वाला।

सच्च-सन्ध, त्रि०, विश्वसनीय।

सच्चापेति, क्रिया, शपथ दिलाता है। (**सच्चापेसि, सच्चापित, सच्चापेत्वा**)।

सच्छिकरण, नपुं०, साक्षात् करना।

सच्छिकरणीय, वि०, साक्षात् करने योग्य।

सच्छिकत, कृदन्त, साक्षात् कृत।

सच्छिकरोति, क्रिया, साक्षात् करता है। (**सच्छिकरि, सच्छिकरोन्त, सच्छिकातब्ब, सच्छिकत्वा, सच्छिकरित्वा, सच्छिकातुं, सच्छिकरितुं**)।

सच्छिकिरिया, स्त्री०, देखो सच्छिकरण।

सजति, क्रिया, गले लगाता है। (**सजि, सजमान, सजित्वा**)।

सजन, पु०, रिश्तेदार, स्वकीय जन ।

सजातिक, वि०, उसी जाति या नस्ल का ।

सजीव, वि०, प्राणवान्, जीवन-युक्त ।

सजोति-भूत, वि०, प्रज्वलित ।

सज्जति, क्रिया, चिपटता है, आसक्त होता है ।
(**सज्जि**, **सट्ठ**, **सज्जमान**, **सज्जित्वा**) ।

सज्जन, नपुं०, आसक्ति, सजावट, तैयारी; पु०, सत्पुरुष ।

सज्जित, कृदन्त, तैयार हुआ ।

सज्जु, अव्यय, तुरन्त, उसी समय ।

सज्जुकं, क्रि० वि०, शीघ्रता से ।

सज्जु-द्दुम, पु०, शाल-वृक्ष ।

सज्जुलस, पु०, राल ।

सज्जेति, क्रिया, तैयारी करता है, सजाता है ।
(**सज्जेसि**, **सज्जेन्त**, **सज्जेत्वा**, **सज्जिय**) ।

सज्झाय, पु०, अध्ययन, पाठ ।

सज्झायति, क्रिया, अध्ययन करता है, दोहराता है, मिलकर पाठ करता है ।
(**सज्झायि**, **सज्झायित**, **सज्झायित्वा**, **सज्झायमान**) ।

सज्झायना, स्त्री०, मिलकर पाठ करना, अध्ययन करना ।

सज्झु, नपुं०, चाँदी ।

सज्झुमय, वि०, चाँदी का बना ।

सञ्चय, पु०, एकत्रीकरण, इकट्ठा करना ।

सञ्चरण, नपुं०, विचरना ।

सञ्चरति, विचरता है, घूमता है ।
(**सञ्चरि**, **सञ्चरित**, **सञ्चरन्त**, **सञ्चरित्वा**) ।

सञ्चरित्त, नपुं०, सन्देशों का ले जाना ।

सञ्चार, पु०, रास्ता, हलचल, संचरण ।

सञ्चारण, नपुं०, चलने के लिए अथवा कुछ करने के लिए प्रेरित करना ।

सञ्चारेति, क्रिया, संचार कराता है ।
(**सञ्चारेसि**, **सञ्चारित**, **सञ्चारेत्वा**) ।

सञ्चलति, क्रिया, अस्थिर होता है, उत्तेजित होता है ।
(**सञ्चलि**, **सञ्चलित**, **सञ्चलित्वा**) ।

सञ्चलन, नपुं०, हलचल, उत्तेजना ।

सञ्चिच्च, अव्यय, जान-बूझकर ।

सञ्चित, कृदन्त, एकत्रित ।

सञ्चिनन, नपुं०, एकत्रीकरण, इकट्ठा करना ।

सञ्चिनाति, क्रिया, इकट्ठा करता है, चयन करता है ।
(**सञ्चिनि**, **सञ्चिनन्त**, **सञ्चिनित्वा**) ।

सञ्चिण्ण, कृदन्त, संगृहीत, अभ्यस्त, आचरित ।

सञ्चुण्णेति, क्रिया, पीस डालता है, चूर्ण बना देता है ।
(**सञ्चुण्णेसि**, **सञ्चुण्णित**, **सञ्चुण्णेत्वा**) ।

सञ्चेतना, स्त्री०, चेतना, इरादा ।

सञ्चेतनिक, वि०, जान-बूझकर ।

सञ्चेतेति, क्रिया, सोचता है, सूझ-बूझ दिखाता है ।

(सञ्चेतेसि, सञ्चेतेत्वा) ।

सञ्चोदित, कृदन्त, प्रेरित, उत्तेजित, उत्साहित ।

सञ्चोपन, नपुं०, हटाना, स्थानान्तरित करना ।

सञ्छन्न, कृदन्त, ढका हुआ, भरा हुआ ।

सञ्छादेति, ढकता है, छत डालता है। (सञ्छादेसि, सञ्छादित, सञ्छादेत्वा) ।

सञ्छिन्दति, क्रिया, काट डालता है, नष्ट कर डालता है। (सञ्छिन्दि, सञ्छिन्न, सञ्छिन्दित्वा)।

सञ्जग्घति, क्रिया, हँसता है, मजाक करता है। (सञ्जग्घि, सञ्जग्घित्वा, सञ्जग्घन्त) ।

सञ्जनन, नपुं०, उत्पत्ति ।

सञ्जनेति, क्रिया, उत्पन्न करता है, पैदा करता है। (सञ्जनेसि, सञ्जनित, सञ्जनेत्वा) ।

सञ्जय, बेलट्ठिपुत्त, भगवान् बुद्ध के समकालीन छह प्रमुख आचार्यों में से एक। वह सम्पूर्ण रूप से अनिश्चयवादी था।

सञ्जात, कृदन्त, उत्पन्न, उठा, पैदा हुआ ।

सञ्जाति, स्त्री०, उत्पत्ति, जन्म ग्रहण करना ।

सञ्जानन, नपुं०, पहचानना, जानना ।

सञ्जानाति, क्रिया, पहचानता है, अनुभव करता है । (सञ्जानि, सञ्जानित्वा, सञ्जानन्त) ।

सञ्जानित, कृदन्त, पहचान लिया गया, जान लिया गया ।

सञ्जायति, क्रिया, जन्म ग्रहण करता है, पैदा होता है, उत्पन्न होता है। (सञ्जायि, सञ्जात, सञ्जायमान, सञ्जायित्वा) ।

सञ्जीव जातक, सञ्जीव मुर्दों को जिलाना जानता था, फिर मारना नहीं (१५०) ।

सञ्जीवन, वि०, पुनर्जीवन, प्राण-संचार।

सञ्झा, स्त्री०, सन्ध्या-काल ।

सञ्झा-घन, पु०, शाम के बादल ।

सञ्झातप, पु०, शाम की धूप।

सञ्ञत्त, कृदन्त, प्रेरित, सूचित ।

सञ्ञत्ति, स्त्री०, सूचना, शान्त-भाव ।

सञ्ञा, स्त्री०, जानने की मानसिक क्रिया, नाम, इशारा ।

सञ्ञा-क्खन्ध, पाँच स्कन्धों में से तीसरा, संज्ञा-स्कन्ध ।

सञ्ञापक, पु०, सूचना देने वाला।

सञ्ञापन, नपुं०, जानकारी देना, सूचित करना ।

सञ्ञाण, नपुं०, संकेत, इशारा।

सञ्ञापेति, क्रिया, प्रकट करता है, सूचित करता है। (सञ्ञापेसि, सञ्ञापित, सञ्ञापेत्वा) ।

सञ्ञित, वि०, संज्ञा वाला, नाम वाला ।

सञ्ञी, वि०, होश में ।

सट्ठि, स्त्री०, साठ।

सट्ठिहायन, वि०, साठ वर्ष का।

सट्ठुं, त्याग देने के लिए, छोड़ देने के लिए।

सठ, वि०, शठ, दुष्ट, ठग।

सठता, स्त्री०, शठता।

सणति, क्रिया, शोर मचाता है।

सण्ठपन, नपुं०, स्थापित करना।

सण्ठपेति, क्रिया, स्थापित करता है। (**सण्ठपेसि, सण्ठपेत्वा**)।

सण्ठहन, नपुं०, दुबारा पैदाइश, दुबारा उत्पत्ति।

सण्ठाति, क्रिया, ठहरता है, स्थित होता है।

(**सण्ठासि, सण्ठहित्वा, सण्ठहन्त**)।

सण्ठान, नपुं०, आकार-प्रकार, संस्थान, स्थिति।

सण्ठित, कृदन्त, स्थित, संस्थापित।

सण्ठिति, स्त्री०, स्थिरता, संस्थिति।

सण्ड, पु०, झुण्ड, समूह।

सण्डास, पु०, सण्डासी।

सण्ह, वि०, चिकना, नर्म, मृदु।

सण्हकरणी, स्त्री०, चक्की, खरल।

सण्हेति, क्रिया, पीसता है, चूर्ण बनाता है।

(**सण्हेसि, सण्हित, सण्हेत्वा**)।

सत, वि०, चेतन, जागरूक; नपुं०, सौ।

सतक, नपुं०, सौ जने या सौ चीजें।

सतक्ककु, वि०, सौ लकीरों वाला।

सतक्खत्तुं, क्रि० वि०, सौ बार।

सतधा, क्रि० वि०, सौ तरह से।

सत-पाक, नपुं०, सौ बार पकाया हुआ (तेल)।

सतपुञ्ञलक्खण, वि०, अनेक पुण्य-चिह्नों वाला।

सत-पोरिस, वि०, सौ आदमियों की ऊँचाई जितना।

सत-सहस्स, नपुं०, लाख।

सतत, वि०, लगातार।

सततं, क्रि० वि०, लगातार, निरन्तर, सदैव।

सतधम्म जातक, सतधम्म ब्राह्मण ने भूख से पीड़ित होने पर चाण्डाल का जूठा भात खाया (१७९)।

सत-पत्त, नपुं०, कमल; पु०, कठ-फोड़वा।

सतपत्त जातक, माँ का कहना मान लड़का बाप द्वारा दिए गए हज़ार वसूल करने गया (२७९)।

सतपदी, पु०, कनखजूरा।

सत-भिसज, पु०, सत्ताईस नक्षत्रों में से एक।

सतमूली, स्त्री०, सतावर।

सतरंसी, पु०, सूर्य।

सत-वंक, पु०, मछली विशेष।

सतावरी, पु०, शतावरी।

सति, स्त्री०, स्मृति, जागरूकता।

सतिन्द्रिय, नपुं०, जागरूकता।

सति-पट्ठान, नपुं०, स्मृति-उपस्थान।

सतिमन्तु, वि०, स्मृतिमान, विचार-वान्।

सति-वोसग्ग, पु०, प्रमाद।

सति-सम्पज्ञ, नपुं०, जागरूकता।

सति-सम्बोज्झङ्ग, पु०, सम्बोधि-अङ्ग स्वरूप स्मृति।

सति-सम्मोस, पु०, विस्मृति।

सति-सम्मोह, पु०, विस्मृति।

सती, स्त्री०, पतिव्रता स्त्री।

सतेकिच्छ, पु०, जिसकी चिकित्सा हो सके, जिसे क्षमा किया जा सके।

सत्त, पु०, सत्व, प्राणी; कृदन्त, आसक्त; वि०, सात (संख्या)।

सत्तक, नपुं०, सात का समूह, सप्तक।

सत्तक्खत्तुं, क्रि० वि०, सात बार।

सत्त-गुण, वि०, सात-गुना।

सत्त-तन्ति, वि०, सात तारों वाली (वीणा)।

सत्त-ताल-मत्त, वि०, ताड़ के सात पेड़ों की ऊँचाई जितना।

सत्त-तिंसा, स्त्री०, सैंतीस।

सत्त-पण्णी, पु०, सप्तपर्णी-वृक्ष।

सत्तपण्णी गुहा, राजगृह की प्रसिद्ध गुफा, जिसमें प्रथम बौद्ध संगीति हुई थी।

सत्त-भूमक, वि०, सात तल्ले वाला (भवन)।

सत्त-महासर, पु०, अनोतत्त आदि सात महान् ताल।

सत्त-रतन, नपुं०, सोना, चाँदी आदि सात मूल्यवान् पदार्थ।

सत्त-रत्त, नपुं०, सप्ताह।

सत्तरस, (**सत्तदस भी**), वि०, सत्रह।

सत्तला, स्त्री०, नवमल्लिका।

सत्त-वंक, पु०, मछली विशेष।

सत्त-वस्सिक, वि०, सात वर्ष का।

सत्त-वीसति, स्त्री०, सत्ताईस।

सत्त-सट्ठि, स्त्री०, सड़सठ।

सत्त-सत्तति, स्त्री०, सतहत्तर।

सत्तति, स्त्री०, सतहत्तर।

सत्तम, वि०, सातवाँ।

सत्तमी, स्त्री०, सातवाँ दिन, सप्तमी विभक्ति।

सत्ता, स्त्री०, अस्तित्व।

सत्ताह, नपुं०, सप्ताह।

सत्ति, स्त्री०, शक्ति, योग्यता, सामर्थ्य, बर्छी।

सत्ति-सूल, नपुं०, बर्छी की नोक।

सत्तिगुम्ब जातक, डाकुओं के पास रहने वाले तोते ने राजा को मार डालने की बातें कीं, तपस्वियों के पास रहने वाले तोते ने राजा का स्वागत किया (५०३)।

सत्तु, पु०, शत्रु, सत्तू।

सत्तु-भस्ता, स्त्री०, सत्तू की थैली।

सत्तुभस्ता जातक, एक साँप ब्राह्मण की सत्तुओं की थैली में घुस गया (४०२)।

सत्थ, नपुं०, शास्त्र, शस्त्र; पु०, सार्थ, कारवाँ।

सत्थक, नपुं०, छुरी।

सत्थ-कम्म, नपुं०, शल्य-क्रिया।

सत्थक-वात, पु०, तीव्र वेदना।

सत्थ-गमनीय, वि०, कारवाँ के साथ जाने लायक रास्ता।

सत्थ-वाह, पु०, कारवाँ का मुखिया।

सत्थि, स्त्री०, जाँघ।

सत्थु, पु०, शास्ता।

सत्र, नपुं०, नियमित दान।

सत्वादि, सत्, रज, तम आदि गुण।

सदत्थ, पु०, सदर्थ, आत्म-कल्याण।

सदन, नपुं०, घर।

सदर, वि०, दुःखद, डरावना, भयानक।

सदस, वि०, किनारी वाली (चटाई)।

सदस्स, पु०, अच्छा घोड़ा, अच्छी नस्ल का घोड़ा।

सदा, क्रि० वि०, हमेशा।

सदातन, वि०, सदैव बना रहने वाला।

सदार, पु०, अपनी पत्नी।

सदार-तुट्ठि, स्त्री०, अपनी पत्नी से ही संतुष्ट रहना।

सदिस, वि०, सदृश, समान।

सदिसत्त, नपुं०, बराबरी।

सदुम, पु० तथा नपुं०, सद्म, घर।

सदेवक, वि०, देवताओं सहित।

सद्द, पु०, शब्द, आवाज़।

सद्दत्थ, पु०, शब्द का अर्थ।

सद्द-विदू, पु०, नानाविध आवाजों को समझ सकने वाला।

सद्दवेधी, पु०, शब्दवेधी बाण चला सकने वाला।

सद्दसत्थ, नपुं०, शब्द-शास्त्र।

सद्दल, पु०, नये घास से ढकी जगह।

सद्दहति, क्रिया, श्रद्धा करता है, विश्वास करता है।
(**सद्दहि, सद्दहित, सद्दहन्त, सद्दहित्वा, सद्दहितब्ब**)।

सद्दहन, नपुं०, विश्वास करना।

सद्दहना, स्त्री०, विश्वास करना।

सद्दहान, पु०, विश्वास करने वाला।

सद्दायति, क्रिया, शब्द करता है।
(**सद्दायि, सद्दायित्वा, सद्दायमान**)।

सद्दूल, पु०, तेन्दुआ, सिंह।

सद्ध, वि०, श्रद्धा करते हुए।

सद्धम्म, पु०, सत्-धर्म।

सद्धा, स्त्री०, श्रद्धा, भक्ति।

सद्धातब्ब, कृदन्त, श्रद्धा करने योग्य।

सद्धादेय्य, वि०, श्रद्धापूर्वक दिया हुआ (दान)।

सद्धा-धन, नपुं०, श्रद्धारूपी धन।

सद्धायिक, वि०, विश्वसनीय।

सद्धालु, वि०, श्रद्धालु।

सद्धि-विहारिक, (**सद्धि-विहारी** भी), पु०, सब्रह्मचारी।

सद्धिं, अव्यय, साथ।

सद्धि-चर, वि०, साथी।

सधन, वि०, धनी।

सधम्मी, पु०, समान धर्मी।

सनति, क्रिया, देखो सणति।

सनंतन, वि०, सनातन, सदा से।

सनाभिक, वि०, नाभि सहित।

सनित, कृदन्त, ध्वनित, जिसकी नाक बजती हो।

सन्त, कृदन्त, शान्त, श्रान्त (थका हुआ); वि०, विद्यमान; पु०, सत्पुरुष।

सन्त-काय, वि०, शान्त-शरीर।

सन्त-तर, वि०, शान्ततर।

सन्त-मानस, वि०, शान्त-चित्त।

सन्त-भाव, पु०, शान्त-भाव।

सन्तक, त्रि०, स्वकीय, अपना, (स+अन्तक) सीमित; नपुं०, सम्पत्ति।

सन्तज्जेति, क्रिया, त्रास देता है, डराता है।
(**सन्तज्जेसि, सन्तज्जित, सन्तज्जेन्त, सन्तज्जयमान, सन्तज्जेत्वा**)।

सन्ततं, क्रि० वि०, देखो सततं।

सन्तति, स्त्री०, सन्तति, परम्परा।

सन्तत्त, कृदन्त, सन्तप्त, तपा हुआ।

सन्तप्पति, क्रिया, अनुतप्त होता है, दुखित होता है।
(**सन्तप्पि, सन्तप्पमान, सन्तत्त**)।

सन्तप्पित, कृदन्त, सन्तुष्ट, प्रसन्न।

सन्तप्पेति, क्रि०, सन्तुष्ट होता है,

प्रसन्न होता है।
(**सन्तप्पेसि, सन्तप्पेन्त, सन्तप्पेत्वा, सन्तप्पिय, सन्तप्पित**)।

सन्तर-बाहिर, वि०, भीतर तथा बाहर।

सन्तर-बाहिरं, क्रि० वि०, भीतर-बाहर करके।

सन्तरति, क्रिया, शीघ्रता करता है, जल्दी करता है।
(**सन्तरि, सन्तरमान**)।

सन्तसति, क्रिया, डरता है, भयभीत होता है।
(**सन्तसि, सन्तसन्त, सन्तसित्वा**)।

सन्तसन, नपुं०, भय, डर।

सन्तान, नपुं०, सन्तति, परम्परा, मकड़ी का जाला।

सन्तानेति, क्रिया, परम्परा बनाए रखता है।

सन्ताप, पु०, ताप, पश्चाताप।

सन्तापेति, क्रिया, तपाता है, जलाता है, त्रास देता है।
(**सन्तापेसि, सन्तापित, सन्तापेत्वा**)।

सन्तास, पु०, डर, त्रास, कांपना।

सन्तासी, वि०, कांपता हुआ, डरता हुआ।

सन्ति, स्त्री०, शान्ति।

सन्ति-कम्म, नपुं०, शान्ति स्थापित करना।

सन्ति-पद, नपुं०, शान्त-अवस्था।

सन्तिक, वि०, समीप; नपुं०, पड़ोस।

सन्तिका, अव्यय, (उसके पास) से।

सन्तिकावचर, वि०, नज़दीक रहने वाला।

सन्तिकें निदान, जातकट्ठकथा का वह भाग, जिसमें भगवान् बुद्ध के बुद्धत्व-लाभ से लेकर परिनिर्वृत्त होने तक का वृत्तान्त संगृहीत है।

सन्तिट्ठति, क्रिया, ठहरता है, निश्चल रहता है।

सन्तीरण, नपुं०, खोज-बीन करना।

सन्तुट्ठ, कृदन्त, सन्तुष्ट, प्रसन्न-चित्त।

सन्तुट्ठता, स्त्री०, सन्तुष्ट रहना।

सन्तुट्ठि, स्त्री०, सन्तोष, प्रीति, आनन्द।

सन्तुसित, देखो सन्तुट्ठ।

सन्तुस्सक, वि० सन्तुष्ट, प्रसन्न।

सन्तुस्सन, नपुं०, सन्तोष।

सन्तुस्सति, क्रिया, सन्तुष्ट रहता है।
(**सतुस्समान, सन्तुट्ठ, सन्तुसित**)।

सन्तोस, पु०, सन्तोष।

सन्थत, कृदन्त, ढका हुआ।

सन्थम्भेति, क्रिया, कठोर बनता है।
(**सन्थम्भेसि, सन्थम्भित, सन्थम्भित्वा**)।

सन्थम्भना, स्त्री०, कठोर होना।

सन्थर, पु०, चटाई; नपुं०, बिछाना।

सन्थरति, क्रिया, बिछाता है।
(**सन्थरि, सन्थरित्वा**)।

सन्थरापेति, क्रिया, बिछवाता है।

सन्थव, पु०, गहरी मित्रता, संसर्ग, समागम।

सन्थवजातक, अग्नि को दी गई आहुति के कारण कुटिया में आग लग गई (१६२)।

सन्थागार, पु० तथा नपुं०, सभा-भवन।

सन्थार, पु०, फर्श, बिछावन।

सन्थुत, कृदन्त, परिचित ।

सन्द, वि०, घना; पु०, बहाव ।

सन्दच्छाय, वि०, घनी छाया वाला ।

सन्दति, क्रिया, बहता है ।
(सन्दि, सन्दित, सन्दित्वा, सन्दमान) ।

सन्दन, नपुं०, बहना; पु०, रथ ।

सन्दस्सक, पु०, दिखाने वाला ।

सन्दस्सन, नपुं०, शिक्षण, मार्ग-दर्शन ।

सन्दस्सियमान, वि०, शिक्षित ।

सन्दस्सेति, क्रिया, समझाता है, व्याख्या करता है ।
(सन्दस्सेसि, सन्दस्सित, सन्दस्सेत्वा) ।

सन्दहति, क्रिया, मेल बिठाता है ।
(सन्दहि, सन्दहित, सन्दहित्वा) ।

सन्दहन, नपुं०, मेल बिठाना ।

सन्दान, नपुं०, जंजीर, परम्परा ।

सन्दालेति, क्रिया, तोड़ता है, चीरता है ।
(सन्दालेसि, सन्दालित, सन्दालेत्वा) ।

सन्दिट्ठ, कृदन्त, एक साथ देखे गये; पु०, मित्र ।

सन्दिट्ठिक, वि०, दिखाई देने वाला, इह-लोक सम्बन्धी ।

सन्दित, कृदन्त, बहा ।

सन्दिद्ध, कृदन्त, विष-मिश्रित ।

सन्दिस्सति, क्रिया, दिखाई देता है ।

सन्दीपन, नपुं०, स्पष्ट करना, प्रकाशित करना ।

सन्दीपेति, क्रिया, प्रकाशित करता है ।
(सन्दीपेसि, सन्दीपित, सन्दीपेत्वा) ।

सन्देस, पु०, सन्देश ।

सन्देस-हर, पु०, सन्देश-वाहक ।

सन्देसागार, नपुं०, डाकखाना ।

सन्देह, पु०, शक, अपनी देह ।

सन्दोह, पु०, ढेर ।

सन्धन, नपुं०, निजी सम्पत्ति ।

सन्धमति, क्रिया, फूंकता है, बजाता है ।
(सन्धमि, सन्धमित्वा) ।

सन्धातु, पु०, मेल मिलाने वाला ।

सन्धान, नपुं०, मेल, एकता ।

सन्धाय, पूर्व० क्रिया, मेल होकर ।

सन्धारक, वि०, सहन करते हुए, रोकते हुए ।

सन्धारण, नपुं०, रोकना ।

सन्धारेति, क्रिया, सहन करता है ।
(सन्धारेसि, सन्धारित, सन्धारेत्वा, सन्धारेन्त) ।

सन्धावति, क्रिया, दौड़ता है ।
(सन्धावि, सन्धावित, सन्धावित्वा, सन्धावन्त, सन्धावमान) ।

सन्धि, स्त्री०, मेल, समझौता ।

सन्धिच्छेदक, वि०, सेंध लगाने वाला ।

सन्धिभेद जातक, गौ और शेर की सन्तान के बीच स्थापित हुए मैत्री-सम्बन्ध को एक गीदड़ ने नष्ट किया (३४९) ।

सन्धिमुख, नपुं०, सेंध का मुँह ।

सन्धीयति, क्रिया, मेल मिलाया जाता है ।

सन्धूपायति, क्रिया, धुआँ बाहर निकालता है ।
(सन्धूपायि, सन्धूपायित्वा) ।

सन्धूपेति, क्रिया, धुआँ देता है ।
(सन्धूपेसि, सन्धूपित, सन्धूपेत्वा) ।

सन्नय्हति, क्रिया, शस्त्र बाँधता है ।

(सन्नय्हि, सन्नय्हित्वा, सन्नय्ह,) ।

सन्नकद्दु, पु०, वृक्ष विशेष ।

सन्नद्ध, कृदन्त, बँधा हुआ, हथियारबन्द ।

सन्नाह, पु०, कवच ।

सन्निकट्ठ, नपुं०, पड़ोस ।

सन्निकास, वि०, मेल खाता हुआ, समान ।

सन्निचय, पु०, संग्रह ।

सन्निचित, कृदन्त, संगृहीत ।

सन्निट्ठान, नपुं०, सारांश ।

सन्निधान, नपुं०, सामीप्य ।

सन्निधि, पु०, एकत्र करना, जमा करना ।

सन्निधि-कारक, पु०, जमा करके रखने वाला ।

सन्निधि-कत, वि०, जमा किया हुआ (माल) ।

सन्निपतति, क्रिया, सम्मेलन होता है ।

(**सन्निपति, सन्निपतित, सन्निपतित्वा, सन्निपन्त**) ।

सन्निपात, पु०, सम्मेलन, वात-पित्त-कफ का मेल ।

सन्निपातिक, वि०, शारीरिक गुणों (वात-पित्त-कफ) का परिणाम ।

सन्निपातन, नपुं०, इकट्ठा करना ।

सन्निपातेति, क्रिया, सम्मेलन बुलाता है ।

(**सन्निपातेसि, सन्निपातित, सन्निपातेत्वा**) ।

सन्निभ, वि०, मेल खाता हुआ ।

सन्निय्यातन, नपुं०, सौंपना, स्तीफा देना ।

सन्निरुम्भन, नपुं०, रोकना ।

सन्निरुम्भेति, क्रिया, रोकता है, बाधा करता है ।

(**सन्निरुम्भेसि, सन्निरुम्भित, सन्निरुम्भेत्वा**) ।

सन्निवसति, क्रिया, एक साथ रहता है ।

सन्निवास, पु०, संगति ।

सन्निवेस, पु०, एक साथ रहना ।

सन्निसीदति, क्रिया, शान्त हो जाता है, स्थिर हो जाता है ।

(**सन्निसीदि, सन्निसीदित्वा**) ।

सन्निस्सित, वि०, आश्रित, सम्बन्धित ।

सन्निहित, कृदन्त, रखा गया ।

सन्नेति, क्रिया, मिश्रित करता है ।

(**सन्नेसि, सन्नित, सन्नेत्वा**) ।

सपच, पु०, चण्डाल, भंगी ।

सपजापतिक, वि०, पत्नी सहित ।

सपति, क्रिया, शपथ खाता है ।

(**सपि, सपित, सपित्वा**) ।

सपत्त, पु०, विरोधी, शत्रु; वि०, विरोधी ।

सपत्त-भार, वि०, अपने परों के भार को लिये ।

सपत्ती, स्त्री०, सपत्नी, सौत ।

सपथ, पु०, शपथ ।

सपदान, वि०, क्रमशः ।

सपदानं, क्रि० वि०, क्रमशः ।

सपदान-चारिका, स्त्री०, बिना एक भी घर छोड़े हर घर से भिक्षाटन करना ।

सपदि, अव्यय, तुरन्त ।

सपरिग्गह, वि०, अपनी सम्पत्ति अथवा पत्नी के साथ ।

सपाक, (सोपाक भी), पु०, अन्त्यज,

कुत्ते खाने वाला।

सप्प, पु०, सर्प, साँप।

सप्प-पोतक, पु० साँप का बच्चा।

सप्पच्चय, वि०, सहेतुक, सकारण।

सप्पञ्ञ, वि०, बुद्धिमान्।

सप्पटिघ, वि०, जिससे सम्बन्ध स्थापित किया जा सके, जिससे प्रतिक्रिया हो।

सप्पटिभय, वि०, भयानक।

सप्पति, क्रिया, रेंगता है।

सप्पन, नपुं०, रेंगना।

सप्पाणक, वि०, प्राणी-सहित।

सप्पाय, वि०, लाभ-प्रद।

सप्पायता, स्त्री०, कल्याणकारी होना।

सप्पि, नपुं०, घी।

सप्पिनी, स्त्री०, साँपिन

सप्पिनी, (**सप्पिनिका** भी), राजगृह के बीच से बहने वाली नदी।

सप्पीतिक, वि०, प्रीति-युक्त।

सप्पुरिस, पु०, सत्पुरुष।

सफरी, स्त्री०, मछली-विशेष।

सफल, वि०, फल-युक्त।

सबल, वि०, बलशाली।

सब्ब, वि०, सब।

सब्बकनिट्ठ, वि०, सबसे छोटा।

सब्बकम्मिक, वि०, सर्वकामी (मंत्री)।

सब्ब-चतुप्पद, पु०, सभी चतुष्पाद।

सब्बञ्ञू, वि०, सब जानने वाला; पु०, भगवान् बुद्ध।

सब्बञ्ञुता, स्त्री०, सर्वज्ञ-भाव।

सब्बट्ठक, वि०, सभी आठ प्रकार की चीज़ें।

सब्बतो, हर तरह से।

सब्बत्थ, क्रि० वि०, सर्वत्र, हर जगह।

सब्बत्र, देखो सब्बत्थ।

सब्बथा, क्रि० वि०, हर तरह से।

सब्बदा, क्रि० वि०, सर्वदा, हमेशा।

सब्बदाठ जातक, गीदड़ ने ब्राह्मण से 'पृथ्वी-जय' नाम का मन्त्र सीख कर जंगल के सभी प्राणियों को वशीभूत कर लिया और स्वयं उनका राजा बन बैठा (२४१)।

सब्बधि, क्रि० वि०, सर्वत्र।

सब्बपठम, वि०, सबसे प्रमुख।

सब्बपठमं, क्रि० वि०, सबसे आगे, सबसे पहले।

सब्ब-विदू, वि०, सब जानने वाला।

सब्ब-सत, वि०, सभी सौ-सौ प्रकार की चीजें।

सब्बसो, क्रि० वि०, सब तरह से।

सब्ब-सोवण्ण, वि०, सम्पूर्ण स्वर्ण-निर्मित।

सब्बस्स, नपुं०, तमाम सम्पत्ति।

सब्बस्सहरण, नपुं०, सारी सम्पत्ति का हरण।

सब्भ, वि०, गुणों वाला।

सब्रह्मक, वि०, ब्रह्मलोक सहित।

सब्रह्मचारी, पु०, सहपाठी, गुरु-भाई।

सभग्गत, वि०, सभा में गया हुआ।

सभा, स्त्री०, परिषद्।

सभाग, वि०, समान, एक ही विभाग से सम्बन्धित।

सभागट्ठान, नपुं०, अनुकूल स्थान, सुविधा का स्थान।

सभागवुत्ती, वि०, परस्पर शालीनता पूर्वक रहने वाला।

सभाय, नपुं०, सभा-भवन।

सभाव, पु०, स्वभाव, प्रकृति।

सभाव-धम्म, पु०, स्वभाव का सिद्धान्त ।

सभोजन, वि०, भोजन-सहित ।

सम, त्रि०, (सम) बराबर; पु०, (शम) निश्चलता, शान्ति, (श्रम) थकावट ।

समक, त्रि०, बराबर करने वाला ।

समं, क्रि० वि०, बराबर बराबर ।

समेन, क्रि० वि०, बिना पक्षपात के ।

समग्ग, वि०, समग्र-भाव, एकता ।

समग्ग-करण, नपुं०, मेल कराना ।

समग्गता, नपुं०, समग्र-भाव, समझौता ।

समग्गरत, त्रि०, एकता में प्रसन्न ।

समग्गाराम, वि०, एकता में प्रसन्न ।

समङ्गिता, स्त्री०, युक्त होना ।

समङ्गी, वि०, युक्त, समन्वित ।

समङ्गीभूत, वि०, युक्त ।

समचरिया, स्त्री०, शान्त चर्या ।

समचित्त, वि०, शान्त-चित्त ।

समचित्तता, स्त्री०, शान्त-चित्त होने का भाव ।

समजातिक, वि०, एक ही जाति का ।

समज्ज, नपुं०, मेले की भीड़ ।

समज्जट्ठान, नपुं०, मेले की जगह ।

समज्जाभिचरण, नपुं०, मेलों में घूमना ।

समञ्ञा, स्त्री०, पद, नाम ।

समञ्ञात, वि०, पद-प्राप्त, जाना हुआ ।

समण, नपुं०, साधु ।

समण-कुत्तक, पु०, बनावटी साधु ।

समणी, स्त्री०, साध्वी ।

समणुद्देसा, पु०, श्रामणेर ।

समण-धम्म, पु०, श्रमण-धर्म ।

समण-सारुप्प, वि०, श्रमण के योग्य ।

समता, स्त्री०, बराबरी ।

समतिक्कन्त, कृदन्त, लाँघ गया, सीमा पार कर गया ।

समतिक्कम, पु०, सीमा लाँघ जाना ।

समतिक्कमति, क्रिया, सीमा लाँघ जाता है ।

(**समतिक्कमि, समतिक्कमित्वा**) ।

समतित्तिक, वि०, किनारे तक भरा हुआ ।

समतिवत्तति, क्रिया०, सीमा लाँघता है ।

(**समतिवत्ति, समतिवत्तित्वा, समतिवत्तित**) ।

समत्त, वि०, सम्पूर्ण; नपुं०, समत्व, बराबरी का भाव ।

समत्थ, वि०, सामर्थ्यवान ।

समत्थन, नपुं०, झगड़े का फैसला ।

समथ, पु०, चित्त की शान्ति; कानूनी झगड़ों का निबटारा ।

समथ-भावना, स्त्री०, चित्त-शान्ति का अभ्यास ।

समधिगच्छति, क्रिया, प्राप्त करता है, भली प्रकार समझता है ।

(**समधिगच्छि, समधिगत, समधिगन्त्वा**) ।

समनन्तर, वि०, तुरन्त बाद का ।

समनन्तरा, क्रि० वि०, ठीक बाद में ।

समनुगाहति, क्रिया, कारणों का पता लगाता है ।

(**समनुगाहि, समनुगाहित्वा**) ।

समनुञ्ञ, वि०, स्वीकृत ।

समनुञ्ञा, स्त्री०, स्वीकृति ।

समनुञ्ञात, वि०, स्वीकृत, अनुमत ।

समनुपस्सति, क्रिया, देखता है, अनुभव करता है।

(**समनुपस्सि**, **समनुपस्समान**, **समनुपस्सित्वा**)।

समनुभासति, क्रिया, बातचीत करता है।

(**समनुभासि**, **समनुभासित**, **समनुभासित्वा**)।

समनुभासना, स्त्री०, वार्तालाप, बातचीत, पूर्वाभ्यास।

समनुयुञ्जति, क्रिया, प्रश्नोत्तर करता है।

(**समनुयुञ्जि**, **समनुयुञ्जित्वा**)।

समनुस्सरति, क्रिया, अनुस्मरण करता है।

(**समनुस्सरि**, **समनुस्सरन्त**, **समनुस्सरित्वा**)।

समन्त, वि०, सब, सारा।

समन्त-चक्खु, वि०, सब कुछ देखने वाला।

समन्त-पासादिक, वि०, सबको प्रसन्न रखने वाला।

समन्त पासादिका, आचार्य बुद्धघोष द्वारा रचित विनय-पिटक की अट्ठकथा।

समन्त-भद्दक, वि०, सबके लिए कल्याणकारक।

समन्त-कूट पब्बत, सिंहल-द्वीप का पर्वत-शिखर विशेष, जो भगवान् बुद्ध के चरण-चिह्न से पूत हुआ माना जाता है।

समन्ता, (**समन्ततो**) भी, क्रि० वि०, चारों ओर से।

समन्नागत, वि०, युक्त।

समन्नाहरति, क्रिया, इकट्ठा करता है।

(**समन्नाहरि**, **समन्नाहट**, **समन्नाहरित्वा**)।

समपेक्खति, क्रिया, भली प्रकार देखता है।

(**समपेक्खि**, **समपेक्खित्वा**, **समपेक्खित**)।

समप्पेति, क्रिया, समर्पित करता है, सौंपता है।

(**समप्पेसि**, **समप्पित**, **समप्पेत्वा**, **समप्पिय**)।

समय, पु०, काल, परिषद्, ऋतु, अवसर, धार्मिक मत।

समयन्तर, नपुं०, भिन्न-भिन्न सम्प्रदाय।

समर, नपुं०, युद्ध।

समल, वि०, अपवित्र, मल-सहित।

समलङ्कत, कृदन्त, अलंकृत।

समलङ्करोति, क्रिया, सजाता है।

(**समलङ्करि**, **समलङ्करित्वा**, **समलङ्कत**)।

समवाय, पु०, मेल, एकत्र होना।

समवेक्खति, क्रिया, भली प्रकार छानबीन करता है, प्रतीक्षा करता है।

(**समवेक्खि**, **समवेक्खित्वा**, **समवेक्खित**)।

समवेपाकिनी, स्त्री०, हजम करने वाली।

सम-सिप्पी, पु०, समान शिल्प वाले, हमपेशा।

समस्सास, पु०, सहायता, विश्राम।

समस्सासेति, क्रिया, सहायता पहुँचाता है, आराम पहुँचाता है।

(**समस्सासेसि, समस्सासेत्वा**) ।
समा, स्त्री०, वर्ष ।
समाकड्ढति, क्रिया, सार निकालता है, खींचता है ।
(**समाकड्ढि, समाकड्ढित्वा**) ।
समाकड्ढन, नपुं०, खींचना, घसीटना, सार निकालना ।
समाकिण्ण, वि०, एकत्र किया हुआ, भरा हुआ, बिखेरा हुआ ।
समागच्छति, क्रिया, आकर मिलता है, एकत्र होता है ।
(**समागच्छि, समागन्त्वा, समागम्म, समागत**) ।
समागत, कृदन्त, एकत्रित ।
समागम, पु०, परिषद्, सभा ।
समाचरति, क्रिया, आचरण करता है, अभ्यास करता है ।
(**समाचरि, समाचरन्त, समाचरित्वा**) ।
समाचरण, नपुं०, आचरण, व्यवहार ।
समाचार, पु०, आचरण, व्यवहार ।
समादपक, (**समादपेतु** भी), पु०, उत्साहित करने वाला, प्रेरित करने वाला ।
समादपन, नपुं०, उत्साहित करना, प्रेरित करना, उत्तेजित करना ।
समादपेति, क्रिया, उत्साहित करता है, प्रेरित करता है, उत्तेजित करता है ।
(**समादपेसि, समादपित, समादपेत्वा**) ।
समादहति, क्रिया, जोड़ता है, एकाग्र करता है, (अग्नि) जलाता है ।
(**समादहि, समादहन्त, समादहित्वा**) ।
समादाति, क्रिया, ग्रहण करता है, स्वीकार करता है ।
समादान, नपुं०, स्वीकार करना, अंगीकार करना, आचरण करना ।
समादाय, पूर्व० क्रिया, लेकर ।
समादियति, क्रिया, अंगीकार करता है ।
(**समादियि, समादिन्न, समादियित्वा, समादियन्त**) ।
समादिसति, क्रिया, आदेश देता है; आज्ञा देता है ।
(**समादिसि, समादिट्ठ, समादिसित्वा**) ।
समाधान, नपुं०, एकत्र करना, एकाग्रता ।
समाधि, पु०, योगाभ्यास, चित्त की एकाग्रता ।
समाधिज, वि०, समाधि से उत्पन्न ।
समाधि-बल, नपुं०, समाधि का बल ।
समाधि-भावना, स्त्री०, समाधि का अभ्यास ।
समाधि-संवत्तनिक, वि०, एकाग्रता में सहायक ।
समाधि-सम्बोज्झङ्ग, पु०, सम्बोधि के अङ्ग-स्वरूप समाधि ।
समाधियति, क्रिया, समाहित होता है ।
(**समाधियि, समाधियित्वा**) ।
समान, वि०, बराबर ।
समान-गतिक, वि०, समानगति वाला ।
समानत्त, नपुं, समानत्व; वि०, (समान+अत्त) शान्त चित्त वाला ।

समानत्तता, स्त्री०, निष्पक्षपात, शान्त भाव ।

समान-वस्सिक वि०, भिक्षु-आयु में समान ।

समान-संवासक, वि०, एक ही साथ रहने वाला ।

समानेति, क्रिया, मेल मिलाता है, पास-पास लाता है ।
(**समानेसि, समानेत्वा**) ।

समापज्जति, क्रिया, (कार्य में) लगता है, रत होता है ।
(**समापज्जि, समापज्जन्त, समापज्जमान, समापज्जित्वा**) ।

समापज्जन, नपुं०, कार्य में लगना, रत होना ।

समापत्ति, स्त्री०, प्राप्ति ।

समापन्न, कृदन्त, कार्य-रत ।

समापेति, क्रिया, समाप्त करता है ।
(**समापेसि, समापित, समापेत्वा**) ।

समायाति, क्रिया, समीप आता है, एकत्र होता है ।

समायुत, वि०, जुड़ा हुआ ।

समायोग, पु०, मेल, जोड़ ।

समारक, वि०, मार (-देव) सहित ।

समारद्ध, कृदन्त, आरम्भ हुआ ।

समारब्भति, क्रिया, आरम्भ करता है ।
(**समारब्भि, समारब्भित्वा**) ।

समारम्भ, पु०, कार्य, हानि, (जानवरों का) बध ।

समारुहति, क्रिया, ऊपर चढ़ता है ।
(**समारुहि, समारळ्ह, समारुहित्वा, समारुव्ह**) ।

समारुहन, नपुं०, चढ़ना ।

समारोपन, नपुं०, चढ़ाना, ऊपर उठाना ।

समारोपेति, क्रिया, चढ़ाता है ।
(**समारोपेसि, समारोपित, समारोपेत्वा**) ।

समावहति, क्रिया, लाता है ।
(**समावहि, समावहन्त, समावहित्वा**) ।

समास, पु०, समास, शब्दों का संक्षिप्त रूप ।

समासेति, क्रिया, संगीति करता है ।
(**समासेसि, समासित, समासेत्वा**) ।

समाहत, कृदन्त, चोट खाया हुआ ।

समाहनति, क्रिया, चोट पहुँचाता है ।

समाहार, पु०, संग्रह ।

समाहित, कृदन्त, एकाग्रचित्त ।

समिज्झति, क्रिया, सफल होता है ।
(**समिज्झि, समिद्ध, समिज्झित्वा**) ।

समिज्झन, नपुं०, सफलता ।

समित, कृदन्त, शमित ।

समितत्त, नपुं०, शान्त-भाव ।

समितावी, वि०, शान्त (पुरुष) ।

समितं, क्रि० वि०, निरन्तर, सदैव ।

समिति, स्त्री०, परिषद् ।

समिद्ध, कृदन्त, समृद्ध, सफल ।

समिद्धि, स्त्री०, समृद्धि, सफलता ।

समिद्धि जातक, तपस्वी सूर्योदय होने पर, स्नान के अनन्तर, एक ही वस्त्र पहने, अपना बदन धूप में सुखा रहा था । एक अप्सरा ने उसे प्रलोभित करने की चेष्टा की (१६७) ।

समीप, वि०, नजदीक ।

समीपग, वि०, समीप गया हुआ ।

समीपचारी, वि०, समीप रहने

वाला।

समीपट्ठ, वि०, समीप-स्थित।

समीपट्ठान, नपुं०, नजदीक का स्थान।

समीर, पु०, सुगन्धित वायु।

समीरण, पु०, हवा।

समीरति, क्रिया, (हवा) चलती है।

समीरेति, क्रिया, आवाज निकालता है, बोलता है।
(**समीरेसि, समीरित, समीरेत्वा**)।

समुक्कंसेति, क्रिया, बड़ाई करता है।
(**समुक्कंसेसि, समुक्कंसित, समुक्कंसेत्वा**)।

समुग्ग, पु०, टोकरी, बाक्स।

समुग्ग-जातक, असुर ने अपनी सुन्दर स्त्री को सुरक्षित रखने के लिए एक डिबिया में बन्द किया और उसे निगल गया (४३६)।

समुग्गच्छति, क्रिया, ऊपर उठता है।
(**समुग्गच्छि, समुग्गन्त्वा, समुग्गत**)।

समुग्गत, कृदन्त, भली प्रकार सीखा हुआ।

समुग्गण्हाति, क्रिया, पाठ को भली प्रकार ग्रहण करता है।
(**समुग्गण्हि, समुग्गहित, समुग्गहीत, समुग्गहेत्वा**)।

समुग्गम, पु०, उत्पत्ति।

समुग्गिरति, क्रिया, बोलता है, बाहर निकालता है।

समुग्गिरण, नपुं, मुँह से निकले हुए शब्द।

समुग्घात, पु०, चोट पहुँचाना।

समुग्घातक, वि०, उखाड़ फेंकनेवाला, हटानेवाला।

समुग्घातेति, क्रिया, उखाड़ फेंकता है, हटाता है, दूर करता है।
(**समुग्घातेसि, समुग्घातित, समुग्घातेत्वा**)।

समुचित, कृदन्त, संगृहीत, एकत्रित।

समुच्चय, पु०, संग्रह।

समुच्छिन्दति, क्रिया, मूलोच्छेद करता है, नष्ट करता है।
(**समुच्छिन्दि, समुच्छिन्दिय, समुच्छिन्दित्वा**)।

समुच्छिन्न, कृदन्त, मूलोच्छेद कृत, विनष्ट।

समुच्छिन्दन, नपुं०, मूलोच्छेद, विनाश।

समुज्जल, वि०, अत्यन्त उज्ज्वल।

समुज्जित, वि०, फेंका गया, छोड़ दिया गया, परित्यक्त।

समुट्ठहति, (**समुट्ठाति** भी), क्रिया, ऊपर उठता है।
(**समुट्ठहि, समुट्ठित, समुट्ठित्वा**)।

समुट्ठान, नपुं०, उत्पत्ति।

समुट्ठापक, वि०, उत्पन्न करने वाला।

समुट्ठापेति, क्रिया, ऊपर उठाता है।
(**समुट्ठापेसि, समुट्ठापित, समुट्ठापेत्वा**)।

समुत्तरति, क्रिया, ऊपर से गुजरता है।
(**समुत्तरि, समुत्तिण्ण, समुत्तरित्वा, समुत्तरण**)।

समुत्तेजक, वि०, उत्तेजित करता हुआ।

समुत्तेजन, नपुं०, उत्तेजना।

समुत्तेजेति, क्रिया, ऊपर उठाता है,

उत्तेजित करता है, तेज करता है। **(समुत्तेजेसि समुत्तेजित, समुत्तेजेत्वा)**।

समुदय, पु०, उत्पत्ति।

समुदय-सच्च, नपुं०, उत्पत्ति सम्बन्धी सत्य।

समुदागत, कृदन्त, उत्पन्न

समुदागम, पु०, उत्पत्ति।

समुदाचरति, क्रिया, आचरण करता है।
(समुदाचरि, समुदाचरित, समुदाचरित्वा)।

समुदाचरण, नपुं०, आचरण, अभ्यास, व्यवहार।

समुदाचिण्ण, कृदन्त, आचरित।

समुदाय, पु०, समूह।

समुदाहरति, क्रिया, शब्द-उच्चारण करता है।
(समुदाहरि, समुदाहृत, समुदाहरित्वा)।

समुदाहरण, नपुं०, शब्दोच्चारण, बातचीत।

समुदाहार, पु०, शब्दोच्चारण, बातचीत।

समुदीरण, नपुं०, शब्दोच्चारण।

समुदीरेति, क्रिया, हलचल करता है।
(समुदीरेसि, समुदीरित, समुदीरेत्वा)।

समुदेति, क्रिया, ऊपर उठता है।

समुद्द, पु०, समुद्र, समुन्दर, जलनिधि।

समुद्दट्ठक, वि०, समुद्र-स्थित।

समुद्द जातक, समुद्र देवता ने अत्यन्त लोभी कौवे को डराकर भगा दिया (२९६)।

समुद्द वाणिज जातक, ऋणी व्यापारी द्वीपान्तर में पहुँचकर धनी हो गये (४६६)।

समुद्धट, कृदन्त, उद्धृत, ऊपर उठाया गया।

समुद्धरति, क्रिया, ऊपर उठाता है, बाहर निकालता है।
(समुद्धरि, समुद्धरित्वा)।

समुपगच्छति, क्रिया, समीप पहुँचता है।
(समुपगच्छि, समुपगत, समुपगन्त्वा)।

समुपगमन, नपुं०, नजदीक पहुँचाना।

समुपगम्म, पूर्व० क्रिया, पास पहुँचकर।

समुपब्बूळ्ह, वि०, भीड़-युक्त।

समुपसोभित, वि०, शोभित, अलंकृत।

समुपागत, वि०, नजदीक आया।

समुपज्जति, क्रिया, उत्पन्न होता है।
(समुपज्जि, समुपज्जित्वा)।

समुब्बहति, क्रिया, सहन करता है।
(समुब्बहि, समुब्बहन्त, समुब्बहित्वा)।

समुब्भवति, क्रिया, उत्पन्न होता है।
(समुब्भवि, समुब्भूत, समुब्भवित्वा)।

समुल्लपति, क्रिया, बातचीत करता है।
(समुल्लपि, समुल्लपित, समुल्लपित्वा)।

समुल्लपन, नपुं०, बातचीत।

समुल्लाप, पु०, बातचीत।

समुस्सय, पु०, जमाव, तमाम चीजों का इकट्ठा रूप।

समुस्सापेति, क्रिया, ऊपर उठाता है।

(समुस्सापेसि, समुस्सापित, समुस्सापेत्वा)।

समुस्साहेति, क्रिया, उत्साहित करता है, उत्तेजित करता है।

(समुस्साहेसि, समुस्साहित, समुस्साहेत्वा)।

समुस्सित, कृदन्त, ऊपर उठाया गया।

समूलक, वि०, जड़-सहित।

समूह, पु०, झुण्ड।

समूहनति, क्रिया, जड़ से उखाड़ देता है।

समेक्खति, क्रिया, भली प्रकार देखता है।

(समेक्खि, समेक्खित, समेक्खित्वा, समेक्खिये)।

समेक्खन, नपुं०, देखना।

समेत, कृदन्त, सम्बन्धित, जोड़ दिया गया।

समेति, क्रिया, पास आता है, इकट्ठा होता है।

(समेसि, समेत्वा)।

समेरित, कृदन्त, चालू किया गया।

समोकिरति, क्रिया, छिड़कता है।

(समोकिरि, समोकिरित्वा)।

समोकिरण, नपुं०, छिड़कना।

समोतत, कृदन्त, सर्वत्र फैलाया गया।

समोतरति, क्रिया, उतरता है।

(समोतरि, समोतिण्ण, समोतरित्वा)।

समोदहति, क्रिया, इकट्ठा करता है।

(समोदहि, समोदहित, समोदहित्वा)।

समोदहन, नपुं०, इकट्ठा करना, एक स्थान पर रखना।

समोधान, नपुं०, मेल।

समोधानेति, क्रिया, मेल मिलाता है।

(समोधानेसि, समोधानेत्वा)।

समोसरण, नपुं०, एकत्र होना।

समोसरति, क्रिया, एकत्र होता है, एक स्थान पर सम्मिलित होता है।

(समोसरि, समोसट, समोसरित्वा)।

सम्मोह, वि०, मोह-युक्त।

समोहित, कृदन्त (समोदहति), अन्तर्गत, ढका हुआ, एकत्र किया हुआ।

सम्पकम्पति, क्रिया, काँपता है।

(सम्पकम्पि, सम्पकम्पित)।

सम्पजञ्ञ, नपुं०, विवेक।

सम्पजान, वि०, जान-बूझकर।

सम्पज्जति, क्रिया, सफल होता है।

(सम्पज्जि, सम्पन्न, सम्पज्जमान, सम्पज्जित्वा)।

सम्पज्जन, नपुं०, सफलता।

सम्पज्जलित, कृदन्त, प्रज्वलित।

सम्पटिच्छति, क्रिया, प्राप्त करता है।

(सम्पटिच्छि, सम्पटिच्छित, सम्पटिच्छित्वा)।

सम्पटिच्छन, नपुं०, स्वीकृति।

सम्पति, अव्यय, सम्प्रति, अभी।

सम्पतित, कृदन्त, पतित, गिरा।

सम्पत्त, कृदन्त, पहुँचा।

सम्पत्ति, स्त्री०, धन, सम्पत्ति।

सम्पदा, स्त्री०, धन, सम्पत्ति।

सम्पदान, नपुं०, देना, चतुर्थी विभक्ति।

सम्पदालन, नपुं०, चीरना।

सम्पदालेति, (सम्पदाळेति भी), क्रिया, चीरता है, फाड़ता है।

(सम्पदालेसि, सम्पदालित, सम्पदालेत्वा)।

सम्पदुस्सति, क्रिया, दूषित होता है।

(**सम्पदुस्सि, सम्पदुट्ठ, सम्पदुस्सित्वा**) ।

सम्पदुस्सन, नपुं०, दूषण ।

सम्पदोस, पु०, शरारत, बदमाशी ।

सम्पन्न, कृदन्त, सफल ।

सम्पयात, कृदन्त, गया ।

सम्पयुत्त, वि०, सम्प्रयुक्त, समन्वित, सम्बन्धित ।

सम्पयोग, पु०, मेल ।

सम्पयोजेति, क्रिया, मिलाता है । (**सम्पयोजेसि, सम्पयोजित, सम्पयोजेत्वा**) ।

सम्पराय, पु०, भविष्य-काल, भावी अवस्था ।

सम्परायिक, वि०, परलोक सम्बन्धी ।

सम्परिकड्ढति, क्रिया, घसीटता है ।

सम्परिवज्जेति, क्रिया, दूर-दूर रखता है, टाल देता है । (**सम्परिवज्जेसि, सम्परिवज्जित, सम्परिवज्जेत्वा**) ।

सम्परिवत्तति, क्रिया, पलटता है, लोट-पोट होता है । (**सम्परिवत्ति, सम्परिवत्तित्वा, सम्परिवत्तेति**) ।

सम्परिवारेति, क्रिया, घेरता है, सेवा में उपस्थित रहता है । (**सम्परिवारेसि, सम्परिवारित, सम्परिवारेत्वा**) ।

सम्पवत्तेति, क्रिया, प्रवर्तित करता है । (**सम्पवत्तेसि, सम्पवत्तित**) ।

सम्पवायति, क्रिया, बहती है, चलती है, बाहर आती है ।

सम्पवेधति, झकझोरी जाती है । (**सम्पवेधि, सम्पवेधित, सम्पवेधेति**) ।

सम्पसाद, पु०, प्रसाद, आनन्द ।

सम्पसादनिय, वि०, शान्ति-प्रद, आनन्द-प्रद, सुखद ।

सम्पसादेति, क्रिया, प्रसन्न करता है । (**सम्पसादेसि, सम्पसादित, सम्पसादेत्वा**) ।

सम्पसारेति, क्रिया, फैलाता है । (**सम्पसारेसि, सम्पसारित, सम्पसारेत्वा**) ।

सम्पसीदति, क्रिया, प्रसन्न होता है, आनन्दित होता है । (**सम्पसीदि, सम्पसीदित्वा**) ।

सम्पसीदन, नपुं०, आनन्द, प्रीति ।

सम्पस्सति, क्रिया, भली प्रकार देखता है । (**सम्पस्सि, सम्पस्सन्त, सम्पस्समान, सम्पस्सित्वा**) ।

सम्पहट्ठ, कृदन्त, आनन्दित, प्रसन्न-चित्त ।

सम्पहंसक, वि०, प्रसन्नता-दायक ।

सम्पहंसति, क्रिया, प्रसन्न होता है । (**सम्पहंसि, सम्पहंसित, सम्पहंसेति, सम्पहंसेसि**) ।

सम्पहार, पु०, प्रहार देना, झगड़ा होना, लड़ाई होना ।

सम्पात, पु०, एक साथ गिरना, एक साथ आ पड़ना ।

सम्पादक, वि०, तैयारी करने वाला, प्राप्त करने वाला ।

सम्पादान, नपुं०, प्राप्त करना, प्राप्ति ।

सम्पादियति, उसे प्राप्त किया जाता है, उस तक (सामान) पहुँचाया

जाता है ।

सम्पादेति, क्रिया, पूरा करने का प्रयास करता है ।

(**सम्पादेसि, सम्पादित, सम्पादेत्वा**)।

सम्पापक, वि०, लाने वाला, (किसी ओर) ले जाने वाला ।

सम्पापन, नपुं०, (कहीं) पहुँचाना ।

सम्पापुणाति, क्रिया, पहुंचता है ।

(**सम्पापुणि, सम्पापत्त, सम्पापुणन्त, सम्पापुणित्वा**) ।

सम्पिण्डन, नपुं०, मेल मिलाना, पिण्ड बनाना ।

सम्पिण्डेति, क्रिया, मेल मिलाता है ।

(**सम्पिण्डेसि, सम्पिण्डित, सम्पिण्डेत्वा**) ।

सम्पियायति, क्रिया, प्रेम करता है, प्रेम के साथ स्वागत करता है ।

(**सम्पियायि, सम्पियायित, सम्पियायन्त, सम्पियायमान, सम्पियायि**[illegible]) ।

सम्पि[illegible]**यना**, स्त्री०, प्रेम, अत्यन्त नि[illegible] सम्बन्ध ।

सम्पीणेति, क्रिया, सन्तुष्ट करता है, खुश करता है ।

(**सम्पीणेसि, सम्पीणित, सम्पीणेत्वा**) ।

सम्पीळेति, क्रिया, पीड़ा देता है ।

(**सम्पीळेसि, सम्पीळित, सम्पीळेत्वा**) ।

सम्पुच्छति, क्रिया, पूछता है ।

(**सम्पुच्छि, सम्पुट्ठ**) ।

सम्पुट, पु०, दोना, अंजलि ।

सम्पुण्ण, कृदन्त, सम्पूर्ण ।

सम्पुप्फित, कृदन्त, पुष्पित ।

सम्पूजेति, क्रिया, सम्मान करता है ।

(**सम्पूजेसि, सम्पूजित, सम्पूजेन्त, सम्पूजेत्वा**) ।

सम्पूरेति, क्रिया, पूर्ण करता है ।

(**सम्पूरेसि, सम्पूरित, सम्पूरेत्वा**) ।

सम्फ, नपुं०, व्यर्थ, निष्प्रयोजन ।

सम्फप्पलाप, पु०, व्यर्थ-बकवास ।

सम्फस्स, पु०, स्पर्श ।

सम्फुल्ल, वि०, अच्छी तरह खिला हुआ (फूल) ।

सम्फुसति, क्रिया, स्पर्श करता है ।

(**सम्फुसि, सम्फुसित्वा**) ।

सम्फुसना, स्त्री०, स्पर्श ।

सम्फुसित, कृदन्त, स्पर्श कृत ।

सम्बन्ध, पु०, परस्पर का सम्बन्ध ।

सम्बन्धति, क्रिया, सम्बन्ध जोड़ता है ।

(**सम्बन्धि, सम्बन्धित्वा**) ।

सम्बन्धन, नपुं०, सम्बन्ध जोड़ना ।

सम्बर, पु०, असुरों का एक राजा, जिसका नाम सम्बर था ।

सम्बरी, स्त्री०, माया-जाल ।

सम्बल, नपुं०, सामान (खाने-पीने का) ।

सम्बहुल, वि०, अनेक, बहुत करके ।

सम्बाध, पु०, बाधा, रुकावट, भीड़-भाड़ ।

सम्बाधेति, क्रिया, बाधित होता है, भीड़-भाड़ से घिरा रहता है ।

सम्बाहति, क्रिया, मालिश करता है ।

सम्बाहन, नपुं०, मालिश ।

सम्बुक, पु०, सीप ।

सम्बुज्झति, क्रिया, समझता है ।

(**सम्बुज्झि, सम्बुद्ध, सम्बुज्झित्वा**) ।

सम्बुद्ध, पु०, सम्यक् सम्बुद्ध, सम्पूर्ण

ज्ञानी।

सम्बुल जातक, सम्बुला ने जंगल में भी साथ जाकर अपने कोढ़ी पति की सेवा की (५१९)।

सम्बोज्झङ्ग, पु०, सम्बोधि-प्राप्ति में सहायक अंग।

सम्बोधन, नपुं०, प्रबोध, अष्टमी विभक्ति।

सम्बोधि, स्त्री०, पूर्ण ज्ञान।

सम्बोधेति, क्रिया, ज्ञान देता है, शिक्षा देता है।

सम्भग्ग, कृदन्त, टूटा हुआ।

सम्भञ्जति, क्रिया, तोड़ता है। (**सम्भञ्जि, सम्भञ्जित्वा**)।

सम्भत, कृदन्त, लाया गया।

सम्भत्त, वि०, मित्र।

सम्भम, पु०, उत्तेजना।

सम्भमति, क्रिया, चक्कर खाता है। (**सम्भमि, सम्भमित्वा**)।

सम्भव, पु०, उत्पत्ति।

सम्भवति, क्रिया, उत्पन्न होता है। (**सम्भवि, सम्भूत**)।

सम्भवन, नपुं०, उत्पन्न होना।

सम्भवेसी, पु०, उत्पत्ति की इच्छा करने वाला।

सम्भार, पु०, सामग्री।

सम्भावना, स्त्री०, सत्कार।

सम्भावनीय, वि०, आदरणीय।

सम्भावेति, क्रिया, सत्कार करता है। (**सम्भावेसि, सम्भावित, सम्भावेत्वा**)।

सम्भिन्दति, क्रिया, मिलाता है, तोड़ता है।

सम्भिन्न, कृदन्त, टूटा हुआ।

सम्भीत, कृदन्त, भयभीत।

सम्भुञ्जति, क्रिया, मिलकर खाता-पीता है। (**सम्भुञ्जि, सम्भुञ्जित्वा**)।

सम्भूत, कृदन्त, उत्पन्न हुआ।

सम्भेद, पु०, मिलावट।

सम्भोग, पु०, सहभोज, प्रेम।

सम्म, निकटस्थ व्यक्तियों के लिए सम्बोधन वचन; नपुं०, मंजीरा।

सम्मक्खन, नपुं०, माखना।

सम्मक्खेति, क्रिया, माखता है। (**सम्मक्खेसि, सम्मक्खित, सम्मक्खेत्वा**)।

सम्मग्गत, वि०, सम्यक् मार्गी।

सम्मज्जति, क्रिया, झाड़ू देता है। (**सम्मज्जि, सम्मज्जित, सम्मट्ठ, सम्मज्जन्त, सम्मज्जित्वा, सम्मज्जितब्ब**)।

सम्मज्जनी, स्त्री०, झाड़ू।

सम्मत, कृदन्त, जिसे सहमति प्राप्त हो।

सम्मताल, पु०, मंजीरा।

सम्मति, क्रिया, शान्त होता है।

सम्मत्त, कृदन्त, नशे में धुत्त।

सम्मद, पु०, तन्द्रा।

सम्मदक्खात, वि०, सम्यक् प्रकार से समझाया गया।

सम्मदञ्ञा, (**सम्मदञ्ञाय** भी), पूर्व० क्रिया, अच्छी तरह समझकर।

सम्मदेव, अव्यय, ठीक तरह से।

सम्मद्द, पु०, भीड़।

सम्मद्दति, क्रिया, कुचल देता है। (**सम्मद्दि, सम्मद्दित, सम्मद्दित्वा**)

सम्मद्दन, नपुं०, कुचलना।

सम्मद्दस, वि०, सम्यक् दृष्टि रखने वाला।

सम्मन्तेति, क्रिया, मंत्रणा करता है, परामर्श करता है।
(**सम्मन्तेसि, सम्मन्तित, सम्मन्तित्वा**)।

सम्मन्नति, क्रिया, अधिकार देता है, सहमत होता है, स्वीकार करता है, चुनाव करता है।
(**सम्मन्नि, सम्मन्नित, सम्मत, सम्मन्नित्वा**)।

सम्मप्पञ्ञा, स्त्री०, सम्यक् प्रज्ञा।

सम्मप्पधान, नपुं०, सम्यक् प्रयत्न।

सम्मसति, क्रिया, ग्रहण करता है, छूता है।
(**सम्मसि, सम्मसित, सम्मसित्वा**)।

सम्मा, अव्यय, सम्यक् रूप से।

सम्मा-आजीव, पु०, सम्यक् आजीविका।

सम्मा-कम्मन्त, पु०, सम्यक् आचरण।

सम्मा-दिट्ठि, स्त्री०, सम्यक् दृष्टि।

सम्मा-दिट्ठिक, वि०, सम्यक् दृष्टि वाला।

सम्मा-पटिपत्ति, स्त्री०, सम्यक् आचरण।

सम्मा-पटिपन्न, सम्यक् प्रवृत्त।

सम्मा-पास, पु०, यज्ञ विशेष।

सम्मा-वत्तना, स्त्री०, सम्यक् व्यवहार।

सम्मा-वाचा, स्त्री०, सम्यक् वाणी।

सम्मा-वायामो, पु०, सम्यक् प्रयत्न।

सम्मा-विमुत्ति, स्त्री०, सम्यक् विमुक्ति।

सम्मा-संकप्प, पु०, सम्यक् संकल्प।

सम्मा-सति, स्त्री०, सम्यक् स्मृति (जागरूकता)।

सम्मा-समाधि, पु०, सम्यक् समाधि (एकाग्रता)।

सम्मा-सम्बुद्ध, पु०, सम्पूर्ण ज्ञानी।

सम्मा-सम्बोधि, स्त्री०, सम्यक् ज्ञान।

सम्मान, पु०, सत्कार, गौरव।

सम्मानना, स्त्री०, आदर।

सम्मिञ्जति, क्रिया, पीछे झुकता है।
(**सम्मिञ्जि, सम्मिञ्जित, सम्मिञ्जान्त, सम्मिञ्जित्वा**)।

सम्मिस्स, वि०, मिश्रित।

सम्मिस्सता, स्त्री०, मिश्रित भाव।

सम्मुख, वि०, आमने-सामने।

सम्मुखा, अव्यय, सामने।

सम्मुच्छति, क्रिया, मूर्छित होता है।
(**सम्मुच्छि, सम्मुच्छित, सम्मुच्छित्वा**)।

सम्मुज्जनी, स्त्री०, झाड़ू।

सम्मुति, स्त्री०, सम्मति, सामान्य राय।

सम्मुदित, वि०, प्रसन्न-चित्त।

सम्मुय्हति, क्रिया, भूल जाता है, विस्मरण होता है।
(**सम्मुय्हि, सम्मूळ्ह, सम्मूय्हित्वा, सम्मूय्ह**)।

सम्मुय्हन, नपुं०, भूलना।

सम्मुस्सति, क्रिया, भूलता है।
(**सम्मुस्सि, सम्मुट्ठ, सम्मुस्सित्वा**)।

सम्मोदक, वि०, प्रसन्नता-पूर्वक बोलने वाला, नम्र स्वभाव वाला।

सम्मोदति, क्रिया, आनन्दित होता है।

सम्मोदना, स्त्री०, आनन्दित होना।

सम्मोदनीय, वि०, प्रसन्न होने योग्य।

सम्मोदमान जातक, बटेर शिकारी के जाल को साथ लिये उड़ गया (३३)।

सम्मोस, पु०, मूढ़ता, अचम्भा, घबड़ाहट।

सम्मोह, पु०, घबड़ाहट, मोह।

सय, वि०, अपना।

सयति, क्रिया, सोता है, लेटता है। (सयि, सयन्त, सयमान, सयित्वा)।

सयथु, पु०, खुजली।

सयन, नपुं०, शयन।

सयनघर, नपुं०, शयनागार, सोने का कमरा।

सयम्भू, पु०, स्वयंभू।

सयं, अव्यय, अपने आप।

सयंकत, वि०, स्वयंकृत।

सयंवर, पु०, स्वयंवर, अपने पति का चुनाव स्वयं करना।

सयान, वि०, सोते हुए।

सयापित, कृदन्त, लिटाया गया।

सयापेति, क्रिया, सुलाता है।

सय्ह, वि०, सहन करने योग्य।

सय्ह जातक, राजा ने अपने सहपाठी मित्र को राजपुरोहित बनाना चाहा (३१०)।

सर, पु० तथा नपुं०, शर, तीर, स्वर (आवाज), स्वर (अ-व्यञ्जन अक्षर), झील, सरकण्डा।

सरतुण्ड, नपुं०, तीर की नोक।

सर-तीर, नपुं०, सरोवर का किनारा।

सर-भङ्ग, पु०, तीर को तोड़ डालना।

सर-भञ्ज, नपुं०, गायन-विधि विशेष।

सर-भाणक, पु०, धर्म-ग्रन्थों का सस्वर पाठ करने वाला।

सर-मण्डल, नपुं०, स्वर-मण्डल।

सरक, पु०, कसोरा, सराव।

सरज, वि०, धूल-सहित।

सरट, पु०, गिरगिट।

सरण, नपुं०, संरक्षण, याद।

सरणागमन, नपुं०, शरण-ग्रहण।

सरणीय, वि०, स्मरणीय।

सरति, क्रिया, याद रखता है।

सरद, पु०, शरद् (समय)।

सरभ, पु०, मृग की जाति विशेष।

सरभ जातक, देखो सरभ मिग जातक।

सरभ मिग जातक, सरभ मृग ने राजा को धर्मोपदेश दिया (४८३)।

सरभू, पु०, छिपकली।

सरभू, (सरयू भी), पाँच प्रधान नदियों में से एक।

सरभङ्ग जातक, राजा ने जोतिपाल को अपनी धनुर्विद्या का प्रदर्शन करने के लिए कहा (५२२)।

सरल, एक वृक्ष विशेष।

सरलद्दव, पु०, तारपीन का तेल।

सरव्य, नपुं०, लक्ष्य।

सरस, वि०, स्वादिष्ट।

सरसी, स्त्री०, झील।

सरसीरुह, नपुं०, कमल।

सरस्सति, सरस्वती नदी।

सराग, वि०, रागी।

सराजक, वि०, राजा के साथ।

सराव, पु०, सकोरा।

सरासन, नपुं०, धनुष।

सरिक्खक, वि०, एक जैसा।

सरितब्ब, स्मरण करने योग्य।

सरिता, स्त्री०, नदी।

सरितु, पु०, याद रखने वाला।

सरीर, नपुं०, शरीर ।
सरीर-किच्च, नपुं०, शौच-कर्म ।
सरीरट्ठ, वि०, शरीर-स्थित ।
सरीर-धातु, स्त्री०, बुद्ध के पवित्र शरीर-धातु ।
सरीर-निस्सन्द, पु०, शरीर का मल ।
सरीरप्पभा, स्त्री०, शरीर-प्रभा ।
सरीर-मंस, नपुं०, शरीर का मांस ।
सरीर-वण्ण, पु०, शरीर का वर्ण ।
सरीर-वलञ्ज, पु०, शरीर-मल ।
सरीर-वलञ्जट्ठान, नपुं०, शौच-स्थान ।
सरीर-सण्ठान, नपुं०, शरीर-संस्थान, शारीरिक आकार-प्रकार ।
सरीरी, पु०, प्राणी ।
सरूप, वि०, उसी रूप का ।
सरूपता, स्त्री०, समानता ।
सरोज, नपुं०, कमल ।
सरोरुह, नपुं०, कमल ।
सलक्खण, वि०, लक्षणों सहित ।
सलभ, पु०, पतिंगा (दीपक पर जलने वाला) ।
सलळवती, सलिलवती, मध्य-मण्डल की दक्षिणी सीमा ।
सलळागार, जेतवन का एक भवन ।
सलाका, स्त्री०, शलाका, तीर, छोटी लकड़ी, घास की पत्ती, चीर-फाड़ का औजार ।
सलाका-वुत्त, वि०, शलाका-भोजन खाकर रहने वाला ।
सलाकग्ग, नपुं०, शलाका-भोजन बाँटने का स्थान ।
सलाका-गाह, पु०, शलाकाओं का ग्रहण करना ।
सलाका-गाहापक, पु०, शलाका बाँटने वाला ।
सलाका-भत्त, नपुं०, शलाकाओं के अनुसार बाँटा जाने वाला भोजन ।
सलाटुक, वि०, कच्चा, ताजा ।
सलाभ, पु०, अपना लाभ ।
सलिल, नपुं०, जल, पानी ।
सलिल-धारा, स्त्री०, जल-धारा ।
सल्ल, पु०, तीर ।
सल्लक, पु०, साही के पर की तीली ।
सल्लकत्त, पु०, शल्य-कर्ता ।
सल्ल-कत्तिय, नपुं०, शल्य कर्म ।
सल्लक्खन, नपुं०, विवेक ।
सल्लक्खना, स्त्री०, विचार, मनन ।
सल्लक्खेति, क्रिया, ध्यान देता है । (**सल्लक्खेसि**, **सल्लक्खित**, **सल्लक्खेत्वा**, **सल्लक्खेन्त**) ।
सल्लपति, क्रिया, बातचीत करता है । (**सल्लपि**, **सल्लपन्त**, **सल्लपित्वा**) ।
सल्लपन, नपुं०, बातचीत, वार्तालाप ।
सल्लहुक, वि०, हलका ।
सल्लाप, पु०, मैत्रीपूर्ण बातचीत ।
सल्लिखति, क्रिया, टुकड़े-टुकड़े कर डालता है । (**सल्लिखि**, **सल्लिखित**, **सल्लिखित्वा**) ।
सल्लीन, कृदन्त, एकान्त-प्राप्त ।
सल्लीयति, क्रिया, एकान्त-वास करता है । (**सल्लीयि**, **सल्लीयित्वा**) ।
सल्लीयना, स्त्री०, एकान्त ।
सल्लेख, पु०, कड़ी तपस्या ।
सवङ्क, वि०, टेढ़ेपन-सहित ।
सवण, नपुं०, सुनना, कान ।

सवणीय, वि०, कर्ण-प्रिय ।

सवन, नपुं०, कान, बहना ।

सवति, क्रिया, बहता है ।
(**सवि, सवन्त, सवित्वा**) ।

सवन्ती, स्त्री०, नदी ।

सविघात, वि०, विद्वेष के साथ ।

सविञ्ञाणक, वि०, चेतन प्राणी, होश वाला ।

सवितक्क, वि०, सवितर्क, संकल्प-विकल्प युक्त ।

सविभत्तिक, त्रि०, वर्गीकरण सहित ।

सवेर, वि०, वैर सहित ।

सव्यञ्जन, वि०, सालन-सहित, व्यञ्जन-अक्षरों सहित ।

सस, पु०, खरगोश ।

सस-लक्खण, (**सस-लञ्छन** भी), नपुं०, चन्द्रमा में खरगोश का चिह्न ।

सस-विसाण, नपुं०, खरगोश की सींग (असम्भव बात) ।

सस (पण्डित) जातक, खरगोश ने अपना शरीर ही दान देने का संकल्प किया (३१६) ।

ससक्कं, क्रि० वि०, निश्चय से, जितना हो सके उतना ।

ससङ्कु, पु०, चन्द्रमा ।

ससति, क्रिया, साँस लेता है ।

ससत्थ, वि०, सशस्त्र ।

ससन, नपुं०, मार डालना ।

ससन्तान, पु०, स्व चित्त-सन्तान ।

ससम्भार, वि०, अचार-चटनी आदि के साथ ।

ससी, पु०, चन्द्रमा ।

ससीसं, क्रि० वि०, सिर के साथ, सिर तक ।

ससुर, पु०, श्वशुर, पत्नी अथवा पति का पिता ।

ससेन, नपुं०, सेना सहित ।

सस्स, नपुं०, धान्य, फसल ।

सस्स-कम्म, नपुं०, खेती ।

सस्स-काल, नपुं०, खेती काटने का समय ।

सस्सत, वि०, शाश्वत, सदैव रहने वाला ।

सस्सत-दिट्ठि, स्त्री०, शाश्वत-दृष्टि ।

सस्सत-वाद, पु०, शाश्वत-मत ।

सस्सत-वादी, पु०, आत्मा को नित्य मानने वाला ।

सस्सतिक, वि०, आत्मा को अनन्त-कालिक मानने वाला ।

सस्समण-ब्राह्मण, वि०, श्रमणों तथा ब्राह्मणों सहित ।

सस्सामिक, वि०, जिसका पति हो, जिसका मालिक हो ।

सस्सिरीक, वि०, श्री-सहित, ऐश्वर्य-सहित ।

सस्सु, स्त्री०, सास, पति अथवा पत्नी की माँ ।

सह, उपसर्ग, साथ; वि०, सहनशील ।

सहकार, पु०, आम्र-फल ।

सह-गत, वि०, युक्त, समन्वित ।

सह-ज, (**सहजात** भी), वि०, एक साथ उत्पन्न ।

सहजाति, नगर-विशेष, जहाँ वज्जि-पुत्तकों द्वारा उठाये गये दस प्रश्नों के बारे में सोरेय्य रेवत स्थविर का मत जानने के लिए यस काकण्डपुत्तक स्थविर ने उनसे भेंट की थी ।

सहजीवी, वि०, साथ रहने वाला ।

सह-नन्दी, वि०, साथ-साथ आनन्द

मनाने वाला ।

सह-धम्मिक, वि०, अपने धर्म का मानने वाला ।

सह-भू, वि०, एक साथ उत्पन्न होने वाला ।

सह-योग, पु०, सहायता ।

सह-वास, पु०, साथ रहना ।

सह-सेय्या, स्त्री०, साथ-साथ सोना ।

सह-सोकी, वि०, साथ-साथ शोकाकुल होने वाला ।

सहति, क्रिया, सहन करता है, योग्य सिद्ध होता है, जीत लेता है ।
(**सहि, सहन्त, सहमान, सहित्वा**) ।

सहत्थ, पु०, अपना हाथ ।

सहन, नपुं०, सहन-शक्ति, सहन करना ।

सहम्पति, पु०, अनेक 'ब्रह्माओं' में से एक 'ब्रह्मा ।

सहव्य, नपुं०, मित्र ।

सहव्यता, स्त्री०, मैत्री ।

सहसा, क्रि० वि०, अचानक, जबर्दस्ती से ।

सहस्स, नपुं०, हजार ।

सहस्सक्ख, पु०, सहस्राक्ष इन्द्र ।

सहस्सक्खत्तुं, क्रि० वि०, हजार बार ।

सहस्सग्घनक, वि०, हजार के मूल्य का ।

सहस्सत्थविका, स्त्री०, हजार की थैली ।

सहस्सधा, क्रि० वि०, हजार तरह से ।

सहस्सनेत्त, देखो सहस्सक्ख ।

सहस्स-भण्डिका, स्त्री०, देखो सहस्सत्थविका ।

सहस्स-रंसी, पु०, सूर्य ।

सहस्सार, वि०, (पहिये की) हजार तीलियों वाला ।

सहस्सिक, वि०, हजार वाला ।

सहस्सि-लोक-धातु, स्त्री०, हजार गुना लोक धातु ।

सहाय, पु०, मित्र, दोस्त ।

सहायक, वि०, सहायता करने वाला, दोस्त ।

सहायता, स्त्री०, मित्रता ।

सहित, वि०, साथ, साथ लिये ।

सहितब्ब, कृदन्त, सहन करने योग्य ।

सहितु, पु०, सहन करने वाला ।

सहेतुक, वि०, सकारण ।

सहोढ, वि०, चुराये गये माल के साथ ।

सळायतन, नपुं०, आँख, कान, नाक आदि छह इन्द्रियाँ ।

संयत, वि०, आत्म-जित् ।

संयतत्त, वि०, आत्म-विजयी ।

संयतचारी, वि०, संयमी ।

संयम, पु०, इन्द्रियों का वश में होना ।

संयमन, नपुं०, इन्द्रियों पर काबू ।

संयमी, पु०, इन्द्रिय-जयी ।

संयमेति, क्रिया, संयम करता है ।
(**संयमेसि, संयमित, संयमेन्त, संयमेत्वा**) ।

संयुञ्जति, क्रिया, जुड़ता है, सम्बन्धित होता है ।
(**संयुञ्जि, संयुञ्जित्वा**) ।

संयुत, (**संयुत्त** भी), कृदन्त, जुड़ा हुआ, सम्बन्धित ।

संयुत्तनिकाय, सुत्त पिटक के पाँच निकायों में से एक ।

संयूहति, क्रिया, ढेरी बना देता है ।

(**संयूहि, संयूळ्ह, संयूहित्वा**) ।

संयोग, पु०, बन्धन, एकता, स्वर का ताल-मेल ।

संयोजन, नपुं०, सम्बन्ध, बन्धन ।

संयोजनिय, वि०, संयोजनों (बन्धनों) के अनुकूल ।

संयोजेति, क्रिया, जोड़ता है, बांधता है ।

(**संयोजेसि, संयोजित, संयोजेन्त, सयोजेत्वा**) ।

संरक्खति, क्रिया, पहरा देता है, रक्षा करता है ।

(**संरक्खि, संरक्खित, संरक्खित्वा**) ।

संरक्खना, स्त्री०, पहरा देना, संरक्षण ।

संवच्छर, नपुं०, वर्ष ।

संवट्टकप्प, पु०, उच्छिन्न होने वाला कल्प ।

संवट्टति, क्रिया, उच्छिन्न होता है ।

(**संवट्टि, संवट्टित, संवट्टित्वा**) ।

संवट्टन, नपुं०, संवर्तन, लौटना, उच्छिन्न होना ।

संवड्ढ, कृदन्त, बढ़ा हुआ ।

संवड्ढति, क्रिया, बढ़ता है, वृद्धि को प्राप्त होता है ।

(**संवड्ढि, संवड्ढमान, संवड्ढित्वा**) ।

संवड्ढित, कृदन्त, संवर्धित, बढ़ा हुआ ।

संवड्ढेति, क्रिया, बढ़ाता है, पोसता है, पालन करता है ।

(**संवड्ढेसि, संवड्ढित, संवड्ढेत्वा**) ।

संवण्णना, स्त्री०, व्याख्या ।

संवण्णेति, क्रिया, व्याख्या करता है ।

(**संवण्णेसि, संवण्णित, संवण्णेतब्ब, संवण्णेत्वा**) ।

संवत्तति, क्रिया, विद्यमान रहता है ।

(**संवत्ति, संवत्तित**) ।

संवत्तनिक, वि०, प्रेरक ।

संवत्तेति, क्रिया, प्रवृत्त करता है ।

(**संवत्तेसि, संवत्तित, संवत्तेत्वा**) ।

संवर, पु०, संयम ।

संवर जातक, संवर राजकुमार ने आचार्योपदेश के अनुसार कार्य किया (४६२) ।

संवरण, नपुं०, रोक ।

संवरति, क्रिया, रोकता है ।

(**संवरि, संवुत, संवरित्वा**) ।

संवरी, स्त्री०, रात्रि ।

संवसति, क्रिया, संगति करता है ।

(**संवसि, संवसित, संवसित्वा**) ।

संवास, पु०, साथ रहना ।

संवासक, वि०, साथ-साथ रहने वाला ।

संविग्ग, कृदन्त, संविग्न, उद्विग्न ।

संविज्जति, क्रिया, विद्यमान रहता है ।

(**संविज्जि, संविज्जमान**) ।

संविदहति, क्रिया, व्यवस्था करता है ।

(**संविदहि, संविदहित, सविदहित्वा, संविदहितब्ब**) ।

संविदहन, नपुं०, व्यवस्था ।

संविधान, नपुं०, व्यवस्था ।

संविधाय, पूर्व० क्रिया, व्यवस्था करके ।

संविधायक, वि०, व्यवस्थापक ।

संविधातुं, व्यवस्था करने के लिए ।

संविभजति, क्रिया, बाँटता है ।

(**संविभजि, संविभजित, संविभत्त, संविभज्ज, संविभजित्वा**) ।

संविभजन, नपुं०, बाँटना ।

संविभाग, पु०, बाँटना ।

संविभत्त, कृदन्त, अच्छी तरह विभक्त ।

संविभागी, पु०, उदार, दानी ।

संवुत, कृदन्त, संयत ।

संवुतिन्द्रिय, वि०, संयतेन्द्रिय ।

संवेग, पु०, व्यग्रता, वैराग्य ।

संवेजन, नपुं०, संवेग पैदा होना ।

संवेजनिय, संवेग पैदा करने वाला ।

संवेजेति, क्रिया, संवेग पैदा करता है ।

(संवेजेसि, **संवेजित, संवेजेत्वा**) ।

संसग्ग, पु०, संगति, सम्बद्ध ।

संसट्ठ, कृदन्त, आसक्त ।

संसन्दति, क्रिया, अनुकूल होता है ।

(**संसन्दि, संसन्दित, संसन्दित्वा**) ।

संसन्देति, क्रिया, मिलान करता है ।

(संसन्देसि, **संसन्दित्वा**) ।

संसप्पति, क्रिया, रेंगता है ।

(संसप्पि, **संसप्पित्वा**) ।

संसप्पन, नपुं०, रेंगना ।

संसय, पु०, सन्देह ।

संसरति, क्रिया, चलता-फिरता है, संसरण करता है ।

(**संसरि, संसरित, संसरित्वा**) ।

संसरण, नपुं०, संचरण ।

संसादेति, क्रिया, एक ओर रखता है ।

संसार, पु०, संसरण ।

संसार-चक्क, नपुं०, जन्म-मरण का चक्र ।

संसार-दुक्ख, नपुं०, जन्म-मरण रूपी दुख ।

संसार-सागर, पु०, संसार-रूपी समुद्र ।

संसिज्झति, क्रिया, सफल होता है ।

(**संसिज्झि, संसिद्ध**) ।

संसित, कृदन्त, प्रतीक्षित, आशान्वित ।

संसिद्धि, स्त्री०, सफलता ।

संसिब्बित, कृदन्त, सिया, गूँथा ।

संसीदति, क्रिया, डूब जाता है, हिम्मत हार जाता है, दिल बैठ जाता है, असफल होता है ।

(**संसीदि, संसीदमान, संसीदित्वा**) ।

संसीदन, नपुं०, तह में जाना ।

संसीन, कृदन्त, गिरा, नष्ट ।

संसुद्ध, कृदन्त, परिशुद्ध, पवित्र ।

संसुद्ध-गहणिक, त्रि०, शुद्ध वंश परम्परा का ।

संसुद्धि, स्त्री०, पवित्रता ।

संसूचक, वि०, सूचित करते हुए ।

संसेदज, वि०, पसीने में से उत्पन्न होने वाले जीव ।

संसेव, पु०, संगति ।

संसेवति, क्रिया, संगति करता है, सेवा में रहता है ।

(**संसेवि, संसेवित, संसेवमान, संसेवित्वा**) ।

संसेवना, स्त्री०, देखो संसेव ।

संसेवी, त्रि०, संगति में रहने वाला, सेवा में रहने वाला ।

संहट, कृदन्त, संहृत, एकत्रित ।

संहत, वि०, दृढ़, कसा हुआ ।

संहरण, नपुं०, एकत्र करना, तह बिठाना ।

संहरति, क्रिया, एकत्र करता है ।

(**संहरि, संहरित, संहट, संहरन्त, संहरित्वा**) ।

संहार, पु०, संक्षेप, संग्रह ।

संहारक, वि०, एकत्र करता हुआ।
संहित, वि०, युक्त।
संहिता, स्त्री०, मेल, स्वरों का ताल-मेल।
सा, पु०, कुत्ता; स्त्री०, वह (स्त्री)।
साक, पु० तथा नपुं०, शाक-सब्जी।
साक-पन्न, नपुं०, शाक के पत्ते।
साकच्छा, स्त्री०, परामर्श, चर्चा।
साकटिक, पु०, गाड़ी वाला।
साकल्य, नपुं०, सकल-भाव।
साकिय, वि०, शाक्य जाति का।
साकियानी, स्त्री०, शाक्य जाति की स्त्री।
साकुणिक, पु०, चिड़ीमार।
साकुन्तिक, पु०, चिड़ीमार।
साकेत, कोसल जनपद का प्रसिद्ध नगर। वर्तमान फैजाबाद।
साकेत जातक, ब्राह्मण भगवान बुद्ध को अपना 'पुत्र' बना घर ले गया (६८)।
साकेत जातक, देखो ऊपर की साकेत जातक कथा (२३०)।
साखा, स्त्री०, शाखा।
साखा-नगर, नपुं०, उपनगर।
साखा-पलास, नपुं०, शाखा तथा पत्ते।
साखा-भङ्ग, पु०, शाखा का टूटना।
साखा-मिग, पु०, बन्दर।
साखी, पु०, वृक्ष।
सागतं, अव्यय, स्वागत।
सागर, पु०, समुद्र।
सागार, वि०, घर में रहने वाला।
सागल, राजा मिलिन्द की राजधानी।
साचरियक, वि०, आचार्य के साथ।
साटक, पु०, वस्त्र।
साटिका, स्त्री०, वस्त्र।
साठेय्य, नपुं०, शठता।
साण, नपुं०, सन या सन का कपड़ा।
साणि, स्त्री०, परदा।
साणि-पसिब्बक, पु०, सन का थैला।
साणि-पाकार, पु०, सन की दीवार।
सात, नपुं०, आनन्द, आराम; वि०, आनन्ददायक।
सातकुम्भ, नपुं०, स्वर्ण, सोना।
सातच्च, नपुं०, सातत्य, लगातार लगे रहना।
सातच्चकारी, पु०, लगातार कार्यरत।
सातच्चकिरिया, स्त्री०, लगातार लगे रहना।
सातातिक, वि०, लगातार लगे रहने वाला।
साति, स्त्री०, सत्ताईस नक्षत्रों में से एक।
सातोदिका, सुरट्ठ (सूरत) में एक नदी।
सात्थ, **सात्थक**, वि०, उपयोगी, अर्थ सहित।
साथलिक, वि०, शिथिल, ढीला-ढाला।
सादर, वि०, आदर सहित।
सादरं, क्रि० वि०, आदर के साथ, प्रेम-पूर्वक।
सादियति, क्रिया, स्वीकार करता है, आनन्द मनाता है, स्वीकार करता है, अनुमति देता है। (**सादियि, सादित, सादियत, सादियमान, सादियित्वा**)।
सादियन, नपुं०, स्वीकृति।
सादियना, स्त्री०, अङ्गीकार करना।

सादिस, वि०, सदृश, समान ।

सादु, वि०, स्वादु, स्वादिष्ट जायकेदार ।

सादुतर, वि०, अधिक स्वादिष्ट, अधिक मधुर ।

सादु-रस, वि०, स्वादिष्ट रस ।

साधक, वि०, जो घटित हो सके, जो प्रमाणित हो सके ।

साधन, नपुं०, प्रमाण, सहायक-कृति, ऋण-मुक्ति ।

साधारण, वि०, सामान्य ।

साधिक, वि०, अधिकता लिये ।

साधित, कृदन्त, प्रमाणित, घटित, ऋण-मुक्त ।

साधिय, वि०, जो सम्पन्न किया जा सके, जो प्रमाणित किया जा सके ।

साधीन जातक, मिथिला के साधीन नामक नरेश की दानशीलता का वर्णन (४९४) ।

साधु, वि०, अच्छा, लाभप्रद, शील-सम्पन्न; अव्यय, हाँ, बहुत अच्छा ।

साधुकं, क्रि० वि०, अच्छी तरह ।

साधु-कम्यता, स्त्री०, कार्य के भली प्रकार सम्पन्न होने की इच्छा ।

साधु-कार, पु०, 'बहुत अच्छा किया' कहने का भाव ।

साधु-कीळन, नपुं०, एक पवित्र त्योहार ।

साधु-रूप, वि०, अच्छे स्वभाव का ।

साधु-सम्मत, वि०, आदृत, भले आदमियों द्वारा प्रशंसित ।

साधुसील जातक, ब्राह्मण ने आचार्य का उपदेश मानकर अपनी चारों लड़कियाँ शील-सम्पन्न व्यक्ति को दीं । (२००) ।

साधेति, क्रिया, (किसी कार्य को) सिद्ध करता है, (किसी बात को) प्रमाणित करता है, ऋण उतारता है ।

(**साधेसि, साधेत्वा, साधेन्त**) ।

सानु, पु० तथा नपुं०, ऊँची भूमि ।

सानुचर, वि०, अनुचरों सहित ।

सानुवज्ज, वि०, सदोष ।

साप, पु०, शाप ।

सापतेय्य, नपुं०, सम्पत्ति, धन ।

सापत्तिक, वि०, आपत्ति-प्राप्त, जिसने विनय के नियमों का उल्लंघन किया हो ।

सापद, नपुं०, ऐसा जानवर जिसका शिकार किया जाय ।

सापदेस, वि०, कारण सहित ।

सापेक्ख, (**सापेख** भी), वि०, अपेक्षा-सहित, आशावान् ।

सा-बन्धन, नपुं०, कुत्ते की जंजीर ।

साम, वि०, श्याम, काला; पु०, शान्ति, साम(-वेद) ।

साम जातक, राजा दशरथ द्वारा श्रवण कुमार की हत्या की कथा से मिलती-जुलती कथा (५४०) ।

सामं, अव्यय, स्वयं, अपने आप ।

सामग्गी, स्त्री०, एकता, मेल-जोल ।

सामग्गिय, नपुं०, एकता का भाव ।

सामच्च, वि०, मन्त्रियों या मित्रों सहित ।

सामञ्ञ, नपुं०, श्रमण-भाव ।

सामञ्ञता, स्त्री०, श्रमणों के प्रति आदर का भाव ।

सामञ्ञ-फल, नपुं०, श्रमण-जीवन का

फल ।

सामणक, वि०, श्रमण के लिए योग्य अथवा आवश्यक ।

सामणेर, पु०, श्रामणेर, किसी भिक्षु का शिष्य, भिक्षु बनने से पूर्व की अवस्था वाला ।

सामणेरी, स्त्री०, किसी भिक्षुणी की शिष्या, भिक्षुणी बनने से पूर्व की अवस्था वाली ।

सामत्थिय, नपुं०, सामर्थ्य, योग्यता ।

सामन्त, नपुं०, पास-पड़ोस; वि०, पड़ोस-सम्बन्धी ।

सामयिक, वि०, धार्मिक कर्तव्य, समय सम्बन्धी, अस्थायी ।

सामल, पु०, श्यामल रंग ।

सामा, स्त्री०, श्यामा (तुलसी), काले रंग की स्त्री ।

सामाजिक, पु०, संस्था विशेष का सदस्य ।

सामिक, पु०, स्वामी, मालिक ।

सामिनी, स्त्री०, स्वामिनी, मालकिन ।

सामिवचन, नपुं०, षष्ठी विभक्ति ।

सामिस, वि०, मांस सहित, आहार सहित ।

सामी, पु०, स्वामी, मालिक, पति ।

सामीचि, स्त्री०, उचित, योग्य, मैत्री-पूर्ण आचरण ।

सामीचि-कम्म, नपुं०, उचित कार्य, मैत्रीपूर्ण व्यवहार ।

सामीचि-पटिपन्न, वि०, उचित पथ पर आरूढ ।

सामुद्दिक, वि०, समुद्र पर रहने वाला, समुद्र की यात्रा करने वाला ।

सायक, वि०, चखने वाला ।

सायण्ह, पु०, सन्ध्या समय, साँझ ।

सायण्ह-काल, पु०, साँझ ।

सायण्ह-समय, पु०, सन्ध्या काल, साँझ ।

सायति, क्रिया, चखता है । (**सायि, सायित सायन्त, सायित्वा**)।

सायन, नपुं०, चखना, स्वाद लेना ।

सायनीय, वि०, चखने योग्य, स्वाद लेने योग्य ।

सार, पु०, तत्त्व, वृक्ष-विशेष का सार-भाग; वि०, आवश्यक, श्रेष्ठ, समर्थ ।

सार-गन्ध, पु०, वृक्ष-विशेष के सार की सुगन्धि ।

सार-गवेसी, वि०, सार खोजने वाला ।

सारमय, वि०, (लकड़ी के) सार से निर्मित ।

सार-सूचि, मजबूत लकड़ी की बनी सुई ।

सारवन्तु, वि०, सारवान् ।

सारक्ख, वि०, आरक्षा सहित ।

सारज्जति, क्रिया, आसक्त होता है । (**सारज्जि, सारत्त, सारज्जित्वा**) ।

सारज्जना, स्त्री०, आसक्ति ।

सारत्त, कृदन्त, अनुरक्त ।

सारथि, (**सारथी** भी), पु०, रथ हांकने वाला ।

सारद (**सारदिक** भी), वि०, शरत् ऋतु सम्बन्धी ।

सारद्ध, वि०, उत्साही ।

सारमेय, पु०, कुत्ता ।

सारम्भ, पु०, क्रोध, उत्तेजना, कलह, विवाद ।

सारम्भ जातक, नन्दि विसाल जातक

की ही पुनरुक्ति (८८)।

सारस, पु०, सारस पक्षी।

साराणीय, वि०, याद कराने योग्य।

सारिबा, स्त्री०, सारसपरिल्ला नामक रक्तशोधक पौधा।

सारिपुत्त, भगवान् बुद्ध के दो प्रमुख शिष्यों में से एक। उनका एक नाम उपतिस्स भी है। 'सारि' नाम की माता के पुत्र होने से ही वह 'सारि पुत्त' कहलाये।

सारी, (समास में), विचरण करने वाला, अनुसरण करने वाला।

सारी, सारिपुत्त की माता का नाम। पूरा नाम था 'रूप-सारि'।

सारीरिक, वि०, शरीर से सम्बन्धित।

सारुप्प, वि०, योग्य, ठीक, उचित।

सारेति, क्रिया, याद कराता है। (**सारेसि**, **सारित**, **सारेतब्ब**, **सारेत्वा**)।

साल, पु०, श्याल, साला, शाल-वृक्ष।

साल-रुक्ख, पु०, शाल-वृक्ष।

साल-वन, नपुं०, शाल-वन।

साल-लट्ठि, स्त्री०, शाल का पौधा।

सालक जातक, एक सँपेरे ने सालक नाम का बन्दर पाला था। वह बन्दर साँप से खेलता था। यही सँपेरे की जीविका का साधन था (२४९)।

सालय, वि०, आलय सहित, आसक्ति सहित।

साला, स्त्री०, शाला, भवन।

सालाकिय, नपुं०, आँख का चिकित्सा-शास्त्र, आँख में सलाई डालना।

सालि, पु०, शालि, धान।

सालिक्खेत्त, नपुं०, धान का खेत।

सालि-गब्भ, पु०, पकती हुई शालि धान की फसल।

सालि-भत्त, नपुं०, चावल का भोजन।

सालिका, स्त्री०, सारिका, मैना।

सालि-केदार जातक, तोता अपने माता-पिता के लिए धान ले जाता था (४८४)।

सालित्तक जातक, बातूनी पुरोहित की कथा (१०७)।

सालित्तक-सिप्प, नपुं०, गुलेल से पत्थर फेंकने की विद्या।

सालिय जातक, गाँव के वैद्य ने लड़के को साँप पकड़ने को भेजा। साँप ने वैद्य की ही जान ली (३६७)।

सालुक, नपुं०, जल-कमल की जड़।

सालूक जातक, सालूक सुअर को खिला-पिलाकर उसका वध किये जाने की कथा (२८६)।

सालोहित, पु०, रक्त-सम्बन्धी, रिश्ते-दार।

सावक, पु०, सुनने वाला, शिष्य।

सावकत्त, नपुं०, शिष्य-भाव।

सावक-सङ्घ, पु०, शिष्यों का समूह।

साविका, स्त्री०, शिष्या।

सावज्ज, वि०, सदोष; नपुं०, सदोष-पन।

सावज्जता, स्त्री०, सदोष होने का भाव।

सावट्ट, त्रि०, भँवर-सहित।

सावण, नपुं०, घोषणा, सावन का महीना।

सावत्थी, श्रावस्ती, कोसल जनपद की राजधानी।

सावसेस, वि०, अवशेष सहित, अपूर्ण।

सावेति, क्रिया, सुनाता है, घोषणा करता है।
(**सावेसि, सावित, सावेन्त, सावयमान, सावेतब्ब, सावेत्वा**)।

सावेतु, पु०, सुनाने वाला।

सासङ्क, वि०, आशंका-सहित, सन्दिग्ध।

सासति, क्रिया, शिक्षा देता है, शासन करता है।
(**सासि, सासित, सासित्वा**)।

सासन, नपुं०, शिक्षण, आज्ञा, सन्देश, सिद्धान्त।

सासनकर, सासनकारक, सासनकारी, वि०, आज्ञाकारी, शिक्षा के अनुसार चलने वाला।

सासनन्तरधान, नपुं०, (बुद्ध) शासन का लोप।

सासन-हर, पु०, संदेश-वाहक।

सासनावचर, वि०, धर्मानुयायी।

सासनिक, वि०, बुद्ध-शासन सम्बन्धी।

सासप, पु०, सरसों के दाने।

सासव, वि०, आस्रव-सहित, चित्त-मैल युक्त।

साहत्थिक, वि०, अपने हाथ से किया।

साहस, नपुं०, हिंसा, दुस्साहस, मनमानी करना।

साहसिक, वि०, हिंसक या असभ्य।

साहु, अव्यय, अच्छा।

साळव, पु०, कच्ची साग-सब्जी का भोजन।

सिकता, स्त्री०, बालू।

सिक्का, स्त्री०, छीका।

सिक्खति, क्रिया, सीखता है, अभ्यास करता है।
(**सिक्खि, सिक्खित, सिक्खन्त, सिक्खमान, सिक्खित्वा, सिक्खितब्ब**)।

सिक्खन, नपुं०, शिक्षण, अभ्यास।

सिक्खमाना, स्त्री०, शिक्षण-प्राप्त करने वाली।

सिक्खा, स्त्री०, शिक्षा, नियम-पालन।

सिक्खा-काम, वि०, उपदेशानुसार चलने का इच्छुक।

सिक्खापक (**सिक्खापनक** भी), पु०, शिक्षक।

सिक्खापद, नपुं०, शील सम्बन्धी नियम।

सिक्खापन, नपुं०, शिक्षण।

सिक्खा-समादान, नपुं०, शील ग्रहण करना।

सिक्खित, कृदन्त, शिक्षित।

सिखण्ड, पु०, मोर के सिर की कलँगी।

सिखण्डी, पु०, मोर।

सिखर, नपुं०, पर्वत का शिखर।

सिखरी, पु०, शिखर वाला।

सिखा, स्त्री०, शिखा, (दीपक की) लौ।

सिखी, पु०, आग, मोर।

सिगाल, पु०, गीदड़।

सिगालक, नपुं०, गीदड़ की आवाज।

सिगाल जातक, गीदड़ ने ब्राह्मण की चादर में मल मूत्र त्यागा (११३)।

सिगाल जातक, आदमी ने मरे होने का नाटक किया। गीदड़ भाँप गया। आदमी गीदड़ की जान न ले सका (१४२)।

सिगाल जातक, गीदड़ हाथी के पेट

में जाकर कैद हो गया (१४८)।

सिगाल जातक, गीदड़ ने शेरनी को अपना प्रेम निवेदन किया। शेरनी ने इसे अपना अपमान समझा (१५२)।

सिग्गु, पु०, वृक्ष-विशेष।

सिङ्ग, नपुं०, सींग।

सिङ्गार, पु०, सिंगार, शृंगार-रस।

सिङ्गिवेर, नपुं०, अदरक।

सिङ्गी, वि०, सींग वाला; नपुं०, सोना।

सिङ्गी-नद, नपुं०, सोना।

सिङ्गी-वण्ण, वि०, सुनहला।

सिङ्घति, क्रिया, नस लेता है, सूंघता है।

(**सिङ्घि, सिङ्घित्वा, सिङ्घित**)।

सिङ्घाटक, पु० तथा नपुं०, चौरस्ता।

सिङ्घाणिका, स्त्री०, नाक की सींढ।

सिज्झति, क्रिया, घटित होता है, सफल होता है, लाभान्वित होता है।

(**सिज्झि, सिद्ध**)।

सिज्झन, नपुं०, घटना का होना, सफल होना।

सिञ्चक, वि०, सींचने वाला।

सिञ्चन, नपुं०, सींचना।

सिञ्चति, क्रिया, सींचता है।

(**सिञ्चि, सित, सित्त, सिञ्चित, सिञ्चमान. सिञ्चित्वा, सिञ्चापेति**)।

सित, वि०, श्वेत, निर्भृत, आसक्त; नपुं०, स्मित, मुस्कराहट।

सित्त, कृदन्त, सिञ्चित।

सित्थ, नपुं०, मोम, भात का कण।

सित्थावकारकं, क्रि० वि०, भात के दाने बिखेर-बिखेरकर।

सित्थक, नपुं०, मोम।

सिथिल, वि०, ढीला-ढाला।

सिथिलत्त, नपुं०, शिथिलता, ढीलापन।

सिथिल-भाव, नपुं०, ढीलापन।

सिद्ध, कृदन्त, समाप्त, पूरा हुआ, उबला हुआ, पका हुआ; पु०, सिद्ध-पुरुष, जादूगर।

सिद्धत्थ, वि०, जिसका अर्थ सिद्ध हो गया; पु०, शाक्य-मुनि गौतम बुद्ध का नाम।

सिद्धत्थक, नपुं०, सरसों के दाने।

सिद्धि, स्त्री०, सफलता।

सिनान, नपुं०, स्नान।

सिनिद्ध, वि०, चिकना, नरम।

सिनेरु, सिनेरु या सुमेरु पर्वत।

सिनेह, (स्नेह भी), पु०, प्रेम, तेल, चिकनाई।

सिनेहन, नपुं०, चिकना करना।

सिनेह-बिन्दु, नपुं०, तेल की बूंद।

सिनेहेति, क्रिया, स्नेह करता है, तेल चुपड़ता है।

सिन्दी, स्त्री०, खजूर।

सिन्दूर, पु०, (माथे पर लगाने का) सिंदूर।

सिन्धव, वि०, सिन्ध सम्बन्धी, पु०, सिन्धव नमक, सिन्धव घोड़ा।

सिन्धु, पु०, समुद्र, नदी; स्त्री०, हिमालय से निकल कर अरब सागर में गिरने वाली बड़ी नदी।

सिन्धु-रट्ठ, नपुं०, सिन्धु-राष्ट्र।

सिन्धु-सङ्गम, पु०, जहाँ नदी समुद्र में

गिरती है।

सिपाटिका, स्त्री०, फली, छोटी सन्दूक।

सिप्प, नपुं०, शिल्प, हुनर, धन्धा।

सिप्पट्ठान, नपुं०, शिल्प की शाखा।

सिप्प-साला, स्त्री०, शिल्प-शाला।

सिप्पायतन, नपुं०, शिल्प की शाखा या आधार।

सिप्पिक, स्त्री०, शिल्पी।

सिप्पिका, स्त्री०, सीपी।

सिप्पी, पु०, शिल्पी, हुनरवाला।

सिब्बति, क्रिया, सीता है। (**सिब्बि, सिब्बित, सिब्बित्वा**)।

सिब्बन, नपुं०, सीना।

सिब्बनी, स्त्री०, सियून, उत्कट अनुराग।

सिब्बनी-मग्ग, पु०, खोपड़ी की हड्डी का जोड़।

सिब्बापेति, क्रिया, सिलवाता है।

सिब्बेति, क्रिया, सीता है। (**सिब्बेसि, सिब्बित, सिब्बेत्वा, सिब्बेन्त**)।

सिम्बलि, स्त्री०, सेमल का पेड़।

सिर, पु० तथा नपुं०, सिर।

सिरा, स्त्री०, शिरा, नस।

सिरि, (**सिरी** भी), स्त्री०, भाग्य, ऐश्वर्य, लक्ष्मी।

सिरि-गब्भ, पु०, श्रीमान् आदमी का शयनागार।

सिरिमन्तु, वि०, श्रीसम्पन्न।

सिरि-विलास, पु०, ठाट-बाट।

सिरि-सयन, नपुं०, राजकीय शय्या।

सिरि-धर, वि०, शानदार।

सिरिजातक, मुर्गे का मांस खाने वाला पीलवान राजा बना, उसकी पत्नी रानी बनी और तपस्वी राजपुरोहित बना (२८४)।

सिरिकालकण्णि जातक, सिरिकाळकण्णि पञ्ह का ही एक और नाम (१६२)।

सिरिकाळकण्णि जातक, बनारस के व्यापारी ने एक पलंग ऐसे ही किसी के लिए बिछवाकर रखा था, जो उसकी अपेक्षा अधिक शुद्ध-पवित्र हो (३८२)।

सिरिमन्दजातक, स्पष्ट ही सिरिमन्द पञ्ह के लिए ही एक और नाम (५००)। सेनक तथा महोसध पण्डित के बीच लक्ष्मी तथा सरस्वती में से कौन अधिक श्रेष्ठ है, इस प्रश्न को लेकर जो विवाद हुआ था, वही सिरिमन्द पञ्ह कहलाता है।

सिरिवास, पु०, ताड़पीन (तेल)।

सिरीस, पु०, सिरस का पेड़।

सिरोजाल, वि०, सिर ढकने की जाली।

सिरोमणि, पु०, सिर की मणि।

सिरोरूह, पु० तथा नपुं०, बाल (सिर के)।

सिरोवेठन, नपुं०, पगड़ी।

सिला, स्त्री०, पत्थर।

सिला-गुळ, नपुं०, पत्थर का गोला।

सिला-थम्भ, पु०, पत्थर का खम्भा।

सिला-पट्ट, नपुं०, पत्थर की पटरी।

सिला-पाकार, पु०, पत्थर की चारदीवारी।

सिलामय, वि०, शिला-निर्मित।

सिलाघति, क्रिया, प्रशंसा करता है,

डींग मारता है।
(सिलाघि, सिलाघित, सिलाघित्वा)।

सिलाघा, स्त्री०, प्रशंसा।

सिलिट्ठ, वि०, चिकना।

सिलिट्ठता, स्त्री०, चिकनापन, चिकनाहट।

सिलुच्चय, पु०, चट्टान।

सिलुत्त, पु०, छछूँदर।

सिलेस, पु०, पहेली, श्लेषालंकार, लेसदार चीज।

सिलेसुम, पु०, कफ, बलगम।

सिलोक, पु०, प्रसिद्धि, श्लोक।

सिव, वि०, कल्याण (स्थल), सुरक्षित (स्थान); पु०, शिव (महादेव), शिव की पूजा करने वाला; नपुं०, आनन्द, खुशी।

सिवि जातक, राजा शिवि की, अपना शरीर तक दान दे देने की कथा। (४९९)।

सिविका, स्त्री०, पालकी।

सिसिर, पु०, शीत ऋतु, ठंडक; वि०, ठंडा या ठंडी।

सिस्स, पु०, शिष्य, विद्यार्थी।

सीकर, नपुं०, वृष्टि-कण, वर्षा की छो०-छोटी बूंदें।

सीघ, वि०, शीघ्र, जल्दी।

सीघ-गामी, वि०, शीघ्र-गामी।

सीघ-तरं, क्रि० वि०, अधिक शीघ्रता से।

सीघसीघं, क्रि० वि०, बहुत जल्दी।

सीघ-सोत, वि०, शीघ्र स्रोत।

सीत, वि०, ठंडा; नपुं०, ठंड या ठंडक।

सीत-भीरुक, वि०, शीत से भयभीत।

सीतल, वि०, ठंडा; नपुं०, ठंड या ठंडक।

सीता, स्त्री०, हल की लकीर।

सीति-भाव, पु०, शीतलता, शान्ति।

सीतिभूत, कृदन्त, शान्ति भाव को प्राप्त, शमथ-प्राप्त।

सीतोदक. नपुं०, ठण्डा जल।

सीदति, क्रिया, डूब जाता है, नीचे बैठ जाता है, हार मान लेता है। (**सीदि, सीन, सीदित्वा, सीदमान**)।

सीदन, नपुं०, डूबना।

सीन, कृदन्त, डूबा हुआ।

सीपद, नपुं०, फील पाँव।

सीमट्ठ, वि०, सीमा के भीतर स्थित।

सीमन्तिनी, स्त्री०, औरत।

सीमा, स्त्री०, सीमा, अन्तिम लकीर, भिक्षुओं का विनय-कर्म करने के लिए निर्धारित सीमा।

सीमा-कत, वि०, सीमित।

सीमातिग, वि०, सीमा को लांघ गया।

सीमा-समुग्घात, पु०, पहले की सीमा को तोड़ दिया जाना।

सीमा-सम्मुति, स्त्री०, नयी सीमा की स्थापना।

सीर, पुं०, हल।

सीरङ्ग, पु०, हल का मुख्य भाग।

सील, नपुं०, शील, सदाचार।

सील-कथा, स्त्री०, शील की व्याख्या।

सीलक्खन्ध, पु०, शील-स्कन्ध, शील-परिच्छेद।

सील-गन्ध, पु०, शील की सुगन्धि।

सीलब्बत, नपुं०, शील-व्रत ।

सील-भेद, पु०, शील-भङ्ग ।

सीलमय, वि०, शीलवान् ।

सीलवन्तु, वि०, शील का पालन करने वाला ।

सील-विपत्ति, स्त्री०, शील की मर्यादा का उल्लंघन, दुराचार ।

सील-विपन्न, वि०, शील-भङ्ग करने वाला ।

सील-सम्पत्ति, स्त्री०, शील-पालन, सदाचार ।

सील-सम्पन्न, वि०, शीलवान्, सदाचारी ।

सीलन, नपुं०, संयत रहना, विनय के अधीन रहना ।

सीलवनाग जातक, सीलव नाग-राज ने पथ-भ्रष्ट आदमी को उपकृत किया। दुष्ट ने सीलव नाग-राज के ही दाँतों को जड़ तक उखाड़ा (७२) ।

सीलवीमंस जातक, तपस्वी ने शील का महत्त्व समझा (३३०) ।

सीलवीमंस जातक, तपस्वी ने रुपये की चोरी कर इस बात को प्रत्यक्ष किया कि विद्या की अपेक्षा भी शील की अधिक प्रतिष्ठा है (३६२) ।

सीलवीमंस जातक, पुरोहित ने उक्त ढंग से ही विद्या-बल से भी शील-बल का महत्त्व समझा (८६) ।

सीलवीमंस जातक, प्रथम सीलवीमंस जातक के ही समान (२९०) ।

सीलवीमंस जातक, ब्राह्मण ने अपने पाँच सौ शिष्यों में से जो सचमुच शीलवान् था उसे ही अपनी कन्या प्रदान की (३०५) ।

सीलानिसंस जातक, नाई ने प्राणि-हत्या की। शीलवान उपासक ने अपने पुण्य का कुछ हिस्सा नाई को दे, उसकी भी जान बचाई (१९०) ।

सीलिक, वि० स्वभाव वाला, प्रकृति वाला ।

सीली, (समास में), वि०, शीलवाला ।

सीवथिका, स्त्री०, कच्चा श्मशान ।

सीस, नपुं०, शीर्ष, सिर, उच्चतम शिखर, धान की बाली, लेख का शीर्षक, सीसा ।

सीस-कपाल, पु०, खोपड़ी ।

सीस-कटाह, पु०, खोपड़ी ।

सीसच्छवि, स्त्री०, सिर को चमड़ी ।

सीसच्छेदन, नपुं०, सिर का काट डालना ।

सीसप्पचालन, नपुं०, सिर का हिलाना-डुलाना ।

सीस-परम्परा, स्त्री०, एक सिर पर का भार दूसरे सिर पर लेना ।

सीस-वेठन, नपुं०, पगड़ी ।

सीसाबाध, पु०, सिर का दर्द ।

सीह, पु०, सिंह, शेर ।

सीह-चम्म, नपुं०, सिंह की चमड़ी ।

सीह-नाद, पु०, सिंह-गर्जना ।

सीह-नादिक, वि०, सिंह की तरह गर्जने वाला ।

सीह-पञ्जर, पु०, सिंह का पिंजरा, झरोखा ।

सीह-पोतक, पु०, शेर का बच्चा ।

सीह-विक्कीळित, नपुं०, शेर का खेल ।

सीह-सेय्या, स्त्री०, सिंह-शया, दक्षिण-कुक्षी सोना ।

सीहस्सर, वि०, सिंह के समान स्वर

वाला।

सीह-हनु, वि०, सिंह के समान दाढ़ वाला; पु०, शाक्य-मुनि गौतम बुद्ध के पितामह।

सीह-कोट्ठक जातक, शेर और गीदड़ी के संयोग से एक सिंह-बच्चा पैदा हुआ, जिसका स्वर गीदड़ का था (१८८)।

सीहचम्म जातक, शेर की खाल ओढ़ कर चरते फिरते रहने वाले गधे को किसानों ने मार डाला (१८९)।

सीह-बाहु, सिंहल-द्वीप पर राज्य करने वाले प्रथम आर्य-नरेश विजय का पिता।

सीहल, सिंहल-द्वीप में प्रथम आर्य उपनिवेश बसाने वाले विजय तथा उसके साथियों के लिए व्यवहृत होने वाला शब्द।

सीहल-दीप, जब से तम्बपण्णि द्वीप सीहलों का उपनिवेश बना, तभी से यह सीहल-द्वीप कहलाने लगा।

सीहळ, वि०, सिंहल-द्वीप का।

सीहळ-दीप, सिंहल-द्वीप।

सीहळ-भासा, सिंहल लोगों की भाषा।

सीहासन, नपुं०, सिंहासन।

सु, उपसर्ग, अच्छा।

संसुमार जातक, बंदर ने मगरमच्छ को छकाया (२०८)।

संसुमार गिरि, भग्ग जनपद का एक प्रसिद्ध नगर।

सुक, पु०, तोता।

सुक जातक, सुक तोते ने पिता के उपदेश की अवज्ञा की और जान गँवाई (२५५)।

सुकट (**सुकत** भी), वि०, सुकृत, शुभ कर्म।

सुकर, वि०, आसान।

सुकुमार, वि०, मृदु, कोमल।

सुकुमारता, स्त्री०, मृदुभाव, कोमलता।

सुकुसल, वि०, अत्यन्त दक्ष।

सुक्क, वि०, शुक्ल, सफेद; नपुं०, शुभ कर्म।

सुक्क-पक्ख, पु०, महीने का शुक्ल-पक्ष।

सुक्ख, वि०, सूखा।

सुक्खति, क्रिया, सूखता है।
(**सुक्खि**, **सुक्खमान**, **सुक्खित्वा**)।

सुक्खन, नपुं०, सूखना।

सुक्खापन, नपुं०, सुखाना।

सुक्खापेति, क्रिया, सुखाता है, या सुखवाता है।
(**सुक्खापेसि**, **सुक्खापित**, **सुक्खापेत्वा**)।

सुख, नपुं०, सुख, आराम।

सुख-काम, वि०, सुख की इच्छा वाला।

सुखत्थिक, **सुखत्थी**, वि०, सुखार्थी।

सुखद, वि०, सुखदायक।

सुख-निसिन्न, वि०, सुखपूर्वक बैठा हुआ।

सुख-पटिसंवेदी, वि०, सुख का अनुभव करने वाला।

सुखप्पत्त, वि०, सुख-प्राप्त।

सुख-भागिय, वि०, सुख में हिस्सा बँटाने वाला।

सुख-यानक, नपुं०, सुखद-यान, आराम-देह गाड़ी।

सुख-विपाक, वि०, सुख-फलदायी।

सुख-विहरण, नपुं० सुखपूर्वक रहना।

सुखविहारी जातक, राज्य-त्याग के अनन्तर सुखपूर्वक विचरने वाले तपस्वी

की कथा (१०)।
सुख-संवास, पु०, सुखद संगति।
सुख-सम्फस्स, वि०, सुखद स्पर्श।
सुख-सम्मत, वि०, 'सुख' माना गया।
सुखं, क्रि० वि०, आसानी से, आराम से।
सुखायति, क्रिया, सुखी होता है।
सुखावह, वि०, सुखद।
सुखित, कृदन्त, सुखी।
सुखुम, वि०, सूक्ष्म, बारीक।
सुखुमतर, वि०, बहुत सूक्ष्म।
सुखुमत्त, नपुं०, सूक्ष्मत्व, बारीकपन।
सुखुमता, स्त्री०, सूक्ष्मता, बारीकपन।
सुखुमाल, वि०, सुकुमार, कोमल-प्रकृति।
सुखुमालता, स्त्री०, सुकुमारता।
सुखेति, क्रिया, सुखित करता है। (**सुखेसि**, **सुखित**)।
सुखेधित, वि०, सुख से पालित-पोषित।
सुगत, वि०, सुगति-प्राप्त; पु०, भगवान बुद्ध।
सुगतालय, पु०, तथागत का निवास-स्थान, सुगत की नक़ल।
सुगति, स्त्री०, अच्छी अवस्था, स्वर्ग-लोक।
सुगती, वि०, शुभ-कर्म करने वाला।
सुगन्ध, पु०, सुगन्ध; वि०, सुगन्ध।
सुगन्धिक, **सुगन्धी**, वि०, सुगन्ध सहित।
सुगहन, नपुं०, सुगृहीत, भली प्रकार ग्रहण किया गया।
सुगुत्त, कृदन्त, सुरक्षित।
सुगोपित, कृदन्त, देखो सुगुत्त।
सुग्गहित, वि०, सुगृहीत, भली प्रकार धारण किया गया (पाठ)।
सुङ्क, पु०, चुंगी, कर।
सुङ्कघात, पु०, चुंगी-कर से बच निकलना।
सुङ्कट्ठान, नपुं०, चुंगी-घर।
सुङ्किक, पु०, कर उगाहने वाला।
सुचरित, नपुं०, सदाचरण।
सुचि, वि०, पवित्र।
सुचिकम्म, वि०, शुभ-कर्म करने वाला।
सुचिगन्ध, वि०, शुभ-कर्मों की गन्ध वाला।
सुचि-जातिक, वि०, सफाई पसन्द करने वाला।
सुचि-वसन, वि०, शुद्ध वस्त्रों वाला, साफ कपड़ों वाला।
सुचित्त, वि०, अति विचित्र, सुचित्रित।
सुचित्तित, वि०, देखो सुचित्त।
सुच्चज जातक, रानी ने पूछा—"यदि यह पर्वत सोने का हो जाये, तो क्या इसमें से मुझे कुछ दोगे?" राजा का उत्तर था—"कण मात्र नहीं।" (३२०)।
सुच्छन्न, वि०, अच्छी तरह ढका हुआ, या अच्छी तरह छाया हुआ।
सुजन, पु०, भला आदमी, सज्जन।
सुजा, स्त्री०, यज्ञ में काम आने वाली श्रुवा या लकड़ी की कड़छी; शुक्र की पत्नी का नाम।
सुजात, कृदन्त, सुजन्मा, (ऊँची) जाति वाला।
सुजात जातक, पुत्र ने कर्कश-भाषी माता को सुधारा (२६९)।
सुजात जातक, राजा ने मिठाई बेचने वाली लड़की की मधुर वाणी सुन, उसे बुलाकर अपनी रानी बना लिया (३०६)।
सुजात जातक, सुजात ने अपने शोक-मग्न पिता के शोक को दूर

किया (३५२)।

सुजाता, ऊरुवेला के पास के सेनानि गाँव के मुखिया की लड़की, जिसने गौतम-बुद्ध को वृक्ष-देवता मान खीर से संतर्पित किया था।

सुज्झति, क्रिया, शुद्ध होता है। (**सुज्झि**, **सुज्झमान**, **सुद्ध**, **सुज्झित्वा**)।

सुञ्ञ, वि०, शून्य।

सुञ्ञ-गाम, पु०, शून्य-ग्राम, खाली गाँव।

सुञ्ञता, स्त्री०, शून्यता।

सुञ्ञागार, नपुं०, शून्यागार, एकान्त स्थल।

सुट्ठु, अव्यय, अच्छा।

सुट्ठुता, स्त्री०, अच्छापन।

सुण, पु०, कुत्ता।

सुणाति, क्रिया, सुनता है। (**सुणि**, **सुत**, **सुणन्त**, **सुणमान**, **सोतब्ब**, **सुणितब्ब**, **सुत्वा**, **सुणित्वा**, **सोतुं**, **सुणितुं**)।

सुणिसा, (**सुण्हा** भी), स्त्री०, पुत्र-वधू।

सुत, पु०, पुत्र, लड़का; कृदन्त, सुना हुआ; नपुं०, धर्म-ग्रन्थ।

सुत-धर, नपुं०, बहु-श्रुत, धर्म-ग्रन्थ को कण्ठस्थ करने वाला।

सुतवन्तु, वि०, बहु-श्रुत, विद्वान।

सुतत्त, कृदन्त, भली प्रकार गर्म किया गया।

सुतनु, वि०, सुन्दर शरीर वाला।

सुतनो जातक, पुत्र ने आदमखोर यक्ष के पास जाना स्वीकार किया (३९८)।

सुतप्पय, वि०, आसानी से सन्तुष्ट हो सकने वाला।

सुति, स्त्री०, श्रुति, अनु-श्रुति, वैदिक परम्परा, आवाज।

सुति-हीन, वि०, बहरा।

सुत्त, कृदन्त, सोया हुआ; नपुं०, धागा, बुद्धोपदेश, (व्याकरण का) सूत्र।

सुत्तकन्तन, नपुं०, सूत कातना।

सुत्त-कार, पु०, सूत्रों का रचयिता।

सुत्त-गुळ, नपुं०, सूत का गोला।

सुत्त निपात, सुत्त पिटक के खुद्दक निकाय के १५ ग्रन्थों में से एक।

सुत्त-पिटक, नपुं०, तीनों पिटकों में से एक पिटक।

सुत्त-मय, वि०, सूत्र-निर्मित।

सुत्तन्त, पु० तथा नपुं०, बुद्धोपदेश या प्रवचन।

सुत्तन्त पिटक, देखो सुत्त पिटक, पाँच निकायों से समन्वित सुत्तपिटक। पाँच निकाय हैं—(१) **दीघ-निकाय**, (२) **मज्झिम-निकाय**, (३) **संयुत्त निकाय**, (४) **अङ्गुत्तर-निकाय**, (५) **खुद्दक-निकाय**।

सुत्तन्तिक, वि०, सारे सुत्तपिटक या उसके एक हिस्से को कण्ठाग्र किये रहने वाला।

सुत्ति, स्त्री०, सीप।

सुदन्त, वि०, सुशिक्षित।

सुदस्स, वि०, आसानी से देखा गया।

सुदस्सन, वि०, सुदर्शन, सुन्दर रूप वाला।

सुदं, अव्यय, निरर्थक शब्द-प्रयोग।

सुदिट्ठ, वि०, भली प्रकार देखा गया।

सुदिन्न, वि०, भली प्रकार दिया गया।

सुदुत्तर, वि०, जिससे बड़ी कठिनाई से पार पाया जा सके।

सुदुक्कर, वि०, जो बड़ी कठिनाई से किया जा सके।

सुदुद्दस, वि०, जो बड़ी कठिनाई से देखा जा सके।

सुदुब्बल, वि०, अत्यन्त दुर्बल।

सुदुल्लभ, वि०, अत्यन्त दुर्लभ।

सुदेसित, वि०, भली प्रकार उपदिष्ट।

सुद्द, पु०, शूद्र।

सुद्ध, वि०, शुद्ध, पवित्र, साफ।

सुद्धता, स्त्री०, शुद्धता।

सुद्धत्त, नपुं०, शुद्धता।

सुद्धाजीव, वि०, शुद्ध आजीविका वाला।

सुद्धावास, पु०, शुद्ध निवास-स्थल।

सुद्धावासिक, वि०, शुद्धावास में रहने वाला।

सुद्धि, स्त्री०, शुद्धि, पवित्रता।

सुद्धि-मग्ग, पु०, पवित्रता का मार्ग।

सुद्धोदन, कपिलवस्तु का शाक्य नरेश तथा शाक्य मुनि गौतम बुद्ध का पिता।

सुधन्त, कृदन्त, अच्छी तरह फूंका गया या साफ किया गया।

सुधम्मता, स्त्री०, अच्छा स्वभाव।

सुधा, स्त्री०, अमृत, चूना।

सुधाकम्म, नपुं०, चूना पोतना।

सुधाकर, पु०, चन्द्रमा।

सुधा भोजन जातक, कंजूस कोसिय की कथा (५३५)।

सुधी, पु०, बुद्धिमान आदमी।

सुधोत, कृदन्त, अच्छी तरह धोया गया।

सुनख, पु०, कुत्ता।

सुनखी, स्त्री०, कुत्ती।

सुनख जातक, मालिक के सो जाने पर कुत्ता चम्पत हुआ (२४२)।

सुनहात, कृदन्त, अच्छी प्रकार नहाया हुआ।

सुनिसित, कृदन्त, भली प्रकार तेज किया गया।

सुन्दर, वि०, आकर्षक।

सुन्दरतर, वि०, अधिक सुन्दर।

सुन्दरिका, कोसल जनपद की नदी।

सुनापरन्त, **सुप्पारक पत्तन** (बंदरगाह) के आसपास का प्रदेश।

सुपक्क, वि०, भली प्रकार पका हुआ।

सुपटिपन्न, वि०, सुप्रतिपन्न, सुमार्ग पर आरूढ।

सुपण्ण, पु०, गरुड़।

सुपत्त जातक, सुपत्त कौवे की कथा (२९२)।

सुपति, क्रिया, सोता है।
(सुपि, सुत्त, सुपन्त, सुपित्वा)।

सुपरिकम्म-कत, वि०, अच्छी तरह से माँजा हुआ या पालिश किया हुआ।

सुपरिहीन, वि०, अत्यन्त दुबला-पतला।

सुपिन, (सुपिनक, सुपिनन्त भी), नपुं०, स्वप्न।

सुपिन-पाठक, पु०, स्वप्नों की व्याख्या करने वाला।

सुपुप्फित, वि०, फूलों से ढका हुआ, पूरी तरह से खिला हुआ।

सुपोठित, कृदन्त, भली प्रकार पीटा

गया।

सुपोत्थित, देखो सुपोठित।

सुप्प, पु० तथा नपुं०, सूप या छाज।

सुप्पटिविध, कृदन्त, भली प्रकार समझ लिया गया।

सुप्पतिट्ठित, कृदन्त, भली प्रकार प्रतिष्ठित।

सुप्पतीत, वि०, अच्छी तरह प्रसन्न।

सुप्पधंसिय, वि०, आसानी से दबा दिया गया।

सुप्पबुद्ध, माया तथा प्रजापति गौतमी का भाई।

सुप्पभात, नपुं०, सुप्रभात।

सुप्पवेदित, वि०, भली प्रकार संतुष्ट।

सुप्पसन्न, वि०, भली प्रकार प्रसन्न, श्रद्धावान्।

सुप्पार, सुप्पारक, सुप्पारा बन्दरगाह।

सुप्पारक जातक, अंधे नाविक के मार्ग-दर्शन की कथा (४६३)।

सुप्फस्सित, वि०, ठीक तरह से लगा हुआ।

सुबहु, वि०, अत्यन्त।

सुब्बच, वि०, आज्ञाकारी, विनम्र।

सुब्बत, वि०, सदाचार-परायण।

सुब्बुट्ठि, स्त्री०, पर्याप्त वर्षा।

सुभ, वि०, शुभ, शुभ (मुहूर्त), अच्छा लगने वाला।

सुभकिण्ण, पु०, देवताओं की एक जाति।

सुभनिमित्त, नपुं०, शुभ शकुन, सुन्दर वस्तु।

सुभग, वि०, सौभाग्य-पूर्ण।

सुभद्द थेर, भगवान बुद्ध परिनिर्वृत होने को थे। उस समय उन्होंने सुभद्र परिव्राजक को उपदेश दिया। यह भगवान बुद्ध के जीवन काल में उन्हीं के द्वारा दीक्षित उनका अन्तिम शिष्य था।

सुभर, वि०, जिसका आसानी से भरण-पोषण किया जा सके, जिसका किसी पर अधिक भार न हो।

सुभिक्ख, वि०, जहाँ आहार की कमी न हो।

सुमङ्गल जातक, सुमङ्गल माली ने प्रत्येक बुद्ध को हिरन समझ तीर का निशाना बनाया (४२०)।

सुमति, पु०, बुद्धिमान आदमी।

सुमन, वि०, प्रसन्न।

सुमनपुप्फ, नपुं०, चमेली का फूल।

सुमन-मुकुल, नपुं०, चमेली का कोंपल।

सुमन-माला, स्त्री०, चमेली की माला।

सुमन सामणेर, भिक्षुणी संघमित्रा का पुत्र सुमन श्रामणेर। महास्थविर महिन्द के साथ यह भी सिंहल-द्वीप गया था।

सुमना, स्त्री०, चमेली, प्रसन्न-वदन स्त्री।

सुमनोहर, वि०, अत्यन्त आकर्षक।

सुमानस, वि०, प्रसन्न-चित्त।

सुमापित, कृदन्त, सुनिर्मित।

सुमुत्त, कृदन्त, सुविमुक्त, अच्छी तरह से विमुक्त।

सुमेध (सुमेधस भी), वि०, बुद्धिमान।

सुमेरु, पु०, सुमेरु पर्वत।

सुयिट्ठ, वि०, अच्छी तरह से आहुति दी गई।

सुयुत्त, वि०, अच्छी तरह से नियुक्त किया गया।

सुर, पु०, देवता।

सुर-नदी, स्त्री०, देवताओं की नदी।

सुर-नाथ, पु०, देवताओं का राजा।

सुर-पथ, पु०, आकाश।

सुर-रिपु, पु०, देवताओं का शत्रु, असुर।

सुरत, वि०, भक्त, आसक्त, प्रेमी।

सुरत्त, वि०, अच्छी तरह से रँगा हुआ, अत्यन्त लाल।

सुरसेन, सोलह महाजनपदों में से एक। इसकी गिनती मच्छ जनपद के साथ होती है।

सुरभि, वि०, सुगन्धित।

सुरभि-गन्ध, पु०, सुगन्ध।

सुरा, स्त्री०, नशीली शराब।

सुरा-घट, पु०, शराब का घड़ा।

सुरा-धुत्त, पु०, शराब के नशे में मस्त।

सुरा-पान, नपुं०, शराब का पीना।

सुरा-पायिका स्त्री०, शराबी औरत।

सुरा-पीत, वि०, जिसने शराब पी ली हो।

सुरा-मद, पु०, शराब का नशा।

सुरा-मेरय, नपुं०, सुरा तथा अन्य नशीले पदार्थ।

सुरा-सोण्ड, सुरा सोण्डक, पु०, शराबी।

सुरापान जातक, तपस्वियों ने शराब पी ली और नंगे होकर नाचने लगे (८१)।

सुरिय, पु०, सूर्य।

सुरियग्गाह, पु०, सूर्य-ग्रहण।

सुरिय-मण्डल, नपुं०, सूर्य के गिर्द का चक्कर।

सुरियत्थङ्गम, पु०, सूर्यास्त।

सुरिय-रंसि, स्त्री०, सूर्य की किरणें।

सुरिय-रस्मि, स्त्री०, देखो सुरिय-रंसि।

सुरियुग्गमन, नपुं०, सूर्योदय।

सुरुचि जातक, सुरुचि कुमार तथा सुमेधा के गृहस्थ जीवन का वर्णन (४८९)।

सुरुङ्गा, स्त्री०, जेलखाना।

सुरुसुरुकारकं, क्रि० वि०, खाते समय सुर-सुर की आवाज करना।

सुरूप, सुरूपी, वि०, सुन्दर।

सुरूपिनी, स्त्री०, सुन्दरी।

सुलद्ध, वि०, सुलाभ।

सुलभ, वि०, जो आसानी से मिल सके।

सुलसा जातक, सुलसा वेश्या ने कृतघ्न सत्तक डाकू को चट्टान से गिराकर मार डाला (४१९)।

सुव, पु०, तोता।

सुवच, देखो, सुब्बच।

सुवण्ण, नपुं०, स्वर्ण, सोना; वि०, अच्छे रंग का, सुन्दर।

सुवण्णकार, पु०, सोनार।

सुवण्ण-गब्भ, पु०, सोना रखने के लिए सुरक्षित कमरा।

सुवण्ण-गुहा, स्त्री०, सुनहरी गुफा।

सुवण्णता, स्त्री०, सुवर्णता।

सुवण्ण-पट्ट, नपुं०, स्वर्ण-पट्ट।

सुवण्ण-पीठक, नपुं०, स्वर्ण-पीठिका।

सुवण्णमय, वि०, सोने का बना।

सुवण्ण-भिङ्कार, पु०, सोने की झारी।

सुवण्ण-वण्ण, वि०, सुनहरे रंग का।

सुवण्ण-हंस, पु०, सुनहरा हंस।

सुवण्णकट्टक जातक, केकड़े ने साँप तथा कौवे की हत्या कर किसान के प्राणों

की रक्षा की (३८९)।

सुवण्ण-भूमि तृतीय संगीति के बाद सोण तथा उत्तर स्थविरों की प्रचार-भूमि।

सुवण्णमिग जातक, शिकारी ने हिरणी के आत्म-त्याग की भावना से प्रभावित हो हिरण तथा हिरणी दोनों को मुक्त किया (३५९)।

सुवण्णहंस जातक, लोभी पत्नी ने स्वर्ण-हंस के सभी पर एक साथ नोच लेने चाहे (१३६)।

सुवत्थापित, वि०, सुनिश्चित।

सुवत्थि, स्वस्ति, कल्याण हो।

सुवम्मित, कृदन्त, भली प्रकार कवच पहने।

सुवाण, पु०, कुत्ता।

सुवाण-दोणि, स्त्री०, कुत्ते की नाँद या कठौती।

सुविजान, वि० आसानी से समझ में आने वाला।

सुविञ्ञापय, वि०, जिसे आसानी से शिक्षित किया जा सके।

सुविभत्त, कृदन्त, भली प्रकार विभक्त या व्यवस्थित।

सुविलित्त, कृदन्त, भली प्रकार लेप किया गया, सुगन्धित।

सुविम्हित, कृदन्त, अत्यन्त चकित।

सुविसद, वि०, साफ-साफ, अत्यन्त स्पष्ट।

सुवीर, पु०, पुत्र।

सुवुट्ठिक, वि० पर्याप्त वर्षा-युक्त।

सुवे, क्रि० वि०, कल (आने वाला)।

सुसङ्खत, कृदन्त, सुसंस्कृत, अच्छी तरह तैयार किया गया।

सुसञ्ञत, वि०, पूर्ण रूप से संयत।

सुसण्ठान, वि०, भले आकार-प्रकार का।

सुसमारद्ध, कृदन्त, अच्छी प्रकार से आरम्भ किया गया।

सुसमाहित, कृदन्त, पूर्ण रूप से संयमित।

सुसमुच्छिन्न, कृदन्त, पूर्णरूप से उखाड़ दिया गया।

सुसान, नपुं०, श्मशान।

सुसान-गोपक, पु०, श्मशान पालक।

सुसिक्खित, कृदन्त, पूर्णरूप से शिक्षित।

सुसिर, नपुं०, खोंडर; वि०, पोलवाला, छिद्र-युक्त।

सुसीम जातक, सुसीम राजा के पुरोहित का पुत्र तीन दिन में बनारस से तक्षशिला आ-जाकर हस्ति-विद्या सीख आया (१६३)।

सुसीम जातक, राजा ने राजमाता को अपने पुरोहित को सौंपा (४११)।

सुसील, वि०, सुशील।

सुसु, पु०, शिशु; वि०, शिशु-स्वभाव वाला।

सुसुका, स्त्री०, एक प्रकार की मछली।

सुसुक्क, वि०, अत्यन्त सफेद।

सुसु नाग, कालाशोक का पिता तथा मगध-नरेश।

सुसुद्ध, वि०, अत्यन्त परिशुद्ध।

सुस्सति, क्रिया, बिखर जाता है, सूख जाता है।

(**सुस्सि, सुक्ख, सुस्समान, सुस्सित्वा**)।

सुस्सरता, स्त्री०, मधुर स्वर होना।

सुस्सूसति, क्रिया, सुनता है।

(**सुस्सूसि, सुस्सूसित्वा**)।

सुस्सूसा, स्त्री०, सुनने की इच्छा, आज्ञा-कारिता ।

सुस्सोन्दी जातक, सुस्सोन्दि रानी गरुड़ से प्रेम करने लगी (३६०) ।

सुहज्ज, नपुं०, सुहृदता, मैत्री ।

सुहद, पु०, मित्र ।

सुहनु जातक, महासोण तथा सुहनु अश्वों के बीच मित्रता स्थापित हो गई (१५८) ।

सुहित, वि०, संतुष्ट ।

सूक, पु०, जौ की सींक ।

सूकर, पु०, सूअर ।

सूकर-पोतक, पु०, सूअर का बच्चा ।

सूकर-मंस, नपुं०, सूअर का मांस ।

सूकर जातक, सूअर ने शेर को युद्ध के लिए ललकारा (१५३) ।

सूकरिक, पु०, कसाई ।

सूचक, वि०, सूचना देने वाला ।

सूचन, नपुं०, सूचना ।

सूचि, स्त्री०, सुई, बालों में लगाने का काँटा, बंद दरवाजे के पीछे लगाई जाने वाली लकड़ी ।

सूचिका, स्त्री०, सुई, अर्गला ।

सूचिकार, पु०, सुई बनाने वाला ।

सूचि-घटिका, स्त्री०, अर्गला को सँभा-लने वाली साकल ।

सूचि-घर, नपुं०, सुई रखने की डिबिया ।

सूचि-मुख, पु०, एक तरह का मच्छर ।

सूचि-लोम, वि०, सुई जैसे कड़े बालों वाला ।

सूचि-विज्झन, नपुं०, मोची का टेकुआ, सूआ ।

सूचि जातक, सुनार ने एक ऐसी सुई बनाई, जिसके एक के बाद एक सात घर (खोल) बनाये (३८७) ।

सूजु, वि०, सीधा ।

सूत, पु०, रथ हाँकने वाला ।

सूति-घर, नपुं०, प्रसूति-घर ।

सूद, सूदक, पु०, रसोइया ।

सून, वि०, सूजा हुआ, फूला हुआ ।

सूना, स्त्री०, कसाई का थड़ा ।

सूना-घर, नपुं०, कसाईखाना ।

सूनु, पु०, पुत्र ।

सूप, पु०, कढ़ी ।

सूपकार, पु०, रसोइया ।

सूपतित्थ, अच्छे पतन या अच्छे घाट वाला ।

सूपधारित, कृदन्त, सुविचारित ।

सूपिक, पु०, रसोइया ।

सूपेय्य, वि०, सूप, (कढ़ी) के लिए योग्य ।

सूपेय्य-पण्ण, नपुं०, व्यञ्जन बनाने के लिए पत्ते ।

सूयति, क्रिया, सुना जाता है । (**सूयि, सूयमान, सूयित्वा**) ।

सूर, वि०, शूर, बहादुर; पु०, सूरज, सूर्य ।

सूरत, वि०, मृदु, करुणा करने वाला ।

सूरता, स्त्री०, शूरता, बहादुरी ।

सूरत्त, नपुं०, शूरता ।

सूर-भाव, पु०, शूरता का भाव ।

सूरिय, पु०, सूरज, सूर्य ।

सूल, नपुं०, शूल, बर्छी, भाला ।

सूलारोपण, नपुं०, सूली पर चढ़ाना ।

सेक, पु०, छिड़काव ।

सेख, (**सेक्ख** भी), पु०, सीखने वाला, उन्नति-पथ पर आरूढ़, वह जो अभी अर्हत नहीं बना ।

सेखर, नपुं०, सिर पर धारण की जानी वाली पुष्प-माला ।

सेखिय, वि०, धार्मिक जीवन में अभ्यास-क्रम से सम्बन्धित ।

सेग्गु जातक, पिता ने सेग्गु नामक अपनी बेटी के शील की परीक्षा की (२१७) ।

सेचन, नपुं०, छिड़कना ।

सेट्ठ, वि०, श्रेष्ठ ।

सेट्ठतर, वि०, श्रेष्ठतर ।

सेट्ठ-सम्मत, वि०, श्रेष्ठ माना गया ।

सेट्ठि, (**सेट्ठी** भी), पु०, सेठ ।

सेट्ठिट्ठान, नपुं०, सेठ का पद ।

सेट्ठि-जाया, स्त्री०, सेठ की पत्नी, सेठानी ।

सेट्ठि-भरिया, स्त्री०, सेठानी ।

सेणि, स्त्री०, श्रेणि, एक-एक पेशा करने वालों की पृथक्-पृथक् परिषद् ।

सेणिय, पु०, श्रेणि का मुखिया ।

सेत, वि०, श्वेत, सफेद; पु०, सफेद रंग ।

सेत-कुट्ठ, नपुं०, सफेद कोढ़ ।

सेतच्छत्त, नपुं०, श्वेत छत्र, सफेद छाल ।

सेत-पच्छाद, वि०, श्वेत ओढ़ावन ।

सेतकेतु जातक, जाति-अभिमानी श्वेत-केतु को एक चाण्डाल ने नीचा दिखाया (३७७) ।

सेतट्ठिका, स्त्री०, वृक्षों का गेरुई रोग ।

सेति, क्रिया, सोता है ।
(**सयि, सेन्त, सेमान**) ।

सेतु, पु०, पुल ।

सेद, पु०, पसीना ।

सेदक, वि०, पसीना आते हुए ।

सेदन, नपुं०, भाप से उबालना ।

सेदावक्खित्त, वि०, पसीने से तर ।

सेदेति, क्रिया, पसीना या भाप उत्पन्न कराता है ।
(**सेदेसि, सेदित, सेदेत्वा**) ।

सेन, (**सेनक** भी), पु०, चील, बाज़ ।

सेना, स्त्री०, फौज ।

सेना-नायक, **सेनापति**, **सेनानी**, पु०, सेना का संचालक ।

सेनापच्च, नपुं०, सेनापति का कार्यालय ।

सेना-ब्यूह, पु०, सेना का चक्र-व्यूह ।

सेनासन, नपुं०, शयनासन, सोने के लिए स्थान, निवास-स्थान, सोने की व्यवस्था ।

सेनासन-गाहापक, पु०, सोने के स्थानों की व्यवस्था करने वाला ।

सेनासन-चारिका, स्त्री०, एक शयनासन से दूसरे शयनासन पर भटकना ।

सेनासन-पञ्ञापक, पु०, शयनासनों का व्यवस्थापक ।

सेफालिका, स्त्री०, शेफालिका, नील सिंधुवार का पौधा, निर्गुंडी ।

सेम्ह, नपुं०, श्लेष्मा, कफ ।

सेय्य, नपुं०, श्रेष्ठतर ।

सेय्य जातक, मंत्री ने राजा के रनिवास में गड़बड़ी की । उसे देश-निकाला दे दिया गया (२८२) ।

सेय्यथापि, अव्यय, जैसे ।

सेय्यथीदं, अव्यय, निम्नोक्त के अनुसार ।

सेय्या, स्त्री०, शय्या ।

सेरिचारी, वि०, स्वेच्छाचारी, यथा-रुचि विचरने वाला।

सेरिता, स्त्री०, स्वैरी-भाव, स्व-तन्त्रता।

सेरिवाणिज जातक, लोभी सेरिवा बनिये ने मुंह की खाई (३)।

सेरिविहारि, वि०, जैसे चाहे वैसे रहने वाला।

सेल, पु०, शैल, पर्वत।

सेलमय, वि०, पत्थर का बना।

सेलेय्य, नपुं०, शिलाजीत।

सेवक, पु०, नौकर, सेवा करने वाला; वि०, सेवा करता हुआ, संगति में रहता हुआ।

सेवति, क्रिया, सेवा करता है, संगति करता है, उपभोग करता है, अभ्यास करता है।
(सेवि, सेवित, सेवन्त, सेवमान, सेवित्वा, सेवितब्ब)।

सेवन, नपुं०, संगति, सेवा, उपभोग।

सेवना, स्त्री०, संगति, सेवा, उपभोग।

सेवा, स्त्री०, सेवा-टहल।

सेवाल, पु०, काई।

सेवित, कृदन्त, उपयोग में लाया गया, अभ्यस्त, संगति में रहा।

सेवी, संगति करने वाला, अभ्यास करने वाला।

सेस, वि०, शेष, बचा हुआ।

सेसेति, क्रिया, शेष छोड़ता है।
(सेसेसि, सेसित, सेसेत्वा)।

सो, सर्वनाम, वह।

सोक, पु०, शोक।

सोकग्गि, पु०, शोकाग्नि।

सोक-परेत, वि०, शोकाभिभूत।

सोक-विनोदन, नपुं०, शोक का दूर करना।

सोक-सल्ल, नपुं०, शोक-शल्य।

सोकी, वि०, शोक करने वाला।

सोख्य, नपुं०, स्वास्थ्य, सुख।

सोखुम्म, नपुं०, सूक्ष्मता, बारीकी।

सोगन्धिक, नपुं०, श्वेत कमल।

सोचति, क्रिया, सोचता है, चिन्ता करता है, पश्चाताप करता है।
(**सोचि, सोचित, सोचन्त, सोचमान, सोचितब्ब, सोचित्वा, सोचितुं**)।

सोचना, स्त्री०, चिन्ता करना, अफसोस करना।

सोचेय्य, नपुं०, पवित्रता।

सोण, पु०, कुत्ता।

सोणित, नपुं०, शोणित, रक्त।

सोणी, स्त्री०, कुत्ती, कटि-प्रदेश।

सोण्ड, (**सोण्डक** भी), वि०, नशेबाज़।

सोण्डा, स्त्री०, हाथी की सूंड; वि०, नशेबाज़ औरत।

सोण्डिक, वि०, शराब बेचने वाला।

सोण्डिका, (**सोण्डी** भी) स्त्री०, पर्वतों में प्राकृतिक जलाशय।

सोण्ण, नपुं०, स्वर्ण, सोना।

सोण्णमय, वि०, स्वर्ण-निर्मित।

सोत, नपुं०, कान; पु०, स्रोत, धारा।

सोत-द्वार, नपुं०, कर्णेन्द्रिय।

सोत-बिल, नपुं०, कान का छेद।

सोतवन्तु, वि०, कान वाला।

सोत-विञ्ञाण, वि०, श्रोत्र-विज्ञान।

सोत-विञ्ञेय्य, वि०, कान द्वारा प्राप्त किया जाने वाला विज्ञान।

सोतायतन, नपुं०, कर्णेन्द्रिय।

सोतब्ब, कृदन्त, सुना जाने योग्य।

सोतापत्ति, स्त्री०, धर्म-पथ रूपी स्रोत में आ पड़ना, धर्म-पथ की पहली मंजिल।

सोतापन्न, वि०, धर्म-पथ रूपी स्रोत में आ पड़ा।

सोतिन्द्रिय, नपुं०, श्रोत्रेन्द्रिय, कान।

सोतु, पु०, सुनने वाला।

सोतु-काम, वि०, सुनने की इच्छा वाला।

सोतुं, सुनने के लिए।

सोत्थि, स्त्री०, स्वस्ति, कल्याण, सुरक्षा, आशीर्वचन।

सोत्थि-कम्म, नपुं०, आशीर्वचन।

सोत्थि-भाव, पु०, स्वस्ति-भाव, कुशलता।

सोत्थि-साला, स्त्री०, हस्पताल।

सोदक, वि०, भीगा हुआ, पानी चूता हुआ।

सोदरिय, वि०, एक ही माता की सन्तान, सहोदर।

सोधक, वि०, सफाई करने वाला, शुद्ध करने वाला।

सोधन, नपुं०, सफाई, शुद्धि।

सोधापेति, क्रिया, सफाई कराता है, शुद्धि कराता है।
(**सोधापेसि, सोधापित**, **सोधापेत्वा**)।

सोधित, कृदन्त, साफ किया गया, शुद्ध किया गया।

सोधेति, क्रिया, साफ करता है, शुद्ध करता है।
(**सोधेसि, सोधेन्त, सोधयमान, सोधेतब्ब, सोधेत्वा**)।

सोनक जातक, अरिन्दम तथा सोनक की कथा (५२९)।

सोन-नन्द जातक, नन्द ने माता-पिता को कच्चा फल ला दिया था। यह उसके भाई सोन के रोष का कारण हुआ (५३२)।

सोपाक, पु०, चाण्डाल।

सोपान, पु० तथा नपुं०, सीढ़ी।

सोपान-पन्ति, स्त्री०, सीढ़ियों की क़तार।

सोपान-पाद, पु०, सीढ़ियों का आरम्भ।

सोपान-फलक, नपुं०, एक सीढ़ी।

सोपान-सीस, नपुं०, ऊपर की सीढ़ी।

सोप्प, नपुं०, नींद।

सोब्भ, नपुं०, गड्ढा, जलाशय।

सोभग्ग, नपुं०, सौभाग्य, सौन्दर्य।

सोभग्ग-पत्त, वि०, सौभाग्यवान, सुन्दर

सोभण, (**शोभन** भी), वि०, शोभन, चमकने वाला, सुन्दर।

सोभति, क्रिया, चमकता है, सुन्दर लगता है।
(**सोभि, सोभित, सोभन्त, सोभमान, सोभित्वा**)।

सोभा, स्त्री०, शोभा, सौन्दर्य।

सोभित, कृदन्त, शोभित, शोभा-सम्पन्न।

सोभेति, क्रिया, चमकता है, सजाता है,
(**सोभेसि, सोभेन्त, सोभेत्वा**)।

सोम, पु०, चन्द्रमा।

सोमदत्त जातक, अग्निदत्त के पुत्र सोमदत्त की कथा (२११)।

सोमदत्त जातक, तपस्वी अपने पोषित सोमदत्त नाम के हाथी के बच्चे की मृत्यु पर दुखी हुआ (४१०)।

सोमनस्स, नपुं०, सौमनस्य, प्रसन्नता, सुख।

सोमनस्स जातक, ठग तपस्वी ने राज-

कुमार सोमनस्स को दण्डित कराना चाहा (५०५)।

सोम्म, वि०, सौम्य, अनुकूल।

सोरच्च, नपुं०, विनम्रता।

सोवग्गिक, वि०, स्वर्ग ले जाने वाला।

सोवचस्सता, स्त्री०, आज्ञाकारिता, विनम्रता।

सोवण्ण, नपुं०, सोना।

सोवण्णमय, वि०, स्वर्ण-निर्मित।

सोवत्थिक, नपुं०, स्वस्तिक।

सोवीरक, पु०, काँजी, सिरका।

सोस, पु०, शोषण, सूखना।

सोसन, नपुं०, सुखाना।

सोसानिक, वि०, श्मशान में रहने वाला।

सोसेति, क्रिया, सुखवाता है। (**सोसेसि**, **सोसित**, **सोसेन्त**, **सोसेत्वा**)।

सोस्सति, क्रिया, सुनेगा।

सोहज्ज, नपुं०, मित्रता।

स्नेह, देखो सिनेह।

स्वाकार, वि०, अनुकूल प्रकृति वाला, भली प्रकृति वाला।

स्वाक्खात, वि०, भली प्रकार व्याख्या किया गया, या उपदेश किया गया।

स्वागत, वि०, स्वागत, कण्ठस्थ।

स्वागतं, क्रि० वि०, स्वागत।

स्वातन, वि०, (आने वाले) कल से सम्बन्धित।

स्वातनाय, चतुर्थी विभक्ति, कल के लिए।

स्वे, क्रि० वि०, (आने वाला) कल।

ह

हज्ज, वि० प्रियतम।

हञ्ञति, क्रिया, मारा जाता है, नष्ट किया जाता है। (**हञ्ञि**, **हञ्ञमान**)।

हञ्ञन, नपुं०, यातना देना, जान से मार डालना।

हट, कृदन्त, ले जाया गया।

हट्ठ, कृदन्त, हृष्ट, संतुष्ट, आनन्दित।

हट्ठ-तुट्ठ, वि०, प्रसन्न-चित्त।

हट्ठ-लोम, वि०, रोमाञ्चित।

हठ, पु०, हिंसा, जिद।

हत, कृदन्त, मारा गया, जख्मी हुआ, नष्ट कर दिया गया।

हत-भाव, पु०, नष्ट किये जाने का भाव।

हतन्तराय, वि०, बाधा-रहित।

हतावकासो, वि०, शुभाशुभ की सीमा से परे।

हत्थ, पु०, हाथ, हत्था, हाथ-भर का माप।

हत्थक, पु०, हत्था; वि०, हाथ वाला।

हत्थ-कम्म, नपुं०, शारीरिक श्रम।

हत्थ-गत, वि०, हस्तगत, जिस पर अपना अधिकार हो।

हत्थ-गहण, नपुं०, हाथ से पकड़ना।

हत्थ-गाह, पु०, हाथ से धरना।

हत्थच्छिन्न, वि०, जिसके हाथ कटे हों।

हत्थ-छेद, पु०, हाथों का कटना।

हत्थ-छेदन, नपुं०, हाथों का काटा जाना।

हत्थ-तल, नपुं०, हथेली ।
हत्थ-पसारण, नपुं०, हाथ फैलाना ।
हत्थ-पास, पु०, हाथ की लम्बाई ।
हत्थ-वट्टक, पु०, हाथ की गोड़ी ।
हत्थ-विकार, पु०, हाथ का सञ्चालन ।
हत्थ-सार, पु०, मूल्यवान वस्तु, चल-सम्पत्ति ।
हत्थापलेखन, नपुं०, भोजनान्तर हाथ चाटना ।
हत्थाभरण, नपुं०, बाज़ूबंद ।
हत्थत्थर, पु०, हाथी का चोगा ।
हत्थाचरिय, पु०, हाथी को सिखाने वाला ।
हत्थारोह, पु०, पीलवान, महावत ।
हत्थि, (हत्थी का ह्रस्वीकरण), हाथी ।
हत्थि-कन्त-वीणा, स्त्री०, हाथियों को बझाने की वीणा ।
हत्थि-कलभ, हाथी का बच्चा ।
हत्थि-कुम्भ, पु०, हाथी का मस्तक ।
हत्थि-कुल, नपुं०, हाथियों की जाति ।
हत्थिक्खन्ध, पु०, हाथी की पीठ ।
हत्थि-गोपक, पु०, महावत ।
हत्थि-दन्त, पु० तथा नपुं०, हाथी का दाँत ।
हत्थि-दमक, पु०, हाथी को संयत रखने वाला ।
हत्थि-दम्म, पु०, सिखाया हुआ हाथी ।
हत्थि-पद, नपुं०, हाथी का पाँव या क़दम ।
हत्थि-पाकार, पु०, हाथियों की शक्ल उत्कीर्ण की हुई दीवार ।
हत्थिप्पभिन्न, वि०, पगलाया हुआ हाथी ।
हत्थि-बन्ध, पु०, महावत, हाथी-रख-वाला ।
हत्थि-मेण्ड, पु०, महावत, हाथी-रख-वाला ।
हत्थि-मत्त, वि०, हाथी जितना बड़ा ।
हत्थि-मारक, पु०, हाथियों का शिकारी ।
हत्थि-यान, नपुं०, हाथी की सवारी ।
हत्थि-युद्ध, नपुं०, हाथियों का युद्ध ।
हत्थि-रूपक, नपुं०, हाथी का चित्र ।
हत्थि-लेण्ड, पु०, हाथी की विष्ठा ।
हत्थि-लिङ्ग-सकुण, पु०, हाथी की सूण्ड सदृश चोंच वाला गीध ।
हत्थि-साला, स्त्री०, हस्ति-शाला ।
हत्थि-सिप्प, नपुं०, हस्ति-शिल्प ।
हत्थि-सोण्डा, स्त्री०, हाथी की सूण्ड ।
हत्थिनी, स्त्री०, हथिनी ।
हत्थी, पु०, हाथी ।
हदय, नपुं०, दिल, हृदय ।
हदयङ्गम, वि०, अनुकूल, आकर्षक ।
हदय-मंस, नपुं०, हृदय का मांस ।
हदय-वत्थु, नपुं०, हृदय का सार ।
हदय-संताप, पु०, हृदय का संताप या पश्चात्ताप ।
हदयस्सित, वि०, हृदय-सम्बन्धी ।
हदय-निस्सित, वि०, हृदय-आश्रित ।
हनति, (हन्ति भी) क्रिया, मारता है, चोट पहुँचाता है, जख्मी करता है । (**हनि**, **हत**, **हनन्त**, **हनमान**, **हन्त्वा**, **हनित्वा**, **हन्तुं**, **हनितुं**, **हन्तब्ब**, **हनितब्ब**) ।
हनन, नपुं०, मारना, चोट पहुँचाना ।

हनु, हनुका, स्त्री०, दाढ़ ।

हन्तु, पु०, जान से मारने वाला, चोट पहुँचाने वाला ।

हन्त्वा, पूर्व० क्रिया, मार डाल कर ।

हन्द, अव्यय, अच्छा, अब मेरी बात पर ध्यान दो, इस अर्थ में अव्यय ।

हम्भो, अपने समान लोगों को सम्बोधन करने का ढंग ।

हम्मिय, नपुं०, अनेक तल्लों का मकान ।

हय, पु०, घोड़ा ।

हय-पोतक, पु०, बछेड़ा ।

हय-वाही, वि०, घोड़ों द्वारा खींची गई (गाड़ी) ।

हयानीक, नपुं०, घुड़सवार सेना ।

हर, वि०, ले जाने वाला, लाने वाला ।

हरण, नपुं०, ले जाना ।

हरणक, वि०, ले जाता हुआ, ले जाया जा सकने वाला (पदार्थ) ।

हरति, क्रिया, ले जाता है, चुरा लेता है, लूट लेता है ।
(**हरि, हट, हरन्त, हरमान, हरित्वा, हरितुं**) ।

हरायति, क्रिया, लज्जित होता है, चिन्तित होता है ।
(**हरायि, हरायित्वा**) ।

हरापेति, क्रिया, लिवा जाता है ।
(**हरापेसि, हरापित, हरापेत्वा**) ।

हरिण, पु०, मृग ।

हरित, वि०, हरा, ताज़ा; नपुं०, साग-सब्जी ।

हरितत्त, नपुं०, हरितपन, हरियाली ।

हरितब्ब, कृदन्त, ले जाये जाने योग्य ।

हरिताल, नपुं०, पीली हड़ताल ।

हरितु, पु०, ले जाने वाला ।

हरित्तच, वि०, सुनहरे रंग का ।

हरिस्सवण्ण, वि०, सुनहरी झलक वाला ।

हरीतक, नपुं०, हरड़ ।

हरीतकी, स्त्री०, हरड़ ।

हरे, सम्बोधन शब्द ।

हल, नपुं०, (खेत जोतने का) हल ।

हलं, अव्यय, पर्याप्त ।

हलाहल, नपुं०, हलाहल, विष ।

हलिद्दा, स्त्री०, हल्दी ।

हलिद्दी, स्त्री०, हल्दी ।

हवे, अव्यय, निश्चय से ।

हव्य, नपुं०, आहुति ।

हसति, क्रिया, मुस्कराता है, हँसता है ।
(**हसि, हसित, हसन्त, हसमान, हसितब्ब, हसित्वा**) ।

हसन, नपुं०, हँसी ।

हसित, कृदन्त तथा नपुं०, मुस्काया, हँसी ।

हसितुप्पाद, पु०, मुस्कराहट ।

हस्स, नपुं०, हँसी, मज़ाक ।

हंस, पु०, हंस ।

हंस-पोतक, हंस का बच्चा ।

हंसति, क्रिया, रोमाञ्चित होता है ।
(**हंसि, हंसित्वा**) ।

हंसन, नपुं०, रोमाञ्चित होना ।

हंसी, स्त्री०, हंसिनी ।

हंसेति, क्रिया, हँसाता है ।

हा, अव्यय, अफसोस ।

हाटक, नपुं०, सोना, स्वर्ण ।

हातब्ब, कृदन्त, त्याज्य ।

हातुं, त्याग देने के लिए ।

हानभागिय, वि०, छोड़ने के अनुकूल ।

हानि, स्त्री०, नुकसान ।

हापक, वि०, हानि का कारण, हानि पहुँचाने वाला ।

हापन, नपुं०, हानि ।

हापेति, क्रिया, उपेक्षा करता है, विलम्ब करता है, कम कर देता है ।
(**हापेसि, हापित, हापेन्त, हापेत्वा**) ।

हायति, क्रिया, घटाता है, व्यर्थ नष्ट करता है ।
(**हायि, हीन, हायन्त, हायमान, हायित्वा**) ।

हायन, नपुं०, कमी, ह्रास, वर्ष ।

हायी, वि०, छोड़ देने वाला ।

हार, पु०, फूलों या मोतियों आदि की की माला ।

हारक, वि०, हटाता हुआ, ले जाता हुआ ।

हारिका, स्त्री०, हटाती हुई, ले जाती हुई ।

हारिय, वि०, ले जाया जा सकने वाला ।

हास, पु०, हँसी ।

हासकर, वि० आनन्द-प्रद ।

हासेति, क्रिया, प्रसन्न करता है, हँसाता है ।
(**हासेसि, हासित, हासेन्त, हासयमान, हासेत्वा**) ।

हि, अव्यय, निश्चय से, वास्तव में ।

हिक्का, स्त्री०, हिचकी ।

हिङ्गु, नपुं०, हींग ।

हिङ्गुसक, नपुं०, सिन्दूर ।

हित, नपुं०, भलाई; वि०, उपयोगी; पु०, मित्र ।

हितकर, वि०, हित करने वाला ।

हितावह, वि०, हितकर ।

हितेसी, पु०, हितैषी, हित चाहने वाला ।

हिंताल, पु०, खजूर ।

हिम, नपुं०, बर्फ ।

हिमवन्तु, वि०, हिमालय पर्वत ।

हियो, क्रि०, वि०, कल (गुजरा हुआ) ।

हिरञ्ञ, नपुं०, सोना ।

हिरि, स्त्री०, लज्जा ।

हिरि-कोपीन, नपुं०, लँगोटी ।

हिरिमन्तु, वि०, शर्मीला ।

हिरीयति, क्रिया, लज्जा करता है ।

हिरीयना, स्त्री०, लज्जा ।

हिरोत्तप्प, नपुं०, लज्जा-भय (पाप से) ।

हिंसति, क्रिया, हिंसा करता है, चोट पहुँचाता है, चिढ़ाता है ।
(**हिंसि, हिंसित, हिंसन्त, हिंसमान, हिंसित्वा**) ।

हिंसन, नपुं०, हिंसा करना, चोट पहुँचाना, चिढ़ाना ।

हिंसना, स्त्री०, हिंसा करना, चोट पहुँचाना, चिढ़ाना ।

हिंसा, स्त्री०, कष्ट पहुँचाना ।

हिंसापेति, क्रिया, कष्ट पहुँचाता है ।
(**हिंसापेसि, हिंसापित, हिंसापेत्वा**) ।

हीन, वि०, नीच ।

हीन-जच्च, वि०, हीन-जन्मा ।

हीन-विरिय, वि०, हिम्मत हारे हुए ।

हीनाधिमुत्तिक, वि०, मन्दोत्साह ।

हीयति, क्रिया, हानि को प्राप्त होता है, त्याग दिया जाता है ।
(**हीयि, हीयमान**) ।

हीयो, अव्यय (गुजरा हुआ) कल ।
हीर, **हीरक**, नपुं०, खमाची ।
हीलन, नपुं०, घृणा करना ।
हीलना, स्त्री०, घृणा करना ।
हीळेति, क्रिया, घृणा करता है ।
(**हीळेसि, हीळित, हीळेत्वा, हीळियमान**) ।
हुत, नपुं०, आहुति ।
हुतासन, नपुं०, अग्नि ।
हुत्त, नपुं०, होम किया गया ।
हुत्वा, पूर्व० क्रिया, होकर ।
हुर, क्रि० वि०, दूसरे लोक में ।
हुङ्कार, पु०, 'हुँ' शब्द ।
हे, अव्यय, सम्बोधन के लिए शब्द ।
हेट्ठतो, (**हेट्ठतो** भी), क्रि० वि०, नीचे से ।
हेट्ठा, क्रि०, वि०, नीचे ।
हेट्ठा-भाग, पु० नीचे का हिस्सा ।
हेट्ठा-मञ्चे, क्रि० वि०, चारपाई के नीचे ।
हेट्ठिम, वि०, सबसे नीचे ।
हेट्ठक, वि०, कष्टदायक ।
हेठना, स्त्री०, कष्ट पहुँचाना है।
हेठेति, क्रिया, कष्ट पहुँचाता है
(**हेठेसि, हेठित, हेठेन्त, हेठयमान, हेठेत्वा**) ।
हेति, स्त्री०, हथियार ।
हेतु, पु०, कारण ।
हेतुक, वि०, कारण से सम्बन्धित ।
हेतुप्पभव, वि०, कारण से उत्पन्न, हेतु-प्रभव ।
हेतुवाद, पु०, हेतु-फल का सिद्धान्त ।
हेम, नपुं०, सोना ।
हेम-जाल, नपुं०, स्वर्ण-जाल ।
हेमन्त, पु०, हेमन्त ऋतु, शीत ऋतु ।
हेमन्तिक, पु०, हेमन्त ऋतु सम्बन्धी ।
हेम-वण्ण, वि०, सुनहरे रंग वाला ।
हेमवतक, वि०, हिमालय में रहने वाला ।
हेरञ्ञिक, पु०, सुनार ।
हेला, स्त्री०, हाव-भाव ।
हेसा, स्त्री०, घोड़े का हिनहिनाना ।
हेसा-रव, पु०, घोड़े के हिनहिनाने की आवाज ।
होति, क्रिया, होता है ।
(**अहोसि, होन्त, होतब्ब, होतुं**) ।
होम, नपुं०, आहुति ।
होम-दब्बि, स्त्री०, यज्ञ करने की कड़छी ।
होरा, स्त्री०, घंटा ।
होरा-पाठक, पु०, ज्योतिषी ।
होरा-यन्त, नपुं०, बड़ी घड़ी ।
होरा-लोचन, नपुं०, घड़ी ।